Chikhachev, Petr Aleksandrovich,Chevalier, Michel,

Spanien, Algerien und Tunis

Briefe an Michel Chevalier

Chikhachev, Petr Aleksandrovich,Chevalier, Michel,

Spanien, Algerien und Tunis

Briefe an Michel Chevalier

Inktank publishing, 2018

www.inktank-publishing.com

ISBN/EAN: 9783747772850

Spanien,

Algerien

und

Tunis.

Briefe an Michel Chevalier

von

P. de Tchihatchef
Mitglied der Akad. der Wissenschaften zu Paris, Berlin, München, St. Petersburg &c.

Deutsche, verbesserte und stark vermehrte Ausgabe.

Mit einer Karte von Algerien.

Leipzig.
Th. Grieben's Verlag (L. Fernau).
1882.

Inhalts-Verzeichniß.

Erster Brief.

Zweiter Brief.

Dritter Brief.

Vierter Brief.

Fünfter Brief.

Sechster Brief.

Siebenter Brief.

Achter Brief.

Neunter Brief.

Zehnter Brief.

Elfter Brief.

Zwölfter Brief.

Dreizehnter Brief.

Vierzehnter Brief.

Fünfzehnter Brief.

Sechzehnter Brief.

Siebzehnter Brief.

Achtzehnter Brief.

Neunzehnter Brief.

Zwanzigster Brief.

Einundzwanzigster Brief.

von Afrika. Ansichten Gerhard Rohlfs in Hinsicht der Errichtung von Eisenbahnen zwischen dem Mittelmeere und Inner-Afrika 479—480. — Milde des Klimas von Tunis. Außerordentliche Fruchtbarkeit seines Bodens 480. — Merkwürdige Zeugnisse dafür bei alten Schriftstellern 480—482. — Ansichten Sir Grenville Temples in Betreff der Zukunft von Tunis 482. — Auffallender Kontrast zwischen Tunis und Algerien in Hinsicht der Civilisation 482. — Unbestreitbare Rechte, die Frankreich geltend machen kann, um von der tunesischen Regentschaft Besitz zu nehmen 482—483. — Wichtigkeit dieser Annexion unter dem doppelten Gesichtspunkt der Interessen Frankreichs und der Interessen der Menschheit 483—484. — Abreise von Tunis nach Neapel und Rückkehr nach Florenz 484—485.

Zweiundzwanzigster Brief.

Peinliche Enttäuschung der gehegten Hoffnungen in Hinsicht der Besitznahme von Tunis durch Frankreich 485. — Herrn Paul Leroy-Beauliens kräftige Protestation gegen Frankreichs Stellung in Tunis 485—486. — Herrn Barthelemy Saint Hilaires absonderliche Schätzung der für die Herstellung des Biserta-Hafens erforderlichen Kosten 486. — Scharfe Widerlegung dieser Angabe durch Admiral Spratt 486. — Unhaltbarer Zustand des Protektorats 487. — Günstige Lage der französischen Kolonien am Senegal und Gabun 488. Glänzende Aussicht für Frankreich, die Herrschaft über den Niger und den Congo zu erhalten 488—489. — Italien und Spanien nicht fähig, die Kolonisation von Tripoli und Marocco zu unternehmen 489.

Beleg-Stücke.

Seite

Vorwort.

Als mir von Th. Griebens Verlag der Vorschlag gemacht wurde, eine deutsche Uebersetzung meines Werks: Espagne, Algérie et Tunisie herauszugeben, nahm ich dieses gütige Anerbieten um so williger an, als ich gerade im Begriffe stand, eine zweite Auflage der französischen Ausgabe dieses Werkes in Paris zu veranstalten. Die Berichtigungen und Ergänzungen jedoch, die diese erforderte, erwiesen sich als so beträchtlich und zahlreich, daß es sich dabei wirklich um die Umarbeitung des ganzen Buches handelte, und ich konnte deshalb annehmen, daß die Bewerkstelligung einer neuen französischen Auflage mir nicht viel weniger Arbeit verursachen würde, als wenn ich den so umgestalteten Text unmittelbar in deutscher Sprache abzufassen hätte.

Diese deutsche Ausgabe ist also in mehrfacher Hinsicht als ein Original-Werk zu betrachten, trotzdem ich glaubte, die von mir vor drei Jahren an Ort und Stelle empfangenen Eindrücke und die angestellten Beobachtungen unverändert wiedergeben zu müssen, weil diese für spätere Reisende als Vergleichungs-Punkte von Interesse sein könnten. Doch hielt ich es für meine Pflicht, die dem Buche gegebene Gestalt von Briefen an meinen unvergeßlichen Freund Michel Chevalier beizubehalten, um so mehr, als diese Briefe mich an die glücklichen Tage erinnern, wo dieser ausgezeichnete Mann, in der Fülle seiner Kraft und des wohlerworbenen Ruhmes, meine Mittheilungen als willkommene Beiträge für seine beabsichtigte Arbeit über die französischen Kolonien freudig begrüßte. Leider war es mir nicht vergönnt, den so lebhaft gepflogenen Briefwechsel ihm gedruckt vorlegen zu können, denn ehe ich noch Paris erreichte, hatte Frankreich schon einen seiner ausgezeichnetsten Staatsmänner und Schriftsteller verloren.

Ich bedauere, daß die Umstände, die meinem am Ende des Jahres 1881 in Paris erschienenen Werke so günstig waren, der deutschen Ausgabe (wenigstens für den Augenblick) nicht mehr zu Gute kommen können. Denn damals herrschte in Frankreich zugleich Vorliebe für Algerien und Befürchtung in Hinsicht der Zukunft dieser, wie man meinte, zu kostspieligen Kolonie, sodaß man mit besonderem Wohlwollen ein Buch aufnahm, welches sich den Beweis zur Aufgabe gemacht hatte, daß die Vorliebe gerechtfertigt und die Befürchtungen vollkommen grundlos seien. Meine auf Thatsachen beruhenden Angaben erregten um so mehr Aufsehen und Interesse, als meine Eigenschaft als ein mit dem Orient vertrauter Fremder mir die Vortheile einer Parteilosigkeit und Unabhängigkeit sicherte, auf die ein Franzose nicht die gleichen Ansprüche haben konnte.

Allein seit dem Erscheinen meines Buches haben sich die Umstände plötzlich geändert, und mit ihnen auch die Gesinnungen des Publikums in Betreff Algeriens. Das von mir als weise verwaltet, von einer friedlich gesinnten Bevölkerung bewohnt und rasch fortschreitend geschilderte Land ist heute in der ärgsten Aufregung, die alles zu zerreißen und in Frage zu stellen droht.

Meine deutsche Ausgabe in der Hand, komme ich mir jetzt fast wie ein Arzt vor, auf dessen dringende Empfehlung Patienten die ihnen als eine wolkenlose, paradiesische beschriebene Gegend betreten, und, statt der versprochenen Sonne und milder Lüfte, von strömendem Regen und eisigen Winden begrüßt werden.

Nun wäre aber meine Antwort an das Publikum ganz dieselbe wie die des verblüfften Medikus an seinen erzürnten Patienten, nämlich die, daß anormale, nicht vorauszusehende Erscheinungen keineswegs die auf gewissenhafte Beobachtungen gegründeten Angaben zu erschüttern vermögen. Sind einmal Thatsachen nachgewiesen (und ich glaube dies in meinem Buche gethan zu haben), aus denen es sich ergiebt, was ein Land sein kann und was es wirklich in kurzer Zeit geworden ist, so stehen diese Thatsachen und die daraus abgeleiteten Folgerungen fest und unangetastet, auch dann, wenn in einem verhängnißvollen Augenblicke der normale Zustand des Landes gestört wird, besonders wenn, wie in unserem Falle, diese Störung theilweise durch die französische Regierung selbst hervorgerufen worden ist.

Ich kann mir diese letzte Aeußerung frei und unumwunden erlauben, ohne mich der Schmähsucht schuldig zu machen. Denn im Gegentheil hätte ich vielmehr Ursache, mich dem entgegengesetzten Vorwurf preiszugeben, da die französische Regierung mich mit Gunstbezeugungen aller Art überhäuft hat, indem sie meine algerischen Wanderungen auf eine so außerordentliche Weise förderte, daß ich wohl sagen darf, es sei noch Niemandem vergönnt worden, solche Wanderungen unter günstigeren Bedingungen auszuführen. Zwar konnte ich als Mitglied der französischen Academie der Wissenschaften und Commandeur der Ehrenlegion auf eine gewisse Aufmerksamkeit von Seiten der lokalen Behörden rechnen, aber diese kleinen Vorrechte wurden vollkommen in Schatten gestellt durch die großartige Unterstützung, mit der ich beehrt wurde. Denn nicht bloß hatte mir der Minister der auswärtigen Angelegenheiten (Duc Decaze) ein vom russischen Gesandten (Fürst Orloff) officiell ausgewirktes und in den schmeichelhaftesten Ausdrücken abgefaßtes Empfehlungs-Schreiben an den General-Gouverneur Chanzy verliehen, sondern ich wurde von dem Letztern mit glänzenden Rundschreiben an alle höheren Beamten Algeriens ausgestattet. Unter diesen befanden sich mehrere Generäle, die, wie Logerot, Ritter &c., eine hervorragende Rolle in den letzten tunesischen Angelegenheiten gespielt haben. Jeder, der den Orient kennt, weiß, von welcher Wichtigkeit derartige Begünstigungen für einen Reisenden sind, indem sie allein ihn in den Stand setzen, sehr vieles zu sehen und zu beobachten, was ihm sonst unzugänglich wäre.

Deshalb habe ich mich auch in meinem Buche ausschließlich

auf meine persönlichen Eindrücke beschränkt und diesen Grundsatz so streng durchgeführt, daß ich alles, was nur einigermaßen einer fremden Anleihe oder Kompilation ähneln könnte, vermieden habe. Ich zog stets vor, gar nichts zu sagen, als das von Anderen Gesagte zu wiederholen. Diesen Grundsatz mußte ich besonders auf Spanien, dessen höheren Behörden ich ebenfalls (durch die französische Academie und die Ecole des Mines) aufs inständigste empfohlen war, mit großer Schärfe anwenden, weil alle merkwürdigen Oertlichkeiten dieses Landes so oft beschrieben worden sind, daß man über die schöne iberische Halbinsel fast nichts mehr zu sagen vermag, ohne mehr oder weniger Bekanntes zu wiederholen, und doch ist Spanien vielleicht das einzige Land Europas, in welchem die so vielfach abgebauten Felder noch eine Nachlese gestatten.

Ich habe mir ebenfalls alle historischen Notizen versagt, weil man diese so leicht elementaren Schulbüchern und zahllosen Guides des Voyageurs entlehnen kann, und wenn ich mich häufig retrospectiven Betrachtungen über Menschen und Dinge hingegeben habe, so geschah dies bloß, weil diese Betrachtungen das Ergebniß meiner eigenen, sorgfältigen Studien waren. Mehrere von diesen reichen in eine ziemlich entlegene Epoche, denn sie wurden zuerst veranlaßt durch meine Asie Mineure, ferner durch die einst in Aussicht gestellte und später aufgegebene Bearbeitung der Asie Centrale von Humboldt, und endlich durch meine französische Ausgabe der Vegetation der Erde von Grisebach. Da nun aber die zusammengebrachten Materialien in den Werken, für welche sie bestimmt waren, bei weitem nicht ganz verwerthet wurden, so blieb mir eine ungeheuere Masse von Notizen übrig, die sich auf alle Zweige der Naturwissenschaft, Völker- und Alterthumskunde beziehen. Mehrere von diesen haben in meinem vorliegenden Werke Platz gefunden, während viele andere etwaigen spätern Arbeiten eine willkommene Zugabe sichern.

Endlich muß ich noch bemerken, daß, da dieses Werk für alle gebildeten Leser bestimmt ist, ohne von diesen irgend welche speciellen Studien zu fordern, ich mich bemüht habe, so viel als möglich technische Ausdrücke, Nomenclaturen oder trockene wissenschaftliche Einzelheiten zu vermeiden. Andererseits wünschte ich doch, dem Leser einen allgemeinen Begriff von der Vegetation, der geologischen Beschaffenheit und den klimatischen Bedingungen der von mir besuchten Länder zu geben, und deshalb habe ich mich bestrebt, Betrachtungen dieser Art in ganz populärer Weise wiederzugeben. In einem Anhange habe ich, als „Beleg-Stücke" betitelt, alle Thatsachen vereinigt, die diesen Betrachtungen zu Grunde liegen, wie unter andern: die Listen der von mir gesammelten Pflanzen, meteorologische Tabellen,[1]) Beleuchtungen historischer Quellen, namentlich betreffs der Geschichte Karthagos rc. Es folgt daraus, daß, wenn diese Belegstücke für Fachmänner auch nicht ohne Interesse sein dürften, der größte Theil der Leser jedoch kein höheres Interesse daran hat. Denn die allgemein faßlichen Ueberblicke, die ich den Lesern in dieser Hinsicht vorlege, werden vollkommen genügen, sie in den Stand zu setzen, die erhabenen Erscheinungen der physischen Welt zu würdigen. Ohne Berücksichtigung derselben bleibt das Studium irgend eines Landes, und somit die geistigen Genüsse die es gewährt, unvollkommen und einseitig.

Gerade die von mir versuchte Lösung der schwierigen Aufgabe, die einander widerstreitenden Ansprüche des Gelehrten, des Literaten, des Künstlers und des Weltmanns zu vereinigen, ist es, die meinem Werke, wenn ich nicht irre, einen gewissen Anstrich von Neuheit und Originalität verleihen mag, denn das in dem Werke behandelte Land ist dem Publikum noch niemals unter der populären Gestalt eines Gemäldes vorgelegt worden, welches zugleich den Menschen und die Natur in ihren mannigfaltigen Offenbarungen darstellt.

Ich schmeichle mir mit der Hoffnung, daß das in Frankreich mit einer alle meine Erwartungen übertreffenden Gunst beehrte Werk auch in Deutschland sich einer wohlwollenden Aufnahme erfreuen wird, trotzdem ich mir vollkommen der Nothwendigkeit

[1]) Ich brauche kaum zu bemerken, daß alle in meinem Buche angeführten numerischen Werthe sich auf das Decimal-System beziehen, und auch dem zu Folge die thermometrischen Grade immer der centesimalen Scala entsprechen.

bewußt bin, die gütige Nachsicht meiner deutschen Richter betreffs der Sprache zu erbitten, denn, obwohl ich als französischer Schriftsteller seit zwanzig Jahren so ziemlich bekannt bin, ist es hier zum ersten Male, daß ich mir erlaube, eine größere Arbeit deutsch herauszugeben, freilich ohne die geringste Anmaßung, vor dem deutschen Publikum als Schriftsteller in seiner Sprache auftreten zu wollen.

Florenz, den 1. Juli 1882.

P. de Tchihatchef.

Erster Brief.

Cadiz, den 20. Oktober 1877.

Als ich am 25. September Paris verließ, um mich über Spanien nach Algier zu begeben, konnte ich nicht voraussehen, daß ich etwa zweier Monate bedürfen würde, um meinen Bestimmungsort zu erreichen. Von den Erinnerungen an den Orient durchdrungen, wo ich die schönsten Jahre meines Lebens verbracht, war ich so ungeduldig, den afrikanischen Boden zu betreten, daß ich glaubte, die Länder unseres alten prosaischen Europa's, die mich von meinem gelobten Lande trennten, nicht schnell genug durcheilen zu können. Nachdem ich jedoch die Pyrenäen kaum überstiegen, wurde mir klar, daß ich Europa eigentlich schon verlassen hatte, wenn ich mich auch nicht gerade im Orient befand, und eben dieser in Spanien hervorragend ausgeprägte locale Charakter war es, der mich bewog, so lange Zeit dort zu verweilen. Spanien ist vielleicht das einzige Land Europa's, das noch ein individuelles Gepräge beibehalten hat und, gleich einem eigenthümlichen Gebäude, von den Ländern grell absticht, die das übrige große europäische Gebiet bilden, die sämmtlich nach demselben Modell erbaut und deren Bewohner fast alle gleichmäßig gekleidet erscheinen.

Nachdem ich jenseits Bayonne den spanischen Boden betreten, lenkte ich meine Schritte über Burgos, Valladolid und Avila nach Madrid, auf diesem Wege mehr oder weniger dürre Ebenen durchlaufend, deren bedeutend hohe Lage sie einem ganz nordischen Klima aussetzt; auch hatte ich schon Ende September in Burgos und Valladolid durch Kälte zu leiden. Der Oelbaum ist, obwohl der Weinstock dort gedeiht, aus diesem ganzen nördlichen Theile Spaniens verbannt, ebenso erstaunt man über das Fehlen dieses Baumes unter dem milden Himmel von Bordeaux, dem klassischen Lande der Rebe. Ich will weder über Valladolid noch über das durch seine herrliche Kathedrale so berühmte Burgos Näheres berichten, da alles schon zu häufig beschrieben worden (u. a. in dem trefflichen Guide von Murray); aber über Avila möchte ich einige Worte sagen, weil dieser Ort, wie Murray selbst bemerkt, wenig besucht und bekannt ist und auch seine Beschreibung Avila's, trotz allem, was er darüber meldet, nur dürftig und lückenhaft ist; mit dieser Bemerkung erhebe ich keineswegs den Anspruch, diese Lücken auszufüllen.

Zwischen Valladolid und Avila beginnt der Granit sich durch mächtige Sandablagerungen zu drängen, welche die ausgedehnten Ebenen bedecken, die ich seit dem Eintritt in Spanien durchwandert hatte. In der Umgegend von Mingarria (6 Stunden von Valladolid) zeigt diese Gebirgsart sonderbare Anhäufungen von abgerundeten Blöcken, die wie riesenhafte Trümmer erscheinen und doch nur die Bloßlegung auslaufenden Gesteins sind. Diese ungeheuren granitischen Anhäufungen bedecken die Gegend bis Avila, und obwohl sie deren Einförmigkeit mindern, machen sie doch die Ebene zu einer unfruchtbaren steinigen Wüste. Je mehr man sich der Stadt nähert, desto waldiger wird die Gegend, jedoch ist auch die ganze Ebene von Avila mit Granit-Bruchstücken überschüttet.

Avila nimmt sich mit seinen thurmreichen Mauern sehr malerisch aus und erinnert in dieser Hinsicht an die kleine Stadt S. Gimignano, doch nicht an das lachende Thal Toskana's, in welchem letztere gelegen, denn das kalte Hochland Castiliens trägt gewissermaßen das Gepräge von Arabiens Peträa.

Wenn man Avila betritt, so glaubt man beim ersten Anblick sich in einer auf nackten Felsen gebauten orientalischen Stadt zu befinden, deren von scharfen Steinen strotzende, stets bergauf bergab laufende Straßen nur für Reiter oder Fußgänger zugänglich sind; die Erinnerungen an den Orient verschwinden jedoch, sobald man die christlichen Denkmäler erblickt, die uns in das volle Mittelalter versetzen. Es würde ein ganzes Buch erfordern, um die in den Kirchen und in andern Gebäuden der kleinen Stadt angehäuften Kunstschätze zu beschreiben; hier ist alles originell, selbst im Hinblick auf das so originelle Land, wie es Spanien ist.

Unter den Kirchen ist die in einer gewissen Entfernung von der Stadt gelegene Kirche des heiligen Thomas besonders merkwürdig. Das in derselben befindliche Grabmal Don Juan's, des einzigen Sohnes Ferdinand's und Isabella's, ist ein Meisterwerk der Skulptur: der junge Prinz, auf prachtvoller Decke aus weißem Marmor liegend, hinterläßt einen tiefen Eindruck, wenn man sich des grenzenlosen Schmerzes erinnert, den sein Tod dem Beherrscher des schönsten und größten Reiches der Welt bereitet hat. Ferdinand's einziger Erbe wurde mit dem jungen Prinzen plötzlich in der Blüthe seiner Jahre hinweggerafft, als er sich schon vorbereitete, seine hohe Bestimmung anzutreten. Die Kirche des heiligen Thomasus bildet einen Theil des Dominicaner-Klosters, eines großen, 80 Zimmer enthaltenden Gebäudes, das von 60 Mönchen bewohnt wird, und gehört zu den sehr wenigen Orten Spaniens (wie auch Italiens), wo die den Klöstern aufgelegte Umbildung eine so zahlreiche Klostercongregation verschont hat. Das Innere des Klosters, dessen Besuch den Frauen untersagt ist, strotzt von höchst interessanten Kunstdenkmälern des Mittelalters. Die Aussicht von der Esplanade, welche eine der Façaden der Kirche krönt, ist eine prachtvolle: der Blick umfaßt das düstere Panorama der verschiedenen granitischen Terrassen, nördlich von der Sierra di Avila begrenzt, die im Winter mit glänzenden Schneemassen bedeckt ist. Das Klima Avila's ist fast wie das einer subalpinen Region; wir litten am ersten Oktober durch Kälte, während in dem übrigen mittäglichen Europa der Himmel alle Reize der schönsten Jahreszeit entfaltete.

Der die Umgegend von Avila bildende Granit von weißlicher Farbe besteht aus weißem Quarz, blutrothem Feldspath und schwarzem Glimmer, und enthält mehr oder weniger große Stücke eines dunkleren Granits. Die Mehrzahl der Kirchen ist aus diesem Granit erbaut; so auch die Kathedrale, deren prachtvoll verziertes Inneres ebenso merkwürdig ist, wie das Aeußere, das dem Gebäude das Aussehen einer Citadelle, einer wirklichen Kirchenfestung verleiht. Die Alleen, welche die malerischen Mauern der Stadt außen umsäumen, sind mit Platanen, Ulmen 2c., sowie mit kräftigen Sträuchern der Datura stramonium bepflanzt.

Die von Avila bis Escurial stets dürre Gegend steigt stetig an und erreicht bei Navalgrande eine Höhe von 1472 m; die Tunnel werden häufiger, und ich zählte ihrer 44 zwischen Navalgrande und Escurial. Bei der Station La Canada fällt die Straße, aber es bleibt die steinige Gegend immer einförmig, obwohl in der Ferne die malerische Gebirgskette von Toledo sichtbar wird. Die Umgegend von Navalperal ist mit schönem Gehölz von Fichten und Eichen bekleidet, und hier war es, wo ich seit der Fahrt zwischen Valladolid und Avila die Coniferen zum ersten Male wieder erscheinen sah. Die Fichtengehölze treten jedoch in

1*

jenem Landstrich viel weniger dicht auf als hier, auch gewinnt die Gegend ein ganz anderes Ansehen, da alle Berge mit schönen Wäldern von Fichten, Eichen, Ulmen zc. bekleidet sind. Der Granit ist der Fruchtbarkeit des Bodens jedoch nicht günstig; überall zeigen sich nackte Felsen und Blöcke ohne die geringste vegetabilische Erde. Die Fichten (Pinus silvestris) sind häufig von ihrer Rinde entblößt, ohne Zweifel um das herausfließende Harz zu gewinnen. Die schönen Wälder nehmen abermals ab und werden stets lichter, so daß die Berge, noch bevor die Station Robledo (975 m) erreicht, bloß Sträucher von Wachholder (Juniperus oxycedrus), Ginster, Cistrosen zc. zeigen. An mehreren Punkten geht die Eisenbahn zwischen hohen Wänden von Granit hindurch, welche ungeheure weiße Feldspath-Krystalle enthalten und der Gebirgsart einen porphyrartigen Charakter geben.

Von Robledo steigt man in die Ebene von Madrid, die bis zum Escurial das Ansehen einer vulcanischen Gegend hat: der Granit tritt dort bald als lang gezogener Streifen, bald als Kegel und, in Anhöhen aus abgerundeten, aufeinander gethürmten Blöcken bestehend, öfter in Gestalt riesenhafter Pilze, spitzer Pyramiden, Thürmchen und dergl. auf, kurz, das vollkommenste Bild vulcanischer Ausbrüche mit deren mannigfaltig geformten Lavaströmen, wie man sie in der Auvergne und noch weit auffallender in der von mir beschriebenen classischen Catacecaumene Kleinasiens [1]) sieht.

In der Nähe von Escurial wird die Gegend waldiger, und die prachtvollen Kuppeln des Klosters erheben sich inmitten schöner Baumgruppen, so daß die Gegend nichts von dem düstern, dürren Aussehen hat, das man unwillkürlich mit der Vorstellung dieses einsamen und traurigen Palastes verbindet. Doch ist es nur eine Oase inmitten der Wüste: kaum hat man den Escurial hinter sich gelassen, so nimmt die Ebene abermals ihr voriges Ansehen mit ihren granitnen Adern und Ausbrüchen an. Wenig bewaldet, ist sie von nackten Bergen umringt, die nur in nordwestlicher Richtung minder einförmige Umrisse zeigen. Der Granit erstreckt sich jedoch nicht bis Madrid, denn in einer gewissen Entfernung von der Hauptstadt verschwindet das feste Gerüst des Bodens abermals unter mächtigen Sandablagerungen, wahrscheinlich Produkte der Verwitterung der Granite; zu gleicher Zeit wird die Ebene flacher

[1]) Vgl. Tchihatchef. Asie Mineure, partie géologique, vol. 1, p. 210, Paris.

und ist ziemlich gut bebaut. Hie und da zeigen sich Weinstöcke, immer niedrig, fast kriechend, wie es in Spanien meist der Fall ist und einen grellen Kontrast zu den hochemporstrebenden Weinstöcken Italiens bietet, wo sich dieselben, mit Bäumen abwechselnd, vermittelst ihrer verschlingenden Guirlanden und Gewinde mit einander verbinden.

Ohne mich im Escurial aufzuhalten, zog ich es vor, die Ebene sogleich zu passiren, um mich unmittelbar nach Madrid zu begeben, mit dem Vorsatze, später jenes berühmte Denkmal zu besuchen, das zu ausgedehnt und zu wichtig ist, um nur im Vorübergehen gesehen zu werden. Ihnen über Madrid etwas zu berichten, enthalte ich mich aus denselben Gründen, die mich bestimmten, eine Reihe interessanter Orte Spaniens, welche so oft und in so vielen Sprachen beschrieben worden, mit Stillschweigen zu übergehen. Giebt es in der That jemand, der nicht wenigstens in Reisebüchern die berühmten Galerien Madrids, deren Gemälde unzählige Male gravirt, lithographirt oder photographirt an den Fensterläden der Hauptstädte Europa's prangen, durchmustert hätte? Anders verhält es sich mit dem Escurial, wo wir bald darauf einen Tag verbrachten. Ueber dieses riesenhafte Denkmal einer mystischen Vergangenheit, das noch nicht ganz das Gemeingut der europäischen Colportage geworden ist, kann man noch manches sagen, ohne allgemein Bekanntes wiederholen zu müssen.

Wenn man den Escurial von seiner Vorderseite aus durch ein kleines Thor, das nach dem Hof des heiligen Lorenzo führt, betritt, so erblickt man an der Mauer desselben die Kinnladen eines im Jahre 1574 in Valence gefangenen Walfisches aufgehängt, die zu einer interessanten Vergleichung Anlaß gaben. Sie erinnern nämlich an die Knochengerüste desselben Meerungeheuers, die auf dem Thore des Serails von Konstantinopel aufgestellt sind, nur daß in der türkischen Hauptstadt diese Knochen, deren Fundort unbekannt ist, für Reste des Gerippes eines Riesen gelten, ebenso wie man glaubte, solche Reste in dem auf der asiatischen Küste des Bosporus gelegenen Berge gefunden zu haben, der auch jetzt noch mit dem Namen Riesenberg bezeichnet wird.

Was in dem Escurial sogleich auffällt, ist die merkwürdige Erhaltung der Fresken, welche die Mauern bekleiden, und von denen mehrere aus der Zeit Philipp's II. herstammen. Man möchte glauben, daß, so wie in den ägyptischen Katakomben die Zeit sich vorbehalten hatte, uns die Spuren des heidnischen Aberglaubens und Despotismus unversehrt zu überliefern, sie auch mit derselben Fürsorge hier das düstere Denkmal des christlichen Fanatismus bewacht habe.

Bei allen Kunstschätzen des Escurials, wie auch in dem Museum von Madrid, ist der Antheil der italienischen Künstler ein außerordentlich großer; alles verkündet, daß die Fürsten, welche solche Schätze anhäuften, die civilisirtesten Länder Europa's beherrschten und dieselben tüchtig ausbeuteten, ganz so, wie die Kaiser des byzantinischen Reiches Griechenland und Kleinasien ausplünderten, um ihre neue Hauptstadt zu schmücken.

Ein anderer, im Escurial nicht minder auffallender Zug ist der grelle Kontrast zwischen der Kleinheit und Armuth der persönlichen Wohnung Philipp's II. und den ungeheuren Verhältnissen der dem religiösen Dienste oder dem bequemen Aufenthalt der Mönche gewidmeten Zimmer. Diese Zimmer zählen nicht weniger als 11,000 Fenster, während kaum ein schwacher Lichtstrahl durch eine kleine Thür in die enge Stube eindringt, welche ehemals von dem Beherrscher zweier Welttheile bewohnt worden, dessen Seele durch das Ideal des priesterlichen Kultus so vollkommen erfüllt war, daß darin kein Platz mehr für seine Person und noch weniger für das Wohlsein seiner zahlreichen Unterthanen übrig blieb.

Ich konnte diese düstere Wohnung Philipp's II. nicht verlassen, ohne den Wunsch zu hegen, mit Bleistift auf die nackte, vermoderte Mauer die Verse Goethe's zu schreiben:

Zu bedauern ist die Menschheit,
Will ein Priester sie regieren;
Statt den Himmel ihr zu geben,
Raubt er ihr der Erden Güter.

Die Bücher der prachtvollen Bibliothek des Palastes sind seltsamer Weise derart in den Schränken aufgestellt, daß die vergoldeten Seiten auswärts, die Rücken der Bücher aber nach innen gekehrt wurden, als ob die Besitzer des Escurials dem Publikum andeuten wollten, daß es die Titel der Werke nicht zu kennen brauche, da dieselben nicht für seinen Gebrauch seien: eine Andeutung, welche das spanische Publikum zu befolgen gewiß sehr geneigt war.

Nachdem ich mit meiner Frau einen Tag im Escurial verbracht, kehrten wir nach Madrid zurück, wo ich meiner Begleiterin noch vor unserer Abreise eines der Schauspiele, das man glücklicher Weise nur noch in Spanien sehen kann, zu zeigen wünschte, nämlich ein Stiergefecht. Natürlich war es meine Absicht, ihr nur den Genuß zu gewähren, welchen ein Blick auf das malerische Bild der Anordnung eines solchen Festes darbietet; nur eines flüchtigen Blickes ist dasselbe würdig, da das Erscheinen des ersten Stieres, der auf seinen Hörnern die zuckenden Eingeweide des von ihm niedergeworfenen Pferdes trägt, gewiß genügt, um jeden Zuschauer und besonders jede Zuschauerin, die nicht die Ehre genießen Spanier zu sein, mit Grausen und Widerwillen zu erfüllen. Ich brauche wohl kaum hinzuzufügen, daß dieser Eindruck auch von meiner Frau empfunden wurde und sie sich beeilte, sogleich nach dem Beginn des Gefechts das schreckliche Schauspiel zu verlassen. Gewisse Gebräuche, gewisse nationale Feste geben einen ziemlich richtigen Maßstab der Civilisation eines Volkes; man kann daher behaupten, daß wenn unter den Orientalen der Ausschluß der Frauen und die Vielweiberei für die Civilisation stets ein Hemmniß sein werden, man zu derselben Folgerung in Betreff der Spanier berechtigt ist, so lange sie das Bedürfniß fühlen werden, sich durch blutige, barbarische Schauspiele, wie es die Stiergefechte sind, zu ergötzen. Glücklicher Weise konnte ich mich überzeugen, daß auch die Spanier in dieser Hinsicht seit meinem ersten Besuche vor etwa dreißig Jahren vorgeschritten sind; diesmal hatte ich das Vergnügen zu bemerken, daß die Anzahl der weiblichen Zuschauer sehr abgenommen hatte, und es wurde mir versichert, daß das Schauspiel täglich an Freunden verliere.

Wir verließen am 8. October Madrid, um uns nach Toledo zu begeben. Die ziemlich einförmige Gegend wird erst in der Nähe des Tajo, auf dessen aus Granit und Gneis bestehenden Ufern sich Toledo erhebt, anmuthiger. Diese Felsarten haben das Baumaterial für die schönen Gebäude der Stadt geliefert, unter anderen auch für die Kathedrale, eines der prächtigsten Denkmäler der sogenannten gothischen Architektur. Andererseits hat die maurische Baukunst zahlreiche Denkmäler in den alten, jetzt in Kirchen oder Privathäuser verwandelten Synagogen zurückgelassen. Unglücklicher Weise sind fast überall die zierlichen Arabesken, welche die Mauern bekleideten, mit weißem Stuck verdeckt, ein Act der Barbarei, der nicht aus sehr alter Zeit herstammt. Wenn die Denkmäler Toledo's das doppelte Gepräge des Mittelalters und des Orients tragen, so erinnern die Häuser eher an Europa, oder an die Städte des nördlichen, nicht aber des südlichen Orients, weil sie keine Terrassen haben, sondern gewöhnliche Dächer tragen; es sind Häuser, wie die von Konstantinopel oder Kutaya, nicht aber von Smyrna, Tarsus &c.

Das Klima von Toledo hat den Charakter der excessiven Klimate: die Sommer sind heiß und die Winter hinlänglich kalt, um den Tajo mit einem dicken, das Gewicht eines Menschen tragenden Eise zu bedecken. Gewöhnlich beginnt die rauhe Jahreszeit, der ein schöner Herbst vorangeht, im December; so erfreuten wir uns im October einer glänzenden Sonne, jedoch waren die Morgen und Abende sehr kühl. Der Olivenbaum wird in Toledo gebaut und liefert ein nicht ganz gutes Oel, das jedoch den Bedürfnissen der Stadt genügt. Da Toledo eine Meereshöhe von 789 m hat, während der Olivenbaum weder in Burgos (817 m), noch in Madrid (795 m) und selbst nicht in Valladolid (682 m) vorhanden ist — alles Städte, bei denen der Weinstock gebaut wird — so folgt daraus, daß, wenn der Olivenbaum in Toledo gedeiht, das nur 28 m niedriger als Burgos, 6 m unter Madrid, aber 107 m höher als Valladolid liegt, diese Erscheinung von ganz localen Ursachen abhängen muß, denn die Unterschiede zwischen den respectiven Breiten sind nicht beträchtlich genug, um dieselbe zu erklären.

Ich habe mich in Toledo umsonst nach den prächtigen Gärten und den Repräsentanten der berühmten Rinder-Rasse umgesehen, welche arabische Schriftsteller hier erwähnen; namentlich sagt Abulfeda (14. Jahrh.)[1]), daß in Tholanthele die Blume des Granatbaumes so groß sei, wie die Frucht in anderen Ländern; Edrisi[2]) rühmt die Schönheit des Hornviehes, das auf den in der Nähe von Toleitale gelegenen Gebirgen weidet, und fügt hinzu: „es ist unmöglich, schönere, ganz ausgezeichnete Milch und Butter gebende Thiere zu sehen; es giebt keine mageren unter ihnen, was in ganz Spanien sprichwörtlich ist." Freilich ist es ganz natürlich, daß die schönen Gärten wie auch das berühmte Hornvieh in einer Stadt verschwunden sind, die in den Beschreibungen, welche von derselben durch die genannten arabischen Geographen verhältnißmäßig ziemlich neueren Datums geliefert worden, nicht zu erkennen ist. So meldet Edrisi (loc. cit.), daß nicht bloß zu seiner Zeit Toledo durch seine Größe, seinen Reichthum und die Anzahl seiner Bewohner (heute kaum 18000 zählend) sich auszeichnete, sondern schon zur Zeit seiner Eroberung durch die Araber (8. Jahrh.) eine überaus

[1]) Géographie d'Aboulfeda, traduite de l'arabe par Reinaud, t. II. p. 225.

[2]) Géographie d'Edrisi, traduite de l'arabe par A. Joubert, t. II. p. 31.

prachtvolle Stadt gewesen sei, denn die Araber fanden dort, wie Edrisi sagt, „unermeßliche Reichthümer, Perlen und Edelsteine in großen Haufen, unter andern Kunstschätzen auch die Tafeln Salomon's mit Smaragden geschmückt, welche sich jetzt in Rom befinden."

Weder Edrisi noch Abulfeda nennt Waffen unter den bedeutendsten Erzeugnissen der Industrie von Toledo, und doch bildet hier die Waffenfabrikation noch heute die einzige Erinnerung an eine glorreiche, gänzlich entschwundene Vergangenheit; die Degen, Klingen, Säbel und Messer von Toledo sind heute fast eben so berühmt wie im Mittelalter. Uebrigens scheint ein Umstand zu beweisen, daß diese Industrie in Toledo schon vor der Eroberung der Araber vorhanden war: Edrisi (loc. cit.) erwähnt unter den werthvollen Gegenständen, welche die reiche Beute der Eroberer bildeten, tausend damascirte Säbel, Mel genannt.

Trotz des höchst anziehenden artistischen Glanzes, der die merkwürdige Stadt umstrahlt, sehnten wir uns doch mit Ungeduld nach einem südlicheren Himmel und beeilten uns deshalb, am 9. October, dem Tage nach unserer Ankunft in Toledo, nach Cordova abzureisen.

Bis zur Sierra Morena ist die Gegend ziemlich einförmig und flach, gestaltet sich sogar zu einer dürren Steppe, inmitten welcher das Städtchen Argamasilla liegt. Die traurige Ebene ist ein Theil der durch Cervantes berühmt gewordenen La Mancha, und glaubt man sogar, daß dieser große Mann seinen unsterblichen Don Quixote in Argamasilla geschrieben habe. Im Nordosten durch die Bergkette von Toledo begrenzt, entfaltet sich die Ebene gegen Osten zu einer unabsehbaren Fläche, wo man nur am fernen Horizont hie und da die dunstigen Umrisse der nördlichen Vorberge der Sierra Morena erblickt. Zwischen Manzanarès und Val de Peña verliert die Ebene ihren Wüstencharakter, und man erfreut sich des Anblickes von Olivenwäldchen und ausgedehntem Weinbau. Der Weinstock kommt aus der Bourgogne und giebt einen vortrefflichen Wein, etwas stärker als der von Macon; der steinige, durch Eisenoxyd roth oder gelb gefärbte Boden scheint der Weinrebe besonders günstig zu sein. Die für die Aufbewahrung des Weins bestimmten Gefäße, eine Art von Amphora, sind von ungeheurer Größe und in bedeutender Anzahl rings um die kleine Stadt Val de Peña aufgestellt: alle von Stein, oben mit runder Oeffnung, unten in eine Spitze auslaufend.

In geringer Entfernung von Val de Peña beginnt die Straße leicht zu steigen bis Venta de Cardenas, das den Culminationspunkt des über die Sierra Morena führenden Weges darstellt. Nur auf ihrem südlichen Abhange gestaltet sich die Sierra Morena zu einer schönen Berglandschaft; dort erheben sich die Thon- und Glimmerschiefer-Felsen in kühnen Formen und bilden oft bewaldete Anhöhen, was diesem Theile des Gebirges einen malerischen, ja grandiosen Charakter giebt, obwohl derselbe mit den Schweizer Alpen nicht zu vergleichen ist. Da der südliche Abhang der Sierra Morena von steilen Felsen strotzt, so war man gezwungen, diese öfter zu durchbohren, so daß ich auf diesem kurzen Raume elf schnell auf einander folgende Tunnel zählte. Ist man den südlichen Abhang des Gebirges hinabgestiegen in die Ebene, wo sich die kleine Stadt Santa Elena befindet, so nimmt die Gegend bis Cordova wieder ihren einförmigen Charakter an; die Vegetation verkündet jedoch schon, daß man das rauhe Hochland Castiliens verläßt und sich dem warmen Andalusien nähert.

Trotzdem hat sowohl in Cordova wie in den nahe liegenden Dörfern der äußere Charakter noch nicht ganz den nordischen Anstrich verloren: die Dächer der Häuser bestehen noch öfter aus Ziegeln und sind abschüssig, statt daß sich dieselben wie im Orient in ebenen weißen Flächen entfalten; ja sogar die berühmte Mezquita (die so benannte Kathedrale, weil sie ehemals eine Moschee gewesen) trägt ein Ziegeldach und ihr Thurm eine viereckige statt der runden Form, gleich den mohammedanischen Minarets. Daher kommt es, daß, wenn auch das Innere der Gebäude Cordova's reich an maurischen Anklängen ist, ihr Aeußeres doch wenig an den Orient erinnert. Tritt man durch den malerischen, mit Palmen und Orangenbäumen beschatteten Vorhof in die Kathedrale, so befindet man sich inmitten eines Waldes von originell geformten Säulen (man zählt deren noch 850) und wähnt sich wirklich im Orient und träumt von den Moscheen Kairo's und von Damaskus; sobald man aber das feenhafte Gebäude verlassen hat und es von der Straße aus betrachtet, glaubt man vor einer gothischen Festung zu stehen, welche die in ihrem Innern verborgenen Schätze gar nicht vermuthen läßt. Wie sehr würden auch diese Schätze unbedeutend erscheinen im Vergleich zu der Pracht, welche jene Moschee besessen haben soll nach der Schilderung eines Augenzeugen, des berühmten Edrisi. In seinem großen geographischen Werke, übersetzt von Joubert (loc. cit. t. II. p. 57), sind vier Quartseiten nur der Beschreibung des Innern der Moschee gewidmet, die Edrisi als einzig in der ganzen mohammedanischen Welt bezeichnet. Von dem so reich entworfenen Bilde möge hier Folgendes genügen: die Moschee hatte 113 Armleuchter (Candelaber), deren größter 1000, der kleinste 12 Lampen trug, so daß bei der Annahme von nur 10 großen Armleuchtern und nur 12 Lampen bei allen übrigen, die Moschee wenigstens durch 11,236 Lampen erleuchtet worden ist. Nun aber zählt Abulfeda in Cordova 1600 Moscheen, und welch ein bezauberndes Schauspiel muß es gewesen sein, wenn alle diese Moscheen gleich glänzenden Sternen aufleuchteten! Und doch schrieb Abulfeda zu einer Zeit, als die arabische Herrschaft in Spanien sich ihrem Sturze näherte, denn er sagt mit Wehmuth, daß der größte Theil von Andalos (Andalusien) sich in den Händen der Christen befinde, und daß nur das Königreich Granada, dessen König Ibn-Alahma von den Franken stark bedrängt ist und von niemandem Hülfe erhoffen kann, die Herrschaft des Islams anerkenne.[1]) Außer den prachtvollen, von Edrisi und Abulfeda beschriebenen Moscheen besaß Cordova noch ein viel werthvolleres Denkmal, nämlich seine berühmte Bibliothek, die nicht bloß alles, was damals Europa in dieser Hinsicht besaß, übertraf, sondern sich auch mit unseren bedeutendsten Büchersammlungen messen konnte, denn die schon 915 n. Chr. eröffnete Bibliothek enthielt 600,000 Handschriften, deren Catalog allein 44 Bände bildete.[2])

Die Gegend, welche man von Cordova nach Sevilla durchwandert, ist eine weite Ebene, zuerst mit Olivengehölzen, die zwischen Cordova und Almodovar erscheinen, bedeckt, dann aber dürr und waldlos; sie ist jedoch an mehreren Punkten (zwischen Tuna und Brenes) mit Zwergpalmen, diesem treuen Gefährten der afrikanischen Vegetation, den ich in Spanien noch nicht gesehen hatte und mit Freude begrüßte, bekleidet. Häufig zeigt sich die Eisenbahn von Hecken von Agave und Opuntia eingefaßt: ebenfalls ein Vorläufer Afrika's, über dessen Abwesenheit oder große Seltenheit in Klein-Asien ich mich immer sehr gewundert hatte.

Wie in Cordova, so tritt auch in Sevilla der orientalische Charakter weit mehr in dem Innern der Wohnungen mit ihren beschatteten, durch sprudelnde Springbrunnen erfrischten Patios, als in dem äußern Ansehen der Gebäude hervor, die sich wenig von den unsrigen, Ziegeldächer tragenden unterscheiden. Andererseits liefern die Gewohnheiten, die Gebräuche und das ganze häusliche

---

[1]) Abulfeda, loc. cit., t. II, p. 349.

[2]) Daremberg, Histoire des Sciences médicales, t. I, p. 270.

Leben des Volkes eine Menge von Zügen, welche lebhaft an den Orient erinnern. So unter andern bildet in Sevilla und mehr oder weniger in ganz Spanien, wie im Orient, das Hammelfleisch, nicht aber Rindfleisch, die Hauptnahrung des Volkes, denn weder als Schlachtvieh noch als Repräsentant seiner Rasse macht der Stier dem klassischen Lande der Toros viel Ehre; ebenfalls wird hier wie im Orient Butter durch Oel, und Kuhmilch durch Ziegenmilch ersetzt. Ein anderer an den Orient erinnernder Zug ist die Sitte des Rauchens; die Frauen thun dies zwar nicht, aber die Männer rauchen fortwährend die Cigarre (jetzt meist durch die Papiercigarrette verdrängt) und nicht die Pfeife; in Spanien wie im Orient zählt der Rauchtabak nicht zum Luxus, sondern zu den Lebensbedingungen. Wie die Pfeife den Pascha wie den Fellah überallhin begleitet, so wird die Cigarre ebenso beständig im Munde des spanischen Granden wie in dem des gemeinsten Mannes gefunden. Der Orient und Spanien sind die einzigen Länder der Welt, in denen der Bettler mit der Pfeife oder Cigarre in der Hand Almosen erbittet; daher der Orientale niemals glaubt, mit dem Anzünden seiner Pfeife jemanden zu beeinträchtigen, ganz so wie der immer und überall rauchende Spanier, selbst wenn er sich in einem Wagen mit Damen befindet, trotzdem vielleicht nirgends in der Welt die Frau mit so großer Höflichkeit behandelt wird, wie in Spanien.

Die besondere Vorliebe des spanischen Volkes für das Trinkwasser, eine Vorliebe, die von den Bewohnern anderer Länder des südlichen Europa's keineswegs getheilt wird, erinnert an des Orientalen ausschließlichen Gebrauch dieses primitiven Getränks. Während in südlichen Gegenden Europa's an öffentlichen Orten eher Wein als Wasser feil geboten wird, findet in Spanien wie im Orient das Gegentheil statt, so daß ich durch die Rufe: „agua, agua!“ an Eisenbahn-Stationen oder in den Straßen Sevilla's wiederholt lebhaft an das laute Ausrufen: „souk su!“ (frisches Wasser) in den Straßen und Kaffeehäusern Konstantinopels und Kairo's erinnert wurde.

Endlich hat der Spanier, gleich dem Orientalen, in seinem Gange und seinen Geberden, wie in seiner Art aufrecht zu stehen oder zu sitzen, einen Ausdruck von Würde und Zurückhaltung, welche von den Gewohnheiten anderer Völker grell absticht, sogar die Gesittetsten nicht ausgenommen, bei denen Rücksichtslosigkeit und Impertinenz nur zu oft als Zeichen einer feinen aristokratischen Erziehung gelten. In Spanien würde man gewiß nicht öffentliche

Parlaments-Versammlungen sehen, in denen der Sitzungsraum von oben betrachtet fast ebenso viele Beine wie Köpfe zeigt. Dem Spanier wie dem Orientalen ist das Gefühl für Schicklichkeit und Zurückhaltung angeboren, und er verletzt es weder im öffentlichen noch im Privatleben.

Es wäre leicht, noch viele andere, den Spanier und Orientalen gemeinsam charakterisirende Züge anzuführen, und wenn ich von Sevilla sprechend mehrere derselben erwähnte, so geschah es nicht, weil etwa die von mir besuchten nördlichen Gegenden Spaniens zu solchen Vergleichungen nicht ebenfalls Anlaß gegeben hatten, sondern weil jene Züge in Sevilla wie in Andalusien überhaupt besonders scharf ausgeprägt sind, da die arabische Herrschaft eben in dieser Provinz viel länger gedauert hat, als im übrigen Spanien. Außer den an den Orient erinnernden Anklängen giebt es noch andere, die für die Spanier charakteristisch sind und diesen ausschließlich angehören. Hierher gehört vor allem das Gefühl der Achtung für die Individualiät und menschliche Würde, ein Gefühl, das sich schon in dem Sprachgebrauch gewisser gemeinsamer Formen offenbart; denn ein Volk, das dieselben Höflichkeits-Ausdrücke Jedermann ohne Unterschied gestattet, muß voraussetzen, daß alle vollkommen gleich sind. So hat der winzigste Krämer denselben Anspruch auf den Titel „Cavalliero", wie der durch seine Lage, Geburt oder seinen Reichthum höchstgestellte Mann; ferner darf die Partikel usted, welche bloß eine Verschmelzung der zwei Worte vuestra merced (Euer Gnaden) ist, niemals unterlassen werden, sobald man jemanden spanisch anredet, eine Sitte, die sich der Fremde nicht so bald aneignet, da es ihm anfangs schwer fällt, den Burschen, der seine Stiefel putzt, oder den Knecht, der sein Gepäck auf die Schultern ladet, so zu qualifiziren. In dieser Hinsicht unterscheidet sich der Spanier schroff von dem Orientalen, denn der Ausdruck der Würde, die dem letztern ebenfalls in der äußern Haltung eigen, setzt nicht die vollkommene Gleichheit aller Glieder der Gesellschaft voraus. Im Orient küßt der Mann des Pöbels den Saum des Kleides seines Vorgesetzten, so wie dieser sich vor seinem Herrscher zu Boden wirft; beim Spanier hingegen ist das Gefühl der vollkommenen Gleichheit ein Gefühl der Rasse, das während aller Phasen seiner Geschichte nie aufgehört hat sich zu behaupten. Aus diesem so tief eingewurzelten Gefühl entspringt die außerordentliche Höflichkeit, die er in allen Handlungen des privaten oder öffentlichen Lebens offenbart, und die im Verhältniß bei den gesittetsten und die allgemeine Gleichheit vor dem Gesetze am meisten anerkennenden Völkern so wenig entwickelt ist. So z. B. muß es den Franzosen und weit mehr noch den Amerikanern und Engländern auffallen, wenn sie den in einem Kaffeehause oder Restaurant sitzenden Spanier beim Eintritt einer Dame sich von seinem Platze erheben und das Haupt entblößen sehen, oder den Fremden begrüßen, neben welchen er sich an einer Table d'hôte. im Eisenbahnwagen oder in der Diligence befindet. Diese Höflichkeitssitte gilt für den Spanier nicht bloß in seinem eignen Lande, sondern auch in der Fremde; sie ist ihm angeboren und unterscheidet sich merklich von jenen Gebräuchen, die sich nur auf das eigene Land beziehen und die man außerhalb aufgiebt. Ein solcher Unterschied besteht z. B. zwischen Franzosen und Engländern in Betreff der äußern Haltung und Kleidung. Der wohlerzogene Franzose hält auf Eleganz, er mag inner- oder außerhalb Frankreichs sein; für den Engländer dagegen ist die strenge Wahl der Kleidung eine Art localer Auszeichnung, die er London oder den Hauptstädten Englands schuldig zu sein glaubt, die er aber als eine lästige Bürde betrachtet, von der er sich zu befreien bemüht ist, sobald er den Fuß auf den Continent gesetzt hat, wo er denn auch schnell beflissen ist, sich für den erduldeten Zwang durch die sonderbarste Freiheit in seiner Toilette schadlos zu halten.

Aber kehren wir nach Sevilla zurück, das zu dieser kleinen Abschweifung Anlaß gegeben.

Während der seit meinem ersten Besuch verflossenen dreißig Jahre hatte Sevilla in Hinsicht auf Reinlichkeit und Eleganz sehr bedeutend gewonnen. Ein großer Theil der Straßen ist, wie in großen italienischen Städten, mit flachen Steinplatten gepflastert worden, und man ist nicht mehr wie sonst gezwungen, in jämmerlichen Kneipen (posadas) abzusteigen, sondern hat unter vorzüglichen Gasthäusern, wie z. B. dem kürzlich eröffneten Quatre-Nations, die Wahl, der zahlreichen, für Fremde bequem eingerichteten Privathäuser nicht zu gedenken. Die Lebensthätigkeit Sevilla's bietet einen grellen Kontrast mit den Städten Nordspaniens: die Haupt- und öffentlichen Plätze, wie z. B. der schöne Platz von Sante-Ferdinando (sonst auch Nueva plaza benannt) wimmeln stets und namentlich Abends, wo sich die Kaffeehäuser füllen, von lärmenden Volksmassen, was an Neapel, aber an ein orientalisches Neapel erinnert, mit seinen besondern Trachten, seiner gutturalen, arabisch klingenden Sprache und seinen engen Straßen, die, von malerischen Häusern eingefaßt, durch die halbgeöffnete Thür einen Blick in den mit Palmen und Bananen umschatteten und durch funkelnde Springbrunnen belebten Hof gestatten; es ist ein lebhaft auf Smyrna hinweisendes Schauspiel, wenn sich die Einwohner an einem schönen Sommerabend auf der Schwelle ihrer netten, weißen, dem erfrischenden Meereswinde geöffneten Häuser versammeln.

Aber was weder Smyrna noch irgend eine orientalische Stadt zu bieten vermag, das sind die in Sevilla so freigebig angehäuften Kunstschätze. Die Bildergalerie und die Kirche des Krankenhauses der Barmherzigkeit (la Caridad) sind einzig in ganz Spanien als Repräsentanten des nationalen Kunstgeistes. Die öffentliche Bildergalerie besteht nur aus Meisterstücken von Murillo (24 Originale), Zurbaran und andern hervorragenden spanischen Künstlern, die hier ausschließlich thronen, ohne ihre Herrschaft mit Künstlern fremder Länder, besonders Italiens, zu theilen, wie es in Madrid der Fall. Die prachtvolle Kapelle des Krankenhauses der Barmherzigkeit besitzt ebenfalls sechs der berühmtesten Gemälde Murillo's. Außerdem ist dieses Krankenhaus gewiß das malerischste Hospital der Welt: das Gebäude enthält einen weiten, mit Bananen umschatteten Hof, der den Kranken nicht nur einen bequemen Spaziergang, sondern auch den Genuß anmuthiger künstlerischer Eindrücke gewährt. Die von ihnen bewohnten Zimmer sind geräumig, von auffallender Reinlichkeit und enthalten über achtzig schön symmetrisch aufgestellte Betten. Die Anstalt umschließt ein Frauenkloster, es ist aber die Zahl der barmherzigen Schwestern, denen die Sorge der Kranken anvertraut wird, auf dreizehn reducirt; unter den Kranken habe ich keinen jungen Mann bemerkt. Das Refectorium ist ebenfalls geräumig und von außerordentlicher Sauberkeit.

Unter den Vertretern arabischer Baukunst kann man schwerlich etwas Schöneres sehen, als den Palast des Herzogs von Alba und die Casa del Pilatos, beide umgeben von Höfen, die mit Arabesken und Marmorsäulen geschmückt sind und von Gärten, die im Schatten dichter Orangen und Citronenbäume liegen. Die Casa del Pilatos, dem Herzog von Medina di Celi gehörend, beweist, daß die maurische Baukunst die arabische Herrschaft lange überlebt hat; das Gebäude wurde im Jahre 1519 und gewiß durch arabische, den glorreichen Ueberlieferungen der großen Werke der Alhambra treu gebliebene Baukünstler errichtet. Schließlich sei noch der berühmten Kathedrale von Sevilla gedacht, eines Denkmals, das Künstler und Reisende aller Länder zu beschreiben oder bildlich darzustellen so oft bemüht gewesen sind.

Die unmittelbare Umgegend von Sevilla ist ziemlich einförmig und hat nichts Malerisches; doch nimmt sich der Guadalquivir recht anmuthig aus; obwohl nicht breit, so ist der Fluß doch vollkommen schiffbar, und wir fanden ihn von einer großen Anzahl dicht am Quai der Stadt geankerter Schiffe belebt, was ihm das Ansehen einer kleinen Themse gab. Die öffentlichen Spaziergänge, besonders die unter dem Namen „Las Delicias" bekannten, sind ebenfalls nicht ohne Reiz, aber weder auf den Spaziergängen noch in den Straßen der Stadt habe ich irgend einen würdigen Repräsentanten der arabischen Pferde-Rasse bemerkt: ich sah nur ziemlich gewöhnliche Thiere vor wenig geschmackvolle Wagen gespannt; öfter werden letztere von kräftigen Mauleseln gezogen, die mit malerischem, zahlreiche Schellen tragendem Geschirr geschmückt sind.

Der ursprüngliche Charakter der verschiedenen Provinzialtrachten verschwindet mehr und mehr in Sevilla wie im übrigen Spanien, seitdem die Frauen die Mantilla und den Fächer mit der kosmopolitischen Tracht vertauschen. Als ich vor etwa 30 Jahren die Cigarren-Manufactur besuchte, in welcher mehrere Hunderte von Frauen mit der Bereitung dieses wichtigen Handelsartikels beschäftigt sind, erfreute ich mich an den verschiedenen Trachten der anmuthigen Arbeiterinnen, aber diesmal erblickte ich nur ebenso gekleidete Frauen, wie sie in den Arbeitshäusern unserer Städte und Dörfer vorkommen.

Wenn aber einerseits die Spanier wähnen, sich mehr den civilisirten Völkern zu nähern, indem sie ihre Nationaltracht aufgeben, so haften sie doch an gewissen Vorurtheilen, die ich längst verschwunden glaubte, wie z. B. an jenem, das den Frauen nicht gestattet, ihre Fußbekleidung sehen zu lassen. Ich würde das Vorhandensein dieser alten Grille nicht für möglich gehalten haben, hätte ich nicht die Gelegenheit gehabt, sie bestätigt zu sehen. Als ich nämlich eines Tages mit meiner Frau auf der Bank eines Platzes saß, trat eine alte, sehr ehrwürdige Matrone heran, ihr als einer Ausländerin den freundlichen Rath gebend, ihre Füße so viel als möglich den Blicken der Vorübergehenden zu entziehen. Wie viele unsrer eleganten Damen, gewöhnt so wenig als möglich den neugierigen Blicken zu versagen, würden es fast als ein Todesurtheil betrachten, wenn es ihnen nicht mehr gestattet wäre, ihre nette Fußbekleidung der Bewunderung des Publikums preiszugeben! Die bei unsrer Ankunft in Sevilla eingetretene Aenderung der Temperatur war eben in Folge der Schnelligkeit, mit welcher heutzutage der Dampf die Entfernungen aufhebt, ebenso plötzlich als auffallend. Wenn man auf dem Wege von Madrid nach Toledo die Sierra Morena überschritten hat, um in das Becken des Guadalquivir hinabzusteigen, so genügen ein paar Stunden, um den Wanderer durch die verschiedensten klimatischen Zonen zu führen. Bis zu der Sierra Morena hatten wir ein nordisches Klima, etwa wie es sich in dieser Jahreszeit im Norden Deutschlands gestaltet; in Cordova war die Temperatur gleich der von Florenz, und in Sevilla gleicht sie der von Neapel und Palermo. Im Sommer steigt die Schattentemperatur Sevilla's bis zu 40°. Während der acht Tage vom 12. bis 20. October, die wir in der reizenden Stadt zubrachten, hatten wir eine Mitteltemperatur von 20° im Schatten und 37° in der Sonne, obwohl am 19. October das Thermometer in der Sonne auf 40° stieg. Auffallend war die Wirkung dieser Temperatur auf die Pomeranzenbäume, die den schönen Platz vor unserm Wirthshaus der Quatre-Nations umsäumten: vor einer Woche, bei unsrer Ankunft, waren die zahlreichen Früchte noch völlig grün, während sie am Tage unsrer Abreise nach Cadiz (20. October) im prächtigsten Golde prangten.

Die Gegend zwischen Sevilla und Cadiz ist eine weite, ziemlich baumlose Ebene, hier und dort uneben, aber größtentheils flach. Der Boden besteht aus weißlichem Kalkstein und grobem Conglomerat und scheint dem Weinbau günstig zu sein, denn hier liefert er den berühmten Xereswein (Sherry der Engländer), so genannt nach der kleinen Stadt Xeres de la Frontera, die sich mit ihren blendend weißen Häusern recht anmuthig ausnimmt. Bei Puerta Santa erreicht die Eisenbahn die Küste von Cadiz. Auf diesem ganzen Raum, besonders zwischen Santa Maria und Fernando, ist der Boden morastig und von Lagunen durchzogen, in welchen Salz gewonnen wird.

Sowohl aus einer gewissen Entfernung gesehen, wie innerhalb der Stadt selbst, macht Cadiz bei weitem nicht den günstigen Eindruck wie Sevilla, obwohl die Häuser in bunten Farben statt einförmig weiß wie in Sevilla erscheinen. Jedenfalls hatte die Stadt noch ganz dasselbe Ansehen als zur Zeit meines ersten Besuches vor dreißig Jahren, nur schien sie eher im Rückschritt als im Fortschreiten begriffen. Beispielsweise waren die kräftigen Bäume, welche die Alameda beschatteten, gefällt und der ehemals so schöne Spaziergang längs dem Meere jetzt zu einer breiten, einsamen Straße geworden, im Sommer der brennenden Sonne und im

Winter scharfen Seewinden preisgegeben. Auch die Bevölkerung der Stadt scheint abgenommen zu haben, wenigstens nach dem sehr geringen Treiben in den Straßen zu urtheilen, die im Vergleich mit denen von Sevilla fast öde waren. Uebrigens hat Cadiz kein artistisches Interesse und ist heute nur noch Seestadt von ziemlich untergeordneter Bedeutung, für den Fremden nur ein einförmiger Aufenthalt.

Da zwischen Cadiz und Gibraltar keine andere Landverbindung besteht, als vermittelst schlechter, zwar eine malerische, aber doch sehr arme Gegend durchstreifender Diligencen, so entschlossen wir uns, mit dem Dampfboot dahin zu gehen. Gibraltar bezeichnete den südlichsten Punkt des von uns entworfenen Reiseplans für Spanien; auf diese Weise haben wir die Iberische Halbinsel in ihrer größten Ausdehnung von Norden nach Süden durchwandert und wenden uns nun nach Osten zum Besuche Andalusiens, um uns endlich nach Carthagena, unserem letzten Aufenthaltsort in Spanien, zu begeben. Von dieser Stadt also wird mein künftiger Brief datirt sein; er soll Ihnen über alles, was wir seit unserer Einschiffung in Cadiz nach Gibraltar und von Carthagena nach Oran besucht und gesehen, Rechenschaft geben.

Zweiter Brief.

Carthagena, den 24. November 1877.

Begünstigt durch einen gelinden Herbstwind, verließen wir am 23. October den Hafen von Cadiz und durchfurchten die weite, kaum gekräuselte, azurblaue Oberfläche des Meeres, die sich zwischen den stets vollkommen sichtbaren Küsten Spaniens und Afrika's ausbreitet. Letztere zeigte sich sehr gebirgig, die erstere nur in der Gegend von Tarifa, wo die Felswände durch senkrecht gehobene Schichten gestreift erscheinen, welche nach dem Meere zu abfallen. Hier nähert sich die afrikanische Küste am meisten der spanischen. Die etwas neblige Luft gestattet uns nicht, Tanger zu erblicken, das, wie man mir versicherte, bei hellem Himmel recht gut zu erkennen ist. Die afrikanische Küste bleibt vollkommen sichtbar bis zur Festung von Ceuta, verschwindet sodann, und es zeigt sich nun sogleich der imposante Felsen von Gibraltar, in dessen Hafen wir einliefen.

Da dieser Felsen zu der Gründung der Stadt Gibraltar Anlaß gab und die Bedingung ihres Daseins ist, glaube ich, bevor ich von der Stadt selbst spreche, Ihnen in aller Kürze die Hauptzüge des merkwürdigen Gebirges andeuten zu müssen, wie ich dieselben während eines einwöchentlichen Aufenthalts festzustellen vermochte.

Der Felsen von Gibraltar ist eine von Norden nach Süden laufende Kalksteinmasse. Er ist von allen Seiten ziemlich abschüssig; die am meisten zugänglichen Flächen befinden sich auf seinem westlichen Abhange, während der östliche eine fast senkrechte Mauer bildet, die man nur auf sehr steilen Fußwegen erklimmen kann. In nördlicher Richtung senkt sich der Felsen ebenfalls mit abschüssigen Flächen in die weite, sandige, dürre Ebene, welche als Landenge die Halbinsel mit dem Festlande verbindet. Endlich verflacht sich der südliche Ausläufer des Felsens in ein Plateau, das ziemlich schroff in geringer Entfernung vom Meere abbricht; es ist durch eine Ebene von diesem geschieden, deren östliches Ende in eine Spitze mündet, auf welcher sich der Leuchtthurm befindet, und die mit dem Namen „Spitze Europa's" bezeichnet wird. Der größte Theil der Befestigungen, von welchen Gibraltar strotzt, ist sowohl auf den Gipfeln des Felsens und seinen westlichen Seiten, als auch längs des Plateaus, welches das südliche Ende des Felsens bildet, zerstreut; ebenfalls befinden sich zahlreiche strategische Punkte auf der in die „Spitze Europa's" auslaufenden Ebene.

Obwohl sich durchschnittlich der Felsen von Gibraltar von Norden nach Süden erstreckt, bildet er keineswegs einen geraden, in dieser Richtung regelmäßig ausgedehnten Streifen, sondern beschreibt in seinem centralen Theile eine Krümmung, deren hohle Seite dem Osten zugekehrt ist. Wäre die Natur der Gebirgsart vulkanisch, so könnte man geneigt sein, diese fast halbmondartig gestaltete Kurve als den Rest des westlichen Randes eines ins Meer versunkenen Kraters zu betrachten.

Die Befestigungen Gibraltars, die vor dreißig Jahren, als ich sie besuchte, nur den Begünstigten zugänglich waren, sind heute vollkommen bekannt, wenigstens den Fachmännern ganz Europa's, und die englische Regierung beeilt sich, jedem Fremden, der eine von dem Gouverneur sehr leicht zu erhaltende Erlaubniß hat, dieselben zu zeigen. Jedenfalls sind diese Befestigungen Gegenstand ausführlicher, von Engländern selbst veröffentlichter Arbeiten gewesen

2*

unter andern von dem Capitän John Drinkwater in seiner Geschichte der Belagerung von Gibraltar [1]), einem besonders in militärischer Hinsicht wichtigen Buche.

Die Garnison wie auch die Stadt erhalten das Wasser vermittelst Wasserleitungen aus den zahlreichen Cisternen der Nachbarschaft, deren Vorrath durch die reichlichen, im December und Januar fallenden Regen beschafft wird. Die Hauptwasserleitung, unter der spanischen Herrschaft erbaut, versorgt fast alle Brunnen der Stadt; das durch den Sand filtrirende Wasser ist vollkommen klar.

Die vorzügliche Ausführung der Befestigungen, ihre Anzahl, ihre günstige Vertheilung und endlich die Strenge, mit der sie bewacht werden, schließen jede Aussicht, sich derselben durch Bombardirung, Sturm oder etwaigen plötzlichen „Coup de main" zu bemächtigen, aus. Es bliebe nur das Mittel übrig, die Besatzung auszuhungern, ein Versuch, der schon in einer Weise gemacht worden, wie er wohl niemals mehr sich wiederholen dürfte. Capitän Drinkwater schildert umständlich alle Vorgänge der merkwürdigen, ununterbrochenen Belagerung Gibraltars während vier Jahren (1779—1783) durch die vereinigten Flotten Frankreichs und Spaniens. Aber weder die häufigen und anhaltenden Bombardements, noch die strengsten Maßregeln, die Garnison vollkommen zu isoliren und durch Hunger aufzureiben, hatten die gehoffte Wirkung; sie ließen die unüberwindliche Festung unversehrt. Doch war Gibraltar zur Zeit dieser schrecklichen Prüfung einer Gefahr ausgesetzt, die jetzt nicht mehr eintreten kann, und die von zwei befestigten Punkten, Santo Filippo und Santa Barbara, welche die Spanier auf der Gibraltar von dem Festlande trennenden Landzunge errichtet hatten, herrührte. Der erste dieser Punkte beherrschte einen Theil des Meerbusens, und zwar den besten Ankerplatz, während das Feuer beider jede Verbindung zwischen Gibraltar und dem spanischen Festlande aufhob. Seitdem sind diese befestigten Punkte von den Franzosen zerstört, und, dank der spanischen Sorglosigkeit, niemals wieder hergestellt worden; natürlich sind es nicht die Engländer, welche die spanische Regierung auf diesen Fehler aufmerksam machen werden. Als ich einen Ausflug nach dem zwei Stunden von Gibraltar entfernten Dorfe Saint Roque machte, konnte ich die Trümmer dieser zwei Befestigungen sehen; sie ragten hier und dort aus dem tiefen Sande hervor, der die Gegend wie eine afrikanische Wüste bedeckt.

[1]) A History of the siege of Gibraltar, 1779—1783.

Der Felsen von Gibraltar ist heute fast ohne jede Baumvegetation, doch soll er, nach der Mittheilung des Oberst Thomas James[1]), zur Zeit der Karthager bewaldet gewesen sein. Thomas James giebt ein Verzeichniß (leider von wenig wissenschaftlichem Werth) der in Gibraltar wild wachsenden und der cultivirten Pflanzen, aber in der 300 Arten enthaltenden Liste ist der Rhododendron ponticum nicht erwähnt, der doch gewiß die ausgezeichnetste Art der Flora von Gibraltar bildet. Diese Pflanze bietet eines der auffallendsten Beispiele der von De Candolle sogenannten getrennten Species (espèces disjointes) dar, und der von mir in seinem Vaterlande Kleinasien so oft gesehene pontische Rhododendron ist doch in Europa nur an einem einzigen Orte, nämlich eben in Gibraltar beobachtet worden. In geologischer und naturwissenschaftlicher Hinsicht ist der Felsen von Gibraltar höchst merkwürdig, z. B. wegen seiner fossile Knochen enthaltenden Höhlen und der ihn bewohnenden wilden Affen.

Die ergiebigsten Höhlen befinden sich hauptsächlich auf dem westlichen Abhange des Felsens; ich habe deren mehrere besucht, ohne jedoch paläontologische Untersuchungen anzustellen, da mir bekannt, daß alle diese Höhlen von englischen Geologen gründlich erforscht worden sind und sie die Wissenschaft um sehr interessante Thatsachen bereichert haben. So z. B. folgt aus den Studien der Herren Busk, Smith und anderer Gelehrter, daß der Felsen von Gibraltar wechselweise Hebungen und Senkungen unterworfen war zu einer Zeit, wo die malacologische Fauna des umgebenden Meeres schon ihren heutigen Charakter besaß.

Andererseits haben die Reste der in den Höhlen und Spalten des Felsens von Gibraltar gefundenen Säugethiere zu folgenden Schlüssen geführt: daß zur Zeit, wo Europa und Afrika nur ein Festland bildeten, die afrikanische Fauna noch nicht wie heute die gestreifte Hyäne besaß, die, wahrscheinlich in Asien gebürtig, erst nach der Sonderung der beiden Festlande sich in Afrika ansiedelte; daß die quaternäre Fauna von Gibraltar weder Reste von Affen noch irgend einer für die Fauna der quaternären Formation des nördlichen oder centralen Europa's charakteristischen Thierart geliefert hat, wie den Höhlenbären (Ursus spelaeus), das Renthier u. s. w.; und endlich, daß zur Zeit, wo Thiere von zweifellos

---

[1]) History of the Herculean straits, etc. London, 1881, vol. III, p. 294.

afrikanischer Herkunft (Panther, afrikanischer Elephant u. s. w.) nach Europa gedrungen, die Meerenge von Gibraltar noch nicht vorhanden war.[1])

Seinerseits glaubt Russel Wallace[2]) annehmen zu können, daß zu einer älteren Zeit (Miocene-Periode) sowohl Affen wie jetzt für Afrika charakteristische große Säugethiere (Löwe, Hyäne, Elephant, Rhinoceros, Hippopotamus, u. s. w.) im centralen Europa verbreitet waren, ohne noch Afrika zu bewohnen, wohin sie erst in einem verhältnißmäßig ziemlich späten geologischen Zeitalter übergewandert sind.

Trotz der zahlreichen Folgerungen, zu welchen die paläontologischen Untersuchungen der Höhlen Gibraltars Anlaß gegeben haben, ist das Zeitalter der Bildung der Meerenge noch immer ein Gegenstand widersprechender Meinungen unter den Geologen; während mehrere sie als sehr neu betrachten, versetzten andere sie in eine den quaternären Gebilden vorangehende Epoche. Dies ist nämlich die Ansicht des Herrn Pomel, der zur Stütze derselben sich auf die an beiden Küsten der Meerenge emporgehobenen quaternären marinen Ablagerungen beruft.[3]) Unter den die entgegengesetzte Meinung vertheidigenden Gelehrten befinden sich die Herren A. C. Ramsay und J. Geikie, die in einer interessanten Arbeit[4]) über die Geologie von Gibraltar die Gründe auseinandersetzten, die sie zu der Annahme berechtigten, daß die Meerenge nach der quaternären Periode gebildet wurde, während welcher die Einwanderung der in den Höhlen Gibraltars gefundenen Säugethiere stattgehabt haben soll. Die zwei englischen Geologen haben in den jungen Ablagerungen von Tanger einen Backzahn des Elephas antiquus entdeckt; endlich glauben sie annehmen zu müssen, daß die Conglomerate von Gibraltar sich bloß zu einer Zeit bilden konnten, wo das Klima dieses Ortes viel kälter als jetzt war. Ein anderer Grund, um dessentwillen der Felsen von Gibraltar die Aufmerksamkeit des Naturforschers in Anspruch nimmt, ist die Gegenwart der Affen, einer Thierart, die nirgends anderswo in Europa wild angetroffen wird. Es ist der Macacus Inuus, der schon den Alten unter dem Namen Pithecus bekannt war, und den

[1]) Quarterly journal of the Geol. Soc., an. 1878, T. XXXIV. p. 34.
[2]) Proceedings of the geographic. Soc., an. 1877, T. XXI. p. 305.
[3]) Bulletin Soc. géol. de France. 3m Série, an. 1881. T. V. p. 336.
[4]) Quarterly journal of the Geol. Soc., an. 1878. T. XXXIV. p. 503.

Plinius ziemlich gut beschrieben hat, ihn als ein sich leicht vermehrendes Hausthier bezeichnend.[1]) Dieser Affe ist auf dem Felsen von Gibraltar nicht häufig, und man begegnet ihm nicht leicht; seine Nahrung besteht in Pflanzen und Früchten, mit besonderer Vorliebe für die Wurzel der Zwergpalme; die Soldaten der Garnison unterlassen niemals, auf verschiedenen Punkten des Felsens kleine Vorräthe von Brot niederzulegen, die bald verschwinden. Es ist wahrscheinlich, daß man hier keine Spur mehr von Affen finden würde, hätte nicht Sir William Codrington zu einer Zeit, als man nur noch vier Individuen derselben zählte; eine gewisse Anzahl dieser Thiere aus Tanger kommen lassen, wo sie, wie an der ganzen Küste Algeriens, sehr verbreitet sind. Dies beweist, daß das Vorkommen des Affen auf dem Felsen von Gibraltar solchen künstlichen Ansiedlungen (wahrscheinlich zuerst von den Arabern bewerkstelligt) seinen Ursprung verdankt. Es wäre also ganz überflüssig, denselben auf ein Zeitalter zurückzuführen, wo Europa und Afrika durch die Meerenge noch nicht getrennt waren. Im Gegentheil beweist ihr Fehlen auf dem nördlichen Rande des Beckens des Mittelmeeres die ziemlich späte Einwanderung der Affen in das afrikanische Festland; denn wäre der nördliche Rand von ihnen vor der Bildung des Mittelmeeres bewohnt gewesen, so würde man sie heute nicht nur an der Küste Spaniens, sondern auch an jenen von Sicilien, Griechenland und Klein-Asien finden. Außerdem habe ich schon oben die wichtige Thatsache angeführt, daß dieses Thier selbst während der quaternären Periode in Gibraltar nicht vorhanden war, obwohl allerdings nach Herrn J. J. Forsyth Major[2]) zwei andere Arten desselben Geschlechts, nämlich: Macacus florentinus Cocchi und Macacus ausonius F. Major in der pliocenen

[1]) Plinius ist vielleicht der einzige unter den alten Schriftstellern, dessen Beschreibung der Affen die Art derselben wenigstens annähernd zu erkennen erlaubt; denn Aristoteles (Hist. Animal. II, 45) bespricht die Affen nur im Allgemeinen und ohne selbst das von ihnen bewohnte Land zu bezeichnen; dies thut wenigstens Aelianus, der in den zahlreichen Stellen seines Werkes (Hist. Animal. VI, 10; VII, 21; X, 30; XVI, 10 und XVII, 39), wo er von diesen Thieren handelt, öfter Indien erwähnt. Strabo (XV) spricht von der ungeheuren Menge geschwänzter Affen, die das macedonische Heer in dem zwischen dem Hydaspes (Chelum) und Acesines (Chenab) gelegenen dichten Wald vorfand; er sagt, daß diese Thiere in Schlachtordnung auf die Macedonier losgingen.

[2]) Atti della Soc. toscana di Sc. nat. Pisa, an. 1877, vol. I und III.

Formation Italiens gefunden worden seien, wie auch eine dritte Art (Macacus sylvanus) in den quaternären Ablagerungen des nördlichen Spaniens.[1]) Da in ganz Europa das Vorhandensein des Affen nur auf dem Felsen von Gibraltar beobachtet worden ist, so würde diese auffällige Erscheinung auch früher den Spanien so umständlich beschreibenden arabischen Geographen des Mittelalters gewiß nicht entgangen sein. Abulfeda sagt aber kein Wort darüber, obwohl er die bedeutendsten Andalusien bewohnenden Thierarten anführt und namentlich die Abwesenheit des Löwen in Andalusien erwähnt. Man möchte also daraus schließen, daß die Affen im 13. Jahrhundert auf dem Felsen von Gibraltar noch nicht vorhanden gewesen, oder, was wahrscheinlicher, daß die dort eingeführten Individuen ausgestorben waren und später durch neue Einführung ersetzt worden sind.

Ehe ich die hier angeführten sehr allgemeinen Betrachtungen über die Geologie und Naturgeschichte von Gibraltar schließe, könnte ich Ihre Aufmerksamkeit einen Augenblick in Betreff der interessanten, von den englischen Hydrographen so gründlich studirten Erscheinungen des herumliegenden Meeres in Anspruch nehmen, würde mich dies nicht zu weit von meinem Gegenstande ab-

[1]) Der Macacus sylvanus ist mit mehreren anderen Thierarten, worüber Don Salvador (Enumeracion de los vertebrados fossiles de Espana, Madrid, 1877) höchst interessante Auskunft giebt, zugleich gefunden worden. Diese fossilen oder subfossilen Reste bilden in Alt-Castilien wie auch an mehreren anderen Orten Spaniens solche ungeheure Anhäufungen, daß dem spanischen Gelehrten zufolge dieser Umstand nicht anders zu erklären ist, als durch die Annahme, daß in einem ziemlich neuen geologischen Zeitalter die orographischen Bedingungen Spaniens die Auswanderung der dasselbe bewohnenden Thiere nicht gestatteten. In Alt-Castilien nehmen die Knochen enthaltenden Ablagerungen, wo fossile Arten mit lebenden vereinigt sind, eine Oberfläche von 40 Quadratleguas (über 160 Quadrat-Kilometer) ein, die schon über 20 Tausend Quintalen Knochen, mit Erzeugnissen menschlicher Industrie aus der sehr langen Periode vom Steinzeitalter bis zu unserer Zeit vermischt, geliefert hat. Die von Don Salvador verfaßte beträchtliche Liste der fossilen Vertebrate enthält 70 Arten; die Klasse der Dickhäuter ist die artenreichste, indem sie 26 Species zählt, worunter 2 Elephanten, 5 Mastodonten und 7 Rhinoceros. Herr A. Leith Adam (Quart. journ. Geol. Soc., an. 1877, T. XXXIII, p. 537) betont die Wichtigkeit der Entdeckung in Nordspanien, namentlich in den Provinzen Santander und Madrid, von Mammuthresten, deren nach dem Süden soweit vorgerückte Verbreitung noch nicht bekannt war. Außerdem bemerkt der englische Gelehrte, daß schon früher Herr Smith einen Backenzahn des Elephas antiquus in Gibraltar entdeckt habe, und, wie ich es schon oben gesagt, haben Ramsay und Geizie ebenfalls einen solchen Zahn in Tanger gefunden.

lenken. Dessenungeachtet werde ich mir erlauben, ein paar Worte über die merkwürdige, in der südöstlich von Gibraltar liegenden Meeresstrecke gemachten Entdeckung eines ganz abnormen Seebewohners zu sagen. Bei dieser Entdeckung, die wir der berühmten wissenschaftlichen Expedition des „Challenger" verdanken, handelt es sich um ein Krustenthier, zu Gunsten dessen man ein ganz neues Geschlecht aufstellen mußte, das Geschlecht Thaumops (Wunder-Auge), so genannt wegen der ungeheuren Entwickelung des Sehorgans. Dies ist um so auffallender, als das Thier aus einer Tiefe von 2180 Metern hervorgezogen worden, wohin das Licht nicht mehr dringt, und wo folglich das Vorhandensein irgend eines Sehorgans eine wirklich einzige Erscheinung ihrer Art ist. Zoologen wissen, daß der größte Theil der in vollkommener Dunkelheit lebenden Thiere keine Augen oder höchstens Spuren derselben besitzt. Jenes merkwürdige Krustenthier, das größte seiner Art (Ordnung der Amphipoden) indem es über 100 Millimeter Länge und 20 Millimeter Breite hat, tritt also als eine auffallende Anomalie im Thierreiche auf, vollkommen im Widerspruch mit der Lehre Darwin's, wonach die Organe sich entwickeln oder verkümmern, je nach dem von ihnen gemachten Gebrauche. Uebrigens hat sich diese wunderbare Erscheinung bei einem andern Krustenthier, einem Isopode, wiederholt, das Agassiz in einer Tiefe von 955 Faden (etwa 1600 Meter) im Golfstrom, zwischen der südlichen Spitze von Florida und der Insel Cuba entdeckte. Dieses merkwürdige Thier, welches Herr Milne Edwards studirt hat [1]), hat sehr entwickelte, aus etwa viertausend viereckigen Fasetten zusammengesetzte Augen, die nicht auf der Oberseite des Kopfes liegen, wie es sonst bei allen irrenden Cymothoadiern der Fall ist, sondern sich auf der Unterseite desselben unter dem Frontalrande zu jeder Seite der Anheftungspunkte der Fühlhörner befinden. Der gelehrte Zoologe gab dem Thiere den Namen Bathynomus giganteus, denn außer durch die anormale Entwickelung der Augen ist es ausgezeichnet durch seine ungeheure relative Größe und die besondere Einrichtung seines Athmungsorgans, das ganz verschieden ist von dem aller bekannten Krustenthiere.

Ich befürchte, Sie durch so lange Streifereien zu Land und

---

[1]) Comptes rendues de l'Académie des Sciences, an. 1879, T. LXXXVIII, p. 21.

zur See rings um Gibraltar herum ermüdet zu haben, und beeile mich, Sie nun in die Stadt selbst einzuführen.

Gibraltar liegt am westlichen Fuße des Felsens und besteht aus zwei in verschiedenen Höhen befindlichen Theilen, die durch schöne Alleen und Spaziergänge vereinigt sind, unter denen sich die Alameda besonders auszeichnet.

Im äußeren Ansehen Gibraltars erinnert nichts an Spanien, noch weniger an den Orient; die Stadt trägt den britischen Stempel. Ihre Straßen sind größtentheils in regelmäßigen Linien angelegt, sehr sauber, und jede trägt ihren Namen in großer Schrift, was allerdings mehr den Engländern, als den Spaniern oder überhaupt Fremden von lateinischer Rasse nützt, da es letzteren schwer fallen dürfte, nicht nur gewisse Namen im Gedächtniß zu behalten, sondern auch sie auszusprechen, wie z. B. Governor's Gard Lane oder Churche's Street.

Die Bevölkerung Gibraltars bietet die buntscheckigste Mischung verschiedener Rassen, unter denen freilich das spanische Element vorherrscht, jedoch durchsetzt von zahlreichen Juden, marokkischen, algerischen und tunesischen Arabern 2c. Die Juden erinnern an den anmuthslosen Typus ihrer Mitbrüder von Polen, vom südlichen Rußland und von den Donau-Fürstenthümern. Trotz der an ihre Rasse geknüpften Vorurtheile scheinen sie darauf zu halten, diese durch ihre alterthümliche häßliche Tracht geltend zu machen, was sich allerdings in mohammedanischen Ländern, wo es den Israeliten nicht gestattet ist, in ihrer Bekleidung gewisse Formen und Farben (z. B. grüne oder weiße Turbane, gelbe Schuhe 2c.) die allein den Rechtgläubigen vorbehalten sind, zu gebrauchen, leicht erklärt. Auffallend aber bleibt doch die Beibehaltung jener aufgezwungenen, demüthigenden Sitte in einem durch die liberalen Gesetze Englands regierten Lande, wo es den Juden frei stünde, dem Beispiele ihrer Religionsgenossen Algeriens zu folgen, die seit der französischen Herrschaft sich beeilten, entweder die europäische oder die bunteste mohammedanische Tracht anzulegen, den Arabern Trotz bietend, unter deren Joch sie sich solche Freiheiten nicht erlauben durften.

Von einigen Kaufleuten abgesehen, ist das englische Element hauptsächlich durch die Garnison, sowie durch Civil- und Militär-Beamte vertreten. Gibraltar erscheint für das englische Militär als der angenehmste Besatzungsort, da es sich hier nicht nur seiner Heimath näher befindet, als in irgend einer andern englischen Kolonie oder Besitzung, sondern auch ein schönes Klima und alle die Bequemlichkeiten genießt, die mit den Bedingungen seiner Bestimmung vereinbar sind. Die Besatzung, die zur Zeit meines Besuchs 5500 Mann betrug, ist sehr gut einquartiert, und den Offizieren fehlt es nicht an Mitteln, die Einförmigkeit ihres offiziellen Lebens entweder durch gesellschaftliche Vergnügungen oder durch litterarische und wissenschaftliche Beschäftigungen abzukürzen. Es besteht hier eine sehr bedeutende Büchersammlung, welche, durch einen geringen Abzug von der Besoldung der Offiziere gegründet, in derselben Weise forterhalten und stets erweitert wird. Sie nimmt ein ziemlich geräumiges, mit einem schönen Garten verbundenes Gebäude ein. Die Werke sind nach den verschiedenen Zweigen der Wissenschaft und Litteratur, auf welche sie sich beziehen, geordnet, füllen in zwei Stockwerken sieben große Säle und sollen nach der Aussage des Bibliothekars nicht weniger als 40,000 Bände zählen. Obwohl die Bibliothek das ausschließliche Eigenthum der Offiziere ist, so ist doch auch dem Publikum der freie Eintritt und der Gebrauch der Bücher gestattet. Ein prachtvolles Modell in Relief in einem Saale des zweiten Stockes giebt einen vollkommenen Begriff von der Gestalt des Felsens, wie von der Lage aller Befestigungen und der Stadt selbst. Außer jener Büchersammlung ist noch die weniger reiche der Stadt zu nennen; auch giebt es einen vortrefflich eingerichteten Club.

Die Spaziergänge und öffentlichen Plätze erfreuen sich öfter der meist sehr guten Militärmusik; ich beeile mich, diese Gerechtigkeit den künstlerischen Fähigkeiten der Besatzung widerfahren zu lassen, da ich dasselbe Compliment nicht der jeden Abend den Zapfenstreich begleitenden Musik machen kann. Diese macht einen ungeheuren Lärm mit Pfeifen und Trommeln und erinnert durch ihren betäubenden Schall und Mißklang an die türkische Musik; sie ist ohne den geringsten militärischen Anstrich, denn das schmetternde Getöse läßt selten andere Motive hören, als die des Liedes: Put me in my little bed, was jedenfalls alle englischen Wärterinnen und Ammen Gibraltars in Entzücken versetzen muß.

Das Klima von Gibraltar ist sehr mild, und es ergiebt sich aus den ohne Unterbrechung während vierzehn Jahren gemachten Beobachtungen[1]) das Jahresmittel von 17,3°; der kälteste Monat

[1]) Vgl. Th. Fischer, Studien über das Klima des Mittelmeers; in Petermann, Mittheilungen, Ergänzungsheft, Nr. 58.

ist der Januar (Mittel 12,2°), der wärmste der August (Mittel 23,5°), Wintermittel 12,5°, Frühlingsmittel 15,8°, Sommermittel 22,6°, Herbstmittel 21,6°. Das während dieser Zeit beobachtete niedrigste absolute Minimum ist —1°,1, ein ziemlich seltenes Ergebniß, da jenes gewöhnlich nicht unter Null fällt. Während der acht Tage, (23. October bis 1. November) die wir in Gibraltar verweilten, hatten wir ein Mittel von 22° im Schatten und 35° an der Sonne. Jedoch ist Gibraltar ziemlich heftigen Winden ausgesetzt, welche die Stadt durchziehen, deren einer Theil auf dem westlichen Abhange des Felsens, der andere in der den Fuß dieses Abhanges von der Nordseite begrenzenden Ebene liegt. Auch fällt das Thermometer nach Sonnenuntergang um mehrere Grade. Endlich ist Gibraltar verhältnißmäßig ziemlich reich an Regen; nicht allein, daß die mittlere jährliche Regenmenge 757 Millimeter beträgt, sondern es fehlt der Regen keiner Jahreszeit und ist in folgender Art vertheilt: Winter 311, Frühling 190, Sommer 240, Herbst 238 Millimeter, welche Eigenthümlichkeit des Klimas jedenfalls dem Bewässerungs-System sehr günstig und für die Stadt, besonders aber für die Festung, von großer Wichtigkeit ist.

Ich besuchte den Gouverneur von Gibraltar, Lord Napier, in seiner, nicht weit von der südlichen Endspitze des Felsens malerisch gelegenen Wohnung und fand den berühmten Ueberwinder von Theodorus von seinem Hause entfernt auf einer Bank sitzend, mit der Skizzirung der prachtvollen Aussicht beschäftigt, die hier der Meerbusen bietet: einerseits die weißen Häuser von Algesiras, andererseits die gegen Süden den Horizont begrenzenden afrikanischen Gebirge, von denen sich der Affenberg (Ape mountain), so benannt nach der Menge der denselben bewohnenden Affen, schön ausnimmt. Lord Napier ist ein Mann von militärischer Haltung; er spricht mit größter Einfachheit und Bescheidenheit von Allem, was sich auf seinen merkwürdigen und verdienstvollen abyssinischen Feldzug bezieht.

Am Tage vor unserer Abreise wurde ein Pferderennen durch zahlreiche Anschlagzettel in den Straßen angekündigt. In der Hoffnung, daß sich mir eine interessante Gelegenheit bieten würde, die Vertreter der berühmten Pferde-Rassen von Arabien, Andalusien und England als kämpfende Gegner auftreten zu sehen, begab ich mich eilends nach dem viel versprechenden Schauspiele, aber wie groß war mein Erstaunen, als ich, nachdem ich unter brennender Sonne die dürre, das neutrale Territorium zwischen England und Spanien darstellende Ebene zurückgelegt hatte, eine Menge englischer rother Jacken und weißer Czakos, dann eine Anzahl Zelte und schließlich ein Paar schlichter Fuhrwerke erblickte, welche die Neugierigen der Stadt gebracht hatten! Das alles war innerhalb zweier Seile aufgestellt, in deren freiem Zwischenraum man dann und wann einige als Jockey verkleidete Offiziere der Besatzung, ganz gewöhnliche Pferde reitend, erscheinen sah. Es handelte sich augenscheinlich um nichts Anderes, als um eine höchst prosaische Garnisonbelustigung, und zwar mit Ausschluß aller fremden Elemente: zu englisch, um irgend einen lokalen südlichen Anstrich zu zeigen, und doch nicht englisch genug, um an die Pferderennen in England zu erinnern. Kurz, dieses hippische Fest in Gibraltar war eine große Enttäuschung für mich und mußte es Allen sein, die gleich mir ein internationales Fest erwartet hatten; und doch wäre es so leicht gewesen, dasselbe anziehend und belehrend zu gestalten, hätte man die reichen Hilfsmittel benutzen wollen, die einem solchen Feste zu Gebote standen.

Gibraltar liegt außer dem Bereiche irgend eines spanischen Eisenbahnnetzes, und es ist zweifelhaft, ob es je anders sein wird, denn in politischer Hinsicht finden weder England noch Spanien in einer solchen Verbindung hinlängliche Vortheile, um gewisse Uebelstände zu ersetzen. Andererseits sind die Verbindungen zwischen Gibraltar und Malaga mittelst Diligence noch mangelhafter und obendrein von längerer Dauer, als zwischen Cadiz und Gibraltar, und waren wir in Folge dessen auch diesmal gezwungen, den Seeweg zu wählen, den wir stets so viel als möglich zu vermeiden suchten. Ohnehin währt die Fahrt von Gibraltar nach Malaga nur sehr kurze Zeit, während man stets die Küste in Sicht behält.

Malaga ist besonders merkwürdig durch sein, der Orangen- und Weinkultur ungemein günstiges Klima, vornehmlich der letzteren, deren Erzeugnisse, bald kräftig und trocken wie Madeirawein, bald zuckersüß wie der Lunel, weltberühmt sind. Im Norden durch mehr oder weniger hohe Gebirge geschützt und den Südwinden vollends offen, die, von Marokko her wehend, durch den engen Seestreifen, der hier Afrika von Europa trennt, eher erwärmt (nämlich im Winter) als abgekühlt werden, erfreut sich Malaga ausnahmsweiser klimatischer Bedingungen; das Jahresmittel ist hier 19,8°, das Wintermittel 14,1°, das Frühlingsmittel 18,3°, das Sommermittel 25,5° und das Herbstmittel 21,6°. Nun aber besitzt kein einziger Ort in Europa eine so hohe mittlere Wintertemperatur; sie übertrifft sogar die von Tunis (13,2°) und von Algier (12,5°) und ist jener von Kairo fast gleich (14,5°), obwohl die ägyptische Stadt fünf Grade südlicher als Malaga liegt. Außerdem hat Malaga den Vortheil eines weniger heißen Sommers vor Kairo, da die mittlere Sommertemperatur von Kairo sich bis zu 28,2° erhebt.

Trotz seiner ganz besonderen klimatischen Bedingungen scheint Malaga nicht bestimmt zu sein, den Sieg über andere von Fremden als Winteraufenthalt bevorzugte Orte zu erringen; wegen seiner Lage an der westlichen Endspitze Europa's ist es von den großen europäischen Verbindungsbahnen zu entfernt, auch die Gegend ist nicht besonders malerisch, und obwohl die nahe liegenden Gebirge anmuthsvolle Umrisse zeigen, so machen sie doch nur den Eindruck nackter, dürrer Flächen. Endlich sind auch die von Seiten der Stadt den Fremden gebotenen materiellen Hilfsmittel ziemlich mangelhaft und wären es in noch erhöhterem Maße, wenn nicht eine kleine Anzahl englischer Familien, welche durch die außerordentliche Milde des Klimas angezogen werden, hierher kämen, um den Winter zu verbringen und so gewisse Bequemlichkeiten des Lebens einführten, die stets die Gegenwart dieser unermüdlichen ubiquistischen Touristen bekunden. Zu diesen britischen Erinnerungen sind die hier vorhandenen hansom zu rechnen, die als öffentliches Fuhrwerk auf dem europäischen Festland fast unbekannt sind.

Da wir nicht hoffen durften, in der gebirgigen Gegend Granada's das milde Klima Malaga's wiederzufinden, so mahnte uns die vorgerückte Jahreszeit, unsere Abreise nach der alten Residenz der arabischen Herrscher zu beschleunigen. Wir brachen am 20. November dahin auf und fuhren durch eine schöne, an Weingärten reiche Ebene hindurch, die sich in der Nähe der Station Pizarra verengt. Sowohl Pizarra als Allora sind mit dichten Pflanzungen von Orangenbäumen umgeben, und sahen wir viele Frauen und Kinder beschäftigt, die goldenen Früchte in große Kisten zu verpacken, welche von Malaga aus nach allen Weltrichtungen wandern.

Bei der Station Allora, inmitten von Orangenwaldungen, beginnt die Steigung, die jedoch nur bis zur Station Bogantes reicht, wo man in eine prachtvolle Berglandschaft tritt. Ueberall erheben sich säulenförmige oder scharf zugespitzte Felsen am Rande von Schlünden, in deren Tiefe der Guadateba bald als ein schmaler Silberstreif funkelt, bald den Blicken sich entziehend mit dumpfem Getöse seinen unterirdischen, geheimnißvollen Lauf fortsetzt. Diese merkwürdige Schlucht, unter dem Namen Hoya bekannt, bildet den Paß, der über die westliche Fortsetzung der Sierra Nevada führt. Der Hoya-Paß mit seiner Reihe von Alpenbildern ist einzig in seiner Art in Spanien und vielleicht in ganz Europa, und wenn sich hier die Gebirge auch nicht in Höhe und Ausdehnung mit den erhabenen Bergscenerien der Schweiz, Tirols, Südbayerns &c. messen können, so wetteifern sie doch mit ihnen in Schönheit und Kühnheit der Formen und sind ihnen durch den Reiz des südlichen Himmels überlegen. Hier giebt es keine schauerlichen, in Schnee und Eis gehüllten Einöden, kein Bild der todten oder schlafenden Natur, denn im Grunde der Thäler und Schluchten erblickt man Olivenhaine, und trotz der beträchtlichen Höhe des Passes war die Temperatur so mild, daß wir diese ganze prachtvolle Alpenregion mit weit offenen Waggonfenstern durchfahren konnten.

Nachdem wir den langen Paß mit seinen zahlreichen Tunneln und Brücken überschritten, stiegen wir nach Bobadilla hinunter und durchstreiften eine Ebene, in welcher wieder der Olivenbaum auftrat. Wir erblickten in der Nähe der malerisch gelegenen kleinen Stadt Loja zum ersten Male die weißen Gipfel der Sierra Nevada, sich am blauen Horizont abspiegelnd.

Beim Dörfchen Illara (etwa eine halbe Stunde von Granada) steigt man in die eigentliche sogenannte Ebene von Granada hinunter, eine prächtige, fast horizontale, unter dem Namen Vegade Grenada berühmte Fläche, die, sehr gut bebaut, hie und da schöne Olivenhaine trägt, zwischen welchen (obwohl selten und nur in der Nähe der Dörfer) die goldenen Früchte der Orangenbäume durchblicken. Der schwarze fette Boden ist trefflich bewässert. Das Panorama der Sierra Nevada, das im Hintergrunde majestätisch aufsteigt, hat etwas Bezauberndes; der durch die Gesammtheit des Bildes erzeugte Eindruck wird noch verstärkt, je mehr sich die Einzelheiten erschließen, wenn man die durch die Alhambra gekrönte Anhöhe (etwa eine Viertelstunde vor der Stadt) erklimmt. Die Fremden pflegen nicht in der Stadt abzusteigen, obgleich es dort an Gasthäusern nicht fehlt; vielmehr begeben sie sich meist von der Eisenbahnstation nach der Alhambra, um sich dort in den Wirthshäusern „Siete Suelos“ oder Washington einzuquartieren; beide stehen auf der Schwelle der Alhambra, gleich wachsamen Schildwachen ihren Zoll von allen Besuchern des berühmten Denkmals erhebend.

Wir wählten das erste dieser Wirthshäuser, das ich schon vor dreißig Jahren bewohnt hatte und das sich noch jetzt des ihm gebührenden Rufes erfreute. Dank seiner äußerst günstigen Lage schien es uns, als ob die dort verbrachten zehn Tage nur eben so viel in dem feenhaften Palast der Abencerragen verlebte Stunden wären. Und doch werde ich es vermeiden, Ihnen Ausführliches über alle diese Wunder mitzutheilen, weil ich es mir zum Grundsatz gemacht, von dem, was schon so vielfach beschrieben, nicht zu sprechen, wie ich das in Betreff der Städte und Alterthümer Spaniens bereits befolgte. Auch hier werde ich mich ausschließlich auf meine persönlichen Eindrücke beschränken und vor allem ein paar Worte über die topographische Lage der Alhambra sagen, wie sie mir, von einer dieselbe beherrschenden Anhöhe betrachtet, erschienen ist.

Die Gruppe von mehr oder weniger gut erhaltenen Gebäuden, die man mit dem Collectivnamen Alhambra bezeichnet, befindet sich in einem von Mauern umgebenen Raum, welcher die sehr unebene Fläche einer fast isolirten Höhe einnimmt, die sich in geringer Entfernung von Granada erhebt. Diese Anhöhe ist durch theils bewaldete, theils nackte Schluchten von den viel bedeutenderen Gebirgsmassen Sierra del Suelos und Silla del Moro getrennt. Die Alhambra mit ihren Mauern bildet ein von West-Nord-West nach Ost-Süd-Ost verlängertes Oval; die östliche Endspitze ist durch das Wirthshaus „Siete Suelos" bezeichnet, die entgegengesetzte durch den Thurm de la Vela.

Die großartigen Denkmäler der arabischen Baukunst nehmen nur einen unbeträchtlichen Theil des von den alten Mauern eingeschlossenen Raumes ein; der ganze ost-süd-östliche Theil dieses Raumes ist eine große Fläche, bald leer und mit Opuntia-Sträuchern, wahrscheinlich Resten alter Gärten und Hecken, bald mit Trümmern aller Art und aller Zeiten bedeckt, oder er trägt moderne Häuser, die fast ein Dörfchen bilden und von den ärmern Klassen des Volks bewohnt sind. Unter diesen neueren Gebäuden ist die Kirche des heil. Martinus sowie das Kloster des heil. Franciscus mit Materialien aufgeführt, die man alten arabischen Bauten entlehnt hat. Diese erscheinen, wie erwähnt, nur auf dem westlichen Ende des großen, von Mauern eingeschlossenen Raumes; hier befinden sich die prachtvollen Reste der Meisterstücke, welche Barbarei und Fanatismus nicht vollkommen zu zerstören vermochten und die den Vergleich mit den herrlichsten Denkmälern des klassischen Alterthums nicht zu fürchten haben, insofern es sich nämlich um plastische Schönheit, Anmuth und Originalität handelt. Was Schwert und Feuer nicht vernichten konnten, wurde leider durch den häufig so barbarischen Geschmack des Mittelalters entweiht; Karl V. hatte die Dreistigkeit, gerade an die Mauer des unvergleichlichen Löwenhofes (Patio de los Leones) seinen schwerfälligen Palast anzulehnen, dessen massive, plumpe Architektur auf das Peinlichste von den phantastischen arabischen Gebäuden absticht und diese erdrückt und verbirgt. So grobe Vergehen gegen Geschmack und Kunst sind um so auffälliger bei einem Fürsten, der bei anderer Gelegenheit die größte Achtung vor arabischer Baukunst bezeugte. Der Bischof Alonso Manrisque hatte nämlich in der Kathedrale von Cordova (einst eine Moschee) den berühmten Chor (Coro) errichtet, der, obwohl nicht ganz in Einklang mit der arabischen Architektur, doch zweifellos großen künstlerischen Werth besitzt. Als der Kaiser im Jahre 1526 die Kathedrale besuchte und die neue Verzierung des Bischofs erblickte, richtete er an ihn die strengen Worte: „Ihr habt hier etwas erbaut, was Ihr, oder ein Andrer, irgendwo erbauen konntet, aber Ihr habt zerstört, was einzig in der Welt war.“ Sonderbare, wirklich königliche Anmaßung, bei Andern zu schmähen, was man selbst zu thun sich berechtigt glaubt!

Der Palast von Karl V. steht mit dem Myrthen-Hofe (Patio de los Myrtes) vermittelst einer Treppe, die nach dem geräumigen Circus (einem Theil des Palastes) führt, der den Stiergefechten gewidmet war, in Verbindung. Er ist vielleicht das älteste Denkmal dieser barbarischen spanischen Schauspiele, und befremdend bleibt es, einen christlichen Fürsten als den ersten Einführer derselben bezeichnet zu sehen; denn, so viel mir bekannt ist, findet sich unter allen arabischen Bauten keine auf eine derartige Bestimmung hindeutende Spur.

Hingegen knüpfen sich an diese Bauten Erinnerungen an eine Civilisation, die der unsrigen vorausging, was unter andern mit den Bade-Einrichtungen der Fall ist. Zahlreiche zierliche und bequeme Badezimmer befinden sich in dem Palast der Alhambra, deren Bewohner den Gebrauch der Bäder als unentbehrliche Bedingung für das menschliche Wohl betrachteten, eine Anschauung, die nicht bloß den höheren Klassen, sondern auch dem Volke eigen war. Abulfeda[1]) zufolge zählte man in Cordova nicht weniger als neunhundert öffentliche Bäder, während solche Anstalten erst viel später in Europa eingeführt wurden. Ohne Zweifel enthielt im 18. Jahrhundert kein Palast eines christlichen Fürsten Bäder gleich denen der Alhambra, was durch nichts besser bewiesen wird, als durch den von Hufeland

[1]) Géographie traduite par Reinaud, T. II, p. 249.

angeführten Umstand, [1]) daß nach der Eroberung Granada's ein spanischer Mönch mit dem größten Eifer öffentlich gegen den Gebrauch der maurischen Bäder predigte und alle jene, die sich derselben bedienten, als den Sinnengelüsten ergebene Häretiker verdammte: das Christenthum müsse jede Sorge für den vergänglichen Körper zurückweisen! Uebrigens war der strenge Mönch nicht der einzige, der Unreinlichkeit als Bedingung für ein frommes Leben predigte; es gelang sogar dem berühmten Cardinal Ximenes, seine erhabenen Herrschaften, Ferdinand und Isabella, von der Nothwendigkeit zu überzeugen, den Gebrauch der Bäder überhaupt, als die Wollust und Verweichlichung begünstigend, zu untersagen; auch waren der König, wie die Prinzen und Prinzessinnen stolz darauf, wochenlang dasselbe Hemde und dieselbe Kleidung am Körper zu behalten, so oft sie dieses Gelübde zu Gunsten einer als heilig betrachteten Unternehmung, z. B. der Eroberung einer den Ungläubigen gehörenden Stadt oder Provinz, gethan hatten.

Nach anderer Seite läßt die innere Einrichtung der Alhambra auf mehrere häusliche, mit den unsrigen unverträgliche arabische Sitten und Gebräuche schließen. Dies ist u. A. der Fall mit der Abwesenheit von Thüren in den Zimmern wie mit der großen Anzahl von in den Wänden angebrachten, die Fenster vertretenden rundlichen Oeffnungen, ohne die Spur einer Vorrichtung, die bestimmt gewesen wäre, dieselben gegen die äußere Luft zu schließen. Solche obendrein ohne Kamine angelegte Zimmer müssen im Winter den heftigsten, bald kalten und trocknen, bald feuchten Winden ausgesetzt sein. So ist der prachtvolle, mit schönen Sculpturen geschmückte Gesandten-Saal auch mit zahllosen Oeffnungen versehen und ganz geeignet, denselben im Winter für unsere Diplomaten höchst gefährlich zu machen; Rheumatismus und Fieber würden diese zwingen, ihre Mission zu schnellem Abschluß zu bringen. Ferner bestehen die in das Innere mehrerer Thürme, z. B. in den von Gomez, führenden Treppen aus so weit von einander entfernten und zugleich so hohen und steilen Stufen, daß sogar für rüstige Männer, geschweige für Frauen, solche Besteigungen ziemlich ermüdend sein müssen; dennoch hatten die arabischen Prinzessinnen über diese unbequemen Treppen in die schmucken Alkoven und Boudoire, welche in mehreren Thürmen für sie bestimmt waren, hinauf zu

[1]) L'Art de prolonger la vie humaine traduit de l'allemand et annoté par M. Peligot, p. 132.

klimmen. Das Gleiche gilt auch für die in die Badezimmer führenden Treppen.

Die Alhambra war mittelst einer Wasserleitung, die aus den in der Sierra del Moro gelegenen Quellen schöpfte, mit Wasser versorgt. Die noch ziemlich gut erhaltene Wasserleitung überwölbt die Schlucht, welche die Sierra del Moro von der südöstlichen Endspitze der Alhambra (die keine alten maurischen Gebäude enthält und Alta Alhambra genannt wird) trennt.

Die nicht allein an die Gesammtheit der Alhambra, sondern auch an mehrere ihrer einzelnen Theile, wie an gewisse Zimmer, Thürme rc., sich knüpfenden Ueberlieferungen sind unendliche und fast immer dichterischer Art. Washington Irving hat sie auf eine sehr geistreiche Weise in einem kleinen Bande unter dem Titel Tales of the Alhambra vereinigt.

Unter den zahlreichen viereckigen, an die große äußere Mauer der Alhambra sich lehnenden Thürmen sind mehrere, welche sogar nicht durch Kriege und Barbarei ihrer Kunstschätze vollkommen beraubt werden konnten; so die Thürme de las Infantas, de las Cautivas, de Gomez u. a., deren Inneres noch heute schöne Ueberreste arabischer Baukunst zeigt, so daß manche gewissermaßen im Kleinen die Herrlichkeiten darstellen, die sich in der Alhambra in ungeheurem Maßstabe entfalteten. Dies war gewiß auch der Fall mit vielen anderen, jetzt völlig zerstörten Thürmen. Zu bedauern bleibt, daß eines der civilisirten Völker der Welt ebenfalls seinen Antheil an diesem Werke der Zerstörung hat; die vom General Sebastiani geschleuderten Kugeln haben bis jetzt ihre unverlöschbaren Spuren zurückgelassen, und leider sind es nicht die einzigen dieser Art, welche die französischen Truppen in Spanien hinterlassen haben.

Der herrliche Thurm von Gomez, unter welchem der Gesandten-Saal liegt, beweist, daß die in orientalischen Gebäuden so seltenen Dächer aus Ziegeln bei den Arabern gebräuchlich waren, namentlich in dem Bau der Alhambra; vermischt mit den gemeinen, gewiß aus neuerer Zeit stammenden Ziegeln, sieht man mehrere schöne, von Arabern gearbeitete Stücke aus Fayence, aus der wahrscheinlich das Dach des Thurmes allein bestanden hat.

Unter den merkwürdigen Orten, die zwar außerhalb der Mauern der Alhambra liegen, aber sich noch an die Anhöhe anlehnen, welche die berühmten arabischen Denkmäler trägt, tritt die am Fuße des Sillo del Moro liegende Generalife als der beachtenswertheste Punkt hervor. Der Berg Silla del Moro besteht aus einer groben Breccie, gewöhnlich horizontal geschichtet und mehr oder weniger abgerundete Bruchstücke von Gneis, Thon, Glimmerschiefer, Quarz, Kalkstein 2c. enthaltend. Die Generalife bildet gewissermaßen für sich allein eine kleine Alhambra mit ihren zahlreichen sprudelnden Bächen und ihren prachtvollen, mehrere Jahrhunderte alten, aus der Araberzeit stammenden Cypressen, neben welchen ehrwürdigen, aber rüstigen Coniferen sich in den Höfen (patios) schöne Orangenbäume erheben.

Die Generalife gehört jetzt einem italienischen Edelmann, dem Marchese Pallavicini, einem der zwei Fremden, welche bedeutenden Grundbesitz in Granada haben; der andere ist der Herzog von Wellington, Eigenthümer einer ansehnlichen, in der Vega gelegenen Villa, die nicht nur das Verdienst hat, malerisch gelegen zu sein, sondern auch einen jährlichen Ertrag von 150,000 Franken bringt. Die Villa ist ein Geschenk der spanischen Regierung für die derselben erwiesenen wichtigen Dienste, ganz so wie auch Fürst Bismarck sein Territorial-Geschenk für noch bedeutendere Dienste erhalten hat: gewiß höchst verdiente Belohnungen, die kein Staatsmann zurückweisen würde, außer wenn er Cavour oder Garibaldi hieße.

Die anmuthige Allee, welche von der Alhambra nach der Stadt führt, in welche letztere man durch das Thor von Granada eintritt, bildet einen Theil der schönen und großen, längs der Mauer der Alhambra laufenden Gärten, die hauptsächlich mit Ulmen und Platanen bepflanzt sind. Der erste dieser Bäume ist seiner kräftigen Entwickelung wegen merkwürdig, und die beiden am Eingange des Wirthshauses Siete Suelos stehenden Exemplare sind wirkliche Riesen, wie ich sie irgendwo gesehen zu haben mich nicht erinnere. Zur Zeit Philipp's I. war die Ulme in Spanien fast unbekannt; er ließ sie aus England kommen, um damit die Gärten des Escurials, mit dessen Bau er eben beginnen wollte, zu bepflanzen. Es scheint also, daß die in Spanien jetzt sehr verbreitete, üppig wuchernde Ulme in diesem Lande günstigere Bedingungen für ihre Entwickelung gefunden hat, als im Norden. Uebrigens sind die ersten fossilen Reste der Ulme in miocänen Ablagerungen entdeckt worden, folglich einem Zeitalter angehörend, in dem die Temperatur viel wärmer war, als sie jetzt in Nord-Europa ist. Diese Reste besitzen schon alle Charaktere unserer Ulmus campestris.[1])

[1]) Saporta, Le monde des plantes avant l'apparition de l'homme, p. 309.

Fast gegenüber dem Wirthshause Siete Suelos befindet sich die pittoreske Villa der Frau Calderon, bei der man die schöne Aussicht und die kräftigen Bäume bewundert, unter denen eine kolossale Cypresse (Cupressus fastigiata) auffällt, die gewiß mindestens das graue Alter der stattlichen Cypressen von Generalife besitzt. Wie bei diesen ist der Stamm ebenfalls sehr dick und mit einer blättrigen, lamellösen Rinde bekleidet, Bündeln versteinerter, oft schuppenweise aufeinanderliegender Fasern ähnelnd. Der Blick vom Garten Calderon's auf die herrliche Ebene (Vega) von Granada übertrifft vielleicht an Ausdehnung und Schärfe der Umrisse das prachtvolle Panorama, das sich von der Höhe des Thurmes von Gomez oder vom Gipfel der Silla del Moro erschließt.

In nördlicher Richtung, fast gegenüber der Generalife, steigt die Anhöhe auf, welche die von ihren Mauern umfaßte Alhambra trägt, theils durch eine Schlucht, theils durch das kleine Thal des Darro von einer anderen ziemlich unebenen Anhöhe geschieden, auf welcher die Vorstadt Granada's liegt: Albacin oder die alte Stadt, die durch einen schroffen, nach der Kathedrale führenden Abhang unmittelbar mit Granada verbunden ist. Die tiefe und malerische Schlucht längs der Mauer ist von beiden Seiten durch hohe Wände aus horizontal geschichteten Conglomeraten, welche sich wahrscheinlich der die Anhöhen von Silla del Moro und der Generalife bildenden Breccie anschließen, begrenzt.

Die Bevölkerung von Albacin besteht fast ausschließlich aus Gaitanos (Zigeunern), die entweder ärmliche Hütten oder natürliche, theils auch in die Felsen gegrabene Höhlen bewohnen. Nichts ist jämmerlicher als diese Bevölkerung von Bettlern, die gleich Bienenschwärmen sich auf den Fremden stürzen, der ihre traurigen aber malerischen Quartiere besucht und mit Mühe die steinigen steilen Gassen erklimmt und wieder herabklettert. Sowohl die Mauern wie das Innere dieser troglodytischen Wohnungen enthalten mitunter noch Bruchstücke von Säulen und Sculpturen, die ohne Zweifel alten arabischen, jetzt vollkommen verschwundenen Bauten entlehnt sind. Auf mehreren Punkten von Albacin, besonders von der Terrasse der Kirche des heil. Nikolaus, genießt man eine herrliche Aussicht, die Alhambra, den unteren Theil von Granada und die Vega umfassend.

Die Wunder der Alhambra nehmen so ausschließlich die Aufmerksamkeit des Fremden in Anspruch, daß er für die Stadt selbst fast gleichgiltig wird; und doch, hätte Granada nicht diesen gefährlichen Nebenbuhler, es würde schon allein ein Gegenstand großen Interesses sein. Ohne von seinen unterirdischen Wasserleitungen zu sprechen, die den Xenil durch die Stadt führen, oder von seinen malerischen Aussichtspunkten, seinen anmuthigen Spaziergängen, wie z. B. der Alameda, oder dem schönen Begräbnißort, hat Granada außerdem viele Gebäude mit bedeutenden Kunstschätzen, von welchen die unweit der Stadt gelegene Carthäuserkirche (Cartuja) den ersten Platz behauptet. Sie ist merkwürdig nicht bloß für den Künstler, dessen Bewunderung und Studien sie in Anspruch nimmt, sondern auch für die Geologen und Mineralogen, die der Reichthum an Marmor, Serpentinen, Jaspen, Achaten, Onyxen u. s. w. in Erstaunen setzt, ein Reichthum, der die Kirchen Spaniens, die in dieser Hinsicht den italienischen bei weitem nachstehen, gewöhnlich nicht auszeichnet. Nichts kann die Schönheit der in diesem Gebäude verschwenderisch angehäuften gelben und grünen Marmorarten übertreffen; die besonders merkwürdigen gefleckten oder mit verschieden gefärbten Streifen durchsetzten rühren alle aus der Sierra Nevada her. Einige dieser Gesteine sind mit mannigfaltigen Figuren geschmückt, die bald an gewisse Glieder des menschlichen oder thierischen Körpers, bald an die zarten Umrisse der Planzenblätter erinnern; man wäre oft geneigt, die Gebilde für die Mosaikarbeit eines Künstlers zu halten. Unter der endlosen Mannigfaltigkeit prachtvoller Steinarten sind mir zwei abgerundete Stücke eines röthlichen Achats aufgefallen, jedes von der Größe einer breiten Schüssel oder eines kleinen Schildes, die größten, die ich je gesehen, aus den Gebirgen von Almeria stammend.

Die Alhambra allein genügt, um einen Begriff von der Pracht zu geben, welche Granada zu der Zeit hatte, als seine Herrscher einen solchen Palast bewohnten. Aber wie Toledo, Cordova, Sevilla u. s. w., so war auch Granada nur ein Denkmal der Civilisation, bestimmt, mit seinen Gründern zu leben und zu sterben. Diese historische Thatsache ist höchst merkwürdig und ungewöhnlich, denn überall war das Entgegengesetzte der Fall: in allen Ländern Europa's, Asiens und Afrika's traten die Muselmänner als Zerstörer, die Christen als Wiederhersteller auf. In Spanien dagegen offenbarte sich der bedauernswerthe Contrast in jeder vom siegreichen Heere Ferdinand's und Isabella's eroberten Provinz oder Stadt, nirgends aber in dem Maße wie in Granada, wo die Ansiedelung der christlichen Monarchen durch die in der neuen Geschichte unbekannte entsetzlichste barbarische That gebrandmarkt wurde. Nachdem er alle in dem ganzen Lande zusammengerafften Handschriften vereinigt hatte, unter denen sich gewiß auch die colossale Sammlung von Cordova befand, befahl der Cardinal Ximenes, dieselben in Granada öffentlich zu verbrennen. Herrn Prescott zufolge betrugen die verbrannten Handschriften die ungeheure Zahl einer Million! Seit der vor acht Jahrhunderten dem Kalifen Omar zugeschriebenen Schandthat in Alexandrien hatte nichts Aehnliches die Geschichtsbücher der Welt entweiht, und so kann der „berühmte" Cardinal mit allem Recht die Siegespalme über seinen mohammedanischen Vorgänger sich aneignen. Man bedenke, daß das gräßliche Auto-da-fé von Granada nicht durch einen rohen Barbaren, sondern durch einen gelehrten Prälaten, nicht in den düstern Tagen des Mittelalters, sondern im hellen Lichte des 16. Jahrhunderts und inmitten eines aufgeklärten Volkes, das gerade den der Flamme überlieferten Schätzen der Wissenschaft und Kunst seine eigene Civilisation verdankte, ausgeführt wurde![1])

Granada ist fast an allen Seiten von mehr oder weniger hohen Gebirgen eingefaßt. Im Norden steigt, etwa einen Halbkreis beschreibend, die Sierra Susana auf und reiht sich mit ihrem westlichen Ende an die Sierra Tejeda, die sich (im Mittel von Westen nach Osten) südlich von der Stadt erstreckt, ebenfalls an die Gestalt des Halbmondes erinnernd; östlich und südöstlich endlich erhebt sich die imposante Masse der Sierra Nevada, deren höchster Gipfel, Alcazaba, nach Herrn von Drasch 3545 m erreicht. Nur zwischen diesem Gebirge und der östlichen Endspitze der Sierra Susana, folglich Ost-Nord-Ost von Granada, ist die Gegend nicht so gebirgig. Zahlreiche Bäche entspringen auf der Sierra Nevada und münden größtentheils in den Xenil, der den südlichen Theil der Stadt durchströmt, während der Darro, sein Zufluß, der nördlichen Mauer der Alhambra folgt und sich an der Promenade Alameda mit dem Xenil vereinigt.

Trotz der schätzbaren Arbeiten meines unvergeßlichen Freundes de Verneuil, der mit so großem Erfolge Spanien erforscht hat, ist die geologische Beschaffenheit der Sierra Nevada weit weniger bekannt, als ihre durch die Herren Boissier und Willkomm untersuchte Flora. Allerdings ist es wahr, daß die Natur der Gesteine und besonders die Abwesenheit aller organischen Spuren bis jetzt

[1]) Prescott, History of the reign of Ferdinand and Isabella, T. II, p. 396.

dem Studium des festen Gerüstes dieser merkwürdigen Berggruppe die größten Schwierigkeiten entgegengesetzt haben. Die jüngsten Forschungen des Herrn Dr. Richard von Drasch[1]) vervollständigen und ändern wesentlich unsere Kenntnisse vom Gebirge. Die von manchen Forschern erwähnten Granite, Gneise und Hornblendeschiefer sollen der Sierra Nevada ganz fehlen, deren Hauptbestandtheile Herrn von Drasch zufolge Thon-Glimmerschiefer mit Resten von normalem Glimmerschiefer und Talkschiefer und locale Ablagerung von Kalkstein sind. Leider eignen sich diese, fast immer verwitterten oder mürbe Textur besitzenden Gebirgsarten keineswegs zu irgend einer Altersbestimmung; auch wagt es jener Gelehrte nicht, sich darüber auszusprechen, obwohl manche seiner Vorgänger dieselben bald in die paläazoische, bald in die triassische Formation versetzten. Solche Schwierigkeiten bestehen in Betreff der in der Nähe Granada's auftretenden Conglomerate nicht mehr. Diejenigen, welche Herr von Drasch als Blockformation bezeichnet, enthalten miocäne Versteinerungen. Der österreichische Gelehrte nimmt nicht an, daß die in diesen Ablagerungen vorhandenen ungeheuren Anhäufungen von Blöcken, unter andern in dem Thale des Xenil, aus der Glacialperiode stammen, wie es die Herren Gastaldi und Ramsay glauben; er macht auf deren Ursprung, die Sierra Nevada, und besonders auf ihre regelmäßige Schichtung aufmerksam, was eine solche Hypothese vollkommen ausschließt. Auf diesen Conglomeraten ruhen andere horizontal geschichtete Conglomerate, die aber viel jünger sind; sie bilden einen Gürtel um die nordöstlich und südwestlich von Granada liegende Gegend, wie ich schon mehrmals zu erwähnen Gelegenheit hatte (Silla del Moro, Alhambra, Generalife, Albacin u. s. w.). Herr von Drasch glaubt, daß diese Conglomerate, welche er in einer Mächtigkeit von wenigstens 100 m annimmt und als Conglomerat von Alhambra bezeichnet, von den die Sierra Nevada hinunterfließenden Strömen zu einer Zeit abgesetzt wurden, wo diese Ströme viel zahlreicher, besonders aber viel mächtiger waren als heute. Was auch der Ursprung dieser Conglomerate sein mag, so erklärt Drasch doch ausdrücklich, daß sie, ebenso wenig, wie die oben erwähnten miocänen Conglomerate, mit der Glacialperiode zu schaffen haben, und fügt hinzu, daß gerade solche ungegründete Behauptungen, wie sie unter andern Herr Schimper

[1]) Jahrbuch d. k. k. geol. Reichsanst., an. 1879, T. XXIX, p. 93. Der wichtigen Arbeit des gelehrten österreichischen Geognosten sind fünf instruktive Tafeln beigegeben.

aufgestellt, zu allem dem Anlaß gegeben haben, was man über glaciale Erscheinungen in der Sierra Nevada erzählt hat, Erscheinungen, die Herr von Trasch dort niemals gesehen zu haben versichert.

Die Vega erstreckt sich bis zur Sierra Nevada, der südöstlichen Grenze dieser prachtvollen Ebene. Trotz ihrer Höhe von 795 m ist sie mit schönen Olivenhainen und Weingärten bekleidet. Die Oliven geben ein ziemlich gutes Oel, das aber viel besser sein könnte, wüßte man es in Spanien wie in Frankreich und Italien zu bereiten. An Wein erzeugt die Vega nebst den naheliegenden Anhöhen mannigfaltige Arten, unter denen manche, namentlich die von goldgelber Farbe, deren Geschmack an den Xeres erinnert, ohne so stark zu sein wie dieser, gewiß die besten Tischweine in Spanien liefern, wo die Weine dieser Art sonst zu schwer und zu alkoholhaltig sind, und Xeres wie Malaga sich nicht mehr für den gewöhnlichen Gebrauch eignen.

Das Klima Granada's ist viel milder, als man bei der Höhe der Stadt und der Nähe bedeutender Gebirge erwarten sollte. Der Sommer ist heiß, der Herbst prachtvoll und der Winter nicht besonders rauh, was schon die Thatsache hinlänglich beweist, daß Orangenbäume nicht allein in der Ebene, sondern auch auf der Anhöhe gedeihen, welche die Alhambra trägt, wo der Hof, Lindavajo, mit einer großen Anzahl solcher Bäume geschmückt ist, deren Früchte schon den 7. November angefangen hatten, sich zu vergolden. Während der zehn in Granada, oder vielmehr in der Alhambra zugebrachten Tage hatten wir ein Mittel von 22—24 Grad im Schatten und 30—32 in der Sonne, jedoch waren die Morgen- und Abendstunden ziemlich kühl. Am 5. November brach ein von Regen begleitetes Ungewitter los, und die Sierra Nevada erhielt ihren ersten Silberanstrich; aber schon am nächstfolgenden Tage erschien der Himmel wieder in seiner vollen Klarheit, und es blieb die Temperatur, obwohl dieselbe um sieben Uhr Morgens auf + 10 Grad gefallen war, den ganzen Tag 18—19 Grad. Am 8. November verursachte ein neues Ungewitter eine viel beträchtlichere Verminderung der Temperatur, so daß das tägliche Mittel im Schatten nur 12, in der Sonne 25 Grad betrug; auch erblickten wir am 9. November die Sierra Nevada zum ersten Mal in ihrer Wintertracht: ein weißer Mantel umhüllte sie bis zu ihrer unteren Region. Als die Strahlen der untergehenden Sonne auf den kristallinischen Flächen reflectirten, färbten sich diese mit einem funkelnden Rosenroth, lebhaft an das Alpenglühen der Schweizer Gletscher erinnernd, ein Schauspiel, das ich im Süden noch nicht beobachtet hatte.

Wie grandios und malerisch auch alle diese Winter-Erscheinungen waren, so mahnten sie uns doch, daß die Herrschaft der schönen Jahreszeit sich ihrem Ende nahte und es an der Zeit sei, uns in Gegenden zu begeben, wo letztere fast eine immerwährende ist. Wir entschlossen uns also, wenn auch mit tiefem Bedauern, am 11. November die feenhaften Paläste Alhambra's zu verlassen, um nach Malaga zurückzukehren und von dort Carthagena, den letzten Punkt unserer iberischen Wanderungen aufzusuchen. Hätten wir die Reise auch sehr schnell zur See zurücklegen können, so war diese doch gerade an dem Tage, an welchem wir uns in Malaga einzuschiffen im Begriffe standen, so stürmisch, daß der Landreise der Vorzug gegeben wurde, was einen bedeutenden Umweg verursachte, da wir bis in die Nähe von Madrid aufsteigen mußten, um in Manzanares die Eisenbahn zu erreichen, welche nach Carthagena führt. Wie groß aber auch der Umweg war, erforderte er doch nicht mehr Zeit, als die directe Fahrt mit der Diligence von Granada nach Carthagena, abgesehen von allem Ungemach, das solche Postreisen in Spanien, besonders in vorgerückter Jahreszeit, mit sich bringen.

Da unser Weg nun über Cordova führte, so konnten wir nicht widerstehen, hier einen Tag zu verweilen, um noch einmal die prachtvolle Kathedrale zu bewundern, dieses merkwürdige Denkmal des siegreichen Christenthums inmitten zahlreicher, unvertilgbarer Erinnerungen des besiegten Islamismus. Als wir den schönen, von Orangenbäumen beschatteten Hof durchstreiften, sahen wir die zahlreichen Früchte, welche bei unserm Besuche vor einem Monat noch ganz grün waren, in vollem Goldesglanz erglüht.

Die Gegend zwischen Cordova und Alcazar war mit schönen Olivenhecken bekleidet, aber schon in der Nähe von Alcazar verließ uns der milde Himmel Andalusiens, denn wir betraten die Sierra Morena und hatten des Nachts im Waggon von der Kälte zu leiden. Und so waren wir hoch erfreut, in Alcazar die ersten Dattelbäume seit Cordova zu begrüßen; sie wurden immer zahlreicher, je mehr wir uns Murcia näherten. Diese Stadt erhält jedoch nur von der sie umgebenden üppigen Vegetation den Charakter einer orientalischen Oasis, da die weite Ebene, in welcher Murcia gelegen, dürr ist und so bis Carthagena bleibt. Erst hier fanden wir wieder den schönen Himmel Andalusiens. Das Klima von Carthagena ist mild wie das von Malaga, führt aber heiße Sommer mit sich, obwohl diese nicht so heiß wie in Murcia sind, wo das Thermometer im Juli und August im Schatten bis zu 44 Grad steigt. Was aber das Klima Carthagena's besonders kennzeichnet und zugleich ein interessantes Factum der botanischen Geographie liefert, ist der Umstand, daß die Datteln hier zur vollkommenen Reife gelangen, während sie diese an der doch viel südlicher als die östliche Küste Spaniens liegenden Küste Algeriens nicht erreichen. Dieser Umstand giebt dem kleinen Ort Eltchi eine gewisse Berühmtheit, die man alt nennen könnte, wenn die Einführung der Dattelbäume aus frühester Zeit der arabischen Herrschaft stammte, wie man es natürlich anzunehmen geneigt wäre. Das Schweigen Edrisi's scheint jedoch das Gegentheil zu beweisen, denn er beschreibt die Stadt Eltchi (Illice der Römer) umständlich, wie alles, was sich auf Spanien, sein Vaterland, bezieht,[1]) und doch sagt er kein Wort über den Palmenhain, den er rühmlichst zu erwähnen gewiß nicht vergessen hätte, namentlich wenn derselbe damals wie heute aus mehr als 60,000 Bäumen bestanden. Es scheint also, daß dieser Hain im 12. Jahrhundert noch nicht vorhanden gewesen, und daß die Araber, wenn sie ihn wirklich gepflanzt haben, es in einer vorgerückten Zeit ihrer Herrschaft in Spanien thaten.

Jedenfalls bedauerten wir sehr, Eltchi nicht besuchen zu können, weil wir das nach Oran führende Dampfschiff zu verfehlen fürchteten. Wir nahmen also mit Vergnügen den Vorschlag an, den der russische Consul, Herr Spitarno, machte, uns nach seiner nicht weit von Carthagena gelegenen Besitzung zu begleiten, wo etwa tausend Dattelbäume als Handelsartikel gezogen werden. Dieser kleine, am 13. November mit fast reifen Früchten erfüllte Palmenhain gewährt ein besonderes Interesse, wenn man berücksichtigt, daß ein solcher nirgends sonst in Europa zu finden ist. Bekanntlich kann der Dattelbaum nur durch Samen erzeugt werden, und hat man dann etwa zwanzig Jahre zu warten, ehe man einen reife Früchte liefernden Baum erzielt; man bedient sich daher zur Anpflanzung gewöhnlich junger angekaufter Bäume. Uebrigens habe ich mehrere mit Blättern versehene junge Pflanzen am Fuße alter Bäume beobachtet, deren herabgefallene Früchte diese Pflanzen erzeugt hatten, was die Naturalisation der Dattelpalme in Spanien zu beweisen

[1]) Géographie d'Edrisi traduite de l'arabe par A. Jaubert, T. II, p. 38.

scheint. In der Stadt Carthagena ist die Dattelpalme kein Handelsgegenstand wie in Elchi.

Die Fruchtbarkeit des Bodens von Carthagena ist eine ausgezeichnete, die Stadt wie ihre Umgebungen leiden aber an Wassermangel und es sind die Versuche, durch artesische Brunnen Wasser zu erlangen, gescheitert; vollkommen reines Wasser erreicht man erst in sehr beträchtlichen Tiefen, während das durch gewöhnliche Brunnen geförderte etwas brackisch ist. Obwohl mehrere Eigenthümer Cisternen besitzen, so hat der größte Theil der Bevölkerung doch nur Brunnenwasser. Brunnen sind zahlreich in den Umgebungen von Carthagena, wo in Folge des sehr trocknen Klimas künstliche Bewässerung eine Lebensfrage für die Kultur des Bodens ist. Diese Bewässerung geschieht vermittelst eines in den Brunnen vertikal eingesetzten, mit einer Reihe hölzerner Gefäße versehenen Rades, die, eines nach dem anderen, Wasser schöpfen und in einen Behälter gießen, aus welchem es durch mehrere Kanäle in die Felder und Gärten geleitet wird; die Umdrehung des Rades wird durch leinene Segel oder Flügel, welche mittelst einer Stange an demselben befestigt sind, bewerkstelligt und die, durch den Wind anschwellend, das Rad in Bewegung setzen. Diese etwas primitive, aber praktische und wohlfeile Einrichtung giebt jedoch Anlaß zu Mißbräuchen, welche leider von den Lokalbehörden geduldet werden; die Eigenthümer der Felder und Gärten durchfurchen nämlich die öffentlichen Wege mit einer Menge oft ziemlich tiefer Rinnen, die den Fuhrwerken sehr beschwerlich werden, was wir durch eigene Erfahrung bestätigt fanden, da wir unter halsbrechendem Rütteln und Stößen eine volle Stunde brauchten, um die geringe Entfernung zwischen der Stadt und der Besitzung des Herrn Spitarno zurückzulegen, die bei gutem Wege kaum fünfzehn Minuten erfordert haben würde; und doch war es gerade die Strecke, über welche die alte römische Straße von Carthagena nach Saguntum (Murviedro) führte, wovon indeß schon seit langer Zeit jede Spur verschwunden ist.

Das Fehlen oder das Unzulängliche der Verbindungswege ist ein großes Hinderniß für die industrielle Entwickelung von Carthagena, die durch ihre Lage am Meere, wie durch ihren an Mineralien reichen Boden eine Wichtigkeit erlangen könnte, die sie durchaus nicht besitzt. So z. B. hat der Mangel an direkter Eisenbahnverbindung zwischen Cordova und Carthagena zur Folge, daß die in der Umgebung der ersten Stadt gewonnene Steinkohle nur durch den ungeheuren Umweg über Alcazar nach Carthagena befördert werden kann; nun sind aber die durch diesen Umweg verursachten Frachtkosten so bedeutende, daß das aus England zur See übersandte Brennmaterial wohlfeiler zu stehen kommt, und da die Schmelzhütten Carthagena's jährlich über 150,000 Tonnen Steinkohlen verbrauchen, so bezieht Spanien aus England, was es im eigenen Lande mit geringeren Kosten erhalten könnte.

Die in der Umgegend von Carthagena gewonnenen Erze befinden sich in dem Gebirge, welches man als die östliche Fortsetzung der Sierra Nevada betrachten kann, das im Cap de Palos (Ost-Nord-Ost von Carthagena) endigt und durchschnittlich von West nach Ost reicht. Die Zahl der Bergwerke beträgt über tausend; die meisten unterirdischen Arbeiten erreichen wenig bedeutende Tiefen und keine beträgt 200 m.

Ich besuchte eins der wichtigsten Bergwerke in der Nähe des Dorfes **Unione**, das mit Carthagena durch eine Eisenbahn verbunden und in einer halben Stunde zu erreichen ist. Das große Dorf wird ausschließlich von Bergleuten bewohnt, die über 10,000 Mann zählen, und deren Häuser durch ihre Reinlichkeit und Wohlhabenheit auffallen; auch ist es mit fast allen Hilfsmitteln eines Städtchens versorgt, da es nicht nur eine hübsche Kirche, sondern auch zahlreiche Läden, eine Apotheke und sogar ein Kasino besitzt. Unione hat nichts von dem düsteren, berauchten Aeußern, das in England, Deutschland, Belgien und überall für die großen Centren der bergmännischen Industrie bezeichnend ist. Hier zerstreut sich der Rauch der Hochöfen leicht in den azurblauen Himmel, dessen Glanz er nicht zu verfinstern vermag, während in den Städten des Nordens die emporsteigenden schwarzen Dampfmassen die trübe Färbung des schon an sich trüben Himmels noch mehr verdunkeln.

Wenn man berücksichtigt, daß die Arbeiter einer mit Bleisubstanzen geschwängerten Luft ausgesetzt sind, so ist es erstaunlich, daß man keine nachtheiligen Folgen für die Gesundheit beobachtet, denn die Sterblichkeit in Unione übersteigt nicht die von Carthagena. Die Arbeiter haben ein kräftiges Aussehen und scheinen mit ihrem Loose vollkommen zufrieden, ja, der größte Theil der Bevölkerung der Provinzen von Carthagena und Almeria zeigt eine besondere Vorliebe für das Handwerk des Bergmanns, und sie widmen demselben ihre Söhne und verwenden diese zu den Bergwerksarbeiten von Kindheit an. Als ich die braven Leute, die sich in ihrem ganzen Benehmen von den gebildetsten Städtern Spaniens durchaus nicht unterschieden, über ihr häusliches Leben und ihre Gewohnheiten befragte, erfuhr ich, daß Vegetabilien ihre Hauptnahrung bilden, und daß von ihnen nur selten, meist bloß des Sonntags, Fleisch gegessen, auch ebenso selten Wein getrunken werde.

Ein Uebel, unter welchem Unione leidet, ist der immerwährende Staub, der entweder von Winden aufgeweht oder von den schweren Karren, welche durch die ungepflasterten Straßen rollen, erzeugt wird. In Spanien besteht das Steinpflaster der communalen Wege überhaupt oft nur aus durcheinander geworfenen Blöcken, so daß man, wo irgend möglich, gern einen großen Umweg macht, um demselben auszuweichen, gerade wie im Orient, wo Steinpflaster und Brücken nur dazu bestimmt zu sein scheinen, die Reisenden zu mahnen, gewisse Ortschaften zu vermeiden.

Die dürren abgerundeten Gebirge in der Umgegend von Unione, welche einen der Hauptmittelpunkte des Bergbetriebes bilden, liegen auf einer etwa 10 km langen Linie, die hauptsächlich von Osten nach Westen reicht, und deren Felsart gewöhnlich aus kieselartigem Kalkstein besteht, während das Erz silberhaltiges Blei mit Eisen vereinigt. Dieses Erz tritt in Gängen oder Nestern auf und wird vermittelst Schächte und Strecken, beide in unbeträchtliche Tiefe eindringend aber sehr zahlreich, abgebaut, so daß die Anhöhen wie durchlöchert aussehen, während in den niederen Regionen des Gebirges, besonders in der weiten welligen, am Fuße desselben gelegenen Ebene, die Hochöfen sich in großer Menge erheben. Die Operation der Erzschmelzung ist eine sehr einfache und findet in Oefen aus Kalkstein statt, die unten in einen konischen Hals endigen. Das zum Schmelzen bestimmte Erz läßt vermittelst des mit demselben angehäuften Coaks das geschmolzene silberhaltige Blei in den unteren konischen Raum des Ofens fließen, aus dem es durch eine Oeffnung, welche aufgeschlossen wird sobald man den Raum hinlänglich gefüllt glaubt, in einen Behälter ausströmt. Andere in dem mittlern Theil des Ofens angebrachte Oeffnungen lassen die leichteren Schlacken, welche auf der Oberfläche der in dem konischen Raum gesammelten metallischen Substanzen verbleiben, abfließen. Das auf dem Rücken der Maulesel aus dem Gebirge gebrachte Erz wird zunächst zerstückelt, um die metallreichsten Theile des Gesteins von den ärmeren zu sondern; nur die ersteren werden geschmolzen. Die minder ergiebigen Theile werden auf eine ziemlich rohe Art gewaschen und die noch als brauchbares Erz befundenen Stücke den Schmelzöfen überliefert. Das erzeugte silberhaltige Blei wird gewöhnlich in der Gestalt von Stangen oder Platten geschmolzen, nach England oder Belgien verschickt und hier der die Ausscheidung des Silbers bezweckenden Behandlung unterworfen. Glaubt man den Silbergehalt genügend groß, so wird die Ausscheidungs-Operation an Ort und Stelle bewerkstelligt.

Da der den Hochöfen entströmende Rauch eine bedeutende Menge feiner metallischer Theile mit sich führt, so wird derselbe, bevor er aus dem Schornsteine in die freie Luft tritt, durch unterirdische, mehrfach gewundene Kanäle geleitet, die als Condensatoren dienen, indem der abgekühlte Rauch an den innern Wänden der letzteren seine metallischen Substanzen absetzt.

Den mir von offiziellen Behörden gemachten Mittheilungen zufolge liefert der Bergbezirk von Carthagena, dessen Mittelpunkt Unione bildet, jährlich etwa 36,000 Tonnen (die Tonne zu 1000 kg) silberhaltigen Bleies; das Verhältniß des reinen Silbers kann zu 50 gr per 100 kg angeschlagen werden. Dies würde jährlich etwa 1000 kg reinen Silbers ergeben und einen Werth von 155,844 Frcs. vorstellen, da man das kg reinen Silbers zu 222 Frcs. annimmt. Uebrigens ist das Verhältniß zwischen Silber und Blei im Steigen begriffen, seitdem die Bergwerke von Linares einen Theil ihrer Erze dem Bergbezirke Carthagena's zuführen. Obgleich somit der Betrieb der Bergwerke von Carthagena ziemlich günstige Resultate liefert, so sind dieselben doch im Vergleich mit denen, die sie zur Zeit der Carthager und Römer lieferten, sehr geringfügig. Plinius[1]) sagt über die Bergwerke von Neu-Carthago Folgendes: „Die durch Hannibal abgeteuften Schächte werden noch jetzt gebraucht und haben den Namen der Entdecker der abgebauten Erze beibehalten. Einer dieser Schächte, Bebulo, lieferte an Hannibal täglich 300 Pfund Silber (CCC pondo Hannibali administravit in dies). Der Berg ist auf einer Strecke von hundert Schritten vollkommen ausgehöhlt und sieht man dort die Aquitaner Tag und Nacht arbeiten, sich wechselseitig nach der Dauer des Lichtes ablösend und das Wasser in solcher Menge herausschöpfend, daß es wie ein Fluß hinabströmt (Amnem faciunt)." Wenn wir das römische Pfund zu 500 gr anschlagen, so würden wir jährlich 5470 kg Silber erhalten, was einen jährlichen Werth von 1,214,340 Frcs. darstellt (das kg Silber zu 222 Frcs. gerechnet).

Strabo[2]) theilt uns ebenfalls Interessantes über die Silber-

[1]) Hist. nat. XXXIII, 6.
[2]) L. III.

bergwerke Neu-Carthago's mit. Er versetzt sie 20 Stadien (etwa 3 km, die olympische Stadie als 185 m annehmend) von der Stadt und verleiht ihnen einen Umfang von 400 Stadien (etwa 71 km); die Zahl der Arbeiter giebt er mit 40,000 und das jährlich an die römische Staatskasse abgelieferte Erzeugniß ihrer Arbeit mit 25,000 Drachmen Silber per Tag an. Die Drachme zu 69 Centimes gerechnet, würde das tägliche Erzeugniß etwa 17,250 Frcs. betragen und das jährliche Quantum 6,296,250 Frcs., folglich sechs Mal so viel, als die Carthager erbeuteten.

Wenn sich demnach die Bergwerke von Carthagena mit den von den Carthagern und Römern abgebauten nicht messen können, so vermag uns auch Spanien keinen Begriff von der Stellung zu geben, die es ehemals unter allen durch Metallreichthum berühmten Ländern behauptete; denn seit dem grauesten Alterthum galt Spanien als in dieser Hinsicht alle bekannten Länder übertreffend. Strabo, der fast das ganze dritte Buch seines großes Werkes der iberischen Halbinsel gewidmet hat, findet nicht Worte genug, die unerschöpflichen Schätze des Bodens zu schildern, wie auch die Thätigkeit, mit welcher die Bewohner solche abbauen. Besonders Turdetania (südlicher Theil des jetzigen Andalusiens) ist es, auf das Strabo als auf ein wirkliches Eldorado hinweist. „Turdetania," sagt er, „trotzt aller Beschreibung, denn an keinem Orte der Welt ist Gold, Silber, Kupfer und Eisen weder in solcher Menge, noch von so ausgezeichneter Güte jemals gefunden worden," und um nur ein Beispiel von dem Ueberflusse an werthvollen Metallen in dieser Region zu geben, erzählt er, daß, als Barkas die Carthager nach Turdetania führte, er dort die gewöhnlichsten Gegenstände, wie Krippen, Tonnen 2c., aus reinem Silber angefertigt fand. Das Gold wurde durch Waschung gewonnen und der goldhaltigste Sand lieferte zuweilen Stücke gediegenen Goldes von dem Gewichte eines halben Pfundes. Strabo schildert die erstaunliche Thätigkeit der das Wasser vermittelst ägyptischer Pumpen schöpfenden Bergleute, und sagt, daß die Kupfer- und Silbererze dieses Landes so ergiebig seien, daß der vierte Theil der ersteren in gediegenem Kupfer bestände und drei Tage Arbeit ausreichend wären, den silberhaltigen Erzen ein Talent reinen Silbers abzugewinnen; schlägt man das Talent zu 5750 Frcs. an, so würden sich monatlich 54,106 Frcs., jährlich 649,272 Frcs. ergeben.

Bei dem Vorhandensein solcher Reichthümer muß das heutige Spanien trotz aller seiner schönen Erzgruben, welche an die Vergangenheit nur durch gewisse berühmte Namen oder sehr alte Begebenheiten erinnern, sehr arm erscheinen. Unter andern befinden sich nördlich von den reichen Erzgruben von Linarès alte Schächte, die noch jetzt Hannibals Schächte (Pozos di Annibal) heißen, ganz wie zur Zeit des Plinius die Schächte der Erzgruben von Neu-Carthago Namen carthagischer Bergbaumeister trugen. Ebenso sind nicht weit von Linarès Ruinen vorhanden, welche man für die von Castulo hält, einer Stadt, in deren Nähe Strabo (L. III) reiche Erzgruben erwähnt; auch hier tritt abermals Hannibals Name auf, denn einer lokalen Ueberlieferung zufolge sollen diese Trümmer die Reste des Palastes von Himilce, der Frau Hannibals, enthalten. Und so hat sich dieser zauberische Name in Spanien als der einer wohlthätigen Gottheit erhalten, die dem Lande die Schätze seines Bodens offenbart hatte.

Uebrigens scheint eine Stelle des Polybios[1]) anzudeuten, daß die Entdeckung wenigstens der Silbererze Neu-Carthago's sich an ein dem Hannibal vorangehendes Zeitalter knüpft. Bei der Schilderung dieser Stadt bemerkt Polybios, daß unter den dieselbe nördlich umgebenden Hügeln einer den Namen des Aletes trägt, dem die erste Entdeckung der Silbererze zugeschrieben wird: die einzige Erwähnung letzterer, und gewiß war die Beschreibung derselben in den zahlreichen verloren gegangenen Theilen seines großen Werkes enthalten. Dafür aber besitzen wir[2]) von ihm interessante Nachrichten über die Stadt und den Hafen von Neu-Carthago, als dieselbe zur Zeit der punischen Kriege von Publ. Corn. Scipio erobert wurde. Er beschreibt die Stadt als an einem Meerbusen gelegen, dessen Breite (an seiner innern Endspitze) etwa 10 Stadien (1850 m) und die Länge 20 Stadien (3700 m) betragen hätte. Am Eingange des Meerbusens erhebt sich eine Insel, die an beiden Seiten nur einen engen Durchgang in das Innere der Bucht gestattet; demzufolge brechen sich die Wellen an den Küsten der Insel, so daß das Innere des Meerbusens, wenn kein südwestlicher Wind herrscht, einer vollkommenen Stille genießt. Die Stadt liegt auf einer hohen Landzunge und ist also im Süden und Osten durch das Meer, nordöstlich durch eine Lagune begrenzt. Als Scipio sich der Stadt bemächtigte, hatte sie schon viel von ihrer Wichtigkeit verloren; Polybios berichtet, daß ehemals ihr Umfang 40 Stadien

[1]) Hist. X, 1.
[2]) Hist. X, 10.

(7 km 400 m) betrug, den sie aber zu dieser Zeit nicht mehr besaß. Die Stadt war von hohen Mauern umgeben, welche die Römer nicht zu überschreiten vermochten; nur mit Hilfe der Flotte gelang es ihnen, einen kräftigen Angriff auszuführen und dann, den Augenblick benutzend, wo zur Zeit der Ebbe die Lagune trocken lag, von dieser Seite in die Stadt einzudringen. Obwohl Scipio dieselbe der Plünderung preis gab, traf er doch Maßregeln, die Gebäude zu erhalten. Den Reichthum des schon in Verfall begriffenen Neu-Carthago beweist der Umstand, daß Scipio in der öffentlichen Kasse über 600 Talente vorfand, eine Summe, die bei weitem jene übertraf, die er von der römischen Regierung zur Bestreitung der Ausgaben des Feldzuges erhalten hatte, nämlich 400 Talente. Bei seinem Aufbruch aus der Stadt hinterließ er eine Besatzung, hatte auch die Befestigungen derselben bedeutend verstärkt. [1])

Seit dem klassischen Alterthum besitzen wir keine sicheren Nachrichten über den Zustand der Bergwerks-Industrie von Spanien, selbst nicht unter der arabischen Herrschaft, die doch den glänzendsten Zeitraum der Civilisation dieses Landes einnimmt; keiner der großen arabischen Geographen, denen wir so viele Nachrichten über Spanien während des Mittelalters verdanken, berichtet Erhebliches über diesen Gegenstand, besonders was die Bergwerke Carthagena's betrifft. Im Gegentheil, nach Abulfeda [2]) soll sogar die Küste, auf welcher die Stadt liegt, in Folge eines schrecklichen Naturereignisses vollkommen verschwunden sein. Allerdings kann die Stelle Abulfeda's, deren Erklärung mir trotz aller Nachsuchungen nie gelungen ist, kein großes Zutrauen einflößen, da sich der arabische Geograph auf die Aussage eines gewissen Machtarek beruft, der behauptet haben soll, daß die Stadt Carthagena in Spanien, im Lande Tadmyr gelegen, durch das Meer überschwemmt und „von der Oberfläche des Bodens verschwunden sei.“ Da Edrisi Carthagena, aber nicht dessen Bergwerke erwähnt, so muß die von Abulfeda angeführte Katastrophe erst nach dem Jahre 1154, in welchem Edrisi sein Werk geschrieben, eingetreten sein; doch ist es schwer zu begreifen, wie ein solches Ereigniß den Zeitgenossen unbekannt geblieben sein sollte. Diese beobachten vollkommenes Stillschweigen; wenigstens gedenkt Hoff in seinem klassischen Werke [3]) keiner solchen in diesen

[1]) Polybios, Hist. X, 19, 20.

[2]) Loc. cit., T. II, p. 176.

[3]) Geschichte der natürl. Veränderungen der Erdoberfläche.

Zeitraum fallenden Katastrophe, trotzdem der gelehrte und gewissenhafte Forscher mit der größten Sorgfalt und strengsten Kritik alle natürlichen Ereignisse, entweder auf authentische Aussagen von Zeugen oder auf zuverlässige Ueberlieferungen gegründet, verzeichnet hat; auch ist die Stelle Abulfeda's in der schönen, mit zahlreichen und belehrenden Commentaren ausgestatteten Uebersetzung von Reinaud ohne irgend eine Anmerkung von Seiten des gelehrten Uebersetzers geblieben. Dieser begnügt sich mit einer kleinen Note, wonach der Name des Landes Tadmyr von dem eines gothischen Fürsten stamme, der zur Zeit der muselmänischen Eroberung das Land beherrschte. Es ist also höchst wahrscheinlich, daß das von Abulfeda erwähnte Ereigniß sich auf vulkanische Erschütterungen des Bodens bezieht, welche lokale Ueberschwemmungen hervorbrachten und auch wohl Carthagena bedeutenden Schaden verursachten, ohne jedoch weder die Küste noch die Stadt vollkommen zu vernichten. Wie es auch sein mag, so bleibt es doch schwer zu sagen, in welchem Zustande sich die Bergwerke Spaniens überhaupt und die von Carthagena insbesondere während des ganzen Mittelalters bis in die verhältnißmäßig ziemlich neue Zeit, wo man angefangen, die den Alten bekannten und von ihnen viel besser als heute ausgebeuteten Erzlagerstätten zu entdecken, befunden haben.

Wenn die zahlreichen in der Umgegend Carthagena's liegenden Bergwerke die Aufmerksamkeit des Reisenden hauptsächlich in Anspruch nehmen, so gewähren doch auch der Hafen wie das Arsenal großes Interesse, besonders für den professionellen Seemann. Der Hafen ist durch die Gebirge vor fast allen Winden trefflich geschützt, hat außerdem eine bedeutende Tiefe und, was noch wichtiger, ist keinen Versandungen ausgesetzt. Dieser Umstand ist durch die Erforschung der mittleren Tiefe auf das Genaueste bewiesen; dieselbe ist seit den im Jahre 1780 gemachten Sondirungen unverändert geblieben. Das künstlich erzeugte Becken, um welches die Magazine und Werkstätten aufgebaut wurden, ist sehr ausgedehnt; es befindet sich nördlich vom Hafen und ist mit diesem durch einen Canal verbunden. Die Dockyards und Werkstätten sind geräumig, gut gelüftet und von einer merkwürdigen Sauberkeit; unter letzteren zeichnet sich die für die Anfertigung von Kabeln und Stricken jeder Dicke bestimmte Werkstätte aus. Die Arbeiten werden mit Hilfe des Dampfes ausgeführt, und es scheinen die Erzeugnisse von ausgezeichneter Güte zu sein. Während unseres Besuches war nur eine geringe Anzahl von Schiffen im Bau, und seit den letzten

4*

Jahren ist die Thätigkeit des Arsenals in Abnahme, so daß es heute nur 2500 Arbeiter zählt, während zur Zeit Carl's II., den man als den Gründer des spanischen Seewesens betrachtet, deren 12,000 beschäftigt waren.

Anders steht es mit dem heutigen Zustande der Industrie, des Handels und des öffentlichen Wohlseins, denn auf allen diesen Gebieten ist der Fortschritt augenscheinlich. Man braucht nur, um sich davon zu überzeugen, die verschiedenen Theile der Stadt und das Innere der Wohnungen zu besuchen; überall zeigt sich rege Thätigkeit für Förderung der Gesundheitsbedingungen der Stadt, der Beleuchtung, Pflasterung der Straßen &c., so daß sich Carthagena sehr bald nicht mehr mit der Calle major begnügen wird, der für den Augenblick noch einzigen gut gepflasterten Straße. Andererseits wächst die Zahl der soliden und zierlichen Häuser mit ungeheurer Schnelligkeit; unter diesen sind mehrere von den wohlhabenderen Klassen bewohnt, deren Inneres mit einer Bequemlichkeit und einem Luxus ausgestattet ist, die auf einen lebhaften Verkehr mit den großen Mittelpunkten der civilisirten Welt, wie London und Paris, hinweisen, deren Erzeugnisse — dank den zahlreichen Dampfschiffen, welche die Stadt in regelmäßiger Verbindung mit den Haupthäfen Europa's erhalten — in Menge zufließen. Daher kann man im Allgemeinen behaupten, daß der Aufenthalt in Carthagena während des Winters ein ziemlich angenehmer ist; nur in hygienischer Hinsicht läßt die Stadt etwas zu wünschen übrig, da Wechselfieber dort häufig sind, was um so auffallender, als die früher die Stadt umschließenden Moräste trocken gelegt worden sind.

Ich unterbreche meine Skizzen über Carthagena, weil ich das Dampfboot „Ajaccio" in den Hafen einlaufen sehe, das uns noch heute nach Oran bringen soll und uns somit für lange Zeit, wenn nicht für immer, von dem eigenthümlichen, ritterlichen Spanien trennen wird, dessen Erinnerungen für uns zu den schönsten und unvergeßlichsten unseres Lebens zählen werden.

Dritter Brief.

Algier, den 26. November 1877.

Hier sind wir endlich auf dem afrikanischen Boden! Wir hatten gehofft, ihn im Herbste zu betreten, während wir ihn nun fast im

Winter (am 17. November) erreichten. Aber es ging uns wie manchem Pilger, der trotz seiner Ungeduld, das gelobte Land zu sehen, sich doch nicht von einem anziehenden, an seinem Wege liegenden Orte loszureißen vermag und seinen Pilgerstab erst nach langem Zögern wieder ergreift.

Bei unserer Ausschiffung in Oran hatten wir einen wirklichen Angriff von einer Horde Araber und Juden auszustehen, die sich mit solcher Wuth über unser Gepäck stürzten, daß im Vergleich zu dem bekannten Hamal von Konstantinopel, Smyrna und anderen orientalischen mit Europa in Verbindung stehenden Städten, diese nur als demüthige Bettler erscheinen; hierin finden die Araber und Juden von Algerien ihres Gleichen vielleicht nur in Italien. Doch wenn auch im Hafen die europäische Civilisation den Fremden nur durch ihre elendesten Vertreter empfängt, so erscheint sie ihm in ihrer wahren Gestalt, sobald er Oran selbst betritt, das ihn sogleich als eine französische Stadt begrüßt, und zwar unter einem Himmel prangend, wie kein anderer Ort des französischen Vaterlandes.

Die zahlreichen Alleen der Stadt wie die Gärten der Umgegend waren mit einer prachtvollen Vegetation geschmückt, worunter ich mit Freuden einen alten Bekannten aus Andalusien, die schöne Phytolacca dioica, begrüßte: ein in Europa selten kultivirter Baum, den ich außer im südlichen Spanien und Frankreich nicht oft gesehen zu haben meine. Die Aussicht von den malerischen Felsen, die den Hafen umkränzen, ist eine prachtvolle. Leider vermochten wir nur drei Tage in Oran zu bleiben, da nicht nur unsre Wohnung in Algier schon seit langer Zeit bestellt war, sondern wir auch die Absicht hatten, noch vor unserer Abreise dahin die Cedernwälder von Teniet-el-Ahd zu besuchen, ein Ausflug, der sogleich unternommen werden mußte, weil die Zeit nahte, in der der Schnee diese gebirgige Gegend unzugänglich macht. Indessen wollten wir doch Oran nicht verlassen, ohne das nahe und neben dem Dorfe St. Denys befindliche hydraulische Werk, ein Meisterstück der französischen Ingenieure, kennen zu lernen. Die Eisenbahn führte uns bald nach St. Denys durch eine hie und da etwas morastige, ziemlich waldlose Gegend, obgleich schöne Baumgruppen rings um die Dörfer und Eisenbahnstationen gepflanzt sind, hauptsächlich aus Phytolacca dioica, Eucalyptus globulus und Opuntia ficus indica bestehend. Außerdem umfaßt die zwischen Oran und St. Denys sich entfaltende Ebene mehrere Weingärten und Tabakplantagen, letztere ziemlich beträchtlich um St. Denys selbst und hauptsächlich von Europäern betrieben, da die Araber jetzt nur noch die Papiercigarrette rauchen und hierzu ausschließlich virginischen Tabak verwenden, den sie in jeder Stadt kaufen können. Diese Sitte der Araber Algeriens ist höchst auffallend für den, der den asiatischen Orient bewohnt hat, wo wenigstens im Innern des Landes der Türke oder Araber niemals ohne Pfeife erscheint, gleichviel ob er sie raucht oder in dem mit Waffen versehenen Gürtel trägt. Da Waffen dem Araber Algeriens untersagt sind, so büßt der pfeifen- und waffenlose algerische Araber schon viel von dem äußern Charakter ein, der den wahren Muselman in allen seinen Heimathsländern so scharf stempelt.

Saint Denys du Sig, wegen des Flüßchens Sig so genannt, ist ein bedeutendes Dorf oder sogar Städtchen von 7000 Einwohnern, ausschließlich Franzosen und Spaniern. Die in großer Anzahl in den Straßen sich tummelnden Araber bilden keine ansässige Bevölkerung, und nur wenige haben die ihnen von der lokalen Behörde vorgeschlagenen Häuser angenommen; sie ziehen ihre Zelte als Wohnstätten vor, die sie sogar immer in einer gewissen Entfernung vom Dorfe aufschlagen.

Saint Denys du Sig ist eine der Ortschaften, wo Baumwolle gebaut wurde, eine Kultur, die fast spurlos verschwunden ist; selbst die ganze Provinz Oran, wo sich die Baumwollenkultur während der in den Verein. Staaten America's wüthenden Bürgerkriege in blühendem Zustande befunden, liefert heute kaum 3000 Kilogramm jährlich. Man kann also diesen wichtigen Zweig der Industrie im ganzen Algerien als vollkommen erloschen betrachten, ausgenommen, daß es gelänge, demselben durch die Einführung der in Aegypten entdeckten neuen Baumwollenart Bahmie, von welcher die öffentlichen Blätter Europa's so viel gesprochen, neuen Aufschwung zu geben. Diese ist vor kurzem der Gegenstand einer gründlichen Untersuchung von Seiten des Herrn Naudin gewesen.[1]) Er ließ aus Aegypten Samen der Bahmie kommen und kultivirte sie in seiner Besitzung von Collioure, zugleich mit dem Samen sowohl der gewöhnlichen Baumwollenpflanze (Gossypium) als Hibiscus esculentus, indem die Bahmie als ein Erzeugniß der beiden letzteren betrachtet wurde. H. Naudin war im Stande, die Unmöglichkeit einer solchen Hybridation darzuthun; ferner erhielt er eine sehr merkwürdige Varietät der Baumwollenpflanze mit Blumen, jenen des Hibiscus esculentus

[1]) Comptes rendus des Séances de l'Acad. des Sc., an. 1877. T. LXXXV, p. 1197.

ähnlich und mit einem nicht verzweigten, sondern ganz geraden, 2 Meter hohen Stengel, in den Achseln der Blätter zwei bis vier Kapseln tragend. Eine Folge dieser äußeren Modification ist, daß die Pflanze an Höhe gewinnt, was sie an Breite verliert, und daß man auf demselben Raume (nach den Beobachtungen in Aegypten) etwa ein Drittel mehr von dieser Art, als von der verzweigten, kultiviren kann. Als botanische Species ist die Bahmie, das Gossypium barbadense von Linneus und Parlatore (G. maritinum, Todaro), bekannter unter dem Namen Sea-Island oder Coton-longue soie; sie ist zugleich die geschätzteste, aber auch die am meisten Wärme erfordernde Art. Mit einem gewissen Erfolg hat man sie in den neapolitanischen Provinzen und in Sicilien gebaut, jedoch nur in der Nähe des Meeres und an den wärmsten Orten. Also durch Herrn Naudin wissen wir jetzt, was man von der vielbesprochenen Bahmie zu halten hat; sie ist keine neue Art, sondern eine Varietät des Gossypium barbadense. wenn auch eine „höchst merkwürdige und eine große Zukunft versprechende Varietät", deren Einführung und besonders sorgsame Kultur in Algerien von jenem Naturforscher dringend empfohlen wird. Welche Zukunft übrigens die Bahmie auch für Algerien haben mag, für Italien scheint die Baumwollenart nicht günstig zu sein. Zu diesem Schluß führt das vom Professor Augustino Todaro, dem Director des botanischen Gartens in Palermo, herausgegebene Werk über die Kultur der Baumwollenpflanze in Italien,[1]) in welcher Arbeit, die mit der früher erschienenen von F. Parlatore gewiß das vollständigste Werk bildet, das wir über den Gegenstand besitzen, A. Todaro einen interessanten historischen Ueberblick der Kultur der Baumwollenpflanze überhaupt giebt und zugleich zeigt, daß seit der Einführung derselben in die Vereinigten Staaten dieser Theil von America augenblicklich dem europäischen Handel Baumwollarten lieferte, die an Güte alles übertrafen, was man bis dahin erhalten hatte. Wenn die übrigen Länder der Welt mit den Vereinigten Staaten zu wetteifern versuchten, so gelang es ihnen unter ganz besonderen Umständen, nämlich als in der americanischen Republik die Entwickelung dieses wichtigen Zweiges der Industrie eine plötzliche Hemmung erlitt in Folge der von Napoleon bewirkten Con-

[1]) Relatione sulla cultura dei cotoni in Italia, seguita da una monografia del genere Gossypium. Roma e Palermo, 1877–1879.

tinental-Sperre und noch mehr der bürgerlichen Fehden in den Vereinigten Staaten. Solche Umstände benutzend, hofften mehrere Länder Süd-Europa's und Nord-Africa's, die durch die fehlende americanische Einfuhr auf den europäischen Märkten verursachte Lücke auszufüllen, und so wurde die Kultur der Baumwollenpflanze mit dem größten Eifer nicht nur in Aegypten, sondern auch in Italien und Algerien betrieben; man glaubte, eine Stellung zu gewinnen, die auch die etwaige Wiederaufnahme des amerikanischen Handels nicht mehr beeinträchtigen könnte. Allein alle diese glänzenden Erwartungen wurden vollkommen vernichtet, als America abermals in seiner früheren Macht und Herrlichkeit erschien. Auch ist A. Todaro der Meinung, daß Italien keine Aussicht habe, einen günstigen Kampf mit den Vereinigten Staaten durchzufechten, und daß es sich auf die Kultur des Gossypium herbaceum und G. hirsutum beschränken muß, während es vom G. barbadense und ihrer prachtvollen Spielart, der Bahmie, gar nichts zu erwarten habe. Die Vereinigten Staaten werden so das klassische Land der Baumwolle verbleiben, ohne die Gefahr, dieses wichtige Monopol je zu verlieren. Dies ist jedenfalls eine für die botanische Geographie interessante Thatsache, indem es sich hier um eine in America nicht einheimische Pflanze handelt, die trotzdem in einem fremden Lande eine Entwickelung und Eigenthümlichkeit erlangt, welche sie anderswo nicht zu erhalten vermag.

Das Wehr de Sig liegt 3 km südlich vom Dorfe, eine Entfernung, die wir in einem kleinen, ziemlich schwerfälligen Wagen zurücklegten, der in der sehr unebenen, aber ziemlich malerischen Gegend besonders unbequem ward. Die wenig bewaldeten, abgerundeten Gebirge sind mit Sträuchern von Physalis fruticosus, Atriplex halimus rc. bekleidet und bestehen aus einem weißlichen, kieseligen Kalkstein in aufgerichteten Schichten. Das Wehr ist schon von weitem sichtbar und bildet eine aus schönen Quadersteinen erbaute, etwa 9 m lange Mauer. Das auf solche Art gestaute hohe Wasser wird vermittelst seitlicher Kanäle, welche eine Länge von 30 km haben, in die Umgegend geleitet; die im Innern des Mauerwerks angebrachten Wasserleiter gestatten es, das Wasserbecken, wenn nöthig, zu leeren.

Das im Sommer ganz unbedeutende Flüßchen Sig schwillt in der regnerischen Jahreszeit dergestalt an, daß es ehemals durch seine Ueberschwemmungen die ganze Umgegend verwüstete; die ungeheuren Anhäufungen von großen Blöcken, Sand und Thon, welche sein

Bett bedecken, geben einen Begriff von der Kraft der wild stürmenden Gewässer. Jetzt aber erhält das Bett nur die erforderliche Menge von Wasser, während das überflüssige zur Fruchtbarkeit und Wohlfahrt der Umgegend beiträgt. Dieses prachtvolle Werk menschlichen Geistes, das zugleich die Anmuth eines Luxusgebäudes zeigt, sticht grell von der traurigen, einsamen Gegend, in deren Mitte es sich ganz isolirt erhebt, ab, als ob die Natur sich gedemüthigt fühlte durch ein Denkmal, das zugleich ihre Niederlage und den Triumph ihres Besiegers verkündet.

Nach unserer Rückkehr beeilten wir uns, Oran zu verlassen, um nach Affreville zu reisen, von wo wir einen Ausflug nach den Cederwäldern von Teniet-el-Ahd unternehmen wollten. Die Gegend zwischen Oran und Affreville ist ziemlich flach, aber gut bebaut und bewässert. Man sieht mehrere kleine Dörfer und Meierhöfe, alle ausschließlich französisch. In beträchtlichen Abständen zerstreut, inmitten einer flachen, den Arabern von allen Seiten zugänglichen Gegend, genießen die Colonisten die vollkommenste Sicherheit und bedürfen keiner bewaffneten Macht, um sie zu schützen oder zu vertheidigen. Das Erscheinen französischer Uniformen in ihrer Mitte ist ziemlich selten; wir blickten auch mit einer gewissen Neugierde auf die augenscheinlich europäischen, rings um das Dorf Oued-Fodde (ebenfalls französisch) aufgestellten Zelte, unter welchen im Durchmarsch begriffene Soldaten, — die einzigen, denen wir seit Oran begegneten — lagerten, denn die wenigen, die wir in den Straßen von Orléansville gesehen, schienen eher zum Besuch zu sein als zur Besatzung zu dienen.

Wir übernachteten in Affreville, obwohl es unsere Absicht war, noch denselben Tag Milianah zu erreichen; aber die kleine Diligence war von Arabern gefüllt, die gar nicht gesonnen schienen, etwas mehr aneinander zu rücken, um Europäern, unter denen ein paar Officiere in Uniform, Platz zu verschaffen. So sind sich diese Wüstenkinder ihrer vollkommenen Gleichheit mit ihren Besiegern bewußt, von denen sie recht gut wissen, daß das Gesetz diesen letzteren keinen Vorzug gestattet, so lange es sich nicht um gewisse politische Rechte handelt.

Affreville hat eine ziemlich malerische Lage. Wie in allen Städten und Dörfern dieser Gegend, so sind die Häuser auf europäische Art gebaut und eingerichtet, auch die Einwohner fast ausschließlich Franzosen; die Araber erscheinen nur des Geschäfts oder Handels wegen, und die wenigen hier angesiedelten befinden sich im Dienste der Franzosen.

Trotz der Milde des Klimas, welches die Kultur der Orangen unter freiem Himmel gestattet, ist der Olivenbaum hier selten, so daß die Einwohner das Oel aus dem Dorfe Affre beziehen, wo die Araber Olivenbäume bauen. Affreville hat ein kleines Wirthshaus, wo der Fremde die unentbehrlichsten Bequemlichkeiten des europäischen Lebens findet. Es wurde von einer jungen netten Frau gehalten, die, unser Abendessen auftragend, uns ihr Bedauern ausdrückte, uns mit den köstlichen Panter-Coteletten nicht bedienen zu können, indem ein schönes in Teniet-el-Ahd geschossenes Thier leider schon verzehrt wäre.

Wir reisten am andern Tag (21. November) nach Milianah ab, nachdem wir uns beeilt hatten, unsere Plätze in der Diligence im Voraus zu sichern, um nicht wie gestern von den Wüstenkindern zurückgedrängt zu werden. Während der kaum eine Stunde dauernden Reise geht es fast ununterbrochen durch eine schöne bewaldete Berglandschaft bergauf.

Milianah (Malliana der Römer), auf einem 800 m hohen Felsen, der nur eine lokale Erhebung des Gebirges Zacra bildet, erbaut, nimmt sich mit seinen stattlichen Mauern und netten weißen Häusern, welche alle von dem großen, als Krankenhaus dienenden Gebäude beherrscht werden, sehr malerisch aus. Man steigt durch eine schöne, mit Platanen eingefaßte Allee zur Stadt. Für die vorgerückte Jahreszeit war die Temperatur ziemlich mild, aber die Abende kühl genug, um das hochaufflackernde Kaminfeuer recht angenehm empfinden zu lassen, ein Bedürfniß, das wir zum ersten Male seit unserer Ankunft in Algerien verspürten.

Milianah hat ganz das Ansehen eines zierlichen Provinzialstädtchens; alles ist vollkommen französisch und die Besatzung, nur aus 1800 Mann bestehend, trägt viel zur Belebung des Ortes bei. Die Straßen sind breit und die Läden, deren mehrere von Juden gehalten werden, gut versorgt. Die Araber, die Cigarrette im Munde, aber stets ohne Waffen, deren Tragen aus sehr guten Gründen ihnen in diesem Theile von Algerien streng untersagt ist, schlendern in den Straßen wie friedliche Bürger umher.

Die Aussicht von Milianah auf die Ebene ist eine prachtvolle; man erblickt den Chelif, inmitten einer sehr welligen Gegend sich gleich einem Silberbande schlängelnd, gegen Süden von hohem

Gebirge begrenzt, deren Vorberge das Dorf Teniet-el-Ahd den Blicken entziehen. Um diesen Ort noch vor dem Schneefall zu besuchen, beeilten wir uns Milianah zu verlassen (23. November) und nach Affreville zurückzukehren, von wo eine Diligence zwei Mal in der Woche nach Teniet-el-Ahd abgeht.

Wir stiegen in eine schöne Ebene hinunter und überschritten den Chelif in einem Boote, während die Diligence den Fluß durchfahren konnte, weil er in dieser Jahreszeit sehr seicht ist; das Bett hat eine beträchtliche Breite und ist mit Anhäufungen von Geschieben aller Art bedeckt. Nachdem wir den Fluß passirt, begannen wir sogleich, aber ziemlich leicht, zu steigen; erst zwei Stunden weiterhin betraten wir das Gebirge, obwohl immer auf recht guten Wegen, und so gebrauchten wir von Affreville nicht weniger als sieben Stunden, um Teniet-el-Ahd zu erreichen.

Die Höhe dieses Dorfes ist 1165 m; auch war es des Abends recht kalt, so daß wir mit Behagen das Kaminfeuer in dem kleinen, ziemlich bequemen Wirthshause genossen, wo wir abgestiegen. Am folgenden Tage (24. Nov.) brachen wir nach den Teniet-el-Ahd gegenüberliegenden Cedernwäldern auf. Nachdem wir während einer Stunde die die Vorberge des Teniet-el-Ahd-Gebirges bildenden nackten Anhöhen durchwandert hatten, erblickten wir zuerst mehrere schöne immergrüne Eichen (Quercus Ilex) und dann die ersten Cedern, deren Anzahl sich vermehrte, je höher wir stiegen. Wir verfolgten einen ziemlich guten Weg, den die Franzosen für die Forstverwaltung angelegt hatten; er läuft längs dem nördlichen Abhang des Gebirges, eine prächtige Aussicht auf die wellige Ebene bietend, welche die mit Cedernwäldern bekleidete Bergmasse von der Anhöhe trennt, auf deren südlichem Abhange Teniet-el-Ahd sich befindet. Andererseits konnte man dann und wann die südlich von den Cedernbergen liegende Gegend erblicken, die als eine weite unebene Fläche, am fernen Horizont durch Gebirge begrenzt, erschien, welche aus dieser Entfernung gesehen keine bedeutende Höhe zu haben schienen. Obwohl die Cedern beim Hinaufsteigen immer zahlreicher werden, so sind doch die von ihnen gebildeten Wälder nur gemischte Wälder, indem sie mit der immergrünen Eiche (Quercus Ilex) und der Ballota-Eiche (Quercus ballota) in Gesellschaft auftreten; durch ihre schon gelb gefärbten, winterlich aussehenden Blätter bildete letztere einen schönen Kontrast mit dem bläulich-grünen Laube der Cedern. Mehrere dieser Bäume erlangen eine sehr bedeutende Entwickelung; eine Höhe von 30 m mit einem

Umfange von 6 bis 9 m ist nichts Seltenes. Im Garten des Forstmeisters, dessen malerisch gelegene Wohnung wir auf einem dreistündigen, ziemlich steilen Wege erreichten, befinden sich zwei kleine Lusthäuser in Gestalt von Kiosken, deren jedes einen Tisch enthält, dessen Fläche, aus dem transversalen Querdurchschnitt eines Cedernstammes gebildet, einen Umfang von 6 m hat. Als ich dem Förster mein Erstaunen darüber ausdrückte, sagte er mir, daß er schon Gelegenheit gehabt hätte, Stämme von 10, ja von 11 m Umfang zu messen, und daß, nach der Zahl der concentrischen Holzringe zu urtheilen, mehrere dieser Riesen ein Alter von nicht weniger als 1400 Jahren haben müßten. Die Cedern zeigen mitunter eine besondere Vorliebe für steinigen Boden; man sieht sie auf steilen Abhängen vollkommen nackter Felsen sich wie riesenhafte Sonnenschirme wiegen, ohne daß man begreift, wie die Wurzeln das harte Gestein durchbohren und dem Baume die aufrechte Stellung gewähren und erhalten können.

Ich vermochte nur annähernd die äußerste Meereshöhe der Cedern anzugeben. Da wir von Teniet-el-Ahd (dessen Höhe 1165 m beträgt) etwa drei Stunden lang beständig gestiegen waren, so ist es wahrscheinlich, daß wir uns wenigstens 500 m erhoben hatten; nun aber sahen wir Cedern auf dem Gipfel des Gebirges, dessen Höhe man als 200 m über unserer Station annehmen kann, so daß es eher eine zu geringe als übertriebene Schätzung wäre, hier die Meereshöhe der Cedern auf 2000 m zu veranschlagen. Auf den Abhängen des Gebirges und den zuweilen auftretenden Hochebenen ließ sich kaum eine blühende Pflanze entdecken; doch versicherte man mir, daß hier im Frühlinge eine schöne Vegetation bestände; jetzt aber sah man nur eine ungeheure Menge Wurzelblätter des Asphodelus ramosus und nur hie und da eine noch blühende Bellis sylvestris. Der Tag war schon zu weit vorgerückt, um unsere Wanderung noch über das Forsthaus hinaus fortzusetzen, so daß wir gezwungen waren, nach Teniet zurückzukehren, was recht schnell geschah, indem wir auf den Rückweg nur zwei Stunden verwendeten. Die Temperatur war ziemlich niedrig, das Wasser auf mehreren Punkten des Gebirges gefroren. Der Schnee fängt gewöhnlich Ende November an zu fallen und verbleibt auf dem Boden bis Ende April.

Der Aussage des Försters zufolge kann die Länge des von den Cedern eingenommenen Raumes von Osten nach Westen auf

16 km, die Breite von Norden nach Süden auf 2 bis 3 km veranschlagt werden.

Das Cederngebirge, welches im Mittel von Ost-Süd-Ost nach West-Nord-West streicht, verzweigt und gliedert sich ins Unendliche, was gerade die ungeheure Menge von Abgründen, abschüssigen Schlünden, tiefen Seitenthälern und steilen Vorbergen hervorbringt, die dem Gebirge einen so malerischen und mannigfaltigen Charakter verleihen. Das Gestein besteht hauptsächlich aus mergeligem Kalkstein, der sich oft zu prachtvollen Felsen oder riesenhaften Mauern aufthürmt; der Kalkstein ist fast immer geschichtet mit einem Gefäll nach Nordost oder Südost.

Die algerische Cederngegend mit der von Klein-Asien verglichen steht dieser letzteren in Hinsicht der charakteristischen Physiognomie des Waldbestandes nach, denn in Klein-Asien ist die Ceder nur mit der Abies cilicica vergesellschaftet, einer zwar sehr eigenthümlichen Form, aber doch derselben Familie angehörend, deren Aeußeres von dem seines Gefährten nicht genug abweicht, um auf die Einheit des Ganzen störend einzuwirken und den Cedern-Typus zu beeinflussen. In Teniet-el-Ahd dagegen hat die Ceder zwei Eichenarten zu Nebenbuhlern und folglich zwei Vertreter einer anderen Familie mit ganz verschiedenem Aeußern, was allerdings dem Walde von Teniet-el-Ahd eine größere Mannigfaltigkeit verleiht, ihm aber auch zugleich den Charakter eines eigentlichen Cedernwaldes nimmt. Klein-Asien besitzt gleichfalls den Vorzug hinsichtlich des Entwickelungs-Areals des Baumes, denn schon dasjenige, welches ich für denselben zu bestimmen vermochte, übertrifft bei weitem den von der Ceder in Teniet-el-Ahd eingenommenen Raum, und doch konnte ich bloß einen geringen Theil der von mir in Cilicien entdeckten Cedernwälder erforschen, während in Teniet-el-Ahd die Ausdehnung des Waldes, wenn auch nicht mit einer mathematischen Genauigkeit, jedoch annähernd und ausreichend bestimmt worden ist. Auch in Betreff des mineralogischen und geologischen Gesichtspunktes weichen die Cedernwälder der beiden Länder von einander ab, besonders in letzterer Hinsicht; in Klein-Asien ist der Boden aus Thonschiefer und dunklen krystallisirten Kalksteinen, beide der paläozoischen Formation angehörend, zusammengesetzt, während in Teniet-el-Ahd die Felsart ausschließlich aus Kalkstein von einem viel jüngern Alter, nämlich dem tertiären besteht. Was endlich die malerischen Schönheiten betrifft, so können die

Wälder der beiden Länder um die Palme streiten, während jeder die ihm eigenthümliche Physiognomie beibehält.

Das Cederngebirge von Teniet könnte der schönste Sommeraufenthalt der Welt nicht nur für die Bewohner Teniets, sondern auch für die der Umgegend sein, und doch ist das herrliche Gebirge vollkommen unbewohnt. Wir begegneten dort außer dem Förster und seinen Dienern keiner menschlichen Gestalt.

Neben Teniet-el-Ahd befindet sich eine Gruppe von „Gurbi", (elender arabischer Rohrhütten) von etwa 200 friedlichen und arbeitsamen Individuen bewohnt, deren Zahl die Bevölkerung von Teniet (etwa 300 Seelen) beinahe erreicht. Diese Araber stehen nicht nur als Arbeiter und Knechte im Dienste der letzteren, sondern versorgen auch das Dorf mit dem nöthigen Bedarf an Weizen, Gerste und Roggen; denn der größte Theil des Bodens um Teniet ist Eigenthum der Araber, die ihn bebauen und die Erzeugnisse desselben nach Teniet zum Verkauf bringen. Die Handelsgeschäfte werden auf einem Markte, der jeden Sonntag stattfindet und wohin die Araber der ganzen Umgegend in großer Menge wandern, abgeschlossen; hierdurch erhält das Dorf ein malerisches Bild von Thätigkeit und regem Leben. Und doch, wie ich es als Augenzeuge bestätigen kann, giebt dieser Andrang roher Araber inmitten der weniger zahlreichen Christen, mit denen sie ohne Kenntniß ihrer Sprache zu unterhandeln haben, zu gar keiner Unordnung, Hader oder Lärm Anlaß; kaum ist das Geschäft abgeschlossen, so sieht man die Wüstenkinder ruhig und gelassen nach ihrer mehrere Stunden entfernten Heimath zurückwandern. Auch besteht die ganze Besatzung von Teniet nur aus 150 Reitern, obwohl der Ort eine viel bedeutendere Zahl bequem unterzubringen im Stande wäre. Ohne befestigt zu sein, besitzt Teniet geräumige, von Mauern eingeschlossene Kasernen, die fast immer halb leer sind, weil die Handvoll Militär, welche die Besatzung bildet, zur Erhaltung der Sicherheit mehr als hinreichend ist und sogar bis jetzt noch niemals Gelegenheit gehabt hat, Zwangsmaßregeln zu ergreifen; ein Dutzend Civilbeamte und Gensdarmen entsprechen vollkommen allen Erfordernissen des öffentlichen Dienstes, der Ordnung und des Friedens.

Wie alle von uns besuchten Dörfer Algeriens, hat auch Teniet-el-Ahd ein ausschließlich französisches Aeußeres, und trotz der Nähe der Wüste würde man sich kaum in Afrika glauben, sähe man nicht die in malerische Lumpen gehüllten Araber dann und wann in den Straßen herumschlendern. Mit allem für europäische Bedürfnisse Unentbehrlichen ist das Dorf vermittelst Verkaufsläden, welche die nöthigen Kleidungsstücke, Eßwaaren, Hausgeräthe ꝛc. in Bereitschaft haben, genügend versorgt. Die Wohnungen der Civilbeamten sind bequem und reinlich, und die Kirche entspricht den Bedürfnissen der Gemeinde. Obwohl Telegraphenlinien Teniet mit Algier und Oran verbinden, so ist die Lage des Ortes für schnelle Uebersendung von Briefen und Journalen nicht günstig; auch erhält Teniet solche nur zwei Mal in der Woche.

Wenn man berücksichtigt, daß die Gebirgsmasse, auf deren südlichem Abhang Teniet erbaut ist, keine Ceder, vielmehr nur einige immergrüne Eichen besitzt, obwohl die mineralogische Beschaffenheit des Bodens ganz dieselbe ist, wie die des gegenüberliegenden, an Cedern so reichen Gebirges, so muß man annehmen, daß das Vorhandensein dieser Baumart hauptsächlich durch die Höhe bedingt ist. Auch selbst auf dem Cederngebirge hat der Baum nur die höheren Regionen inne, wovon man sich vollkommen überzeugt, wenn man das erwähnte Gebirge von Teniet aus betrachtet. Es erscheint dann oben wie durch einen dunkelgrünen Streifen, der kaum den mittlern Theil des Gebirges erreicht, grell abgesäumt; dieser Streifen grenzt den von der Ceder und den zwei Eichenarten (Quercus Ilex und Q. balotta) eingenommenen Raum genau ab.

Da der zwischen Teniet und Affreville eingerichtete Diligence-Verkehr nur zwei Mal in der Woche stattfindet, so waren wir gezwungen, drei Tage in Teniet zuzubringen, wo in dem kleinen Hôtel du Commerce die Temperatur trotz eines reichlichen Kaminfeuers schnell zu fallen anfing, so daß wir mit Freuden den Wagen bewillkommneten, der uns (26. Nov.) in sechs Stunden nach Affreville brachte, während wir acht Stunden nöthig hatten, um von dort nach Teniet-el-Ahd hinaufzusteigen.

Wir begrüßten Affreville mit um so größerem Vergnügen wieder, als dieser Ort den Endpunkt des bedeutenden Umweges bildete, den wir von Oran nach Algier gewählt, indem wir nach Milianah und Teniet sehr weit von dem geraden Wege abgelenkt hatten. Trotz der vorgerückten Jahreszeit hatte dieser Umweg großes Interesse gewährt und zugleich den Wunsch gesteigert, unser Winterquartier in Algier zu beziehen, wo unsere Dienerschaft, die wir von Oran nach Algier vorangeschickt, schon seit mehreren Tagen auf uns wartete, alles vorbereitend, um unsern Aufenthalt so bequem wie möglich zu gestalten.

Vierter Brief.

Algier, den 1. Dezember 1877.

Sobald wir in unserem Gasthause (Hôtel d'Orient) uns gemächlich eingerichtet hatten, glaubte ich, bevor ich Ausflüge in die Umgegend unternähme, einen allgemeinen Begriff von der Physiognomie der Stadt gewinnen zu müssen, und gerade diese ersten Eindrücke sind es, die ich Ihnen mitzutheilen mich beeile.

Ich brauche Ihnen kaum zu sagen, daß meine Erinnerungen an die Stadt Algier, die ich vor etwa dreißig Jahren besuchte, mich sehr wenig in derselben, wie sie jetzt ist, leiten konnten. Ich erkannte zwar die arabische Stadt mit ihren kleinen blendend weißen Häusern und engen Gassen, welche malerisch die von der Kasba, der früheren Residenz des Bey, beherrschten Anhöhen bedecken; allein sie ist gegenwärtig zu einem fast erstarrten Körper zusammengeschrumpft, dessen Leben sich längst in die neue Stadt an der künstlich vergrößerten und mit geräumigem Hafen ausgestatteten Küste zurückgezogen hat. Deshalb glaubt man beim Eintritt in Algier in eine europäische, namentlich französische Stadt zu kommen, welcher Eindruck sogar durch den Anblick orientalischer Trachten nicht ganz aufgehoben wird. Wie in Gibraltar und Marseille die europäischen Uniformen und Bürgertrachten vorherrschen, so könnte man ebenfalls sich einbilden, daß in dem neuen Theil von Algier nicht die Franzosen inmitten der Araber, sondern die Araber inmitten der Franzosen sich angesiedelt hätten. Allein, was hier an den Orient erinnert, und zwar in der reizendsten Weise, ist die Vegetation, deren Pracht vor allem den Fremden in Erstaunen versetzt, so daß er sich wirklich in Afrika fühlt, sobald er die schönen Palmengruppen erblickt, die so viele öffentliche Plätze, unter andern den Regierungsplatz (Place du Gouvernement) schmücken, wo schlanke Palmenreihen, gleich Säulen, mit ihren beweglichen Fächerkronen vor dem Hôtel de la Regence eine Vorhalle bilden, wie sie wohl kein Hôtel Europa's jemals besessen hat.

Der mittlere, dem Hafen gegenüber gelegene Theil der modernen Stadt steht westlich und östlich durch eine ununterbrochene Reihe von Straßen und Häusern mit entlegeneren Stadttheilen, die man als die Vorstädte Algiers betrachten kann, im Zusammenhang; dieselben stehen mit der Stadt durch Tramways in einer regelmäßigen Verbindung, der zahlreichen Diligencen und öffentlichen Fuhrwerke nicht zu gedenken, welche stets auf allen größeren Plätzen in Bereitschaft stehen. Die westliche Vorstadt wird durch das Dorf Saint-Eugène und die östliche durch die Quartiere des oberen und unteren Mustapha (Mustapha supérieur et inférieur) gebildet. Das längs der Küste gelegene Dorf Saint-Eugène hat ein vollkommen europäisches Aussehen; diese Vorstadt ist aber weniger groß und bei weitem nicht so bedeutend, wie die beiden anderen in entgegengesetzter Richtung, von welchen das untere Mustapha sich längs der Küste erstreckt und den Jardin d'Essai enthält, eine merkwürdige Anstalt, über die ich Ihnen später Bericht erstatten werde, denn ich beabsichtige, dieselbe gründlich zu studiren. Das obere Mustapha nimmt, wie es sein Name andeutet, die in der Richtung der Küste sich erhebenden, aber dieselbe nicht erreichenden Anhöhen ein, während das untere Mustapha sich auf der ziemlich beträchtlichen Fläche befindet, die sich zwischen den Anhöhen und dem Meere entfaltet.

Die mit dem Collectivnamen des oberen Mustapha bezeichneten Anhöhen bilden den anmuthigsten Theil von Algier. Sie bestehen aus Reihen von terrassenartig übereinander aufsteigenden grünen Hügeln, von denen man die reizendsten Aussichten genießt. Sowohl auf den Abhängen dieser Anhöhen, als auch längs derselben, wo ein schöner, sich bald auf- bald abwärts schlängelnder Weg läuft, sieht man zahlreiche Villen und Besitzungen, die gleich blendend weißen Steinen auf grünem Grunde funkeln, und deren prächtigste und bedeutendste, der Sommeraufenthalt des General-Gouverneurs, an dem großen Wege liegt, welcher die beiden Mustapha durchschneidet.

Dieser Palast, den wir kurz nach unserer Ankunft in Algier besuchten, ist ein interessanter Vertreter der maurischen Baukunst, obwohl er durch die Franzosen bedeutend erweitert worden. Zur Zeit des Bey's bestand er nur aus dem jetzt den linken Flügel bildenden Theile, einem viereckigen, mit schöner Façade ausgestatteten Gebäude; es diente dem Fürsten als Aufenthalt, wenn er die

Kasba auf einige Zeit zu verlassen pflegte. Die Franzosen haben dem Gebäude einen Flügel in demselben Stil hinzugefügt und ihn mit dem alten Gebäude durch eine mit Säulen geschmückte Vorhalle verbunden, deren Boden mit schönen glacirten Ziegeln bekleidet ist. Das neue Gebäude enthält den für den Empfang bestimmten Saal. Trotz seiner bedeutenden Ausdehnung umfaßt der ganze Palast jedoch kaum fünfzehn wirklich bequem bewohnbare Zimmer; das Uebrige ist durch Corridore, Nischen und andere architektonische Nebenwerke eingenommen, die zwar alle dazu beitragen, dem Ganzen ein höchst anmuthiges Aeußeres zu geben, aber nichts von dem wahren Luxus und besonders von dem Comfort besitzen, welche die country Houses der englischen Aristokratie so angenehm auszeichnen. Auch ist die Möblirung sehr bescheiden und oft von zweifelhaftem Geschmack; kurz, wenn der General-Gouverneur von Algerien auch einen weit prachtvolleren malerisch gelegenen Palast bewohnt, als irgend einer seiner europäischen Collegen, so haben letztere keine Ursache, ihn weder um seine Bequemlichkeit noch um den Raum zu beneiden.

Die Aussicht auf die Stadt und das Meer ist an mehreren Punkten des Palastes prachtvoll, besonders von dem im Garten gelegenen kleinen Pavillon oder Kiosk aus, welcher mit Säulen aus weißem Marmor in maurischem Stil geschmückt ist. Diese Säulen sind ein Geschenk des Königs von Sardinien an den letzten Bey, der sie in der Kasba aufgestellt hatte, von wo die Franzosen sie an diesen Ort versetzten; auch befindet sich hier ein schönes marmornes Gefäß, ebenfalls ein Geschenk desselben Königs, der, wie so viele andere europäische Fürsten, es für nützlich hielt, diesem Piraten-Häuptling freiwillige Geschenke anzubieten, um sich seine Gunst zu sichern und auf diese Art seine Unterthanen vor seiner Raubsucht und seinen Räubereien zu schützen.

Von den Zierpflanzen des Gartens will ich nur die folgenden anführen: Anona cherimolia, Araucaria excelsa, Wisteria sinensis, Philodendron pertusum und Gruppen von Camelien. Das sehr beschränkte Treibhaus bietet nichts besonders Merkwürdiges; inmitten zahlreicher Cinerarien bemerkte ich ein paar schöne Gesneria, Begonien und die ziemlich seltene Pteris angusta.

Außer dem Palaste des General-Gouverneurs machen sich mehrere zierliche europäische Landhäuser bemerkbar an beiden Seiten des Weges, der von dem unteren Mustapha nach dem oberen führt, unter denen sich besonders das dem Herrn Bell gehörende auszeichnet, dessen schöne Façade vollkommen mit den prachtvollen rothen Blumen der Bougainvillia bekleidet ist. Aber nirgends sieht man so viele Villen in maurischem Stil, vornehmlich Engländern gehörend, als auf den Anhöhen des oberen Mustapha und in dessen hügeliger Umgebung, von denen ich nur das Haus des englischen General-Consuls, des Oberstlieutenant Playfair und das des Herrn Legard erwähnen will. Letzteres, früher ein Landhaus des Bey, ist durch die Zierlichkeit seiner maurischen Architektur merkwürdig, auch im Innern mit mehreren, von dem Besitzer während seiner Reisen im Orient, namentlich in Persien, erworbenen Kunstgegenständen geschmückt. Der Gipfel der Anhöhe, welche diese anmuthige Villa trägt, gewährt eine ausgebreitete schöne Aussicht. Dank ihrer Lage ist hier die Sommerhitze wenig fühlbar, ohne daß jedoch die Vegetation von ihrem südlichen Charakter etwas einbüßte, denn ich sah dort am Anfange Januars den Mandelbaum in voller Blüthe.

Endlich sei noch der ebenfalls in maurischem Style erbauten Villa in dem Dorfe El-Biar gedacht, deren Besitzerin Frau Skinner ist, eine amerikanische Dame, die ihren persönlichen Eigenschaften einen ausgezeichneten Platz in der hiesigen Gesellschaft verdankt. Es knüpft sich nämlich an diese Wohnung eine geschichtliche Erinnerung, weil in demselben kleinen Salon, der jetzt die Freunde der liebenswürdigen Dame versammelt, im Jahre 1830 der Vertrag zwischen Marschall Bourmont und dem Bey unterzeichnet wurde, durch welchen Seine Hoheit allen Souveränetäts-Rechten entsagte und Algerien an Frankreich abtrat. Genannte Villa wurde für diese wichtige diplomatische Verhandlung gewählt, weil sie der einzige von den Franzosen nicht eingenommene oder belagerte Ort der ganzen Umgebung von Algier war, und der Bey, den kritischen Augenblick einsehend, beschied seinen Minister mit der traurigen Sendung nach dem noch freien Dorfe El-Biar, dort seinen eigenen Thronverlust zu unterzeichnen.

Die maurische Baukunst, welche so viele Spuren in den meisten der zahlreichen Villen des oberen Mustapha hinterlassen, offenbart sich in Algier selbst in einem viel größeren Maßstabe und in der besseren Erhaltung, weil die alten arabischen, in Algier gelegenen Gebäude beständige Wohnungen der verschiedenen Würdenträger oder reichen Besitzer waren, während die Villen des oberen Mustapha ihnen nur zum Sommeraufenthalte dienten. Deshalb sieht man jetzt auch in so vielen, entweder von französischen höheren

5*

Beamten bewohnten oder dem öffentlichen Dienste gewidmeten Häusern die maurische Baukunst in ihrer ganzen Pracht entfaltet; solche sind unter anderen der Winterpalast des General-Gouverneurs, gegenüber der Kathedrale und der Wohnung des Erzbischofs, die Präfectur, die vom Staatsrath (Conseiller d'Etat), vom Admiral, vom Chef des Generalstabs ꝛc. bewohnten Häuser; ferner das die Bibliothek und das öffentliche Museum enthaltende Gebäude, dessen Sammlungen alle übrigen der Welt übertreffen würden, entspräche ihr Werth und Reichthum der malerischen Zierlichkeit des Gebäudes, in welchem sie sich befinden. Dies ist leider nicht der Fall, denn die archäologischen Gegenstände, obwohl mehr oder weniger interessant, sind nicht zahlreich, und die Büchersammlung zählt 22,000 Bände, während die der kleinen Besatzung von Gibraltar deren schon 40,000 enthält. Nun beschränkt sich aber der ganze, der Bibliothek und dem Museum von der Regierung gewährte Beitrag auf 6000 Frcs., eine Summe, die kaum ausreicht, die unentbehrlichsten Beamten zu unterhalten; auch ist der Director der Anstalt, Mac Carthy, gezwungen, durch undankbare und ziemlich untergeordnete Dienste eine Zeit zu vergeuden, die er wissenschaftlichen Arbeiten, wie er solche schon mehrere geliefert hat, zu widmen wünschte: jedenfalls muß er sich glücklich schätzen, daß einerseits die Zahl der Leser eine unbedeutende ist, andererseits die geforderten Bücher meist nicht vorhanden sind, eine negative Eigenschaft, durch welche die öffentliche Bibliothek von Algier sich besonders auszuzeichnen scheint. Noch viel schlimmer steht es mit dem sogenannten Observatoire National, einer Anstalt, die mancher wissenschaftlich gebildete englische Edelmann als Privateigenthum verschmähen würde, und doch wäre kein Land mehr als Algier mit seinem fast immer heiteren Himmel geeignet, astronomische Beobachtungen zu fördern. Es genügt, die für das algerische Observatorium in dem französischen Budget bestimmte jährliche Summe anzuführen, um sich den elenden Zustand der Anstalt zu erklären, denn in diese Summe von 10,300 Frcs. ist noch die Besoldung des Directors mit 4500 Frcs., sowie die Miethe des Gebäudes mit 900 Frcs. eingeschlossen. Auch ist dasselbe nur eine armselige Hütte, in welcher der unermüdliche gelehrte Director, Mr. Bulard, Tag und Nacht arbeitet, ohne Muße noch Mittel zu besitzen, die so mühsam errungenen Beobachtungen bekannt zu machen.

Endlich will ich unter den in maurischem Stile erbauten Gebäuden die Communal-Schule (Ecole communale) erwähnen, die ganz versteckt in der rue d'Orléans liegt, wo ein schmutziges, enges Gäßchen zu derselben führt. Das schöne Gebäude mit seinen schlanken Säulen und dem malerischen Hofe war früher die Wohnung des Gesandten des Fürsten von Marokko und ist jetzt der Erziehung von Kindern gewidmet, die fast alle in demselben beherbergt, reinlich gekleidet und trefflich unterrichtet werden; gewiß sind die jüngsten und am wenigsten vorgerückten Schüler bei weitem aufgeklärter als alle ihre diplomatischen Vorgänger aus Marokko.

Trotz des höchst originellen und malerischen Charakters der maurischen Baukunst entsprechen diese alten arabischen Häuser sehr wenig den Erfordernissen unserer Civilisation; es sind hübsche Juwelen, die man wohl gern als Zierde neben einem beständig zu bewohnenden europäischen Hause sieht. Alle die mikroskopischen Zimmerchen, zierlich ausgemeißelt, mit lackirten Ziegeln bekleidet und mit weiten Fenstern und Oeffnungen aller Art überreich versehen, welche letzteren im Winter der Kälte, im Sommer der Hitze freien Spielraum gestatten, fordern eine gewisse Gewöhnung für ihr Bewohnen. Manche dieser Gebäude aus der Vergangenheit sind nicht einmal ganz zugänglich; so z. B. bewohnt der Staatsrath (Conseiller d'Etat), welcher während der Abwesenheit des General-Gouverneurs der Civilverwaltung vorsteht, ein höchst zierliches maurisches Haus, das in Folge der sehr engen Gasse, in welcher es liegt, nur von Fußgängern und Reitern zu erreichen ist: für die Araber ein gleichgültiger Umstand, da sie kein anderes Mittel der Beförderung kennen, der aber für europäische Damen sehr lästig wird, sobald sie einer solchen malerischen Wohnung bei Regenwetter und durch Koth schreitend einen Besuch zu Fuß abzustatten haben.

Beim Anblick der außerordentlich großen Anzahl der in europäische Wohnungen verwandelten maurischen Häuser kommt man leicht zu dem Glauben, daß die Eingeborenen von den Franzosen in Bausch und Bogen aus denselben vertrieben worden seien; doch ist dies keineswegs der Fall. Zur Zeit der Besitznahme durch die Franzosen beeilten sich die Araber und Türken, ihre Landhäuser den Juden für niedere Preise zu verkaufen, weil sie überzeugt waren, daß die französische Eroberung nur von kurzer Dauer sei und sie also den Vortheil haben würden, ihre Besitzungen umsonst wieder zu erlangen. Zum Glück für die Christen und namentlich für die Juden blieb es jedoch bei dem Status, was für die in jeder Art von Speculation bewanderten Kinder Israels Veranlassung wurde, durch Verkauf oder sonstige Verwerthung der so wohlfeil erworbenen Häuser einen bedeutenden Gewinn zu erzielen. Ihrerseits hatte aber die französische Regierung das Recht, sich als de facto gewordener Besitzer der Paläste des Bey und der von seinen Beamten bewohnten Gebäude zu betrachten. Dies ist die Ursache, daß die Umgegend Algiers eine so bedeutende Anzahl arabischer, von ihren früheren Besitzern nicht mehr bewohnter Villen enthält. Diese fast immer freiwillig gemachten Entäußerungen schritten so schnell und in so großem Maßstabe vor, daß, mit Ausnahme des oberen Theils der Stadt, alles Uebrige wie auch die Umgegend keine andere Erinnerung an die Vergangenheit mehr zeigt, als den orientalischen Charakter der alten, ihrer neuen Bestimmung so oft widerstreitenden Wohnungen.

Wenn nun auch in Algier die alten arabischen Wohnungen eine so wichtige Rolle bei der Niederlassung der christlichen Bevölkerung spielen, so nimmt die Zahl der Vertreter der europäischen Baukunst doch täglich so zu, daß man ganze Reihen stattlicher und bequemer Gebäude wie durch einen Zauberschlag erstehen sieht, wie dies z. B. mit der breiten, hoch über dem Hafen gelegenen und längs dem Meere mit einem schönen Quai versehenen Straße der Fall ist. Als moderne Anlagen von sehr gutem Geschmack lassen sich auch mehrere mit üppiger Vegetation geschmückte Plätze anführen, namentlich der von Palmen beschattete Platz Bresson, wo sich das Theater befindet, und der Garten Marengo.

Dieser vom Obersten Marengo gegründete Garten liegt an der östlichen Endspitze der Stadt neben dem schönen Platze, der den Truppen zu ihren Uebungen dient. Er nimmt die theilweise etwas abschüssigen Abhänge einer in mehrere Terrassen getheilten Anhöhe ein, welche eine schöne Aussicht auf das Meer und einen Theil der Küste gewährt und ist reichlich mit Gruppen von Bambusrohr, Yucca, mächtigen Phytolacca dioica &c. geschmückt; die prachtvollen rothen Aehren der Aloe (Aloe fruticosa) stechen von dem grünen Teppich, welcher alle Abhänge und ebenen Flächen der Terrassen bekleidet, grell ab. Als öffentlicher Spaziergang ist der Garten von Marengo ohne Bedeutung; er wird wenig besucht und dient hauptsächlich als Sammelplatz der Wärterinnen und Ammen mit ihren Kindern und erinnert in dieser Hinsicht einigermaßen an den Garten der Tuilerien, besonders an Sonntagen. Zwar hat er weder die Ausdehnung noch zeigt er die Pracht der berühmten Pariser Anlagen; dafür besitzt der letztere aber fast nur Roßkastanienbäume, die den anmuthigen Palmenkronen wie den mannigfaltigen Vertretern der südlichen Vegetation gegenüber, mit welcher jeder Felsen des afrikanischen Bodens prangt, vollständig verschwinden.

Diese nicht nur aus wild wachsenden Pflanzen, sondern auch aus Ziergewächsen zusammengesetzte Vegetation bildet einen der hervorragendsten Züge der algerischen Physiognomie; denn in der Masse von Zierpflanzen, die sowohl in der Stadt als in den Umgebungen alle Gärten schmücken, längs aller Mauern klettern und an alle Säulen der Häuser sich anklammern, erscheinen viele prachtvolle Formen, welche man selten oder gar nicht im südlichen Europa sieht, wo man sie sonst gewiß sehen würde, könnten sie dort so leicht und in solcher Menge wie hier unter freiem Himmel fortkommen. Ich will mich begnügen, nur die folgenden Arten zu erwähnen, die in Algier während des größten Theils des Winters blühen und deren viele hier fast naturalisirt sind: mehrere Arten von Bougainvillaea[1]) mit prachtvollen purpurnen Blumen; Buddleia madagascariensis, deren gelbe Blumen einen Honiggeruch verbreiten; Ipomea Laeri mit blauen Blüthen; Mikania scandens, deren gelbe, von den Zweigen mehrerer Bäume herabhängende Blüthen sich oft zusammen mit der Clematis cirrhosa wiegen, sich aber im Januar schon verlieren, während jene ihrer anmuthigen Gefährtin den ganzen Winter verbleiben; Antholiza aethiopica, deren scharlachrothe Blüthen an die der Salvia fulgens erinnern; Bignonia jasminifolia und venusta; Polygala myrtifolia, die beiden letzten stets mit schönen rothen Blüthen üppig ausgestattet, welche von den blendend weißen Blumenblättern der Sida arborea malerisch abstechen; Iambosa uniflora, die im Februar ihre glänzend orangenrothen, einen sehr erfrischenden Genuß gewährenden Früchte treibt.

Mehrere dieser aus den heißesten Zonen stammenden Arten, wie die Bougaenvilleen und die Buddleia von Madagascar, liefern zwar keine Früchte in Algier und können sich nur durch Schößlinge fortpflanzen; aber sie sind trotzdem nicht weniger ausdauernd und allgemein verbreitet, besonders der schöne Baum aus Madagascar, der hier gleich unsern gemeinsten Pflanzen zu Hecken und Zäunen verwendet wird. Im Besitze solcher massenhaften, die wilden Ge-

[1]) Es giebt vier Arten in dem Jardin d'Essai kultivirter Bougainvillaea, die M. Rivière durch folgende Namen unterscheidet: B. brasiliensis, B. spectabilis, B. glabra und B. Warscewiczii (V. Catalogue des végétaux du Jardin d'Essai, Algier, 1869, p. 53.)

wächse fast ersetzenden Zierpflanzen bleibt es zu bedauern, daß man bis jetzt nicht daran gedacht hat, innerhalb der Stadt Algier selbst einen geräumigen Garten mit bequemen Alleen, wie es der leider zu weit von der Stadt entfernte Jardin d'Essai ist, einzurichten; ein Garten solcher Art oder wenigstens eine Parkanlage, die den Einwohnern einen Vereinigungspunkt bieten könnte, ist in Algier wirklich nicht vorhanden. Weder die Plätze noch der Garten Marengo können diese Bedingungen erfüllen, da sie viel zu beschränkt sind, und noch weniger vermag es der längs dem Meere laufende Quai, der kaum breit genug ist für zwei nebeneinandergehende Personen, die außerdem von der Sonne gebrannt oder von den durch die Wagen aufgewirbelten Staubwolken fast erstickt werden. Durch den Mangel eines öffentlichen Vereinigungsplatzes wird eine Begegnung in Algier ziemlich schwierig, so daß die Lustwandler sich gleich einsamen Pilgern auf isolirten Punkten zerstreut finden.

Wie es nun in Algier wenige für Fußgänger geeignete Promenaden giebt, ebenso zahlreich und verschiedenartig sind die zu Wagen möglichen Ausflüge. Durchstreift man die reizenden Thäler, wie die Frais Vallon, Vallée de la femme sauvage, Vallée de la Fontaine bleue etc., so erblickt man überall Meiereien, Villen, Gärten u. s. w. und durchfährt dann und wann Dörfer von größerer oder geringerer Bedeutung. Unter diesen Dörfern, an denen nichts außer deren Namen arabisch ist, giebt es mehrere, die sich in der unmittelbaren Nachbarschaft von Algier befinden, wie Birmandreis, Birkhadem, Tikferan, El-Biar rc., alle mit steinernen, reinlichen, oft zierlichen Häusern. Reste maurischer Baukunst sind dort selten, ausgenommen einige mehr oder weniger gut erhaltene Springbrunnen, wie jener in Birkhadem. Der Boden ist gewöhnlich gut angebaut, doch selten durch Araber; überall zeigt sich eine schöne Vegetation, und hie und da auch Kultur von Orangen. Alle derartigen Ausflüge erfordern nur wenige Stunden und werden nicht nur bequem, sondern auch zu Preisen ausgeführt, welche die der europäischen großen Städte keineswegs übersteigen. Entlegenere, ein- oder zwei Tage beanspruchende Ausflüge, welche ebenso leicht zu bewerkstelligen sind, gewähren ein noch viel größeres Interesse. Da ich Ihnen von solchen weiteren Ausflügen, die wir in Algier unternommen, Rechenschaft zu geben habe, so will ich diesem Gegenstand hier nicht vorgreifen und werde in meinem nächsten Briefe von dem ersten Ausflug in der unmittelbaren Umgegend Algiers berichten.

Fünfter Brief.

Algier, den 12. Dezember 1877.

Mein erster Ausflug in Algier am 9. Dezember galt dem 12 km westlich von der Stadt gelegenen Vorgebirge Caxine (Ras Kreschin), einem der zahlreichen vorspringenden Punkte der prachtvollen Küste, die, bis zum fernsten Horizont reichend, gegen das Meer von pittoresken, mit grünen welligen Flächen abwechselnden Felsengruppen begrenzt wird.

Ich beabsichtigte, verschiedene natürliche Höhlen oder Grotten, welche sich in dem längs dem Meere laufenden Gebirge befinden, zu besuchen, von denen mir zwei als besonders merkwürdig empfohlen waren: die neben dem Cap oder Pointe Pescade und die am Cap Caxine gelegene. Der zwischen diesem letzteren und Algier sich erstreckende Theil der Küste trug ganz das Gepräge des Frühlings, obwohl wir uns an der Schwelle des Winters befanden; ein smaragdgrüner Teppich bekleidete sowohl die abschüssigen Abhänge, deren Fuß die sanft kräuselnden Wogen des tiefblauen Meeres bespülen, wie auch die in mannigfaltigen Umrissen längs der Küste aufsteigenden Gebirge.

Der die Küste begleitende Weg ist mit dichten Hecken von Atriplex halimus umsäumt, deren mit Salz geschwängerte Blätter von den Ziegen sehr gesucht werden. Zwar waren die Hecken sowie die zahlreichen überall wachsenden Stauden und Bäume nicht mehr mit Blüthen geschmückt, aber diese fehlten keineswegs einer Menge anderer Pflanzen, die ich auf den Abhängen der Berge, welche die Grotten bergen, sah und von denen nur die folgenden erwähnt seien: Cyclamen africanum, Viola arborescens, Cistus monspeliensis, Jasminum fruticans, Leucanthemum globosum, Sisymbrium amplexicaule und Erodium geifolium. Diese beiden letzteren Formen sind Algerien, wo die Sisymbrium-Art bis jetzt nur am Cap Caxine gefunden worden,[1]) ausschließlich eigenthümlich.

Die Grotte der Pointe Pescade, wie die des Cap Caxine, befinden sich auf dem nördlichen Abhange der Küsten-Gebirgskette. Beide sind recht schön, können sich aber durchaus nicht mit den

[1]) Vergl. Belegstücke I, die in diesem Ausfluge von mir beobachteten Pflanzen enthaltend.

bekannten in Deutschland, England, Italien und besonders Griechenland messen. Die Höhle am Cap Pescade ist von meinem alten Freunde Dr. Bourjot,[1]) den es mich herzlich gefreut hat, nach dreißig Jahren ganz unerwartet in Algier angesiedelt zu finden, beschrieben worden. Etwa 30 m über der Pointe Pescade gelegen, besteht dieselbe aus einer Reihe, durch enge Gänge mit einander verbundener Höhlen, deren größte, von Herrn Bourjot als das große oder Grundzimmer bezeichnet, in allen Richtungen über 3 m Ausdehnung und vom künstlichen Sandboden bis zum natürlichen Dache 4 m Höhe hat. In diesem von früheren Bewohnern zusammengetragenen Bodensand waren, neben Ueberresten von Herden, die durch calcinirte Steinplatten und Asche bezeichnet waren, einzelne dem Feuer ausgesetzt gewesene Knochen, die Spitze eines Pfeiles aus einem Splitter von Feuerstein und endlich ein anderes unförmliches Bruchstück desselben Gesteins gefunden worden. Herr B. bemerkt, daß der zur Spaltung geeignete Siler in der Umgegend von Algier nicht vorhanden sei und daß man, um ihn in der Nummuliten-Formation zu finden, etwa 80 km südlich von der Stadt gehen müsse. Der zum ersten Male in dieser Grotte entdeckte Feuerstein besitzt alle erforderlichen Eigenschaften zur Anfertigung der Spitzen von Pfeilen, Wurfspießen und von Handmessern. Die Seiten der Pfeilspitze haben ihre scharfe Schneide beibehalten; die etwas feine Endspitze ist abgestumpft. Solche Pfeil- und Wurfspießspitzen konnten durch einen geschickten Schlag leicht in den hölzernen Schaft hineingezwängt werden.

Dank dem Herrn Bourjot ist der Boden der Grotte aufgeräumt worden; man fand in derselben eine wahre Knochenkammer mit sehr zahlreichen zerbrochenen, durcheinander geworfenen Knochen, in einer Sand- und Erdschicht abgelagert, der sie stark anhafteten. In derselben Knochenschicht lagen die Gehäuse von Helix aspersa, einer in Algier sehr gemeinen Landschnecke; diese waren haufenweise zusammengeworfen, wie wenn es nach zahlreichen Mahlzeiten geschehen wäre. Was irgend ein Interesse bot, ist in der schätzbaren Sammlung der klimatologischen Gesellschaft niedergelegt, wo sich ebenfalls die vom General Faidherbe übersandten, in Roknia, Provinz Constantine (welchen Ort ich diesen Frühling besuchen werde), entdeckten Schädel befinden. Außerdem sind die Samm-

[1]) Déconverte d'une grotte à la pointe Pescade; Algier, 1868.

lungen der Gesellschaft durch zahlreiche Knochen- und Schädelbruchstücke bereichert worden, die dem Dr. Bertherand von den Dolmen von Charagas geliefert wurden. Die Knochen enthaltende Schicht der Grotte war nur ein paar Centimenter über dem Boden erhoben und erstreckte sich auf mehrere Meter in das Innere der Höhle.

Das gewissenhafte Studium aller in der Grotte von Pescade entdeckten fossilen Reste setzte Herrn Bourjot in den Stand, die Folgerung zu ziehen, daß diese Grotte von Menschen während des Zeitalters des geschliffenen Steines bewohnt gewesen. Als die wichtigsten und für eine sichere Bestimmung geeignetsten Knochen hat jener Forscher die den folgenden Thieren angehörenden erkannt: Bos primigenius. Antilope recticornis oder Cordieri, Antilope dorcas und A. corinne. wildes Schaf (Musimon tragelaphus) und Capra ibex: Arten, die größtentheils als fossil in Frankreich bekannt sind, aber nicht mehr Algeriens Küste bewohnen, sondern, wie der Moufflon, sich in die südlichen Gebirge, oder, wie die Gazelle, in die Steppen zurückgezogen haben.

Herr Bourjot macht die Bemerkung, daß das Fehlen jeder Spur von Fischen oder Seemuscheln unter den in der Grotte gefundenen Landschnecken, z. B. der an den Felsen dieser Küste so gemeinen Schüsselmuschel und der Seeigel, sowie das ausschließliche Vorhandensein der Landmuscheln den Beweis liefern, daß trotz der Nähe der See die ersten Bewohner dieser Grotte keine Fischer, sondern ausschließlich Jäger waren, und daß ihr Wild in Wiederkäuern und in anderen nicht gezähmten Thieren verschiedener Größe bestanden habe. Endlich ist anzunehmen, daß die Grotte ausschließlich von Menschen bewohnt gewesen, denn im Gegensatz zu dem, was in solchen Grotten gewöhnlich beobachtet worden, finden sich hier keine Knochen von wilden Raubthieren, wie der Hyäne, der Höhlenkatze &c., auch keine Coprolithen derselben oder abgenagte Knochen, wie sie von Fleischfressern zurückgelassen werden; man muß also annehmen, daß das Innere dieser Grotte durch Steinplatten oder andere Schutzmittel abgeschlossen war.

Endlich hat Herr Bourjot die Beobachtung gemacht, daß, der Gewohnheit jenes Zeitalters gemäß, die breiten Knochen etwa in ihrer Mitte abgebrochen waren, um das Mark zu gewinnen; aus demselben Grunde waren die Knochen des großen Ochsen ihrer Länge nach gespalten, und auch die Schädel der Gazellen und Steinböcke waren zerbrochen, was die Herausnahme des Gehirns andeutet.

Die neben dem Cap Caxine gelegene Grotte befindet sich gleichfalls etwa 30 m über der Meeresoberfläche. Man steigt sehr leicht zu derselben hinauf vermittelst Stufen, welche in der den Bergabhang bekleidenden vegetabilischen Erde ausgehauen sind. Die Grotte besteht, wie die von Pescade, aus verschiedenen Räumen, von denen manche unzugänglich sind, und obwohl sie nicht wie diese erforscht worden ist, so kann man doch sicher annehmen, daß sie ebenfalls mehr oder weniger merkwürdige organische Reste enthält. Das Wenige, was ich zu sehen vermochte, beweist die Gegenwart fossiler Knochen, da diese den größten Theil der um die Grotte zerstreut liegenden Bruchstücke von Kalk-breccia bilden.

Ehe ich meinen Bericht über den interessanten Ausflug nach Cap Caxine schließe, muß ich noch einige Worte über die geologische Beschaffenheit der zwischen Algier und dem Cap Caxine durchwanderten Gegend sagen. Auf diesem Raume sieht man abwechselnd Granite, Glimmerschiefer, Talkschiefer und einen dunkelblauen Kalkschiefer auftreten. Die Verhältnisse zwischen allen diesen Gebirgsarten, wie auch ihr respectives Alter sind noch nicht definitiv bestimmt und werden häufig von den Geologen verschieden gedeutet. So betrachtet Herr Dr. Bourjot den dunklen Kalkstein als eruptiv[1]) und glaubt, daß er in einem ziemlich frühen Zeitalter die oben erwähnten Gebirgsarten durchbrochen und mit zahlreichen Gängen und Dykes durchsetzt habe. Gegen diese Theorie erheben sich so wichtige Einwendungen, daß deren Erfinder fast als der einzige Vertreter derselben anzusehen ist; ja auch ich bedaure, daß alle meine Bemühungen, irgend etwas dieser Theorie Günstiges zu entdecken, fruchtlos geblieben sind. Allerdings hat das äußere Auftreten dieser Kalksteine Vieles, was an eruptive Felsarten erinnert, wenn man das dunkle Gestein gleich Gängen oder gar basaltischen Strömen die Berge in langen Zügen hinauf oder hinuntersteigen, oder die Gipfel derselben mit scharfen Spitzen, Kegeln oder Pyramiden gekrönt sieht, ganz wie es plutonische aus dem Innern der Erde in teigartigem oder flüssigem Zustande emporgestiegene Gebilde zu thun pflegen. Aber hiermit hat auch alle Analogie mit den eruptiven Felsarten ihr Ende, und was das von Herrn Bourjot den dunklen Kalksteinen zugewiesene geringe Alter betrifft, so ist diese Meinung durch vielfaches Bloßliegen, das die Gleichzeitigkeit

---

[1]) Bulletin Soc. géol. de France, 2. Serie. T. XVIII, p. 339, an. 1861.

der Kalksteine, Granite und der verschiedenen Schiefer beweist, vollkommen widerlegt. Dies ist leicht zu beweisen, unter andern in einem über dem Cap Pescade gelegenen Steinbruch, wo der Kalkstein abgebaut wird; dort sieht man ein höchst belehrendes Profil, wo der dunkel geschichtete Kalkstein unter dem Talkschiefer und dann auf demselben liegt und den ganzen oberen Theil des Berges bildet. Wenn man nun berücksichtigt, daß die Granite, Gneise, Talk- und Glimmerschiefer von Algier höchst wahrscheinlich einer alten geologischen Epoche angehören, so müssen die mit diesen alternirenden dunklen Kalksteine ebenfalls demselben Alter zufallen. Zwar wird es schwer sein, diesen Kalksteinen den gebührenden Platz in der langen Reihe der paläozoischen Gebilde anzuweisen, so lange man in denselben keine organischen Reste gefunden haben wird, was leider bis jetzt noch nicht gelungen ist; jedenfalls aber haben mich gewisse Varietäten der dunkelblauen oder grauen Kalksteine lebhaft an die devonischen Gebirgsarten des Bosporus erinnert, und ich würde mich glücklich geschätzt haben, hätten die algerischen Kalksteine mir nur eine Spur der paläontologischen Schätze geliefert, die mir in dem ihnen zuweilen so ähnlichen Gestein der classischen Meerenge zu entdecken vergönnt gewesen.[1])

Sechster Brief.

Algier, den 30. Januar 1878.

Seit meinem letzten Briefe vom 12. December, in welchem ich Ihnen über meinen ersten Ausflug in die nähere Umgegend Algier's berichtete, hat sich unser schöner Himmel etwas verfinstert; demzufolge entschloß ich mich, den folgenden Ausflug bis zu dem Augenblick zu verschieben, wo der Himmel wieder in seinem gewöhnlichen Glanze erscheinen würde, und die paar Ruhetage nur dem Innern der Stadt zu widmen. In Europa achtet der Reisende nicht auf etwas Regen und Wind; mit seinem Regenschirm und Mackintosh ausgerüstet, hält er es nicht für nöthig, deswegen seinen im Voraus bestimmten Reiseplan zu ändern, da er weiß, daß der-

[1]) Meine Paléontologie de l'Asie Mineure und Le Bosphore et Constantinople.

selbe nahezu unausführbar wäre, wollte er darauf bestehen, das Land nur im Sonnenschein zu betrachten. Hier aber sind die Ansprüche nicht so bescheiden; hier will man die Natur nur in ihrer Festtracht schauen, und da sie sich um diese nicht lange bitten läßt, so widmet man ihr nur die gute Witterung und verweilt in der Stadt, so lange es ein paar dunkle Wolken am Himmelsgewölbe fordern.

Es war mir also gar nicht unangenehm, einen Vorwand zu finden, das Innere Algier's etwas zu studiren und zugleich auch meinen Antheil an den gesellschaftlichen Vergnügungen zu nehmen. Deshalb will ich Sie heute über das größtentheils intra muros Gesehene unterhalten, namentlich über das National-Museum, die Kasba (den früheren Palast des Bey's), die Moscheen und die Kirche Notre Dame d'Afrique, ohne des vom General-Gouverneur gegebenen glänzenden Balls zu vergessen.

Das National-Museum, obwohl nicht günstig am Hafen selbst gelegen, ist nicht ohne Interesse, da es eine Art von Sammelort sowohl der natürlichen als industriellen algerischen Erzeugnisse bildet. Die Gegenstände sind mit Ordnung in einer für die Betrachtung geeigneten Weise aufgestellt und nehmen fünf Säle ein, von denen mehrere ziemlich geräumig sind. Die Fauna Algeriens ist durch mehrere schöne Exemplare vertreten, und namentlich bildet die malacologische Abtheilung eine ziemlich vollständige Sammlung; die von Herrn Joly, einem hoffnungsvollen jungen Zoologen, bestimmten Arten sind methodisch geordnet, jede Art auf einen Carton geklebt und mit Namen versehen. Die fossile Fauna ist minder reich, besitzt jedoch interessante Exemplare, unter denen die Reste zweier Ochsen vertreten sind; einer der Schädel trägt nur ein gut erhaltenes Horn, von dem das Museum eine Photographie besitzt und ich eine Copie erhielt. Dieser Schädel ist in Rouiba, 25 km östlich von Algier, in der Ebene von Mitidja gefunden worden. Die andere Ochsenart (Bos primigenius? B. urus?) ist nicht vollkommen versteinert; die Knochen sind ohne Durchsetzung mineralischer Substanzen erhalten und stammen aus einem schlammigen, das Bett des Oued-Djelfa bekleidenden Torf, nicht weit vom Dorfe Djelfa in der Sahara, 330 km südlich von Algier. Alle Knochen dieser Ochsenart sind so zusammengefügt, daß das Gerippe vollständig ist; die Wirbelbeine, die Fußknochen, die Zähne rc. sind in dem nächststehenden Schranke aufgestellt. Nur der Kopf liegt frei und fällt sogleich durch seine verhältnißmäßige Kleinheit gegenüber der außerordentlichen Länge der Hörner auf; zwar ist das linke Horn abgebrochen, aber vom rechten ist der knochige, im Innern des Horns gelegene und gewöhnlich kaum ein Drittel der Länge der äußern Scheide einnehmende Kern erhalten. Dieser innere Kern hat, nach der krummen von ihm beschriebenen Linie gemessen, eine Länge von 46 cm, was dem mit seiner äußern Scheide bekleideten Horn eine Länge von 1,38 m geben würde. Das Horn beschreibt einen Halbkreis, seine Spitze nach Innen kehrend; es ist wahrscheinlich, daß die Endpunkte beider Hörner sich sehr nahe begegneten und zusammen ein Oval von fast 3 m (2,76 m) Länge bildeten. Dieses ungeheure Gerüst wird von einem Kopfe getragen, dessen Länge von der Wurzel beider Hörner bis zur Endspitze des Nasenbeins nur 34 cm maß. Alle über die einzelnen Theile des Gerippes sich erstreckenden Messungen führten mich zu dem Schlusse, daß das Thier eine Länge von wenigstens 4 m und eine Höhe von 2 m haben mußte. Die naturgeschichtlichen Objecte des Museums bilden ein um so verdienstvolleres Werk, als sie alle das Resultat der wissenschaftlichen Thätigkeit eines einzigen Mannes sind, nämlich des Herrn Commandanten Loche, der in Begleitung seiner Frau das Land Algerien für zoologische Forschungen mehrere Jahre durchreist hat. Der größte Theil der aufgestellten Thiere ist durch diese zwei unermüdlichen Naturforscher nicht nur gesammelt, sondern auch präparirt worden; auch Madame Loche trug viel zur Vollendung aller dieser Arbeiten bei. Nach dem Tode des Gatten, wo seine würdige Gefährtin zur Directrice des Museums ernannt worden, leitet sie dasselbe um so viel mehr mit Eifer, Sachkenntniß und Liebe, als es sich, so zu sagen, um die Erbschaft ihres Mannes handelt, die nicht nur ein Werk der Wissenschaft, sondern auch der Hingebung und edelsten Uneigennützigkeit darstellt, weil weder Herr Loche noch dessen Gemahlin jemals eine andere Belohnung als die Befriedigung ihres eigenen Gewissens in Anspruch genommen haben.

Das Pflanzenreich ist nur sehr unvollständig durch Herbarien vertreten: dagegen besitzt das Museum eine Sammlung transversaler Schnitte von algerischen, durch ihre Größe merkwürdigen Stämmen. Unter diesen sieht man ungeheure Schnitte von Cedern, Eucalyptus, Fichte von Aleppo (Pinus halepensis) und Thuya articularis, letztere im Durchmesser von 1 m, was für diese Art ganz ungewöhnlich ist. Auch muß ich einer Zwergpalme aus dem Chihsa-

Thal in der Besitzung des Herrn Jung gedenken, die eine Höhe von 5,5 m hat; da man zur bequemen Aufstellung von derselben 3 m abgeschnitten, so muß ihre Höhe über 9 m betragen haben, was gewiß einen der riesenhaftesten Vertreter dieser Palmenart abgegeben hat, die Linneus sich zu sehr beeilte, als winzig oder niedrig zu qualificiren (Chamaerops humilis).

Ich möchte Sie nicht bei den industriellen Erzeugnissen aufhalten, da diese nichts Merkwürdiges bieten, und will Sie deshalb von dem im niedrigsten Theil Algier's gelegenen Museum auf den höchsten, den von der Kasba gekrönten Punkt der Stadt führen.

Man gelangt dahin entweder zu Wagen auf einem vortrefflichen malerischen Wege, oder zu Fuß, was kürzer aber weit weniger bequem ist, weil man kleine, enge und steile in Stiegen (ich zählte 265) abgetheilte Gassen aufzusteigen hat, ehe man die Anhöhe erreicht, auf deren Gipfel sich die Kasba befindet. Gegenwärtig wird eine wirklich monumentale Treppe erbaut, die bequem aufsteigend vom Platze Brisson bis zur Kasba führen soll; 300 Stufen sind bereits fertig und der Benutzung übergeben.

Die Kasba, die alte Wohnung des Bey, erhebt sich malerisch gleich einem blendend weißen Adlernest über der Stadt. Sie bildet eine Anhäufung von mehr oder weniger seltsamen Gebäuden, deren Stil gar nicht an die blühende Zeit arabischer Baukunst erinnert. Jedes dieser Gebäude hatte seine besondere Bestimmung: einige dienten als Wohnung des Fürsten, seines Harems und seiner Minister, andere als Niederlagen für Pulver und Waffen, als Gefängniß für Verurtheilte oder in die Gewalt der Seeräuber gefallene Christen.

Die frühere Moschee, ebenfalls einen Theil dieser Häusergruppe bildend, ist ziemlich geräumig und zählt 34 Säulen aus weißem Marmor, alle spiralförmig gewunden und zu zweien oder vieren vereinigt; eine hölzerne Galerie läuft rings um den inneren Umfang; die Gitter der Fenster wie auch die Thür der Moschee sind von ziemlich guter Arbeit.

Die alte Wohnung des Bey ist ein viereckiges Gebäude, in dessen Mitte sich der innere Hof befindet. Es besteht aus zwei Stockwerken, das obere von einer hölzernen Galerie umgeben, die einen kleinen, ebenfalls hölzernen, winzig aussehenden Kiosk umschließt: gleichsam einen historischen, da der französische Konsul in demselben vom Bey einen Schlag mit dem Fächer ins Gesicht erhielt, der dem Fürsten seinen Thron kostete und Frankreich um eine prachtvolle Kolonie bereicherte. Die das obere Stockwerk bildenden zahlreichen Zimmer, sowohl die für den Bey, als die für seine meistbegünstigte Frau bestimmten, sind klein und unansehnlich; das Hauptzimmer der letzteren liegt dicht an der Küche, was die Frau zu einem noch größeren Verbrauch von Wohlgerüchen und aromatischen Räucherpulvern veranlaßte, als gewöhnlich schon in den Zimmern der orientalischen Damen verbraucht wird. Die Mauern aller dieser Zimmer sind mit schönen, mannigfaltig geschmückten, glasirten Ziegeln (Majolicas) bekleidet; was diesen Verzierungen aber einen absonderlichen, vom orientalischen Styl grell abstechenden Charakter verleiht, ist ihr Ursprung: der größte Theil der zierlichen Platten hat nämlich einen europäischen, namentlich holländischen Ursprung, der mitunter an die schöne Arbeit von Delft erinnert; auch wird diese Herkunft durch die in den Zeichnungen wiedergegebenen Landschaften und Seescenerien zweifellos bestätigt, da alle sich auf Europa im Allgemeinen und auf Holland im Besonderen beziehen.

Der für die gefangenen Christen bestimmte Aufenthalt giebt einen traurigen Begriff von der Art, in welcher diese Unglücklichen dort zusammengepreßt waren; doch scheinen auch die Unterthanen Seiner Hoheit nicht besser behandelt worden zu sein, da die Gefängnisse, in welche die von Seiten der Gerichte oder nur auf Befehl des Bey Verurtheilten eingesperrt wurden, gräßliche Höhlen sind, aus deren Steinwänden die Feuchtigkeit reichlich herausschwitzt. Hart an dem Gefängniß sieht man eine Mauer mit Haken, an welche man die Körper der Enthaupteten hing; den abgetrennten Kopf setzte man auf eine der zwei steinernen Bänke neben einem Springbrunnen, nicht weit von dem Gefängnisse und dem Hause der gekaperten Christen, als ob man beabsichtigte, diese an das auch ihrer wartende Loos zu erinnern — eine Warnung, die sie gewiß als Zeichen der Erlösung von ihren schrecklichen Leiden mit Freuden begrüßten. Die Kasba ist mit Wasser wohl versorgt und erhält dies nicht nur aus einer großen unterirdischen Cisterne, sondern auch aus den Springbrunnen, welche vermittelst Wasserleitungen, die das Wasser in El-Biar schöpfen, gespeist werden.

In militärischer Hinsicht ist die Kasba trotz ihrer beherrschenden Lage von keiner Wichtigkeit mehr, und es ist daher nicht wahrscheinlich, daß sie jemals dem System der strategischen Punkte angehören wird, mit denen Algier hinlänglich ausgestattet ist und durch welche die Stadt nicht bloß gegen eine etwaige Ueberrumpelung, sondern auch gegen einen anhaltenden, nach allen Grundsätzen der Kriegskunst bewerkstelligten Angriff geschützt ist.

Die Aussicht von den die Gebäude der Kasba bedeckenden flachen Dächern ist eine prachtvolle, vornehmlich von dem Dache der früheren Wohnung des Bey aus, einer geräumigen Fläche aus starken Steinplatten mit Geländer, das nicht, wie man es erwarten sollte, aus Eisen oder Marmor, sondern nur aus gefärbtem Holz besteht. Diese auffallende Verbindung des Prunkes mit der Knauserei bildet übrigens einen der charakteristischen Züge des Orients.

Das ganze Innere der Kasba ist jetzt in eine Kaserne verwandelt. Zur Zeit meines Besuches (17. Januar) konnte das darin untergebrachte, ausschließlich aus Artilleristen bestehende Militär auf 5—600 Mann angenommen werden, eine für die zahlreichen Gebäude der Kasba gewiß sehr geringe Zahl; die Einrichtung ist höchst behaglich und läßt hinsichtlich der Lüftung und Bequemlichkeit nichts zu wünschen übrig. Nur überraschte es mich sehr, kein Speisezimmer oder Refektorium für die Soldaten zu entdecken; als ich durch ihre Schlafkammern gerade zur Stunde des Mittagsessens ging, sah ich sie hie und da, entweder quer auf ihren Betten oder in den Winkeln der Stube sitzen; jeder hielt seine Portion in den Händen und holte sich, nachdem er sie verzehrt, die folgende aus der Küche, um in so barbarischer Art die Mahlzeit fortzusetzen. Diese sonderbare Verletzung aller Grundsätze von Ordnung und auch Reinlichkeit ist um so auffallender, als sie zu der ausgezeichneten Haltung der Mannschaft, wie der Fürsorge, welche allen die Haushaltung und den Militärdienst betreffenden Gegenständen gewidmet wird, in grellem Gegensatz steht: die Munition und das Gepäck aller Art waren methodisch aufgestellt und die Waffen so glänzend, als ob sie die Werkstätte eben erst verlassen hätten. Kurz, alles bezeugte die vorzüglichste Ordnung, zum großen Leidwesen der Araber, deren religiöse und nationale Gefühle allerdings tief verletzt sein müssen beim Anblick der Uniformen, Säbel und Sättel an Orten, die früher von dem Vertreter des Propheten bewohnt waren oder durch die Worte des Korans geheiligt sind. Jedenfalls könnten die Araber bei den katholischen Priestern mehrerer europäischen Staaten, namentlich in Italien, Trost finden. Uebrigens haben die Araber, mit Ausnahme solcher für das Nationalgefühl gewiß peinlicher Mißhelligkeiten, die aber mit dem Fortschritt der Civilisation unvermeidlich sind, alle Ursache, nicht nur die religiöse Duldung der französischen Regierung, sondern auch die Achtung und das Wohlwollen, welche die christliche Bevölkerung dem mohamedanischen Kultus bezeugt, anzuerkennen. Es wäre leicht, zahlreiche Beispiele zu geben, von denen ich jedoch nur die von den Moscheen und der Kirche Notre-Dame d'Afrique dargebotenen anführen will.

Sie kennen gewiß die hiesigen Moscheen, theils nach den vielen Beschreibungen von den Reisenden, theils aus Reisebüchern, unter denen das von Murray zweifellos das beste ist; es mag deshalb die Notiz genügen, daß die französische Regierung nicht nur für die Erhaltung der Tempel und der vollkommen freien Ausübung des mohamedanischen Kultus Sorge trägt, sondern auch auf eigene Kosten eine durch Feuer zerstörte Moschee neu aufgebaut hat, und zwar zierlicher und reicher, als irgend eine in der Stadt sonst vorhandene. Andererseits muß die für die Kirche Notre-Dame d'Afrique gewählte Bauart dem Nationalgefühl der Araber schmeicheln: während man in mehreren, früher unter mohamedanischer Botmäßigkeit gestandenen Ländern Kirchen sieht, welche die in solche verwandelten Moscheen unbedingt erkennen lassen, hat man noch kein Beispiel von einer nach dem Muster einer Moschee erbauten Kirche, wie die Notre-Dame d'Afrique es wirklich ist; natürlich geschah dies nicht ohne besondere Absicht von Seiten des Gründers Mgr. Paßy im Jahre 1858. Als ich zum ersten Male das auf dem Gipfel einer Anhöhe malerisch gelegene Gebäude mit seinen schlanken, lebhaft an Minarets erinnernden Thürmen erblickte, glaubte ich zuerst eine wirkliche Moschee, und dann, das Kreuz auf der centralen Kuppel bemerkend, eine in eine Kirche verwandelte zu sehen. Beim Eintritt fiel mir sogleich die über dem Altar in großen Buchstaben angebrachte Inschrift: „Notre-Dame d'Afrique priez pour les chrétiens et pour les Musulmans“ auf. Also das Aeußere wie das Innere dieses merkwürdigen Hauses scheint die erhabene Idee der allgemeinen Einheit eines Kultus auszudrücken, der in dem ganzen Menschengeschlechte nur Brüder erblickt und demzufolge, wenn es Umstände und besondere Rücksichten erheischen, in dem Bau seiner Tempel gar keinen Anstand nimmt, die von den nicht christlichen Völkern gebrauchten Formen anzunehmen; solche Formen bieten ihm nichts Feindliches dar, vielmehr erscheinen sie nur als lokale Veränderungen und Schattirungen desselben für die ganze Menschheit geltenden religiösen Symbols.

Fast jeden Sonntag nach dem Schlusse des Gottesdienstes werden vom Priester öffentliche Gebete für die Seefahrer gehalten,

6*

welche Feierlichkeit einen um so tieferen Eindruck macht und etwas höchst Sympathisches hat, als sie gerade an einem von Seeleuten bewohnten Orte stattfindet. Von allen Anwesenden begleitet, verläßt der Priester die Kirche, um den erhabenen freien Platz ringsum, welcher so malerisch die Küste beherrscht und an dessen Fuß sich das azurblaue Meer bis zum fernsten Horizont ausdehnt, zu betreten. Gegen dieses Meer streckt der Priester seine Arme aus, den Allmächtigen anflehend, die schwachen Fahrzeuge zu beschützen, welche die trügerische Oberfläche des geheimnißvollen Abgrundes durchstreifen. Gewiß befindet sich unter der der Schifffahrt angehörenden Bevölkerung, welche der herzerhebenden Feierlichkeit beiwohnt, manche Wittwe, die ihren schiffbrüchigen Gatten beweint, manche Mutter mit ihren Kindern, die in schmerzvoller Ungeduld die Rückkehr des Schiffes erwartet, das den Gegenstand ihrer ganzen Glückseligkeit, Liebe und Hoffnung entführt hat.

Dieses Mitgefühl für die Leiden der Seefahrer, derer sich Notre Dame d'Afrique so eifrig angenommen hat, findet denn auch seinen symbolischen Ausdruck in der Gestalt von fünf kleinen Schiffen, an der Mauer des Alkovens befestigt, der den Altar enthält. Es giebt aber noch andere Leiden, deren Erinnerung durch zahlreiche Weihgeschenke, welche die Mauern des Innern der Kirche bekleiden, wachgehalten wird: Gegenstände von Kranken herrührend, die ihre Genesung der heiligen Jungfrau von Notre-Dame zu verdanken glauben. Solche naive Offenbarungen, welche allerdings etwas an das Heidenthum erinnern, erscheinen oft unter absonderlicher Gestalt: an den Mauern hängen, aus Holz oder Gyps verfertigt, fast sämmtliche Theile des menschlichen Körpers, die mit irgend einem Uebel behaftet waren, von dem die frommen Patienten wähnten, mit Hilfe der Madonna befreit worden zu sein.

Die Tracht der die Kirche bedienenden Geistlichen fügt dem orientalischen Charakter noch einen bedeutenden Zug hinzu, dessen Gepräge das Aeußere der Kirche so auffallend trägt: hier ist der Leibrock durch den weißen Burnus ersetzt, so daß die bärtigen und den rothen Fez tragenden Geistlichen in gewisser Entfernung für Araber gehalten werden könnten, eine Täuschung, welche vollständig wird, wenn die Brüder als Missionäre nach den arabischen Stämmen hinausgesandt werden, wo der türkische Fez mit der Kapuze bedeckt und diese durch einen Strick aus Kameelhaaren befestigt wird. Die Priester, welche die Notre-Dame bedienen, sind alle in den

Seminarien der Maison Carrée oder Kubba erzogen, wo sie arabisch gekleidet gehen und die Landessprache vollkommen erlernen.

In geringer Entfernung von Notre-Dame d'Afrique sieht man ein ziemlich geräumiges Gebäude, in dessen Mitte sich der Glockenthurm der Kirche erhebt; es enthält die Wohnung des Erzbischofs von Algier und das für die jungen arabischen, dem Priesterthum gewidmeten Waisen bestimmte Seminar. Zur Zeit meines Besuches (17. Februar) betrug deren Zahl etwa zwanzig, unter ihnen mehrere Inländer, die der Erzbischof in der Wüste kaufen ließ, wo die durch Armuth gedrängten Eltern ihre Kinder gern den Brüdern, deren Frömmigkeit und Barmherzigkeit ihnen vollkommen bekannt sind, abtreten. Von den auf solche Weise erlangten Kindern werden viele nach Frankreich geschickt und in katholischen Anstalten erzogen, so daß sich dort jetzt schon über sechshundert befinden.

Der von der Stadt nach der Kirche Notre-Dame d'Afrique führende, sehr malerische Weg steigt oft ziemlich steil längs eines der Vorsprünge hinan, mit welchen der Berg Buzarea östlich gegen die Küste ausläuft, und schließt sich den verschiedenen Anhöhen an, welche diese zwischen Algier und Saint Eugène umsäumen. Während des ganzen Winters behalten diese Hügel ihr frisches Aussehen, auch ist der Weg von immergrünen Matten umgeben, die theils aus baumartigen Pflanzen, theils aus Stauden bestehen, unter denen ich das ansprechende Gartenkraut (Ferula communis) bemerkte, das eben zu blühen begann und inmitten eines grünen Teppichs seine kräftigen Stengel mit gelben Dolden erhob.

Nachdem ich Sie vom Museum nach der Kasba, von dort nach den Moscheen und dann auf ziemlich steilem Wege nach Notre-Dame d'Afrique geführt, beeile ich mich, Ihnen einen angenehmen Erholungsplatz zu bieten in dem Winterpalast des General-Gouverneurs; ich wähle den Augenblick (29. Dezember), wo dieser anmuthige Wohnsitz prachtvoll illuminirt und vom Schalle der Musik, der hier zahlreiche Tänzer in Bewegung setzt, erfüllt ist.

Schwerlich vermag man sich Eigenthümlicheres vorzustellen, als diese Säle mit ihren blendend weißen glasirten Wänden, von deren glänzenden Oberflächen Kronleuchter, Kerzen, Gasflammen und orientalische Laternen wie in einem Spiegel reflectiren und in Strömen von Licht die wogende Menschenmenge beleuchten, deren verschiedenartige Trachten die malerischsten Gegensätze schaffen, da europäische Uniformen und glänzende Damentoiletten von dem weißen und rothen Burnus der Araber grell abstechen. Und wenn man auf diese Wüstenkinder sah, von denen mehrere mit Stolz das Kreuz der Ehrenlegion trugen und sich glücklich und geschmeichelt fühlten, als Mitbürger und Freunde der Christen aufzutreten, so mußte man mit Wehmuth daran denken, daß gerade in dem Augenblick, wo eine französische Kolonie das erfreuliche Beispiel der innigsten Brüderschaft zwischen Christen und Muselmänern gewährte, diese beiden Rassen sich an der Donau, im Balkan und in Klein-Asien auf das Gräßlichste würgten, entschlossen, lieber zu sterben, als zusammen zu leben.

Der General Chanzy und seine Gemahlin wetteiferten miteinander, durch tausend liebenswürdige Aufmerksamkeiten dem orientalischen Charakter dieses Festes alle Reize der europäischen Gesellschaft zu verleihen. Als der Wirth der Hauses mich auf die an den Wänden des Saales aufgestellten Büsten der General-Gouverneure Algeriens aufmerksam machte, mit der Bemerkung, daß die Anzahl seiner Vorgänger sich schon auf einundzwanzig beliefe (was während der 47jährigen französischen Herrschaft fast einen auf je zwei Jahre ergiebt), sprach ich natürlich den Wunsch und die Hoffnung aus, daß man noch während vieler Jahre nicht in die Lage kommen möge, eine neue Büste hinzuzufügen; und doch am Tage des Festes schon unterhielt sich die ganze Stadt über den nahe bevorstehenden Wechsel des General-Gouverneurs und des Präfekten, den die radikalen Blätter mit Ungestüm forderten, da auch Algier seine Beamten ändern müsse, um jede gute oder schlechte Spur der Vergangenheit auszulöschen.

Unter den arabischen Oberhäuptern nahmen mehrere, an ihrer Spitze Ali-Scherif, an den Unterhaltungen, und zwar im besten Französisch, theil, und um sich auch in jeder Hinsicht der europäischen Civilisation gewachsen zu zeigen, erschienen sie zum Abendessen, ohne den Champagner — trotz des Propheten — zu verschmähen. Das Abendessen wurde in einem maurischen Alkoven gegeben, dessen Inneres eine Anzahl zierlicher Terrassen bildete, auf denen die zahlreichen Schüsseln mit Erfrischungen standen. Der Ball dauerte bis tief in die Nacht, und alle Theilnehmer mußten demselben die Gerechtigkeit widerfahren lassen, daß es wohl nirgendwo, in so geringer Entfernung von Europa, möglich wäre, einem Fest beizuwohnen, das wie dieses eine so harmonische Vereinigung zauberischer Originalität des Orients mit den Reizen feinster europäischer Civilisation zu bieten vermöchte.

Siebenter Brief.

Algier, den 6. Dezember 1878.

In meinem letzten Briefe gab ich Ihnen Rechenschaft, in welcher Weise ich meine Zeit während des einige Tage anhaltenden schlechten Wetters (wie es als solches in Algier gilt) angewendet habe, um das Innere der Stadt einigermaßen zu studiren; seitdem ist die Sonne in ihrer gewöhnlichen Pracht wieder erschienen, und so setze ich meine Ausflüge in die Umgegend Algiers fort, die sich nun grüner denn je zeigt und besonders reizvoll in den Anhöhen des obern Mustapha auftritt, welche mit wahrer Begierde das erfrischende Regenwasser aufgesaugt zu haben scheinen.

Ich wandte mich sogleich diesen Anhöhen zu (30. Dezember 1877) und benutzte die herrlichen Morgenstunden, um das schöne kleine Thal der Fontaine Bleue, das wegen eines maurischen mit blauer Steinplatte geschmückten Springbrunnens so benannt wird, hinan zu steigen. Auf grünen Fußsteigen, waldige Anhöhen von Westen nach Osten überschreitend, erreichten wir die obere Terrasse des Jardin d'Essai, um von dort wieder zur Küste hinabzusteigen und, dem Meere folgend, nach Algier zurückzukehren.

Die ganze zwischen der Fontaine Bleue und der oberen Terrasse des Jardin d'Essai gelegene Gegend war mit einer reichen Vegetation, aus mehreren in voller Blüthe prangenden Pflanzen bestehend, bekleidet. Ich will von diesen nur eine erwähnen, nicht wegen ihrer Schönheit oder ihrer für die Pflanzenphysiognomie der Gegend wichtigen Rolle, da sie nur klein ist und leicht übersehen werden kann, sondern weil sie ein merkwürdiges Beispiel ist für die Unmöglichkeit, in welche die Anordnung der Geschlechtsorgane eine hermaphroditische oder monöcische Pflanze versetzt, sich selbst zu befruchten. Es handelt sich um die Ambrosinia Bassii, vielleicht die winzigste Aroïdee, deren Spadix eine Art transversaler Scheidewand trägt, welche die weiblichen Blüthen von den männlichen trennt und auf diese Weise jede mittelbare oder unmittelbare Berührung zwischen den Organen der beiden Geschlechter ausschließt; ferner bildet die Blumenscheide, die bei den Aroïdeen einen Theil des Spadix bedeckt, aber die Endspitze desselben frei und folglich den Insecten zugänglich läßt, in der Ambrosinia Bassii ein umgebogenes, von allen Seiten geschlossenes Horn, so daß gleichfalls eine doppelte Barriere jede Verbindung zwischen den Geschlechtsorganen und dem Aeußern vereitelt. Die Befruchtung durch Insekten wäre also unmöglich, wenn diese nicht Mittel fänden, erst die Blumenscheide und dann die Scheidewand des Spadix zu durchbohren; eine zwiefache Arbeit, welche die Insekten wirklich zu betreiben scheinen und so die Befruchtung in einer Pflanze bewirken, in welcher die Natur diesem Vorgang größere Schwierigkeiten entgegengesetzt hat als in irgend einer andern.[1])

Die gebirgige Gegend zwischen der Fontaine Bleue und der oberen Terrasse des Jardin d'Essai besteht ausschließlich aus tertiären (pliocenen?) Ablagerungen und zeigt an mehreren Punkten belehrende Bloßlegungen, wie z. B. unweit der oberen Terrasse des Gartens. Man sieht dort auf dem Abhange einer der waldigen Anhöhen, welche diesen Theil der Gebirgsmasse von Mustapha bilden, einen geräumigen Steinbruch, wo die in mächtigen horizontalen Schichten abgelagerten Kalk- und Sandsteine abgebaut werden, von denen erstere mitunter sehr sandig sind und mit einem Konglomerat von mehr oder weniger feinem Korn wechseln, so daß sie an gewisse schweizer Molassen erinnern. Steigt man die obere Terrasse des Jardin d'Essai mehr hinan, so werden die Bloßlegungen sehr häufig und zeigen Thon- und Mergel-Ablagerungen, welche von Pekten wimmeln, deren Schale, ziemlich gut erhalten, so fest an dem Gestein haftet, daß es mir nicht gelang, ein einziges zur Bestimmung geeignetes Exemplar abzulösen. In manchen Sandsteinblöcken beobachtete ich cylindrische Körper, die an Fucoiden erinnern. Ablagerungen derselben Art und mannigfaltig gefärbt (gelb, braunroth oder vollkommen weiß), bilden den übrigen Theil der Terrassen des Jardin d'Essai. Unter den verschiedenen, in diesen Gebilden zahlreich zerstreuten Bruchstücken sind die von Quarz vorherrschend, während der dunkelblaue Kalkstein weniger häufig vertreten ist.

Sobald man von der oberen Terrasse des Gartens nach der unteren herabgestiegen ist, durchschreitet man, um nach Algier zurückzukehren, das Quartier des Mustapha inférieur, und befindet sich nun im Gebiete der obenerwähnten Tertiär-Ablagerungen bis zum Thore von Isly, wo dieselben plötzlich durch faserige und schieferige Granite ersetzt sind, die alle Eigenschaften des Gneis be-

[1]) Vergl. Belegstücke II., die Liste der in diesem Ausfluge beobachteten Pflanzen enthaltend.

sitzen und sich in Parallelogramme oder viereckige Platten spalten lassen. Der Feldspath tritt in dünnen Blättern, der Glimmer in glänzenden Körnern, zuweilen zahlreich zerstreut, in der ganzen Felsart auf, deren Hauptbestandtheil der Quarz ist; dieser, bald weiß, bald bläulich, bildet oft für sich allein mächtige, große Oberflächen zeigende Massen.

Der von mir am Thore von Isly beobachtete Granit behält im Allgemeinen seine Zusammensetzung und seine Lagerungsverhältnisse auch an den übrigen Punkten des großen Gürtels, mit welchem diese Felsart die Stadt umgiebt, nur daß diese an mehreren Stellen mit Glimmer, Talk und Chloritschiefern, wie mit dunkelblauem Kalkstein wechselt. Gerade ihre Vermischung mit letzterer Gebirgsart macht hier die Granitformation dem Geologen so wichtig, denn, wie ich schon bemerkte, bestehen sehr verschiedene Meinungen in Betreff des Alters dieser Kalksteine, welche ihrer großen Ausdehnung und Mächtigkeit wegen in der Umgegend von Algier eine hervorragende Rolle spielen.

Deshalb nahm ich den Vorschlag des Herrn Dr. Bourjot, mich nach den Steinbrüchen, die in der Nähe des Fort de l'Empereur beim Dorfe El-Biar und zwischen dem Dorfe Buzarea und Algier abgebaut werden, zu begleiten, bereitwilligst an. Diese unter der Leitung meines gelehrten Freundes zu besuchen, war für mich von besonderem Interesse, weil er sie als sehr günstig für seine das geringe Alter der Kalksteine betreffende Theorie hielt, während das wenige, was ich davon seit meiner Ankunft in Algier gesehen, mir das Gegentheil zu beweisen schien.

Wir brachen also am 4. Januar auf, verließen die Stadt durch das Thor Sahel und schlugen den Weg über Kolea nach der Festung des Kaisers (Le Fort de l'Empereur) ein. Es ist eine alte türkische Citadelle, so getauft von Europäern zur Erinnerung an eine nicht ganz authentische Ueberlieferung, zufolge welcher Kaiser Carl V. hier während seines unglückseligen Feldzuges von 1541 sein Zelt aufgeschlagen haben soll. Etwa vierzig Jahre nach diesem Feldzuge erbaute hier Hassan ben Kheied-din einen steinernen Thurm, der später von einer Bastion umgeben, der Mittelpunkt einer ziemlich geräumigen Festung wurde. Bei dem Bombardement der Franzosen im Jahre 1830 wurde ein Theil der Festung durch die Türken gesprengt, das ganze Gebäude dann aber wieder hergestellt, und bildet es jetzt mehr ein malerisches Denkmal der Vergangenheit als einen strategischen Punkt von irgend welcher Bedeutung.

Ein Theil der Festung des Kaisers liegt auf dem Talkschiefer, der uns vom Thore Sahel an begleitete; ein anderer Theil ruht auf Granit, ohne daß ich die Verhältnisse beider Felsarten zu bestimmen vermochte, da eine ganz unmerklich in die andere übergeht. In geringer Entfernung von der Festung, durch waldige Anhöhen verdeckt, befindet sich der geräumige schöne Steinbruch von Scala, so genannt nach einem Italiener, der daraus zuerst Steinmaterial für die Bauten der Stadt bezog. Er wird von hohen Wänden mit grünem Strauchwerk eingeschlossen und besteht aus hartem Sandstein, der vorzugsweise aus sehr kleinen Quarzkörnern zusammengesetzt ist. Eine große Zahl zweischaliger specifisch selten bestimmbarer Muscheln enthaltend, geht derselbe hier und da in ein gröberes Konglomerat über; die Schichtung ist nicht scharf ausgedrückt. Es sind mächtige Bänke, dem Anschein nach zusammen etwa 30 m einnehmend; da man aber die Grundlage dieser Gebilde, welche wahrscheinlich auf Granit ruhen, noch nicht erreicht hat, so ist es leicht möglich, daß sie eine weit bedeutendere Mächtigkeit besitzen.

Auf der Wanderung südwestlich vom Steinbruch nach El-Biar sah ich zuerst Granit und dann, auf demselben ruhend, Sandstein mit rothem und gelbem Thon wechselnd, wahrscheinlich der tertiären (pliocenen?) Ablagerung angehörend, in welcher der Steinbruch Scala sich befindet. In geringer Entfernung von El-Biar erblickten wir andere schöne Steinbrüche, deren umfassendster einen interessanten und belehrenden Durchschnitt gewährt. Man sieht nämlich den tertiären Sandstein auf dem dunkelblauen Kalkstein, der zuweilen talkig wird, ruhen, indem er sich den mannigfaltigsten Umrissen desselben genau anschmiegt, bald Klüfte und Nester füllt, bald Hervorragungen und Knoten wie Incrustationen bekleidet. An den Berührungspunkten mit dem Kalkstein enthält der Sandstein eine Menge zuweilen ziemlich großer Bruchstücke des Kalksteins, oft wie künstlich in viereckige Platten geformt, die durch ihre dunkle Farbe von dem weißlichen oder röthlichen Sandstein, den sie enthalten, grell abstechen.

Die Gegenwart von Bruchstücken von Kalkstein in einem Sandstein sehr jungen Alters ist mit der Theorie des Herrn Bourjot unvereinbar, welcher zufolge der dunkle Kalkstein jünger als die tertiären Gebilde sein soll. Er deutet nämlich den Durchschnitt auf eine andere Weise und meint, daß die in dem Sandstein eingeschlossenen Bruchstücke darauf hinweisen, daß der Kalkstein als eruptives Gestein den Sandstein durchbrochen und die Bruchstücke hinterlassen habe. Nun ist hier aber die ganze Erscheinung in so einfacher Art zu erklären, daß man dazu keiner solchen Hypothese bedarf, die außerdem im Widerspruch mit den Gesetzen der Chemie steht.

Nachdem wir den Steinbruch zu unsrer Rechten, südöstlich, gelassen, um uns nach dem Dorfe Buzarea zu begeben, sah ich in der ganzen Gegend, die wir durchschritten, um von dem Tafellande Buzarea's hinabzusteigen, den Granit abermals anstehen, mit Talk und Glimmerschiefer abwechselnd. Bevor wir die untere Region erreichten, um nach Algier zurückzugehen, erblickten wir einen anderen großen Steinbruch am Bache Babel-Oued, wo der dunkelblaue Kalkstein in ganzer Mächtigkeit, aber auch in seiner ganzen Veränderlichkeit auftritt. Es sind ungeheure, verworren geschichtete oder eher zerklüftete Ablagerungen, die in ein schieferartiges, gelbliches, von Quarzgängen durchsetztes Gestein übergehen, beide stark verwittert und oft in blättrige, zerreibbare Massen aufgehäuft. Herr Bourjot meint, diese Gebilde stellten den durch eruptiven Kalkstein durchbrochenen Glimmerschiefer dar. Doch beobachtet man darin Uebergänge zwischen normalem und talkigem Kalkstein, wie auch zwischen diesem letzteren und den gelben blättrigen mehr oder weniger zerreibbaren Massen, hauptsächlich aus verwittertem Quarz und einer weißen an Kaolin erinnernden Substanz bestehend; Uebergänge, die so unbemerkbar sind, daß man nicht umhin kann, darin nur eine und dieselbe Felsart zu sehen, mannigfach umgestaltet und verändert durch die Wirkung verschiedener Agentien, wie z. B. durch heiße mit Mineralsubstanzen geschwängerte Wässer.

Auf dem Wege von diesem Steinbruch nach Algier setzte sich der dunkle hier und da mit Talk und Glimmerschiefer wechselnde Kalkstein bis nahe an das Thor Babel-Oued fort, wo alle diese mehr oder weniger verwitterten Felsarten durch gelbe oder rothe thonige Massen überlagert sind, die wahrscheinlich der Diluvialperiode angehören.

Ich war von meinem Ausfluge sehr befriedigt, da er mir die Gelegenheit gewährt hatte, das feste Gerüst dieser Gegend mit Hilfe der zahlreichen künstlichen Bloßlegungen, die sie darbietet, zu studiren. Nun ist es aber für den Geologen keineswegs das Wichtigste, die an der Oberfläche des Bodens auftretenden, oft noch durch Schutt oder Pflanzenerde überdeckten Felsarten zu besichtigen, sondern er muß deren Entwickelung in der Tiefe beobachten; in dieser Hinsicht sind die Forschungsarten des Geologen und des Botanikers vollkommen entgegengesetzt, da der letztere hauptsächlich die Oberfläche des Bodens in Anspruch nimmt, auf der sich alle Gegenstände seiner Studien vereinigen, während er die unterirdischen Räume dem Geologen und Paläontologen überläßt.

Nachdem ich das Terrain als Geologe untersucht, fühlte ich das Bedürfniß, dahin zurückzukehren, um es auch mit dem Auge des Botanikers zu prüfen, zumal ich bei meinem ersten Ausfluge nicht über das Dorf Buzarea hinausgekommen war, das am Fuße des Berges gleichen Namens liegt und eines der am höchsten gelegenen in der unmittelbaren Umgegend Algiers ist. Demnach begab ich mich am 20. Januar über El-Biar nach diesem Dorfe, von welchem ein schöner Fahrweg bis zum Gipfel des Berges führte, wo sich eine prachtvolle Aussicht auf das Meer und die Umgegend Algiers erschließt.

Wenn man die tafelartigen Erhöhungen und welligen Niederungen, welche die obere Region des Berges bilden, durchstreift, so erblickt man einige aus Steinblöcken zusammengetragene ärmliche Hütten, welche die Wohnungen einer kleinen Zahl von Kabylen darstellen, deren Nationalität sogleich durch unverschleierte Frauen zu Tage tritt, da bekanntlich keine Araberin oder Türkin sich erlauben würde, ihr Gesicht öffentlich zu zeigen. Die armen Kabylen-Weiber sind so kärglich gekleidet, daß ihnen wirklich, nachdem sie die den Blicken des Publikums nicht zu offenbarenden Theile des Körpers einigermaßen verdeckt haben, keine Lumpen mehr zur Verhüllung des Gesichts übrig bleiben.

Wahrscheinlich hat sich diese winzige Kabylen-Kolonie an einem Orte niedergelassen, wo früher ein ziemlich ansehnliches arabisches Dorf oder Städtchen vorhanden gewesen, wie es die Spuren eines ausgedehnten Kirchhofs und die Ruinen mehrerer von den jetzigen Wohnungen abstechender Gebäude beweisen. Diese Voraussetzung wird ebenfalls durch mehrere Marabuts und eine Moschee unterstützt; von den heutigen Bewohnern können sie nicht erbaut sein, würden auch weder ihrer Zahl noch ihren Bedürfnissen irgendwie entsprechen.

Trotz ihrer Unbedeutendheit bilden die Kabylen-Hütten einen merkwürdigen Zug in der Physiognomie des Ortes, weil sie eine sehr malerische Wirkung inmitten der Palmen und Opuntia, zwischen welchen sie zerstreut liegen, hervorbringen. Diese Pflanzen fallen durch ihre außerordentliche Entwickelung auf, besonders die Zwergpalmen, die trotz ihres Namens kräftige Bäume darstellen, deren Fächerblätter, statt an dem Boden zu kriechen, wie man es bei dieser Art zu sehen gewöhnt ist, sich stolz am Gipfel eines Stammes wiegen, der eben so schlank und hoch wie der einer Dattelpalme ist. Dies ist wahrscheinlich die Entwickelung, welche diese Art während der geologischen Periode besaß, die der unsrigen voranging. „Die Chamerops humilis," sagt Herr von Saporta, „ist die letzte der europäischen Palmen, die am längsten unsern Boden bewohnte, bevor sie denselben verließ, und von welcher die Süßwasser-Ablagerungen von Lipàri, die wahrscheinlich der jüngsten Tertiärperiode angehören, uns Reste hinterlassen haben."[1])

Die riesenhaften Chamerops humilis sind in Buzarea mit Opuntien (Opuntia ficus-indica) vergesellschaftet, welche ebenfalls durch ihre kräftige Entwickelung merkwürdig sind und nach ihrem Absterben noch wie ein künstlerisches Erzeugniß erscheinen, indem die flachen abgestorbenen Stämme sich in ein aus mannigfach in einander greifenden Maschen bestehendes Netz, das Gerüst der Holzfasern und Gefäße darstellend, verwandeln und lebhaft an ein künstliches Spitzengewebe erinnern; daher sind diese anmuthigen Pflanzen-Mumien in Algerien auch unter dem Namen „dentelles de Sahara" bekannt, und es ermangeln die das Dorf Buzarea besuchenden Fremden niemals, Bruchstücke davon mitzunehmen.

Die Felsart des Buzarea-Berges ist Gneis oder ein faseriger, an Quarz so reicher Granit, daß die ganze Felsart häufig nur aus ungeheuren Massen von bläulichem oder weißlichem Quarz besteht.

Wir kehrten in das Dorf Buzarea zurück, um von dort die Anhöhe zu besteigen, die den Kulminationspunkt des Buzarea-Berges bildet, der wegen des kleinen steinernen Hauses, das denselben krönt und 480 m hoch liegt, la Vigie genannt wird. Schon auf dieser Höhe konnte ich die Veränderung der Temperatur im Vergleich mit der des Dorfes Buzarea bemerken: während das Thermometer in letzterem um 3 Uhr Nachmittags 10° zeigte, stand es in der Vigie auf 9°, und da wir etwa eine Viertelstunde gestiegen waren, so ist es wahrscheinlich, daß der Unterschied der Höhen zwischen dem Dorfe Buzarea und der Vigie 100 m nicht viel übersteigt.

[1]) Vgl. Le Monde des plantes avant l'apparition de l'homme, p. 347

Auf der Anhöhe von Vigie werden die Gneise und Granite so eisenhaltig, daß man schwere Stücke von Eisenoxyd abschlagen kann. Der Berg ist wenig bewaldet, aber mit einem schönen Pflanzenteppich bekleidet; unter mehreren Pflanzen bemerkte ich Ophioglossum lusitanicum, ein in Algier sehr seltenes Farrenkraut, welches ich bis dahin noch nirgends gefunden hatte.

Der Rückweg nach Algier führte über El-Biar, nahe an dem Steinbruche vorüber, den ich auf meinem letzten Ausfluge besucht hatte. Die heute durchstreifte Gegend zwischen Algier, El-Biar, Buzarea und la Cité Bugeaud stellt einen schmalen Strich von etwa 15 km Länge dar, welche Ausdehnung ich absichtlich betone, damit man den Reichthum der Vegetation dieser Gegend um so richtiger schätzen mag. Auf diesem unbedeutenden Raum habe ich 49 Arten in Blüthe, 9 Arten mit Früchten und 57 noch ohne Blüthen oder Früchte verzeichnen können. [1]) Wenn man den vollkommen frischen Blätterschmuck aller der nur im Vegetationszustande ohne Blüthen und Früchte befindlichen Pflanzen betrachtet, so kann man sich von der Pracht dieses durch 116 Arten mannigfach gefärbten Pflanzengemäldes einen Begriff machen, das ich auf einer Strecke von nur 15 km beobachtete. Unter den Farben blühender Pflanzen treten Gelb und Weiß wegen der zahllosen Menge von Calendula arvensis, Bellis annua, Anthemis fuscata und Clypeola maritima besonders hervor, so daß große Räume wie vergoldet oder versilbert erscheinen; da aber, wo blühende Pflanzen nicht vorherrschen, verdankt der Pflanzenteppich seine funkelnden Smaragde einer Fülle von breiten, oft zierlich geaderten, gefleckten oder marmorirten Blättern, wie denen des Silybum maritimum, Galactites tomentosa, Acanthus mollis, Cyclamen africanum, Lavatera cretica, Malva nicaeensis, Arum maculatum etc. Bei solcher Vegetation mitten im Winter (20. Januar) glaubt man in den vollen Sommer versetzt zu sein, dieser hat indeß bei Weitem noch nicht seine Reichthümer erschöpft und entfaltet jeden Tag neue Schätze.

Diesmal stieg ich zu den Anhöhen des oberen Mustapha hinan von der Stelle, wo sich die Säule von Varol (la colonne Varol) befindet, was mich durch das schöne, „Bois de Boulogne" getaufte Gehölz führte, nach dessen Durchstreifung ich eine gebirgige Gegend betrat, die von malerisch gelegenen Villen, deren Eigenthümer Fran-

[1]) Vergl. Belegstücke III., die Liste der in diesem Ausfluge beobachteten Pflanzen, von welchen gewiß mehrere mir entgangen sind.

zosen und Engländer sind, belebt war. Einige dieser reizenden Landhäuser lagen an dem von mir gewählten Wege, so die von Duhem, Olivage, Herouff, Herpin, Keith, Mestaginet u. A. Weiterhin stieg ich zum europäischen Gottesacker hinauf und wendete mich dann dem Thale der Fontaine Bleue zu, das auf den Militärmanöver-Platz mündet (Quartier des untern Mustapha), von wo ich die Pferdebahn nach Algier benutzte.

Das Bois de Boulogne aus welligen, mit dichten Hainen von Koniferen und mehreren andern Baumarten bekleideten Hügeln bestehend, erinnert in keiner Hinsicht an seinen glänzenden Pariser Gefährten, so daß unsere eleganten Damen und Herren hier weder Alleen noch Kunstdenkmäler, besonders aber keine schmucken Equipagen und Spaziergänger erblicken und jenen Namen als eine beleidigende Anmaßung betrachten würden; aber für den Naturforscher ist das algerische Gehölz bei weitem interessanter als das Pariser. Seine Wichtigkeit beruht keineswegs in dem Reichthum an seltnen Pflanzen, vielmehr in der Begründung der merkwürdigen Thatsache im Gebiete der botanischen Geographie, daß, wenn einerseits Algerien sich zuweilen durch die Mannigfaltigkeit und Originalität seiner Flora auszeichnet, andererseits der afrikanische Boden sich nicht für die freie Erzeugung gewisser, im mittäglichen Europa sehr verbreiteter Formen eignet. Dies ist namentlich mit der Gattungen der Fichte und Eiche der Fall, die in Algerien sehr unvollkommen vertreten sind. Nun aber hebt das Bois de Boulogne diese Erscheinung höchst anschaulich in Betreff der Koniferen im Allgemeinen hervor, da man in demselben als kultivirte Arten sieht: den Pinienbaum (Pinus pinea), die österreichische Fichte (P. austriaca), die taurische Fichte (P. taurica), die gewöhnliche Fichte (P. silvestris), die Fichte von Corsica (P. corsica) u. a., die in Südeuropa sämmtlich als ziemlich gemeine Bäume gelten. Auch sind unter allen hier gezogenen Koniferen etwa nur die folgenden in Europa selten oder doch nicht einheimisch: Pinus insignis, canariensis, halepensis und Benjaminiana, Cupressus elegans und Lambertiana, Chamœciparis ericoides und Cedrus deodora.

Außer den Koniferen, welche im Bois de Boulogne die vorherrschende Rolle spielen, sieht man mehrere Akacien, von denen viele in voller Blüthe standen (Acacia pycnantha, salicina, leophylla, Neumani); mehrere Früchte tragend, wie A. calamifolia, syderoxylon, latifolia, longifolia, Lebui u. a., ferner einige Proteaceen, unter welchen die Hackea eucalyptoides zugleich Blüthen und Früchte besaß. Auf mehreren Punkten strotzte der Rasen von Oxalis cernua und es waren merkwürdiger Weise mehrere Individuen dieses Ueberläufers aus dem Kap mit doppelten Blüthen geschmückt.

Der Gärtner des Bois de Boulogne theilte mir mit, daß die Anlage früher etwa 400 kultivirte Baumarten enthalten hätte, diese Zahl jedoch auf den dritten Theil zusammengeschmolzen sei; jedenfalls mangelt den noch gebliebenen Bäumen der Raum, was sich besonders bei Fichten mit ausgebreiteten Zweigen, z. B. beim Pinienbaum, bemerklich macht, deren normale Entwickelung gehemmt und deren typischer Charakter dadurch verunstaltet wird.

Unter der großen Zahl reizender Villen, denen entlang mein Weg führte, zeichnet sich die Villa Herpin aus, die sowohl durch die maurische Architektur des Innern des Hauses, wie durch ihre Aussicht merkwürdig ist. Eine noch prachtvollere Aussicht gewährt einer der Hügel, welche die Wohnung umgeben und die von schönen, mitten in einem blühenden Pflanzenteppich aufsteigenden Aleppo-Fichten (Pinus halepensis) beschattet werden.

Nach dem europäischen Kirchhof hinabsteigend, sieht man die mit Erbsen bebauten Felder von Gladiolus segetum eingenommen, welche Eindringlinge keine Blüthen, nur Wurzelblätter trugen.

Der außerordentlich malerisch gelegene Kirchhof bietet durch seine Entfernung von der Stadt den Vortheil, daß der Gesundheitszustand der letzteren nicht gefährdet wird, wie es so oft der Fall, wenn sich öffentliche Begräbnißorte in der Nähe menschlicher Wohnungen befinden; andererseits dürfte es zu befürchten sein, daß die von jenem Hügel der Stadt zuströmenden Gewässer durch die Fäulniß der Leichen verunreinigt werden könnten. Allerdings wird die Beförderung derselben sowohl durch die bedeutende Entfernung des Begräbnißortes, wie durch seine hohe Lage erschwert.

Unter den den Kirchhof beschattenden Bäumen bemerkte ich schöne Akacien, namentlich Acacia cyanophylla, leptoclada, cordata und lophantha, von denen die beiden ersteren Arten durch ihren Reichthum an Gerbstoff merkwürdig sind.

Ein Theil des Bodens des Kirchhofs ist von der englischen Regierung angekauft, um den britischen Unterthanen einen Begräbnißort zu sichern.

Die Vegetation der Gegend zwischen der Colonne Varol bis zum europäischen Gottesacker hatte mir 185 Arten wildwachsender Pflanzen geliefert (mit Ausschluß der im Bois de Boulogne gezogenen und der im Kirchhof gepflanzten Bäume), von welchen 56 in Blüthen standen, was einer reichen Flora entspricht, da ich diese Pflanzenmenge auf einer nur 10 km langen Linie beobachtete.[1]) Außerdem beweist diese Zahl die rasche Entwickelung der Vegetation, da mein am 20. Januar nach Buzarea unternommener Ausflug mir 115 Arten geliefert hatte, was also während 20 Tagen eine Vermehrung von 90 neu erzeugten Arten ergiebt; und doch hatten beide Ausflüge fast dieselbe Ausdehnung (15 resp. 10 km) und es sind beide Landstriche den gleichen klimatischen Verhältnissen unterworfen, nur hinsichtlich ihres geologischen Alters verschieden, was den Gang der Vegetation kaum zu beeinflussen vermag.

Die bei dem letzteren Ausfluge durchstreifte Gegend ist nämlich aus tertiären, wahrscheinlich pliocenen Ablagerungen gebildet, besteht hauptsächlich aus grobem Sandstein und enthält viele Bruchstücke von weißem Quarz; die Felsarten strotzen von Muscheln, besonders zweischaligen, leider aber alle in schlechtem Zustande befindlich. Auf vielen Punkten ist der tertiäre Sandstein von ziemlich mächtigen, wahrscheinlich diluvialen Massen von Thon und rothem Sand überlagert; sie bilden den Boden des Kirchhofs, wie es mehrere zur Aufnahme der Särge gegrabene Grüfte beweisen.

Von meinem noch weit ausgedehnteren Ausfluge nach Sidi-Ferruch werde ich Ihnen in meinem nächsten Briefe Rechenschaft geben.

Achter Brief.

Algier, den 20. März 1878.

Seit meinem letzten Briefe folgten sich die Ausflüge in die Umgegend von Algier schnell, doch will ich nur der wichtigsten gedenken, namentlich desjenigen nach dem Vorgebirge von Sidi-Ferruch, den Eucalyptus-Pflanzungen der Herren Cordier und Trottier, nach der Ebene von Mitidja und endlich dem Trappisten-Kloster.

Am 14. Februar brach ich nach dem Vorgebirge von Sidi-Ferruch auf, trotz der erstickenden Hitze, die das Thermometer in der Sonne mit 42°, im Schatten mit 26° zeigte; da ich zehn Stunden ohne den geringsten Schutz zu wandern hatte, so mußte ich vorbereitet sein, die Sonnengluth aus erster Hand zu empfangen. Hätte ich meinen

[1]) Vgl. Belegstücke IV, enthaltend die Liste der hauptsächlichsten auf diesem Raum beobachteten Arten.

Ausflug nur auf den folgenden Tag verschoben, so konnte derselbe viel bequemer ausgeführt werden, da der Südwind plötzlich nach Nordwest umsprang und hiermit eine so bedeutende Aenderung in der Temperatur erzeugte (was in Algier sehr selten), daß diese in der Sonne 24°, im Schatten 18° betrug. Also binnen 24 Stunden ein Unterschied von 21 resp. 7°!

Ich folgte bis Guyotville dem bereits bekannten Wege nach Caxine [1]) längs der schönen Küste mit ihren malerischen Buchten und mannigfaltig gestalteten grünen Bergen. Zwischen Saint Eugène und dem Cap Pescade sind die Abhänge des Gebirges mit mächtigen Ablagerungen von rothem Sande, Thon und Konglomeraten bekleidet, die auf Schiefer und dunklem Kalkstein ruhen, mit letzterem bis zum Meere reichen und wagerecht geschichtet oder etwas nach Nordwest geneigt sind. Ich bemerkte darin Bruchstücke eines den lebenden Arten gleichenden Pecten, so daß diese Gebilde wahrscheinlich sehr jung und von pelagischem Ursprung sind, vermochte jedoch nicht, das Verhältniß dieser Ablagerungen zu denen, welche zwischen dem Cap Caxine und Sidi-Ferruch fossile Helix enthalten, festzusetzen; allem Anscheine nach sind beide gleichzeitig.

Um zu frühstücken, verweilte ich kurze Zeit in dem am Cap Pescade befindlichen Kaffeehause, dem beliebten Rendez-vous der Einwohner Algiers und vorzugsweise der Fremden, wie es etwa in Paris die Kaffeehäuser der Champs Elysées oder des Bois de Boulogne zu sein pflegen, welche allerdings viel eleganter und besser bedient werden. Mit dem bescheidenen algerischen Kaffeehause verglichen, sind sie jedoch gerade das, was ein Palast des eisigen Nordens im Vergleich mit einer von tropischer Sonne beleuchteten Palmhütte ist. Das Pescade-Kaffeehaus besteht aus einer Anzahl kleiner vergitterter und mit Schlingpflanzen bekleideter Kioske, in denen auf ländlichen Tischen köstlicher Kaffee oder Austern aufgestellt werden, während der Blick selig auf der funkelnden Oberfläche des Meeres ruht, an dessen Küste sich die Ruinen einer arabischen Festung erheben. Diese diente einst als Wachthaus, um die Schiffe auszuspähen, welche, freiwillig oder durch schlechtes Wetter gezwungen, in eine der zahlreichen Buchten der Küste einliefen, die fast alle von den Kanonen der Festung beherrscht wurden. Heute ist das alte Räubernest zu einer pittoresken Verzierung der Küste geworden. Zu der verfallenen Festung steigt man leicht auf einer Treppe

[1]) Vergl. Brief V, p. 73.

hinan, die sich inmitten von Atriplex-Sträuchern (Atriplex halimus), von denen der größte Theil der Küste umsäumt ist, schlängelt, während der Rasen durch Matthiola tricuspidata und Anthericum bicolor violett und gelb gefärbt war; die zierliche Kreuzpflanze machte einen besonderem Eindruck: die zart violetten, einen angenehmen Geruch verbreitenden Blumen trugen eine Menge mit kreuzförmigem Stempel gekrönter Schoten, so daß diese Menge schlanker Kreuze wie mikroskopische Grabdenkmäler erschien.

Vom Kaffeehause von Pescade setzten wir unsere Reise abwärts nach Guyotville fort. Ehe wir Cap Carine erreichten, beobachtete ich an den Abhängen des den südlichen Rand des Weges bildenden Gebirges einen mehr oder weniger zusammengesinterten Sandstein, ganz erfüllt mit fossilen, gut erhaltenen Helix, so daß sich zwei Arten bestimmt unterscheiden ließen: Helix explanata und Helix lineata, welche mit den heute die Küste bewohnenden vollkommen identisch sind. Dieser wagerecht geschichtete Sandstein ruht deutlich auf dunkelem Kalkstein oder auf Glimmerschiefer, auch auf faserigem Gneis. Man sieht diese Lagerungsverhältnisse an verschiedenen Orten bestimmt ausgedrückt, so z. B. 5 km westlich vom Cap Carine, wo die zum Meere steil abfallenden Kalksteinfelsen mit einem Mantel von Helix-Sandstein bekleidet sind. Augenscheinlich setzte sich der dunkle Kalkstein wie der denselben überlagernde Sandstein unter der Oberfläche des Meeres fort, was zu der Annahme führt, daß dieser Theil der Küste in einer neueren Periode, nämlich nach der Ablagerung des Helix-Sandsteins, emporgehoben worden ist.

Die Mächtigkeit des Helix-Sandsteins bietet die grellsten Gegensätze: so sieht man an dem unteren Theil der Küste, wo sich Guyotville befindet, einen alten (wahrscheinlich römischen) Sandsteinbruch mit einer Mächtigkeit von etwa 15 m, während dieselbe in geringer Entfernung westlich von jenem Orte nur $2^1/_2$ m beträgt, wovon ich mich überzeugen konnte, als ich einen dort abgeteuften Brunnen besuchte, dessen innere Wände nur die von mir gemessene dünne Sandsteinschicht unmittelbar auf dem Glimmerschiefer zeigten.

Wenn man sich Stauli nähert, so erblickt man mehrere Weingärten, welche einen im Lande sehr geschätzten Rothwein geben, den die Trappisten, als Eigenthümer eines großen Theiles dieser Gegend, ebenfalls liefern. Ueber deren Kloster, das in geringer Entfernung von Guyotville liegt, werde ich Ihnen später berichten,

7*

weil dasselbe der Gegenstand eines besonderen Ausfluges gewesen ist; diesmal wandten wir uns, das Kloster zu unserer Linken lassend, nach Sidi-Ferruch. Je mehr wir uns demselben näherten, um so waldiger gestaltete sich die Gegend, die sich nun mit Hainen der Aleppo-Kiefer (Pinus halepensis), Sträuchern von Arbutus unedo, Haiden (Erica arborea) und Cisten bedeckte, von welchen letzteren drei Arten in voller Blüthe standen: Cistus monspeliensis, salvifolius und heterophyllus.

Das Tafelland von Sidi-Ferruch besteht aus faserigem Granit, Glimmer- und Talkschiefer; der Granit erinnert an den des oberen Mustapha beim Thore von Isly,[1]) in seinen unteren Theilen geht er in einen bröckligen, weichen Talkschiefer über, so daß man ihn mit den Fingern zerreiben und kneten kann. Durch seine dunkle Farbe sticht der Talkschiefer von dem faserigen weißlichen Granit grell ab, daher man beim ersten Anblick zwei verschiedene auf einander ruhende Gebilde zu sehen glaubt; bei näherer Betrachtung überzeugt man sich jedoch, daß der Granit mit dem Talkschiefer so innig verschmolzen ist und so unmerklich in denselben übergeht, daß beide zu einer und derselben Felsart gehören. Diese nebst dem Glimmerschiefer und allen ihren lokalen Modifikationen bilden entweder steil in das Meer abstürzende Vorgebirge, oder ein welliges Tafelland, das vom Meer häufig durch breite Sandgestade geschieden ist, wo eine Unmenge von Schalen verschiedener, die Mittelmeergegenden (besonders Sicilien) bewohnender Arten zerstreut liegen, wie: Helix pisana, Ostrea lamellosa, Cassis sulcosa, Tellina balaustina, mehrere species von Echinus, Spatangus u. a.

Auf dem sandigen Theile des Meeresgestades wie auf den Dünen sah ich eine Menge blühender Lotus creticus, Frankenia levis, Echium maritimum rc.; ferner die ziegelförmig übereinanderliegenden Blätter des Plantago macrorrhiza, Pers. (P. crithmoides, Desf.), eine in Algerien ziemlich seltene Pflanze, und endlich die weiß marmorirten Blätter der Orlaya maritima.

Die höhere Region des Tafellandes von Sidi-Ferruch war mit Asteriscus maritima bekleidet, einer zwischen Guyotville und Sidi-Ferruch sehr gemeinen Synantherea; in Gesellschaft mit derselben, obwohl nicht so zahlreich: Senecio humilis, Picridium, dem P. vulgare sehr ähnlich, Calendula subfruticosa und arvensis, Thymus inodorus, Cerinthe gymnantha, Matthiola tricuspidata,

[1]) Vergl. p. 89.

Silene bipartita, Iris sisyrinchium, Ophrys tenthredinifera rc. Hier fand Herr Rivière, wie mir derselbe mittheilte, im Mai 1868 den Peristylus cordatus Lindl., eine auf den kanarischen Inseln einheimische Orchidee, die mit der einzigen Ausnahme von Oran, wo sie Munby zufolge äußerst selten sein soll, in Algerien noch nicht beobachtet worden ist.

Sidi-Ferruch, zur Zeit der Araber nur ein Marabut, ist jetzt ein kleines Dorf, das sich rings um die von den Franzosen erbaute bedeutende Festung gruppirt hat. Es besteht jedoch nur aus einer geringen Anzahl sehr netter Häuschen, die besonders von Fischern bewohnt werden; wir wurden in der kleinen aber reinlichen Kneipe am Eingange des Dörfchens mit schönen Barschen (Serranus gigas) und ungeheuren Seebarben (Mullus barbatus) bewirthet; diese letzteren unterscheiden sich von unseren europäischen Arten nicht nur durch ihre Größe, sondern auch durch die fester aneinander liegenden Schuppen, welche einen Panzer bilden, der sich in großen Platten ablösen läßt.

Mehrere den Kolonisten gehörende oder von Regierungs-Beamten bewohnte Häuser waren mit schönen Phytolacca dioica umkränzt, deren Blätter sich noch nicht entfaltet hatten.

Die Dünen erstrecken sich etwa 700 m westlich von der Bucht Sidi-Ferruch's, östlich bis zum Vorgebirge Kantur (Ras-el-Kantur), das ich ebenfalls besuchte, obwohl es außerhalb des nach Algier führenden Weges liegt. Das Vorgebirge besteht aus zahlreichen Felsen von faserigem Granit (Gneis?) und Glimmerschiefer; das Meeresgestade wimmelte von Schalen der Helix pisana, H. explanata und H. lineata.

Auf den Plateaux, welche sich über die Vorgebirge erheben, finden sich Reste einer Wasserleitung und von Cisternen, wie auch zahlreiche Bruchstücke alter Topfgeschirre. Jene sind mit einer Vegetation, die der von Sidi-Ferruch sehr ähnlich, bedeckt; ich sah in dem reichen Pflanzenteppiche die schönen blauen, weißgefleckten Kronblätter der Iris sisyrinchium glänzen, die mir noch nicht in Blüthe vorgekommen war und zwei Tage vorher auf dem oberen Mustapha deren noch keine besaß.

So kehrte ich denn nach Algier mit einer reichen Ausbeute von Pflanzen zurück; mein Ausflug nach Sidi-Ferruch hatte mir

30 Arten eingebracht, von denen 3 in Blüthe, 8 mit Früchten und 11 im Vegetationszustande waren.[1])

Am folgenden Tage besuchten wir die schönen Eucalyptus-Pflanzungen der Herren Cordier und Trottier, welchen Besuch ich wohl mit dem nach der Ebene von Mitidja über die Maison carrée (in dessen Nähe die Pflanzungen liegen) hätte verbinden können, aber da die wissenschaftliche Durchmusterung der letzteren voraussichtlich viel Zeit erforderte, so wären beide Excursionen an einem Tage unmöglich gewesen. Und so entschloß ich mich, den Pflanzungen einen besondern Ausflug zu widmen, gleichviel ob ich auch später gezwungen wäre, denselben Weg von Algier nach der Maison carrée zweimal zurückzulegen. Solche Wiederholungen sind, wenn man eine Gegend gewissenhaft zu untersuchen beabsichtigt, oft unvermeidlich, und man unterwirft sich gern dieser Nothwendigkeit, weil man erfahrungsgemäß beim zweiten Besuche desselben Ortes immer etwas auffindet, was einem beim ersten entgangen war.

Am 20. Februar reisten wir nach Hussein-Dey, der niedrigen sandigen Küste in gewisser Entfernung folgend. Der Raum, welcher uns von derselben trennte, ist an vielen Punkten mit Opuntia coccifera bepflanzt, während die Felder und Wege von Agave americana und Agave gigantea umsäumt werden, die sich durch die Farbe ihrer Blätter und ihrer Infloreseenz leicht unterscheiden, weil die Blätter der ersten blaugrün, die der zweiten aber von einem reineren Grün sind.

Hussein-Dey war früher nur ein Landhaus des Bey, ist jetzt jedoch ein Dorf von etwa 1900 Einwohnern, dessen steinerne Häuser an beiden Seiten der breiten Straße stehen. Auf dem Platze, der früher das Landhaus des Bey getragen, hat man eine geräumige Niederlage für den dem Staate gehörenden Tabak erbaut, denn im Jahre 1844 machte man den ersten Versuch, algerischen Tabak in den französischen Manufacturen zu verwenden. Gegenwärtig liefert allein die Provinz Algier dem Staate jährlich über 4 Millionen kg zum mittleren Preise von je 6 bis 8 Franken.

Auf dem Meeresgestade zwischen Hussein-Dey und der Einmündung des Harrach fand bekanntlich im Jahre 1554 die Aus-

[1]) Ich habe geglaubt, die Liste dieser Pflanzen nicht in den Belegstücken geben zu müssen, da sie den bei meinen früheren Ausflügen beobachteten Arten nur wenige hinzufügen.

schiffung der spanischen, von Karl V. persönlich befehligten Truppen statt; unter seinen Generälen befanden sich der Admiral Doria und Fernando Cortez, der berühmte Eroberer von Mexico. Das Unternehmen fand jedoch trotz deren Gegenwart das traurigste Ende durch den entsetzlichen Sturm, der den größten Theil der spanischen Flotte vernichtete und die Armee der Rache eines wüthenden Feindes preisgab. Heute wird ein Theil dieses historischen Bodens durch einen zu den Artillerie-Uebungen bestimmten Platz eingenommen, während die vom Blute der Christen und Araber getränkten Felder zum Heile der Civilisation und wohlthätigsten Barmherzigkeit erobert worden sind; denn nicht weit von der Einmündung des Harrach liegt die prachtvolle, vom Erzbischof Lavigerie gekaufte Meierei, welche derselbe erbaute, nachdem der Boden durch die zu Zeiten der Hungersnoth im Jahre 1867 aufgenommenen arabischen Waisen urbar gemacht worden war, und wo er auch die arabischen Missionäre unterbrachte. Die Brüder dieser religiösen Congregation kleiden sich arabisch, sprechen die Landessprache und können sich somit erfolgreich der schwierigen Aufgabe unterziehen, die christliche Lehre unter den Muselmänern arabischer Rasse zu verbreiten. Anstalten ganz gleicher Art befinden sich in Kubba und der Maison carrée. Es sind Denkmäler, die dem ausgezeichneten Manne für immer einen hervorragenden Platz in der Geschichte der durch christliche Wohlthaten bewirkten Civilisation Algeriens sichern.

Man überschreitet den Harrach auf einer von den Türken erbauten Brücke. Das Flüßchen hat flache und sandige Ufer; sein tiefes Bett enthielt wenig Wasser, trotzdem dieser Winter reich an Regen war, denn während der Monate Dezember, Januar und Februar fielen etwa 750 mm Wasser, welche Menge von dem jährlichen Mittel nicht viel abweicht.

Nach der Ueberschreitung des Harrach betritt man die eigentliche sogenannte Ebene von Mitidja, vorher aber hat man noch mehrere Hügel zu übersteigen, welche östlich von der Einmündung des Harrach, längs der Küste in der Richtung von Südwest nach Nordost streichen. Diese Hügel wie auch diejenigen, welche die Maison carrée rings umgeben, bestehen aus wagerecht geschichtetem Kalk- und Sandstein, beide gewiß einer sehr jungen Formation angehörend.

Das früher mit dem Namen Maison carrée bezeichnete Gebäude war eine türkische Kaserne von viereckiger Form, am Anfange des 18. Jahrhunderts zur Ueberwachung der Harrach-Brücke angelegt, was schon sein arabischer Name Bordj-el-Kantara (Brücken-Festung) ausdrückte. Die Franzosen verwandelten dieselbe in ein für die Einheimischen bestimmtes Zuchthaus, und in kurzer Zeit wurde das Gebäude der Mittelpunkt für die Niederlassungen der Kolonisten, so daß heute der Name Maison carrée nicht mehr ein einzelnes Gebäude, vielmehr ein ausschließlich christliches Dorf von etwa 2000 Einwohnern bezeichnet.

Die Besitzungen der Herren Cordier und Trottier liegen nicht weit von der Maison carrée. Wir begaben uns zuerst nach der des Herrn Cordier. Eine schöne, mit Eucalyptus besetzte Allee führt nach dem geräumigen Gebäude, das er seit vierzig Jahren bewohnt, sein ansehnliches Vermögen ausschließlich diesen Pflanzungen widmend. Schwerlich giebt es irgendwo eine so große Zahl der Vertreter des stattlichen australischen Baumes, wie in dieser prachtvollen Anstalt, die — nach Herrn Cordier's Aussage — deren über 12,000 Exemplare in 120 Arten besitzt. Diese nur annähernde Schätzung dürfte, auf ihre wirkliche Zahl reducirt, wahrscheinlich die meisten der bekannten Eucalyptus-Arten darstellen, da diese von den Botanikern im Ganzen mit etwa 150 angenommen werden.[1]) Unter den blühenden Eucalyptus bemerkte ich hauptsächlich: Eucalyptus tetrapterus, Planch., E. platypus, E. citriodora und E. spectabilis, Planch.; der letztere trug zugleich Blüthen und Früchte; der erstere rechtfertigt seinen Namen durch die viereckige Gestalt seines Kelches.

Außer den Eucalyptus-Bäumen, welche den Hauptgegenstand der ebenso verständigen als sorgsamen Kultur des Herrn Cordier bilden, enthält sein Garten einige merkwürdige Acacia-Arten, wie: A. pycnantha, von runden gelben Blüthen strotzend, A. dealbata. A. leiophylla, A. cultriformis; auch mehrere noch nicht beschriebene Arten. Ferner beobachtete ich: Metrosideros leucodendron und Niaouli. Opuntia Kleinii. mehrere Arten von Mammilaria, Mesembryanthemum acinifolium und atriplicifolium,[2]) Araucaria

[1]) In seinem Guide du Planteur d'Eucalyptus, Algier 1877, giebt Herr Gerteur eine Liste von 216 bekannten Arten von Eucalyptus, jedoch mit der Bemerkung, daß dieses Verzeichniß nur ein provisorisches sei.

[2]) In Algerien sind die wildwachsenden Mesembryanthemum selten und nur auf zwei Arten beschränkt: M. nodiflorum und cristallinum; letzterer ist fast nur in der Provinz Oran vorhanden, hingegen in Neapel sehr häufig.

excelsa und Cookii, Wigandia caracasana,[1]) Hardenbergia monophylla, Myophorum tuberculatum u. a. Herr Cordier bemerkte, daß seine Besitzung vor 38 Jahren wegen des Fiebers fast unbewohnbar gewesen, heute aber so ausnehmend gesund sei, daß er hier das ganze Jahr verbleibe, ohne selbst von der Sommerhitze zu leiden; auch zweifle er nicht, daß diese merkwürdige Aenderung der Wirkung des Eucalyptus zuzuschreiben sei.

Der unweit von jenem gelegene Garten des Herrn Trottier ist bei weitem nicht so merkwürdig, auch weniger ausgedehnt. Der Besitzer cultivirt vorzugsweise die Arten, welche guten Absatz finden (u. a. den Eucalyptus globulus), während Herr Cordier sich der Kultur dieser Pflanzenfamilie aus besonderer Vorliebe gewidmet hat; seine Anstalt hat deshalb keinen kommerziellen, sondern eher einen wissenschaftlichen Charakter. Jedenfalls haben Beide, wie auch Herr Ramel und der General Favé, zur Verbreitung des Eucalyptus in Algerien viel beigetragen. Dank ihrer Anstrengungen wird dieser nützliche Baum in unendlich größerem Maßstabe gezogen, als in irgend einem Lande Europa's, eine Thatsache, die außer Zweifel gesetzt ist durch die Ergebnisse der Untersuchung des Dr. de Pietra Santa, der von der klimatologischen Gesellschaft von Algier beauftragt wurde, die Zahl und den Einfluß, welche die in den drei Provinzen Algeriens vorhandenen Eucalyptus-Pflanzungen auf die verschiedenen Bedingungen des öffentlichen Gesundheitsstandes etwa ausübten, zu prüfen. Zwar hatten nur fünfzig Orte auf die Anfragen der Gesellschaft geantwortet, aber diese allein ergaben schon etwa eine Million Bäume, so daß die Zahl wenigstens die doppelte sein würde, wären die Pflanzungen von ganz Algerien verzeichnet worden. Erst im Jahre 1866 ist der Eucalyptus globulus durch Herrn Ramel aus Tasmanien in Algier eingeführt worden. Herr Dr. de Pietra Santa führt eine große Anzahl von Orten in Algerien an, wo die Eucalyptus-Pflanzungen die früher dort herrschenden Fieber vollkommen unterdrückt hätten.[2])

Im Garten des Herrn Trottier bemerkte ich mehrere interessante Pflanzen, von denen ich nur die Montagnea hieracifolia erwähnen

---

[1]) Von dieser prachtvollen baumartigen Borraginea, die in den Gärten Algiers ziemlich selten, habe ich ein schönes Exemplar im Garten des Herrn Dr. Bourjot in Saint Eugène, wie auch einige andere im Jardin d'Essai gesehen.

[2]) V. La Nature, Revue illustrée des Sciences, No. du 12. Mai, 1877.

will: prachtvolle baumartige Synanthera, deren weiße Blüthen lebhaft an die unserer bescheidenen, krautartigen Crysanthemen und Pyrethren erinnern, so daß man erstaunt, solche an den Zweigen kräftiger Bäume zu erblicken.

Sowohl in dem Garten des Herrn Cordier wie in dem des Herrn Trottier sieht man die Oxalis cernua, wahrscheinlich eingeschleppt infolge des öfteren Pflanzenaustausches zwischen diesen Gärten und dem Jardin d'Essai, wo diese Cap-Pflanze so massenhaft auftritt, daß man sich endlich zu ihrer Ausrottung gezwungen sehen wird. Merkwürdig ist es, daß eine andere Oxalis-Art, O. purpurea, die ebenfalls am Cap einheimisch, nicht die Migrations- und Naturalisations-Fähigkeiten besitzt, welche ihre Gattungsgefährtin auszeichnen, denn die Oxalis purpurea wird in dem Jardin d'Essai kultivirt und würde gewiß aussterben, bliebe sie sich selbst überlassen. Im Garten des Herrn Trottier umsäumt diese hübsche Oxalidee die Alleen in Gesellschaft mit Santolina tomentosa und Verbena repens.

Der Ausflug nach beiden Gärten hatte einen ganzen Tag gefordert und bestätigte so die vorhergesehene Unmöglichkeit, ihn an einem Tage mit dem nach der Ebene von Mitidja vereint auszuführen. So suchte ich denn letztere am folgenden Tage (3. März), abermals Hussein-Dey und die Maison carrée passirend, auf und durchschnitt dieselbe von Nord-Ost-Nord nach Süd-West-Süd, dem Harrach in gewisser Entfernung folgend und ihn auf der Brücke Gué de Constantine überschreitend. Weiterhin berührte ich die Dörfer Kubba und Le Ruisseau, längs der südlichen Seite den Jardin d'Essai und kehrte schließlich mit dem Tramway nach Algier zurück: im Ganzen ein Ausflug von etwa 40 km Länge.[1])

Auch die Ebene von Mitidja ist eine der zahlreichen Stätten, die mir durch den grellen Gegensatz, den ihr heutiger Zustand im Vergleich zu jenem, als ich Algerien zum ersten Male besuchte, bietet, auffielen. Damals, also vor 30 Jahren, einem Zeitraum, der im Leben des Menschen zählt, in dem der Völker aber nur einen Augenblick darstellt, konnte ich mich, selbst unter dem Schutze militärischer Bedeckung, nur selten in die Ebene wagen. Wir schritten dann behutsam vorwärts, die geladene Flinte unter dem Arm, stets in ehrerbietiger Entfernung von den arabischen Zelten,

[1]) Die Belegstücke V enthalten die Liste der auf diesem Raum beobachteten Hauptpflanzen.

und wenn unser Vorrücken nicht durch feindselige Begegnungen verhindert wurde, so geschah es doch häufig durch Moräste, in welche unsere Pferde tief versanken und aus denen sich verpestende Ausdünstungen entwickelten. Welche wunderbare Umwandlung in der ganzen Gegend seit jener Zeit! Heute ist die Ebene, in welcher ich allein und unbewaffnet herumwandelte, nach allen Richtungen von fahrbaren Wegen durchkreuzt; statt beweglicher Zelte sieht man blühende Dörfer; an Stelle der Moräste und Wüsten angebaute Felder und anmuthige Haine und über die in ihre Betten zurückgedrängten Flüsse wölben sich feste und zierliche Steinbrücken.

Dieses wie mit einem Zauberstabe geschaffene Bild der Civilisation und des Wohlseins schließt keineswegs den landschaftlichen Charakter aus, denn neben bebauten Strecken der Mitidja entfalten sich weite natürliche Wiesen im frischesten Grün und mannigfach gefärbt durch eine Fülle von Pflanzen, die in Europa als Zierpflanzen entweder wirklich gezogen werden oder wenigstens gepflegt werden könnten, wie: der rothe Schotenklee (Tetragonolobus purpureus), die purpurne Spielart der Wachsblume (Cerinthe major, var. purpurascens), die Braunwurz mit hollunderförmigen Blättern (Scrofularia sambucifolia), zuweilen eine Höhe von 1 Meter erreichend, die Orchis mit zartwellenförmigen Blättern (Orchis undulatifolia) u. a. Letztere Orchideen-Art und mehrere andere derselben Familie waren besonders zahlreich vertreten in unbebauten, von Asphodeleen strotzenden Feldern neben dem nicht weit vom Gué de Constantine liegenden Marabut; dort war auch der Rasen mit Anemone coronaria üppig geschmückt, und ich bemerkte als Schmarotzer auf verschiedenen Pflanzen die Orobanche fœtida Desf., deren schöne rothe Blüthen einen widerlichen Geruch verbreiten. Diese Pflanze scheint in Algerien ziemlich selten zu sein, da ich sie nur in Gesellschaft der Asphodeleen, unweit des rechten Ufers des Harrach, beobachtet habe.

Der in der ganzen Umgegend von Algier so gemeine Asphodel (Asphodelus ramosus, Desf., A. microcarpus, Viv.) bekleidet alle unbebauten Felder der Mitidja, und es bleibt zu bedauern, daß alle Bemühungen für die Verwerthung einer so außerordentlich verbreiteten Pflanze ohne praktischen Erfolg geblieben sind, so z. B. der Versuch, aus den der Destillation unterworfenen Zwiebeln Weingeist zu gewinnen; die gewonnene Substanz hatte einen widerlichen Geruch und war allenfalls für die Beleuchtung zu verwenden, was indeß wegen der für diese Industrie aufzuwendenden Kosten aufgegeben werden mußte.

Ebenso war die Zwergpalme früher in der Metidja stark verbreitet, wurde aber immer seltener, weil sie hier wie überall dem Ackerbau feindlich ist. Andererseits ist der Ackerbau den wildwachsenden Pflanzen überhaupt nicht weniger feindlich und ändert durch seine Verbreitung die natürliche Pflanzenphysiognomie einer Gegend, indem er gewisse Formen zurückdrängt oder vollkommen ausrottet. Dies wird auch mit der Mitidja erfolgen, sobald sich die menschliche Kultur der noch unangebauten Räume bemächtigt; dann werden die Botaniker dort umsonst nach gewissen Arten, welche jetzt noch die sich selbst überlassene Flora besitzt, suchen, jener ziemlich reichen, die mir 108 Arten darbot, unter ihnen 96 blühende, 2 Früchte tragende und 10 im Vegetationszustande.[1]) Schon früher habe ich ein merkwürdiges Beispiel solcher unwillkürlicher Einwanderung angeführt, welches die vom Cap nach Algier verschleppte Oxalis cernua darbietet; nun wiederholt sich in der Mitidja eine ähnliche Erscheinung durch ein nicht aus Südafrika, sondern aus Nordeuropa eingedrungenes Gewächs, nämlich eine Art Senf (Sinapis dissecta), der vor 13 Jahren in Algier vollkommen unbekannt war, plötzlich aber unter Lein-Pflanzungen erschien, deren Same aus den Baltischen Provinzen von Rußland bezogen worden war. Ein weiterer Ort, an welchem diese Pflanze von Munby beobachtet worden, ist Oran; dorthin ist sie wahrscheinlich auf demselben Wege wie nach Algier verschleppt worden. Ich fand eine große Menge von Sinapis dissecta in den mit Lein angebauten Feldern unweit des Gué de Constantine.

Endlich findet man an den etwas morastigen Stellen der Metidja drei Arten von Rohr: Arundo festucoides, A. phragmites und A. mauritanica; letztere Art ersetzt in Algier mit Vortheil unser gewöhnliches Rohr (Arundo donax), denn sie widersteht dem Winde besser als alle seine Gattungsgefährten und gewährt einen vorzüglichen Schutz gegen denselben. Aber außer seiner praktischen Wichtigkeit besitzt diese auch in Aegypten längs den Ufern des Nils sehr verbreitete Rohrart ein wissenschaftliches Interesse; Herrn von Saporta zufolge[2]) ist eine dem Arundo mauritanica ähnliche Form

---

[1]) V. Belegstücke V.

[2]) V. Le Monde des Plantes avant l'apparition de l'homme. p. 331.

in den pliocenen Ablagerungen des Departements von Gard, nahe von Vaquières, gefunden worden.

Wir kehrten über das Dorf Kubba nach Algier zurück und besuchten auf diesem Wege die Anstalt des Herrn Grelet, der den Anbau des Weinstockes in einem ziemlich großen Maßstabe betreibt. Einige seiner Weinsorten sind ausgezeichnet, z. B. ein weißer Wein, der an den Xeres erinnert, doch weniger stark und süßlicher ist und nach Frankreich ausgeführt wird, wo derselbe vortheilhaften Absatz findet. Die im Keller aufgestellten ungeheuren Fässer enthalten jedes 12000 Liter; die Gährung wird unter möglichst genauem Abschluß der Luft betrieben, und es haben die Gefäße, in denen die Operation stattfindet, nur kleine Oeffnungen zum Austritt der Kohlensäure.

Die Hügel von Kubba boten manche interessante Pflanzen dar, und hier war es, wo Herr Rivière (nach dessen mündlicher Mittheilung) die Orchis patens, Desf. entdeckte (31. Mai 1878), welche in der Umgegend Algiers noch unbekannt gewesen und nach Munby's Angabe nur auf den hohen Plateaux zu finden ist.

Die auf meinem heutigen Ausfluge besuchte interessante Gegend möchte ich nicht verlassen, ohne ein paar Worte über die geologische Beschaffenheit derselben zu sagen.

Die Ebene von Mitidja, deren Oberfläche keineswegs vollkommen flach ist, sondern zahlreiche lokale Erhebungen zeigt, scheint ausschließlich aus mehr oder weniger mächtigen, wagerecht geschichteten Ablagerungen von Sand, Thon und Konglomerat zu bestehen. Bloßlegungen sind häufig; unter anderen sieht man neben dem Gué de Constantine und einem dort angelegten kleinen Wirthshause folgende Schichten-Reihe (von unten nach oben): grauer oder röthlicher Thon, einen dünnen Streifen von Geschiebe und schließlich eine mächtige Schicht abgerundeter, zu einem sandigen Konglomerat verkitteter Geschiebe. An mehreren Punkten erlangt der graue oder röthliche Thon eine bedeutende Entwickelung und wird zur Gewinnung von Backsteinen abgebaut, die in einer großen, ebenfalls nicht weit vom Gué de Constantine gelegenen und Herrn Scala (der den früher erwähnten Steinbruch neben dem Fort de l'Empereur eröffnete) gehörenden Ziegelei verfertigt werden.

Am Dorfe Kubba werden Thon, Geschiebe und Konglomerate durch weißen zerreibbaren oder festen Kalkstein ersetzt; die Felsart ist zur Gewinnung von Baumaterial abgebaut. Wahrscheinlich gehört der Kalkstein von Kubba in der großen tertiären Formation nicht demselben geologischen Horizont an, der Thon, Sandgebilde und Konglomerate umfaßt. Uebrigens treten in der Umgegend Algiers nicht bloß die drei letzten Ablagerungen, sondern auch die Kalksteine so häufig eine nach der andern auf, daß die Klassifikation desselben die größten Schwierigkeiten bietet, besonders dort, wo alle organischen Reste fehlen oder nur in unbestimmbaren Bruchstücken bestehen.

Mir erübrigt nun noch der Bericht über den Ausflug nach dem Trappistenkloster. Dorthin begab ich mich am 3. März und besuchte sodann die merkwürdigen Reste alter Dolmen nahe demselben, welche von hier aus nur auf ziemlich rauhen, steilen Pfaden erreichbar sind. Weiterhin wendete ich mich nach Guyotville und stieg nach Saint Eugène hinunter, um dann mit dem Tramway nach Algier zurückzukehren.

Dem schönen Wege folgend, der sich in geringer Entfernung von der Kasba und dann nördlich vom Fort de l'Empereur hinzieht, wurde ich überrascht durch den Anblick der Hügel und malerischen Thäler mit ihrem frischen Grün; ihr Sommergewand schien vom Winter gar nicht berührt zu sein und sie hatten vom Frühling nicht viel zu erhalten. Die wenigen noch der Blätter beraubten Bäume und Sträucher (Zizyphus u. a.), sowie der Feigen- und Maulbeerbaum unterbrachen nur hier und da unmerklich die dichten in vollem Smaragdglanz prangenden Massen. Auf den Abhängen der Hügel sah ich Araber beschäftigt, das italienische Aron (Arum italicum), dessen Zwiebel eine mehlige Substanz enthält, zu entwurzeln; aus letzterer backen sie, nachdem die Zwiebel im siedenden Wasser abgekocht worden, um sie von der scharfen Säure zu befreien, Brot. Indem wir uns Charagas näherten, erschloß sich die prachtvolle Aussicht auf das Meer wie auf die noch Schneeflocken tragende Atlaskette, welche der durch die Chiffa-Schlucht hervorgebrachte ovale Ausschnitt deutlich sehen läßt, ohne daß jedoch der letztere aus solcher Entfernung als eine vollkommene Unterbrechung der Kette, vielmehr nur als eine nicht bis zum Fuße derselben reichende lokale Vertiefung auftritt.

Charagas ist ein hübsches, ausschließlich französisches Dorf mit mehr als 2500 Einwohnern, dessen Häuser meist gut gebaut und von Gärten umgeben sind; in der Mitte des großen Platzes erhebt sich ein Springbrunnen, von der Büste des Marschall Pelissier gekrönt. Die ersten, zumeist aus dem Departement Var stammenden Kolonisten haben den Anbau wohlriechender Pflanzen eingeführt.

In diesem Dorfe war es, wo die Bearbeitung der vegetabilischen Faser in Algerien sich zuerst entwickelte; auch jetzt noch beschäftigen sich die Bewohner in dieser Weise und bereiten aus den Fasern der Zwergpalme Stricke und Bindfaden. Da die Pflanze aber in der Gegend immer mehr abnimmt und aus entlegenen Orten herbeigeschafft werden muß, so wird diese Industrie immer weniger lohnend.

Zwischen Charagas und dem Trappistenkloster ist die Gegend uneben und wenig waldig. Ich beobachtete dort: Borrago longifolia, Desf., eine ausschließlich in Algerien bekannte und auch hier ziemlich seltene Pflanze; Ranunculus macrophyllus (Blätter), Echinops Bovei, Boiss. (id.); Plantago lanceolata, var. (id.); Euphorbia heterophylla (id.), Centaurea pullata. var. alba; Sonchus tenerrimus, der hier fast holzartig wird, während in Europa der Stengel stets krautartig ist; auch die Meerzwiebel (Scilla maritima), die in Algerien eine Entwickelung erlangt, welche ihr europäischer Vertreter nicht besitzt, denn zur Zeit ihrer Blüthe (Juli und September) schießt der Stengel mitunter bis $1\frac{1}{2}$ Meter empor. Die Zwiebeln dieser Pflanze werden in Algier häufig wegen ihrer harntreibenden und brustreinigenden Eigenschaften als Arznei gebraucht; ihre breiten, fleischigen, schleimigen Schuppen haben dem Chemiker Vogel eine sehr bittere giftige Substanz geliefert, die er Scillilin benannte.

Der medicinische Gebrauch der Zwiebeln der Scilla ist bis ins graue Alterthum zurück bekannt, so daß diese Liliacee als eine wirklich klassische Pflanze betrachtet werden kann. Auch wurde dieselbe bei den Alten angebaut, wie es die von Plinius [1]) gegebenen Anleitungen zur Kultur ihrer Zwiebel beweisen, die er unter allen Pflanzenzwiebeln als die nützlichste bezeichnet, gerade wie man sich heute über die Kartoffelknollen äußern würde. Wir erfahren durch ihn, daß Pythagoras ein ganzes Buch über die Pflanze geschrieben, auch liefert er selbst [2]) eine lange Liste der medicinischen Eigenschaften, die ihr der berühmte griechische Philosoph zugeschrieben; ebenso Recepte, von denen mehrere noch heute befolgt werden, indem die Scilla maritima in unserer Pharmacie viel gebraucht wird. Ich erinnere nur an den harntreibenden Wein (Vin diuretique) des Dr. Trousseau, die Scilla-Pillen und Tinktur ꝛc. Jedenfalls ist die wichtige Rolle, welche in der Arznei der Alten eine Pflanze

[1]) Nat. Hist. XIX, 30.

[2]) Ibid. XX, 39.

spielte, die in Algerien zu den gemeinsten gehört und mit den Asphodelen jedes Stück des unangebauten Bodens bedeckt, merkwürdig. Der Verbrauch der Meerzwiebel als Arznei ist bei den Arabern ein so beträchtlicher, daß diese täglich eine ungeheure Menge dieser Knollen unter dem Namen Bjol-el-dib (Pferdezwiebel) auf den Markt in Algier bringen, von denen das Stück zu 10—15 Centimes verkauft wird; die Pflanze selbst heißt Faraun.

Das Trappistenkloster (Trappe de Staouli) liegt auf einem alten Lagerplatze, nicht weit von dem Orte, wo kurz nach der Ausschiffung der Franzosen in Sidi-Fernich die Schlacht geliefert wurde. Der erste Stein wurde am 14. September 1843 vom Bischof von Algier auf einen Haufen Kugeln gelegt. Das Kloster wurde später zur Abtei des Trappistenordens erhoben, und die Regierung beschenkte dasselbe mit einem beträchtlichen Stück Land, das zur Zeit der Araber vollkommen wüst lag, aber durch die schaffende Thätigkeit der Brüder in blühende Aecker, Weingärten und Geraniumpflanzungen umgewandelt worden ist. Die destillirten Erzeugnisse der letzteren liefern den Mönchen eine stark riechende Flüssigkeit, die in Algier sehr geschätzt ist, aber den europäischen Damen schwerlich die viel feineren Wohlgerüche unserer Parfümeurs ersetzen würde.

Das Kloster ist von einer Mauer eingeschlossen, deren innerer Raum 40 Hektare beträgt und sammt seinen äußeren Anneren gewissermaßen ein kleines Städtchen bildet; denn die Anstalt besitzt Tischler- und Schmiedewerkstätten, Brotbäckerei, Krankenhaus, Apotheke, Preßsteine zur Bereitung des Oels und Weins, Keller zur Aufbewahrung der Produkte, Ställe für mehr als 150 Pferde, Maulesel, Ochsen und Kühe 2c.

Die Kirche ist klein aber anmuthig, und man wird feierlich gestimmt und tief ergriffen, wenn man beim Betreten derselben die knieenden, sich des Gebrauches der Sprache enthaltenden Brüder in Todtenstille erblickt; bekanntlich bildet ununterbrochenes Schweigen eine der Hauptvorschriften des Ordens, und keinem Bruder, einzig den Abt und gewisse höhere Ordensglieder ausgenommen, ist Sprechen gestattet. Die Schlafstätte besteht aus 80, in einem geräumigen Saale vereinigten Zellen, zu denen sich noch mehrere Ergänzungszellen im zweiten Stocke gesellen; die Zahl der Brüder ist 105. Der Speisesaal enthält zwei lange Tische, auf denen ich die sauberen Teller, jeden mit einem Schnitt Brot, Löffel, Gabel, Messer und einer Karaffe Wasser versehen, in schnurgerader Linie aufgestellt fand. Wein wird nur aus Gesundheitsrücksichten gestattet.

Der erste in das Innere des Klosters führende Hof ist mit schönen, zwei Gruppen bildenden Palmen geschmückt, deren eine, ein aus zehn Stämmen zusammengesetztes Dickicht, sich in der Mitte eines kleinen Plateau's erhebt, das von einem grünen Gürtel umsäumt wird, hauptsächlich Lippia repens, Mesembryanthemum uncinatum und Pelargonium inquinans enthaltend.

Die Bibliothek des Klosters ist ziemlich groß, zehntausend Bände stark, doch lasse ich es unentschieden, wie weit die Anzahl dem inneren Werthe derselben entspricht.

Das Kloster besitzt zwei schöne Mühlen, denen das Wasser durch einen 10 m hohen Aquädukt zugeführt wird, auch das Räderwerk einer zum Kneten des Mehls bestimmten Maschine wird durch hydraulische Kraft in Thätigkeit gesetzt.

Außerhalb des Klosters befindet sich ein geräumiger Speisesaal für Fremde, welche die Gastfreundschaft der Brüder genießen. Die Frauen, denen jedoch der Eintritt in das Innere des Klosters nicht gestattet ist, können an den in diesem Speisesaal aufgetischten Mahlzeiten theilnehmen, deren bescheidener Speisezettel, nur Fische, Eier, Gemüse und Früchte, sich durch den geschärften Appetit der Reisenden, die jedenfalls den trefflichen Klosterwein, besonders die weiße Sorte, vollkommen würdigen werden, ergänzt.

Rings um das Kloster besteht der Boden aus ergiebiger Pflanzenerde, aus welcher tertiärer Kalk und Sandstein an mehreren Punkten hervortritt, Gebilde, deren Studium glücklicherweise durch mehrere in der Nähe des Klosters befindliche Steinbrüche erleichtert wird. Ich unternahm den Ausflug um so lieber, als der Abt des Klosters sich als Begleiter erbot. Wir begaben uns zuerst nach dem etwa 500 m nord-östlich vom Kloster gelegenen, mit dem sonderbaren Namen Carrière du Moribond bezeichneten Steinbruche, in welchem man Bloßlegungen mächtiger Ablagerungen eines festen, wagerecht geschichteten Konglomerats sieht, das aus kleinen abgerundeten Quarzkörnern und unbedeutenden Bruchstücken mehrerer Felsarten besteht, in dem ich aber keine Spuren organischer Reste zu entdecken vermochte. Dafür aber traten letztere sehr zahlreich in einem zweiten, von mir besuchten Steinbruche (etwa 2 km nord-östlich vom Kloster, 3 km süd-westlich von Charagas) auf, in einer geräumigen Höhlung, deren Boden durch das aus Spalten des Felsens sickernde Wasser überschwemmt ist. Diese Felsart, ebenfalls ein

Konglomerat von sehr feinem Korn, ist aber voll von Abdrücken und Abgüssen mehr oder weniger bestimmbarer Pectunculus- und Pecten-Arten, von denen erstere einer noch lebenden Art (Pectunculus violaceus) angehören, was auch mit den letzteren der Fall, indem sie durch den Pecten opercularis vertreten sind. Diese, im fossilen Zustande für die subappennine oder pliocene Formation charakteristisch, bewohnt das Mittelmeer längs der algerischen Küste; während sie an der Küste von Bône mit der fossilen Art vollkommen identisch ist, bildet sie an der Küste Algeriens eine kleinere Spielart, die von Poli zu einer besonderen Art unter dem Namen Pecten sanguineus und von Payraudeaur unter dem von P. Ardouini erhoben worden ist. Der Pecten opercularis ist in dem Sahel,[1]) wo sie den gemeinsten und den wichtigsten Vertreter der tertiären fossilen Mollusken bildet, sehr verbreitet.

Wir begaben uns endlich zum dritten Steinbruch, der, in der Richtung von Staouli gelegen, am Orte les Moulins heißt, und durchschritten eine wellige, waldarme, aber mit reicher krautartiger Vegetation bekleidete Gegend, in welcher als vorherrschende Arten auftreten: Cynara (Rhaponticum) acaulis (in Blättern), Anchusa tinctoria (mit Blüthen), Iris sisyrinchium (mit Blüthen) 2c.

In dem Steinbruche les Moulins geht das feste Konglomerat in einen weißen, mehr oder weniger kieselhaltigen, oft eine zellige Textur zeigenden Kalkstein über, der jedoch keine Petrefakten zu enthalten scheint; er bildet ziemlich mächtige, wagerecht geschichtete Ablagerungen und wird zum Kalkbrennen abgebaut.

Nicht weit von dem Steinbruche befinden sich schöne Gruppen von Eucalyptus, wie auch mehrere Weiden (Salix pedicellata), deren Kätzchen deutlich die kleinen Fußgestelle sehen lassen, welche die Blumen tragen. Neben jenem und den Kalkbrennereien sieht man noch einen Steinbruch, wo der weiße, zellige Kalkstein mit dem erwähnten feinkörnigen Konglomerat abwechselte, und der feuchte Boden ringsum mit einer Menge von Chara foetida bekleidet war. Wenn man annimmt, was höchst wahrscheinlich, daß die petrefaktenlosen Felsarten der aufgesuchten Steinbrüche nur Vertreter oder Fortsetzungen derjenigen sind, welche die des Steinbruchs les Moulins zusammensetzen, wo sie entweder in Petrefakten enthaltende Felsarten übergehen oder mit solchen abwechseln, die keine

[1]) Man bezeichnet mit diesem Namen die Küstengegend rings um Algier, namentlich die Strecke zwischen Algier und Blidah.

Spur organischer Ueberreste enthalten, so ist man zu der Folgerung berechtigt, daß alle diese Ablagerungen der Formation angehören, die durch Pectunculus violaceus und Pecten opercularis charakterisirt ist, d. h. der oberen Abtheilung (pliocenen) der Tertiär-Formation.

Nachdem ich dieses befriedigende Resultat schon in geringer Entfernung vom Trappisten-Kloster erlangt hatte, machte ich mich daran, die Dolmen aufzusuchen, die vom Kloster aus nur durch eine ziemlich unwegsame Gegend erreicht werden konnten.

Demzufolge ließ ich Staouli zur Rechten und durchschritt zunächst die ziemlich ebene, fast waldlose Gegend zwischen Staouli und dem Beni-Messous (auch Tarfa genannt), einem fast trockenen Bach, den man auf einer Brücke überschreitet. Sodann folgte ich in einer gewissen Entfernung den Dünen, welche östlich die Bucht zwischen Sidi-Ferruch und Kap Kratur umgeben und in ihrem unteren Theil von Sträuchern von Wachholder (Juniperus phoeniceus), Kermes-Eiche (Quercus coccifera), Mastix (Pistacia lentiscus), Phillyrea media ꝛc. bekleidet sind. Nachdem wir endlich auf einer Brücke den Beni-Messous überschritten, begannen wir die Höhen zu erklimmen, die uns zu den Dolmen führen sollten. Wir verfolgten während einer Stunde ziemlich steile Stege, uns den Weg durch dichtes Gebüsch von Weiden (Erica arborea), Phillyrea media (in Blättern), von Cisten (Cistus monspelliensis, salvifolius und heterophyllus, alle mit Blüthen), Myrthen, Erdbeerbäumen, (Arbutus unedo mit Blüthen und Früchten), Kermes-Eichen, Wachholder, Rohr (Arbutus festucoïdes mit Blüthen) ꝛc. bahnend, während der Pflanzenteppich eine Fülle von krautartigen Gewächsen enthielt, von denen nur folgende erwähnt seien: [1])

Helianthemum guttatum,
Armeria mauritanica (Blätter),
Lysimachia linum stellatum (Früchte),
Anagallis arvensis (blaue Blüthen),
Globularia alypum,

Lavandula stœchas,
Calendula officinalis,
r. Centaurea africana (Blätter),
r. Evax astarisciflora,
Senecio humilis,
Helichrysum Fontanesii,
r. Filago gallica (Blätter),

[1]) Die Arten ohne irgend ein Zeichen sind in Blüthe; die mit r bezeichneten in Algerien selten.

r. Biscutella raphanifolia (Blätter und Früchte),
r. Erucastrum (unbeschriebene Art mit stark auseinander laufenden Zweigen,
r. Genista linifolia,
— tricuspidata,
r. Tetragonolobus biflorus (mit gelben Blüthen),
r. Ornithopus compressus (Blüthen und Früchte),
Anthyllis vulneraria, var. Dillenii,
Phaca boetica, [1])
r. Phelipoea Mutelii,
Iris sisyrinchium,
r. Andropogon laniger.

Von einem unebenen Plateau erblickte ich endlich die hie und da zerstreuten Dolmen, gewöhnlich aus zwei großen, senkrecht aufgestellten Steinplatten bestehend, auf denen eine dritte Platte wagerecht als Dach ruht. Ich zählte zwölf solcher Denkmäler allein in einem kleinen Weingarten, aber es liegt noch eine Menge anderer versteckt im Gesträuch oder mit Pflanzenerde vollständig überdeckt, welche eine Fülle von Gewächsen ernährt: Klee (Trifolium agraria), Schotenklee (Lotus creticus), Wolfsbohne (Lupinus luteus, in Blättern), Erd-Epheu (Helianthemum aegyptiacum), Anthericum bicolor, Paronychia argentea u. a. Von dieser letzteren Pflanze, der die Araber reinigende Eigenschaften zuschreiben, werden große Mengen auf dem Markte von Algier feilgeboten. Man bedient sich des Aufgusses derselben als Thee, wie auch vom Eisenkraut (Verbena triphylla und Verbena oder Lippia citriodora) und von einer Cistenart (Cistus albidus); solche Aufgüsse werden häufig in den arabischen Kaffeehäusern oder Bädern angeboten, und sind Europäern unter dem Namen arabischer Thee bekannt. [2])

---

[1]) Die Gestalt eines kräftigen Strauches zeigend, den seine silbergrünen Blätter schon von weitem sichtbar machen.

[2]) Eine andere Pflanze, die Erythræa centaurium Pers., ziemlich gemein in der Umgegend Algiers, wo sie im März und Mai blüht, wird ebenfalls als Aufguß verwendet sowohl bei den Arabern Algeriens wie bei den Türken Kleinasiens, wo ich sie auf der nördlichen Küste, z. B. in der Umgegend von Samsun häufig beobachtete, nur daß in Kleinasien die Infusion der Blüthen dieser Gentianee die Rolle unseres Thees spielt, während die Araber Algeriens sich ihrer als eines offiziellen fiebervertreibenden Mittels bedienen; dieses ist auch die Meinung der algerischen Kolonisten, die das Mittel nicht nur selbst als solches gebrauchen, sondern auch eine Menge der getrockneten Blüthen der Pflanze nach Frankreich ausführen. Neben der Erythræa centaurium, von den Arabern

Die Dolmen sind zahlreich an beiden Seiten der tiefen, zusammengesickerten Rinne des Messous, welche von wagerecht geschichtetem Kalkstein umsäumt wird; die Wände derselben sind von Höhlungen durchlöchert, die vielleicht als Wohnungen der vorhistorischen Menschen dienten, deren Grabdenkmäler die Dolmen darstellen. Diese rohen aber vielsagenden Grabdenkmäler wurden von den Herrn Bertherand und Bourjot, welche die Ergebnisse ihrer Untersuchungen in einem 1868 in Algier erschienenen Werke veröffentlicht haben, vielfach untersucht.[1]) Danach sind alle Dolmen viereckig gegen Norden gerichtet und die dieselben bildenden Steinplatten gewöhnlich 3 m lang und 1,50 m breit, was die Anwendung ziemlich kräftiger mechanischer Mittel zum Transport und zur Aufstellung voraussetzen läßt. Bruchstücke von Töpfergeschirr befinden sich an einer der vorderen Ecken der Dolmen, sehr grob, wenig zahlreich und mit keinem Gestein oder Geschiebe vermengt; nur eine gut erhaltene Muschel eines noch heut im Meere lebenden Pectunculus hat sich dort gefunden. Die Knochen liegen 30 bis 36 cm tief unter der Oberfläche des Bodens; die Ueberreste der Gerippe sind bunt durch einander geworfen, die Mehrzahl verwest oder verstümmelt. In jeder dieser Grüfte fand man lange, dünne sehr zerbrechliche Ringe oder Armbänder, sämmtlich aus Kupfer und stark oxydirt. Die Grabmäler tragen kein Erinnerungszeichen. Dasselbe Grab oder Dolmen enthält Individuen jeden Alters, sowohl bejahrteste Greise wie Neugeborne, woraus folgt, daß jedes Grab mehreren Generationen gedient hat, deren Ueberreste in derselben Gruft aufbewahrt wurden. Alles weist darauf hin, daß an diesen Plätzen die Lebensart noch troglodytisch, jedoch an weniger abgeschlossene Höhlen gebunden war, als in dem Zeitalter, welches la Pointe de Pescade darstellt; es wäre also wahrscheinlich, daß die Erbauer der Dolmen dem Alter des geschliffenen Steines angehörten.

Endlich glauben die Herren Bertherand und Bourjot Beweise

Merr-et-hameeh (Schlangen-Galle) geheißen, tritt in Algerien noch eine andere Pflanze gleichfalls als fiebervertreibendes Mittel auf, nämlich der baumartige Beifuß (Artemisia arborescens), sehr gemein in der Umgegend von Algier, wo er im Juni blüht; die Araber bezeichnen ihn mit dem Namen Chedjerat Meriem (Marienbaum).

[1]) Unter dem Titel: Fouilles des Dolmens du plateau des Beni-Messous, près d'Alger.

gefunden zu haben, daß die troglodytischen Bewohner jener Epoche Gelegenheit hatten, durch Handel, Seeräuberei oder Plünderung gestrandeter Schiffe die Erzeugnisse einer vollendeteren, aus den asiatischen Küstenländern des Mittelmeeres stammenden Kunst zu erwerben. Diese Beweise stützen sich auf die Entdeckung von bronzenen Ringen und Armbändern in den Dolmen des Beni-Messous, deren höchst vollendete Arbeit von der Rohheit ähnlicher Gegenstände, mit welchen sie vermischt sind, auf das Grellste absticht, was gleicherweise der Fall ist mit keramischen Erzeugnissen, da neben den gröbsten Gegenständen derselben Bruchstücke viel feinerer, besser gebrannter Töpfergeschirre vorhanden sind.

Die Dolmen des Beni-Messous sind an sich weniger merkwürdig, vielmehr als die Vertreter der vorhistorischen Denkmäler, deren bis jetzt in Algerien gefundene Menge die Zahl aller in irgend einem anderen Lande bekannter Denkmäler solcher Art bei weitem übertrifft. Dies ist eine wichtige Thatsache, hinlänglich begründet durch die, trotz der diesen Denkmälern gewidmeten sehr ergiebigen, immerhin noch unvollkommenen Forschungen, deren Ergebnisse Herr Flower in einer interessanten, in Frankreich leider noch zu wenig bekannten Arbeit niedergelegt hat.[1]) Aus derselben folgt, daß die vorhistorischen Grabdenkmäler Algeriens in gewisser Beziehung große Aehnlichkeit mit jenen Englands und Frankreichs haben, während sie in anderer Hinsicht von denselben vollständig abweichen, und zwar durch ihre unendlich bedeutendere Zahl, durch größere Mannigfaltigkeit in ihrer Bauart und endlich durch eine sonst unbekannte Anordnung und Vertheilung. Herr Flower führt hauptsächlich die Provinz Constantine an, welche von solchen Denkmälern gewissermaßen überhäuft ist, und er meint, daß sie auch in Tunis und Marokko sehr zahlreich seien.[2]) Unter den in der Kabylie

---

[1]) On the prehistoric sepultures of Algeria.

[2]) Es scheint nicht, daß Marokko uns bis auf heute Denkmäler dieser Art geliefert hat; jedenfalls erwähnt James Fergusson dieselben nicht in seinem großen englischen Werke, von welchem der Abt Hamand eine mit Anmerkungen versehene Uebersetzung veranstaltet hat (Les Monuments megalithiques de tous les pays etc., Paris 1878). Dafür aber werden von dem englischen Gelehrten zwei wichtige, von Dr. Barth in der Umgegend von Tripolis entdeckte megalithische Denkmäler beschrieben und abgebildet. Fergusson glaubt mit Recht, daß unter allen bis jetzt bekannten megalithischen Denkmälern die durch ihre Größe

befindlichen Denkmälern tragen mehrere Aufschriften in einer unbekannten Sprache; in vielen algerischen Dolmen hat man sitzende und liegende Gerippe gefunden. In einem derselben, nicht weit von Bône, entdeckte man eine Münze mit dem Bildnisse der Kaiserin Faustina, während andere eine Menge von Landschnecken enthielten. In Teniet-el-Ahd enthalten die Dolmen eine ungeheure Anzahl von Austern, Ferussacia, Bulimus 2c., mit Asche wie mit den Knochen verschiedener Vögel und Thiere gemengt. Herr Flower glaubt nicht, daß die meist kleinen Weichthiere als Nahrung gedient hätten; er ist der Ansicht, daß sie eher als Gegenstand religiöser Verehrung galten, wie vormals in Indien mehrere Arten von Achatina, deren Ausfuhr unter Todesstrafe verboten war. Er citirt eine Stelle Herodot's, in welcher es heißt, daß das lybische mit dem Namen Nasomane bezeichnete Volk seine Leichen in sitzender Stellung (dieselbe, welche die Gerippe der meisten Dolmen Algeriens zeigen) zu beerdigen pflegte. Der englische Alterthumsforscher zieht daraus die Folgerung, daß jene Grabmäler von Völkerschaften stammen, welche die Gegend vor der römischen, 300 Jahre v. Ch. stattgehabten Eroberung bewohnten, und daß sie unter der römischen Herrschaft ihre alten Begräbnißgebräuche beibehielten, wie es die römischen Münzen beweisen.

Herr J. Fergusson (loc. cit.) theilt nicht die Ansicht, daß die Nasomanen die ersten Erbauer der algerischen Dolmen gewesen seien, weil eine unbedeutende Völkerschaft, welche die entlegenen Länder östlich von den Syrthen bewohnte, keinen Einfluß auf die Gebräuche anderer Gegenden haben könnte. Die Aehnlichkeit zwischen den algerischen und celtischen Dolmen, welche Herrn Flower gar nicht aufgefallen zu sein scheint, berücksichtigend, schlägt Herrn J. Fergusson eine Hypothese vor, in Folge derer die algerischen Dolmen von den Aquitaniern stammen, die zur Zeit des Einbruchs der Kelten (600 Jahre v. Ch.) sich nach Nordafrika geflüchtet haben sollen. [1])

---

merkwürdigsten die von Teniet in Algerien sind, denn die horizontale Steinplatte dieses Riesen-Dolmen soll 19,5 m lang, 5,8 m breit und 2,85 m dick sein.

[1]) Das Werk Fergusson's ist von einer Karte begleitet, auf welcher die Vertheilung der Dolmen und die wahrscheinliche Richtung der verschiedenen Wanderungen ihrer Erbauer verzeichnet sind. Die darin angegebene Grenzlinie der Dolmen in Europa geht von Ost-Nord-Ost nach West-Süd-West, in geringer

Aus diesen allgemeinen Betrachtungen über die vorhistorischen Grabmäler Algeriens ergiebt sich, daß die Dolmen von Beni-Messous die für solche Dolmen charakteristischen Züge darbieten, zugleich aber auch mehrere Eigenthümlichkeiten besitzen; so z. B. enthalten die Dolmen anderer Theile Algeriens nur Landmuscheln, während das einzige Weichthier, dessen Gehäuse in den Dolmen von Beni-Messous gefunden worden ist, eine Seemuschel (Pectunculus) ist, was die Dolmen von Beni-Messous denen Europas nähert, wo die marinen Mollusken vorherrschend zu sein scheinen.[1] Das wäre ein Grund mehr, die mit so günstigem Erfolge begonnenen Studien auf dem Plateau von Beni-Messous fortzusetzen und auch anderen Punkten der Umgegend von Algier zuzuwenden, wo man gewiß neue Fundorte von Dolmen entdecken würde. Uebrigens hat James Fergusson Afrika überhaupt als ein klassisches Land erklärt, das die wichtigsten Aufschlüsse nach dieser Seite verspricht. „Dort, sagt dieser so competente Richter, (loc. cit. pag. 434), liegt der noch in tiefem Boden versenkte Schlüssel, der uns einst die Geheimnisse der megalithischen Architektur eröffnen wird."

Leider gestattete es meine Zeit nicht, derartige Untersuchungen vorzunehmen; ich mußte mich mit den Dolmen von Beni-Messous begnügen, um mich dann, das Plateau hinabsteigend, nach Guyotville zu begeben.

Entfernung südlich von den Küsten des Baltischen Meeres und der Nordsee bis zu den östlichen Grenzen von Frankreich, namentlich bis zu den Departements des Ardennes und der Marne, wo diese Linie sich nach Süden wendet, bis zu den Mündungen der Rhone. Auf diese Art würde ein großer Theil Central- und Süd-Europas, unter andern Polen, Sachsen, Oesterreich und Italien, außerhalb der Grenze des Dolmen-Gebietes sich befinden. Die von den Erbauern der Dolmen wahrscheinlich eingeschlagene Richtung ist auf der Karte so angegeben, daß ihre Ausgangspunkte in Schweden, Hannover und Holland liegen; von dort erreichen sie hauptsächlich England, Schottland und Irland, drei Länder, bei denen ein Austausch mit der nordwestlichen Endspitze Frankreichs stattgefunden haben soll; dann soll ein ähnlicher Austausch zwischen Irland und Spanien, wie auch zwischen dem südlichen Frankreich und Afrika (Provinzen Algier und Constantine) eingeleitet worden sein, während Oran Auswanderer nach Süd-Spanien (Granada) gesandt haben soll.

[1]) Uebrigens ist die Abwesenheit von Meer-Mollusken ebenfalls in den alten troglodytischen Wohnungen Piemonts (Italien) beobachtet worden, worüber sich interessante, den Verhandlungen dei Lincei entnommene Angaben im neuen Jahrbuch für Mineralogie, Geologie rc. 1879, p. 133, befinden.

Die auf steilen, häufig abschüssigen Fußstegen durchwanderte Gegend ist gebirgig und von tiefen Schluchten oder Rinnen durchfurcht, an deren Wänden mächtige Schichten kieselhaltigen, oft faserigen oder stalaktitförmigen Kalksteins überall frei liegen. Hier und da dichtes Strauchwerk, auf den Felsen mannigfacher Pflanzenwuchs: Silene gallica (blühend), Stachys arvensis (id.), Spartium ferox (Blüthen und Früchte), Pallenis spinosus (Blüthe) und Helianthemum guttatum, auf dessen Wurzeln sich zahlreiche Cytinus hypocistis angesiedelt hatten, deren rothe Brakteen und gelbe Blüthen wie Edelsteine funkelten &c.

Der kieselige versinterte Kalkstein, der die ganze Gegend zwischen dem Trappisten-Kloster und dem Plateau von Beni-Messous erfüllt, sowie feinkörnige Konglomerate setzen sich bis Guyotville, wo man sie sogar in den Straßen der kleinen Stadt anstehen sieht, ununterbrochen fort. Wahrscheinlich schließen sich alle diese Ablagerungen an den Kalkstein in der Umgegend des Trappisten-Klosters, welches Schalen von Pectunculus und Pecten enthält, an und gehören somit zu der oberen Abdachung (pliocene) der Tertiärformation. Ich bedaure sehr, nicht in der Lage gewesen zu sein, die Verhältnisse zwischen diesen Meeres-Ablagerungen und den von mir am Cap Carine [1]) beobachteten und auch bis Guyotville reichenden Süßwassergebilden zu bestimmen. Sind diese Gebilde mit dem Pectunklen und Kamm-Muscheln enthaltenden Kalkstein gleichzeitig, wie ich anzunehmen geneigt wäre? Lösung dieser Frage bleibe den Geologen überlassen, welche für solche interessante Studien Muße haben. Unter diesen wäre Herr Pomel gewiß derjenige, von dem man eine entscheidende Antwort auf diese wie auf viele andere unbeantwortete Fragen über die Geologie Algeriens, für welche dieser rastlose und geistreiche Gelehrte schon manchen wichtigen Dienst geleistet, zu erwarten hätte. Ein so flüchtig reisender Forscher, wie ich es bin, kann natürlich keinen Anspruch auf gründliche Untersuchungen machen und muß sich mit allgemeinen Betrachtungen begnügen, zumal ich mir die Aufgabe gestellt habe, die wichtigsten Theile Algeriens zu besuchen und nun bald vier Monate verstrichen sind, ohne daß ich mehr als die nächsten Umgebungen der Stadt gesehen hätte. Ich muß daher den so eng begrenzten Ausflügen ein Ziel setzen und von dem reizenden Aufenthaltsorte Abschied nehmen. Zuvor sei aber des schönen Jardin d'Essai gedacht, der für

[1]) Vergl. Brief VIII. p. 99.

mich der Gegenstand ernster, anhaltender Studien war, und in dem ich während meines viermonatlichen Aufenthaltes in Algier fast jeden Tag ein paar Stunden zubrachte. Wenn ich mich bis jetzt noch nicht über denselben ausführlicher geäußert habe, so unterblieb es, weil ich Ihnen das Resultat längerer Beobachtungen mittheilen wollte, welche die verschiedenen sich folgenden Erscheinungen des Pflanzenlebens ermöglichen sollten. Somit stelle ich Ihre Geduld auf die Probe, im Voraus bemerkend, daß mein nächster dem Jardin d'Essai gewidmeter Brief sich weder durch seine Kürze noch durch den Reiz erlebter Reiseabenteuer auszeichnen wird, glaube jedoch, daß derselbe trotzdem wegen der Wichtigkeit des Gegenstandes sowie der Neuheit meiner Mittheilungen Ihrer Beachtung nicht unwürdig sein wird, da der Jardin d'Essai so, wie er es verdiente, noch in keinem über Algier veröffentlichten Werke behandelt worden ist.

Neunter Brief.

Algier, den 30. März 1878.

Der im Jahre 1838 von der französischen Regierung gegründete Versuchsgarten Jardin d'Essai liegt 6 km südöstlich von Algier am Meeresufer und umfaßt eine Fläche von 75 Hektaren, von denen 35 auf den litoralen Theil, 40 auf die höhere Region, welche aus mehreren die östliche Grenze des Gartens bildenden Terrassen besteht, kommen.

Der gegenwärtig von dieser schönen Anstalt eingenommene Raum war zur Zeit der Eroberung von Algier durch die Franzosen nur eine wüste, mit dem Namen Hamma (im Arabischen einen Morast oder fieberhaften Ort bedeutend) bezeichnete Gegend. Wenn derselbe jetzt auch nicht mehr zutrifft, so erinnert er doch an eine Eigenthümlichkeit des Bodens, nämlich an die Feuchtigkeit, welche vielleicht eine der verschiedenen Ursachen gewesen ist, welchen diese Anstalt den Vorzug verdankt, in mancher Hinsicht alle europäischen botanischen Gärten, selbst die durch klimatische Verhältnisse so außerordentlich begünstigten von Italien, zu übertreffen. Als Beweis dient die Thatsache, daß alle Anstrengungen unserer Gartenkünstler nichts Weiteres vermochten, als in heißen oder mäßigen Treibhäusern eine Menge tropischer oder subtropischer Pflanzen zu ziehen, die hier an diesem bevorzugten Platze unter freiem Himmel gedeihen. Deshalb giebt es hier keine eigentlichen sogenannten Treibhäuser; Pflanzen, die in europäischen Gärten nur unter besonderem Schutze und künstlicher Temperatur mit Mühe erhalten werden, bedürfen in Algier nur der vereinigten Wirkung des Himmels und Bodens, um eine Entwickelung zu zeigen, die oft so kräftig und schnell wie in ihrem Vaterlande auftritt. Daraus, daß sie keine besondere Fürsorge erheischen, folgt, daß die exotischen Pflanzen des Jardin d'Essai entweder in malerischer Zusammenstellung zerstreut sind, oder zur Einfassung von Alleen, welche zusammen eine Länge von 410 m besitzen, verwendet werden.

Diese prachtvollen Hecken bestehen hauptsächlich aus Palmen, Drachenbäumen, verschiedenen Arten von Feigenbäumen, Bambusen 2c. Die erst im Jahre 1847 gepflanzte sogenannte Palmen-Allee, in welcher Palmen- mit Drachenbäumen abwechseln, ist eine der merkwürdigsten des Gartens; sie mündet in eine kleine Oasis mit 73 Dattelbäumen, an deren Fuß sich die Wellen des Meeres brechen: ein bezaubernder Anblick, von dem man sich kaum einen Begriff machen kann. Jene Palmenbäume gehören zwei Arten an: den Dattelbäumen (Phoenix dactilifera), 80 Individuen zählend, deren Stämme im Mittel den Umfang von 2,96 m und eine Höhe von 8 bis 16 m besitzen, während die vollkommen ausgebildeten Stämme der zweiten Art, der Latania (Latania borbonica), 74 Individuen stark, den Umfang von etwa 1,45 m und eine Höhe von 4 m haben. Die Drachenbäume (Dracæna Draco), von denen mehrere 80 cm im Umfang und 1 bis 3,5 m Höhe messen, sind wegen der Entwickelung ihrer belaubten Zweige merkwürdig, solche werden oft für den Mutterstamm zu schwer und verursachen dann in letzterem zahlreiche Risse, die sich mit verdickten Tropfen eines rothen, lebhaft an Menschenblut erinnernden Saftes füllen. Von der Last, die ein Stamm zu tragen hat, kann man sich leicht eine Vorstellung machen, wenn man berücksichtigt, daß dieser sich in geringer Höhe vom Boden in drei Hauptzweige spaltet, deren jeder ebenfalls bis zu zwölf sekundäre Verzweigungen fast von der Dicke des Stammes hervorbringt; ferner: daß jeder der Zweige an seiner Spitze einen ungeheuren Büschel steifer Blätter trägt, die gleich riesenhaften Dolchen emporschießen.

Um dem Stamme Erleichterung zu verschaffen, ließ Herr

Rivière von jedem Baum eine gewisse Anzahl von Zweigen wegsägen, eine Operation, von der ich am 20. Februar Augenzeuge war. In kurzer Zeit sah ich den Boden von belaubten Zweigen bedeckt, deren mehrere so schwer waren, daß ich sie nur mit Anstrengung emporzuheben vermochte, und deren Gewicht die Arbeiter auf etwa je 80 kg tarirten. Da ich Bäume beobachtet habe, die sich in 14 Zweige absonderten, so hatte der Stamm eine Last von etwa 1120 kg zu tragen. Eine Verzweigung ist in solcher Stärke jedoch selten, da die Mehrzahl der Drachenbäume nur acht Zweige hat, welche indeß schon eine bedeutende Schwere, nämlich 680 kg, erreichen würden. Jene Operation wird mit der Säge, nicht mit dem Beile vorgenommen, weil sonst die erschütternden Hiebe das Herausspritzen des Saftes bewirken würden, dessen Berührung mit dem Gesicht, besonders den Augen, eine schmerzhafte Entzündung verursacht.

Außer der Palmen-Hauptallee, in der, wie ich bemerkte, diese Baumart mit anderen vereinigt auftritt, giebt es ausschließlich mit Palmen besetzte Gänge, wie z. B. die sogenannte Chamaerops-Allee (Chamaerops excelsa), 103 Individuen von 92—95 cm Umfang und 3—4 m Höhe zählend; ferner die Allee der Latanien (Latania borbonica), die im Mittel eine Höhe von 3,50 m und einen Umfang von 1,20 m erlangen und eine interessante, zufällig erzeugte Spielart (Latania borbonica var. erecta) zeigen, deren Blätter, anstatt wie in der typischen Art horizontal ausgebreitet zu sein, schräg stehen und von steiferer Textur sind. Diese schöne Varietät hat einen Umfang von 1,35 m und eine Höhe von 6,55 m bis zur centralen Knospe gemessen; die wenigstens 3 m langen Blätter geben der gesammten Höhe des Baumes 10 m.

Die jungen Individuen der Chamaerops excelsa haben oft in ihrem Aussehen große Aehnlichkeit mit der Zwergpalme (Chamaerops humilis), die trotz ihrer Häufigkeit an der algerischen Küste und im Süden Spaniens, wo sie zu einer wahren Plage für den Ackerbau wird, im Jardin d'Essai zufolge der dem Gewächse gewidmeten Zucht eine außerordentliche Entwickelung erhält. Hier nämlich tritt die Zwergpalme nicht, wie es ihr Name voraussetzt, in der Gestalt eines bescheidenen Bäumchens auf, vielmehr nimmt sie die Ehre in Anspruch, mit ihren Geschlechtsgefährten das Prädikat excelsa zu theilen. Jedenfalls lassen sich beide Arten durch ihre Blätter, namentlich aber durch ihre Früchte unschwer unterscheiden: die untere Seite der Blätter der Chamaerops excelsa hat ein tieferes

Grünblau und die Dornen der Blattstiele sind stärker als die der Chamaerops humilis; die Früchte, mit welchen ich beide Arten im Januar und Februar reich beladen fand, bilden bei der Chamaerops excelsa bläuliche Trauben, denen der schwarzen Weinrebe ähnlich, aber fast ohne Fleisch, während die Frucht der Zwergpalme größer und von ähnlicher Farbe ist, mehr an die Dattel erinnernd und von nicht unangenehmem Geschmack. Diese Frucht wird von den Schakalen sehr begehrt.

Da sowohl die Zwergpalme als die Chamaerops excelsa zweihäusig sind, so sucht man die Individuen beider Geschlechter zu vermischen, so daß die Befruchtung leicht vermittelst der Insekten, Vögel oder des Windes bewerkstelligt wird. Die Zwergpalme giebt nach drei oder vier Jahren Früchte.

Die Kultur hat in der Zwergpalme eine große Zahl von Varietäten hervorgerufen, unter denen die vorzüglichste Blätter mit einer weißen mehligen Substanz bekleidet zeigt. Andere Spielarten nähern sich der Chamaerops excelsa, indem bei ihnen die Blätter länger und breiter werden und ihre Unterseite fast eben so bläulich grün wie bei der letzteren ist.

Es wäre leicht, Sie noch durch viele andere solcher reizenden Alleen zu führen, die, gleich den glänzenden Gallerien unserer Kunstmuseen, jeden Schritt des erstaunten Beobachters durch ein neues Meisterstück bezeichnen, aber ich möchte Sie nicht ermüden, zumal ich Sie zu noch merkwürdigeren Punkten geleiten will und die Alleen doch nur Linien bilden, welche durch ungeheure, eine Fläche von etwa 30 Hektaren einnehmende Pflanzengruppen gezogen sind. Sobald man in dieses Pflanzendickicht eingedrungen ist, wird man sowohl durch die Zahl der Vertreter der bevorzugtesten Länder unseres Erdballes, als durch die Entwickelung, die sie in dieser nicht weniger bevorzugten Gegend Afrikas erlangt haben, in Erstaunen gesetzt.

Daneben befindet sich unter den Gewächsen des Jardin d'Essai eine Menge sehr gewöhnlicher Arten, die man ihrer praktischen Verwendung halber kultivirt und die zur Ernährung, zu medicinischen, industriellen und anderen Zwecken dienen: Pflanzen, die nothwendiger Weise eine wichtige Rolle spielen müssen in einer Anstalt, welche, wie der Jardin d'Essai, nicht bloß ein botanischer, der Kultur wissenschaftlich merkwürdiger Pflanzen gewidmeter Garten, vielmehr auch ein Handelsunternehmen und dazu bestimmt ist, dem Publikum die für Nahrung, Industrie und als Zierde geeignetsten

Pflanzen zu liefern. Wenn man daher den wissenschaftlichen Werth des Jardin d'Essai abschätzen und ihn mit dem unserer europäischen botanischen Gärten vergleichen will, so muß man vor Allem von der Gesammmasse der gezogenen Pflanzen alle diejenigen abziehen, die keinen Beweis von der dem algerischen Boden innewohnenden Fähigkeit geben können, exotische Formen unter freiem Himmel zu kultiviren, welche in den meisten Gärten Nord- und Süd-Europas nur unter künstlichem Schutz gedeihen.

Leider besitzen wir über die Gesammtzahl der im Jardin d'Essai kultivirten Pflanzen keine neueren Angaben, als die des Katalogs, welcher im Jahre 1869 von Auguste Rivière, dem gelehrten Direktor der Anstalt herausgegeben worden ist, so daß sich bei dem schnellen Fortschritte, die der Jardin seit neun Jahren gemacht hat, annehmen läßt, daß die Angaben dem jetzigen Stande des Gartens nicht mehr entsprechen. Der Gefälligkeit des Herrn Charbonnier, des ausgezeichneten Gehilfen des Direktors, verdanke ich es, unter den hier auf unbeschütztem Boden und unter freiem Himmel kultivirten Pflanzen 258 Arten verzeichnen zu können, die alle aus tropischen oder wenigstens sehr heißen Gegenden Asiens, Afrikas und Amerikas, wie auch von verschiedenen Inseln dieser Zonen stammen. Ich werde mich begnügen, nur eine geringe Zahl solcher Arten anzuführen, die in dem Jardin d'Essai oft zu eben so üppiger Entwickelung gedeihen, als in ihrer mehr denn zehn Grade südlicher als Algier gelegenen Heimath.

Jubaea spectabilis. Ein aus Chili stammender Palmbaum, der in unsern heißen Treibhäusern mit einer Langsamkeit, die zur Verzweiflung bringen könnte, wächst, während er im Jardin d'Essai nur weniger Jahre bedurfte, um unter freiem Himmel eine wirklich unglaubliche Entwickelung zu erlangen. Der prächtige Baum, den man hier bewundert, ist vor etwa 16 Jahren an einem zufällig gewählten Orte gepflanzt worden, hatte damals einen Umfang von 7—8 cm und umfaßt jetzt 3,6 m, bei einer Höhe von 6 m, so daß sein Umfang jährlich über 18 cm zugenommen hat.

Yucca canaliculata. — 10 m hoch und von 3 m Umfang, ist nicht mehr im Stande, seine vertikale Stellung beizubehalten; der mit einem dichten Blätterbüschel gekrönte Baum daher tief gebeugt.

Oreodoxa Regia. — Dessen Stamm stellt eine ungeheure Säule dar, mit glatter Oberfläche, angeschwollen in der Mitte, oben grün, unten weiß; der Stamm von 2,10 m Umfang und 12 m Höhe.

Caryota excelsa. — Mit einer riesenhaften Knospe gekrönt, die sich wie ein geneigter Pfahl erhebt.

Als ich (am 20. März) diesen schönen, lebenskräftigen Baum bewunderte, konnte ich die merkwürdige Entwickelung der Blüthen an der Caryota urens (dicht neben ihrem Geschlechtsgefährten stehend) studiren: eine im höchsten Grade dichogamische Pflanze, deren männliche Blüthen sich also nicht gleichzeitig mit den weiblichen entwickeln. Auf dem gleichen Stamme sah ich Blüthen beider Geschlechter hier und da zerstreut, doch ohne sich gleichzeitig zu öffnen, weil die Stamina der männlichen Blüthen schon vor der Entfaltung der weiblichen abgefallen waren, so daß zu deren Befruchtung die letzteren auf eine zweite Generation der männlichen Blüthen zu warten hatten.

Cocos flexuosa. — Der in ihrem brasilianischen Vaterlande gewonnenen Entwickelung wahrscheinlich nicht nachstehend, erlangte sie hier in kurzer Zeit einen Umfang von 1,6 m und eine Höhe von 12 m. Seltsamer Weise gedeiht eine andere gleichfalls brasilianische Art, die Cocos lepida im Jardin d'Essai, ebenso üppig, während man die ägyptische Cocos coccifera in Algier nicht zu kultiviren vermochte.

Chorisia speciosa. — Prachtvolle brasilianische Bombacee, deren Stamm, von dicken aber kurzen konischen Dornen strotzend, einen Umfang von 2,7 m und eine Höhe von 15 m hat. Die Blätterkrone entwickelt sich außerordentlich und erreicht nicht weniger als 42 m.

Ficus Roxburghii (Ostindien). — Die nachtreibenden Wurzeln entwickeln sich an einer bedeutenden Höhe des Stammes und steigen gleich Säulen oder Gewölbpfeilern zum Boden hinunter. In einer mit Mognolia grandiflora bepflanzten Allee erhebt sich eine malerische Gruppe dieser Feigenart, die, erst 1863 gepflanzt, sich so kräftig entfaltet hat, daß die Stämme schon einen Umfang von 86 cm messen.

Ficus racemosus. — Etwas oberhalb des Bodens scheint der Stamm sich verzweigen zu wollen, bildet jedoch eine ununterbrochene Masse mit einem Umfange von 2,97 m.

Sideroxylon lucidum (Merito). — Umfang 1 m, Höhe 10 m.

Sapindus emarginatus (Ostindien). — Umfang 1,5 m, Höhe 15 m.

Sapindus indicus. — Nicht ganz so kräftig wie sein Geschlechtsgefährte; seine Früchte liefern einen der aufgelösten Seife ähnlichen Saft, der sich zur Reinigung von Wolle trefflich eignet. Auch ist die Frucht dieses Sapindus für den Jardin d'Essai zu einem Handelsartikel geworden, der sehr lohnend zu werden verspricht, da sie bereits ihren Platz in der algerischen Industrie gefunden hat. Uebrigens werden die Früchte des Sapindus emarginatus, Vahl. (S. trifoliatus L.) auch noch heute in Ostindien für obigen Zweck verwendet, und es scheint dies schon im fernsten Alterthum der Fall gewesen zu sein, wie es die im ägyptischen Museum zu Berlin aufbewahrten Exemplare beweisen. Diese ehrwürdigen Pflanzenreste waren der Gegenstand einer interessanten Arbeit, welche sich unter den hinterlassenen Handschriften des vor Kurzem der Wissenschaft entrissenen berühmten Botanikers Alex Braun gefunden hat und von Ascherson und Magnus herausgegeben, durch Buschinger resumirt worden ist.[1]) Zwei andere Pflanzen, deren praktische Wichtigkeit ebenfalls schon im Alterthum anerkannt worden,[2]) nämlich Urtica nivea und Urtica tenacissima, die in dem Garten vorzüglich gedeihen, werden wahrscheinlich in nicht langer Zeit bedeutende Handelsartikel werden.

Die Arten, deren üppige Entwickelung ich nachgewiesen, bieten schon an sich selbst auffallende Beispiele der wirklich wunderbaren Fähigkeit des algerischen Bodens, ohne den geringsten Schutz Pflanzen der heißesten Länder der Erde zu erzeugen, während solche in europäischen Treibhäusern nur mühsam fortkommen. Diese merkwürdige Thatsache springt zur Genüge in die Augen, wenn man die lange Reihe der in meiner Tafel angeführten Arten betrachtet.[3]) Trotzdem fehlte für diese Erscheinung eine Kontrole, nämlich die Kenntniß der Wirkung, welche die verschiedenen meteorologischen Wechsel und Extreme Algeriens auf Pflanzen ausüben, deren Ausdauer und Widerstandskraft unbekannt gewesen, weil solche atmosphärische Schwankungen in ihrem Vaterlande, wo das Thermometer nur selten den Nullpunkt erreicht, niemals vorkamen. Während des Winters und eines Theils des Frühlings, den ich in Algier zubrachte (Dezember 1877, Januar, Februar und März

---

[1]) Bullet. Soc. bot. de France, an. 1878. T. XXV., p. 1.

[2]) Vergl. die Anmerkung zu p. 137, v. I, meiner französischen Ausgabe „La Végétation du Globe“ von Grisebach.

[3]) Vergl. Belegstücke VI.

1878), wurde mir das Glück solcher Kontrole zu Theil: die Jahreszeit war ausnahmsweise kalt, wie es die unter der Leitung des Herrn Rivière im Jardin d'Essai gewissenhaft ausgeführten meteorologischen Beobachtungen beweisen, denen ich nur folgende Angaben über die Minimal-Temperatur während sechs Tage im Januar und dreier Tage im März entlehnen will.

14. Jannar	— 2,5
15. "	— 1,5
16. "	— 2,5
17. "	— 3,5
18. "	— 1,0
19. "	— 2,0
15. März	— 4,8
16. "	— 2,6
19. "	— 3,0
Mittel des Minimum von 9 Tagen:	— 2,2

Ich war eifrig bemüht, die in Algier so seltene Gelegenheit wahrzunehmen und die Wirkung dieser verhältnißmäßig niedrigen Temperatur auf die frostigen, im Jardin d'Essai vereinten fremden Gäste zu konstatiren, deren Anzahl sich, wie bemerkt, auf 258 Hauptformen beläuft. Nachstehende Arten waren die einzigen, auf welche die ungewöhnlich niedrige Temperatur der vorstehend erwähnten Periode eine Wirkung ausübte.

Colea Commersonii (Madagaskar). — Die jungen Stämme erfroren.

Spathodea Wallichii. — Blätter theilweise erfroren.

Swietonia Mahagoni (Senegal). — Blätter erfroren.

" Senegalensis (Senegal) — Blätter erfroren.

Cerbera Manghas (Molukken-Inseln). — Blätter theilweise erfroren.

Plumiera rubra (Südamerika). — Blätter und Endspitzen der Stämme erfroren.

Jambosa aquea (Molukken). — Blätter erfroren.

" malaccensis (Molukken) — Blätter erfroren.

Theophrasta imperialis (Brasilien). — Blätter leicht erfroren.

Ravenala Madascariensis (Madagaskar). — Vollkommen erfroren.

Acrocomia sclerocarpa (Brasilien). — Blätter theilweise erfroren.

Bauhinia purpurea (Südamerika). — Blätter erfroren.

Hematoxylon campechianum (Tropisches Amerika). — Blätter erfroren.

Hamelia patens (Südamerika). — Junge Zweige erfroren.

Rogiera cordata (Guatemala). — Einige Blätter erfroren.

Abutilon aurantiacum (Brasilien). — Einige Blätter erfroren.

Hibiscus cubensis (Cuba). — do. do. do.

Solanum cauliflorum. — Ein Theil der Blätter erfroren.

Banisteria emarginata (Südamerika). — Junge Stämme erfroren.

Byrsonima volubilis (Westindien). — Blätter erfroren.

Anda Gomesii (Ostindien). — do. do.

Poinsetia pulcherrima (Mexico). — die Endspitzen der jungen Stämme erfroren.

Aphelandra tetragona (Westindien). — Junge Stämme erfroren.

Aphelandra cristata (Westindien). — Junge Stämme erfroren.

Justicia quadrifida (Ostindien). — Die Hälfte der Stämme erfroren.

Justicia speciosa (Bengalen). — Junge Stämme erfroren.

Also unter 258 Arten, sämmtlich sehr heißen, einige sogar tropischen Regionen angehörend, hatten nur 26 mehr oder weniger gelitten, keine aber — mit der einzigen Ausnahme der Ravenala Madagascariensis — war getödtet worden. Wenn wir berücksichtigen, daß von den anderen in der Tabelle verzeichneten Pflanzen 232 unbeschadet eine Kälte überstanden hatten, die ihrem Vaterlande unbekannt ist, oder dort wahrscheinlich alle getödtet haben würde, dürfen wir mit Recht annehmen, daß Algier das seltene Privilegium besitzt, unter freiem Himmel und mit glänzendstem Erfolg Gewächse der heißesten Regionen unseres Erdballes zu kultiviren, wie auch diesen Gewächsen eine derbe Widerstandskraft zu verleihen, die ihnen ursprünglich fremd gewesen. [1])

---

[1]) Es bleibt zu bedauern, daß nicht auch die durch die ungewöhnlich niedere Temperatur des Winters von 1871 auf die Pflanzen des Gartens geübte Wirkung aufgezeichnet worden ist. Durch die wichtige Arbeit der Herren Auguste und Charles Rivière über das Bambusrohr (Bull. soc. d'Acclimat., an. 1878. 3. Ser., T. V. p. 621) erfahren wir, daß folgende Arten während dieses Winters vollständig getödtet wurden: Gigantochloa maxima, G. aper. apus und aspera, Melocanna brachyclada und lutea; Bambusa vulgaris

Die allgemeinen Betrachtungen über diesen tiefer gelegenen Theil des Jardin d'Essai kann ich nicht schließen, ohne noch gewisser Pflanzen zu gedenken, die nicht gerade ihrer Seltenheit wegen, da sie auch in mehreren botanischen Gärten Europas unter freiem Himmel gedeihen, bemerkenswerth sind, sondern weil sie zu gewissen interessanten Betrachtungen Anlaß geben. Schon am Eingange des Gartens erhebt sich eine schöne Gruppe von Cycas revoluta und Zamia vernicifolia, merkwürdig durch den Umstand, daß die Cycas alle weiblich, die Zamia ausschließlich männlich sind, so daß ihre Vervielfältigung nur vermittelst Schößlinge bewerkstelligt werden konnte; ferner theilte mir Herr Rivière mit, daß es ihm noch nie gelungen sei, die Ovarien der Cycas revoluta mit dem Pollen (Staubmehl) der Zamia vernicifolia zu befruchten. Im Jahre 1873 brachte Herr Rivière eine kräftige Calocasia esculenta aus der Umgegend von La Calle mit, wo diese Aroidee in einem Thale in der Nähe des Vorgebirges Rosa mit mehreren europäischen Pflanzen (Arundo donax, Osmunda regalis 2c.) vereinigt, maissenhaft auftritt. Die Ueppigkeit, mit welcher sich die Calocasia esculenta im Jardin d'Essai entwickelt, läßt erwarten, daß sie sich hier naturalisiren wird, wie dies schon in der Umgegend von La Calle der Fall ist.

Endlich sind unter den im Garten kultivirten prachtvollen Riesen-Gramineen resp. Bambusrohren, von denen einige neu und wegen Zeitmangels des Herrn Rivière noch nicht bestimmt, mehrere der Gegenstand spezieller Studien von Seiten dieses thätigen Botanikers geworden; so namentlich die drei Arten, Bambusa arundinacea (macroculmis), B. nigra und B. mitis, deren Wachsthum er Tag und Nacht beobachtete, was die unerwartete Thatsache ergab, daß ihr Wachsen ganz unabhängig von der Wirkung des Lichts, ja selbst der Wärme stattfindet. Bei zweien von ihnen ist das Wachsen während der Nacht beträchtlicher als während des Tages, was bei den Bambusrohren des Himalaya und nördlichen China nicht zutrifft. Es würde zu weit führen, hier die genaueren Aufzeichnungen des Herrn Rivière wiederzugeben, doch kann ich nicht umhin, die all-

---

und lutea. Allerdings bemerken die Verfasser, daß alle diese aus Java übersandten Bambusen schlecht verpackt gewesen wären und sich in kümmerlichem Zustande befunden hätten, als man sie im Jardin anpflanzte, wo die außerordentlich rauhe Witterung sie sogleich hinwegraffte.

gemeinen Ergebnisse, welche ihm jene drei mit Ausdauer und Gewissenhaftigkeit studirten Arten geliefert, ausführlicher mitzutheilen.[1])

Bambusa arundinacea (macroculmis). — Das Wachsen dieser Art ist während der Nacht viel stärker, als bei Tage: eine feststehende Thatsache, bewiesen durch achtjährige Beobachtungen, welche gleichzeitig an mehreren in der Entwickelung begriffenen Individuen stattgefunden. Aus der Tabelle, in welcher alle diese Beobachtungen verzeichnet stehen, ergiebt sich, daß das Wachsen binnen 24 Stunden 309 mm betrug, von welchen 114 auf den Tag, 195 auf die Nacht kommen. Dies während 49 Tagen dauernde Wachsthum ergiebt folgendes Resultat: zwei Mal sind die Morgenstunden den Stunden nach Mittag gleich; 13 Morgenstunden zeigen ein stärkeres Wachsen als die Nachmittagsstunden; aber 32 Nachmittagsstunden liefern ein stärkeres Wachsen als die Morgenstunden.

Bei den im Jahre 1876 gemachten Beobachtungen zeigten sich von den 71 Tagen nur 18 ergiebiger in den Morgen- als in den Nachmittagsstunden, während in 33 Tagen das Gegentheil stattfand. Aus diesen wie auch aus anderen Beobachtungen folgt also, daß das Tages-Wachsthum der Bambusa arundinacea während der Nachmittagsstunden bedeutender ist, als während der Vormittagsstunden.

Das vermehrte Wachsen während der Nacht bekundet sich noch im Falle der Mißgeburt der Knospe, die nur Nachts wächst und ebenfalls im Anfange der Vegetation des Stengels.

Bambusa mitis. — Auch bei dieser Art ist das Wachsen während der Nacht entschieden beträchtlicher als am Tage. Die beiden, während 26 Tagen erlangten größten Wachsthums-Ergebnisse am 8. und 9. Juni betragen 506 und 459 mm. Das Wachsen des 8. Juni ergiebt 238 mm für die zwölf Stunden des Tages und 268 für die zwölf Nachtstunden, somit 30 mm zu Gunsten der Nacht. In diesen zwei Wachsthumsperioden liefern die Morgenstunden im Vergleich mit den Nachmittagsstunden ver-

---

[1]) Die Herren Auguste und Charles Rivière haben in dem Bulletin de la Société d'Acclimatation (1878, 3. Ser., T. V) eine Reihe schätzenswerther Artikel über die Bambusrohre bekannt gemacht, in welchen sie diese interessante Familie in jeder Hinsicht, sowohl botanischer als kulturaler, gründlich behandeln. Herr Charles Rivière hat seitdem die mit seinem Vater gemeinschaftlich angestellten Beobachtungen allein fortgesetzt, und es sind diese letzteren noch nicht veröffentlichten, welche meine Arbeit enthält.

schiedene Resultate: in einem Falle ist die Verlängerung des Stengels weniger beträchtlich, in dem anderen mehr, Unregelmäßigkeiten, welche sich jedoch in dem Gesammtresultate und in der Thatsache durchaus bestätigen, daß das Wachsen dieser Art während der Nacht viel beträchtlicher ist als am Tage.

Bambusa nigra. — Im Gegensatz zu obigen beiden Arten wächst die Bambusa nigra stärker am Tage als während der Nacht. Die bezügliche Tabelle zeigt, daß das größte Wachsen binnen 24 Stunden 400 mm betrug; dies ist das Ergebniß des 26. April 1872, das sich in folgender Weise vertheilt: 214 mm Tages- und 186 Nacht-Wachsthum, also ein Unterschied von 28 mm zu Gunsten des Tages; weitere hervorragende Ergebnisse zeigen die Zahlen 321 und 323 mm. Aus 25tägigen Beobachtungen geht hervor, daß das Wachsen in den Morgenstunden weniger beträchtlich, als in den Nachmittagsstunden ist. So liefern die 25 Morgenstunden 1740,2 und die 25 Nachmittage 1760,8 mm. Die zahlreichen Beobachtungen über die Bambusa nigra führen alle zu folgenden Resultaten: während der 12 Stunden des Tages ist ihr Wachsthum beträchtlicher als zur Nachtzeit; die sechs letzten Stunden, von Mittag bis sechs Uhr Abends, ergeben eine höhere Summe als die ersten sechs Morgenstunden.

Nach dieser kurzen Uebersicht über die Küstenregion, die den wichtigsten Theil des Jardin d'Essai bildet und die man den unteren Garten nennen könnte, bleibt mir noch übrig, des höher gelegenen Theiles, der von ersterem durch die Straße zwischen Algier und Aumale getrennt wird, zu erwähnen. Derselbe besteht aus Reihen von Terrassen, durch treffliche Wege zugänglich gemacht, welche von schönen Bäumen beschattet werden oder sich zwischen hohen Wänden eines tertiären, weißen, horizontal geschichteten Kalksteins in die Höhe schlängeln.

Dieser gebirgige obere Theil des Jardin d'Essai ist hauptsächlich Neu-Holländischen Gewächsen gewidmet, die sich mit derselben staunenswerthen Ueppigkeit entwickeln, von welcher die im unteren Garten angebauten exotischen Pflanzen so zahlreiche auffallende Beispiele liefern. Noch weniger als im letzteren wurde hier bei der Vertheilung der Pflanzen eine systematische Ordnung festgehalten: die verschiedenen Pflanzenformen sind in einer Weise zerstreut, die nicht die Hand des Menschen, sondern das unabhängige, oft eigensinnige Wirken der Natur verräth. Uebrigens steht dieses auffällige, der Gesammtheit des Jardin d'Essai eigene Gepräge der

Spontaneität in vollkommenem Einklang mit dem Modus, in welchem die Pflanzen kultivirt werden, die trotz ihrer verschiedensten Herkunft alle mit gleicher Kraft im gewöhnlichen Boden und unter freiem Himmel gedeihen. Auch mag der an die künstliche Symmetrie unserer europäischen Gärten gewöhnte Fremde, wenn er die Alleen des Jardin d'Essai durchstreift, zuweilen an der Nachlässigkeit, mit welcher jene behandelt werden, Anstoß nehmen, da sich Niemand mit dem Ausrotten unnützer Kräuter (die in Europa nicht immer als unnütze gelten würden) befaßt; doch wird der erste ungünstige Eindruck dem entgegengesetzten Gefühle Platz machen, sobald er darin nur die Physiognomie der mächtigen Selbstthätigkeit erblickt, die so charakteristisch ist für eine Anstalt, in welcher ausschließlich die Natur mit ihrer nur scheinbaren Regellosigkeit und Unordnung herrscht.

Zu den im Jardin supérieur eine hervorragende Rolle spielenden Bäumen gehören Grevillia robusta und verschiedene Arten des Eucalyptus, von denen erstere die durch die Terrassen führende Allee besetzen. Diese erst seit zwölf Jahren gepflanzte Proteacee bildet schon prächtige, 9 m hohe Bäume, deren zierlich ausgeschnittene Blätter die versilberte Oberfläche glänzend entfalten. Ende Januar sah ich den Boden mit ihren schwarzen, vollkommen reifen Schoten bedeckt, gepaart mit den langen, weiße Staubbeutel tragenden Blüthen des Eucalyptus globulus.

Unter den anderen Bäumen zeichnen sich aus: schöne Araucarien, von denen die Araucaria Cunninghamii einen Umfang von 1,5 m und eine Höhe von 18 m hat; ferner zahlreiche Vertreter der Proteaceen und wenigstens zwölf Arten von Acacia, von denen eine australische Acacia retinoides sich selbständig erzeugt.

Sowohl der obere wie der untere Jardin d'Essai werden überall massenhaft von der Oxalis cernua eingenommen, einer auf dem Kap einheimischen Pflanze. Das Vorhandensein derselben in Algerien liefert einen neuen Beweis für die merkwürdige Erscheinung der leichten Akklimatisation, die sich an anderen Punkten Europas, wohin diesem Erdtheil ganz fremde Gewächse zufällig zur See oder zu Lande eingeschleppt worden,[1]) wiederholt hat.

Die Einführung der Oxalis cernua ist wahrscheinlich durch die

[1]) In meiner französischen Ausgabe der Végétation du Globe, von A. Griesebach, habe ich (vergl. I. p. 304—305) die wichtigsten sogenannten adventiven Floren Europas angeführt.

Ueberführung verschiedener Pflanzen vom Kap nach dem Jardin d'Essai erfolgt; dies scheint dadurch bewiesen zu werden, daß diese Oxalidee hier besonders zahlreich auftritt und sich in die Umgegend Algiers verbreitet hat; auch ist sie nirgends so häufig als an den dem Garten zunächst gelegenen Plätzen, wie z. B. auf den Höhen des Mustapha supérieur, erstreckt sich aber, so viel ich bemerkte, nicht über El-Biar hinaus, und erinnere ich mich nicht, sie irgendwo auf dem Berge von Buzarea gesehen zu haben.

Außer der Oxalis cernua wachsen mehrere wirklich einheimische, oft hoch interessante Pflanzen in großer Zahl auf den Anhöhen des oberen Gartens, und seien diejenigen hier noch erwähnt, die ich Ende März und Anfang April blühend beobachten konnte: Salvia horminium, in Europa als Zierpflanze gezogen, Lithospermum apulum, Vicia peregrina, Serapias lingua und cordigera, eine Varietät der Orchis fusca und eine große Anzahl von Ophrys antropophora. Letztere Orchidee, welche durch ihre eigenthümliche Gestalt bemerkenswerth, ist es noch mehr durch ihre aromatischen Eigenschaften, welche die Blätter in Folge eines Austrocknungs-Verfahrens und der dadurch erzeugten Gährung erhalten. Herr Professor Durando, der dieses sehr einfache Verfahren beschreibt,[1]) berichtet, daß die so zubereiteten Blätter einen Aufguß liefern, welcher dem berühmten Thé de l'île de Bourbon vollkommen gleich ist, den ebenfalls eine Orchidee, das Angraecum fragrans, Dup. Th. producirte. Sie ist auf der Insel Saint Maurice und auf den um Madagaskar liegenden Inseln einheimisch, von wo die getrockneten Blätter dieser Pflanze, die durch ihren angenehmen Geruch an den der Vanille erinnert, nach Europa eingeführt werden.

Zehnter Brief.

Algier, den 5. April 1878.

Mein langer Brief über den Jardin d'Essai bildet den Schluß der Berichte über das Innere Algiers und seiner nächsten Um-

[1]) Vergl. Journal officiel de l'Algérie du 5 Avril 1877.

gebungen. Heute sei Ihnen noch Rechenschaft gegeben über zwei weitere Ausflüge, die mich mehrere Tage von Algier fern hielten und ihre Richtung nach dem Fort National und nach Blidah nahmen. Die erste Oertlichkeit hatte für mich ein besonderes Interesse, nicht nur weil das Fort National in dem Gebiete des Djurjura, eines der malerischsten und bedeutendsten Gebirge Algeriens, gelegen ist, sondern auch weil diese Gegend zu der kleinen Zahl derjenigen gehört, wo sich noch bis auf unsere Tagen Ueberreste der alten, einst mächtigen Rasse der Kabylen erhalten haben, die vor dem Einbruch der Araber (etwa im Jahre 640 n. Ch.) Nordafrika beherrschte und während mehrerer Jahrhunderte einen ununterbrochenen, oft glücklichen Kampf mit den neuen und letzten Eroberern dieser Länder geführt hat.

In seiner gelehrten Geschichte von der Besitznahme Nordafrikas durch die Araber [1]) giebt Herr Ernest Mercier über diese noch wenig bekannte Rasse neue werthvolle Mittheilungen, die er aus arabischen Schriftstellern geschöpft, welche er als officieller und im Dienste der französischen Regierung stehender Dolmetscher besser als irgend Jemand zu würdigen und zu studiren vermochte. Der Verfasser betrachtet (p. 361) die Kabylen oder Berber als die ältesten Bewohner von Afrika, wo sie sich heute unter den verschiedensten Namen zerstreut befinden (Berber, Tebu, Immuchar, Tuareg, Cheluh, Kabyle, Chauïa, Mauren ꝛc.) und entwickelt (p. 375) die Gründe, die ihn berechtigen, sie als Autochthonen zu bezeichnen. Die dem Werke des gelehrten Orientalisten beigefügten beiden Karten stellen graphisch die Ausdehnung der Berber oder Kabylen in diesem Theile von Afrika während der Jahre 1050 bis 1400 dar, und gewahrt man hier mit Ueberraschung, daß diese lebenszähe, kriegerische Rasse selbst in der letzten, der unsrigen verhältnißmäßig ziemlich nahen Epoche noch den größten Theil Algeriens inne hatte, während sie heute hier nur noch zerstreute Brocken bildet. Das Studium jenes wichtigen Werkes hatte mein Interesse für die merkwürdige Rasse so rege gemacht, daß ich begierig war, die aus dem Schiffbruch der Zeit geretteten Trümmer derselben näher kennen zu lernen.

Demzufolge brachen wir, meine Frau und ich, am 11. März

[1]) Histoire de l'établissement des Arabes dans l'Afrique septentrionale, Constantine 1879.

nach dem Fort National auf, und entschlossen wir uns, um Zeit zu gewinnen und die Reise zu vereinfachen, dieselbe nur mit der Diligence auszuführen, unsere Dienerschaft und das Gepäck aber in Algier zurückzulassen.

Nachdem wir in die Ebene von Mitidja hinabgekommen und la Maison Carrée hinter uns gelassen, stieg die Straße waldige Hügel hinan. Zwei Stunden von Algier, im kleinen Dorfe Ruiba wurden die Pferde gewechselt; weiterhin das große Dorf Alma durchfahren, bis zu welchem die Gegend ziemlich einförmig ist. Dort aber wird sie malerisch und zeigt eine mannigfache Vegetation: die Zwergpalme ist häufig, die Ulme war mit neuen Blättern bekleidet (11. März), der weiße Maulbeerbaum aber noch ganz entblößt.

Obwohl sich Alma schon im Gebiete des sogenannten Kabylen-Landes (la Kabylie) befindet, so war doch im Aeußeren der Bevölkerung noch keine Veränderung zu bemerken. Etwa zehn Stunden von Algier setzten wir auf einer breiten Holzbrücke über den Fluß Sebau und erstiegen nun die Höhe, auf welcher das Dorf Tizi-Uzun liegt, wo wir übernachteten.

Tizi-Uzun hat etwa 500 Einwohner, zum größten Theil Araber, welche vornehmlich kleine um das Dorf geschaarte Hütten bewohnen, während die das Dorf selbst bildenden und ganz europäisch eingerichteten Häuser ausschließlich Christen bergen. Obwohl 650 m hoch gelegen, ist das Klima von Tizi-Uzun nach den meteorologischen Angaben des interessanten Werkes der Herren Hanoteau und Letourneur über das Kabylenland[1]) ziemlich mild. Ich entlehne solche um so lieber, als die klimatischen Verhältnisse Algeriens noch sehr wenig bekannt sind, und zuverlässige Beobachtungen sich einzig auf ein paar größere Städte beschränken; die folgenden sind Mittelwerthe, welche ich aus den Tabellen des betreffenden Werkes berechnet habe: Jahresmittel 18,9°, Wintermittel 9,7°, Frühlingsmittel 17,4°, Sommermittel 28,8°, Herbstmittel 20,2°; heißester Monat Juli (Mittel 30,6°), kältester, Februar (Mittel 8,1°); größter Unterschied zwischen thermometrischen Werthen 41,4°. Mittlere jährliche Regenmenge 985,5 mm; regenreichster Monat März (204 mm); trockenste Monate Juli (0) und August (1,5 mm); vorherrschende Winde: West, Nordost und Nord.

[1]) La Kabylie et les coutumes Kabyles, vol. I, p. 337.

In der Umgegend von Tizi-Uzun sind die Löwen selten, der Panther hingegen ziemlich häufig. Am Tage vor unserer Ankunft wurde eines dieser Thiere auf unerwartete Art erlegt: zwei Kabylenjäger warfen Steine in das Gebüsch, um die sich dahin gern zurückziehenden Eber herauszuscheuchen, als statt eines Ebers plötzlich ein großer Panther hervorsprang, sich sofort auf einen der Jäger stürzte und diesen niederwarf; glücklicher Weise traf die abgefeuerte Kugel des Gefährten das wüthende Thier am Kopf und rettete den Unglücklichen, der, an tiefen Wunden blutend, nach seiner Wohnung getragen werden mußte. Wir verließen Tizi-Uzun am folgenden Tage (12. März) mit Sonnenaufgang. Der Weg stieg ziemlich steil an, nachdem wir mehrere Zuflüsse des Sebau überschritten hatten. Die Anhöhen waren von einem üppigen Pflanzenteppich bekleidet, der mit der prächtigen wellig-blättrigen Orchis (Orchis undulatifolia) prangte, deren große runde rosenfarbige Köpfe sich auf 20 cm. hohen Stengeln wiegten.

Der centrale Theil des von uns durchstreiften Gebirges ist mannigfaltig gestaltet und reich bewaldet. Mit Ausnahme des Feigenbaums waren alle Bäume im Begriff, ihre neuen Blätter zu entfalten, besonders die mit Recht so benannte frühzeitige Esche (Fraxinus praecox), um deren Stämme sich kräftige Weinstöcke rankten. Die Kabylen kultiviren fleißig den Weinstock und Olivenbaum, was die sich selbst überlassenen Araber nur selten thun; auch bildet hier der Olivenbaum überall dichte Haine, ebenso wie die Opuntia (Opuntia ficus indica), die besonders massenhaft auftritt in der Nähe der Kabylen-Dörfer, welche, ziemlich zahlreich, in mancher Hinsicht an die Dörfer des nördlichen Europas erinnern, aus Stein erbaut und mit Ziegeldächern bedeckt sind, während sich bei den Arabern nur in Städten Häuser finden, sonst Hütten aus Rohr oder Zelte aus Kameelfellen.

Dann und wann erblickten wir zu unserer Rechten den durch grüne Berge verhüllten Djurjura, und nachdem wir drei Stunden ziemlich leicht gestiegen waren, erhob sich das imposante Gebirge in seiner ganzen Pracht und blieb unseren Blicken bis zum Fort National sichtbar. Wir passirten ein großes Dorf, in dessen Mitte sich ein nach europäischer Art gebautes, ansehnliches Haus befand, das als Schulanstalt für Kabylenkinder diente. Erst in einer Entfernung von 10 km konnten wir das Fort National in der Ferne erspähen; zugleich wurde das Gebirge, das wir nun schon bis zu einer Höhe von 800 m erstiegen hatten, weniger waldig, und es gab die weißliche Farbe des von zahlreichen Quarzgängen durchsetzten Gneises der Gegend ein etwas dürres Aussehen. Trotzdem begleiteten uns die Opuntien und Olivenbäume, und es traten die Kabylendörfer in großer Zahl auf, die Gipfel der Berge krönend oder an deren oft steile Abhänge sich klammernd.

Das Fort National (früher Fort Napoléon) ist 1857 nach einem blutigen Kampf mit dem Kabylenstamm Ait-Jraten, welcher den jetzt von der Feste eingenommenen Platz bewohnte, erbaut worden. Die Wichtigkeit der Feste hat sich zur Zeit der allgemeinen im Jahre 1871 ausgebrochenen Empörung vollkommen bewährt; während derselben hatte das Fort eine Belagerung von 63 Tagen durch die Kabylen, welche die ganze Umgegend blockirten und die französischen Dörfer, deren Bewohner sich theilweise in das Fort geflüchtet, niederbrannten, auszuhalten. Die Wahl dieses strategischen Punktes ist unzweifelhaft eine treffliche, so daß man dem Kaiser mit vollem Recht die Ehre gönnen darf, daß ein unter seiner Regierung ausgeführtes Werk seinen Namen trägt. Leider ist man in Frankreich nur zu sehr geneigt, den Namen mit der Sache zu verwechseln, und so hält man es für ein Zeichen von hohem Patriotismus, wenn man auf den Wänden öffentlicher Denkmäler und Gebäude Namen auslöscht, welche an geschichtliche Thatsachen erinnern, um sie durch republikanische Prädikate zu ersetzen, die oft gar nichts vorstellen. Dies erinnert mich an den Tag, wo ich die im Jardin des Plantes zu Paris versammelte Menge in einem Augenblick demokratischer Aufregung in Entrüstung sah über Gitter-Aufschriften verschiedener Thierbehälter, wie „Tigre royal“ statt „Tigre national“ 2c.

Das Fort National erscheint erst in seiner Eigenthümlichkeit, wenn man durch das Thor in die so benannte kleine Stadt eintritt. Diese besteht aus einer schönen Gruppe ansehnlicher weißer Häuser, welche größtentheils als Kaserne, Militair-Magazine oder Wohnungen für verschiedene Beamte dienen. Diesen officiellen Gebäuden schließt sich eine Reihe von Häusern an, deren Eigenthümer französische Handelsleute oder Kabylen sind, obwohl hier keine wirklichen Kolonisten vorhanden sind. Die Straßen dieses Militair-Städtchens sind regelmäßig, und neben den Magazinen und Niederlagen sieht man hie und da Kaffeehäuser, Trinkbuden und zwei oder drei Wirthshäuser, unter denen das von Bouelln, wo wir abstiegen, nicht übel ist.

Die Umgegend des Fort ist reich an Ebern, von denen die Offiziere der Besatzung jährlich über tausend Stück erlegen. Auch Panther sind nicht selten, und ihr Fleisch wird als Leckerbissen geschätzt; jedoch ist der durch die Thiere verübte Schaden ein so bedeutender, daß die Regierung zu deren Vertilgung Prämien ausgesetzt hat, und zwar 80 Fr. für jeden getödteten Löwen oder Panther und 5 Fr. für einen Eber.

In dem Fort National war es noch ziemlich kalt, der Winter ist dort rauh und der Schnee häufig; dessen ungeachtet giebt es ein paar hundert Meter unterhalb des Fort, dessen Höhe 961 Meter beträgt, wohlbeschützte Thäler, deren Klima mild genug ist, um den Kabylen die Zucht von Orangenbäumen, ja sogar das Gewinnen guter Früchte zu ermöglichen. Für das Fort National selbst will ich folgende meteorologische Data (nach Celsius) anführen, die ich dem erwähnten Werke der Herren Hanoteau und Letourneux entlehne: Jahresmittel 15,1°, Sommermittel 23,5°, Wintermittel 7,9°, Frühlingsmittel 12,9°, Herbstmittel 16,9°; heißester Monat (August) Mittel 25,9, kältester Monat (Januar) Mittel 0,8; mittlerer Unterschied zwischen den Maxima und Minima während 24 Stunden 13,3°; Maximum im Juli und August 36,8° und 37°. Die Minima im Januar, Februar und März fallen selten über 3 Grad unter 0. Regentage im Jahre 101, Schneetage 17, jährliche mittlere Menge gefallenen Regens 1,12 m; regenreichster Monat (Februar) 187 mm; trockenster Monat (August) 3 mm. Vorherrschende Winde: West-Nord-West; der seltenste nur im Januar wehende: West-Süd-West.

Zur Zeit meines Besuches zählte die Besatzung nicht über 1500 Mann, welche Zahl aber bei der Ohnmacht, in welcher sich die Kabylen seit ihrer letzten schrecklichen Niederlage befinden, allen Erfordernissen durchaus entspricht. Das unter der Verwaltung des Festungs-Kommandanten stehende Gebirgsland enthält eine Kabylen-Bevölkerung, stark genug, um in dringenden Fällen 30,000 streitbare Truppen zu liefern.

Aus gewisser Entfernung gesehen, unterscheidet sich der Kabyle vom Araber gar nicht; derselbe weiße Burnus, dieselben Schuhe (wenn überhaupt vorhanden), die gleiche Haltung, der gleiche Gang; aber in der Nähe betrachtet, zeigen beide Rassen bedeutende Abweichungen von einander, selbst ohne die Verschiedenheit der Sprachen zu berücksichtigen, die beide gar nicht übereinstimmen, obwohl die arabische von den Kabylen gut verstanden und wahrscheinlich einst als ihre eigene Muttersprache angenommen werden wird. Bart und Haare der Kabylen sind vielfach blond oder rothgelb, obwohl sich letztere eigentlich nur bei Frauen und Kindern beurtheilen lassen, da sich die Männer den Kopf scheeren und denselben mit einer schwarzen ledernen Kappe, seltener mit dem rothen Fes bedecken. Manche tragen Beinkleider und schützen sich gegen die Sonne durch einen roh gearbeiteten Strohhut in der Gestalt eines konischen Thurmes mit kolossalen herabgeschlagenen Rändern: eine Kopfbedeckung, die allen mohamedanischen Völkerschaften gänzlich fremd ist und gewiß aus dem fernsten Alterthume stammt. Die Frauen verschleiern ihr Gesicht nicht, was indeß dem Beschauer wenig nützt, da es außerordentlich wenig hübsche unter ihnen giebt, obwohl die Augen ausdrucksvoll sind; der Mangel an äußerer Schönheit mag wohl den harten, erschöpfenden Arbeiten zuzuschreiben sein, die den Kabylen-Frauen aufgebürdet werden, und die frühzeitig alle Jugendfrische vertilgen und namentlich den alten Frauen ein so häßliches Aussehen geben, daß man eher die Abwesenheit des Schleiers zu bedauern hat. Uebrigens sind die Kabylen bei weitem thätiger und arbeitsamer wie die Araber, besitzen auch gleich diesen hervorragende linguistische Fähigkeiten, über die man sich häufig zu verwundern hat; derartige Gelegenheiten bieten nicht allein die im Dienste der Christen stehenden Individuen, sondern auch die zahlreichen vagabundirenden Kinder, welche sich im Fort herumtummeln und durch die stete Berührung mit den Soldaten der Besatzung in wirkliche französische Gamins verwandelt werden.

Der zum Fort National gehörende, ziemlich umfangreiche Bezirk wird ausschließlich vom Kommandanten, mit Unterstützung eines von ihm ernannten arabischen Kaids, der aber keinen Antheil an Gerichtsangelegenheiten hat, verwaltet; nur französische Beamte sprechen Recht und führen alle legalen Strafen aus, welches Verhältniß allen Erfordernissen der Kabylen durchaus entspricht, und dessen Beibehaltung während einer längeren Zeit sowohl im Interesse Frankreichs wie in dem der Kabylen-Bevölkerung liegt.

Die Aussicht von der Plattform des vom Kommandanten bewohnten Hauses in der Festung ist eine wahrhaft bezaubernde. Der am 12. März noch in seinem silbernen Winterkleide erglänzende Djurjura ist vom Fort durch einen etwa 15 km messenden Raum getrennt, den mehrere mit jenem meist parallel laufende und von grünen Schluchten und Thälern ausgefurchte kleine Bergketten füllen. Der Djurjura selbst bildet den Hintergrund des Gemäldes, indem er sich als eine weiße, riesenhafte, mannigfach gezackte und gezähnte Mauer erhebt. Die Gesammtheit des Bildes erinnert an gewisse grandiose Panoramen der Schweizer Berglandschaften, doch mit dem großen Unterschiede zu Gunsten der algerischen, daß diese durch den Glanz des südlichen Himmels und der zauberischen Vegetation gesteigert sind, indem in den unteren Regionen der Gebirge Opuntia- und Oliven-Stämme in anmuthigen Umrissen auftauchen.

Ich habe es sehr bedauert, daß weder das Wetter noch die Zeit es mir gestatteten, das Innere des Djurjura-Gebirges, das während der Sommer- und Herbstmonate wegen der zahlreichen Pässe, die es durchschneiden, in allen seinen Theilen leicht zugänglich ist, näher zu untersuchen. Obwohl die Erforschung des schönen Gebirgslandes noch viel zu wünschen übrig läßt, so sind doch die dort gemachten Beobachtungen besonders in botanischer Hinsicht von großem Interesse, wie es die in dem erwähnten Werke der Herren Hanoteau und Letourneux zusammengestellten Hauptresultate beweisen, von denen ich hier einige anführen will.

Es lassen sich in dem eigentlichen Djurjura zwei scharf geschiedene Vegetationszonen unterscheiden. Dieser bildet eine Gebirgskette zwischen Tizin-Cheria und Tizi-Ujabud, die in gerader Linie eine Länge von 40 km hat und deren Kulminationspunkt, Tomgut von Lalla Khadidja genannt, sich bis zu 2308 m erhebt. Dies ist jedoch nicht viel mehr als die Höhe des Pic Azru Gugan (2209 m), des Tomgut von Aizer (2066 m) und des Pic d'Aiguilles (2036 m); alle übrigen Gipfel sind zwischen 1150—1200 m hoch.

In der unteren Zone sind 77, in der oberen 67 charakteristische Arten nachgewiesen. Unter denen der beiden Zonen sind 7 neue und dem Djurjura eigenthümlich,[1]) und 7 andere, obwohl außerhalb Algeriens bekannt, doch in diesem Lande nur auf dem Djurjura vorhanden. Endlich hat der Djurjura 18 Arten mit dem Berge Tabor und 13 Arten mit dem Aures-Gebirge gemein. Die auf dem Djurjura nachgewiesenen 144 Arten bilden nur einen kleinen Theil der in der gesammten großen Kabylie (La grande Kabylie) vorhandenen Arten. Diese hat zwar keinen großen Umfang, indem er annähernd dem des Distrikts von Dellys entspricht, und doch zählt ihre Flora nach Angabe der Herren Hane-

[1]) Isatis Djurjuræ, Genista Kabylica, Leontodon Djurjuræ, Euphorbia cernua, Mattia gymnandra, Odontites Djurjuræ, Isoetes Perraulderiana.

teau und Letourneux nicht weniger als 1277 Arten. In dieser Aufzählung bezeichnet die geringe Zahl der Farren (18 Arten) einen für die Flora Algeriens, in welcher diese Familie nur schwach vertreten ist, überhaupt charakteristischen Zug. Der Feigenbaum und die Pinus maritima fehlen dem Djurjura; dagegen sieht man dort in der Meereshöhe von 1200 und 1300 m Gruppen von Cedern, während der Oelbaum sich bis zur Höhe von 1100 m zeigt.

Unter den geologischen, von jenen Forschern nachgewiesenen Erscheinungen ist das Vorhandensein der Nummuliten-Formation auf dem höchsten Punkte der Kette (Lalla Khadidja 2308 m) die interessanteste. Die wichtige Thatsache beweist die ziemlich späte Erhebung des Djurjura, welche nur während der mittleren Tertiärperiode (Miocäne), also etwa in der Epoche der Erhebung der Schweizer Alpen, stattfinden konnte. Außerdem scheint der Djurjura zur Zeit seiner Erhebung aus dem miocänen Meere nicht seine heutige Höhe besessen, sondern solche erst in der quartären Periode erreicht zu haben, da mächtige Ablagerungen des letzteren Zeitalters den südlichen Abhang des Gebirges bekleiden.[1])

Der Granit, Gneis und Glimmerschiefer, diese gewiß primären Felsarten, welche die Gegend des Fort National bilden, wechseln mit weißem Kalkstein von muscheligem Bruch, der eine Menge Krystalle von Schwefeleisen enthält; der Kalkstein, frisch angeschlagen, hat zuweilen einen stinkenden Geruch.

Der Kommandant Cary hatte die Güte, uns in seinem Wagen nach dem schönen Wege zu führen, an dem man eifrig arbeitete, um das Fort National mit Beni-Mansur und, den Djurjura übersteigend, mit der Stadt Bougie zu verbinden. Die Straße war auf einer Linie von 15 km vollständig fertiggestellt, so daß wir sie schnell zurücklegten, stets die Blicke auf das herrliche Panorama von Djurjura gerichtet.

Während meines kurzen Aufenthaltes im Fort National vermochte ich mir kaum einen richtigen Begriff von der Flora desselben zu machen. Sie erinnerte mich an die der höheren Punkte der Umgegend von Algier, wo jedoch die Sträucher von Ulex africanus viel seltener zu sein schienen, als auf den Felsen des Fort; außerdem fand sich hier noch eine Menge der schönen und seltenen Saxifraga atlantica.

Während der heißen Sommermonate ist das Fort National

[1]) La Kabylie etc., T. I, p. 37.

ein höchst angenehmer Aufenthalt, bei weitem den gepriesenen Schweizer „Chalets“ überlegen, wo man die kühle Luft nur zu oft mit Regen und Schnee zu bezahlen hat. — In der Jahreszeit, von der hier die Rede, hatte der Nordwind die Temperatur so gemäßigt, daß Ausflüge in das Gebirge nicht mehr angenehm waren; deshalb mußten die Besuche, welche wir gewissen Kabylen-Dörfern zugedacht, deren Bewohner im Lande durch Töpferarbeiten berühmt sind, aufgeben. Wir hatten einige sehr zierliche, originelle Proben im Fort National erhalten, die wir mit vielen anderen Gegenständen nach unserem Hause in Florenz sandten. Mit Vergnügen aber nahmen wir den vom Kommandanten gemachten Vorschlag an, ein in der Nähe der Forts gelegenes Dorf zu besuchen, um wenigstens einen Begriff vom Innern eines Kabylen-Hauses zu erhalten.

Am schönen, aber sehr kühlen Morgen des 13. März bestiegen wir unsere Pferde, um nach dem Dorfe Tedort Uflilà zu reiten, das auf dem Gipfel eines Hügels, etwa eine Stunde nördlich vom Fort liegt. Wir nahmen einen recht guten, von den Franzosen angelegten Weg längs der Abhänge der welligen Anhöhen, welche die Vorberge des Djurjura bilden. Die Gegend war mit Kermèseichen, Korkeichen, Sträuchern von Genista, Spartium &c. bekleidet; hie und da erschienen auch einige Weingärten, aber keine Olivenbäume, da diese die hiesigen Winter nicht ertragen und der Schnee mitunter zwei Wochen lang auf dem Boden verbleibt.

Am Eingange des Dorfes, zu welchem ein bequemer Pfad hinansteigt und das aus etwa 60 Häusern mit ungefähr 200 Einwohnern besteht, erwartete uns der Kaid in einem blendend weißen Burnus, ein sehr schöner Mann, dessen Benehmen und Sprache jene harmonische Vereinigung von Höflichkeit und Würde zeigten, die den Orientalen überhaupt in einem für Europäer unerreichbaren Grade eigen ist. Er führte uns sogleich an den höchsten Ort des Dorfes, der eine prachtvolle Aussicht auf den Durjura gewährt und bot uns hierauf in seiner mit orientalischer Einfachheit möblirten Wohnung ein halb arabisches, halb europäisches Frühstück an. Das nationale Element war durch Kußkuß (Maismehl in Butter geröstet), gebratenes Hammelfleisch und Kuchen mit Honig vertreten; Gabeln und Messer repräsentirten Europa, aber es fehlte der Wein, den kein arabischer Beamter in seiner Wohnung und in Gegenwart seiner Glaubensgenossen dulden würde, obwohl er solchen gern in einem christlichen Hause annimmt. Nach dem Frühstück begleitete unser liebenswürdiger Amphytrion meine Frau in seinen Harem. Vielweiberei, welche zwar dem Islamismus, von dem jedoch die Kabylen sehr laue Anhänger wie auch ganz frei von Fanatismus und Unduldsamkeit sind, eigen ist, findet bei ihnen nur selten statt; auch enthält ihr Harem gewöhnlich nur eine Frau, die mit ihr erzeugten Kinder und einige Verwandte der beiden Gatten. Um uns zugleich einen Beweis für den Unterschied zwischen arabischen und ihren eigenen Sitten und Grundsätzen zu geben, gestattete der Kaid auch mir den Eintritt in den sehr bescheidenen Harem eines anderen, weniger reichen und vornehmen Kabylen, der nur aus dessen Frau, seinen zwei Schwestern und der Mutter bestand. Diese an der Stirn absonderlich tätowirten und an den Armen mit schweren silbernen Ringen beladenen Damen begrüßten mich mit einem ganz korrekt ausgesprochenen französischen „bon jour“ und mit kräftigem Shake-hands, das dem rüstigsten John Bull Ehre gemacht haben würde. Die kleine Stube enthielt alle Hausgeräthe und stand mit einem für die Hausthiere (Kuh, Schafe und Geflügel) bestimmten Raume in Verbindung; eine an der Decke angebrachte Oeffnung diente zum Abzug des Rauches, der sich auf dem in der Mitte der Stube angebrachten Herde entwickelt.

Am 14. März verabschiedeten wir uns von Herrn und Frau Carry, deren unermüdliche Gastfreundschaft unsern Aufenthalt im Fort National so angenehm und belehrend gestaltet hatte, und kehrten auf dem bekannten Wege, wieder in Tizi-Uzum übernachtend, nach Algier zurück.

Schon am folgenden Tage reisten wir nach Blidah ab, einem Orte, der jetzt fast zum Spaziergang für die Bewohner Algier's geworden ist, weil nun die Eisenbahn dorthin in drei Stunden führt, während es mir vor 30 Jahren, als ich diese Gegend zum ersten Male besuchte, unmöglich war, bis nach Blidah vorzudringen. Ich mußte mich damals begnügen, das arabische Dorf durch mein Fernrohr zu beobachten, und zwar in der ziemlich respektvollen Entfernung, in welcher die zur Rekognoscirung abgesandte Militär-Expedition Halt machte. Dank der Freundlichkeit und den liberalen Gesinnungen des Generals Lamoricière, der mich stets mit einem Vertrauen beehrte, das sein Vorgesetzter, der General-Gouverneur, mir verweigern zu müssen glaubte, war es mir erlaubt worden, mich jener Expedition anzuschließen. Letzterer meinte, in hohem Grade Geheimnißvolles und Verdächtiges in der Erscheinung eines halb orientalisch gekleideten (ich kam eben aus Central-Asien) und mit den Arabern vertraulich sprechenden Russen zu entdecken. Auch als ich den Vorschlag machte, als Volontair an dem um Constantine bevorstehenden Kampfe Theil zu nehmen, ließ mir Se. Excellenz offiziell antworten, daß er nicht wünsche, mich in Constantine zu sehen, auch darauf bestehe, daß ich meinen Aufenthalt in Algier nicht verlängerte, ein Begehren, dem ich ohne Zeitverlust willfahren zu müssen glaubte. Und so begab ich mich sogleich nach Tlemcen, wo Abd-el-Kader herrschte, der sich beeilte, mir seinen damals ziemlich kräftigen Schutz angedeihen zu lassen. Nur mit Hilfe dieses mächtigen Einflusses konnte ich mich nach Spanien einschiffen und so den Maßregeln entgehen, zu denen sich der General-Gouverneur vielleicht einem Fremden gegenüber verpflichtet fühlte, den seine Einbildung zu einem gefährlichen diplomatischen Agenten Rußlands gestempelt hatte.

Diese Erinnerungen wurden unwillkürlich bei mir wach, als wir durch die schöne Ebene von Mitidja, in welcher jeder Schritt etwas aus meinen früheren afrikanischen Wanderungen ins Gedächtniß zurückrief, dahinrollten. An einigen Punkten, z. B. bei Beni-Merit, 6 km von Blidah, ward dieselbe zu einem blühenden, mit Oleander, Opuntia, Agave, Eucalyptus &c. geschmückten Garten, während im Hintergrunde des Bildes sich das imposante Gebirge Muzaïa, noch mit Schneeflecken bedeckt, erhob. Zu unserer Rechten krönte Kolea malerisch eine Anhöhe; in der Ebene tauchten mehrere Dörfer eines nach dem andern auf, wie Montpensier, Joinville, Dalmatie u. a.; endlich in der Ferne schlängelte sich, einem silbern glänzenden Bande gleich, der Mazafran, zu dessen Zuflüssen die Chiffa gehört.

Schöne beschattete Alleen und Gruppen grüner Gärten kündigten die Nähe Blida's an, eines Städtchens, das, wie so viele in Algerien malerisch gelegen, gewissermaßen durch Zauberkraft aus der Mitte armseliger Zelte und Hütten herausgewachsen zu sein scheint und jetzt über zehntausend Einwohner, unter ihnen nur ein Viertheil Araber, zählt. Europäisch gebaute Häuser sind vorherrschend und machen zum Theil einen günstigen Eindruck, z. B. die geräumigen Kasernen, in denen 4000 Soldaten bequem untergebracht werden können. Die Straßen sind regelmäßig, und durch deren schönste, Babes-Sebt, die mit Orangenbäumen besetzt ist, betritt man die Stadt, wenn man von Algier kommt. In ihrer Nähe liegen die Wirthshäuser, wo die Fremden zwar nicht den Luxus und raffinirten Comfort Europa's, doch aber alles finden, was einen Aufenthalt angenehm, bequem und belehrend zu machen im

Stande ist. Ein solcher kann jedenfalls nur kurz sein; wie der größte Theil algerischer Orte, so bietet auch Blidah nicht, wie es in Italien oder Spanien der Fall, glänzende historische Erinnerungen oder Meisterwerke der Kunst, keine Denkmäler, keine alten Gebäude, Gemäldegalerien u. dgl. Der Reiz, den Blidah wie so viele seiner algerischen Gefährtinnen besitzt, beruht ausschließlich auf dem erhabenen Werke der Natur; ist man nicht Maler oder Naturforscher — wenige fremde Besucher zählen zu letzteren — so nimmt die Betrachtung der Natur nicht viel Zeit in Anspruch und es genügen für den Touristen meist ein paar Stunden, die dem Chiffa-Engpaß und dem Gebirgsbache von Oued-Kebir gewidmet werden. Dann verläßt der Tourist Blidah wieder, um anderweitig nach neuen Reiseeindrücken zu haschen. Da ich als schwerfälliger Naturforscher den Eilfahrten dieser so leicht ausgerüsteten Herren nicht zu folgen vermag, so verweile ich hier längere Zeit, um Sie nicht nur nach jenen beiden Punkten zu führen, sondern auch noch andere interessante Orte anzureihen, welche diese an Naturschönheiten aller Art überreiche Gegend aufweist.

Der sogenannte ravin de l'Oued-Kebir ist das Bett eines mit diesem Namen bezeichneten Flüßchens, das einen Theil Blida's durchströmt und dessen Bett von ungeheuren Felsblöcken und Schutthaufen bedeckt ist. Es enthielt jetzt nur einen schmalen, aber schnell fließenden Wasserstreifen, der in der Regenzeit zu einem wüthenden Strom anschwillt, wie es die Größe der von ihm abgesetzten Blöcke beweist. An beiden Seiten ist das Bett des Oued-Kebir von Kalksteinhügeln mit stark aufgerichteten Schichten eingefaßt.

Nachdem wir binnen etwa einer halben Stunde die Anhöhen, welche das rechte Ufer des Oued-Kebir bilden, überstiegen hatten, gelangten wir an einen arabischen Todesacker, in dessen Mitte sich zwei mit Fahnen geschmückte Marabut erheben. Die Grabdenkmäler der Araber bestehen nicht in vertikal gestellten und durch einen Turban gekrönten Steinplatten oder Säulen, welche dem türkischen Todesacker einen so pittoresken Anstrich verleihen; den maurischen Grabsteinen fehlt die turbanförmige Endspitze, und sie tragen einzig den Namen des Verstorbenen, häufig mit mehreren Versen aus dem Koran. Trotz seiner außerordentlichen Einfachheit hat jener kleine arabische Todesacker mit seinen hundertjährigen Olivenbäumen etwas Feierliches. Das an diesem einsamen Orte herrschende Schweigen wird nur einmal im Jahre unterbrochen, wenn der Strom zur Zeit des Schneeschmelzens mit Getöse die Trümmer dahinrollt, die er am Fuße der Gräber absetzt, als wollte er die Menschen mahnen, daß alles in der Natur Lebende oder Unorganische bestimmt sei, in Schutt und Staub verwandelt zu werden.

Die in Algier schon üppig entfaltete Vegetation war längs der Ufer des Oued-Kebir noch wenig vorgerückt, deren steiniger und dürrer Boden übrigens dem Pflanzenleben nicht günstig ist. Deshalb meinte ich, denselben nicht weiter als bis zum arabischen Todesacker hinauf untersuchen zu müssen, zumal das ausgetrocknete Bett außer seinem malerischen Anblick nichts Außerordentliches bot; es wiederholt sich nur das Bild reißender Ströme, wie man es oft in weit größerem Maßstabe in vielen Gebirgsgegenden Europa's zu sehen Gelegenheit hat.

Ganz anders verhält es sich mit dem Chiffa-Engpaß, der nicht zu den Oertlichkeiten gehört, wie man sie anderswo häufig zu sehen bekommt, und so beeilten wir uns denn (am 16. März), dorthin einen Ausflug zu unternehmen.

Zunächst dem fast trocknen Bett des Oued-Kebir folgend, dessen rechtes Ufer aus mächtigem, horizontal geschichtetem Sand und Gerölle besteht, überschritten wir dasselbe auf einer Brücke, folgten dann dem linken Ufer, setzten auf einer steinernen Brücke am Orte ihrer Vereinigung mit dem Oued-Kebir über die Chiffa und bogen endlich links ein, um nun das Gebirge zu erreichen. Eine Stunde von Blidah entfernt, folgten wir weiterhin dem Bett der Chiffa und betraten bald den Engpaß, dessen Berge an beiden Seiten bewaldet sind: in der untern Region Olivenbäume, in der oberen Quercus balotta, Thuya articulata, Juniperus oxycedros u. a.

Die Felsart des Gebirges ist ein Kalkstein, weiß und von compakter Textur, oder bläulich mit glänzender, schillernder Oberfläche und schiefriger Struktur, im Aussehen ganz den thonigkalkigen Schieferplatten entsprechend und von Quarzadern durchsetzt. Die stratigraphischen Verhältnisse sind ebenfalls veränderlich, denn auf gewissen Punkten sind die Schichten wenig geneigt, während sie auf andern (und das ist meist der Fall) fast vertikal aufgerichtet stehen. Häufig zeigen die den Engpaß begrenzenden Berge ein muldenförmiges Fallen der Schichten, so daß sie von beiden Seiten der Schlucht gegen einander neigen, was anzudeuten scheint, daß diese mehr durch Einsinkung und Zusammenstürzen, als durch eine von unten nach oben wirkende Kraft gebildet worden ist.

Je mehr wir den Engpaß hinanstiegen, um so enger, aber auch malerischer wurde derselbe, besonders oberhalb der Affenschlucht

(Ravin des Singes) auf die ich, als auf den interessantesten Punkt, sogleich zurückkommen werde. Der Anblick, den letztere an ihrer engsten Stelle gewährt, ist ausnehmend schön: an beiden Seiten ergießen sich schäumende Wasserfälle, die wie silberne Streifen über die an der Sonne glänzenden Flächen der dunklen Kalkplatten dahingleiten.

Wir überschritten die Chiffa auf einer steinernen Brücke und sahen links auf dem Gipfel eines Hügels ein kleines Haus, die Wohnung des Ingenieurs, der den hier begonnenen, aber wegen zu starken Andranges unterirdischer Gewässer aufgegebenen Bergbau auf Kupfererz geleitet hatte. Weiterhin wird die fortgesetzt ansteigende Schlucht breiter, aber die Berge verlieren an Höhe und rücken auseinander. Endlich gelangt man an die Stelle, wo sich ein altes arabisches Kaffeehaus (Camp des chênes) befindet, und wo das Klima ein verhältnißmäßig kaltes sein muß, da dort der Eucalyptus nicht zu gedeihen scheint, wenigstens nach dem noch aufrechtstehenden verdorrten Stamme eines Baumes (Eucalyptus squarziana), welcher der Wintertemperatur unterlegen war, zu urtheilen. Die gegenwärtig in ein Försterhaus verwandelte arabische Kaffeeschenke bezeichnet ungefähr die nördliche Endspitze der Schlucht.

Von hier kehrten wir nach der Affenschlucht zurück, wo wir in dem hart an derselben liegenden Wirthshause unser Frühstück bestellt hatten. Dieses enge Thal ist durch einen Bach, dessen Bett mit Felsblöcken übersät ist und der in die Chiffa (linkes Ufer) mündet, gebildet worden.

In den bewaldeten, dieses Seitenthal der Chiffa umsäumenden Berge wohnen Affen, von denen in Algier viel gesprochen wird, ohne daß es fremden Besuchern gelänge, sie häufig zu Gesicht zu bekommen. Wir hatten das Glück, mehrere an den Zweigen der das Wirthshaus umgebenden Bäume kletternd und hüpfend zu erblicken.

Nun machten wir eine Excursion in die Schlucht hinauf, indem wir am linken Rande derselben auf ungeheuren Kalkschiefer- und Quarz-Felsblöcken in die Höhe stiegen. An einer Stelle finden sich Ueberbleibsel eines Akklimatisations-Gartens, von dem noch mehrere in früherer Zeit kultivirte fremde Bäume kräftig weiter gedeihen: Acacia distachya, die in voller Blüthe stand; Habrothamnus elegans, der seine schönen rothen Kronblätter entfaltete, u. a. In diesem Garten hatte man die Theestaude und den Cinchona-Baum anzubauen versucht, was mit der Zeit höchst wahrscheinlich trefflichen Erfolg gehabt hätte; da der Garten aber nur zehn Jahre unterhalten wurde und dann finanzielle Schwierigkeiten zur Aufgabe desselben nöthigten, überließ man alle Pflanzen sich selbst, und so sieht man hier exotische, jetzt verwilderte Gewächse, deren ich über 14 Arten zählte,[1]) ebenso schnell wachsen und sich kräftig entwickeln, wie die der einheimischen Flora angehörenden Arten. Letztere bedürfte übrigens nicht einmal der Unterstützung eines fremden Elements, denn trotz der ungeheuren Anhäufung von Felsblöcken und abschüssigen Felsflächen, die das Aufsteigen in die Affenschlucht ziemlich beschwerlich machen, zeigt dieselbe eine prachtvolle Vegetation. Von den auf allen Felsen wuchernden Bäumen und Sträuchern sind zu nennen: der Olivenbaum, die Phyllerea, der Johannisbrotbaum, der Lorbeer, die Lorbeerrose, die Pappel, der Jasmin, die Tamariske ꝛc., während die krautartige Vegetation sich reich an Farren zeigt, was in Algerien, wo diese wichtige Familie ziemlich karg vertreten (sie zählt nur 24 Arten), selten der Fall ist. In der kleinen Affenschlucht beobachtete ich 13 Arten, was ihr in botanischer Hinsicht ein ganz besonderes Interesse verleiht.[2])

Wir wendeten uns nun nach dem Chiffa-Engpaß und auf dem früheren Wege nach Blidah zurück.

Der Engpaß der Chiffa, dessen gesammte Länge 10 km beträgt, ist sowohl in malerischer Beziehung wie in Betreff seiner Vegetation und geologischen Beschaffenheit sehr merkwürdig. Zwar sind mir die Gründe unbekannt, die mehrere Geologen, vor Allen Herrn Renou bewogen haben, die den Schlund bildenden Felsarten in die Kreideformation zu versetzen und ist es wahrscheinlich, daß sie ihre Bestimmung auf paläontologische Rücksichten stützen; aber da ich nicht die geringste organische Spur zu entdecken vermochte, kann meine Ansicht nur auf den oryctognostischen Charakteren und dem allgemeinen Aussehen jener Felsarten beruhen. Unter diesem Gesichtspunkte betrachtet, machten sie auf mich den Eindruck viel älterer Formationen, an gewisse devonische, ja selbst silurische Kalk-

[1]) Vgl. Belegstücke VIII.

[2]) Die von mir in der Affenschlucht beobachteten Farren sind: Grammitis leptophylla, Ceterach officinarum, Polypodium vulgare, Aspidium aculeatum et fragile, Asplenium trichomanes, Asplenium adianthum nigrum, Scolopendrium officinale, S. hemionitis, Pteris aquilina, Pteris lanceolata (ausschließlich Blidah angehörend), Adiantum Capillus-Veneris, Molinia rivulorum, Pomel (Algerien eigenthümlich).

steine und Thonschiefer erinnernd. Ich will jedoch von vornherein bemerken, daß es mir wohlbekannt ist, wie unzuverläßlich und trügerisch Altersbestimmungen solcher Art ausfallen; wenn die schiefrigen und glänzenden Kalksteine der Chiffa-Schlucht trotz ihres Aussehens wirklich viel jüngeren Alters sind, so würden sie den schon zahlreich vorhandenen Beispielen von dem auffallenden Gegensatze zwischen dem oryctognostischen Charakter und dem gesammten Aussehen mancher Gebirgsarten und ihrem geologischen Alter nur ein neues hinzufügen.

Was die Vegetation der Chiffa-Schlucht betrifft, so genügt für deren Reichthum und Mannigfaltigkeit die Bemerkung, daß ich auf dem 10 km langen, sehr schmalen Streifen zwischen dem Eingange in den Engpaß und dem Försterhause (mit Ausschluß der exotischen in der Affenschlucht wachsenden Pflanzen) 143 Arten, von denen 74 blühend, verzeichnen konnte.[1])

Gilt nun auch der Engpaß der Chiffa mit Recht wegen seiner Naturschönheiten als der hervorragendste Punkt dieser Gegend, so gewährt doch auch Blidah ein großes Interesse in Betreff gewisser Produkte menschlicher Arbeit und Industrie; dahin gehören die Orangen-Plantagen, der heilige Hain (le Bois sacré) und der sogenannte Neue Garten.

Die Kultur des Orangen- und Citronen-Baumes, einschließlich verschiedener Spielarten, nimmt in Blidah und dessen nächster Umgegend annähernd eine Fläche von 160 Hektaren mit 30,000 Bäumen ein. Das Erzeugniß derselben bildet einen nicht unwichtigen Handelsartikel nach dem Auslande; unter Abzug des in Algier selbst Konsumirten kann man annehmen, daß jährlich über 15,000 Kisten nach Frankreich und England zum mittleren Preise von je 17 Frcs. ausgeführt werden, was die für ein Städtchen von 10,000 Einwohnern beträchtliche Summe von 255,000 Frcs. ergeben würde. Uebrigens ist das in Blidah Wachsende nur ein sehr geringer Theil dessen, was die großen Orange-Plantagen der sich anschließenden Gegend, welche die Ebene von Mitidja, Kolea und Cherchell umfaßt, liefern.

Die Bedeutung dieser Kultur liegt weniger in der Ausdehnung oder Zahl ihrer Erzeugnisse, als in der Güte derselben, denn schwerlich giebt es wohl in Europa einen Ort, wo jene köstliche Frucht in gleichem Grade wie hier (und in Bougie) das erwünschte

---

[1]) Vgl. Belegstücke VII.

Verhältniß zwischen den süßen und sauren Bestandtheilen, unter Bewahrung der aromatischen Eigenschaften, enthält, und gerade diese glückliche und seltene Combination ist es, welche die Orangen Blidah's über die berühmtesten Nebenbuhler von Andalusien, Sicilien und Malta erhebt. Und doch liegt Blidah nicht am Meeres-Niveau, sondern in einer Höhe von 250 m, und die Verschiedenheit der jährlichen Temperaturen zwischen Blidah und Algier ist sogar größer, als die altidudinalen Verhältnisse beider Städte es erwarten lassen; dagegen ist die mittlere Sommertemperatur in Blidah höher als in Algier, während das Gegentheil für den Herbst und Winter, nicht aber für den Frühling stattfindet, wie es folgende Data beweisen: [1])

	Algier.	Blidah.
Mittlere Temperatur des Winters:	12,5	10,6
" " " Frühlings:	16,0	16,2
" " " Sommers:	23,7	26,6
" " " Herbstes:	19,6	17,6

Ohne den Vorzug produktiver Industrie oder des praktischen Nutzens zu besitzen, verdienen auch der heilige Hain und der Neue Garten die Aufmerksamkeit des Fremden: ersterer als ein altes Kultur-Denkmal aus der Zeit der arabischen Herrschaft, der andere als ein merkwürdiges Beispiel für die günstigen Bedingungen, die der Boden und das Klima Blidah's genießen.

Der heilige Hain, auch Olivenhain genannt, ist eine Vereinigung verschiedener Bäume und Gebüsche, welche, einst von den Arabern um ein Marabut gepflanzt, noch heute für sie ein Gegenstand tiefster Verehrung sind. Ursprünglich einer religiösen Erinnerung zu Ehren angelegt, vermehrten sich diese Pflanzungen mit der Zeit derart, daß sie jetzt einen beträchtlichen, dem Publikum zum Genusse überlassenen Raum einnehmen; sie sind durch keine Umzäunung abgeschlossen und schließen sich an die Gemüsegärten der Stadt an. Die dichten Baumgruppen haben etwas Ehrwürdiges,

[1]) Ich habe die Mittel der vier Jahreszeiten in Blidah nach den Angaben bezeichnet, die sich in dem Werke des Herrn Dr. E. Landovski: Algérie au point de vue climato-thérapique etc. (p. 50) befinden, obgleich die Beobachtungen nur ein einziges Jahr gemacht wurden; die mittlere Jahreszeiten-Temperatur in Algier ist auf die mir von Herrn Bulard mitgetheilten Werthe gegründet, die mit denen des Herrn Landovski nicht übereinstimmen.

und ihre kunstlose Vertheilung, wie auch der Mangel an allen regelmäßigen Wegen, deuten darauf hin, daß der einsame Garten der Vergangenheit, nicht aber der Jetztzeit angehört.

Unter den sehr alten Olivenbäumen, die sich dort befinden, habe ich Stämme von 4,35 m und 4,10 m Umfang gemessen; auch die baumartige Heide (Erica arborea) ist von ungewöhnlicher Stärke. Die Mehrzahl der Bäume gehört zu den exotischen, deren ich 40 Arten, 17 in der Blüthe, zählte und von denen ein Eucalyptus globulus erwähnt sei, dessen Stamm dünn und gerade wie der Mastbaum eines Schiffes zu der Höhe von 30 m emporschießt. Auch habe ich dort eine Magnolia Yulan in Blüthe bemerkt, einen in Algerien wenig kultivirten Baum. Er gedeiht hier nicht gut, während er doch das Klima von Paris erträgt, wo man ihn in den Champs Elysées blühend antrifft.

Wie der heilige Hain als eine Erinnerung an die Vergangenheit merkwürdig, so ist es der Neue Garten wegen seines sehr jugendlichen Alters; vor zehn Jahren noch war der heute zierlich eingezäunte, mit schönen Pflanzungen besetzte und von schattigen Wegen durchzogene Raum nur ein Theil der Ebene, wo man Schutt und Unrath der Stadt abwarf. Diese kurze Zeit reichte hin, den hier kultivirten exotischen Gewächsen (ich zählte 43 Arten, unter ihnen 19 blühende) [1]) trotz der heftigen atmosphärischen Krisen, denen Blidah und Algier (obwohl nur sehr selten und in exceptionellen Jahren) ausgesetzt sind, eine außerordentliche Entwickelung zu Theil werden zu lassen. Wir befanden uns gerade in einem solchen Jahre, da nicht nur in Algier und in Blidah der Winter viel kälter als gewöhnlich auftrat, sondern auch die äquinoktiale, unter allen Breiten fühlbare Katastrophe in Algerien überhaupt mit seltener Heftigkeit gewüthet hatte. Während unseres Aufenthaltes in Blidah war die Temperatur plötzlich so tief gefallen, daß wir das Thermometer in unserem Wirthshause trotz des kräftig lodernden Kaminfeuers nicht auf einen höheren Stand als 12 Grad C. bringen konnten, während die Gebirge sich mit Schnee bedeckten. Dies machte den beabsichtigten Ausflug nach dem Cedernwalde unmöglich, so daß wir uns auf die nächste Umgegend der Stadt beschränken mußten. Es lag mir daran, Blidah nicht vor dem 18. März zu verlassen, um noch dem religiösen Feste beizuwohnen, das an diesem Tage auf dem obenerwähnten arabischen Todtenacker statt-

[1]) Vgl. Belegstücke X.

finden sollte. Diese in allen mohamedanischen Ländern bestehende, dem Geburtstage des Propheten gewidmete Feier, das Fest des Maulud, gewinnt in Blidah eine besondere Wichtigkeit, weil der Todesacker dieser Stadt die Ehre hat, das Grab des Marabut Sidi-el-Kebir zu besitzen. Die Festlichkeit sollte unter Fackelschein stattfinden, und die zahlreiche Volksmenge, welche schon seit mehreren Tagen aus allen Nachbarstädten und Dörfern herbeigeströmt war, versprach, das Fest zu einem großartigen zu gestalten.

Der solenne Tag wurde schon sehr früh durch eine Prozession eingeleitet, die sich trotz Wind und Regen nach dem heiligen Hain begab, um den dort ruhenden Heiligen zu begrüßen. Die an seinem Grabe vollzogene Ceremonie erinnert an die frommen Betrügereien, deren sich die Priester des Alterthums (ohne ihrer christlichen Nachfolger zu gedenken) so oft bedienten. Ein Marabut, der in das Innere des Cenotaphen, welcher das Grab des Heiligen bedeckte, gekrochen war, ließ unverständliche Laute und Gemurmel hören, die die Menge als Widerhall der zwischen dem Heiligen und dem Marabut gepflogenen Unterhaltung mit Ehrfurcht auffing; das Volk beeilte sich, zahlreiche Goldstücke auf das Grab niederzulegen, die dem frommen Marabut eine Entschädigung für die Lungenanstrengung gewesen sein mögen, welche die heilige, aber recht laute Unterhaltung gefordert hatte.

Der große Marabut des Todtenackers war vom Himmel mehr begünstigt, als sein weniger bedeutender Gefährte vom heiligen Haine, denn nach Sonnenuntergang hörte der Regen auf und die Witterung wurde heiter. Wir beeilten uns, das Thal der Oued-Kebir zu erreichen und erstiegen es bis zum Todtenacker, wo sich unsern Blicken ein wahrhaft bezauberndes Schauspiel darbot. Die schönen, den Todtenacker einrahmenden Felsen, sowie der weite, mit Begräbnißsteinen besäete Raum glühten von tausend Lichtern, welche die weißen Mäntel der in höchst pittoresker Art gruppirten Araber beleuchteten: einige um einen Herd hockend, auf dem ein an einen starken Spieß gestecktes Schaf briet, andere auf den Felsen in orientalischer Ruhe stehend, weißen marmornen Statuen gleich, noch andere endlich sich an die Processionen drängend, die nach dem Grabe des Sidi-el-Kebir, dem Brennpunkte der ganzen Festlichkeit, zogen. Unter den die Procession bildenden Individuen gebührte der erste Platz den Trägern der aus Eisendraht geflochtenen, pyramidenförmigen, mit Blumen und brennenden Kerzen geschmückten Gerüste, bewegliche Illuminationen, die, obwohl ziemlich primitiver Art, eine feenartige

Wirkung hervorbrachten, sobald man sie an langen horizontalen Stangen, deren Enden von je einem Manne gefaßt waren, sich wiegen und durch die Menge wie funkelnde Meteore bewegen sah. Endlich hielten sie am Grabe des Sidi-el-Kebir still; dort stimmten die Prozessionen und die begleitenden Schaaren heilige Lieder an, auf welche die Weiber mit einem gellenden Geschrei, das lebhaft an das Kläffen der Schakale erinnerte, antworteten. Nicht allein die Theilnehmer an den Prozessionen, sondern auch die ihnen folgenden und sie umringenden Zuschauer trugen brennende Wachslichter in der Hand, welche von dem Marabut am Eingange des Todtenackers sowohl Muhamedanern als Christen dargereicht wurden. Während die Prozessionen in allen Richtungen den Todtenacker durchstreiften, sich mannigfach kreuzend, sah man zahlreiche Gruppen, welche die in malerische Lumpen gehüllten Improvisatoren umringten, deren Erzählungen und Possen lautes Gelächter unter den gleichfalls mit Wachslichtern versehenen Zuschauern erzeugten.

Wir hatten Mühe, uns durch die Menge von etwa 6—8000 Individuen zu drängen und in das Oued-Kebir-Thal hinabzusteigen, um dort unser kleines Fuhrwerk aufzusuchen, das uns dem Wirthshause wieder zuführen sollte.

Die religiöse Feierlichkeit währte nicht bloß die ganze Nacht des 18. März, sondern wiederholte sich während einer ganzen Woche in allen von Muhamedanern bewohnten Städten, vornehmlich in Blidah wegen der großen Ehrfurcht, die sich dort an das Gedächtniß des Sidi-el-Kebir knüpft. Zwei Thatsachen fielen mir bei der Feierlichkeit besonders auf: die große Gutherzigkeit und die religiöse Duldsamkeit, indem die Araber den Christen nicht nur gestatteten, an ihrem heiligen Feste Theil zu nehmen und ihnen sogar Wachslichter überreichten, sondern ihnen auch erlaubten, jeden Platz zu besuchen, ohne die geringste Rücksicht auf Geschlecht, Nationalität oder Religion. Einige Europäer, wie meine Frau und ich, befanden sich mitten unter den arabischen Frauen, und selbst das heilige Gebiet des Marabut-Grabes betraten wir ohne die geringste Aeußerung des Verdrusses oder Zornes von Seiten der Araber, die uns im Gegentheil bewillkommneten und zuweilen in gebrochenem Französisch anredeten. Die zweite, mir sehr merkwürdig erscheinende Thatsache war das vollkommene Fehlen von Exaltation oder leidenschaftlicher Erregung in der Ausübung ihrer religiösen Ceremonien, so daß die Feierlichkeit im Ganzen den Charakter eines internationalen fröhlichen Festes hatte, zu welchem alle Menschen eingeladen waren.

Welch' ein greller Gegensatz zwischen diesem Bilde und dem, welches religiöse Festlichkeiten anderer muhamedanischer Länder darbieten! Und doch sind die wüthenden Fanatiker von Mekka, Medina, Damaskus, Bagdad 2c. dieselben Araber, die Algerien bewohnen. Jeder, der in der Türkei, Persien und in anderen muhamedanischen Ländern Gelegenheit hatte, religiösen Festen beizuwohnen, weiß, wie gefährlich es für Christen ist, sich in die fanatische Menge zu drängen, und sollte sich ja ein Mann erlauben, zwischen die muhamedanischen Frauen zu treten, so würde er diese Frechheit wahrscheinlich mit dem Leben büßen. Solcher religiösen Feste habe ich unter den Türken und Arabern Syriens mehrere kennen gelernt; jedesmal mußte ich mich in großer Entfernung von der Menge halten und mich noch sehr glücklich schätzen, wenn ich nicht mehr belästigt wurde, als etwa durch einen Nachzügler oder Passanten mit den Worten: Giaur, Koepek (Hund), Domuz (Schwein), Pezewenk (Mädchen-Lieferant). Man kann also jene auffallende religiöse Toleranz der Araber Algeriens nur als eine Folge des wohlthätigen Einflusses, den die Franzosen ausgeübt haben, erklären, eine Toleranz, die nicht durch Furcht aufrecht erhalten wird, da sich in der ungeheuren Menge rohen Pöbels, das sich in dem arabischen Todtenacker Blidah's drängte, kein einziger Polizeibeamter oder französischer Soldat sehen ließ; ohnehin würde es ihnen unmöglich gewesen sein, die isolirten Europäer vor Mißhandlungen zu schützen oder die Schuldigen zu bestrafen.

Obwohl jene religiöse Feier vom Himmel begünstigt war, der, gleichfalls dem Propheten huldigend und sich der düsteren Wolken entledigend, während der ganzen Nacht alle Sterne erglänzen ließ, so blieb doch die Temperatur für die Jahreszeit eine sehr niedrige und die Berge behielten ihr weißes Kleid; es war also an den Ausflug nach dem Cedernwald nicht zu denken, was uns bewog, unsere Rückkehr nach Algier nicht länger aufzuschieben. Da aber die Witterung trotz der Kälte und des eisigen Windes keine regnerische war, so wollten wir, einen Augenblick heitern Himmels benutzend, unsere Rückreise nicht mit der Eisenbahn, sondern auf einem weiteren Umwege bewerkstelligen und uns zunächst nach der Küste begeben, um das berühmte Grab der Christin (Tombeau de la Chrétienne) zu besuchen und dann nach El-Affrun, das an dem großen Eisenbahnnetz liegt, welches Oran mit Algier verbindet, einzulenken.

Demzufolge verließen wir Blidah am 19. März, an einem schönen, so kühlen Morgen, daß um 9 Uhr Vormittags das Thermometer im Schatten nur 3,9° C und in der Sonne 8,7° zeigte, während es in der vorhergehenden Nacht auf 0,5° gefallen war. Wir passirten die Chiffa auf einer steinernen Brücke und durchschritten nun die grüne, gut bebaute Ebene, die im Norden durch einen abgerundeten Höhenzug begrenzt war, auf dem man die weißen Häuser von Kolea glänzen sah, und im Süden durch eine Bergkette, von welcher das Gebirge von Milianah, das noch mehrere Schneeflecken zeigte, einen Theil bildet. Die Ebene hebt sich und wird, je mehr man sich den Höhen, welche Kolea tragen, nähert, wellig; wir ließen das Städtchen zu unserer Rechten.

Wahrscheinlich sind der Sand und Thon, die den Boden dieser Höhen roth färben, von sehr jungem Alter (Quartär) und ruhen beide auf festem Sandstein und weißem kreidigen Kalkstein, die am Wege häufig anstehen. Der zuweilen ebenfalls röthliche Sandstein, der in seiner Zusammensetzung an den der Umgegend des Trappisten-Klosters erinnert, enthält eine Menge mehr oder weniger unförmiger Bruchstücke von Pecten.

Hie und da trägt die Ebene kräftige Olivenbäume, und an einigen Stellen zieht sich der Weg durch schöne Haine von Eschen (Fraxinus australis), Weiden (Salix pedicellata), Ulmen (Ulmus campestris), Pappeln (Populus alba) 2c., die alle in voller Blüthe und mit frischen glänzenden Blättern geschmückt waren. Nach anderthalbstündigem Wege aber ist die Ebene an mehreren Stellen unangebaut, mit Gruppen von Zwergpalmen bekleidet, während sie an andern Stellen durch die Ringelblume (Calendula officinalis), die ich noch nirgends so häufig wie hier gesehen, wie vergoldet erschien. Auffallend war es, wie alle diese Synantheren ihre Blumenkronen-Blätter aufrichteten und schlossen, sobald sich die Sonne unter den Horizont senkte, hingegen die Kamillen (Anthemis fusca) die ihrigen niederschlugen, so daß sich nicht mehr gelbe oder weiße Sterne, sondern Kügelchen zeigten, welche die Ebene vergoldeten oder versilberten.

Die Gegend wurde waldiger, je mehr wir uns dem Dorfe Sidi-Ferruch näherten; die Felder waren gut angebaut und die schon ziemlich entwickelten Weizen-, Gerste- und Hafer-Pflanzen bekleideten sie mit einem grünen Teppich. Wir machten in Sidi-Rached Halt, um den Führer mitzunehmen, der zugleich Wächter des Grabes der Christin ist und den Schlüssel hat.

Schon in einer Entfernung von zwei und einer halben Stunde von Blidah erblickten wir dieses merkwürdige Denkmal auf dem

Gipfel einer der Hügel, welche die Höhen von Kolea bilden und die uns stets den Anblick des Meeres benahmen; in dieser Entfernung schien es eine schwarze Erhebung des Gipfels zu sein. Ein ziemlich bequemer Pfad führt von Sidi-Rached, in Windungen leicht ansteigend, durch eine Gegend, die mit Strauchwerk von Zwergpalmen, Lentisken, Kermès-Eichen, Cisten (Cistus monspeliensis, salvifolius und heterophillus), Rosmarinus officinalis, Heiden (Erica arborea) ꝛc., oder mit Gebüsch von Affodillen (Asphodelus ramosus), Meerzwiebel (Scilla maritima), Rohr (Arundo festucoides), bewachsen ist. Unter den Gewächsen, die den Pflanzenteppich schmückten, bemerkte ich Phalangium algeriense. Boiss., Fritillaria oraniensis, Pomel. Trichomanes bulbocodium, Ornithogalum umbellatum, Convolvulus mauritanicus, Lavandula stœchas, Linaria virgata u. a.

Die Größe und solide Bauart des Grabmals erkennt man erst, sobald man demselben ganz nahe gekommen ist; selbst in geringer Entfernung glaubt man nur einen in konischer Gestalt aufgethürmten Haufen schwarzer Erde zu sehen, und erst ganz in der Nähe staunt man über die ungeheuren Steinplatten, aus denen dieses absonderliche Denkmal gebildet ist, das, ohne die Anmuth griechischer und römischer Bauten, doch einen gewissen Eindruck selbst auf Diejenigen ausübt, die mit den Denkmälern des klassischen Alterthums vertraut sind.

Der Name, mit dem die Europäer das Gebäude bezeichnen, ist nur eine Uebersetzung des arabischen Namens (Kubr-er-Rumia), gleichbedeutend mit „Grab der Christin“; wahrscheinlich steht mit der Gründung oder doch mit der späteren Geschichte dieses Denkmals ein christliches Ereigniß in Verbindung, das im Laufe der Zeit die phantastische Gestalt einer Legende angenommen hat, gleich der, welche in mehreren Algier-Führern erzählt wird, wie z. B. in dem trefflichen, vom Oberst Playfair verfaßten und von Murray verlegten Handbuche.

Sicher ist, daß unter allen alten Schriftstellern Pomponius Mela allein dieses Gebäude als ein Grabmal bezeichnet,[1]) denn nachdem er die Stadt Job (das heutige Cherchell) als Hauptstadt Juba's, des Königs von Numidien, erwähnt hat, der den alten Namen durch den von Cäsarea (Julia caesarea) ersetzte, sagt der römische Geograph:[2]) „Jenseits erhebt sich ein Denkmal, das als Be-

[1]) De situ Orbis, I, 6.

[2]) Ultra monumentum commune regiæ gentis.

gräbnißort der gesammten königlichen Familie diente"; der letztere Ausdruck bezieht sich gewiß auf das königliche Haus von Numidien.

Von welcher Wichtigkeit diese Angabe auch für den Archäologen sein mag, so ist doch die derselben unmittelbar folgende für den Geologen von wesentlich höherem Interesse, indem Pomponius Mela hinzufügt: „Im Innern des Landes, ziemlich weit von der Küste, erblickt man mit Erstaunen, was wirklich kaum glaublich ist (si fidem res capit), auf dürren Feldern: Fischgräten (spinae piscium), Austern und anderer Muscheln Gehäuse, Felsen durch Wellen abgenutzt, wie man sie inmitten des Meeres sieht (saxa attrita uti solent fluctibus et non differentia marinis), Anker im Felsen steckend und so manche andere Beweise von der ehemaligen Gegenwart des Meeres in dieser Gegend."

Wirklich sind zahlreiche organische Reste in der Gegend südlich von der Küste, auf welcher Cherchell liegt, durch Herrn Pomel konstatirt worden. Dies läßt die Angabe des Pomponius Mela um so merkwürdiger erscheinen, als die von den alten Schriftstellern gemachten Erwähnungen fossiler Muscheln und besonders der daraus gezogenen Folgerungen in Bezug auf die Gegenwart der See an den solche organische Reste enthaltenden Orten höchst selten sind. Hier haben wir also eine der geistreichen prophetischen Aussagen der Alten, mit denen sie unserer modernen Wissenschaft vorangegangen sind; man brauchte mehrere Jahrhunderte, bis man zu einer der unsrigen sehr nahen Zeit es gewagt hat, die Frage aufzuwerfen, ob fossile Muscheln nur ein Spiel der Natur seien oder ob dieselben wirklich auf das Vorhandensein des Meeres hinwiesen. Aber die inhaltsschwere Stelle des Pomponius Mela ist noch nach anderer Seite von Wichtigkeit, indem sie die Annahme gestattet, daß die Küstengegenden von Cherchell in einer neuen, vielleicht historischen Epoche emporgehoben worden sind, eine Annahme, welche sich auf das Vorhandensein der an den Felsen befestigten Anker gründete. Zwar sind in dieser Gegend, soviel mir bekannt, noch keine Spuren erloschener Menschengeschlechter angetroffen worden; aber da das Vorhandensein von fossilen Muscheln, was Pomponius für kaum glaublich hielt, sich bestätigt hat, so wäre es nicht unmöglich, daß diejenigen, die jene Muscheln sahen, auch Anker gesehen haben können.

Wir kehren zum Grabe der Christin zurück, von dem die Alterthumsforscher, sich auf die Autorität des Pomponius Mela stützend, gewöhnlich annehmen, daß es von Juba II., dem Könige

Numidiens, erbaut worden sei. Das konisch gestaltete Denkmal hat eine Höhe von 45 m, ist außen mit 59 ionischen, in die Mauern eingehauenen und nur wenig aus denselben hervorragenden Säulen geschmückt und besitzt an den vier Kardinalpunkten vier falsche Thüren; unterhalb der in östlicher Richtung angebrachten entdeckt man einen Eingang, der nach einem kleinen Saal führt; der letztere wird wegen der ziemlich rohen Nachbildungen zweier aus den Wänden herausgearbeiteter Thiere der Löwensaal genannt. Von dort steigt man auf einer steinernen Treppe in eine breite Galerie, die man mit Fackel- oder Laternen-Beleuchtung durchschreiten muß, weil keine Verbindung mit außen vorhanden ist und das Licht dahin nicht dringen kann. Die Galerie führt spiralförmig in das Innere des Gebäudes und mündet in zwei Begräbnißzimmer, welche mittels einer Oeffnung zugänglich sind, durch die man nur kriechend einzudringen vermag. Wahrscheinlich haben sich in diesen Räumen die Grabmäler Juba's und seiner Frau Kleopatra befunden. Beide centrale Räume sind nur 5 m hoch, geben aber einen Begriff von der Solidität ihrer Gewölbe, da nach der Berechnung französischer Ingenieure das im Mittelpunkt des Gebäudes befindliche Gewölbe eine Last von 160,000 Kubikmetern zu tragen hat.

Die spaltenartigen Räume zwischen den viereckigen Steinen, welche die äußere Bekleidung der Mauern bilden, sind von strauch- und krautartigen Pflanzen: Zwergpalme, Oleander, Mastixbaum, Gerstenkraut, Rusens hypoglossum u. a. ausgefüllt. Von dem mit dem Grabmal gekrönten Hügel genießt man eine schöne Aussicht auf das Meer und die Metidja-Ebene. Der ganze Raum um das Gebäude ist mit Steinplatten, Säulen, Bruchstücken &c. besäet, deren Material den aller Orten anstehenden Kalk- und Sandsteinen entlehnt ist.

Die Flora der nach dem Grabmal führenden Höhen zeigt seltsamer Weise in vieler Hinsicht intermediären Charakter, zwischen der Vegetation von Algier und der von Oran; so ist das Phalangium algeriense selten in ganz Algerien, weniger aber in der Umgegend des Grabmals; die Fritillaria oraniensis Pomel häufig in der letzteren wie in Oran, während sie in Algier gänzlich zu fehlen scheint; endlich findet sich der Rosmarinus officinalis sowohl um das Grabmal wie um Oran, hingegen sehr selten in Algier. Dies sind merkwürdige Beispiele der Lokalisation an Punkten, welche so wenig von einander entfernt liegen.

Nachdem wir dem Auf- und Niedersteigen, einschließlich des Besuches des interessanten Grabmals, vier Stunden gewidmet hatten, kehrten wir in das Dorf Sidi-Rached zurück und begaben uns nach El-Afrum, von dort aus die Eisenbahn nach Algier benutzend.

Der Ausflug nach Blidah wird wahrscheinlich den Schluß der langen Reihe unserer Ausflüge in die Umgegend von Algier bilden, denn während mehr als vier Monate diente die Stadt als Mittelpunkt derselben; und doch ist Algier für uns erst die Pforte, durch die wir das Gebiet unserer geplanten Wanderungen, welche sich über das ganze östliche Algerien bis zu den Grenzen von Tunis erstrecken sollen, zu betreten haben. Wir dürfen nun keinen Augenblick mehr verlieren, müssen uns für die Trennung, die uns eine schwere ist, vorbereiten, und so dürfte dieser Brief wohl der letzte sein, den Sie von hier erhalten.

Elfter Brief.

Constantine, den 20. April 1878.

Obwohl ich Ihnen unsere bestimmte Abreise von Algier als unmittelbar nach unserer Rückkehr aus Blidah bevorstehend angekündigt hatte, wurde bei mir doch schon, nachdem wir kaum in unserer schönen Wohnung des Hotel d'Orient abgestiegen, der Vorwurf rege, die Umgegend von Algier nicht genügend ausgebeutet zu haben; obgleich ich allerdings westlich von der großen Bucht Algiers bis zum Cap Sidi-Ferruch vorgedrungen war, welches dieselbe nach dieser Richtung hin begrenzt, so hatte ich doch das am entgegengesetzten Endpunkt derselben liegende Kap Matifou nicht besucht. So war ich denn erfreut, einen triftigen Vorwand zu finden, die Abreise ein paar Tage hinausschieben zu können, auch diesmal mich mit der Hoffnung tröstend, daß der beabsichtigte Ausflug bestimmt der letzte sein würde.

Am 2. April brachen wir nach dem Kap Matifou, 28 km östlich von Algier, auf und folgten zunächst dem wiederholt benutzten Wege längs der Küste über Hussein Dey, die Maison Carrée und weiterhin. Eine Stunde von Algier fuhren wir am Meyerhof Retour de la Chasse vorüber, der gewöhnlich als Sammelplatz der Jäger dient, verließen dann bald die große nach der Kabylie führende Straße und nahmen schließlich die Richtung des stets durch Hügel verdeckten Meeres. Die Ebene, welche wir passirten, erschien durch das schöne Erodium Munbeyanum, Boiss. (E. mauritanicum. Coss.) wie roth gefärbt. Dasselbe ist ziemlich häufig in der Provinz Oran, jedoch selten in der Umgegend Algiers, wo es ausschließlich auf sandige Orte beschränkt ist; obgleich mit vielen anderen Pflanzen der Ebene verbunden, wird die zierliche Geraniacee immer seltener, je mehr man sich dem Fort de l'Eau nähert. Jene Ebene, die Hügel, über welche man zum Meeresgestade hinabsteigt und die etwas morastige Umgegend des Fort de l'Eau sind mit schöner krautartiger Vegetation geschmückt, eine große Zahl von Pflanzen umschließend, von denen mehrere selten sind; ich habe 62 Arten in voller Blüthe beobachtet. [1])

Das Fort de l'Eau, das wegen der ausgezeichneten Güte des von den Quellen der Gegend gelieferten Wassers seinen Namen trägt, ist eine türkische Citadelle, von den Arabern Bordj-el-Kefan genannt, die im Jahre 1554 von Djafar-pacha errichtet worden ist. Wie alle von Türken und Arabern ausgeführten sogenannten strategischen Bauten, so macht auch dieses Fort de l'Eau keinen andern Anspruch, als auf den eines malerischen Platzes, der jetzt Zollbeamten als Wohnung dient, deren Zahl zur Zeit unseres Besuches nur sieben betrug.

Neben dem Fort de l'Eau, aber von der Küste mehr entfernt, befinden sich einige Häuser, welche hauptsächlich spanischen Kolonisten gehören und ein Dörfchen bilden, das wegen des Fleißes seiner Bewohner, welche Gemüsehandel betreiben, bekannt ist.

Rings um das Fort de l'Eau steigen bedeutende Sandsteinfelsen von sehr feinem Korn und runzlicher Oberfläche auf, welche Eigenschaften in mancher Hinsicht an den näher beschriebenen Sandstein zwischen dem Trappistenkloster und Guyotville [2]) erinnern. Dieser steht nicht nur im Dorfe des Fort de l'Eau an, sondern auch an zahlreichen Punkten der ganzen Gegend, in gewissen Entfernungen südlich von der Küste bis zum Kap Matifou. Die in den Süßwasser-Ablagerungen so häufigen röhrenförmigen Concretionen zeigen hier keine Pflanzenspuren; da aber jene stalaktidenförmigen Sandsteine längs der Küste häufig auf Sand ruhen, dessen

[1]) Vgl. Belegstücke, XI.

[2]) Brief VIII, p. 99.

Körner hier und dort agglutinirt sind, sodaß sie unmerklich in einen von röhrenförmigen Concretionen strotzenden Sandstein übergehen, so wäre es nicht unmöglich, daß diese Struktur theils durch die Wirkung atmosphärischer Einflüsse, theils durch die des Meeres oder der in dasselbe mündenden Flüsse hervorgebracht worden. Man weiß, daß an sehr vielen Orten, besonders an den Küsten, sich noch heute Sandsteine durch Zusammenbacken loser Körner bilden, eine Erscheinung, welche kürzlich Herr Dr. Tietze [1]) sehr deutlich und in ziemlich großem Maßstabe auf der südlichen Küste des kaspischen Meeres, in der Provinz Masanderan, entwickelt gesehen. Es bildet sich nämlich dort ein grünlicher Sandstein, der aus den Sandkörnern des Gestades zusammengesetzt ist. Zwar hat jener Forscher in diesem Sandstein Reste von noch in dem Kaspi lebenden Muscheln, wie auch Pflanzenreste beobachtet, die ich in den Sandsteinen des Fort de l'Eau nicht bemerkte; sorgsamere und längere Untersuchungen könnten in ihnen jedoch möglicherweise derartige organische Reste entdecken lassen.

Vom Fort de l'Eau bis zum Kap Matifou hatten wir noch 11 km zurückzulegen. Ein halbe Stunde vom Fort setzten wir auf einer schönen Steinbrücke über den Oued-Khamis. Die Felder waren wenig angebaut, denn sie gehören den Arabern, deren armselige Gourbis (Hütten) hie und da auftauchten; sie geben sich nicht die Mühe, den Boden zu bearbeiten, sondern finden es bequemer, seine spontane Vegetation nicht zu stören und diese von den Ziegen und Schafen, denen sie zu ihrem Unterhalte vollkommen genügt, abweiden zu lassen. An einigen Punkten sind die nackten Felder mit Flachs, der in gewisser Entfernung die optische Täuschung hervorbringt, als ob man wogende Wasserflächen vor sich hätte, angebaut. Wir ließen zu unserer Linken die Trümmer der alten Stadt Rusgania, welche Plinius unter dem Namen Colonia Augusti Ruscaniæ erwähnt, [2]) und die wir längs der Küste deutlich gewahren konnten; leider gestattete die Zeit den Besuch der Trümmer nicht, da sie außerhalb des Weges liegen, der nach dem Fort Octogone und weiterhin nach den Kap Matifou führt. Diese sogenannte achteckige Festung, eine alte türkische Citadelle, die heute nur noch von spanischen und italienischen Fischern bewohnt wird, bietet von der Plattform resp. dem Söller eine sehr schöne und

[1]) Jahrb. d. k. k. Geol. Reichsanst., an. 1881, B. XXXI, p. 122.
[2]) Nat. Hist. V, 2.

11*

nach dem Meere hin ziemlich ausgedehnte Aussicht. Das ehrwürdige Alter des Gebäudes findet einen pittoresken Ausdruck in den zahlreichen Pflanzen, die sich unter diesem schönen Himmel in allen Rissen und Spalten der die Mauern wie den Söller bekleidenden Steinplatten kräftig entwickelt haben; so unter anderen: üppige Büsche von Rindsauge (Buphthalmum maritimum), weißem Bilsenkraut (Hyoscyamus albus) und der schönen Gartenlevkoje (Matthiola incana). Als wir vom Fort Octogone zum Meeresgestade hinabstiegen, erblickten wir, etwa fünfzig Meter von der Küste entfernt, eine neue von den Franzosen erbaute Festung in höchst günstiger Lage, da dieselbe durch Hügel, welche sie vor den Kanonen der Schiffe schützen, gedeckt ist.

Zwischen dem Fort Octogone und dieser neuen Festung strotzt die Küste von Schieferfelsen, die so quarzreich sind, daß die Gebirgsart fast zu einer Masse reinen Quarzes wird, oder aber viel Glimmer enthält und dann einen quarzigen Glimmerschiefer bildet, der hie und da in Gneis übergeht; alle diese Gebirgsarten haben eine schieferige Struktur mit mehr oder weniger aufgerichteten Schiefern. Neben der neuen Festung sieht man ein natürliches Zutagetreten des Felsens, wo der Glimmerschiefer, nach Norden unter einem Winkel von 30 Grad fallend, mit sandigen, horizontal geschichteten Ablagerungen überdeckt ist. Zwischen der neuen Festung und dem Kap Matifou tritt häufig inmitten der Glimmerschiefer, Quarzite und Gneise ein weißlicher oder gräulicher Kalkstein mit mehr oder weniger krystallinischen Blättchen silberfarbigen Glimmers auf; obwohl derselbe an paläozoische Kalksteine erinnert, ist er doch von denen Algiers verschieden. Man hat ihn an einigen ganz nahe dem Meere liegenden Punkten abgebaut, wie es einige alte Steinbrüche beweisen, wo man die Schichten unter Winkeln von 25 bis 30 Grad nach Norden fallen sieht.

Die Hügel, welche wir berührten, um nach der Festung und dem Leuchtthurme des Kap Matifou zu gelangen, bilden am Meere steile, phantastisch gestaltete Felsen aus Glimmerschiefer, Gneis, Kalkstein und Quarz (letztere beide mehr oder weniger glimmerreich) und sind hie und da etwas dürr und in mehreren morastigen Vertiefungen mit dichtem Gebüsch wie mit einer üppigen Kraut-Vegetation bekleidet: besonders häufig Mastixbaum, Myrthe, Phyllirea latifolia und media, Spartium ferox u. a. Letzterer ersetzt hier die Calycotome spinosa der Gegend von Algier, beide aber verleihen der Landschaft eine schöne Goldfärbung. Von den zahlreichen Pflanzen, welche den Boden schmücken, mögen nur folgende erwähnt werden, und zwar die in Blüthe befindlichen ohne irgend ein Zeichen, die mit einem r bezeichneten als in Algerien selten:

Helichrysum Fontanesii, var.
r. Evax asterisciflora.
Chrysanthemum segetum (weniger häufig in Algerien als chr. coronarium).
Inula viscosa (in Blättern).
" graveolens (in Früchten).
Helianthemum guttatum.
Ranunculus aquaticus.
Cerastium glomeratum.
Arenaria spathulata (sehr häufig auf den Felsen der Küste).
r. Celsia betonicæfolia.
Euphorbia exigua.
r. Tetragonolobus biflorus
Phaca bœtica.
Chrithmum maritimum (in Blättern).
Frankenia lævis (id.)
" Lonicera implexa.
Polycarpon tetraphyllum.
r. Statice sinuata (kultivirt in Europa als Zierpflanze).
r. Statice Gougetiana.
Passerina hirsuta.
r. Anthericum bicolor.
Trichonema bulbocodium.
" Columnæ.
Iris sisyrinchium.

Die Höhe, auf welcher sich der Leuchtthurm und die Festung befinden, besteht aus Granit und Glimmerschiefer, ersterer enthält größere Täfelchen von Glimmer und Quarz. Nicht weit vom Leuchtthurm sieht man zu Tage tretende Felsen, bei denen der Glimmerschiefer, unter dem, krystallischen Glimmer enthaltenden weißlichen Kalkstein liegend, auftritt.

Wenn man berücksichtigt, daß auf der Küstenstrecke zwischen der neuen Festung und dem Kap Matifou die Kalksteine, Granite, Gneise und Glimmerschiefer einer dem andern mehrere Male folgen, so ist man geneigt, eine Wechsellagerung zwischen allen diesen Gebirgsarten anzunehmen, wie es in der Umgegend von Algier sicher der Fall; daher wächst die Wahrscheinlichkeit, daß sie, trotz der oryktognostischen Unterschiede der Kalksteine beider Gegenden, denselben paläozoischen Formationen, obwohl vielleicht verschiedener Lagerungen, angehören.

Die Granite, Glimmerschiefer und Kalksteine scheinen sich nicht südlicher als bis zum Fort Matifou zu erstrecken, da man beim Hinabsteigen von der Höhe sogleich wieder die so stark entwickelten feinkörnigen Sandsteine gewahrt, die in der Küstenregion bis zum Fort de l'Eau auftreten. Diesem Gestein ist sogar das zum Bau des Fort Matifou nöthige Baumaterial entnommen worden. Der Sandstein geht in ein sehr festes Konglomerat über, das die Wände eines in demselben ausgehauenen unterirdischen Verbindungsganges der Festung sichtbar zeigt: dieser ist aus fest verbundenen, cementirten Bruchstücken verschiedener Felsarten zusammengesetzt, unter denen ich ein großes Stück eines grauen Trachytes beobachtete, einer Felsart, die ich sonst nirgendwo anstehend gesehen hatte, die aber zweifellos in der Nachbarschaft vorhanden sein muß.

An der im Bau begriffenen Festung Matifou sind die Arbeiten schon sehr vorgerückt; nach deren Vollendung wird dieser Theil der algerischen Küste einen besonders wichtigen strategischen Punkt besitzen, von dem man jedoch gewiß niemals gegen die Araber Gebrauch machen wird.

Vom Fort Matifou stiegen wir in die Ebene hinab und kehrten auf dem früheren Wege nach Algier zurück.

Da unsere definitive Abfahrt unwiderruflich auf den 7. April festgesetzt ist, so will ich die wenigen Tage, die mir hier noch vergönnt sind, dazu benutzen, auch Einiges über die klimatischen Verhältnisse mitzutheilen, in denen wir uns während eines viermonatlichen Aufenthalts befunden haben.

Der hier verlebte Winter hatte sich in jeder Hinsicht abnorm gezeigt. Der Dezember (1877) war regnerisch und gestaltete die Atmosphäre so feucht, daß man am Abend das Kaminfeuer nicht gerade unentbehrlich, sondern angenehm fand. Die häufigen und starken Regen hatten namentlich in der Mitidja-Ebene große Ueberschwemmungen verursacht, auch war die Eisenbahnverbindung zwischen Oran und Algier mehrere Tage unterbrochen.

Ein solcher Anfang der Saison von Algier war um so weniger geeignet, zahlreiche Fremde anzulocken, als die Pocken schon seit zwei Monaten in der Stadt wütheten, und zwar nicht nur in den arabischen Quartieren, sondern auch in dem europäischen Theile der Stadt, sodaß die tägliche Sterblichkeit längere Zeit sich auf 10—15 Individuen bezifferte: eine bedeutende Zahl für eine Bevölkerung von 60,000 Seelen. Auch mehrere Orte des südlichen Frankreichs, z. B. Nizza, waren von diesem schweren Uebel heimgesucht.

Am 21. Dezember, dem Tage, wo der astronomische Winter beginnt, um zwei Uhr Nachmittags, betrug die Temperatur im

Schatten nur 7 Grad.[1]) Nach einer an Regen und kalten Winden reichen Woche wurde die Witterung mit dem 23. Dezember, einen Tag vor Weihnachten, sehr schön, und es erschien der Djurjura, dessen glänzende silberne Umrisse sich auf dem tiefblauen Horizont malerisch abhoben, in seiner Wintertracht. Der Januar (1878), obwohl nicht regnerisch, war verhältnißmäßig kalt; wir hatten sogar während sechs Tage einen ganz außerordentlichen Niedergang der Temperatur, wie ich es durch eigne Beobachtungen in der Stadt und besser noch im Jardin d'Essai konstatiren konnte, wo von Herrn Rivière ununterbrochen seit mehreren Jahren gewissenhafte meteorologische Beobachtungen angestellt werden. Hieraus ergiebt sich, wie schon in meinem dem Jardin d'Essai gewidmeten Briefe ausführlicher mitgetheilt, daß in dem unteren Theile dieses Gartens, nur 17 m über dem Meeresniveau, eine Woche lang die Temperatur jeden Tag unter dem Gefrierpunkte stand.

Diesem außerordentlich niedrigen Temperaturstande ging ein Sturm voran, der längs der ganzen algerischen Küste wüthete und unter Anderm im Hafen von Philippeville sechs Schiffe zu Grunde richtete. Ein gleich heftiger Sturm am 25. Januar unterbrach mehrere Tage die Verbindung zwischen den verschiedenen Punkten der Küste, wie auch zwischen Algier und Marseille. Als das der Gesellschaft Touach gehörende Dampfboot le Kabyle Marseille verließ, um nach Philippeville zu steuern und den Ort in 36 Stunden zu erreichen, brauchte es nicht weniger als acht Tage für diese Ueberfahrt, so daß man das Schiff längst aufgegeben hatte, als es endlich, schrecklich zugerichtet, mit seinen zwanzig, von Schrecken und Ermattung halbtodten Passagieren in den Hafen von Philippeville einlief.

Zu derselben Zeit (25. und 28. Januar) meldeten die öffentlichen Blätter Erderschütterungen in Paris und London, wo sich solche so selten ereignen; etwa zwölf Tage später, am 12. Februar, zuckte der Boden auch in Algier und erfuhr um halb drei Uhr Nachts eine allerdings nicht heftige Schwankung.

Endlich zeichneten sich die Monate März und April durch starke Temperaturgegensätze aus, da Hitze und Kälte häufig mit einander wechselten.

Nachdem ich so viel von Sturm, Regen und Kälte gesprochen,

[1]) Alle angeführten thermometrischen Werthe sind stets in Centigraden angegeben.

fürchte ich, Ihren Glauben an das allgemein gepriesene Klima von Algier zu erschüttern, und so beeile ich mich, Sie in dieser Hinsicht zu beruhigen, indem ich hinzufüge, daß troß der häufigen Unterbrechungen des schönen Wetters das letztere doch vorherrschend war, sodaß der in Algier zugebrachte Winter im Ganzen nicht viel den besten Wintern des südlichen Europa nachstand. Wenn es sich aber so mit einem ausnahmsweise ungünstigen Jahre verhielt, wie prachtvoll muß dann ein in normalen Verhältnissen bleibender Winter in Algier sein! Darüber würde ich berichten können, hätte ich meinen Aufenthalt einige Jahre verlängert; in Ermangelung eigener Erfahrung berufe ich mich auf eine unbestritten kompetente Autorität, auf das Observatorium von Algier, dessen gelehrter Direktor, Herr Bulard, die Güte hatte, alle meteorologischen Beobachtungen zu meiner Verfügung zu stellen und sogar für mich Tabellen über die Hauptresultate derjenigen Beobachtungen auszuarbeiten, die gemäß den Erfordernissen des gegenwärtigen Standes der Wissenschaft ausgeführt worden sind. Dazu hatte er die zehn Jahre von 1868 bis 1878 gewählt, weil diese die nöthige Gewähr boten, welche den älteren Beobachtungen nicht in gleichem Grade eigen ist, daher auch die allgemeinen, auf den Angaben des Herrn Bulard beruhenden Resultate mehr oder weniger abweichend von den bis jetzt bekannt gewordenen sind, selbst wenn sie längere aber ältere Jahresberichte umfassen.[1])

Auf diese Angaben mich stützend, versuche ich es, einige der hervorragendsten Eigenthümlichkeiten des Klimas von Algier mit-

[1]) Um ein Beispiel von den bedeutenden Abweichungen zwischen den Angaben des Herrn Bulard und denen anderer Werke anzuführen, mögen nur die meteorologischen Werthe in Betreff Algiers erwähnt werden, die in den gewissenhaften „Studien über das Klima der Mittelmeerländer" von Theobald Fischer enthalten sind. Die mittlere jährliche Temperatur von Algier ist dort mit 20,2 (Bulard 18,9), die Winter-Temperatur 15,3 (Bulard 12,5), die des Frühlings 18,1 (Bulard 16), die des Sommers 26,2 (Bulard 23,7) und die des Herbstes mit 22,8 (Bulard 19,6) angegeben. Alle diese Zahlen weichen also mehr oder weniger von denen Bulard's ab; doch nennt Th. Fischer als Autorität, auf welche sich seine Angaben stützen, den berühmten Dove, welchem 13jährige Beobachtungen als Grundlage gedient haben. Da letztere indeß aus viel früherer Zeit stammen, so rühren die beträchtlichen Unterschiede wahrscheinlich daher, daß der thätige Direktor des algerischen Observatoriums nur solche Materialien benutzte, die größtentheils unter seiner persönlichen Kontrole mit Hilfe schärferer Methoden, als es die der älteren Beobachter gewesen, gesammelt wurden.

zutheilen, indem ich zugleich auf die in den Belegstücken Nr. XIII enthaltenen Tabellen verweise.

Wenn man die mittlere Wintertemperatur Algiers (12,5°) mit jener von Orten Europas, welche ihres milden Winters wegen zu den berühmtesten und gesuchtesten gehören, vergleicht, so ergiebt sich, daß, mit der einzigen Ausnahme der von Fremden nur wenig besuchten Stadt Malaga, die mittlere Wintertemperatur Algiers höher ist, als die aller jener Orte, wie z. B. Nizza (mittlere Wintertemperatur 7,8°), Mentone (9°), Rom (8,1°), Neapel (9,6°). Palermo (11,4°) u. a. Ebenso sind die mittleren Unterschiede zwischen den Maxima und Minima in Algier weniger bedeutend, als selbst an gewissen Plätzen Afrikas, die, wie Kairo, eine viel höhere Wintertemperatur besitzen als Algier. So ist in Algier der mittlere Unterschied zwischen den extremen Temperaturen weniger als 10 Grad, hingegen in Kairo, Palermo und Rom 37 und in Neapel sogar 42 Grad. Man kann also sagen, daß der verhältnißmäßig nicht bedeutende Werth der thermometrischen Schwankungen dem Klima von Algier einen einigermaßen tropischen Charakter verleiht.

Wenn sich nun auch das Klima Algiers dem tropischen nähert, so gilt dies doch nur hinsichtlich der diesem letzteren eigenen Vorzüge, ohne dessen Uebelstände zu theilen, die in zu starker atmosphärischer Feuchtigkeit und zu reichlichen wässerigen Niederschlägen bestehen. Trotz der Aussagen mancher Touristen, deren kurzer Aufenthalt zufällig mit Regengüssen zusammentraf, ist das Klima von Algier keineswegs regnerisch oder feucht, was die Register des Observatoriums beweisen; aus ihnen ergiebt sich, daß die regnerischsten Monate Dezember und Januar eine im Mittel 1134,6 mm betragende Regenmenge liefern, während es im Juli und August nur sehr selten regnet. Wenn wir daher Algier bezüglich der jährlichen Regenmenge mit einer großen Anzahl von Orten der verschiedensten südlichen Länder vergleichen, so wird der Vergleich durchaus zu Gunsten Algiers ausfallen. Den Beweis liefert die von Dr. Otto Krümmel in der Zeitschrift der Gesellschaft für Erdkunde zu Berlin (1878, T. XIII. p. 27) veröffentlichte und mit einer interessanten Regenkarte ausgestattete Arbeit.

Aus derselben ergiebt sich, daß Algier in dieser Hinsicht um so mehr bevorzugt ist, als die Regenmenge nicht im Verhältniß zu den topographischen, die Häufigkeit und Intensität der Winterregen begünstigenden Bedingungen steht, indem die Bergketten, welche die

Küste von der mit hoher Temperatur begabten Region trennen, die von letzterer zusammenströmenden Luftmassen verdichten und sie zu wässerigen Niederschlägen auflösen. Trotzdem also die algerische Küste nothwendigerweise ein bedeutenderes Volumen von Regenwasser erhalten sollte, als Orte wie Paris (jährliches mittleres Regen-Quantum 610 mm), London (620,4 mm), St. Petersburg (440,9 mm) u. a., so ist doch sein jährliches Regenmittel (697,9 mm) nur sehr nahe übereinstimmend mit dem von Lissabon (680 mm), niedriger als das von Rom (780,5 mm), Neapel (780,7 mm), Florenz (930,3 mm), Mailand (960,6 mm), Triest (1110,6 mm), Bagnères (1490 mm), Pau (840 mm) und Bayonne (1430 mm).

Da andererseits jeder einzelne Regenfall viel weniger Wasser in Europa als in Algier liefert, wo ein paar Stunden hinreichen, ungeheure Massen niederzuschlagen, so ist das mittlere Regenquantum von Algier weit früher erschöpft als in nördlicheren Regionen, sodaß hier die Anzahl der Regentage, die Nächte inbegriffen, sich etwa auf siebzig beläuft, während die Regentage an Orten, die ein niedrigeres jährliches Regenmittel als Algier besitzen, viel zahlreicher sind. So hat London mit einem jährlichen Regenmittel von 620,4 mm 187 Regentage, Indenkliff (jährliches Mittel 530 mm) 110 u. s. f.

Man sieht also, daß Algier weniger regnerisch ist, als verschiedene, durch ihren sonnigen Himmel bekannte Orte Europas, und zwar, wie ich es schon bemerkte, trotz der erkältenden und verdichtenden Wirkung der Gebirge. Diese Wirkung bekundet sich mehr oder weniger überall, jedoch in Europa nirgends so energisch als in den westlichen Theilen Englands, die das schlimme Privilegium besitzen, nicht nur an der Spitze der feuchtesten Gegenden der mäßigen Zone zu stehen, sondern auch mit den Punkten unseres Erdballs zu wetteifern, die das bis jetzt bekannte Maximum der Regenmenge liefern.[1]) Dies ist wirklich der Fall mit Schottland und

[1]) Das Tafelland von Khasia in Ostindien (26 25 Grad nördl. Breite, 1300—1950 m hoch) kann als der bis jetzt bekannte Punkt unseres Erdballs betrachtet werden, der die größte Menge von Regen erhält, denn diese erreicht dort 16,68 m jährlich. Der erste Platz nach Khasia gebührt Arracan (in Pegu) und Tenasserim, wo die jährliche Regenmenge sich über 5 m erhebt, ein Werth, der nicht viel unter dem bleibt, welchen in England gewisse Orte von Cumberland und Westmoreland zeigen.

dem westlichen England (nämlich in Cumberland und Westmoreland); denn in The Style entströmt der Atmosphäre jährlich im Mittel 4810,2 mm Regenwasser, in Seathwaite 3860,7, in Gleneroe 3260,4, in Portree (Skye) 2570,8, in Plymouth 1120,7, in Penzance 1050,4 mm. Dafür aber erheben sich auch in allen diesen Theilen Englands längs der Küste steile Gebirge gleich Mauern, welche die feuchte Luft des atlantischen Oceans zu Regen verdichten, eine Wirkung, deren Mangel oder wenigstens sehr gemilderter Charakter in Algier eine merkwürdige Ausnahme macht, indem dort die Gebirge ebenfalls die warme von Süden strömende Luft verdichten, so oft wenigstens der Südwind den Nordwind, der freilich der vorherrschende zu sein scheint, ersetzt.

Wenn nun auch in Algier das Mittel der Regenmenge von zehn Jahren ein verhältnißmäßig unbeträchtliches ist, so liefern die diese Periode zusammensetzenden Jahres- und Monatsmittel doch erhebliche Abweichungen, zuweilen das Doppelte oder mehr von anderen Jahren; so betrug z. B. die Regenmenge im Jahre 1876 1202,4 mm, während sie 1872 nur 515,1 mm maß. Ebenso liefert die monatliche Regenmenge in denselben Monaten verschiedener Jahre sehr große Abweichungen; so war das Mittel vom Dezember 1869: 820,8 und vom Dezember 1871: 2020,5 mm; ferner war die Regenmenge vom Februar 1871: 10,1 und vom Februar 1873: 1390 mm. Obwohl im Sommer Regen sehr selten und wenig heftig auftritt, so kann man das Klima von Algier doch nicht in eine trockene und eine feuchte Jahreszeit eintheilen, da es während zehn Jahren gar keinen Sommer gab, der von Regen vollkommen frei gewesen.

Dafür aber besitzen in Algier die barometrischen Veränderungen eine merkwürdige Gleichförmigkeit; denn die mittleren Jahresunterschiede sind so unbedeutend, daß sich das jährliche Barometer-Mittel während zehn Jahre nur einmal (im Dezember 1867) zu 769,2 mm erhob, alle übrigen aber schwankten zwischen 752 und 776 mm. Endlich bewegten sich während der zehn Jahre die Schwankungen der mittleren monatlichen Temperatur in ziemlich beschränkten Grenzen; gewöhnlich war August der wärmste, Dezember der kälteste Monat, und während der Unterschied zwischen den Winter- und Sommer-Mitteln 17,1° betrug, war er zwischen den Frühlings- und Winter-Mitteln nur 3,5°. Algier giebt mithin sowohl hinsichtlich der Wintertemperatur wie der Menge und der Vertheilung der Niederschläge den am meisten begünstigten

Orten nichts nach, eine auf den zuverlässigsten Angaben beruhende Thatsache, die ihren vollen bedeutsamen Ausdruck in dem Einflusse findet, den sein Klima auf die Gesundheitsverhältnisse, die Entwickelung der Bevölkerung und die Dauer des menschlichen Lebens übt.

Die Gesundheits-Bedingungen Algiers sind von verschiedenen Aerzten, unter welchen Dr. Otto Schneider einen ausgezeichneten Platz einnimmt, studirt und erörtert worden. Das über diesen Gegenstand von ihm herausgegebene treffliche Werk[1]) ist das Ergebniß dreijähriger Beobachtungen in dem Lande, dem er die Wiederherstellung seiner Gesundheit verdankt. Der gelehrte deutsche Arzt beschränkt sich jedoch nicht auf seine eigene Erfahrung, sondern führt auch die Ansicht einer kompetenten Autorität, des Herrn Mitschell, auf, der sich über Algier folgendermaßen äußert: „Es giebt wenige Klimate, die Personen von schwacher Gesundheit, deren Zustand eine lebensstärkende Temperatur erheischt, günstigere Bedingungen darböte.“ Die persönliche Erfahrung des Dr. Schneider rechtfertigt dessen Ausspruch, daß das Klima Algiers in der Mehrzahl der Krankheiten, mit Ausnahme einiger Fälle, wo es sich um sehr reizbare sanguinische, zu Fiebern, Neuralgien und nervösen Asthmen geneigte Temperamente handelt, ungemein wirksam ist. Endlich betrachtet er das Klima als wenig günstig für Personen, die an Herzklopfen, Durchfällen, Leberübeln, und an Krankheiten leiden, welche auf das Gehirn Bezug haben. Dr. Edouard Landowski gab kürzlich eine Schrift unter dem Titel „l'Algérie au point de vue climatothérapique dans les affections consomptives“ heraus, in welchem die gesammelten zahlreichen, der Statistik der Hospitäler entlehnten officiellen Angaben zweifellose Beweise von der wohlthätigen Wirkung des Klimas von Algier bei vielen Krankheiten liefern, unter andern bei der Schwindsucht, diesem in Europa so sehr verbreiteten, in Algier außerordentlich seltenen Uebel.

Die zweite Frage, den Einfluß des Klimas von Algier auf die Entwickelung der Bevölkerung betreffend, glaubt Dr. Schneider entschieden zu Gunsten Algiers beantworten zu können. Er weist darauf hin, daß man einige Jahre vor seiner Reise (1868) auf 100 Geburten etwa 145 Todesfälle zählte, während zu der Zeit, als er die Stadt bewohnte, das Verhältniß von 89 Procent statt-

[1]) Der klimatische Kurort Algier.

hatte. Während meines Aufenthaltes daselbst (1877—1878) war dieses Verhältniß auf 70 gefallen. Dieser Fortschritt im Laufe von nur sechs Jahren erklärt sich durch die wirklich wunderbare Entwickelung der von Seiten der Franzosen in Algier (wie in den übrigen Theilen der Kolonie) ausgeführten Arbeiten: Austrocknung von Moräften, Bodenkultur, Anlage von Wegen, Gründung von Städten und Dörfern mit allen möglichen Garantieen für Gesundheit und Wohlsein u. a. Diese Momente unterwarfen die Gesundheitsverhältnisse Algiers in sehr kurzer Zeit einer förmlichen Umwälzung; während der ersten Jahre der französischen Okkupation genoß die Stadt und deren Umgegend in dieser Hinsicht sehr schlechten Ruf, weil man längere Zeit mit den Folgen der für die öffentliche Gesundheit so schädlichen mohamedanischen Herrschaft zu kämpfen hatte, deren Wirkungen in Kriegszeiten und bei der Anhäufung von Truppen in ungewöhnlichem Verhältniß auftreten mußten.

Endlich in Betreff der dritten Frage, der Dauer des menschlichen Lebens, ist Dr. Schneider zwar nicht ganz geneigt, die Angaben des Herrn Marchand, der eine außerordentliche Lebensdauer in Algerien durch mehrere bis zur Römerzeit reichende Grabinschriften zu beweisen glaubt, als authentische Dokumente anzunehmen, bemerkt jedoch, daß er in Algier eine größere Zahl rüstiger Greise gesehen habe als irgendwo. In einer Schrift des Dr. E. L. Bertherand, welche über die in Algier während dreizehn Jahre (1864—1877) beobachtete Lebensdauer handelt (Algier 1877), kommt derselbe zu dem merkwürdigen Resultat, daß die Zahl der über das Alter von achtzig Jahren hinaus gestorbenen Individuen eine im Verhältniß mit der Gesammtzahl der Bevölkerung ausnehmend beträchtliche und bei solchem Verhältnisse die Zahl der Hundertjährigen in Algier neun Mal stärker sei, als in Frankreich, Italien, Deutschland, Belgien, Holland, Schweden und in der Schweiz.

Nach den hier entwickelten Betrachtungen glaube ich, daß man die Folgerung als streng bewiesen anzunehmen hat, daß es unter allen in der Nähe Europas wie in Europa selbst liegenden Orten keinen giebt, der sich mit Algier als Winteraufenthalt messen könnte, welche Behauptung jedoch nicht auf die Sommerzeit anwendbar ist, obwohl mehrere Nachbarpunkte den Bewohnern wie den Fremden kühle und bequeme Villegiaturen bieten dürften. So wird auch gewiß die Zeit kommen, wo sich stattliche Gasthäuser (wie z. B.

in der Schweiz) im Schatten der Cedern von Teniet-el-Ahd und des Aurès-Gebirges, oder mitten in den prachtvollen Waldungen des Edough (neben Bône), des Oued-Ouad) (unfern von Constantine) und auf vielen anderen malerischen und blühenden Gebirgspunkten der drei algerischen Provinzen erheben werden. So lange diese wohlbegründeten Erwartungen noch nicht erfüllt sind, mag sich der Fremde begnügen, einen angenehmen Winter in Algier und dann einen nicht minder reizenden Sommer an den Ufern des Bosporus, dessen Vorzüge als Sommeraufenthalt ich zur Genüge betont zu haben glaube,[1]) zuzubringen.

Lassen Sie mich nun nach Algier zurückkehren, denn ehe ich meine Fürsprache zu Gunsten dieser Stadt beende, mag wohl mehr als einer der Fremden, denen ich dieselbe zum Winteraufenthalte empfohlen, die Frage aufwerfen, ob neben einem schönen Himmel und einem gesunden Klima Algier auch die mannigfachen Bedingungen des gesellschaftlichen Lebens darzubieten vermöge. Da ich vor allem keine übertriebenen Hoffnungen erregen will, so erkläre ich hiermit, daß diejenigen, denen glänzende Empfangstage, Bälle und Vergnügungen aller Art wesentliche Bedingungen des gesellschaftlichen Lebens sind, diese in der Hauptstadt der französischen Kolonie kaum ganz realisirt sehen werden. Zwar ist Algier mehr als eine Provinzialstadt, und es wäre Unrecht, sie als solche zu behandeln; sie ist der Sitz einer Central-Regierung, die ein ausgedehntes Land zu verwalten hat, und durch einen Beamten vertreten, dessen außergewöhnliche Stellung ihn über die höchsten Beamten des Mutterstaates erhebt; die Vereinigung der Militär- und Civilgewalt wirft auf ihn einigermaßen den Abglanz eines souveränen Fürsten, so daß ein solcher Würdenträger großen Einfluß auf das gesellschaftliche Leben auszuüben vermag. Andererseits birgt Algier eine Zahl von Fremden, die sich als Eigenthümer oder als Inhaber auf mehrere Jahre gemietheter Häuser in der Stadt, namentlich aber auf den blühenden Höhen von Mustapha superieur angesiedelt haben.

Trotz alledem haben die socialen Elemente wenigstens bis jetzt noch nicht die Wirkung hervorgebracht, die man erwarten sollte. Sowohl der General-Gouverneur wie die unmittelbar oder mittelbar untergeordneten Militär- und Civilbeamten erhalten eine Besoldung, welche nicht hinreicht, die Kosten einer in großem Maßstabe und

[1]) Le Bosphore et Constantinople, 2. édit., p. 319—330.

regelmäßig ausgeübten officiellen Repräsentation zu decken, so daß die zwar malerisch aber bescheiden ausgestatteten Gebäude, die sie bewohnen, sich nur selten größeren Versammlungen, Gastmählern, Bällen u. s. w. öffnen. Die algerische Gesellschaft hat um so mehr Ursache, dies zu bedauern, als es ihr bekannt ist, wie trefflich diese Herren solche Aufgaben zu lösen verstehen; die wenigen officiellen Versammlungen, welche während meines Aufenthaltes in Algier stattfanden, zeichneten sich alle durch große Zuvorkommenheit des Wirthes wie durch geschmackvolle Anordnungen aus.

Die gleichen Ursachen, welche für die höheren Beamten zu deren eigenem Bedauern ein Hinderniß sind, zu den gesellschaftlichen Vergnügungen beizutragen, gestatten ihnen auch nicht, mit der Freigebigkeit und Eleganz aufzutreten, die dem öffentlichen Leben Reiz und Abwechselung verleihen. Außerdem hat sich der französischen Bevölkerung ein mißverstandener oder lächerlich übertriebener Republikanismus bemächtigt, der besonderen Werth darauf legt, im öffentlichen Auftreten den höchsten Beamten dem schlichtesten Bürger durchaus gleichgestellt zu sehen. So glaubt sie ihre demokratische Würde verletzt, wenn sich der nach Marseille reisende oder von dort zurückkehrende General-Gouverneur erlauben sollte, anders als ein gewöhnlicher Passagier am Bord des Dampfbootes zu reisen, dort mit seinen Reisegefährten ruhig auf den Augenblick harrend, wo die Postsachen dem Kapitän überliefert werden und es diesem gefallen wird, das Zeichen zur Abfahrt zu geben. Die Algerier sind auf solche Aeußerungen des demokratischen Puritanismus sehr stolz, ohne die schlimmen Wirkungen desselben auf die Araber zu berücksichtigen, die, wie alle uncivilisirten Völker, die Bedeutung und Macht ihrer Vorgesetzten nach dem Grade der Auszeichnung, mit welcher sie in der Menge auftreten, abschätzen. Diese Thatsache haben die Engländer so richtig erwogen und in ihrem eigenen Interesse so trefflich ausgebeutet, daß sie die Gouverneure ihrer Kolonien mit all dem äußeren Pomp umgeben, der am meisten geeignet ist, die Augen und die Einbildungskraft jener bärtigen Kinder, die man Orientalen nennt, gefangen zu nehmen.

Von den öffentlichen französischen Beamten zu einem anderen Element der algerischen Gesellschaft übergehend, nämlich zu den in der Stadt angesiedelten Fremden, beobachteten wir auch hier, daß wenigstens gegenwärtig der dem gesellschaftlichen Leben von diesen gelieferte Beitrag ebenfalls nicht überschätzt werden darf. Wenige sind im Stande oder geneigt, den Mittelpunkt regelmäßiger Vereinigungen zu bilden; auch würden die zierlichen aber beengten Zimmer ihrer maurischen Häuser sich dazu nicht immer eignen. Und wenn auch eine Abendgesellschaft auf dem Mustapha superieur stattfindet, wo der größte Theil der europäischen Villen liegt, so haben die Eingeladenen aus der Stadt dorthin wieder eine wahre Wanderung zu unternehmen, ohne sich mit dem Gedanken trösten zu können, daß Besuche in Paris und London oft noch weitere Wege erheischen, Wege aber, die man auf ebenen, schön gepflasterten und mit Gas beleuchteten Straßen bequem zurücklegt, während der unglückliche algerische Gast häufig steile und in tiefes Dunkel gehüllte Höhen zu erklimmen hat.

Endlich war zu meiner Zeit unter den Konsularbeamten der verschiedenen europäischen Mächte nur ein einziger, der dem gesellschaftlichen Leben seinen Tribut zollte, nämlich der Oberstlieutenant Playfair, Generalconsul von England, dessen Name an eine wissenschaftliche Notabilität erinnert und dessen persönliche Eigenschaften diese väterliche Erbschaft rechtfertigten. Dieser Herr versammelte häufig eine ausgewählte Gesellschaft in seiner schönen maurischen Villa, die er mit verschiedenen Gegenständen von seinen langen und fruchtbaren Reisen aus dem Orient geschmückt hat, die aber leider ebenfalls eine Stunde von der Stadt liegt.

Nach den officiellen französischen Beamten, den angesiedelten Fremden und Konsuln bleiben nun noch die Einheimischen nebst den Kolonisten und Reisenden übrig. Religiöse und nationale Vorurtheile werden die Araber noch längere Zeit von der europäischen Gesellschaft fern halten, obwohl Algerien gewiß das Land ist, wo die Verschmelzung des Islamismus mit dem Christenthum viel eher erfolgen wird, als in irgend einem anderen mohamedanischen Lande. Andererseits sind die eigentlichen sogenannten Kolonisten noch nicht im Stande, zu dem gesellschaftlichen Leben einen ansehnlichen Beitrag zu liefern, da sie von ihren landwirthschaftlichen oder industriellen Arbeiten zu sehr beansprucht werden, um das Bedürfniß zu fühlen, den Kreis ihrer Gefährten zu überschreiten und an dem gesellschaftlichen Leben und Treiben Theil zu nehmen.

Die Zahl der zufälligen Reisenden kann natürlich nur eine ziemlich beschränkte und ihre Erscheinung nur eine mehr oder weniger kurze sein. Dies ist besonders der Fall mit denen, die nur an Salonbelustigungen oder lebhaften Reiseeindrücken Vergnügen finden und dann sofort entdecken, daß sie sich in Algier in der Adresse getäuscht haben: die einen beeilen sich, nach Marseille zurückzukehren; andere, von größerem Muth beseelt, besteigen das Dampfboot, das ihnen noch Gelegenheit bietet, Bougie, Philippeville und Bone zu sehen, oder sie sperren sich in eine Diligence ein, um in solcher zu übernachten und in Constantine aufzuwachen.

Man ersieht hieraus, daß die Zahl der gründlichen und gebildeten Reisenden, welche geneigt sind, längere Zeit in Algier zu verweilen, verhältnißmäßig gering ist, und auch diese, wenn sie nicht zu den Naturforschern gehören, würden den Aufenthalt während eines ganzen Winters zu lang finden.

Unter den wirklich bedeutenden Reisenden, die ich in Algier kennen zu lernen das Vergnügen hatte, muß ich den Abt Armand David und Herrn Charles Iriarte erwähnen. Der berühmte Missionär war hierher gekommen, um sich von seinen langen und beschwerlichen Arbeiten in China zu erholen, wo, wie er mir sagte, er weniger mit dem Fanatismus des Volkes als mit der Feindseligkeit der öffentlichen Beamten zu kämpfen hatte; letztere beschuldigte er häufiger Angriffe gegen sein Leben, theils mit bewaffneter Hand, theils mittels Gift, das man ihm dreimal beizubringen versucht hatte. Die Meinung des gelehrten Abbé über das himmlische Reich war keine günstige: er glaubt die Chinesen zu einem ewigen Stillstande unwiderruflich verdammt; nach seinem Ausspruche seien sie mehrere hundert Jahre alte Kinder, die nie eine andere Macht als die der numerischen Masse und eine nur auf Ausdauer, Geduld und Resignation begründete Thätigkeit besitzen würden; schon ihre Sprache mache eine gediegene Ausbildung des Geistes fast unmöglich, da kaum ein ganzes Leben ausreiche, die Schriftsprache zu erlernen, so daß wenig Zeit für andere Studien übrig bleibe.

Der Besuch, mit dem mich der rastlose und geistreiche Missionär beehrte, dessen Anwesenheit in Algier mir fremd gewesen und dessen persönlicher Bekanntschaft ich mich vorher nicht erfreute, war mir um so angenehmer, als er mir die erwünschte Gelegenheit bot, ihm die Bekanntschaft eines Mannes zu verschaffen, der ihn vollkommen zu würdigen vermochte, nämlich Lord Lilford, eines ausgezeichneten Ornithologen, der mit seiner liebenswürdigen Gemahlin gekommen war, den Winter in Algier zuzubringen und dessen Fauna zu studiren.

Herrn Iriarte's Gesellschaft konnten wir nicht lange genießen, weil sein Aufenthalt ein sehr kurzer war. Mit den Projekten für neue archäologische Forschungen in Italien beschäftigt und mit

Afrika schon von einem früheren Besuche her bekannt, begnügte er sich, die schöne Kolonie, welche kein Franzose ohne das Gefühl gerechten Stolzes betreten kann, zu begrüßen, und beeilte sich dann, in das klassische Land zurückzukehren, dessen merkwürdige Denkmäler er schon mit so vielem Erfolg studirt hatte und wo er hoffte, Material für ein neues Werk zu sammeln.

Zum Schlusse seien noch einige Worte über die in Algier existirenden Hilfsmittel des materiellen Lebens, über die Verbindungen mit Europa gesagt.

Da es sich um ein von der Natur so reich ausgestattetes und zugleich der europäischen Industrie erschlossenes Land handelt, begreift man leicht, daß der algerische Boden alle, selbst die strengsten Erfordernisse des materiellen Lebens befriedigen kann, so daß man in dieser Beziehung der Hilfe des Mutterlandes nicht viel bedarf und die vorhandenen Verbindungen mit demselben jedenfalls dafür genügen. Will man aber aus Frankreich Gegenstände anderer Natur kommen lassen, so wird man nicht immer mit der Pünktlichkeit bedient, die man mit Recht erwartet. Verfehlte z. B. eine aus Paris adressirte Sendung das Dampfboot von Marseille nur eine Stunde, so würde sie in Algier eine oder auch zwei Wochen später, als es in der Ordnung wäre, eintreffen; besonders in der Uebersendung von Journalen und Briefen ist die Verbindung mit Marseille mangelhaft, selbst wenn alle Dampfboote benutzt werden. Man darf annehmen, daß der Postdienst der Linie Marseille—Algier nur zweimal wöchentlich, Montags und Donnerstags, in Thätigkeit tritt. Dieser von der Kompagnie Valery geleitete Dienst ist obligatorisch und verantwortlich. Zwar übernimmt ein drittes, der Compagnie mixte gehörendes Dampfboot die Briefbeförderung und die der Journale, jedoch nur freiwillig, und es ist an keinen bestimmten Termin gebunden; es trifft gewöhnlich in Algier jeden Sonnabend, aber eben so oft auch zwei oder drei Tage später ein. Niemals wurde wie in diesem Winter der Uebelstand, nur auf zwei Sendungen wöchentlich sicher rechnen zu können, empfunden; Algier verblieb drei Tage, vom Montag bis Donnerstag, ohne irgend eine Nachricht aus Europa — wo doch jeder Tag eine neue Umwälzung zu bringen drohte. Diesem Uebelstande halfen auch die telegraphischen Nachrichten nur sehr unvollkommen ab; abgesehen von der diesen eigenen Kürze und Unklarheit, wurden die amtlichen Telegramme überhaupt nicht immer von den algerischen Tageblättern, welche häufig systematisches

Schweigen über die blutigen Ereignisse des wüthenden Kampfes zwischen Rußland und der Türkei beobachteten, veröffentlicht. Zweifellos war dies eine von Seiten der Regierung vorgeschriebene, wichtigen Rücksichten entspringende Maßregel, weil die arabische Bevölkerung nur zu sehr geneigt war, alle auf ihre türkischen Glaubensgenossen bezüglichen Nachrichten in einer der öffentlichen Ordnung vielleicht nachtheiligen Weise zu deuten, indem sie sich den thörichten Hoffnungen hingaben, entweder an deren ephemären Siegen Theil zu nehmen oder ihre vernichtenden Niederlagen zu rächen. Aber auch dann, wenn die algerischen Blätter sich erlaubten, ein paar telegraphische Worte kund zu geben, waren diese formlosen Brocken eher geeignet, das Publikum irre zu führen als zu befriedigen. Ueberdrüssig der Berichte, denen die nächstfolgenden widersprachen, erwartete es mit fieberhafter Ungeduld die europäischen Zeitungen, die ihm veraltete Ereignisse oder Worte von nicht mehr Lebenden übermittelten. So befand sich das algerische Publikum während des ganzen Winters gewissermaßen in der Lage des Astronomen, der das Licht des Sternes beobachtet, ohne zu wissen, ob das Gestirn, das ein so lange Zeit wanderndes Licht ausstrahlt, auch wirklich noch in dem Augenblicke existire, an dem es das Auge des Beobachters erreicht.

Nachdem ich versucht, in allgemeinen Zügen ein Bild von Algier zu entwerfen, ohne die leuchtenden und glänzenden Farben zu stark hervortreten zu lassen, aber auch ohne die dunkeln Flecke, die es hier und da etwa verfinstern, zu übertünchen, darf ich mich der Hoffnung hingeben, daß man Algier mit voller Ueberzeugung als die schönste und geeignetste Winterstation anerkennen wird. Nichts beweist mehr die Wirkung, welche die Stadt auf diejenigen übt, die sie längere Zeit bewohnten, als das rege Verlangen, dort zu bleiben oder dahin zurückzukehren, sobald sie dieselbe verlassen haben. Dies ist ein bedeutsames, auf zahlreiche Beispiele gestütztes Anzeichen, selbst wenn man es nicht bei Personen sucht, deren Vorliebe für Algier aus ihrer Stellung oder sonstigen Vortheilen entspringt, vielmehr bei unabhängigen, die anderswo die gleichen Vortheile finden würden. Von solchen Persönlichkeiten mögen nur die Generalconsuln von England, Oesterreich und Italien erwähnt werden; sie alle haben mir wiederholt erklärt, daß sie auch dann, wenn sie ihre amtliche Stellung nicht mehr besäßen, entschlossen wären, Algier niemals zu verlassen, und doch sind die Generalconsuln von Oesterreich (Herr Ghezzi) und von Italien (Herr Agobio)

Italiener, daher in der Lage, in ihrem Vaterlande den schönen Himmel des Südens wiederzufinden.

Und nun, da dieser Brief bestimmt der letzte ist, den Sie von mir aus Algier erhalten werden, will ich mit den Worten schließen, die der deutsche Gelehrte Herr Dr. Schneider seinem erwähnten Werke ebenfalls hinzufügt: „Wenn auch während ihres Aufenthaltes hier manche Personen gewünscht hätten, daß dieses oder jenes anders wäre und sie in gewisser Hinsicht sich nicht vollkommen befriedigt fühlten, so bin ich doch überzeugt, daß in dem Augenblicke, wo das Schiff die Anker lichtete, um diese Personen nach ihrem Vaterlande zurückzuführen, sie mit peinlicher Wehmuth sich von dem reizenden Lande verabschieden würden, und sollten die Umstände die Erfüllung ihres lebhaften Wunsches, hierher zurückzukehren, nicht gestatten, so würde die Erinnerung an Algier um so tiefer in ihrem Geiste wie ein geliebtes Bild eingeprägt bleiben. So groß ist die Gewalt, die das Land auf alle diejenigen, die dort verweilt haben, ausübt!"

Zwölfter Brief.

Batna, den 22 April 1878.

Wir verließen Algier am 7. April, um uns nach Palestro, Bordj-Buira und Beni-Mansur zu begeben, folgten somit dem südlichen Abhange der mit dem Kollectivnamen Djurdjura bezeichneten Bergkette, stiegen sodann den Sahel bis nach Bougie hinab und wendeten uns schließlich über das Bergland, welches die Küste von der weiten Ebene zwischen Setif und Constantine trennt, nach Setif selbst.

Diese von dem direkten fahrbaren Wege bedeutend abweichende Route konnte nur mit Hilfe besonders eingerichteter Beförderungsmittel ausgeführt werden, da ich vor allem darauf ausging, die Gegend ohne Unterbrechung und mit größter Muße zu durchstreifen, was natürlich den Gebrauch der Diligence ausschloß und nur kurze, an keinen Termin gebundene Tagereisen gestattete. Demnach mietheten wir ein leichtes, mit drei kräftigen Pferden bespanntes und von einem in Algier als sachkundig und zuverlässig bekannten Manne geleitetes Fuhrwerk, das wir, je nach den lokalen Erfordernissen, mit Reitpferden vertauschen konnten, und welches dann auf direktem fahrbaren Wege vorausgesandt wurde, bis wir wieder die Möglichkeit hatten, die Reise zu Wagen fortzusetzen.

Um Palestro zu erreichen, hatten wir 66 km auf dem schon früher besuchten Wege von Algier nach dem Fort National zurückzulegen. Nachdem wir Ben-Aicha passirt, betraten wir eine uns fremde Gegend, stiegen hier in das Thal des Isser hinab und folgten dessen linkem, aus mächtigen Konglomerat-Ablagerungen bestehenden Ufer. Das Thal verwandelt sich bald in eine enge Schlucht, in deren Grunde man die Windungen des fast trocknen Bettes des Isser gewahrte. Die Berge zu beiden Seiten haben die Gestalt spitzer Pfeiler und Thürme, ihre Felsart ist ein bläulicher, kieseliger, nach allen Richtungen von weißen Quarzgängen durchsetzter Kalkstein, der häufig in ein festes, große Quarzbruchstücke enthaltendes Konglomerat übergeht. An vielen Punkten gestaltet sich die Schlucht höchst malerisch, die Bergabhänge sind von Wasserfällen belebt, hier und da auch mit Gesträuch bekleidet. Ich merkte in den Rissen wie auf den Wänden der Felsen eine schöne und seltene Saxifrage (Saxifraga globulifera), ferner Anagallis arvensis, Salvia verbenaca, Hedysarum capitatum, Echium grandiflorum und Phelipaea lavandulacea (Schultz), eine Orobache, die schon der Sahara-Flora angehört.

Die Gegenwart von Affen verleiht der Schlucht etwas Originelles; wir sahen auf den Bergen an der rechten Seite mehrere dieser kurzweiligen Thiere sich herumtummeln, die sich besonders zahlreich zeigen sollen, wenn die kühle Witterung sie zwingt, tiefer hinabzusteigen. Heute hatten sie dazu keine Ursache, da die Hitze eine erdrückende war.

Um sich einen Weg durch die Schlucht zu bahnen, mußte man das Gebirge mit einem langen Tunnel versehen und über den Isser eine Brücke nach der rechten Thalseite schlagen, gewissermaßen die einzige zugängliche Stelle des Thales. Erst in der Nähe von Palestro wird die Schlucht breiter und mündet in eine schöne Ebene; der Weg nach Palestro verläßt dieselbe, während der Isser, der hier viel wasserreicher als in der Schlucht, zur Rechten bleibt. Man passirt alsdann eine wellige Gegend, in welcher die kieseligen Kalksteine durch etwas Glimmer führenden Mergelschiefer ersetzt sind, der die flachen Hügel bildet, auf deren einem sich Palestro erhebt.

Bevor wir das Dorf erreicht hatten und namentlich an der

Stelle, wo wir aus der Isser-Schlucht in die Ebene eintraten, machte mein Führer auf einen links vom Wege befindlichen Haufen von Steinen aufmerksam, die nach seiner Versicherung Halden eines auf dem benachbarten Gebirge thätigen Bergwerks seien; die Felsart, der gleiche kieselige Kalkstein wie in der Isser-Schlucht, enthält hier jedoch eine Menge Blättchen von Blei und muß das Gestein, nach seiner Schwere zu urtheilen, ein reiches Bleierz bilden. Der Aussage meines Führers zufolge soll es 60 Procent Blei enthalten.

Palestro, von Italienern gegründet, hat sich vollständig aus seinen Trümmern erhoben, in die es nach der schrecklichen Niedermetzelung seiner Bewohner durch die Araber verwandelt worden, eine wahrhaft dramatische Begebenheit, deren ergreifende Schilderung man in Murray's Handbuch nachlesen mag. Es ist ein freundliches Dorf, dem selbst ein ziemlich gut gehaltenes Wirthshaus, Hôtel de France genannt, nicht fehlt.

Am folgenden Tage brachen wir nach Bordj-Buira auf. Wir stiegen in eine schöne, schwach wellige Ebene hinab, zunächst dem rechten Ufer des Isser folgend, wo die mit rothem Sand überdeckten Mergelschiefer häufig anstehen, und weiterhin dem breiten, fast trockenen Bett des Oued-Djemaa (Zufluß des Isser), dessen rechtes Ufer von nackten Felsen aus gelblichem kompakten Sandstein eingerahmt ist. Dieser ist regelmäßig geschichtet und fällt nach Nord 10°, nach Ost unter einem Winkel von 50 Grad ein. Die das Thal von Oued-Djemaa umschließenden Höhen zeigen eine schöne Vegetation; das Echium grandiflorum tritt unter der Gestalt kleiner Sträucher auf, und der Pflanzenteppich ist mit den zierlichen blauen Blüthen der Anagallis arvensis geschmückt.

Die Sandsteine und Konglomerate erstrecken sich bald compact, bald in losen unzusammenhängenden Massen bis zu der Stelle, wo wir den Oued-Djemaa überschritten, um seinem rechten Ufer zu folgen. Hier werden dieselben durch einen Kalkstein von muschligem Bruch, der an gewisse jurassische Kalksteine erinnert, ersetzt; an vielen Punkten jedoch wechselt derselbe mit den dunkeln, blättrigen Mergeln, die nach Westen unter einem Winkel von 50 Grad einfallen und sogar vorherrschend wurden, je höher wir stiegen, obwohl hier und da unter ihnen die Sandsteine hervorblickten und in ihren Schichten die mannigfaltigsten Faltungen zeigten. Als wir die Höhe (etwa 650 m) erreicht hatten, befanden wir uns in einer vollkommen nackten Gegend, die den kalten vom Djurjura stoßweise wehenden Winden ausgesetzt ist. Wir stiegen nun in eine schöne, wellige, mit Cisten und Lentisken bekleidete Ebene hinab, bald das kleine Dorf Bordj-Buira erblickend, dessen wenig zahlreiche Häuser auf den Anhöhen zerstreut liegen, welche die südlichen Vorberge des Djurjura bilden. Diese Gebirgsmasse macht hier einen viel weniger großartigen Eindruck als von dem Fort National aus gesehen.

Die Nachbarschaft dieser Gebirgskette, welche bis zum Juli an einigen Punkten fast das ganze Jahr mit Schnee bedeckt ist, verleiht dem Klima von Bordj-Buira einen nordischen Anstrich. Auch am 8. April war die Temperatur eine ziemlich niedrige und stach in greller Weise von der erdrückenden Hitze ab, die wir ein paar Tage früher in Algier und namentlich in Palestro auszuhalten hatten. Und doch ist es trotz des rauhen Winters von Bordj-Buira gerade dieser Ort, den der Löwe zu seinem Lieblingsaufenthalte erwählt zu haben scheint; Herr Garcia, ein Italiener, der hier das kleine Wirthshaus La Colonie besitzt, versicherte, daß die Hügel, welche das Dorf von dem Djurdjura trennen, während der vier Winter, die er hier zugebracht, stets von Löwen besucht gewesen sind, die besonders das neben der südlichen Grenze des Dorfes befindliche Gebüsch lieben, von wo sie zuweilen bis nahe an die Wohnungen hinabsteigen. Seiner Aussage zufolge richten sie häufige Verheerungen unter den Hausthieren an und vergreifen sich in Ermangelung solcher auch an Menschen. Zwei Kilometer vom Dorfe befindet sich ein unter dem Namen Source des Lions bekannter Bach, den sie täglich zum Trinken benutzen und regelmäßig zu besuchen scheinen, so daß uns der redselige Wirth von dem Ausfluge abrieth, als wir ihn zur Begleitung aufforderten, wobei er natürlich versicherte, er widersetze sich diesem Vorhaben einzig in unserem Interesse. Von den augenscheinlichen Uebertreibungen in den Aussagen des mehr gesprächigen als muthigen Italieners wurden doch mehrere durch den Förster von Bordj-Buira bestätigt, unter andern die von Garcia behauptete feierliche Stille, welche beim Brüllen des Löwen plötzlich eintritt; während das Heulen der Schakale und anderer wilder Thiere ein wüthendes Bellen sämmtlicher Hunde im Dorfe hervorruft, verkriechen sie sich zitternd, ohne den leisesten Laut hören zu lassen beim ersten Schalle der Donnerstimme des Königs der Thiere. Die Panther sind unbekannt oder doch sehr selten in der Umgegend von Bordj-Buira, wahrscheinlich weil sie ihren kräftigeren Geschlechtsgefährten meiden, was auch an andern von diesen beiden Katzenarten bewohnten Punkten Algeriens der Fall zu sein scheint, da man sie fast nie gemeinschaftlich an den gleichen Orten antrifft.

Der Förster und auch Garcia erzählten, daß sie die Prinzen von England und von Monaco, einen nach dem andern, in Bordj-Buira anlangen sahen, beide von der Hoffnung auf eine ergiebige Löwenjagd angezogen. Diese blieb jedoch unerfüllt, wenn auch nicht wegen Mangels an Löwen, da die vielen zu diesem Zwecke versammelten Treibjäger mehrere derselben aus ihren Schlupfwinkeln heraustrieben, vielmehr weil es den beiden fürstlichen Nimroden nicht rathsam erschien, in das Gebüsch einzudringen, wohin sich die Thiere, auf jeden Angriff gefaßt, drohend zurückgezogen hatten.

Etwa 1 km nördlich vom Dorfe erhebt sich eine alte türkische Festung auf einer Höhe, von welcher man die ganze Gegend von Bordj-Buira übersieht, die mit ihren Hügeln nur wie eine Fläche erscheint. Es überraschte mich, die Vegetation hier im Rückstande zu finden; während die Asphodelen (Asphodelus ramosus) in Algier schon lange ihre Blüthen verloren hatten, waren sie hier noch nicht einmal geöffnet.

Auf dem Wege von Bordj-Buira nach Beni-Mansur durchstreiften wir zuerst eine wellige, wenig bewaldete Gegend, deren Boden durch Sandsteine und Konglomerate geröthet, oder durch mehr oder weniger konkretionirte Kalksteine weiß gefärbt war. Dann und wann erhob sich zu unserer Linken der Djurjura, dessen uns zugekehrte Abhänge noch mit Schnee bedeckt waren, freilich nicht so stark, wie der entgegengesetzte (nördliche) Abhang, den wir vom Fort National gesehen. Je tiefer wir stiegen, um so weniger einförmig wurde das vom breiten, aber fast wasserlosen Bett des Sahel vollständig eingenommene Thal, indem sich Sträucher und bebaute Felder um das ärmliche Dörfchen Adjuba zeigten, das nur von einigen Dutzend Franzosen bewohnt wird und von mehreren Kabylen-Hütten umgeben ist, die in dieser abgelegenen einsamen Region in voller Eintracht und Freundschaft mit den Christen leben. Sobald man über Adjuba hinaus, wird das Sahels-Thal abermals einförmig und nackt. In dieser dürren Gegend liegt, 408 m hoch, Bordj-Beni-Mansur, d. h. Festung der Beni-Mansur, ein Name des kabylischen Stammes, welcher diesen Landstrich bewohnt und dessen vertheilte, ziemlich ansehnliche Dörfer sich auf den Gipfeln der angrenzenden Höhen zeigen.

Die Festung mit einer Besatzung von nur 150 irregulären

Truppen (Spahi und Turkos) bildet hier die einzige europäische Wohnung, sodaß fremde Reisende in Beni-Mansur kein Unterkommen finden und ich mich glücklich schätzen mußte, infolge zahlreicher offizieller Empfehlungen, mit denen ich ausgestattet war, die Gastfreundschaft des Festungskommandanten zu genießen, obwohl sich in dem kleinen Raume für meine Frau, mich und zwei Bediente ziemlich schwer der nöthige Platz fand und der Kutscher seinen kleinen Wagen in ein Schlafzimmer zu verwandeln beflissen war.

Die vom Kommandanten und seiner Familie bewohnten Zimmer waren allerdings sehr beschränkt, aber geschmackvoll und bequem eingerichtet, und da das schlechte Wetter uns nicht gestattete, in's Freie hinaus zu gehen, so brachten wir den ganzen Tag in dieser liebenswürdigen Gesellschaft zu. Die Tochter des Kommandanten, ein blühendes Mädchen von etwa 15 Jahren, nahm vor allem die ganze Aufmerksamkeit meiner Frau in Anspruch, besonders wenn das schöne Kind mit einem jungen Panther spielte, den der Vater ihr soeben zum Geschenk gemacht hatte. Das erst sechs Wochen alte Thierchen schlenderte durch die Zimmer, dann und wann ein dumpfes Brüllen ausstoßend, das jedoch nichts Drohendes hatte, da es von seiner anmuthigen Gefährtin liebkosend in den Armen herumgetragen wurde oder einem Kätzchen gleich auf ihren Knieen hüpfte. Es vermochte noch keine Nahrung, außer Milch, zu sich zu nehmen, und so wurde ihm eine Ziege als Amme gegeben, die sich ihrer Pflicht mit dem größten Widerwillen unterwarf; schon die bloße Annäherung des sonderbaren Säuglings flößte ihr ein Grauen ein, sodaß man diesen jedesmal mit Gewalt auf den Rücken legen mußte, damit sie dem unwillkommenen Gaste die Mahlzeit gestatte. Ein paar Monate später würde die unglückliche Amme von ihrem undankbaren Säugling wahrscheinlich zerrissen worden sein. Der Kommandant war keineswegs gesonnen, das gefährliche Spielwerk lange Zeit in den Händen seiner Tochter zu lassen, und da er das Interresse meiner Frau für das höchst zierliche und vorläufig ungefährliche Geschöpf bemerkte, so bot er ihr dasselbe an: ein Geschenk, das ich dankbar abzulehnen mich beeilte, da denn doch ein solcher Reisegefährte für uns nicht nur ziemlich unbequem, sondern auch als Mitbewohner unseres Hauses in Florenz unerträglich werden und den Salon meiner Frau veröden, die Florentiner als Gäste verscheuchen würde. —

Von der Festung genießt man eine ausgebreitete Aussicht auf das Sahel-Thal, dessen Olivenhaine von den nackten und kalten

Höhen, welche die Festung umgeben, grell abstechen. Ich stieg mit dem Kommandanten in das Thal hinab, um seinen Gemüsegarten zu besuchen, und sah in demselben Eucalypten, die, vor einem Jahre aus Samen gezogen, jetzt eine Höhe von 1 m hatten; die Birnbäume waren (9. April) in Blüthe, gaben aber, obgleich gepfropft, unschmackhafte Früchte.

Die Anhöhe, auf welcher sich die Festung erhebt, ist vollständig dürr, die überall anstehende Felsart ein bläulicher Kalkstein von muscheligem Bruch und gleichartiger, wenig krystallinischer Struktur, unmerklich in einen weißen kreidigen Kalkstein übergehend und mit weißlichem, gräulichem oder röthlichem, in Blätter und Tafeln gespaltenem oder zu faserigen Massen verwittertem Mergelschiefer wechselnd. Alle diese Felsarten sind geschichtet, die Schichten mehr oder weniger aufgerichtet, oft gefaltet und mannigfach gewunden.

Während unseres Aufenthalts (vom 8. bis 10. April) im Fort Beni-Mansur war die Witterung eine so schlechte, daß wir uns gezwungen sahen, unseren Ausflug nach den Portes de fer aufzugeben und ohne Zeitverlust nach Akbu aufzubrechen, da zu befürchten stand, daß die Regen den Sahel zu einem unpassirbaren Strom anschwellen möchten.

Die Gegend, welche wir in drei Stunden durchmaßen, um an die Stelle zu gelangen, wo wir den Fluß durchwaten mußten, war anfangs ziemlich öde und nach allen Richtungen von tiefen Gräben durchfurcht, welche einen Theil ihres geologischen Gebildes zu beobachten gestatteten. Diese bestehen aus mächtigen Ablagerungen von weißen oder röthlichen Mergeln und Sand, die, in mehr oder weniger horizontalen Schichten auf mergelichen Kalksteinen gelagert, nach Norden unter Winkeln von 40 bis 70 Grad einfallen. Um Talzimat, ein kleines Kabylendorf, herum wird die Gegend malerisch und zeigt eine reiche Vegetation; man gewahrt einige Olivenhaine und der Pflanzenteppich schmückt sich mit interessanten Gewächsen, darunter die seltene Leguminose, die schon an die originale Flora der Sahara-Region erinnert, nämlich Anthyllis tragantoides. DC. (Astragalus armatus W.)

Weiterhin stiegen wir zu dem Sahel auf einem abschüssigen felsigen Abhange hinab. Glücklicherweise war der Fluß noch nicht den Folgen der Regen ausgesetzt und es bildete sein Wasser nur einen unbeträchtlichen seichten Streifen inmitten eines breiten, von Geröll strotzenden und mit Büschen von Oleander (Nerium Oleander) und Rosmarin (Rosmarinus officinalis) geschmückten Bettes; auch vermochten wir den Fluß bequem mit dem Wagen zu passiren und das entgegengesetzte, ziemlich steile Ufer zu erklimmen. Alsdann durchstreiften wir eine mehr oder weniger wellige Ebene, die außer einigen lokalen Unterbrechungen sich bis zu der von dem Dorfe Akbu gekrönten Anhöhe erstreckt und gut angebaut oder nur mit Cisten, Lorbeer, Rosen, Lentisken und Gebüsch von Zwergpalmen bekleidet ist, bald auch dürr und vollkommen nackt auftritt. An angebauten Stellen bemerke ich in dem Getreide ein schönes Nelkengras (Statice Thouini, Vir. oder S. aegyptiaca, Pers.), merkwürdig nicht bloß wegen der Seltenheit dieser Pflanze in Algerien überhaupt, sondern weil sie schon mehr den Arten der Sahara-Flora beizuzählen ist. Wir hatten mehrere Zuflüsse des Sahel zu überschreiten, die arm an Wasser sind, das aber von verschiedenem chemischen Gehalte zu sein schien, je nachdem diese von der linken oder rechten Seite in den Fluß münden: ersteres war salzig oder brackisch, das andere vollkommen süß. Diese Beobachtung stützt sich auf die Aussage des Offiziers, der uns von der Festung bis Akbu mit einer Eskorte von Spahis begleitete.

Was die geologische Beschaffenheit der zwischen Beni-Mansur und Akbu liegenden Gegend betrifft, so bestehen die vorherrschenden Gebilde in Sand, Mergel und Konglomerat (kompakt oder in losen Massen), mehr oder weniger horizontal geschichtet, während an mehreren Punkten unter diesen Ablagerungen stark aufgerichtete Schichten des weißen kreidigen Kalksteins hervorragen, was man deutlich am Fuße der Höhe, welche das Dorf Akbu trägt und in geringer Entfernung vom linken Saheluser aufsteigt, sieht. Dieses Ufer besteht nämlich aus Felsen von weißem Kalkstein, dessen Schichten nach dem Flusse zu abfallen; aber schon beim ersten Ansteigen verschwinden die Kalksteine unter mächtigen Ablagerungen von Sand und Konglomerat, aus denen der ganze obere Theil der Höhe zusammengesetzt ist. Es bedurfte mehr als einer Viertelstunde, um diese im Wagen zu erklimmen; die Fahrstraße macht weite Umwege, welche von Fußgängern und Reitern gern vermieden werden.

Akbu ist ein hübsches, erst in neuester Zeit entstandenes Dorf, das vor fünf Jahren nur aus einigen isolirten, keineswegs zur Aufnahme von Reisenden eingerichteten Häusern bestand, während sich heute dort zwei Wirthshäuser befinden, deren eines den poetischen Namen Apollo trägt und, wenn auch nicht Göttern des Olymp würdig ist, so doch von gewöhnlichen Sterblichen mit Freude begrüßt wird. Akbu bildete unsern letzten Rastplatz vor Bougie, das allerdings noch 72 km von jenem entfernt liegt, für welche Entfernung unsere erschöpften Pferde nicht weniger als zwölf Stunden brauchten.

Von Akbu stiegen wir in das breite Thal des Sahel hinab, das sich fast wie eine ebene Fläche ausbreitet, deren röthlicher, steinigter Boden wenig cultivirt und stellenweise mit Gebüsch von Cisten (Cistus monspeliensis), Calycatome spinosa, Lentisken und Zwergpalmen bekleidet ist. Der stets vortreffliche Weg wird häufig von schönen Hecken des Wunderbaumes (Ricinus communis) eingerahmt, dessen rothe (weibliche) und weiße (männliche) Blüthen in zierlichen Aehren vereinigt einen höchst angenehmen Eindruck machen; die Blätter des Feigenbaumes waren schon (11. April) vollkommen entfaltet. Hier und da sah man an den Sahelufern unter dem rothen Sande die mehr oder weniger mergeligen weißen, nach Westen fallenden Kalksteine hervorragen. Beim Dorfe Sidi-Aich (zwei und eine halbe Stunde von Akbu) wird das Thal ziemlich pittoresk: die Kalksteingebirge an beiden Seiten tragen bis zu ihren Gipfeln Oliven, in den unteren Regionen Johannisbrotbäume, während schöne Gruppen von Opuntia (Opuntia ficus indica) das Vorhandensein der Kabylendörfer verkünden.

Ehe wir das Dorf Elksar erreichten, bemerkten wir auf den Hügeln zu unserer Linken, jedoch ziemlich entfernt, beträchtliche römische Ruinen, die wir leider nicht besehen konnten, wollten wir uns nicht dem Uebelstande aussetzen, während der Nacht in Bougie einzutreffen. Das Dorf ist bedeutend und hat auch ein ziemlich gutes Wirthshaus; gleich Akbu zählte es vor fünf Jahren nur wenige isolirte Häuser. Auf der Höhe von Elksar steht überall ein weißer bröcklicher Kalkstein an.

Etwa 15 km von Bougie entfernt ist das Sahelthal mit lebhaftem Grün bekleidet, und die abwechselnd aufsteigenden Felsen von gelblichem Sandstein verleihen demselben ein minder einförmiges Aussehen; links erhebt sich das freundliche Dorf la Réunion recht malerisch auf einem Hügel, unter dem die mergeligen, aufgerichteten oder nach Südost und Nordwest abfallenden Schichten sichtbar werden.

Schon in einer Entfernung von 5 km konnten wir die Stadt Bougie deutlich erkennen, als wir die dorthin führende schöne Ebene passirten, auf welchem Wege aber der Sahel, den wir unweit Beni-Mansur überschritten hatten und dessen linkem Ufer wir vierzehn Stunden lang gefolgt waren, unseren Blicken vollkommen entrückt blieb. Auf diesem weiten Raum beschreibt der Sahel viele, oft plötzliche Krümmungen und zeigt große Verschiedenheiten in seiner Breite, indem er bald fast das ganze Thal einnimmt und sein breites Bett in eine dürre, von Steinblöcken strotzende Fläche ausbreitet, bald durch das Gebirge eingeengt sich anmuthig durch blühende Landschaften oder Olivenhaine schlängelt. Seine Zuflüsse sind zahlreich, oft fast ausgetrocknet, zuweilen wieder bedeutende Wassermassen heranrollend, auch alle mit steinernen, festen Brücken versehen, die das bewunderungswürdige Verbindungssystem vervollständigen, mit dem die Franzosen diese Gegend (wie ganz Algerien) ausgestattet haben, wo früher während der regnerischen Jahreszeit das Reisen selbst für Reiter beschwerlich war.

Bougie liegt auf dem nördlichen Abhang der Gebirgsmasse Guraïa, welche an der Küste vielfache Einschnitte und Busen hat, deren bedeutendster den schönen Hafen bildet, der durch einen sich an die Festung Abd-el-Kader schließenden Damm geschützt wird. Diesem weiten Busen folgt westlich ein anderer, weniger ausgedehnter, von einem den kleinen Leuchtthurm tragenden Vorgebirge umgeben, und endlich weiter westlich noch ein dritter vom Cap Carbon begrenzter Busen, den der große Leuchtthurm krönt, von welchem sich eine prächtige Aussicht auf das Meer und die so malerisch gezackte und gewundene Küste erschließt.

Da der Guraïa, dessen 700 m hohen Gipfel eine Befestigung krönt, der höchste Punkt der unmittelbaren Umgebung von Bougie ist, so bestieg ich denselben, da ich hoffen durfte, das orographische Bild des Landes von dieser Höhe aus besser beurtheilen, zugleich auch die vorherrschenden Züge seiner geologischen Beschaffenheit ermitteln zu können, da das malerische Gebirge schon von Weitem in der Gestalt schöner Gruppen nackter Felsen auftritt.

Bis zu der Befestigung erfordert die Besteigung zu Pferde etwa zwei Stunden. Schon beim Beginn gewahrt man mehr oder weniger glänzende Mergelschiefer, die an Thonschiefer lebhaft erinnern; sie gehen jedoch unmerklich in einen dunklen, ebenfalls schieferigen, Kalkspath-Gänge und -Nester enthaltenden Kalkstein über, aus dem der größte Theil des Berges besteht. Derselbe ist meist von bläulicher Farbe, muscheligem Bruch und zeigt zuweilen eine mit ockeriger Kruste bekleidete Oberfläche. Am häufigsten bildet er Felsen und Massen von verschiedenartigen Umrissen; zuweilen ist er in mehr oder weniger mächtige Bänke getheilt, deren Fall ebenso verschieden, da die Schichten theils senkrecht aufgerichtet sind, theils nach Osten, meist aber nach Süd-West-Süd abfallen. Eine Eigenthümlichkeit, welche diese Kalksteine auszeichnet, ist die wichtige Rolle, die ihre wässerigen Infiltrationen spielen, weil diese zur Bildung von Stallaktiten, warzenförmigen Hervorragungen, namentlich aber breiten Flächen cristallinischen, oft blendend weißen Kalksteins Anlaß geben, der concentrische Zonen bildet oder mit Dendriten-Zeichnungen bekleidet ist, ebenso zierlich, aber in viel größerem Maßstabe, als es manche Jaspisarten oder Achate zeigen. Auf vielen dieser bandförmig gestreiften oder warzigen Flächen habe ich in dem Gestein eingebettete Gehäuse von Landschnecken beobachtet, wie Helix, Puppa, Clausilia u. a.

Die Mergelschiefer, welche die untere Bergregion bilden, haben fast denselben Fall, wie die Kalksteine und gehen, wie erwähnt, unmerklich in die letzteren über, so daß beide Felsarten wahrscheinlich der gleichen Formation angehören, dies ist der Fall mit den zwischen Beni-Mansur, Akbu und Bougie beobachteten Gebilden, wenn auch zwischen Akbu und Bougie Sandsteine vorherrschen und mit Mergelschiefern wechseln, während auf dem Guraïa keine Sandsteine vorhanden sind. Da aber in der Gegend zwischen Beni-Mansur und Bougie die Sandsteine zuweilen ebenfalls auftreten, so darf man das Vorherrschen oder die Abwesenheit eines dieser Gebilde nur als eine lokale Erscheinung betrachten. Leider konnte ich eine organische Spur weder in diesen Gegenden, noch auf dem Guraïa entdecken. Zwar hat Herr Renou [1]) in den nicht weit von Bougie zerstreut liegenden Blöcken des kompakten Kalksteins Stacheln von Cidaris, Bruchstücke von Enkrinitenstengeln, einen unbestimmbaren Belemniten und endlich die Terebratula lacunosa gefunden, und da letztere in Deutschland für die oberen Abdachungen des Jura ziemlich charakteristisch ist, so hielt sich jener Forscher berechtigt, nicht nur den Guraïa in diese Formation zu versetzen, sondern auch die Gebirge Babur und Beni-Baten, ersteres östlich, das andere westlich von Bougie gelegen; doch, wenn es auch wahrscheinlich, daß die Blöcke, in welchen Herr Renou die erwähnten Petrefakten gefunden, aus dem Guraïa stammen, so ist deren Herkunft doch nicht so sicher, als wenn sich solche in einer anstehenden Felsart befänden. Weiter erwähnt derselbe gerollte Bruchstücke eines weißen kompakten Kalk-

[1]) E. Renou, Géologie de l'Algérie: résultats des voyages exécutés en 1840—1842.

steins, Nummuliten enthaltend, auf dem Gestade von Bougie, daher wir es dort augenscheinlich mit mehr als einer Formation zu thun haben und die systematische Klassifikation derselben lange und gewissenhafte Studien erheischt. Uebrigens ist die wissenschaftliche Geologie sowohl in Bougie wie fast in ganz Algerien noch ein jungfräulicher Boden, der seinen künftigen Bearbeitern die ergiebigste Ernte verspricht.

Das ganze Guraïa-Gebirge ist mit einer reichen Kraut-, Strauch- und baumartigen Vegetation bekleidet; unter den Sträuchern seien Quercus coccifera, Calycotoma spinosa, Cistus monspeliensis, Pistacia lentiscus und terebinthus ꝛc. unter den Bäumen der Oliven- und Johannesbrotbaum genannt.

Auf ansehnlicher Höhe des Berges befinden sich Reste alter arabischer Mauern; aus größerer Ferne entdeckte ich einige Affen, die sonst selten auf dem Guraïa sind, während sie auf dem mit dem großen Leuchtthurm gekrönten Kap Carbon ziemlich häufig vorkommen, und da der zu jenem führende steile Pfad selten betreten wird, so sind sie dort so kühn geworden, daß sie diejenigen mitunter von den Felsen aus mit Steinen begrüßen, die sie in ihrem einsamen Aufenthalt durch unwillkommenen Besuch zu belästigen wagen.

Vom Gipfel des Guraïa gesehen, erscheint die Stadt Bougie nicht, wie auf dem Abhange dieses Berges gelegen, sondern wie von diesem durch eine Vertiefung getrennt.

Vom Guraïa hinabsteigend, sah ich auf dem nach dem Fort Clauzel führenden Wege interessante, in den Mergelschiefer eingehauene Gräber: kleine viereckige oder ovale Höhlungen, deren äußere Oeffnung durch Backsteine geschlossen ist, während der innere, meist ziemlich beschränkte Raum viele Menschenknochen birgt, die hier nach dem Verwesen des Körpers niedergelegt sein müssen, da die Höhlungen zu unbedeutend sind, um einen in seiner Länge ausgestreckten Körper aufzunehmen. Diese zwar winzigen und primitiven, doch aber recht absonderlichen Grabdenkmäler verdienten näher untersucht zu werden.

Fast an den beiden entgegengesetzten Endpunkten von Bougie erheben sich zwei beträchtliche Gebäude: das Fort Abd-el-Kader und die Kasba. Ersteres, nicht weit vom Meere gelegen und von diesem durch die schöne der Küste folgende Straße getrennt, ist ein geräumiges, aber unförmliches Kastell, das etwa zwanzig kleine, schlecht erleuchtete, feuchte Zimmer enthält, welche unter türkischer Herrschaft der Besatzung als Wohnung dienten; gegenwärtig sind diese Räume zu einem Militär-Gefängniß hergerichtet, das übrigens bei meinem in Begleitung des Kommandanten unternommenen Besuche vollständig leer war.

Die Festung wurde aus Backsteinen erbaut und mit geknetetem feuchten Thon und Sand verkittet, welches Gemenge ein grobes, aber solides Cement abgiebt; die Mauern sind dick und fest, die Architektur des Innern aber ist eine außerordentlich barbarische. In einem der Zimmer sind noch Spuren einer Moschee sichtbar. Die dem Kastell als Dach dienende Plattform zeigt eine üppige, nicht nur krautartige, sondern auch Baum-Vegetation, welche, von der Hand der Natur gepflanzt, die geräumige steinige Oberfläche in eine Art von Garten verwandelt hat: mit ungeheuren Büschen von baumartigem Beifuß (Artemisia arborescens), Lorbeerrosen, stacheligen Calycotomien (Calicotoma spinosa), Geranium 2c. vereinen sich schöne Feigenbäume, frühzeitige Früchte tragend, die im April erscheinen, jedoch nicht zur Reife kommen und rasch abfallen, um normalen Früchten Platz zu machen. Auch die Außenseite der Mauern ist mit einer Menge krautartiger Pflanzen und mit Feigenbaumgebüsch bekleidet. Am Eingang des Kastells dienen Schäfte römischer Säulen dem Thore als Stütze; hier und da sind in den Mauern viereckig ausgehauene, augenscheinlich römischen Bauten entnommene Steinplatten eingefügt, von denen mehrere Spuren römischer Inschriften enthalten. Ich vermochte diese aber nicht zu entziffern, weil sie verstümmelt oder halb verwischt waren. Das Fort Abd-el-Kader hat keine militärische Bedeutung mehr und ist nur noch eine malerische Zierde der Stadt. Nicht fern vom Fort, näher dem Meere zu, befinden sich ziemlich gut erhaltene Gewölbe eines alten arabischen Thores, das bestimmt gewesen, die Stadt von der Seeseite zu schließen, längs welcher man überall Trümmer einer alten Mauer gewahrt, die dem nördlichen Abhange des Gurala folgte.

Wie das Fort Abd-el-Kader den westlichen Endpunkt der Stadt bildet, so ist die entgegengesetzte Extremität derselben durch die Kasba bezeichnet, welche ebenfalls nicht weit von der Küste liegt. Dieselbe hat ein viel imposanteres Ansehen; sie stammt nicht von Arabern, sondern ist ein Denkmal aus dem Mittelalter, dessen Gepräge deutlich hervortritt. Das Gebäude wurde im Jahre 1545 durch Pedros von Navarra zu Ehren Karl's V. errichtet, wie es eine noch wohlerhaltene lateinische Inschrift bekundet, in welcher der Kaiser als „Afrikanus" qualificirt wird, ein Prädikat, das nur bestimmt scheint, der Nachwelt ein Beispiel der schamlosesten Schmeichelei, die je einem Herrscher gespendet worden, zu übermitteln, da es an die Niederlagen, und nicht etwa an die Siege des Kaisers in Algerien erinnert, während jener Beiname mit vollem Recht den glorreichen Thaten Scipio's von der Geschichte verliehen worden ist. Die Gebäudemauern, von ausreichender Höhe, um einen Theil der Stadt zu beherrschen, entweder aus Backsteinen ausgeführt oder schön ausgearbeiteten Quadrat-Platten, sind wahrscheinlich römischen Bauten entnommen, von denen man noch Trümmer längs dem Meeresufer sieht, wo das moderne Gebäude auf alten Fundamenten ruht. Die Aussicht von der Höhe der Kasba ist eine mehr anmuthige als großartige; durch das Fehlen der Palmen mangelt ihr die charakteristische lokale Physiognomie, die dieser Baum dem Orient überhaupt wie dem größten Theil der algerischen Küste verleiht. Gegenwärtig dient die Kasba als Niederlage für Militärmunition und als Wohnung der Beamten der Besatzung. Das Thor, durch welches man aus dem östlichen Theil der Kasba tritt, rahmt die Landschaft auf sehr liebliche Weise ein; hier erscheint sie als von schönen Felsen umgeben, die aus Konglomerat bestehen, das wahrscheinlich der großen, in Bougie durch dunkle Kalksteine vertretenen Formation angehört. Im Hintergrunde des Gemäldes erhebt sich malerisch auf einer der Höhen des Guraïa das Fort Clauzel.

Bougie bietet nur wenige Reste römischer Alterthümer; zu ihnen gehören verschiedene in der Straße Saint-Joseph zerstreute Trümmer, unter denen zahlreiche Bruchstücke von Mosaik, die in derselben Straße den Boden eines Getreidemagazins bedecken. Auch im Hofe der Kirche von Saint-Joseph habe ich mehrere zerstreut liegende Säulenschäfte aus Granit bemerkt, und endlich findet man Reste alter Cisternen fast überall, besonders in der Nähe des Fort Baral; nur ist es nicht immer leicht, die Zeit ihrer Erbauung sowie ihre arabische oder römische Abkunft zu bestimmen. Die maurische Baukunst hat ebenfalls wenige Denkmäler hinterlassen; man würde hier vergeblich die malerischen Häuser suchen, die in Algier von Privatpersonen bewohnt werden oder öffentlichen Behörden zum Sitze dienen, so daß in dieser Hinsicht Bougie einen weit weniger orientalischen Anstrich besitzt als Algier.

Die Besatzung der Stadt, zu meiner Zeit nur 400 Mann betragend, war unter den jetzigen Umständen vollkommen ausreichend zur Bewachung und Unterhaltung der strategischen Punkte, mit denen Bougie ausgestattet ist; so namentlich des Fort Baral und der jetzt im Bau befindlichen wichtigen Befestigungen.

Bougie hat vor Algier den Vorzug, den landschaftlichen Schönheiten der Gegend näher zu liegen, so daß man überall und oft, ohne die Stadt zu verlassen, schöne Spaziergänge findet, wie die Promenades aux Oliviers, aux cent fontaines 2c., alles malerische Punkte mit prachtvollen Aussichten nach dem Meerbusen, welcher in solcher Entfernung wie ein von Bergen eingeschlossener See, etwa wie der Lago Maggiore oder Lago di Como erscheint.

Ueberraschender Weise vermißt man in den zahlreichen Hainen, welche Bougie umgeben, die in Algier und Oran so häufige, schöne Phytolacca dioica, oder sieht sie doch nur äußerst selten; dafür aber ist die Gegend um Bougie ungemein reich an stattlichen Olivenbäumen, von denen namentlich einige auf der Promenade aux Oliviers in Umfang und Mächtigkeit mit denen von Blidah wetteifern. Fruchtbäume bilden für Bougie kein günstiges Kontingent; mit Ausnahme von Orangen- und Feigenbäumen liefern Birnen-, Kirschen-, Aprikosen- und Pfirsichbäume nur sehr mittelmäßige Früchte. Nach der Orange ist der Feigenbaum der wichtigste und es werden die von den Kabylen zubereiteten Feigen sehr geschätzt und nach Marseille ausgeführt. Die Rebe ist vortrefflich, der Wein aber hat einen erdigen Geschmack und ist zu kräftig: ein Uebelstand, an dem alle gewöhnlichen Weine Algeriens, gerade wie jene von Spanien, leiden.

Besonders merkwürdig sind die Orange-Plantagen auf den Höhen oberhalb des Dorfes la Réunion, das wir, wie erwähnt, auf der Wanderung nach Bougie unweit dieser Stadt erblickten. Sie liegen längs den südlichen Abhängen des Berges Tudja, etwa 12 km nördlich von jenem Dorfe und werden seit langer Zeit von den Kabylen in dieser für die Kultur höchst günstigen Oertlichkeit gebaut, da hier der Berg Tudja das Dorf gegen Nordwinde schützt, und es nicht unwahrscheinlich ist, daß die dort vorhandenen Mineralwässer, von denen eines 23 Centigrad Wärme besitzt und in Gestalt einer mächtigen vertikalen Säule emporsprudelt, zur Erhöhung der Temperatur beitragen.

Die den Berg bewohnenden Kabylen, deren Häuser mitten in dem Orangenhaine zerstreut liegen, verdanken diesen Bäumen ihren Hauptunterhalt; ja es hat nicht nur jeder Baum seinen besonderen Eigenthümer, sondern es giebt solche, die zwei Besitzer zählen.

Die so hochgeschätzten Orangen von Bougie, welche fast alle

vom Berge Tudja kommen, wetteifern mit denen von Blidah und können folglich den vorzüglichsten europäischen Erzeugnissen dieser Art die Spitze bieten; leider erhalten sie sich nur kurze Zeit, nachdem sie reif gepflückt worden, und wurden schon selten zur Zeit unseres Aufenthaltes in Bougie (Mitte April). Der gewöhnliche Preis ist 5 bis 7 Franken das Hundert; ein Theil wird im Lande konsumirt, der größere in das Innere oder nach Marseille versendet.

Als eine interessante Thatsache darf es bezeichnet werden, daß die beiden Oertlichkeiten Algeriens, welche die besten Orangen erzeugen, nämlich Blidah und Bougie,[2] fast die gleiche mittlere Jahrestemperatur besitzen — Blidah 17,7, Bougie 17 Grad (centigr.) — trotz der bedeutenden Unterschiede ihrer respectiven Höhen: Blidah 250, Bougie hingegen nur 27 Meter. Solche merkwürdigen Anomalien bieten übrigens mehrere Küstenpunkte Algeriens, z. B. Oran, dessen Höhe (50 m), sowie die von Algier und Bougie, zu unbedeutend ist, um die mittlere Jahrestemperatur beeinflussen zu können; und doch ist diese in Oran 16 Grad: wahrscheinlich der niedrigste thermometrische Werth unter den meisten Küstenorten Algeriens, was durch die mittlere Wintertemperatur verursacht wird, die in Oran ziemlich niedrig (nur 10,4) ausfällt und also 2,1 unter jener von Algier bleibt. Ein ebenso merkwürdiger Gegensatz zwischen diesen Städten zeigt sich hinsichtlich der wässerigen Niederschläge: während in Oran das Quantum des jährlich gefallenen Regens im Mittel 480,3 mm und in Algier 697,8 mm beträgt, steigt es in Bougie auf 1310,3 mm.

Da ich in Bougie nur sechs Tage verweilte, so mußte ich mich mit den erwähnten allgemeinen und unvollständigen Beobachtungen begnügen, gleichzeitig lebhaft bedauernd, daß ich die reiche Vegetation der Gegend nicht näher kennen gelernt hatte, zumal dieselbe noch nicht gründlich untersucht zu sein scheint, wie aus der Erklärung des Herrn Cauvet hervorgeht, der sie sechs Monate studirt hatte und seine Pflanzenliste keineswegs als die vollständige Flora Bougie's hinstellt.[1]) Und doch enthält dieselbe 287 Arten, darunter eine neue Geniste (Genista stenocarpa. Coss.), aber nur drei Farren (Adiantum capillus Veneris, Polypodium vulgare und Pteris aquilina), was abermals beweist, daß diese Familie auch hier, wie an allen Orten Algeriens, sehr schwach vertreten ist. Mein Bedauern erstreckte sich auch auf die Vereitelung der Untersuchung der geologischen Beschaffenheit der in dieser Hinsicht noch wenig bekannten Gegend; der ge-

[1]) Bulletin Soc. bot. de France, année 1871, T. XVIII. p. 77.

13*

ringste Aufschub in unserer Abreise war aber mit Schwierigkeiten verbunden, da es sich für den Besuch der in der Wüste gelegenen Stadt Biskra um einen weiten Umweg handelte und die jetzt noch ziemlich erträgliche Hitze jeden Tag derart zuzunehmen drohte, daß ich befürchten mußte, meine Frau bei unserer Ankunft in Tunis der vollen Gluth der afrikanischen Sonne auszusetzen; für mich selbst, als einen langjährig abgehärteten Wüstenpilger, wäre dies von gar keiner Bedeutung gewesen. Demnach verließen wir Bougie zu meinem großen Bedauern schon am 16. April, um uns über Setif nach Constantine zu begeben, nicht direkt, sondern durch die prachtvolle Schlucht von Chabet, die zu den malerischsten Punkten Algeriens zählt.

Unweit Bougie's überschritten wir den Sehel, der hier ebenfalls Samum-Et heißt, auf einer soliden und zierlichen, von den Franzosen erbauten Brücke; weiterhin zog sich der Weg durch eine schöne Ebene, die an einigen Stellen Getreidefelder, besonders Gerste, zeigte, an andern mit Lentisken, Oleander u. dgl., oder von einem üppigen Pflanzenteppich bedeckt war und von Raphanus raphanistrum, Borrago officinalis, Trincia tuberosa, Galactites tomentosa, Scilla maritima, Pteris aquilina u. a. strotzte. Die durch mehr oder weniger grüne Ebenen vom Meere getrennten Berge waren gleichfalls mit Gesträuch bekleidet (Cisten von Montpellier, stachelige Calycotome, Lentisken 2c.), und sah man auf denselben aller Orten die gräulichen Kalksteine anstehen. Je mehr wir in die Ebene vordrangen, um so mehr erweiterte oder verengte sich dieselbe durch die bald zurücktretenden, bald bis an das Meer hinziehenden Höhen, wie es z. B. neben dem kleinen Wirthshause de Moulin und weiterhin (etwa 22 km von Bougie) der Fall war, wo die Höhen in Gestalt einer abgerundeten Masse, Kap Okas genannt, vorrücken, ohne jedoch ein wirkliches Vorgebirge darzustellen, da die das Kap bildenden Felsen vom Meere durch eine wellige, durch den Ued-Djitun bewässerte Ebene getrennt sind, ein Flüßchen, dessen Name an das türkische Wort Zaitun (Olivenbaum) erinnert, der gegenwärtig in voller Blüthe stand und längs dem Ued-Djitun sehr verbreitet ist. Kap Okas ist aus dunkeln, schieferigen, südöstlich unter dem Winkel von 60—70 Grad fallenden Kalksteinen und Mergeln zusammengesetzt und war nebst den den Ued-Djitun umgebenden Hügeln mit üppiger Vegetation bekleidet, welche manche für die algerische Flora ziemlich seltene Pflanzen enthielt. Erwähnt seien: [1])

[1]) Die mit r bezeichneten Pflanzen sind in Algerien mehr oder weniger selten.

Ranunculus macrophyllus.
Diplotaxis erucoides.
Sisymbrium amplexicaule Desf.
r. Convolvulus mauritanicus Boiss.
Silene lusitanica Desf.
Anagallis arvensis.
r. Cerinthe gymnantha Gaspar.
Stachys hirta.
Prasium majus.
r. Teucrium resupinatum.
r. Hedysarum coronarium.
— capitatum.
r. Antirrhinum calycinum.
— capitatum.
Anthyllis tetraphylla.
Helicrysum Fontanesii Coss.
r. Scorpiurus sulcatus.
Lotus ornithopoides
Trifolium tomentosum.

Nachdem wir Kap Okas verlassen, stiegen wir längs dem Meere bedeutend hinan, schöne Aussichten genießend, welche zuweilen an den Busen von Genua erinnerten. Aus den Felsspalten schossen ungeheure Antirrhinum tortuosum und kräftige Orchis sinuatifolia empor, deren prächtige rothe und rosenfarbige Blüthen anmuthig über unsern Häuptern schaukelten. Von der Höhe wendeten wir uns in ein schönes, bewaldetes Thal hinab (Populus nivea, Fraxinus australis, Ulme, Olivenbaum, Korkeiche ꝛc.) und folgten dann dem linken Ufer des Ued-Agrium, dessen breites, jetzt wasserarmes Bett oft das ganze Thal einnimmt, das sich in großen Krümmungen schlängelt. Die Berge an beiden Seiten funkelten in den von den glänzenden Flächen der schieferigen mergeligen Kalksteine zurückgeworfenen Sonnenstrahlen; die Schichten dieser Kalksteine haben eine sinclinale Neigung und fallen meist nach dem Thalgrunde zu, an mehreren Punkten auch in entgegengesetzter Richtung und überhaupt mannigfache Biegungen und Faltungen zeigend.

An der Stelle, wo sich das Thal am meisten verengt, beginnt die berühmte Schlucht Chabet-el-Akhira (52 km von Bougie), deren Eingang durch die lakonischen, in den Felsen eingegrabenen Worte bezeichnet ist: Ponts et Chaussées, Setif, Chabet-el-Akhira, travaux exécutés de 1863 à 1870. Hier entfaltet dieselbe ihre ganze originelle Schönheit. Zu beiden Seiten erheben sich malerische Felsen, deren Wände durch senkrecht aufgerichtete oder in Hufeisenform gebogene Schichten eines bläulichen oder grauen Kalksteins von splitterigem Bruch gestreift erscheinen, während in der Tiefe der Agrium in schäumenden Fällen dahinstürmt. Trotz der abschüssigen Felsabhänge trugen dieselben doch Olivenbäume, Korkeichen, Lentisken, und waren mit einer Menge Pflanzen geschmückt, die für die algerische Flora ziemlich selten: Coronilla pentaphylla, Trachelium cœruleum (noch nicht blühend), Iris juncea (ohne Blüthen), Antirrhinum tortuosum, Pteris longifolia u. a.

Zunächst der linken Seite der Schlucht folgend, hatten wir bald nach dem Eintritt auf einer den Abgrund überspannenden Brücke die andere Seite zu gewinnen, da der linke Rand wegen seiner senkrecht in den Strom stürzenden Felsen unzugänglich ist. Die Schlucht verengt sich dergestalt, daß man sich oft in einem gekrümmten, von Tausenden riesenhafter Säulen eingeschlossenen Tunnel zu befinden glaubt: ein wahrhaft wunderbarer Anblick, dessen Originalität noch durch Affenheerden, die sich auf den Höhen tummeln, erhöht wird.

In der Nähe von Kherata (57 km von Bougie) wird die Schlucht breiter und verliert viel von ihrem erhabenen Charakter, obwohl die Vegetation ihren Reichthum noch beibehält und sich zu verschiedenen Sträuchern, welche die Schlucht bekleiden, solche von Rosmarinus officinalis gesellen: eine in der Provinz Oran gemeine, in Algier aber ziemlich seltene Pflanze, die in der Provinz Constantine fast ganz unbekannt ist. Wo die Chabet-Schlucht in das Plateau von Kherata mündet, haben ihre Berge schon bedeutend an Höhe verloren.

Was man etwas zu voreilig als Dorf Kherata bezeichnet (eine Benennung, die allerdings in nicht langer Zeit gerechtfertigt sein wird), besteht für den Augenblick nur aus zwei Häusern, das eine von dem Beamten für Weg- und Chaussee-Bau bewohnt, das andere, sehr lange aber niedrige, von den Herren Girard und Rayneal eingenommen, den Eigenthümern und Gründern dieses Dorfembryos, wie auch des kleinen Wirthshauses, das, von einer Frau gehalten, für Reisende drei kleine, ziemlich saubere Zimmer und eine für solche Einsamkeit ganz leidliche Kost gewährt.

Jene Herren haben das große Verdienst, nicht allein die ersten Keime zu einem Dorfe gepflanzt zu haben, das ohne Zweifel eine bedeutende Wichtigkeit erlangen wird, da es auf der großen Straße zwischen Bougie und Setif liegt, sondern auch die Begründer einer Anstalt gewesen zu sein, die ebenso nützlich für die Gegend, als gewinnreich für sie selbst ist. Die beiden arbeitsamen Kolonisten hatten nämlich den glücklichen Gedanken, die Kraft des Stromes Agrinn zu verwerthen, der bei seinem Austritt aus der Schlucht noch Kraft genug besitzt, eine Mühle in Bewegung zu setzen und damit aus der großen Masse des hier von den Kabylen gewonnenen

Getreides ein vortreffliches Mehl zu erzeugen. Demzufolge haben sie auf dem rechten Ufer eine den lokalen Erfordernissen vollkommen entsprechende Mühle errichtet, die mein Interesse rege machte. Sie besteht aus einem dreistöckigen steinernen Hause, in dessen unterem Stockwerk das Mahlen des Getreides stattfindet, und zwar vermittelst vier Paar Mühlsteinen, welche durch ein Wasserrad in Bewegung gesetzt werden; das gemahlene Getreide fällt in einen großen Trichter, aus welchem es wieder durch Wasserkraft in das zweite Stockwerk gehoben wird, wo die erste Reinigung des Mehles vor sich geht. Weiterhin gelangt dasselbe durch zweckmäßige Vorrichtungen in das dritte Stockwerk, wo es dem letzten Reinigungsprozesse unterworfen und in Säcke geschüttet wird, die man in den Hof hinabläßt, um dort von Karren aufgenommen und auf den Markt gebracht zu werden. Dieser einfachen und wirksamen, alle Manipulationen ersetzenden Einrichtung gemäß reichen zwei durch ein paar Kabylen unterstützte Franzosen hin, täglich 40 Centner (Quintaux) Mehl zu erzeugen, deren Verkauf einen jährlichen Reingewinn von 30,000 Franken abwirft.

Der zwischen den beiden geschickten Unternehmern abgeschlossene Vertrag soll sie zum ledigen Stand verpflichten, so daß derjenige, der aus demselben tritt, zugleich die ihm durch die Association gesicherten Rechte verliert; wird diese gewiß originelle Bedingung eingehalten, so fällt dem Ueberlebenden als Erbschaft die ganze Anstalt zu, die zugleich auch Schweineheerden und ein wohlausgestattetes Vogelhaus umfaßt.

Am 17. April verließen wir Kherata, um den Weg nach Setif einzuschlagen. Zunächst folgten wir dem rechten Ufer des Agrium und weiterhin des Ued-Berd, eines der zahlreichen Zuflüsse, an dem sich mehrfach die nach Norden fallenden und von wagerecht geschichteten Konglomeraten bedeckten schieferigen Mergel wenigstens 5 m über das Niveau des Ued-Berd erheben. Dies scheint ein Beweis, daß die Konglomerate nicht von dem in seinem jetzigen Zustande befindlichen Flusse stammen, da er auch bei der stärksten Anschwellung nicht mehr eine solche Höhe zu erreichen vermag. Weiterhin zeigt das Fallen der schieferigen Mergel die verschiedensten Abweichungen: bald sind dieselben nach Nord-Ost-Nord, bald nach Süden oder Südosten geneigt, häufig senkrecht aufgerichtet oder mannigfach gebogen.

Etwa 18 km jenseits Kherata wird die Gegend sehr gebirgig, zu unserer Rechten krönte das Fort Takatum eine ansehnliche Höhe.

Unfern von demselben passirten wir einen eisenhaltigen Quell, der durch die schieferigen Mergel fließt, und dessen angenehm schmeckendes Wasser den Bewohnern dieser Gegend als gewöhnliches Trinkwasser dient, das sie mit vollem Recht dem mehr oder weniger brackigen Wasser der Brunnen vorziehen. Je mehr wir uns von Kherata entfernten, um so baumloser und öder gestaltete sich die Gegend, so daß die Plateaux auf dem Wege nach Setif oft das Aussehen wirklicher Steppen hatten. Die nackten, aber wellige Umrisse zeigenden Gebirge boten, wie früher, stets die merkwürdigsten stratigraphischen Erscheinungen: bald durchfurchten stark aufgerichtete Schichten des schieferigen Mergel in regelmäßigen Streifen die Oberflächen der Berge vom Gipfel bis zu ihrem Fuße; bald erschienen diese gebogen und gefaltet in allen möglichen Gestalten. Die fast nur krautartige Vegetation ist eine sehr einförmige; die marmorirten Blätter der Galactites tomentosa und theilweise des Silybum marianum bedecken beinahe ausschließlich die ausgedehnten Flächen, und näher an Setif, rings um das Dörfchen El-Urisi, erschien der Boden ganz gebleicht von der Kreuzblume Diplotaxis erucoides, die ich noch nirgends so massenhaft auftretend gesehen hatte und die schon den Vertretern der Sahara-Flora beizuzählen ist.

Die Ulmen (Ulmus campestris) an dem den El-Urisi durchziehenden Wege zeigten noch keine Blätter (17. April), kurz, alles hatte den Charakter kalter, steiniger Steppen, obwohl hier und da einige von Kabylen oder von den wenigen Europäern angebaute Felder sichtbar wurden.

Setif wird erst sichtbar, wenn man die Anhöhe nahe bei der Stadt hinabzusteigen beginnt, und erscheint zuerst als eine Gruppe von Kasernen und Befestigungen; dieser Eindruck wird jedoch ein günstigerer, sobald man das Innere der Stadt betritt, obgleich das der Gegend aufgedrückte Gepräge der Dürre auch ihr etwas Trauriges und Einförmiges verleiht. Die Stadt hat durchaus ein europäisches Ansehen, trotz der überwiegenden Zahl der Mohamedaner; die maurische Architektur hinterließ hier keine Spuren, und die Reste römischer Alterthümer sind nur selten und von geringem Werth; man sieht sie unter andern an der vor dem Algier-Thore gelegenen, als Promenade dienenden Allee aufgestellt. Diese in der Stadt und Umgegend gefundenen Reste sind Bruchstücke von Säulen, Steinplatten, Steinen mit lateinischen Inschriften oder in Relief gearbeiteten Gestalten in römischer Tracht 2c., alles unansehnliche

Arbeiten und keineswegs geeignet, von der Wichtigkeit der alten Sitifis colonia, der Hauptstadt der nach ihr benannten Mauritania Sitifensis, einen Begriff zu geben. Sitifis war noch eine bedeutende Stadt zur Zeit des heiligen Augustinus, als sie (419 n. Chr.) durch ein schreckliches Erdbeben zerstört wurde, dessen der berühmte Bischof von Hippone gedenkt; der Eindruck auf die Bewohner soll ein so heftiger gewesen sein, daß etwa zweitausend Heiden den Gott der Christen anflehen und die Taufe annehmen zu müssen glaubten. Nach dieser Katastrophe scheint sich die Stadt abermals gehoben zu haben und erst durch die Araber, die in Algerien nur inmitten von Ruinen zu herrschen verstanden, vollends vernichtet worden zu sein.

Nicht weit von der Allee am Algier-Thore erhebt sich eine Moschee von anmuthiger Architektur, aber sehr beschränktem Innern, wo um 12 Uhr Mittags der Muezzim zum Gebet rief, was er jedoch nicht vom Gipfel des Minarets, wie es bei Mohamedanern zu geschehen pflegt, sondern von der Schwelle der Moschee aus that. Da ich mich gerade in dem Augenblick mit einigen französischen Soldaten an der Thür des Tempels befand, so wagten wir nicht, hineinzugehen, um die Matten und Teppiche des Fußbodens nicht zu verunreinigen; bekanntlich betreten die Mohamedaner ihre Moscheen nur nach Beseitigung der Fußbekleidung. Wir begnügten uns einen flüchtigen Blick vom Thore aus in das Innere zu werfen und hielten uns sonst fern. Diese Aufmerksamkeit würdigten die dem Gottesdienst zuströmenden Araber völlig, so daß mehrere an uns einen herzlich klingenden Gruß mit den Worten bon jour, Messieurs, richteten; diese wurden mit einer Korrektheit ausgesprochen, welche sie schwerlich im Munde eines Engländers oder Deutschen, ja selbst nicht eines Italieners gehabt haben würden.

Das Klima von Setif gehört zu dem excessiven, indem es im Sommer sehr heiß, im Winter sehr kalt ist. Der Winter dieses Jahres war ausnahmsweise streng und anhaltend, so daß es zehn Tage vor unserer Ankunft, nämlich am 8. April, stark gefroren hatte. Allerdings liegt Setif bedeutend hoch, 1075 m, und wenn auch mehrere Partien der Ebenen, welche sie umgeben, mit dichtem Grase bekleidet waren, das dem Vieh vortreffliches Futter gewährt, so erschienen die öffentlichen Spaziergänge sowie die Bäume, welche die Straße von Constantine einfassen, doch in Wintertracht, und mit Ausnahme der Eiche (Fraxinus praecox), welche Blätter trug, streckten die Robinia, die Maulbeerbäume und Ulmen ihre langen nackten Arme traurig aus. Der Gegensatz zu den eben durchreisten

Landstrichen, besonders mit der heißen und malerischen Gegend Bougie's, war auffallend.

Unser Verlangen, einen Ort mit so winterlicher Physiognomie zu verlassen, um nach Constantine aufzubrechen, war begreiflicher Weise ein reges. Durften wir auch nicht hoffen, dort alle Reize des Südens anzutreffen, so konnten wir uns doch der Sonne der Sahara weit näher fühlen. In Setif sahen wir uns zum ersten Male und glücklicherweise nur kurze Zeit gezwungen, der bisher benutzten Reiseart, die wir nun schon 13 Tage genossen hatten (so viel Zeit brauchten wir, um von Algier bequem zu Wagen nach Setif zu gelangen), zu entsagen. Die ziemlich lange Reise hatte unsere Pferde dermaßen erschöpft, daß sie einer langen Erholung bedurften, um uns schließlich in drei langen Tagen nach Constantine zu bringen. So entschlossen wir uns denn, in Ergebung das gräßliche Gefängniß der Diligence zu wählen, die ihre lebendige Bagage von Setif nach Constantine in 13 Stunden befördert.

Dreizehnter Brief.

Constantine, den 1. Mai 1878.

Nachdem wir eine ganze Nacht in dem rollenden Kasten der Diligence zugebracht, erreichten wir Constantine am 19. April um 6 Uhr Morgens, ohne einen Begriff von der im Galopp durcheilten Gegend erhalten zu haben. Diese Beförderungsart, die für den Naturforscher eine wahre Marter ist, mag immerhin dem Geschäftsmanne und gewöhnlichen Touristen zusagen, weil der eine nicht reist, um zu sehen, und der andere nur das sehen will, was ihm neue Eindrücke verschafft, daher er gern solche Gegenden aufgiebt, die man ihm als nicht sehenswerth bezeichnete. Für den Naturforscher aber giebt es keine derartige Gegend; wo irgend ein Erdstrich als dürre Ebene oder grünes Gebirge auftritt, bietet sich für den Geologen, Botaniker, Zoologen oder Physiker stets Stoff zu Betrachtungen und Studien.

Constantine, auf hohem Felsen gelegen, den der Rümel und tiefe Gräben mit einem fast ununterbrochenen Gürtel umgeben, hat ein originelles, pittoreskes Aussehen; aus der Ferne gesehen, glaubt man jedoch weniger, eine orientalische Stadt, als eine europäische Citadelle mit Ziegeldach-Häusern zu erblicken. Das orientalische Element entfaltet sich erst, nachdem man das Innere der Stadt betreten.

Da wir auf dem Rückwege von Biskra Constantine wieder berührten und uns dort ein paar Tage aufhielten, so gebe ich hier einen allgemeinen Ueberblick über die bei beiden Besuchen gemachten Beobachtungen.

Das Innere von Constantine zeigt einen viel ausgeprägteren orientalischen Charakter als Algier, nicht der Reste der maurischen Baukunst halber, die in Algier weit zahlreicher und von besserem Stil sind, sondern wegen der wichtigeren Rolle die das arabische Element in Constantine durch seine Häufigkeit, wie namentlich seinen Antheil an der kommerciellen und industriellen Thätigkeit, spielt; auch sieht man nicht nur in dem ausschließlich arabischen Theile der Stadt, sondern auch in den europäischen Vierteln, so in dem, welches die schöne Rue Nationale durchschneidet, arabische Buden und Handelslager neben französischen, was der Stadt einen mehr lokalen Anstrich verleiht, der in den zu sehr europäisch gestalteten Straßen von Algier vermißt wird. Mit einem Worte, wenn Constantine weniger als Algier eine durch vorgerücktere arabische Civilisation charakterisirte Vergangenheit abspiegelt, so tritt hier die Gegenwart weit deutlicher hervor, und der Fremde wird bei jedem Schritte durch den Anblick der Kameele und der vorherrschenden arabischen Trachten daran erinnert, daß er sich wirklich im Orient befindet.

Unter den merkwürdigen Gebäuden gebührt die erste Stelle dem Palast des ehemaligen Bey von Constantine, der jetzt vom Militär-Gouverneur der Provinz dieses Namens bewohnt wird. Das Gebäude ist geräumiger als der Palast des General-Gouverneurs von Algier, sein maurischer Stil aber dem des letzteren wesentlich untergeordnet. Es besitzt keinen außerhalb liegenden Garten, wie ihn die Franzosen dem algerischen Bau hinzugefügt haben, dafür aber drei sehr malerische mit schattigen Bäumen versehene Innenhöfe. Diese bieten jedoch nichts Merkwürdiges, etwa mit Ausnahme des, lorbeerförmige Blätter tragenden Hagedorns (Crataegus laurifolius), einer ausgezeichneten Zierpflanze, die ziemlich häufig in Constantine ist, jedoch nur unfruchtbare Blüthen trägt. Die übrigen Bäume sind Orangen, deren Früchte, wenn auch vollständig ausgebildet, nie zur Reife gelangen, ferner Eucalyptus, einige kleine Jucca, Robinien (Robinia pseudoacacia) mit noch kaum entfalteten Blättern (20. April) u. a.

Unter den Säulen, auf welchen die den innern Theil der Höfe umgebenden Peristyle ruhen, sind nur wenige aus Marmor mit gewundenen oder runden Schäften und diese alle italienischer Abkunft; die andern sind gemeiner Kalkstein, roth oder gelb übermalt. Die Fresken, welche einige Mauern der Höfe bekleiden und sich anmaßen, Häfen von Städten des Mittelmeeres darzustellen, haben keinen künstlerischen, nicht einmal archäologischen Werth; sie sind kaum ein Jahrhundert alt, da erst der letzte Bey von Constantine die Anregung zu diesen seltsamen Fratzen gab, indem er den christlichen Gefangenen die Pflicht auferlegte, Maler zu werden, der sich die Unglücklichen zwar nach besten Kräften und zweifellos zur größten Zufriedenheit ihres barbarischen Herrn erledigten. Die unförmigen Pfuschereien erinnern jedoch an die grotesken Gebilde, mit denen häufig die Mauern unserer Kerker und wohl auch Kasernen bedeckt sind, nur daß letztere, Zeugen langweiliger Tage, wegen Farbenmangels mit Kohle, Kreide oder irgend einem spitzigen Werkzeug ausgeführt worden.

Die Zimmer des Palastes sind ebenso wenig geeignet, die Aufmerksamkeit des Künstlers oder Architekten in Anspruch zu nehmen, obwohl das Ganze den Eindruck des Malerischen macht, wie ihn fast alle, ja selbst die barbarischsten Werke der Orientalen hervorzubringen pflegen; auch vermochte ich in dem Palast des ehemaligen Bey von Constantine nicht das Geringste zu entdecken, was im Stande gewesen wäre, das Entzücken zu rechtfertigen, welches derselbe einigen anderen Reisenden eingeflößt hat.

Auch die Moscheen von Constantine sind mir weder in architektonischer Hinsicht, noch wegen des Reichthums ihrer Verzierungen im Innern sehr bemerkenswerth erschienen. Fast überall sind die Säulen aus weißem Stuck hergestellt und geschmacklos gestaltet, die Teppiche französischen Manufakturen entnommen. Ich will jedoch die Moschee von Salah-Bey erwähnen, nicht wegen des dekorativen Werthes ihres Innern, sondern weil der durch Feuersbrunst zerstörte Bau von der französischen Regierung neu aufgeführt und mit mannigfachen Verzierungen durch italienische Künstler ausgestattet wurde, sodaß der reichste und schmuckvollste Tempel, den die Mohamedaner in Constantine besitzen, gerade derjenige ist, den sie Christen verdanken. Dies ist abermals einer der zahlreichen, nicht nur von der Regierung, sondern auch von der algerisch-christlichen Bevölkerung gegebenen Beweise von Toleranz, indem sie alle öffentlichen religiösen Gebräuche der Araber sorgfältigst respektiren. Unter den vielen Beispielen will ich einer Thatsache gedenken, deren Zeuge ich häufig gewesen bin, da ich von unserm Wirthshause (Hotel de France) aus fast täglich Leichenprocessionen sah, die alle den großen Platz überschreiten mußten, um nach dem einzigen in dieser Richtung gelegenen arabischen Gottesacker zu gelangen. In einem Zuge waren oft drei mit grünem Tuche bedeckte Särge, jeder auf einer von vier Männern abwechselnd getragenen Bahre. Der von einem Mollah angeführte und von einförmigem Gesang begleitete Zug bewegte sich äußerst langsam, weil er nur aus Fußgängern bestand, was natürlich den Verkehr auf diesem von der Volksmenge am meisten in Anspruch genommenen Stadtplatze hemmend beeinflußte, und doch machten Wagen, Karren und Reiter augenblicklich Halt, um der Procession Raum zu schaffen. Es geschah dies durchaus freiwillig, da keine Polizeibeamte zur Aufrechterhaltung der Ordnung vorhanden und auch nicht nöthig waren. Giebt es wohl irgend eine Provinzialstadt der Türkei oder Persiens, wo der mohamedanische Pöbel eine christliche Procession, welche ihre Leichname feierlich durch die Straße trägt, von Priestern in ihrer kirchlichen Tracht geleitet und unter lautem Gesang christlicher Kirchenlieder, mit Achtung behandeln würde? Solche Städte sind sicherlich weder Damaskus, noch Aleppo, Bagdad, Schiraz oder Ispahan. Außerdem darf man nicht vergessen, daß die Muselmäner die tiefste Ehrfurcht vor religiösen Ceremonien haben, welche ihre eigenen Glaubensgenossen betreffen, während die Franzosen bei den Muselmänern das achten, was sie sonst unter sich wenig berücksichtigen; denn es ist allgemein bekannt, daß in Frankreich sowohl religiöse öffentliche Aeußerungen wie die Beobachtung von kirchlichen Festen täglich mehr schwinden, was ich selbst bei Gelegenheit des Osterfeiertages (21. April) in Constantine bestätigen konnte, da dieser Festtag wie ein gewöhnlicher Tag verlief. Zwar las der Erzbischof die Messe in der Kathedrale, aber es wurden weder öffentliche noch private Geschäfte unterbrochen, was in den meisten europäischen Ländern, besonders aber auch im Orient, nicht der Fall ist, denn bei den Mohamedanern wird der unserm Ostertage entsprechende Baïram mit einem lärmenden Pomp gefeiert, an dem die ganze mohamedanische Bevölkerung von Algerien lebhaften Antheil nimmt.

Sowohl die Araber wie ihre Vorgänger haben in Constantine nur unbedeutende Denkmäler ihrer Herrschaft hinterlassen, trotz der wichtigen Rolle, die diese Stadt einst spielte. Die wenig zahlreichen, in der Stadt und in deren Umgegend gefundenen Gegenstände sind rings um die beiden Plätze aufgestellt, die außerhalb des Thores von Vallée liegen und zu öffentlichen Spaziergängen dienen. Man sieht dort mehrere Fragmente alter Statuen, Steine in flacher oder erhabener Arbeit mit römischen, trefflich erhaltenen Inschriften. Unter den in Relief ausgeführten Gestalten befinden sich solche, deren Tracht an die der Araber erinnert, nämlich in Falten geschlungene Gewänder, die vom Burnus nicht sehr verschieden, und Kopfbedeckungen, die dem Turban, ja selbst der mit Kameelstricken umwundenen Kapuze ziemlich ähnlich sind. Am Ende desselben Platzes steht eine schöne Säule aus einem einzigen Block von Syenit — eine in der Umgegend von Constantine unbekannte Felsart —, welche ohne Kapitäl auf ein Postament gesetzt ist, damit sich das ausgezeichnete Kunstwerk besser hervorhebe.

Abgesehen von den vielen Denkmälern Constantine's, die von früheren Reisenden, namentlich von Thomas Shaw (1738) erwähnt werden, von denen aber keine Spur mehr vorhanden, ist es doch sehr wahrscheinlich, daß noch mancherlei archäologische Entdeckungen, absichtlich durch Ausgrabungen oder zufällig in Folge der zahlreichen Stadtbauten, erfolgen werden. Solche unerwartete Fundorte werden gewiß sehr ergiebig sein, denn auch schon der Pflug des Landmanns und der Spaten des Gärtners stoßen täglich auf Bruchstücke alter Töpferarbeiten oder auf Inschriften tragende Grabsteine. So führte mich Herr Reboud in einen Gemüsegarten der obern Region des Berges Kudiat-Ati, unweit der Pyramide Damremont, wo der Eigenthümer in einer nur 1 m tief gegrabenen Höhlung eine große Zahl von Schädeln fand, deren Abkunft keinen Zweifel läßt, da solche mit Bruchstücken von Lampen und römischen Ziegeln, auch mit einem Grabstein vereint lagen, von dem ich sogleich die sehr deutlich eingeschnittenen Worte ablesen konnte: Q. Sempronius Cress. (Abkürzung von Crescens), vixit annos L., H. S. E. (hic situs est).

Wenn hier die Zeit und so viele einander drängende Völker die Denkmäler der Vergangenheit zerstört haben, so versetzen wieder die unendlich erhabenen Werke der Natur die Stadt Constantine in die Zahl der merkwürdigsten und eigenthümlichsten Orte der Welt: Werke, denen die Reisenden alle ihre Bewunderung widmen sollten, statt sie an einige Vertreter der maurischen Baukunst zu vergeuden, die selbst als solche von gar keiner Bedeutung sind im Vergleich zu dem, was viele andere orientalische Städte bieten.

Unter diesen Wunderwerken gebührt die erste Stelle der von Wasserfällen schäumenden Schlucht, welche der Strom Rümel rings um den Felsen gebildet hat, auf dessen Gipfel die Stadt gleich einem Adlerneste thront. Schon lange ist dieses magische kreisförmige Thal der Gegenstand der Bewunderung und mannigfacher Schilderungen gewesen, doch erst im Laufe des letzten Jahrhunderts konnten es die Beobachter mit der Fackel der modernen Wissenschaft beleuchten. Seit dem Berichte des gelehrten, wenn auch nicht immer kritischen Shaw haben sich die Beschreibungen von der großartigen Schlucht des Rümel derart gehäuft, daß ich um so weniger den Anspruch erhebe, diesen Neues hinzuzufügen, als ich, von meiner Frau begleitet, die Mühen scheute, in die fast unterirdischen Gewölbe einzudringen, in denen der Rümel seinen Lauf fortsetzt. Ich beschränke mich auf eine kurze Mittheilung des Besuches, den ich unter der Leitung des ebenso gelehrten als gefälligen Herrn Dr. Reboud unternommen.

Nachdem wir am 20. April das Thor Valée passirt, folgten wir den nordwestlichen und nördlichen Abhängen der die Stadt tragenden Felsengruppen. Ein Pfad führte zu der Stelle, wo der Rümel die Felsen durchbricht und in zwei Gruppen theilt: in die westliche vom größten Theile der Stadt eingenommene, und in die östliche, die den übrigen Theil und namentlich das Civil-Krankenhaus umschließt. Hier bildet das Bett des Rümel eine geräumige Plattform, ein aus flachen oder warzenförmigen Steinplatten bestehendes Pflaster, in dessen Mitte sich zahlreiche Wasseradern schlängeln, die während der regnerischen Jahreszeit zu einem prachtvollen Wasserfall anschwellen, dessen untere Stufe die Plattform bildet und auf welche die Gewässer aus einer Höhe von etwa 65 m hinabstürzen. Bei unserm Besuche konnten wir die Plattform trocknen Fußes durchstreifen und die winzigen Wasserstreifen bequem überschreiten. In südlicher Richtung stoßen die Felsen an beiden Seiten der Schlucht wie Brücken zusammen, die, phantastischen Gewölben gleich, über der Schlucht und dem Strom schweben. Unter den an beiden Seiten stark hervorragenden, sich aber nicht vereinigenden Felsen trägt einer den Namen Ehebruch-Felsen (Rocher de l'adultère), angeblich der frommen Sitte der Araber wegen, nach welcher sie ihre des Ehebruchs beschuldeten Frauen hier hinabstürzten. Dieser tarpejische Felsen ist in unsern Tagen der Schauplatz nicht einer mythischen Ueberlieferung, vielmehr eines historisch begründeten Dramas gewesen: zur Zeit, wo die französischen Truppen ihren

Triumphzug in die eroberte Stadt hielten, glaubten die arabischen Frauen mit ihren Kindern ihr Heil in jener Schlucht zu finden, indem sie auf Brettern, an einem Seil befestigt, hinunterzugelangen suchten; unglücklicherweise aber riß das Seil und brachte ihnen einen entsetzlichen Tod. Die Franzosen nach ihren eigenen Landsleuten beurtheilend, waren sie überzeugt gewesen, daß Sklaverei, Entehrung und Mord die unvermeidlichen Folgen des Sieges hätten sein müssen.

Wir drangen in dem Bett des Rümel nur bis zur zweiten natürlichen Brücke vor, wo sich der Strom mehr und mehr zu einer engen, oft einem Tunnel gleichenden, an allen Seiten geschlossenen Spalte verengt und erst weiterhin (südwestlich von Constantine) wieder hervortritt, um seinen Lauf längs dem südlichen Felsenabhange fortzusetzen und in außerordentlich pittoresken tiefen Schluchten dahinzurauschen.

Um aus der Rinne des Rümel herauszukommen, durchschritten wir die geräumige Plattform, welche das in dieser Jahreszeit trockene Bett des Stromes bildet, und folgten einem grünen Pfade längs dem östlichen Felsenabhange von Constantine, der zu den heißen Quellen führt. Die Opuntia (Opuntia ficus indica), welche die Abhänge dieser Felsen bekleidet, verleiht dieser Stelle einen südlichen Anstrich, den die Gegend von Constantine nicht besitzt. Der Pfad bis zu den heißen Quellen hat eine üppige Vegetation, und auch die Felsspalten weisen eine große Zahl von Pflanzen auf, unter ihnen manche seltene.[1])

Hier mögen nur die folgenden, für diese Vegetation ziemlich bezeichnenden Arten erwähnt sein: unter den Bäumen und Sträuchern

[1]) Der Oberst Paris hat (Bulletin Soc. bot. de France, an. 1871, T. XVIII, p. 252) eine Liste der in der Umgegend von Constantine und in den benachbarten Bergen Djebel-Uach, Sidi-Mecid, Djebel-Chittabah &c. wildwachsenden Pflanzen veröffentlicht, die nicht weniger als 754 Arten (Farren und Lycopodiaceen inbegriffen), enthält. In dieser großen Zahl sind Monocotyledonen nur durch 167 Arten vertreten, unter welchen wieder die Gramineen, Cyperaceen und Juncaceen 116 Arten zählen, während die Farren nur 8 Arten aufweisen, und die Equisitaceen und Lycopodiaceen gänzlich fehlen. Die beschränkte Zahl der Farren läßt die Wichtigkeit des Affengrabens (Ravin des Singes) von Blidah erkennen, wo ich nicht weniger als 13 Arten fand, und doch ist derselbe nur ein verschwindender Punkt im Vergleich mit der ausgedehnten Umgegend Constantine's, die Bergketten inbegriffen.

Celtis australis, Fraxinus australis, Ceratonia siliqua, Nerium Oleander, Pistacia atlantica, Jasminium fruticans; unter den krautartigen Pflanzen die schöne und seltne Fumaria numidica, Coss. (Rupicapnus numidicus, Pomel), Convolvulus mauritanicus, Coss. (selten), Antirrhinum tortuosum, Anacyclus pyrethrum, Seriola aetnensis u. a. Ueberall tritt die Urtica pillulifera massenhaft auf und ist hier häufiger als die Urtica membranacea, welche in Algier die vorherrschende Art bildet. Auf einigen Stellen bemerkte ich auch Landschnecken, darunter die Helix zonata, eine an andern Orten seltene, in Constantine aber sehr gemeine Art.

Nachdem wir etwa 2 km zurückgelegt, zu unserer Rechten stets die schönen Felsen von Constantine (die westliche Gruppe), zur Linken in größerer Entfernung das malerische Thal des Rümel, wo mitten in dichten Hainen einige Orangenbäume mit goldgelben, aber nie zur Reife gelangenden Früchten erglänzten, erblickten wir mehrere heiße Quellen, theils aus Felsen hervorsprudelnd, theils durch die Spalten derselben in zahlreichen Adern sickernd. Dieselben sammeln sich in Teichen oder Piscinen, deren bedeutendster, 1872 gegraben und mit dem Namen Ain-Sidi-Mudembó bezeichnet, trocken lag, während andere mehr oder weniger Wasser enthielten und kleine, von hübschen Felsen eingerahmte Becken bildeten, deren Wände mit zierlichem Venus-Farrenkraut (Adianthum capillus Veneris) geschmückt waren. An den Stellen, wo die Quellen hervorsprudeln, sind die Felsen bis zu ansehnlicher Höhe mit Stalaktiten und Concretionen bekleidet, was auf deren Entstehen durch Quellen schließen läßt, die früher viel zahlreicher auf dem südlichen Felsenabhange gewesen, so daß die heutigen Quellen nur ganz unbedeutende Reste von den früheren zu sein scheinen. Das Wasser hat keinen besonderen Geschmack und die Temperatur schwankt je nach den Quellen zwischen 28 und 32 Grad (Centigr.).

Oberhalb derselben befindet sich ein kleines Wirths- oder Kaffeehaus mit schöner Aussicht; südwestlich, wo der Horizont durch die Gebirge von Chitabe begrenzt ist, sieht man die Windungen des Rümel in einem grünen Thale, westlich die Stadt auf dem Gipfel des prachtvollen Felsens thronend.

Unter den größeren Ausflügen von Constantine interessirte mich besonders der Besuch des Berges Uach (Djebel-Uach), etwa 6 km ost-nord-ost von der Stadt entfernt, über den ich mir einen ausführlichen Bericht abzustatten erlaube.

Wir passirten auf sehr gutem Wege eine nach allen Richtungen von Hügeln und Anschwellungen unterbrochene Gegend. Unweit Constantin ist der Hippuriten-Kalkstein, welcher den die Stadt tragenden Felsen bildet, zuerst durch mergelige Schiefer (wahrscheinlich an die mittlere Kreide anschließend) ersetzt, weiterhin durch kompakte Sandsteine, die den Djebel-Uach bilden und dem Eocene gehören, so daß die Formationen zwischen Constantine und dem Djebel-Uach von unten nach oben, von der sekundären bis zu den tertiären, folgen. Etwa 3 km von der Stadt sahen wir links, weit in der Ferne, den östlichen Theil des Felsens von Constantine plötzlich abbrechen, während der westliche auf langer Strecke bis in die Provinz von Algier sich fortsetzt und sich an die durch das Eisenthor (Porte de fer) durchbrochenen Gebirge anschließt. Dieser Zusammenhang hat nur einen orographischen, jedoch keinen geologischen Charakter, da die solchergestalt verlängerte Gebirgsmasse aus sehr verschiedenen Gebilden zusammengesetzt ist.

Die Gegend zwischen Constantine und dem Djebel-Uach ist unbewaldet, bietet aber eine sehr interessante Vegetation. [1]) Hier und da waren weite Strecken fast ausschließlich mit Cynara cardunculus bedeckt, die ohne Blüthen und häufig mit Silybum eburneum vereint auftrat; diese für die Umgegend von Constantine neue Art hatte Herr Cosson in den Regionen der hohen Plateaux entdeckt; ihre Stengel waren noch nicht ganz entwickelt, die Blüthen aber schon entfaltet.

Anderweitig war der Boden gelb gefärbt von 3 Arten Senf, deren Vereinigung merkwürdig, da die eine (Sinapis geniculata) wohl in Algier, hingegen sehr wenig in den andern beiden Provinzen verbreitet ist, und eine andere (Sinapis pubescens) fast ausschließlich hohe Plateaux aufsucht und selbst dort selten ist.

Der Djebel-Uach bildet eine Gruppe von Bergmassen mit welligen Umrissen, deren Höhe, am Hause des Plantagen-Aufsehers aufgenommen, 920 m beträgt. Ein Springbrunnen im Hofe dieses Hauses hatte, obwohl der Sonne ziemlich ausgesetzt, am 22. April um 2 Uhr Nachmittags eine Temperatur von 14 Grad, während die der Luft 12,8 betrug. Beim Frühstück fiel uns der an die Haselnuß erinnernde, sehr angenehme Geschmack der Milch auf, den der Aufseher einer bei den Kühen sehr beliebten Luzerne zuschrieb, die er leider nicht vorzeigen konnte. Ich glaube, daß die von ihm

---

[1]) Ich habe in dieser Gegend 26 Arten beobachtet, deren Verzeichniß in den Belegstücken XII gegeben ist.

so bezeichnete Leguminose eine Art von Wolfsbohne oder Klee ist, die auf dem Gebirge, wie weiterhin bemerkt, sehr gemein ist.

Der arabische Name Djebel-Uach bedeutet Berg des Hirsches, welches Thier in den der tunesischen Grenze nahe liegenden Wäldern, von wo es bis in jene Gegend streift, sehr häufig ist.

Auf dem Berge befinden sich drei kleine Teiche oder Becken, sehr reich an Karpfen, Goldcyprinen und Schleihen, alle von dem kleinen Stamm herrührend, den Cosson und Kralik im Jahre 1854 aus Paris dorthin gebracht. Die Becken werden durch Quellen gespeist, die ihnen in offenen Rinnen zufließen; das auf solche Weise gesammelte Wasser wird mittels unterirdischer Röhren nach Constantine geleitet.

In früheren Zeiten versorgten die Quellen des Djebel-Uach mehrere Cisternen von Constantine, die jetzt nicht mehr benutzt werden. So ruhen z. B. die beiden Kasernen gegenüber dem Krankenhause auf gewölbten, parallelen Galerien von je 23 m Länge, 5 m Breite und 4 m Höhe; ferner hat man unter einigen Straßen der Stadt eine große Anzahl von Behältern entdeckt, die wahrscheinlich alle durch jene Quellen gespeist wurden.

Ein Theil des Berges ist der Kultur exotischer Bäume gewidmet, welche vor Jahren Herrn Bandel, dem Leiter des Brücken- und Chaussee-Baues, von Seiten der französischen Regierung übertragen wurde; derselbe hat sich seiner Aufgabe mit bestem Erfolge entledigt, indem sich das interessante Arboretum infolge seiner Thätigkeit und Sachkenntniß flott entwickelt und schnell bereichert, auch in anderer Beziehung, namentlich für die botanische Geographie, beachtenswerth ist. Wie im Bois de Boulogne von Algier, so handelt es sich auch hier weniger um die Ausnutzung der Kultur exotischer Gewächse, als um die Pflege solcher Arten, die in Algerien nur in kultivirtem Zustande gedeihen, während sie in Ländern bei gleichen klimatischen Verhältnissen mehr oder weniger wild wachsen: eine merkwürdige Erscheinung, die sich für mehrere in Süd-Europa, jedoch nicht in Algerien einheimische oder vollkommen naturalisirte Bäume herausstellt. Unter diesen befinden sich folgende, sämmtlich im Arboretum von Djebel-Uach kultivirte Arten: die corsicaner und die österreichische Fichte, der Taxus, die weiße Pappel, der Nußbaum, der sabiner und phönizische Wachholderbaum; der Ahorn (Robinia pseudoplatanus) u. a. Die von letzterem auf den Boden gefallenen Früchte hatten sich zu neuen Pflänzchen entwickelt, was die Naturalisation des Baumes beweist. Unter den in Europa spontanen,

14*

oder subspontanen, in Algerien kultivirten Bäumen hatten einige, wie der Nußbaum und die Robinia pseudoacacia, kaum ihre Blätter entfaltet (22. April), oder überhaupt noch keine, wie der Kastanienbaum.

Was die exotischen Arten betrifft, d. h. solche, die außerhalb ihrer Heimath, in Europa wie in Algerien, nur kultivirt gedeihen, so besitzt das Arboretum von Djebel-Uach mehrere bemerkenswerthe Arten: die Fichte von Coulter (Pinus Coulteri) aus Kalifornien und die sabiner Fichte (Nord-Amerika), zwei Arten, welche riesenhafte Zapfen erzeugen (die von Herrn Bandel vorgelegten hatten 40 cm Länge und wogen 4 kg); die cilicische Fichte, die ich freudig als alte Bekannte aus Kleinasien begrüßte, wo sie eine ungeheure Größe erlangt, während hier ihre Höhe nur 10 m betrug und Früchte noch nicht vorhanden waren; da die Bäume aber noch sehr jung, so dürften sie wahrscheinlich eine viel bedeutendere Entwickelung erlangen, wie es in Kleinasien bis zu 2000 m Meereshöhe der Fall ist. Ferner die Eiche von Mirbeck, Algerien, namentlich der Provinz von Constantine eigenthümlich, wo sie nur auf dem Gebirge Edough beobachtet wurde, ein schöner Baum, der seine Blätter vom vergangenen Jahre noch ziemlich frisch erhalten hatte und diesjährige neue von schon mehreren cm trug; die grüne Eiche (Quercus virens) aus Amerika, deren Blätter, ganz verschieden von denen irgend einer Eichenart, an die des Granatbaumes erinnern; Fraxinus elatior und F. australis, beide vor achtzehn Jahren an demselben Tage, eine neben der andern gepflanzt, sogleich durch ihre verschiedene Entwickelung auffallend, die erste von mittelmäßigem Wuchs, die zweite ein sehr kräftiger Baum mit viel größeren Blättern und somit ein Beweis, daß letztere Art (oder J. Gay zufolge nur eine Varietät der ersteren) sich für diese Gegend besonders eignet. Die frühzeitige Eiche (Fraxinus praecox) scheint in der Provinz Constantine sehr selten zu sein.

Unter den im Arboretum kultivirten Bäumen sind die zwei Tannenarten: Abies Pinsapo und Abies Baborensis von besonderem Interesse für die botanische Geographie; erstere wurde von meinem ausgezeichneten Freunde Boissier in Spanien entdeckt und die zweite von Herrn Cosson auf dem Berge Babor, nicht weit von Bone gefunden. Beide Formen haben so große Aehnlichkeit, daß die Entscheidung schwierig ist, ob zwei Arten vorliegen oder ob die eine nur als Varietät der anderen auftritt, was der räthselhaften Erscheinung getrennter Spezies (espèces disjointes von De

Candolle), die durch ungeheure Entfernungen von einander geschieden sind, ein neues Beispiel hinzufügen würde, wie es mit dem pontischen Rhododendron der Fall, der nur in Kleinasien und Gibraltar bekannt ist. Jene beiden, im Arboretum neben einander stehenden merkwürdigen Tannenarten scheinen von gleichem Alter zu sein, so daß mir die seltene Gelegenheit geboten war, die verschiedenen Merkmale in Betreff ihrer Belaubung und allgemeinen Form an lebenden Individuen studiren zu können.

Die Babor-Tanne schien mir längere und breitere Blätter von dunklerem Grün in verschiedene Reihen gestellt zu haben, aber alle von gleicher Richtung, während die Blätter in der Pinsapo-Tanne Verticillen oder Ringe bilden und ihre Endspitzen mehr oder weniger abweichend sind. Sollten die Zapfen beider Formen keinen wesentlicheren Unterschied zeigen, als die angedeuteten, so scheint vorläufig die Babor-Tanne nur als eine Spielart der Pinsapo-Tanne betrachtet werden zu können.

Die Pinsapo-Tanne ist merkwürdig durch ihren Lokalisations-Charakter, indem Spanien das einzige Land Europas ist, das sie besitzt; nicht minder in paläontologischer Hinsicht, weil sie während der pliocenen Periode in Frankreich einheimisch gewesen zu sein scheint. Der gelehrte Paläontologe Herr von Saporta [1]) entdeckte in den sogenannten Cineriten des Cantal (einer Asche von eruptiver Herkunft, durch Wasser modificirt, verkittet und in Schichten abgelagert) einen der Abies Pinsapo nahestehenden Tannenzapfen, von dem er unter dem Namen Abies Pinsapo pliocenica eine Schuppe wie auch die Blätter der Pflanze selbst abgebildet hat, welche letzteren denen des Abies numidica (die Herr Cosson identisch für mit der Abies Pinsapo hält) sehr ähnlich sind.

Außer den kultivirten Pflanzen gewährt der Djebel-Uach noch wegen der wildwachsenden hervorragendes Interesse. Von diesen im Bereiche des Arboretum wie auch auf den unangebauten Stellen des Berges wachsenden Arten beobachtete ich auf einem beschränkten Raum etwa 71, [2]) unter diesen eine (Sinapis Chouleti) dem Berge Uach ausschließlich eigene, andere für die Flora Algeriens seltene und endlich mehrere, die das Gepräge der Vegetation der Sahara oder der hohen Tafelländer trugen, obwohl diese dort unter

[1]) Le Monde des Plantes avant l'apparition de l'homme. p. 340.

[2]) Vgl. Belegstücke XII.

klimatologischen und Höhen-Bedingungen auftreten, die von denen des Djebel-Uach ganz verschieden sind.

Da der Ausflug nach dieser interessanten Berggruppe den Beweis geliefert hatte, daß der schöne Felsen von Constantine geologisch eine schroffe Unterbrechung in der Richtung des Djebel-Uach, d. h. östlich von Constantine, erleidet, so war ich darauf bedacht, mich zu überzeugen, ob das Gleiche auch in entgegengesetzter Richtung der Fall sei. Demnach besuchte ich in Begleitung des Herrn Tissot die Gegend zwischen der Höhe Kudiat-Aty, westlich von Constantine (dessen Vorstadt sie trägt) und dem sogenannten Telegraphen-Berg (Djebel-Chitaba); ein Ausflug oder richtiger ein Spaziergang, bei dem es sich nur um ein paar Stunden handelte, und der für mich noch ein besonderes Interesse hatte, da ich einen von Herrn Coquand [1]) gegebenen geologischen Durchschnitt zu untersuchen wünschte, um die abweichenden Ansichten des Herrn Tissot zu prüfen, jenes kompetenten Richters für Fragen, die sich auf diese von ihm so gewissenhaft und mit Ausdauer erforschte Gegend beziehen.

Nachdem wir die Hipporiten-Kalksteine, auf welchen der größte Theil von Constantine liegt, verlassen, zeigten sich sogleich auf dem nach Setif führenden Wege mächtige, von rothen Sandsteinen stammende Ablagerungen, aus denen nach Herrn Coquand's richtiger Angabe der Berg Kudiat-Aty besteht; sie erinnern an jene von Algier, enthalten aber weit größere Blöcke. Ferner sieht man grauen Thon anstehen, der ohne Zweifel der oberen tertiären Abdachung angehört, da er auf Gebilden lagert, die durch die Ostrea crassissima bezeichnet sind, und da diese ihrerseits auf der eocenen Abdachung ruhen. Die Gypse enthaltenden grauen Thone scheinen mit den rothen Sandsteinen und Konglomeraten des Kudiat-Aty gleichzeitig zu sein, und, was wichtiger ist, organische Reste, nämlich Helix- und Paludina-Arten, zu enthalten. Die tiefen Thalsenkungen befinden sich alle in diesem Thon, der weiter zu einer bedeutenden Höhe aufsteigt und den vom Telegraphen gekrönten Berg Chitaba bildet, wo die Thone mit ihren Versteinerungen ebenfalls in einen Süßwasser-Kalkstein übergehen. Zahlreiche Entblößungen zeigen eine außerordentliche Menge von Helices; ein Graben, etwa 2 km von Chitaba, an der rechten Seite des Weges von Constantine, ist

---

[1]) Coquand, Géologie et Paléontologie de la région Sud de la province de Constantine, Marseille, 1862, p. 147.

in dieser Hinsicht besonders ergiebig. Von den ausnehmend gut erhaltenen Schneckengehäusen unterscheidet Herr Coquand sieben, alles ausgestorbene Arten, deren Analogen jedoch noch jetzt in den französischen Antillen leben sollen.

Als Ergebniß meiner Untersuchung nehme ich mit Herrn Tissot die Gleichzeitigkeit zwischen den Konglomeraten des Kudiat-Aty und dem grauen Thon an, weil letzterer sowohl mit ersteren als auch mit den Sandsteinen und verschiedenen Kalksteinen abwechselt. Herrn Tissot wie auch mir wollen aber die von Herrn Coquand angegebenen stratigraphischen Verschiedenheiten nicht einleuchten; diesem Geologen zufolge fallen die erwähnten Ablagerungen stark nach Südost ab, während die Süßwasser-Kalksteine des Telegraphen-Berges horizontal liegen sollen; uns jedoch scheint das Gegentheil das Richtige, weil die gesammten Ablagerungen (Konglomerate, Sand- und Süßwasser-Kalke) wagerecht geschichtet sind und nur hier und da eine Neigung von 6 oder 8 Grad zeigen, was leicht die Folge lokaler Verschiedenheiten im Relief der Gebilde, auf welchen die Schichten ruhen, sein kann.

Die Gegend zwischen Constantine und dem Berge Chitaba ist reich an Silybum eburneum, das vor vier Jahren, wie Herr Rebond mittheilte, sowohl hier wie zwischen Constantine und dem Berge Uach noch gänzlich unbekannt gewesen und wahrscheinlich in seinem Samen durch Vögel, Insekten oder Wind vom hohen Tafellande, wo die Pflanze von Herrn Cosson entdeckt wurde, hierher verschleppt worden ist. Unter sonst von mir beobachteten Pflanzen will ich noch nennen: Lavatera stenopetala, Coss. et Dur., riesenhafte und seltene Malvacee, nur in der Provinz Constantine bekannt, gleichwie die schöne Stachys Duriaei von Noé; Calycotome spinosa, weniger kräftig und nicht so häufig wie in Algier; Anchusa italica, deren Blätter viel spröder sind, als die der europ. Art, Antirrhinum calycinum, Bosc. und Senecio delphinifolius Vahl., zwei in Algerien seltene Pflanzen; Hedysarum coronatum, Pyrethrum Myconis, Centaurea acaulis, von welcher letzteren die Wurzel von den Arabern zur gelben Färbung der Wolle und Häute viel gebraucht, auch auf dem Markte von Constantine in großer Menge feil geboten wird, wo sie unter dem Namen Rejagnu bekannt ist; Bupleurum prostratum; Daucus grandiflora, Desf. (selten); Daucus aurea DC., nur in der Provinz Oran vorkommend. Ferner Thapsia garganica sehr gemein in dieser Gegend, die Blattstiele in ganz unvollkommen entwickelte Blätter endigend und mit dem Staube einer weißen mehlartigen Substanz bekleidet, dessen Kontakt auf die Menschenhaut reizend wirkt; Wurzel und Stengel schwitzen eine weiße Flüssigkeit aus, welche innerlich genommen eine stark abführende Wirkung übt, eine Eigenschaft, die von den Arabern sehr häufig benutzt wird. Sollten die Thapsia oder deren Spielarten wirklich das berühmte Silphium der Alten sein, so begreift man kaum, wie eine in diesem Theile Afrikas und im mittäglichen Italien gemeine Pflanze für ein so seltenes Gewächs gehalten werden konnte, daß sie nach Strabo's Angabe nach ihrem Gewichte mit Gold bezahlt wurde.

Trotz der Aussagen des Dr. Laval sollen sich übrigens die der Pflanze zugeschriebenen Wirkungen keineswegs durch die gemachten Versuche bewährt haben, so daß die gegen die Identification des Silphium mit der Thapsia garganica erhobenen Einwürfe geeignet sind, erstere zu widerlegen. Diese Ansicht theilt auch Herr F. Herincq und entwickelt solche ausführlich in seiner Schrift La vérité sur le prétendu Silphium de la Cyrénaique (Paris, 1879); er weist selbst die Annahme ab, daß das auf den cyrenäischen Münzen abgebildete Silphium irgend eine Aehnlichkeit mit der Thapsia garganica habe. [1])

[1]) Die Alten beschreiben östlich von der Cyreneica eine andere kostbare Pflanze unter dem Namen Lotos, deren Identification mit unseren bekannten Pflanzen ebenso große Schwierigkeiten bietet wie der geheimnißvolle Silphion. Zwar glauben Cosson und Doumet-Manson den Lotos auf unsere Dattelpalme zurückführen zu können, was ich in meiner französischen Ausgabe der Vegetation der Erde von Grisebach, vgl. II, p. 110, ausführlich erörtert habe. Keinenfalls scheint die von den Alten gelieferte Beschreibung des Lotos dieser Hypothese günstig zu sein, wie es die Aussage des Polybius beweist, die durch Atheneus überliefert worden ist und hier in extenso angeführt werden mag, da sie nicht ohne Interesse ist. Atheneus (Deiphnosaphste, L. XIV, 67) sagt: „Polybius beschreibt etwa wie Herodotus den von ihm in Libyen gesehenen Lotos folgendermaßen: es sei ein unbedeutendes Bäumchen, unbehaart und dornig, dessen Blätter denen des Rhamnos ähnlich, aber von dunklerem Grün seien. Sowohl durch ihre Farbe als Größe erinnert die Frucht zuerst an die der Myrte, sie wird aber später purpurroth und so groß wie eine runde Olive. Der Kern ist sehr klein. Die Frucht wird gepflückt, sobald sie reif geworden. Die Sklaven erhalten sie zerquetscht sammt dem Kern in einem Gefäße, aber die für die Bürger bestimmte wird ohne Kern zerquetscht. Der Geschmack dieses so bereiteten Teiges erinnert an den der Feige oder Dattel, ist jedoch aromatischer. Man gewinnt aus der Frucht auch Wein, indem man dieselbe in Wasser zerdrückt und macerirt, was

Herr Dr. Reboud äußerte zu mir, daß der Djebel-Chitaba, trotz seiner unbedeutenden Erhebung über Constantine, als ein Vertreter der Hochplateaus betrachtet werden könne, und daß dies namentlich mit dem Plateau von Setif der Fall sei, dessen Flora sich von der der Umgegend von Constantine wesentlich unterscheidet. So z. B. besitzt letztere keine der für den Chitaba (Telegraphen-Berg) charakteristischen Pflanzen, wie: Senecio gigantea, Santolina incana, Polygala rosea, Ophrys hircina u. a., sämmtlich für Algerien seltene und fast ausschließlich der Region der Tafelländer angehörende Pflanzen.

Meinen beiden Ausflügen von Constantine östlich (Djebel-Uach) und westlich von Chitaba (oder Telegraphen-Berg) reihte sich ein dritter nach Pepinière an, wodurch ich eben so viele geologische Durchschnitte nach entgegengesetzten Richtungen kennen lernte, da die Pepinière 3 km südlich von Constantine, neben der Vereinigung des Rümels mit dem Bu-Merzug, liegt. Auch abgesehen von wissenschaftlichen Rücksichten, gewährte der letztere Ausflug noch das Interesse eines lokalen Sittenstudiums, denn was mit dem Namen la Pepinière bezeichnet wird, ist ein anmuthiger, beschatteter, von schönen Alleen und aussichtreichen Wegen durchzogener Platz, der früher für Baumkultur bestimmt gewesen ist. Obwohl man diese aufgegeben hat, so ist la Pepinière doch eine für die Bewohner Constantines sehr beliebte Promenade, und da wir uns gerade am zweiten Osterfesttag hier befanden, an welchem eine große Menge dorthin zu wandern pflegt, um sich mit ländlichen Belustigungen aller Art zu erfreuen, so wurde mir hiermit die Gelegenheit zu einem interessanten Schauspiel geboten.

Die Stadt durch das Thor von Kantara verlassend, überschritten wir die über die prachtvolle Rümel-Schlucht führende Brücke und folgten dem Wege längs dem grünen Thale des Rümel. An den Höhen zur Seite lag vielfach abgebauter Kalkstein frei, dessen Gestein, von gräulicher oder weißlicher Farbe und von splittrigem oder muscheligem Bruch, von mächtigen Gängen eines gelblichen, in faserige Säulen krystallisirenden Kalkspathes durchsetzt war. An mehreren Punkten machte Herr Tissot (der gleich

---

den Wohlgeschmack der Flüssigkeit befördert und diese einem guten Meth ähnlich macht. Dieser Wein wird ohne Wasser getrunken, erhält sich aber nicht über sechs Tage; deshalb bereitet man davon nur geringe, für den unmittelbaren Bedarf bestimmte Quantitäten. Auch Essig wird daraus erzielt."

Herrn Dr. Rebond unser gefälliger Begleiter war) auf zweifellose Spuren von Hippuriten aufmerksam, von denen er selbst ziemlich vollständige Exemplare besitzt. Jenem Kalkstein folgen Mergelschiefer von schwarzer Farbe, in mehr oder weniger aufgerichtete Schichten, Blättchen oder kleinen Brocken zerstückelt, welche Herr Tissot in die untere tertiäre Abdachung versetzt. Weiterhin, neben der Brücke des Bardo, werden diese eocänen Schiefer durch neocomen Schiefer ersetzt, in welchem jener Gelehrte Belemniten entdeckt hatte. Auf beiden Seiten des Thales sind diese Ablagerungen mit oft ziemlich mächtigen Massen von rothem Sand und Konglomerat überlagert, welche letzteren nahe der Pepinière die beiden Ufer des Bu-Merzug bilden, durch die jedoch, besonders auf dem rechten Ufer des Bu-Merzug, die neocomen Schiefer hervorragen. Das Flüßchen ist hier unbedeutend, aber insofern merkwürdig, als seine etwa 60 km südlich von Constantine gelegenen Quellen (unweit von den Chott oder Seen von Tinsilt und Mzuri) einen kleinen Fisch, Tellia apoda. enthalten, der jenem Platze ausschließlich eigen und sonst nirgends beobachtet worden ist.

Der Landstrich zwischen Constantine und la Pepinière hat eine schöne, vorzugsweise wildwachsende Vegetation; die kultivirten Arten treten nur an wenigen Stellen auf, wie z. B. in der schönen Allee vor Constantine, welche von einigen, ihren spezifischen Namen wenig rechtfertigenden Gervillia robusta eingerahmt ist, wie auch von kräftigen Melia Azedarach (subspontan in Algier), deren Blätter kaum im Begriffe waren, sich zu entfalten (22. April); weiterhin aber ist die Vegetation durch einheimische Elemente vertreten und üppig entwickelt auf den Anhöhen, die den Weg nach der Pepinière begleiten. Unter den zahlreichen und schönen Arten, die sich aller Orten zeigten, erwähne ich folgende: [1])

Ononis natrix, var. australis, Coss., eine Algerien eigenthümliche Varietät, deren normale, in Europa so gemeine Art selten.

Hedysarum capitatum.

Anthyllis vulneraria. var.

r. Argyrolobium Linnaeanum, Walp.

r. Astragalus caprinus mit schönen gelben Blüthen.

Othonna cheirifolia. nur in der Provinz Constantine vorhanden.

[1]) Die mit r bezeichneten Pflanzen sind in Algerien mehr oder weniger selten.

r. Kalbfussia Mulleri. Schulz.
r. Pimpinella lutea.
r. Silene pseudo-atocion.
Solenanthus lanatus.
r. Biscutella Chouletti, Jord., bis jetzt nur in Bône bekannt.
Erodium guttatum, W; gemein auf den Hochplateaux von Oran, aber selten in den übrigen Provinzen Algeriens.
Glaucium corniculatum.
r. Reseda Duraeana. J. Gay, der Provinz Constantine eigenthümlich.
r. Salvia viridis.
r. Hypericum lanatum.
Imperata cylindrica.
Stipa tortilis.
r. — parviflora Desf.
r. — barbata. Desf.; bedeckt hier weite Räume, die wegen der oscillirenden Bewegung der langen biegsamen Bärte wie wellige Flächen erscheinen.
r. Carex hirta. Desf.

Bevor wir la Pepinière erreichten, machten wir noch der schönen, am Wege gelegenen Besitzung des Herrn Bernard Jouando einen Besuch; dieser ist ein reicher, bei den Arabern sehr populärer Kolonist, weil er letztere freundlich und großmüthig behandelt, auch immer mit Gold bezahlt, das sie dem Papier vorziehen, obwohl beide von gleichem Werth sind. Daher genießt er auch den Vortheil, stets die besten Hammel einzukaufen, die er dann sorgfältig mästet und jährlich für die Summe von mehr als sechszig Tausend Franken absetzt. Sein Garten ist mit einem schönen Kiosk geschmückt, die Tische und Sessel sind mit Muscheln und prachtvollen Krystallen des faserigen Kalkspaths verziert. Unter den Bäumen im Garten erwähne ich Crataegus laurifolius und Rubus fruticosus, var. discolor, coss.

Je näher la Pepinière, um so mehr war die Straße von Staubwolken eingehüllt, welche die zahlreichen, meist gemietheten Fuhrwerke emporwirbelten, die, mit einer Menge buntscheckiger Besucher beladen, dem Feste zueilten, so daß man sich fast in eine Vorstadt von Paris versetzt glauben konnte. La Pepinière bildet eine Art hügeligen Parks längs dem rechten Ufer des Bu-Merzug, dessen buschige Haine mit grünen und von breiten Alleen durchkreuzten Wiesen wechseln: kräftige Aleppo-Fichten (Pinus halepensis) und Eschen (Fraxinus excelsior), die Blätter der letzteren kaum entfaltet (22. April).

Mitten in diesem Park befindet sich ein schmuckes Kaffeehaus, vor welchem sich zahlreiche Tänzer auf einer geräumigen Plattform unter dem Schalle eines Orchesters tummelten, das sich manche europäische Stadt nicht besser hätte wünschen können, und es war in hohem Maße überraschend und befremdend, auf afrikanischem Boden Schauspiele der chaumière Indienne oder des bal Valentino wiederzufinden. Die Tänzer und Tänzerinnen gehörten sämmtlich den unteren Klassen des Volkes, d. h. des französischen oder doch des europäischen, an. Unter den Lustwandelnden sah man wenige Araber, aber viele Juden: zwei Rassen, deren Antagonismus seit der französischen Herrschaft außerordentlich zugenommen hat, weil diese den Juden eine bevorzugte Stellung vor den Arabern verliehen hat, während früher der Jude von dem Araber durch eine Scheidewand getrennt war, wie zwischen Herrn und Sklaven, was sich noch bis heute in den mohamedanischen Ländern mehr oder weniger erhalten hat. In Algerien ist der Jude für den Araber auch der Gegenstand eines unüberwindlichen Widerwillens, der sich, wo es nur irgend straflos geschehen kann, durch einen derben Fußtritt, ja selbst durch einen Messerstich Luft macht. — Außer jenen Tänzern sah man auf den Wiesen und in den Hainen fröhliche Gruppen ihr ländliches Mahl verzehren, genau so, wie es in der Umgegend unserer Städte und Dörfer zu geschehen pflegt. Das gesammte Treiben, verbunden mit der großen Zahl militärischer Uniformen unter Zuschauern und Spaziergängern, gestaltete diese Volksversammlung zu einem höchst malerischen Schauspiel, das von den Arabern aus der Entfernung beobachtet wurde, wie von Leuten, die da glauben, daß ihre Zeit zur Theilnahme noch nicht gekommen sei. Wenn sich auch hin und wieder in den Sälen Algiers ein junger arabischer Stammeshäuptling ein paar schüchterne Schritte in einer Contre danse erlaubt, so handelt es sich doch nur um eine der kühnen Neuerungen, die seine Landsleute nicht eben verdammen, aber auch nicht öffentlich billigen mögen, daher sie es vorziehen, solche dem Urtheil der Zeit zu überlassen, die ihnen schon manche unerwartete Entscheidungen gebracht hat.

Ehe wir Constantine verließen, besuchte ich noch das Service des Mines, dem ein ansehnliches Gebäude in der National-Straße unfern der großen Moschee gewidmet ist. Die Glasschränke nehmen ziemlich geräumige Zimmer ein; Herr Tissot, der Direktor der schönen Anstalt, hatte jedoch noch nicht Zeit gefunden, alle Kisten mit Mineralien und zahlreichen, noch nicht bestimmten Versteinerungen auszupacken, wie denn auch paläontologische Untersuchungen nicht zu den Specialstudien dieses Gelehrten gehören, und ohnehin die für solche Untersuchungen unentbehrlichen Hilfsmittel in Constantine fehlen. Die bereits aufgestellten mineralogischen Sammlungen, besonders die Erze, sind genau bestimmt und geben ein deutliches Bild von dem Mineralreichthum der Provinz. Von den Erzen enthalten einige seltene Stoffe, wie z. B. den Nadolit, ein Chlor-Phosphat von Blei aus der Gegend von Guelma und einen Senarmontit aus derselben Provinz (ein Antimon-Oxyd in schönen Pyramiden mit viereckiger Basis, krystallisirt).

Da die Witterung kalt und unangenehm war, so erschien es uns rathsam, unsern Aufenthalt in Constantine nicht zu verlängern, auch in Batna nur einen Tag zu verweilen, um so schnell als möglich nach Biskra zu gelangen, wo wir alles, was der Himmel von Constantine uns versagte, in Fülle zu erhalten hoffen durften. Die ungünstige Witterung war augenscheinlich die Folge eines ganz exceptionellen Jahres, dessen Wirkung sich in Algier ebenfalls bemerkbar machte; denn ohne Zweifel ist das Klima Constantines ein ziemlich mildes, wenn man die Höhe der Stadt berücksichtigt (750 m) und deren mittlere Jahrestemperatur von 17 Grad (Centigrad), gleich wie die von Blidah und Bougie, während das Sommermittel (26,5) höher als das von Algier ist. Andererseits ist das jährliche Regenquantum ungefähr dasselbe wie in Algier, aber viel geringer als in Bougie; da das pluviometrische Mittel von Constantine 680,4 mm beträgt.

Vierzehnter Brief.

Biskra, den 12. Mai 1878.

Nachdem wir uns in Algier an einer glänzenden Sonne erfreut, hatten wir uns, und zwar mit Frühlingsanfang, der nordischen Strenge zu unterwerfen, je mehr wir uns von den algerischen Küsten entfernten. Auch Constantine verließen wir (23. April) in kaltem, regnerischem Wetter, so daß wir wahrscheinlich der düsteren Physiognomie der Natur den traurigen Eindruck verdanken, den Batna auf uns machte, als wir, von einem heftigen Nordwind gepeitscht, dort anlangten; der Ort erschien uns in seiner einförmigen Gestalt wie ein mitten in der Wüste auftauchendes Dorf, dessen breite öde Straßen vielmehr der Gegenwart, als der Abwesenheit der Sonne bedurften. Auch wollte sich dem zu dieser Zeit im Süden so glänzenden Gestirn die Vegetation hier nicht erschließen, da sich wie in Setif und Constantine die mit Früchten beladene Ulme (Ulmus compestris) scheute, ihre Blätter zu zeigen und selbst keine Spuren von solchen an dem weißen Maulbeerbaum sichtbar waren. Allerdings beträgt die Höhe von Batna 1051 m, und zwölf Tage vor unsrer Ankunft hatte es ziemlich stark gefroren, was sonst nur selten vorzukommen pflegt.

Das Klima Batnas scheint überhaupt je nach den Jahren bedeutende Abweichungen zu zeigen. So liefern die im Jahre 1853 unter der Leitung des Generals Desvaux [1]) ausgeführten meteorologischen Beobachtungen folgende Daten: jährliche mittlere Temperatur 15 Grad (Centigrad); Wintermittel 6,7; Frühlingsmittel 10; Sommermittel 27,4; Herbstmittel 17,3; kältester Monat 6,1 (Februar); wärmster Monat 31,6 (Juli); absolutes Maximum 37,3; absolutes Minimum 0.

Ferner macht Herr Cosson die Bemerkung, daß das Jahr 1853 ein ausnahmsweise regnerisches war, indem es jeden Monat geregnet hat, mit Schnee im Januar; der erste Schnee fiel am 28. November, der zweite (in der Ebene) am 27. März. Was nun aber das Jahr 1853 wirklich als eine Ausnahme, namentlich hinsichtlich seiner wässerigen Niederschläge, hinstellt, ist die Mittheilung des Herrn Dr. Otto Krummel in seiner Schrift über die Vertheilung der Regen in der Stadt Batna, [2]) wonach sich ein jährliches pluviometrisches Mittel von 410,6 mm ergiebt, das nach Biskra wahrscheinlich eines der niedrigsten von ganz Algerien sein dürfte.

Obwohl die nächste Umgegend von Batna meist dürr und unbewaldet ist, so hat sie doch auch treffliche Weiden, welche schönes Vieh und Fleisch liefern. Diesen Vorzug theilt der größte Theil der Provinz Constantine, wo Ochsen, Hammel und selbst Geflügel ebenso ausgezeichnet, wie in den andern Provinzen schlecht sind und worin besonders Algier äußerst stiefmütterlich bedacht ist. Auch die Weinrebe gedeiht in Batna sehr gut und liefert hier einen

---

[1]) Vgl. E. Cosson, Rapport d'un voy. bot. en Algérie, de Philippeville à Biskra etc., p. 147.

[2]) Zeitschrift ꝛc. Loc. cit.

rothen Wein, der an den in Constantine unter dem Namen Hamma-Wein (Vin de Hamma) bekannten erinnert, nur stärker ist und sich den gewöhnlichen spanischen, berauschenden und schweren Weinen anreiht.

Die unbedeutende Besatzung von Batna entspricht allen Erfordernissen der Sicherheit und des öffentlichen Friedens; die dort und in der Umgegend stationirten Truppen stehen unter dem Befehl des Brigade-Generals Logerot, [1]) eines mit den Sitten der verschiedenen Araber-Stämme der Wüste, die er persönlich besucht und studirt hat, wohlvertrauten Kriegsmanns. Ich verdanke seiner Güte viele interessante Mittheilungen über die zahlreichen und mächtigen Stämme der Tuareg, welche, Herrn Mercier's Angabe zufolge, mit der Rasse der Kabylen oder Berbern identisch sind und zum Glück für Frankreich noch kein Feuergewehr besitzen, nicht etwa weil sie unfähig wären, solche zu verfertigen, sondern weil sie die Zusammensetzung des Pulvers nicht kennen und solches nur mit großer Schwierigkeit zu erlangen vermögen. Dafür aber haben die Tuareg ihre Pfeile und Köcher (von welchen General Logerot eine schöne Sammlung mitbrachte) in merkwürdiger Weise vervollkommnet: die Eisenspitze der Pfeile ist von bewunderungswürdiger Feinheit und Solidität, so daß diese tiefe Wunden zu schlagen geeignet sind und in gewandten Händen allezeit eine ziemlich gefährliche Waffe bilden.

Von Batna begaben wir uns nach der Schlucht von Kantara, hatten dort die Nacht zuzubringen und überschritten dann öde Ebenen, deren hier und da zerstreuter magerer Rasen die schöne Othonna cheirifolia und Cynara cardunceellus zeigte. Etwa 28 km von Batna sieht man neben dem Flüßchen Ksur ein steinernes, für Reisende bestimmtes Gebäude, mit dem Namen „Karavanserai" bezeichnet, der in der Türkei wie im ganzen Orient für Häuser gleicher Bestimmung sehr gebräuchlich ist. Während sie dort aber fast immer mehr versprechen als erfüllen, findet in Algerien gerade das Gegentheil statt; die Karavanserais der Türkei und Persiens sind schmutzige, vollkommen leere Räume mit kothigem oder staubigem Boden zwischen vier halbverfallenen Wänden, in denen sich die Pilger zu Haufen sammeln und kein anderes Bett und keine andere Nahrung finden, als die von ihnen selbst mitgebrachten Teppiche

---

[1]) Derselbe, dessen Name jetzt so häufig in den militärischen Ereignissen von Tunis erwähnt wird.

und Provisionen, während die algerischen Karavanserais wirkliche, von Franzosen geführte kleine Wirthshäuser und auf europäische Art mit Betten, einer Küche und einem Stalle versehen sind.

Der hart an jenem Karavanserai befindliche Ksur ist ein schwacher Streifen Wasser, der im Grunde eines tiefen, 5—6 m unterhalb der Ebene liegenden Grabens fließt, und dessen hohe, vielfach abschüssige Felswände aus horizontalen Schichten von mergeligem Sand und Geschieben bestehen. Wahrscheinlich sind es Niederschläge, welche das Wasser des Ksur zu einer Zeit bewirkte, wo es bis zu dieser Höhe reichte, da sich die mächtigen Ablagerungen in der Ebene nicht zeigen und dort das feste Gerüst aus denselben weißlichen, mergeligen oder kieseligen Kalksteinen zusammengesetzt ist, die im Grunde des Flußbettes unter dem Sande und den Geschieben hervorragen. Am Fuße des rechten Ksur-Ufers sieht man eine Quelle ziemlich heftig emporsprudeln und mit dem Fluß sich vereinigen; ihr Wasser wird, da es kühl und durchaus süß, verwerthet, indem man neben dem Karavanserai einen bis zum Spiegel der Quelle reichenden Brunnen abgeteuft und somit dieser Gegend, wo sonst alle Gewässer mehr oder weniger brackig, einen seltenen Vorzug verliehen hat.

Die abgeflachten Hügel, welche die Ebene rings um den Ksur durchziehen, bestehen aus dem oben erwähnten Kalkstein, der, horizontal gelagert, mir keine organische Spuren zeigte, es seien denn einige in die rothe Varietät des Kalksteins eingedrückte, unbestimmbare Abdrücke zweischaliger Muscheln.

Die dürre Ebene mit ihren ebenso dürren Hügeln weist nur eine kärgliche Vegetation auf; es heben sich nur die gelben Köpfchen der Othonna cheirifolia und die weißen Blumen des Peganum harmala recht anmuthig von dem steinigen Boden ab. Die ganze, etwa 1000 m hoch gelegene Gegend von Ksur hat das Aussehen einer Wüste, wie dies auch die Physiognomie der ganzen Region ist, welche wir zwischen Batna und Ksur kennen gelernt haben. Zwar trägt der Boden in unmittelbarer Nähe von Batna nicht selten eine zum Anbau geeignete Humusschicht; solche oberflächliche Bekleidungen verschwinden aber bald und es wird die Nacktheit der Felsen um so sichtbarer, je mehr man sich Ksur nähert. Ebenso mangelt dieser Gegend der Baumwuchs, und obwohl Herr Cosson auf seiner schönen Karte die an beiden Seiten (nordwestlich und südöstlich) die Ebene begrenzenden Verzweigungen des Aurès als bewaldet (theilweise mit Cedern) angiebt, so spielt die Baumvegetation in der Gesammtheit des Bildes doch keine hervortretende Rolle; denn wegen der Entfernung der Berge erscheinen die Wälder wie dunkle, auf dem weißlichen Grunde des kalkigen Bodens kaum sichtbare Flecken, wie andererseits die bedeutende Anschwellung der Ebene die mehr weichen malerischen Umrisse der Berge wenig hoch erscheinen läßt. Diese gewähren jedoch dem Geologen ein großes Interesse; wo nur das Auge die Lage der Schichten erblicken kann, zeigen sich die mannigfachsten Falten und Windungen.

Die Gegend zwischen dem Ksur und der Schlucht von Kantara gestaltet sich weniger einförmig, ist aber immer noch kahl und dürr; alle unsererseits überstiegenen Hügel bestanden aus demselben Kalkstein, der nur hier und da nicht horizontal gelagert war, sondern nach Südosten abfiel. Jenseits des Karavanserai von Ksur passirten wir einen andern (720 m hoch), der den Namen „Tamarins" nach einigen Sträuchern dieser Pflanze (Tamarix africana) trug, welche an dem von den Arabern Ued-Tursa (Fluß der Tamarinde) benannten Bache zerstreut wuchsen. Das von diesem bewässerte Thal hat Herrn Cosson 119 Pflanzenarten geliefert, deren Vertheilung eine ziemlich merkwürdige ist; denn in den beiden Verzeichnissen der in der Umgegend der Tamarinden beobachteten Pflanzen, von denen das eine in den Getreidefeldern 89 Arten, das andere auf unangebautem Boden 30 Arten nennt, hatten nur 3 Arten beide Bodenarten gemein, welche auffallende Lokalisation der gelehrte Botaniker durch die geringere Höhe des salzigen Bodens, besonders aber durch den Einfluß des Südwindes erklärt, dessen mächtige Wirkung hier schon fühlbar ist.

Wir ließen den Ksur zur Rechten und folgten einem seiner Zuflüsse, dem wenig Wasser führenden Ued-Feldel, der, nachdem er ein enges und steiniges Thal durchflossen, nicht weit von der Schlucht von Kantara in den Ksur mündet, sodaß beide vereinigte Gewässer nur einen Fluß (Ued), nämlich den Kantara, bilden, der die Schlucht gleichen Namens durchfließt, an Biskra vorübergeht und sich dann im Sande der Wüste verliert. Hart an der Schlucht ist das Bett des Kantara ziemlich breit, jedoch so seicht, daß unser Wagen dasselbe bequem durchfahren konnte. Hier unterzieht sich die Gegend einer plötzlichen Metamorphose: die öde Wüste wird zu einem grünen Teppich, die Berge rücken zusammen und werden nur noch durch eine enge Schlucht von einander getrennt, an deren Eingang das kleine, von einigen Häuschen umgebene Wirthshaus von Kantara liegt. Schäumend schießt der Strom in die Tiefe der an beiden Seiten mit prachtvollen, mannigfach geformten Felsen umsäumten Schlucht. Letztere bestehen aus einem meist kieseligen Kalkstein, bläulich oder weißlich gefärbt, von splittrigem Bruch und mit dunklen Mergeln wechselnd, die Schichten aller dieser Gebilde stark aufgerichtet; am Eingange der Schlucht selbst, auf der rechten Seite, bilden die alternirenden Kalksteine und Mergel eine schöne Gebirgsgruppe. Die Schichten durchziehen dieselbe in sehr regelmäßigen Linien und fallen nach Süden unter einem Winkel von 70 Grad ab; weiterhin, neben der Brücke, sind die mächtigen, zum Theil schieferigen Kalksteinbänke nach Süden unter einem Winkel von 80 Grad geneigt.

Die rechte Seite der Schlucht ist sehr steil und auch für Fußgänger nur schwer auf krummen Pfaden zugänglich; man hat daher die schöne Fahrstraße in der ganzen Schlucht auf der linken Seite, den Abhängen des Gebirges und ihren Fruchtgärten folgend, angelegt. Alle Felsen strotzten von höchst interessanten Pflanzen, von denen ich folgende nennen will: ([1])

r. Gipsophilla compressa.
Diplotaxis pendula.
Allyssum montanum.
r. Stachys circinnata Munby.
r. Ballotta hirsuta Benth.
Lavandula multifida.
r. Galium petreum Coss.
Galium erectum Huds.
Hyoseris radiata.
r. Zollikoferia multifida.
Lotus cytisoides.
r. Anthyllis tragantboides.
Ononis angustissima.

Trotz des Reichthums der Vegetation der Schlucht von Kantara herrscht in ihr schon der Charakter der Wüstenflora vor, der auch in den klimatischen Verhältnissen ausgedrückt ist: die Luft ist hier sehr trocken und der Regen, wie in der Wüste, äußerst selten. Im Wirthshause von Kantara, wo wir drei Tage verweilten, wurde uns mitgetheilt, daß man hier seit zwei Jahren keinen Tropfen Regen gehabt hatte. Dessenungeachtet werden die Uebelstände der Trockenheit in dieser Gegend wesentlich vermindert durch das Vorhandensein von sehr gutem Wasser, das der Brunnen neben dem Wirthshause spendet und durch das sich dieses vor Biskra selbst vortheilhaft auszeichnet; auch hat die üppige Vegetation in der ganzen Schlucht nicht das der Wüste durch die trockene Luft verliehene Gepräge.

Wie lebhaft nun auch der Eindruck ist, den man beim Betreten

[1]) Die mit r bezeichneten Pflanzen sind in Algerien selten.

der malerischen und üppigen Schlucht von Kantara nach dem Verlassen der dürren Wüste empfindet, so ist der Reisende doch keineswegs auf das prachtvolle Gemälde vorbereitet, das seiner harrt, sobald er an die schöne Steinbrücke gelangt, welche einzig zur Herstellung einer Verbindung beider Seiten der Schlucht für Fußgänger bestimmt ist. Denn da der Weg nur der linken Seite folgen kann, so setzt er sich nicht über die Brücke fort, sondern läuft an derselben vorüber. Kaum ist man an der Brücke, welche die Inschrift trägt: „1862 restauré par le Génie Militaire. Napoléon III. Empereur. le Duc de Malakoff. Gouverneur de l'Algerie." angelangt, so befindet man sich vor einem wahrhaft feenhaften Schauspiel. Wie mit dem Schlage eines magischen Zauberstabes zeigt sich nach dem Verlassen der Schlucht ein Wald von Palmen, deren unzählige fächerförmige Blätter sich mitten in einer dufterfüllten Ebene sanft wiegen: ein so unerwarteter und ergreifender Anblick, daß man ihn mit der plötzlichen Erregung vergleichen möchte, durch welche die Zuschauer eines Theaters elektrisirt werden und sich wie ein Mann von ihren Sitzen erheben, wenn bei den Tönen eines mächtigen Orchesters eine zauberische Dekoration unerwartet vor die Augen tritt.

In diesem Walde von etwa 18,000 Palmenbäumen liegen zerstreut oder sich an die Felsen klammernd die zahlreichen Lehmhütten des arabischen Dorfes Kantara: eine anmuthige Landschaft und nur eine einzige funkelnde Perle in der Wüste, da Kantara eine Oase darstellt. Sobald man das Dorf verlassen, tritt man wieder in eine waldlose Ebene, die an einigen Stellen Büschel des Peganum harmala zeigt, während in der Ferne Kantara mit seinen Palmen herübergrüßt. Zwei Stunden lang wanderten wir in der von Geröllen strotzenden und von den trocknen Betten zahlreicher kleiner Zuflüsse des Kantara durchzogenen Ebene umher und überschritten mehrmals das gleichfalls fast wasserlose Bett des letzteren. So gelangten wir endlich an die nach seiner heißen Quelle Fontaine de la Gazelle bezeichnete Stelle, welche, früher durchaus öde, jetzt einem Herrn Rose als Wohnplatz dient, einem Preußen von Geburt. Der Herr hat den Grad eines Hauptmanns der französischen Armee, die er verließ, um der orientalischen Lebensweise sich hingeben zu können. Er hat sich hier ein kleines Haus erbaut, das er mit seiner Frau, die von arabischer Abkunft ist, bewohnt.

Da die Besitzer abwesend waren, so besuchte ich das Innere

ihrer Wohnung, die sehr reinlich, aber von patriarchalischer Einfachheit war; der ziemlich geräumige Garten hatte schöne Gruppen von Palmenbäumen. Es wäre zu wünschen, daß die einsame Wohnung, welche wohl geeignet ist, dem Herrn Rose die Freuden eines unabhängigen Philosophen zu gewähren, ihn anregen möchte, seine Muße dem Studium der interessanten und noch wenig bekannten Gegend zu widmen. Leider ist er nicht Naturforscher und gewiß kein Geologe, da er es sonst kaum unternehmen würde, Kalk aus fossilen Muscheln zu brennen, an welchen die auf dem entgegengesetzten Ufer des Flusses Kantara, nur 2 Kilom. westlich von seiner Wohnung, gelegenen Berge ungemein reich sind, die ich aber zu meinem Bedauern der schlechten Witterung wegen nicht besuchen konnte. Aus den zum Kalkbrennen bestimmten Oefen neben der Wohnung des Herrn Rose konnte ich mich jedenfalls überzeugen, daß das verwendete Material von Petrefakten herrührt und hauptsächlich aus Bruchstücken von Austern besteht; unter diesen war die Ostrea crassissima sehr deutlich zu unterscheiden und zeigte ziemlich ansehnliche Exemplare, obwohl nicht von der Größe derselben Art, die ich in Kleinasien entdeckte, wo sie, wie anderswo, für die miocäne Periode charakteristisch ist. Obiges Faktum wurde außerdem noch vom Bedienten des Hauses bestätigt. Da der allerdings nicht reine Kalkstein des nächstliegenden Berges keinen guten Kalk liefert, so verfiel Herr Rose auf den Gedanken, für seinen Zweck nur die in den ferner liegenden Bergen massenhaft lagernden Petrefakten zu verwenden, und so bewog er die Araber, ihn stets mit diesem kostbaren Material zu versorgen, was die Wüstenkinder natürlich ohne Anstand ausführten, so daß mit deren Hilfe die merkwürdige Industrie, die jener Herr den Muth hat, noch im neunzehnten Jahrhundert zu betreiben, mit größtem Erfolge fortschreitet.

Die der Wohnung des Herrn Rose ganz nahe Gazellenquelle ist nach der Ansicht der Einheimischen nur ein Hervorbrechen der östlicher im Gebirge entspringenden Quelle, Hammam (Bad), so benannt nach einer dort befindlichen Art von Badeanstalt. Das aus einer Höhle emporsprudelnde Wasser der Gazellenquelle ist lauwarm und von brackigem Geschmack, während die Hammam-Quelle eine höhere Temperatur besitzt, die dann wahrscheinlich durch den unterirdischen Lauf abgekühlt worden ist, da die Entfernung zwischen Hammam und der Gazellenquelle etwa 2 Kilom. beträgt.

Weiterhin passirten wir bis El-Utaïa eine bald wellige, bald ebene, stets aber mehr oder weniger öde, waldlose Gegend, die vielfach durch Salz- und Gips-Efflorescenzen gebleicht ist. Gerade an solchen Punkten beobachtete ich interessante Pflanzen, wie: Zygophyllum cornutum Coss. et Dur., Moricandia arvensis DC., Halogeton sativum (letztere beiden Species von Munby nur bei Laghuat erwähnt, dementsprechend sie ausdrücklich Wüstenformen sind), Echinus humilis selten in Algerien, Atriplex parvifolia Lmk. (A. mauritanica Boiss.), Imperata cylindrica etc.

Wir durchkreuzten mehrmals das breite, fast trockene Bett des Ued-Kantara; vor uns erschien die Ebene infolge der Abspiegelung der Sonnenstrahlen wie ein See mit einem grünen Inselchen in der Mitte, dem am rechten Ufer der Ued-Kantara befindlichen Dorfe El-Utaïa.

Auf der ganzen Strecke zwischen der Gazellenquelle und El-Utaïa zeigen die zahlreichen Höhen, welche dieselbe durchziehen, die auffallendsten Abweichungen im Gefälle der Schichten, wie auch die merkwürdigsten Falten und Windungen. So sieht man z. B. nicht weit von der Quelle eine solche aus grauem, kieseligen, horizontal gelagertem Kalkstein, während auf den Bergen der entgegengesetzten Seite die Schichten gefaltet oder gewunden sind, oder nach Nordwesten abfallen. In geringer Entfernung von dieser Stelle geht ein kieseliger, körniger Kalkstein in einen etwas lockeren, gelblichen oder gräulichen, in Schiefern oder Platten gespaltenen Sandstein über; die Schichten beider Felsarten fallen nach Nordost unter einem Winkel von 50—60 Grad ab. Endlich offenbaren sich noch die außerordentlichsten stratigraphischen Erscheinungen in der Gebirgskette, an welche sich die nahe der Gazellenquelle liegenden, an Petrefakten so reichen Berge schließen, im Westen die Ebene des Ued-Kantara bis oberhalb des Dorfes El-Utaïa begrenzend. Bald ahmen die Schichten die Gestalt der Meereswellen nach, deren Kämme durch spitze oder abgerundete Schichten, die Thäler oder Tiefen durch die von oben nach unten herabsteigenden und sich wieder aufrichtenden Schichten dargestellt werden; bald bilden die hufeisenförmig gebogenen oder Rauten beschreibenden Schichten geräumige, wie von mannigfachen Arabesken strotzende Flächen, wie ich ähnliche noch nirgends in diesem Maßstabe gesehen, selbst nicht in Kleinasien, wo stratigraphische Bedingungen ebenfalls sehr abnorm auftreten. Sah ich dort meine Ansicht bestätigt, daß solche Erscheinungen einen hohen Grad von Plasticität in den so gestalteten Schichten voraussetzen lassen, so wurde ich hier mehr denn je in dieser Hypothese bestärkt, und dürfte sich letztere unwillkürlich Jedem aufdrängen, der in diesem Theile Algeriens, namentlich zwischen der Gazellenquelle und El-Utaïa, ganze Reihen von Gebirgen beobachtet hat, deren stratigraphische Eigenthümlichkeiten, und zwar in geringerem Maße, nur von dem in plastischem Thon arbeitenden Künstler nachgeahmt werden könnten.

In einer sehr gediegenen Schrift über die Schweizer Alpen hat sich M. A. Baltzer [1]) zu beweisen bemüht, daß die solidesten Felsarten allen möglichen Faltungen unterworfen sein können, und widerlegt er die entgegengesetzten Meinungen durch ein gewichtiges Argument: da nämlich Schichten von sehr verschiedenem Alter solche Biegungen in derselben Art zeigen, so müsse man annehmen, daß die ältesten Schichten schon vollkommen fest gewesen seien zu der Zeit, wo die Biegungen stattgefunden haben. Der deutsche Gelehrte macht darauf aufmerksam, daß man, um allen diesen Schichten den gleichen Grad von Plasticität zu geben, eine Hypothese anzunehmen habe, die er allerdings im Voraus verwirft, nämlich die Voraussetzung, daß die Gesammtheit der Schichten erweicht worden sei entweder durch ein langanhaltendes Versenken in Wasser oder durch die Wirkung einer hohen Temperatur. Ich gestehe, daß ich diese Hypothese, trotz aller Einwendungen, welche sie hervorruft, doch für weniger unwahrscheinlich halte, als die andere von Herrn Baltzer acceptirte, indem er die Erscheinung, um die es sich handelt, mit Hülfe des auf feste, mehr oder weniger thonhaltige Felsarten ausgeübten Druckes erklärt. Meines Wissens ist noch kein Laboratorium im Stande gewesen, diese Erscheinung in befriedigender Art hervorzubringen, obwohl es meinem gelehrten Freund und Kollegen, Herrn Daubrée, gelungen ist, mehrere stratigraphische Phänomene, selbst die fächerförmige Gestaltung der Schichten, künstlich zu erzeugen; allein bei allen derartigen Experimenten werden gewöhnlich thonhaltige und folglich plastische oder homogene, mehr oder weniger streckbare Mineralsubstanzen verwendet, während unter den in solcher Art gebogenen und gewundenen Felsarten Gebilde von verschiedener Zusammensetzung vorhanden sind, wie Sandsteine, feste Konglomerate, Kalksteine, Granite u. a., bei denen sich die Experimente des Laboratoriums nicht verwenden lassen, so lange diese nicht im Stande sind, die merkwürdigen Windungen der Gesteine in großem Maßstabe und ohne Zerbrechen und Bersten der Schichtung

[1]) Neues Jahrbuch für Mineralogie, Geologie und Paläontologie von C. Leonhard und H. B. Geinitz, 1878, p. 449—489.

nachzuahmen. Kurz, es scheint mir, daß es bei dem jetzigen Stande unsrer Kenntnisse schwer sein würde, die merkwürdigen stratigraphischen Erscheinungen, die sich in den Schweizer Alpen und an andern Orten Europas, vielleicht aber nirgends in so ungeheurem Maße und mit solcher Intensität wie in Algerien offenbaren, ohne die Annahme eines gewissen Grades von Plasticität zu erklären.

Die Gegend um El-Utaïa hat schon das Aussehen der Wüste; das Dorf wird ausschließlich von Arabern bewohnt, und es erinnern die von geräumigen Dattelgärten eingeschlossenen Lehmhütten lebhaft an die egyptischen Dörfer mit ihrer Fellah-Bevölkerung. Wegen seiner bedeutenden Höhe ist El-Utaïa jedoch der Hitze, welche die eigentliche Wüste charakterisirt, nicht ausgesetzt; am 26. April stieg das Thermometer an der Sonne nur auf 30 Grad, eine Sonnentemperatur, die dasselbe in Algier selbst während des Winters häufig anzeigt.

Trotz seiner isolirten Lage und des durchweg arabischen Elements besitzt El-Utaïa ein ganz europäisch eingerichtetes Wirthshaus unter der Bezeichnung Karavanserai. Als wir dort frühstückten, sahen wir drei junge englische Reisende vor dem Thore des Wirthshauses von ihren Kameelen absteigen, obwohl sie von Biskra kamen und diese Tour zu Wagen bequem in zwei Stunden auf einer schönen Chaussee zurücklegen konnten, welche die Diligence täglich befährt. Auf ein Kameel zu klettern, um eine solche Reise äußerst langsam und beschwerlich auszuführen, wäre fast dasselbe, als wenn ein Indianer sich in den Straßen Londons oder Paris eines Elephanten bedienen wollte. Dafür hatten unsere drei Touristen allerdings den Vortheil, nach der Rückkehr in ihr Vaterland einen „Ride on camel through Algeria" bekannt machen zu können und auf diese Weise die große Literatur der „Rides", die gegenwärtig in England so sehr an der Mode, mit einem neuen Bande zu bereichern.

Von El-Utaïa erblickt man den Salzberg (Montagne de Sel), der zu der langen Gebirgskette gehört, die östlich das Thal des Ued-Kantara begrenzt, zu dessen Besuch es mir aber leider an Zeit gebrach. Derselbe gehört wahrscheinlich der miocänen Periode an, da er sich den Formationen jenes Zeitalters anschließt, die in der Gegend der Gazellenquelle durch die Ostrea crassissima bezeichnet sind. Die Salzstücke, welche ich in großen Blöcken in El-Utaïa sah, waren von ausnehmender Weiße und reinem Geschmack.

Nachdem wir El-Utaïa verlassen, stiegen wir in die große Ebene hinab, die uns aus der Ferne wie ein See erschienen war und sich nun als eine öde Fläche zeigte, mit keiner andern Vegetation als dünn zerstreuten Büscheln von Peganum harmala, im Süden begrenzt durch eine Berggruppe, deren Umriß eine deutliche, durch den Paß von Sfa bewirkte Depression zeigt. Wir erreichten dieselbe, nachdem wir das breite, fast trockne Bett des Ued-Kantara überschritten hatten. Der Anstieg ging durch horizontal gelagerte Konglomerate und Sand, die letzten emporgehobenen Ränder des großen Mantels von Trümmergebilden andeutend, der die Ebene bedeckt; denn so bald wir den Paß von Sfa erreicht hatten, erhoben sich von allen Seiten Felsen aus gräulichem Kalkstein von muscheligem Bruch, dessen Schichten bald nach Nord-West-Nord, bald nach Nord-Ost-Nord abfallen oder in verschiedenen Richtungen gewunden sind. Auf den Kulminationspunkt des Passes gelangt, erschloß sich endlich unsern Blicken die weite, gewissermaßen die eigentliche Wüste ankündigende Ebene, in welcher ein schmaler grüner Streifen die Lage von Biskra andeutete. Noch vor Biskra war die Ebene durch einige isolirte Höhen abgeschlossen, die gleich einsamen Schildwachen am Eingang in die Wüste aufgestellt zu sein schienen, welche letztere erst weiterhin sich wie ein uferloses Meer entfaltete. Wir stiegen vom Paß des Sfa an einem langen, zuweilen ziemlich abschüssigen Abhange hinab und hatten noch mehrere wellige Anhöhen zu überschreiten, die aus horizontal geschichteten Konglomeraten, Sand und abgerundetem Geröll bestanden. Es waren die letzten lokalen Anschwellungen der weiten Wüstenfläche, die sich von hier bis Biskra erstreckt und nur vom Horizont begrenzt wird. Je mehr man sich Biskra nähert, um so sandiger wird der Boden, um so freier von Geröll, dessen ungeheure Anhäufung in den von uns berührten oberen Flächen ein gegentheiliges Charakteristikum bildete.

Biskra erscheint höchst originell und anmuthig; die blendend weißen oder hellfarbigen, in der Palmengruppe zerstreut liegenden Häuser, sowie die grüne, durch die Wüste wie von einem gelblichen Rahmen eingefaßte Fläche gewähren ein Bild, das sich in Algerien nirgends wiederholt. Wer Biskra nicht gesehen, kann sich von diesem Lande keinen vollkommenen Begriff machen; ja ich behaupte, daß die Sahara auch für diejenigen, welche die ungeheuren Wüsten Afrikas und Asiens kennen lernten (und ich zähle zu diesen Glücklichen), wenn sie auch in Biskra und den benachbarten

Oasen sich erst in kleinem Maßstabe offenbart, noch immer ein unerschöpfliches Interesse hat.

Man betritt Biskra durch eine schöne Akazien-Allee, welche gerade nach dem kleinen Hotel du Sahara führt, einem Wirthshause, das sich viel zu beschränkt erwiese, würde nicht der innere Hof durch den schönen Himmel in einen Saal verwandelt. Dieser ist gegen die Sonne durch ein hölzernes, von Schlingpflanzen vollständig bedecktes Gitter geschützt, unter welchem die Weinrebe schon (27. April) ziemlich ausgebildete Trauben herabhängen ließ. In diesem lieblichen, mit Palmenbäumchen und duftenden Blumen geschmückten Raume sind mehrere Tische und Stühle aufgestellt, deren sich jeder Besucher des Hauses bedienen kann, um hier entweder sein Mahl einzunehmen oder zu arbeiten, so daß die Stube nur als Schlafzimmer dient; sobald man sein Bett verlassen und die Reisetoilette beendet hat, beeilt man sich, das malerische Boudoir aufzusuchen und sich dort bequem einzurichten. Statt der europäischen Dienerschaft, die man in allen französischen Wirthshäusern Algeriens findet, werden hier nur Araber verwendet und ist es unterhaltend, die jungen Kellner in ihrer zierlichen orientalischen Tracht herumspringen und ihren Dienst mit der Behendigkeit und dem Geschick europäischer Diener verrichten zu sehen. Einige Monate genügen, sie nicht nur vollkommen zu schulen, sondern ihnen auch französisches Sprechen ziemlich geläufig beizubringen.

Am Eingange des Wirthshauses sind als Verzierung und Kuriosität mehrere Proben von den natürlichen Erzeugnissen des Landes aufgestellt, unter diesen ungeheure Blöcke Salz vom Salzberge: prächtige Krystalle von Chlor-Sodium, hier und da mit quadratförmigen Krystallen von Schwefeleisen vereinigt. Neben diesen Mineralien lagen Exemplare fossiler Muscheln, unter andern Ostrea crassissima, die identisch mit der Auster ist, von welcher die Kalköfen des Herrn Rose so viele Bruchstücke gezeigt. Der Besitzer des Wirthshauses, Herr Medain, theilte mir noch mit, daß ihm dieses Material unentgeltlich und als werthloses Objekt von solchen Arabern überlassen worden sei, die Herrn Rose täglich mehrere Maulesel-Ladungen davon abzuliefern hätten, welcher diese für die Geschichte unseres Erdballs so wichtigen Dokumente unbarmherzig in Kalk und Kitt zu verwandeln beflissen ist.

Obwohl die Temperatur am Tage unserer Ankunft in Biskra (27. April) noch eine sehr angenehme war, indem das Thermometer 6 Uhr Abends im Schatten 27° zeigte und am folgenden Tage in der Sonne nur auf 33° stieg, nahte doch die Zeit für den Besuch der Wüste mit schnellen Schritten heran, weil der Mai dort schon ziemlich heiß und, wenigstens für eine Frau, empfindlich ist. So gingen wir denn nach einem Aufenthalt von zwölf Tagen daran, unsere Ausflüge nach den Oasen der Wüste auszuführen. Ehe ich jedoch von diesen interessanten Exkursionen spreche, möge noch Einiges über Biskra selbst gesagt werden.

Biskra, 112 m hoch gelegen, besteht aus mehreren, ziemlich weit von einander liegenden Quartieren, die ausschließlich von Arabern und Negern bewohnt sind; der Theil der Stadt jedoch, der die französische Kolonie bildet, kann nur als eine grobe Skizze der Niederlassung betrachtet werden, die bestimmt ist, einst das Hauptcentrum der französischen Herrschaft in diesem Theile der Sahara-Wüste zu bilden. Gegenwärtig besteht dieser europäische Nukleus fast nur aus einer schönen Allee mit europäisch gebauten Häusern, darunter der Militär-Club, das Wirthshaus Sahara und einige zierliche französische Buden; andererseits aus dem öffentlichen Garten mit südlichen Pflanzen, unter welchen die Poinciana Gilesii in ihren prachtvollen rothen Blüthen prangte. Fügt man dieser so reich ausgestatteten Allee noch die Citadelle und die Kaserne hinzu, so ist hiermit die ganze Ausdehnung der europäischen Kolonie gegeben.

Die rein orientalischen Quartiere sind ausgedehnter, so z. B. der sogenannte Bordj an der nördlichen Spitze Biskra's und von der europäischen Colonie durch eine weite Fläche getrennt, zugleich der fast ausschließliche Aufenthalt entflohener und zu französischen Bürgern gemachter Negersklaven beiderlei Geschlechts. Die Kleidung der Negerinnen ist höchst buntscheckig und überladen mit einer Menge metallischer Verzierungen, die überall an den meist blauen Röcken befestigt werden, während noch zwei ungeheure Ringe von den Ohren herabhängen.

Ein anderes ziemlich originelles Quartier ist das arabische, mit einer ausschließlich von öffentlichen Mädchen bewohnten Straße; man sieht dieselben den ganzen Tag an der Thür ihrer Wohnung paradiren, ihre Thätigkeit aber entfaltet sich hauptsächlich des Abends, wo die Straße in malerischer Weise durch Papierlaternen in allen Farben erleuchtet wird. Dann beginnen die Tänze in den Kaffeehäusern, die sich mit Arabern und Negern, in pittoresken Lumpen, füllen; auf Schemeln oder auf dem Boden unbeweglich sitzend, die Cigarette in der einen, die kleine Kaffeetasse in der andern Hand, schauen sie nachlässig und stumm den Tänzerinnen zu, welche ihre in hohem Grade einförmigen Bewegungen unter ebenso monotoner Musik ausführen. Man meint, große, mit Ruß beschmutzte Affen zu sehen, die auf ihren Hinterbeinen beschwerlich fortrutschen und die Vorderpfoten puppenartig bewegen; nichts in diesen anmuthlosen schläfrigen Bewegungen erinnert an die Lebhaftigkeit und die wollüstigen lasciven Stellungen der türkischen, persischen oder indischen Bajaderen, ebenso wenig an die öffentlichen spanischen Tänzerinnen, obwohl diese sich in ihrer Freiheit und Ausgelassenheit mit den orientalischen Genossinnen nicht messen können. Nun ist aber die sociale Stellung dieser Damen von Biskra eine so merkwürdige und eigenthümliche, daß ich in dem von mir fast in allen seinen Haupttheilen durchwanderten Orient Aehnliches nicht gesehen. Für den Araber in Biskra ist die Prostitution ein Handwerk, das nichts Entehrendes hat — es ist eine Art, seinen Unterhalt zu gewinnen, wie jede andere — und er fühlt nicht den geringsten Widerwillen, ein solches Mädchen zu heirathen, nur findet er es billig und vernünftig, daß mit Beseitigung der Ursachen auch die Folgen derselben wegfallen, so daß er volles Recht verlangt, eine Frau allein zu besitzen, so lange er sie ernährt, beherbergt und kleidet. Man begreift somit, daß bei den Arabern von Biskra das der Prostitution ergebene unverheirathete Mädchen keiner Schande oder Entehrung ausgesetzt ist, und daß man dasselbe also mit vollem Anstand am hellen Tage besuchen kann, gerade so wie man eine Bude besucht, um Waaren zu kaufen oder nur Proben zu entnehmen. Folgendes Beispiel aus meiner eigenen Erfahrung giebt einen Begriff von dieser auffallenden, geradezu fabelhaft klingenden nationalen Sitte.

In Biskra, namentlich aber in den großen Oasen wie der von Tugurt, werden Armbänder, Nadeln, Ohrgehänge und andere silberne Schmucksachen für Frauen von den Eingebornen verfertigt, die, obwohl von ziemlich grober Arbeit, ein so originelles Aussehen haben, daß sie in ganz Algerien und selbst von Europäerinnen geschätzt und gesucht sind. Nun sind es gerade die in unsern, aber nicht in der Araber Augen verrufenen Frauenzimmer, welche die schönste Auswahl solcher Wüstenjuwelen besitzen, welche sie als Eroberungswaffen gebrauchen, und die ihnen auch in Menge von ihren Verehrern und Gönnern zufließen, unter denen sich die reichsten und angesehensten Männer des Landes befinden. Solche Damen sind also sehr geneigt, aus der Fülle ihrer Schätze das Ueberflüssige an Europäer abzutreten, denen wohlbekannt, daß die besten Ankäufe dieser Art nur durch solche Vermittelung zu bewirken sind. Auf diesen Umstand wurden wir im Wirthshause von Biskra aufmerksam gemacht; da ich aber natürlich den Wunsch hegte, kompetentere Richter zu Rathe zu ziehen, bevor ich mich mit meiner Frau zu solchen Besuchen herbeilassen mochte, so befragte ich den Kommandanten von Biskra, Oberst Noellat, dessen liebenswürdige Gattin sich sofort nach unserer Ankunft zur Verfügung meiner Frau gestellt hatte. Der Herr bestätigte nicht nur jene Wirthshaus-Mittheilung als vollkommen richtig, sondern machte noch das Anerbieten, uns bei derartigen Besuchen begleiten zu wollen, und zwar in dem doppelten Charakter des höchsten officiellen Beamten der Stadt und eines geläufigen Dolmetschers, da er des Arabischen vollkommen kundig war. So traten wir also unsere abenteuerlichen Besuche an, zu Fuß, am hellen Tage, begleitet vom Kommandanten in voller Uniform, dessen Adjutant den Auftrag hatte, die Damen von unserer Ankunft zu benachrichtigen, damit dieselben sich für den Augenblick von andern Kunden freihalten möchten. Bei den Wohnungen angekommen, hatten wir ziemlich hohe Treppen zu erklimmen, da die arabischen Göttinnen, gleich ihren Geschwistern in Europa, keine Bewohnerinnen erster Stockwerke sind. Die Damen ließen ihre Schmuckstücke, mit denen sie überladen waren, in größter Bereitwilligkeit betrachten und vermochten wahrscheinlich nicht zu begreifen, warum es uns die Gegenwart meiner Frau nicht gestattete, gründlichere Musterungen vorzunehmen. Nachdem wir eine Anzahl dieser zwar malerischen, aber unsauberen und unbequemen Wohnungen besucht und mehrere von diesen populären Schönheiten betrachtet hatten, die, mannigfach bemalt und besudelt, für Europäer wenig Anziehendes haben, kaufte ihnen meine Frau mehrere Amulette oder Talismane ab, deren Preis ich, wenn auch auf das Zehnfache gesteigert, noch außerordentlich wohlfeil gefunden haben würde gegenüber der Thatsache, eine der merkwürdigsten und in ihrer Art einzigen Nationalsitten kennen gelernt zu haben.

Wahrscheinlich werden die weiten, unangebauten Flächen, welche die Quartiere der Araber und Neger von dem geringen europäischen Kern trennen, mit der Zeit ganz verschwinden, so daß Biskra, wenn diese Quartiere nebst mehreren Dörfern der nachbarlichen Oase ein ununterbrochenes Ganzes bilden, genügend groß sein wird, die Bedingungen einer wirklichen Stadt zu erfüllen, in deren Kreis dann auch der schöne Garten des Herrn Landon eingezogen werden dürfte. Obwohl ganz nahe bei Biskra gelegen, bildet derselbe jetzt einen der isolirten Flecken, die rings um die künftige Stadt zerstreut liegen; jedenfalls bietet er ein großes Interesse und ist eine merkwürdige Anstalt, die sich nicht mit Stillschweigen übergehen läßt.

Der von Herrn Landon selbst begründete Garten umfaßt eine Fläche von 10 Hektaren und befindet sich unweit des rechten Ufers des Ued-Kantara, hier Ued-Biskra genannt, dessen breites, trocknes und mit Geröll gefülltes Bett ein Gemälde bietet, wie die meisten dieser sandigen, von den glühenden Sonnenstrahlen vergoldeten und durch den tiefblauen Horizont begrenzten Flächen. Besonders vom nordwestlichen Theile des Gartens hat man eine herrliche Aussicht auf die Wüste, an deren Saum der Garten liegt, und von der er sich wie eine grüne Oase grell abhebt; er hat jedoch ein von den eigentlich so genannten Oasen ganz verschiedenes Aussehen, da diese von einförmigen Dattelhainen bedeckt sind, während jener Garten ein Pflanzendickicht bildet, dessen Umrisse und Färbungen je nach den Gewächsen vielfach wechseln. Der Gründer der schönen Anstalt hat sich die Aufgabe gestellt, die Hauptpflanzen der heißesten Gegenden der Erde zu ziehen, was zwar wegen des jugendlichen Alters der Anstalt noch nicht erreicht ist, aber bestimmt verwirklicht werden wird, wenn die Nachfolger des Herrn Landon dieses Werk mit Eifer fortsetzen.

Der innere, von einer Mauer umschlossene Raum des Gartens hat verschiedene, sehr gut unterhaltene Alleen, von denen mehrere nach der freundlichen Wohnung des Besitzers führen. Derselbe befand sich leider in Paris; statt seiner erwies uns Herr Béchu, der in geschickter Weise die Akklimatisation und die Kulturarbeiten leitet, das größte Entgegenkommen.

Was beim Eintritt in den Garten sogleich auffällt, ist die Größe und Kraft der Dattelbäume, welche die von Algier weit übertreffen. Herr Béchu nimmt 60 Spielarten der Phœnix dactylifera an, von denen mehrere, namentlich die harte und magere, sowie die fleischige Früchte tragenden, sich durch ihre Färbung und Größe der Blätter von einander unterscheiden. Unter den ziemlich seltnen, hier besser als in Algier gedeihenden Pflanzen erwähne ich Cassia coluteoides, Colla, (C. glauca Lmk.) aus Ost-Indien (blühend) und Acacia Lebbeck (ohne Blüthen), ferner Echium candicans, L. aus Madeira, vollkommen entwickelt, die kräftigen Aehren mit Blüthen bedeckt. Diese Borraginee scheint im Jardin d'Essai von Algier nicht kultivirt zu werden, und eben so wenig Indigofera argentea L., eine ganz egyptische Pflanze, die hier vollkommen gedeiht. Ficus nitida und F. religiosa scheinen hier ebenfalls kräftiger zu sein als in Algier; besonders letztere Art war durch ein Exemplar vertreten, das, erst seit zehn Jahren gepflanzt, schon einen Umfang von 1,18 m hatte. Jedoch erzeugen weder diese Feigenbäume, noch andere durch ihre adventiven Wurzeln merkwürdige Arten, von denen der Ficus Roxburghii einen trefflichen Vertreter im Jardin d'Essai von Algier hat, hier adventive Wurzeln, eine Erscheinung, die Herr Béchu der außerordentlichen Trockenheit des Wüstenklimas zuschreibt.

Andererseits giebt es wieder Pflanzen in Biskra, die eine weniger kräftige Entwicklung zeigen als in Algier, wie z. B.: Phytolacca dioica, die in dem Garten des Herrn Landon nur einen mittelmäßigen und wenig verbreiteten Baum bildet, obwohl derselbe mit Blüthen beladen war. Dies ist auch der Fall mit den Eucalypten, die in dieser Gegend schlecht gedeihen; wenigstens ist es Herrn Béchu nie gelungen, ihnen die kräftige Entwickelung zu geben, die sie im größten Theile Algeriens besitzen; endlich konnte die in Algier so üppige Dracaena Draco in jenem Garten gar nicht kultivirt werden, obwohl die D. brasiliensis dort sehr gut fortkommt.

Weiter nenne ich noch: die schöne Poinciana regia, deren Blätter sich kaum zu entfalten begannen (28. April), während die P. Gilesii in voller Blüthe prangte; Psidium pyriferum, Sizygium jambataenum, Tecoma stans mit schönen gelben Blumen; Acacia leucocephala und A. Adansoni, erstere zugleich Früchte und Blüthen tragend; Fourcroya gigantea, Bambusa verticillata und B. variegata, letztere besonders kräftig.

Der Garten Landon's weist auch einige prachtvolle, augenscheinlich sehr alte Olivenbäume auf, die erst jetzt begonnen haben, gute Früchte zu geben, seitdem Herr Béchu auf dieselben den kultivirten Olivenbaum gepfropft hat, welches Verfahren von den Arabern erst neuerdings bei den in den Oasen so zahlreich verbreiteten wilden Olivenbäumen angewendet worden.

Einen wesentlich praktischeren Dienst hat Herr Landon dem Lande erwiesen, indem er keine Ausgaben gescheut (wozu ihm sein bedeutendes Vermögen die Mittel bot), das Bewässerungs-System der Stadt zu verbessern und zu entwickeln, was für das an Dürre und Wassermangel leidende Land eine Lebensfrage war. Es ist jenem Herrn gelungen, sämmtliche Quellen der nahe liegenden Gebirge durch Rinnen und Wasserbehälter zu Gunsten der Cultur des Bodens zu verwerthen. Leider ist man noch nicht so weit gelangt, Biskra mit gutem Trinkwasser zu versorgen, denn das durch gewöhnliche Brunnen erlangte ist mehr oder weniger schlecht, und die Versuche, artesische Brunnen zu bohren, haben bis jetzt noch keine unterirdischen Gewässer erreicht, so daß in dieser Hinsicht sich der Ort in ziemlich ungünstigen hygienischen Verhältnissen befindet. Wahrscheinlich trägt auch die schlechte Qualität des Trinkwassers die Mitschuld an der endemischen Hautkrankheit, welche sich in Biskra durch ein unter dem Namen Clou de Biskra bekanntes Geschwür offenbart, das namentlich das Gesicht und vorzugsweise die hervorragendsten Theile desselben, wie Nase, Stirn und Ohren, ergreift und unverwischbare Spuren hinterläßt. Dieses Uebel, das auch in Aleppo und Bagdad verbreitet ist, tritt dort viel intensiver auf, ohne daß es bis jetzt gelungen wäre, die Ursache der räthselhaften Erscheinung zu ergründen, welche für Fremde eine wahrhaft abschreckende, da sie mit solcher an der Spitze der Nase oder auf der Stirn eine unwillkommene Reiseerinnerung lebenslang herumtragen. Wie dieses Uebel fast ausnahmslos die Eingebornen befällt, so verschont es meist die in der Gegend nicht allzu lange verweilenden Fremden, und so genoß auch ich den Vorzug, weder in Aleppo noch in Bagdad gestempelt zu werden, und, was für mich noch wichtiger, auch meine Frau durfte sich trotz zweiwöchentlichen Aufenthaltes in Biskra zu den privilegirten Besuchern dieser Stadt zählen.

Sicher wird diese ganz lokale Erscheinung einst ergründet werden durch Untersuchung der chemischen Natur der Gewässer, wie der klimatischen Bedingungen der Gegend; da aber solche Studien für Aleppo und Bagdad wenig Aussicht haben, so ist diese wichtige Aufgabe der Stadt Biskra vorbehalten, wo man auch schon angefangen hat, beträchtliches Material für die Kenntniß der Klimatologie der Gegend zu sammeln, Dank dem großmüthigen Philanthropen Landon, der auf seine Kosten ein kleines Observatorium errichtet und die Leitung desselben Herrn Colomb, einem sachkundigen Manne, übertragen hat. Der Güte dieses jungen Gelehrten verdanke ich eine Abschrift der meteorologischen Beobachtungen, die er während der Jahre 1875, 1876 und 1877 gemacht, und da es sich um eine noch wenig bekannte, aber hochinteressante Gegend handelt, so theile ich das wichtige Dokument mit, indem ich die vorzüglichsten Resultate desselben in der folgenden Tabelle verzeichne.

Jahre.	Monate.	Barometer auf Null reducirt.	Temperatur.	Spannung der Dünste.	Relative Feuchtigkeit.	Regen in Millimetern.
1875	Dezember (1874)	752,6	10	5,5	49	30
	Januar	757,9	11,7	5	52	18
	Februar	749,7	12,5	5	58	25
	Winter-Mittel	754,4	11,4	5,17	50,3	24,3
	März	751,9	15,4	5	22	95
	April	750,8	19,7	5,1	22	12
	Mai	750,7	26,4	10,2	42	14
	Frühlings-Mittel	751,13	20,5	6,8	32	40,3
	Juni	750,1	24	7,4	34	3
	Juli	748,2	34,9	10,2	30	3
	August	750,9	32,8	9,9	29	2
	Sommer-Mittel	749,73	30,6	9,13	31	2,7
	Unterschied zwischen Sommer und Winter	3mm,67	19,2	4	19,3	21,6
	September	753,0	28,5	12	43	8
	Oktober	750,6	21,6	8,8	46	2
	November	750,9	14,9	6,9	49	7
	Herbst-Mittel	751,5	21,7	9,2	46	5,7
	Jahres-Mittel	751,44	19,75	7,57	39,83	18,25
1876	Dezember (1875)	753,1	9,6	5,6	63	31
	Januar	754,6	10,2	6,0	61	19
	Februar	754,2	14,4	5,9	50	46
	Winter-Mittel	754	14,4	5,83	58	32
	März	753,2	17,1	5,9	41	45
	April	749,4	19,9	5,5	37	3
	Mai	747,9	24,5	7,9	36	107,0
	Frühlings-Mittel	750,17	20,5	6,43	38	51,7
	Juni	749,2	28,8	9,4	34	10
	Juli	751,5	32,3	10,2	30	10
	August	750,6	32,7	9,8	29	10
	Sommer-Mittel	750,3	31,27	9,8	31	10,3
	Unterschied zwischen Sommer und Winter	3mm,67	19,87	3,97	27	21,7
	September	751,1	29,4	2,7	31	14
	Oktober	750,7	22,8	8,8	43	39
	November	752,7	16,5	6,2	41	4
	Herbst-Mittel	751,5	22,9	5,9	38,3	19
	Jahres-Mittel	751,5	21,5	7	41,3	30
1877	Dezember (1876)	751,4	13,1	6,9	52	4
	Januar	755,8	12,3	4,7	44	4
	Februar	754,8	13,7	4,1	35	2
	Winter-Mittel	754	13	4,9	43,7	3,3
	März	751	15,8	4,7	31	3
	April	747,8	22,5	5,3	27	3
	Mai	749,4	26,2	6,4	28	15
	Frühlings-Mittel	759,4	21,5	5,47	28,7	7
	Juni	750,9	32,8	9,2	30	3
	Juli	751	34	9,2	30	3
	August	751,1	30	9,8	28	3
	Sommer-Mittel	751	32,27	9,4	29,3	3
	Unterschied zwischen Sommer und Winter	3 mm	19,27	4,5	14,4	0,3
	September	750	30,7	11,4	39	63
	Oktober	753	20	6,7	39	4
	November	752,7	15,9	6,2	46	4
	Herbst-Mittel	751,9	22,2	8,1	38	2,37
	Jahres-Mittel	751,52	22,25	7	37,75	9,25
	Mittel von drei Jahren	751,5	21,2	7,17	39	57,50

Diese Tabelle umfaßt allerdings nur die mit Hilfe der ausführlichen Register des Herrn Colomb berechneten monatlichen barometrischen, thermometrischen, hygrometrischen und pluviometrischen Mittel. [1])

Die in derselben enthaltenen Data und jener Theil der Register, den ich nicht wiedergeben konnte, ohne die Tabelle allzu sehr auszudehnen, führen zu folgenden Ergebnissen:

1. Der mittlere Werth der barometrischen Schwankungen ist in Biskra sehr unbedeutend und betrug während dreier Jahre weniger als ein Millimeter. Dasselbe galt auch für den mittleren barometrischen Unterschied zwischen den Winter- und Sommer-Jahreszeiten. Die größte barometrische Höhe war 757,9 mm (Januar 1875) und die niedrigste 747,8 mm (August 1871), was einen Unterschied von nur 10 mm ergiebt.

2. Die mittlere Jahrestemperatur Biskras ist mit der der unter derselben Breite liegenden und etwa die gleiche Höhe betragenden Orte übereinstimmend. Der Unterschied zwischen Winter und Sommer beläuft sich auf 19°,2. Die absoluten Minima [2]) haben während dreier Jahre niemals den Gefrierpunkt erreicht. Das höchste absolute Maximum betrug im August 1877: 40°,2. Daher sind die Winter von Biskra gegenüber der sehr bedeutenden Sommertemperatur (mittlere Temperatur von drei Jahren 31°,9) verhältnißmäßig sehr kühl (mittlere Temperatur von drei Jahren 11°,9) die mittlere Wintertemperatur ist 0°,3 niedriger als die von Algier (12°,2), dafür aber sind die Winter in Biskra fast regenlos und erfreuen sich meist eines heiteren Himmels. Die Intensität der Sonnenstrahlen um 1 Uhr Nachmittags (August 1879), vermittels eines weißen und schwarzen Thermometers gemessen, ergab für letzteren 65°; der Unterschied zwischen beiden Thermometern schwankte während dreier Jahre zwischen 11° und 15°.

3. Die mittlere Spannung der Dünste bewegte sich während dreier Jahre in sehr beschränkten Grenzen, indem der Unterschied zwischen den Jahresmitteln 7°,9 und zwischen Sommer und Winter 4°,15 betrug.

[1]) In dieser Tabelle, wo alle Zahlen die Mittel andeuten, drücken die pluviometrischen Zahlen nicht das Mittel, sondern das absolute totale Quantum aus. Leider enthielten die mir durch Herrn Colomb mitgetheilten Register keine Bezeichnungen der Winde.

[2]) In dem hier nicht wiedergegebenen Theile der Register des Herrn Colomb enthalten.

4. Die relative Feuchtigkeit der Luft erreichte während dieses Zeitraumes nur ein einziges Mal (Winter 1875) das halbe Sättigungsvermögen der Luft; fast immer blieb sie weit unter diesem Werthe.

5. Die Regenmenge, obwohl in den Registern des Herrn Colomb nur im absoluten Quantum, nicht in Mitteln angegeben, ist unbeträchtlich; sie erreichte nur einmal (Mai 1875) 107 mm. Der Unterschied zwischen Winter und Sommer zeigt sich ziemlich veränderlich, denn während der Jahre 1875 und 1876, wo dieser Unterschied 21 mm betrug, war er 0 im Jahre 1877. Wahrscheinlich dürfte sich die Zahl von 57,5 mm, die das Mittel des jährlichen absoluten Totalquantums ausdrückt, wenigstens auf die Hälfte reduciren, wenn die Monatswerthe in Mitteln angegeben wären, so daß man für Biskra ein jährliches pluviometrisches Mittel von 28 bis 30 Millimetern annehmen könnte, was jedenfalls ein sehr trockenes Klima wäre, sogar trockener, als es die Werthe der Spannung der Dünste erwarten ließen.

Nunmehr schreite ich zu einer kurzen Schilderung unserer Ausflüge nach den Wüsten-Oasen, zunächst der Oase von Zadja, der wichtigsten und zugleich entlegensten, die das Ziel unseres ersten Ausfluges bildete.

Die Oase von Zadja, etwa 40 Kilom. südlich von Biskra, wird im Norden und Nordwesten durch eine Kette von Bergen geschlossen, die in dieser Richtung die Grenze der großen Wüste bilden, Höhen, welche stets sichtbar bleiben, wenn man den längs dieser Grenze liegenden Oasen, wie der von Zadja, folgt, während sich im Süden die horizontalen Ebenen endlos ausdehnen.

Nachdem man Biskra verlassen, betritt man nicht sogleich die sandige öde Wüste, sondern berührt zunächst eine angebaute oder mit grünem Teppich bekleidete Ebene, von welcher sich die weißen Blüthen von Peganum harmala und Ammi Visnaga anmuthig abheben. Jene Pflanze bildete schon einen Vorläufer der Wüstenflora, während die andere, obwohl in Europa gemein, in Algerien ziemlich selten auftritt; dort hatte ich sie in solcher Anzahl wie hier noch nicht gesehen, wenngleich sie sich nicht weit von der unmittelbaren Umgegend Biskra's entfernt. Erst nach einer halben Stunde Weges betraten wir die sandige Fläche, die für die Oasen das ist, was das Meer für die Inseln; auch wurden wir bald durch echte Wüstenformen, unter andern durch Limoniastrum Guyonianum. Dur.. begrüßt, dessen schöne Blüthen hier und da den weiten, sandigen, häufig durch Salz-Efflorescenzen gebleichten Flächen eine zarte Rosafärbung verleihen. Je nachdem wir uns den Höhen, welche die nördliche Grenze der Wüste bilden, näherten oder von denselben entfernten, schwollen die Flächen an oder behielten ihre horizontale Lage. So viel man aus der Ferne sehen konnte, erschienen alle diese Höhen gestreift von Schichten, die nach Südwest oder Nordwest abfielen, oder auch mannigfach gebogen. Wahrscheinlich bilden die von uns passirten Anschwellungen nur die Fortsetzungen dieser Höhen; sie waren fast immer von Sand oder Geröll eines weißen oder gräulichen Sandsteins verdeckt, welches letztere sich an einzelnen Punkten außerordentlich häufte und das Bett ausgetrockneter Bäche ausfüllte, und gerade diese von Geschieben strotzenden Flächen waren es, welche die ödesten Stellen der Wüste bildeten.

Nach einem fast dreistündigen Waten durch den Sand, in welchen unser kleines Fuhrwerk mitunter ziemlich tief einsank, konnten wir die ersten dunstigen Umrisse der Oase von Zadja erkennen. Wir näherten uns den Bergen, deren Schichten nach Südwest abfallen, unter Winkeln von 60 bis 70 Grad, und obwohl hier und da unter dem Sande das feste Gerüste der Berge oder jüngere Kalkstein-Ablagerungen hervorragten, so häufte sich der Sand an einzelnen Stellen, namentlich in drei Stunden Entfernung von Biskra, zu bedeutenden, horizontal geschichteten Massen auf, mehrere Reihen von Höhen bildend; solche Sandwände erheben sich an beiden Seiten des unmittelbar nach der Oase laufenden Pfades. Die Wüste wird sandiger, je mehr man sich letzterer nähert, doch zeigen sich zuweilen Streifen süßen, obwohl unangenehm schmeckenden lauen Wassers, das vom Berge herabfließt und sich im Sande verliert.

Das Sandmeer, das sich zwischen Biskra und Zadja erstreckt, ist keinesfalls so kahl und einförmig, wie man die Sandwüsten sich vorzustellen gewöhnt ist, da man an vielen Stellen von allerdings niedrigen, doch aber mehr oder weniger fetten Pflanzen begrüßt wird, deren Anblick den Naturforscher in Jubel versetzt, denn hier handelt es sich durchweg um höchst originelle, seltene Formen, ausschließlich Wüstenbewohner, die mit ihren zuweilen schön gefärbten Blumen wie liebliche Geister aus dem Schoße des todten Sandmeeres emportauchen. Von diesen Wüstenjuwelen nenne ich zunächst das vorherrschende Limoniastrum Guyonianum, das häufig kleine, abgestutzte Kegel bildende Erhöhungen ziert, die alle aus meist kieselhaltigem Thon bestehen und falsche Schichtung oder Lamination zeigen, wie es durch Wind aufgeworfene Hügel veranschaulichen, nur daß jene hier mittels Vegetation befestigt sind, namentlich durch die erwähnte schöne Plumbaginea, einen unbedeutenden aber zierlichen Strauch, dessen holzartige Zweige bisweilen Galläpfel eiförmiger Gestalt tragen, weshalb er von den Arabern Zaita oder Olive genannt wird. Als seltene Staticee tritt ferner auf: die Statice pruinosa; dann Traganum nudatum, eine kleine mit Salzkruste bekleidete Chenopodea, deren fast holzige Stengel den Arabern als Brennmaterial dienen; Bubonia Feei, Echium humile, Spitzelia Saharae, Anacyclus alexandrinus, Zollikoferia angustifolia, Euphorbia Guyoniana, Passerina hirsuta, Juncus holostraea und divaricatus, Imperata cylindrica; Aristidia pungens Desf., prachtvolle Graminea, welche in der Wüste die Alfa vertritt, wohin letztere nicht dringt: Andropogon laniger u. a.

Wir hatten nicht weniger als fünf Stunden nöthig, um die Strecke zwischen den Oasen Biskra und Zadja zu überwinden. An letzterem Orte angelangt, konnten wir uns glücklich preisen, die Gastfreundschaft des Scheikh (arabischer Vorgesetzter der Oase) zu genießen, eines jungen Mannes von sehr interessanter Physiognomie, der seine Wohnung zu unserer Verfügung stellte, die freilich nur eine mehr malerische als bequeme Herberge bildete, wo wir aber eine recht gute Nacht verbrachten trotz der ziemlich hohen Temperatur von 27 Grad (29. April), bis dieselbe um 5 Uhr Morgens auf 17 Grad fiel, um 8 Uhr wieder auf 19 Grad stieg und den ganzen folgenden Tag sich auf etwa 27 Grad erhielt.

Die Oase Zadja enthält jetzt nur das Dorf Lachana an ihrer Südspitze, mit etwa 140 Häusern und 1200 Bewohnern, ausschließlich Arabern. Vor 60 Jahren befand sich an der entgegengesetzten Endspitze ein viel größeres Dorf gleichen Namens, das heute nur noch aus einzelnen Mauertrümmern und ungeheuren Haufen von Schutt besteht, Denkmälern des heroischen Kampfes der Araber gegen die Franzosen im Jahre 1849. Letztere, achttausend Mann stark mit fünfzehn Kanonen, belagerten und bombardirten fast zwei Monate lang das armselige, aus Lehmziegeln erbaute Dorf, dessen Vertheidiger nur zweitausend mit schlechten Flinten bewaffnete Araber zählten, deren Lücken jedoch beständig aus Nachbar-Oasen ersetzt wurden, die es für ihre Pflicht hielten, das Loos ihrer tapferen Landsleute zu theilen. Auch hatten die Araber das Dorf mit tiefen Gräben umzogen, in welche alle Gebirgswasser geleitet wurden. Zadja gelangte erst in den Besitz der Franzosen, als alle Vertheidiger gefallen und sämmtliche Wohnungen in Schutthaufen und Trümmer verwandelt waren.

Seitdem hat die französische Regierung den Wiederaufbau des Dorfes untersagt, eine Maßregel von höchst zweifelhafter Zweckmäßigkeit; wenn auch die Ruinen für die Araber eine Warnung an die vom Sieger auferlegte Strafe sein mögen, so bilden jene doch für den Besiegten eine peinliche Erinnerung und eine Hoffnung für die rächende Zukunft. Die Geschichte aller Völker liefert Belege für die Leichtigkeit, mit welcher diese das ihnen gewährte Gute oder an ihnen verübte Böse vergessen; die Zauberhand der Zeit tilgt mehr oder weniger schnell alle solche Eindrücke, und es ist nur eine sentimentale Voraussetzung, wenn man von den Gefühlen dauernder Dankbarkeit oder Rache eines Volkes fabelt. Die heutigen Gesinnungen der Araber von Zadja für die Franzosen liefern dazu schlagende Beweise, denn trotz der noch ziemlich frischen Erinnerung an das gräßliche Gemetzel von Zadja, leben die arabischen Häupter der Oase in den freundlichsten, ja oft intimsten Beziehungen zu der französischen Regierung, welcher die Oase in politischer Hinsicht unterworfen ist. Der Scheikh von Zadja äußerte sich wiederholt zu mir über die großen Vorzüge der französischen Verwaltung im Vergleich zu der arabischen; dies Geständniß eines von seinen Mitbürgern frei erwählten arabischen Vorgesetzten beweist zugleich, daß die arabischen Beamten bereits ihre bedenkliche Lage einzusehen beginnen, denn es ist ihnen nicht unbekannt, daß die Mehrheit des Volkes es vorziehen würde, unmittelbar unter der christlichen, wenn auch strengen, aber gerechten und unparteiischen Verwaltung zu stehen, als der Habsucht und Willkür ihrer unwissenden Landsleute preisgegeben zu werden. Ein anderes Beispiel für die Gesinnung der Araber zu Gunsten der Franzosen lieferte mir einer der einflußreichsten Männer der Oase, der seit dem Beginn des Kampfes mit den Franzosen die Partei der letzteren öffentlich ergriffen hatte und gegen seine Mitbürger focht. Dies hinderte ihn jedoch nicht, nach Beendigung des Kampfes und der Zerstörung seines Geburtsorts Zadja sich in Lachana niederzulassen, wo er seitdem ruhig lebt, beliebt und geehrt ist. Dieser Mann wurde mir sogleich vom Scheikh als Führer empfohlen, zumal er geläufig französisch sprach, und so geschah es, daß ich, und zwar immer in Begleitung meiner Frau, vor welcher die erstaunte Menge die größte

Ehrfurcht bezeugte, unter der guten Führung dieses Mannes die Oase nach allen Richtungen zu Fuß durchwandern konnte.

Wie in allen Oasen der Wüste, so besteht auch der ganze Reichthum der Bewohner von Zadja in Dattelpalmen, deren man 40,000 Exemplare zählt. Alle 14 Tage wird der Boden, in welchem die Bäume wurzeln, durch die aus dem Gebirge zugeführten Quellen bewässert, indem man die rund um jene gegrabene Rinne mit Wasser füllt. Die im Oktober reifenden, in irdenen Töpfen aufbewahrten Datteln werden so süß, daß man sie in Zucker eingemacht glaubt. Schon in der blühenden Epoche der arabischen Herrschaft erfreuten sich die Datteln von Biskra eines großen Rufes, denn Abulfeda sagt [1]): „Die Gegend von Biskra ist sehr ergiebig an Dattelbäumen und Korn; ganz ausgezeichnete Datteln werden von dort nach Tunis ausgeführt."

Die Datteln der Oasen liefern der französischen Regierung einen nicht unbeträchtlichen Ertrag, da jeder Baum zehn Sous zahlt, was für eine kleine Oase wie Zadja zwanzigtausend Franken abwirft. In dieser giebt es weder Kameele noch Pferde oder Maulthiere, so daß der ganze Dattelhandel durch Vermittelung fremder Kaufleute stattfindet, die mit ihren Lastthieren (gewöhnlich Kameelen) heranziehen und die Datteln nach Batna und Constantine bringen, von wo sie nach Algier gehen, um dann nach allen Richtungen Europas verbreitet zu werden.

Trotz der wichtigen Rolle, die der Dattelbaum als Nahrungsmittel in den Oasen spielt, wird weder in Zadja noch in den benachbarten Oasen irgend ein Dattelwein fabricirt. Dies geschieht nur in dem westlichen Theile der Sahara, nämlich in der zum Departement von Oran gehörenden Oase El-Aguat, deren militärischer Bezirk 675,000 Dattelbäume zählt. Hier gewinnen die Araber einen Wein, Lakmi genannt, aus dem Safte des Baumes, der nicht weniger als 40 Jahre alt sein muß, weil er erst dann in der ganzen Fülle seiner Kraft ist; er wird durch Einschnitte etwas unterhalb der Blätterkrone gewonnen. Um den Baum nicht zu schwächen, begnügt man sich mit drei oder vier Litern der Flüssigkeit und verschließt sodann den Einschnitt mit Erde, so daß der Baum nach zwei Jahren wieder Früchte trägt und abermals zur Weingewinnung benutzt werden kann. Dieser Wein schäumt wie

[1]) Géographie d'Abulfeda traduite de l'arabe par Reinaud, T. II, p. 192.

Champagner, ist von gelblicher Farbe und süßlichem, angenehmem Geschmack, bleibt aber nur kurze Zeit trinkbar und muß an Ort und Stelle schnell konsumirt werden: dies ist wahrscheinlich die Ursache, weshalb ich solchen in den Oasen der östlichen, zum Departement Constantine gehörenden Sahara nirgends gesehen habe.

An ihrem südlichen Ende bildet die Oase von Zadja eine steinige Ebene mit mehreren Marabuts und herrlichen Blicken auf die Wüste wie auf verschiedene Oasen, die aus dem Schoße des Sandmeeres emportauchen. An mehreren Punkten sieht man weiße zerreibliche Kalksteine anstehen, Hervorragungen des festen Gerüstes dieser Gegend, welche wenigstens so viel Platz einnehmen als die Sandablagerungen; sie allein stellen den Untergrund des Bodens in dem ganzen, von uns durchstreiften Theile der Wüste zwischen Biskra und Zadja dar.

Wie ich bereits bemerkte, beziehen sich solche Hervorragungen auf zwei Gebiete verschiedenen Alters und verschiedener Abkunft: zuweilen sind die unter dem Sande zu Tage tretenden Felsarten nur Fortsetzungen jener der Nachbarberge, nämlich weiße und grauliche Kalksteine; manchmal, wie z. B. in unmittelbarer Nähe der Oase, mehr oder weniger kieselhaltig, von zellenartiger Textur und von verschiedenfarbigen Linien oder Zonen gestreift, oder mit runzliger Kruste bekleidet. Wo diese Felsarten auch immer anstehen, sind ihre Schichten gerade wie in den aus ihnen bestehenden Bergen zusammengesetzt. Andererseits, und das ist der gewöhnliche Fall, bilden die hervorragenden Felsarten große, dem Pflaster ähnliche Platten aus weißem, krystallinischem und festem, oder amorphem, zerreibbarem Kalkstein, häufig mit salzigen Efflorescenzen und mehr oder weniger wagerecht geschichtet. Solche Ablagerungen sind offenbar älter als die Kalk- und Sandsteine mit aufgerichteten Schichten. Dann treten, als letzte und jüngste Bekleidungen des Bodens, Sandablagerungen auf, die gewöhnlich kieselhaltig und zuweilen etwas thonig oder kalkig sind, mit oder ohne Geschiebe, letztere wahrscheinlich den Bergen entstammend und von Gewässern hierher gebracht, die, ehemals viel bedeutender, jetzt nur noch durch fast trockene Betten kleiner Bäche vertreten sind. In diesen Sandablagerungen, deren Mächtigkeit sich je nach der Lokalität ändert, und welche jedenfalls die allerjüngsten der Wüste bilden, vermochte ich keine Spur von Muscheln aufzufinden. Die Wüste zeigt sich hier infolge des Vorhandenseins der Quellen, in der Gestalt von Oasen, so daß diese durch Wasser befruchteten Stellen wie von Menschenhand bebaut erscheinen.

Wie alle arabischen Dörfer, so besteht Lichna nur aus einer Anzahl armseliger Hütten aus Lehmziegeln, gleich der Dorfmauer, in welcher ich jedoch mitten im rohen Material mehrere Platten aus schön behauenen Steinen bemerkte, mit lateinischen Inschriften, die leider halb verwischt oder verstümmelt waren, jedenfalls aber das Vorhandensein römischer Bauten beweisen, denen sie entnommen worden sind.

Von der Oase von Zadja auf demselben Wege nach Biskra zurückkehrend, vermochten wir diesen Ort nur aus einer Entfernung von einer halben Stunde zu erblicken, da die Aussicht durch die Boden-Anschwellungen gehemmt wurde; ein Beweis, daß Biskra auf einer Anhöhe liegt, die in der Richtung der Oase, also von Osten nach Westen, abfällt. Sogleich nach der Rückkehr gingen wir daran, die ebenso interessante Oase von Sidi-Okbà zu besuchen, welche, ost-süd-östlich gelegen, viel näher und leichter zugänglich ist, als jene von Zadja. Auch die Oase von Sidi-Okbà liegt in geringer Entfernung von der Gebirgskette, die den nördlichen Wüstenrand bildet und als letzte Verzweigungen der Aurès-Berggruppe angesehen werden kann; nur liegt sie neben einem kleinen Flusse, den Ued-Abeid, der leider fast ganz ausgetrocknet war, gleich dem Ued-Biskra, dessen breites Bett wir passirten. Wir hatten die Wüste zwei Stunden lang zu durchwandern, ehe wir jene Oase erreichten.

Der Wüstenraum, welcher die Sidi-Okbà-Oase von der von Biskra trennt, ist einförmiger und viel vegetationsärmer als jener zwischen Biskra und Zadka; dafür aber hat ersterer weniger mächtige und weniger kompakte Sandablagerungen, so daß man ihn sogar in einem gewöhnlichen, mit zwei kräftigen Pferden bespannten Wagen bequem überwinden kann. In unmittelbarer Nähe von Biskra zeigten sich noch einige Getreidefelder, größtentheils schon abgeerntet; weiterhin war der Boden mit Gebüsch von Peganum härmala geschmückt, häufig von Salz-Efflorescenzen gebleicht, dann dürrer und nackter werdend, je mehr wir uns der Oase näherten, so daß man kaum mehr als einige verkrüppelte Tamarinden (Tamarix africana), oder noch verkrüppeltere Dattelbäume gewahrt, die wie Zwergpalmen erscheinen. An sonstigen Pflanzen seien noch erwähnt: Artemisia herba venti, der Chich der Araber, mit angenehmem Geruch, Othonna cheirifolia, Hedypnois polymorpha,

Reseda alba und R. Alphonsii, letztere eine ansehnliche Höhe erreichend; ferner Thymus hirtus. var. algeriensis, fast holzartig; Erodium pulverulentum. Diplotaxis pendula, Alyssum maritimum. so gemein in Algier, hier nur kleinere Blättchen und holzartige Stengel zeigend, u. a. Die schönen Sträucher des Limoniastrum Guyonianum, eine wahre Zierde der Wüste zwischen Biskra und Zidja, sind hier äußerst selten.

Die unmittelbare Umgebung der Oase Sidi-Okbà, die wir zu passiren hatten, ehe wir die Oase selbst betraten, strotzte von Sandhügeln, durch welche die weißen zerreibbaren Kalksteine hervorblickten. Wir fuhren durch das Dorf, um im Hause des Scheikh von Sidi-Okbà abzusteigen, der einer der einflußreichsten Männer in diesem Theile der algerischen Sahara ist, wozu ihn sowohl seine Geburt stempelt, da er seinen Ursprung von den ältesten Stämmen ableitet, als auch sein großes Vermögen, das übrigens bei den hohen arabischen Beamten nicht immer ein von den Vorfahren ererbtes Gut, sondern meist das Produkt der ergiebigen offiziellen Stellung und namentlich der Gewandtheit ist, dieselbe so viel als möglich auszubeuten.

Der Scheikh von Sidi-Okbà, der uns von seinem Vater in Biskra, dessen Harem meine Frau besucht hatte, vorgestellt worden, ist ein stattlicher junger Mann, der französischen Sprache vollkommen mächtig, und bei jeder Gelegenheit bemüht, seine europäischen Sympathien geltend zu machen, so daß er an Orten wie Algier, Constantine und selbst Biskra, wo französische Wirthshäuser vorhanden, mit den Reisenden gern an der table d'hôte speist und trotz des Korans Wein reichlich genießt. Ebenso sieht er darauf, daß man erfahre, sein Harem bestehe nur aus einer legitimen Frau, die er meist als „Madame" bezeichnet; und wenn er auch außer dem Hause mehrere Maitressen unterhält, so erscheint dieser Umstand nur als ein neuer Zug, ihn den Europäern noch ähnlicher zu machen. Dringende Geschäfte gestatteten dem jungen Franco-Araber nicht, uns die Honneurs in seinem Hause zu erweisen; trotzdem war für unsern Empfang alles vorbereitet. Wir wurden in seinen netten, europäisch geschmackvoll meublirten Speise-Salon geführt, wo man uns ein Frühstück vorsetzte, das der beste Pariser Koch nicht verleugnet haben würde, und ebenso waren die verschiedenen Weine von vorzüglicher Qualität. Ohne Zweifel hatte man alles im Wirthshause von Biskra „Hôtel du Sahara" bestellt, dessen Eigenthümer, ein ehemaliger Koch eines Restaurant in Frankreich, sein Handwerk vollkommen versteht, namentlich wenn es von einem freigebigen und reichen Scheikh in Anspruch genommen wird. Auch die Wohnung des Scheikh sticht von den aus Lehm erbauten Häusern des Dorfes grell ab; sie ist mit einem Garten ausgestattet, in welchem mir die Citronenbäume durch die außerordentliche Größe ihrer Früchte auffielen, die fast kleinen Melonen glichen, deren Gewicht die Zweige beugte. Die Orangen waren (30. April) schon lange Zeit abgepflückt und wurden durch junge Früchte von der Größe einer Wallnuß ersetzt.

Hinsichtlich der Ausdehnung, der Zahl der Bewohner und der Dattelbäume nimmt das Dorf Sidi-Okbâ etwa den gleichen Rang mit Lachana in der Oase Zadja ein.

Am Ausgang der Oase genießt man eine großartige Aussicht auf die Wüste, welche hier im Norden durch die Vorberge des Aurès begrenzt wird. Trotz der Nähe des Ued-Abeid leidet die Oase an Wassermangel, denn das Flüßchen liegt fast immer trocken, und sie selbst besitzt keine Quellen, so daß man das Trinkwasser aus der 7 km entfernten Oase Si-Kirli beziehen muß.

Die Oase von Sidi-Okbâ hat für die Araber eine religiöse Bedeutung, wie sie kein anderer Ort Algeriens, ja vielleicht der ganzen islamitischen Welt, besitzt, mit Ausnahme der heiligen Städte Mekka und Medina; die Moschee von Sidi-Okbâ umschließt nämlich das Grab eines mohamedanischen Eroberers, der durch die Ausdehnung wie durch die Kühnheit seiner militärischen Unternehmungen zu den hervorragendsten gehört. Der Name dieses Eroberers, Sidi-Okbâ-ben Nafa würde in Europa neben denen der berühmtesten Krieger der Geschichte bekannt sein, wären seine Thaten durch irgend ein Denkmal der Nachwelt überliefert worden; Okbâ aber war nur eines der glänzenden Gestirne, die den Thron der Mohamed-Nachfolger erhellten, und die ebenso schnell verschwanden als sie erschienen, gleich jenen schauerlichen Kometen, deren Dasein sich nur durch eine augenblickliche, den Himmel durchzuckende Flamme offenbart.

Hingegen ist die Erinnerung an die romantische Laufbahn Sidi-Okbâs bei den arabischen Geschichtschreibern eine sehr lebhafte, wie es Ernest Mercier,[1]) der gründliche Kenner der arabischen Literatur, bezeugt, dem ich den folgenden Zug aus der Geschichte jenes außerordentlichen Mannes entnehmen will.

[1]) Vgl. E. Mercier, Hist. de l'établissement des Arabes dans l'Afrique septentrionale, p. 57—66.

Von dem Khalifen Gezid beauftragt (681 n. Chr.), die arabischen Eroberungen in Afrika fester zu begründen, brach Sidi-Okbä an der Spitze seines Heeres von Keiruan[1]) auf, um die Berbern (Kabylen) zu unterwerfen, was er rasch bewerkstelligte, und dann die ganze ungeheure Küstenstrecke Afrikas von Tunis bis Tanger durchzog. Zu Tanger erfuhr er, daß das Innere von Marocco von zahlreichen und höchst kriegerischen, götzenanbetenden Völkerschaften bewohnt sei, und so entschloß er sich, dieselben zu unterjochen. Er überstieg das Atlas-Gebirge, alles was seinen Schritten sich entgegensetzte' niederwerfend und vernichtend, und verfolgte seinen Triumphzug bis in die Gegend von Susa, fast gegenüber den kanarischen Inseln, wo sich seinen Blicken der unermeßliche atlantische Ocean erschloß. Durch diese unübersteigbare Schranke am weiteren Fortschreiten gehemmt, stürzte sich Okbä mit seinem Rosse in die Fluthen, Gott feierlich zum Zeugen anrufend, daß er keinen Gegner seiner Religion mehr zu bekämpfen habe. Sein triumphirendes Heer nach der Sahara-Wüste führend, wurde er von den Berbern der östlich von Biskra gelegenen Oase Tchuda getödtet und sein Leichnam in die nach ihm benannte Oase gebracht, wo an der Grabstätte eine Moschee errichtet ist, die sicher zu den ältesten mohamedanischen Gottestempeln gehört, da sie über zehn Jahrhunderte zählt. Nur das ehrwürdige hohe Alter ist es, das die Moschee auszeichnet; im Aeußern wie im Innern zeigt die Architektur sonst nichts Merkwürdiges, etwa ein schön gearbeitetes Thor an der östlichen Seite ausgenommen. Die sterblichen Reste des Helden sind in einem unterirdischen, durch eine Steinplatte geschlossenen Raum niedergelegt; auf letzterer steht eine Art Sarkophag in Form eines gegitterten Kastens, auf welchem eine grünseidene, mit Koran-Versen beschriebene Decke ruht. Neben diesem Todtendenkmal befindet sich ein alter hinfälliger Schrank mit einigen vermoderten Büchern, die man als die heiligen Schriften des Propheten betrachtet, und die Okbä auf seinen Feldzügen stets begleiteten.

Der Sarkophag trägt als Aufschrift nur die Worte in kufischen Buchstaben: „Hier ruht Okbä, Nefa's Sohn; Gott sei ihm gnädig." In wie hohem Grade übertrifft diese mohamedanische Grabschrift

[1]) Es ist dies die von Sidi-Okba gegründete Stadt, deren Einnahme durch die Franzosen im vergangenen Jahre so viel Aufsehen erregte, da Keiruan bei den Arabern als eine heilige, noch nie von einem Eroberer entweihte Stadt verehrt ist.

durch ihre erhabene Einfachheit unsere christlichen Epitaphien mit ihrer langen Reihe von Würden, Titeln und Dekorationen des Verstorbenen, welche Liste werthlosen Spielzeugs doch nur selten die Zahl der vom demüthigen Sohn Nesa's eroberten Staaten und Provinzen erreicht!

Neben der Moschee steht ein unförmiges Gebäude, in dessen Hof sich ein Brunnen mit schön geschliffenen Steinplatten befindet, die nur aus der Zeit des klassischen Alterthums stammen können und ein Beweis sind, daß die öde Oase den Alten nicht unbekannt gewesen. Solche Zeugnisse hatte mir auch die Oase von Zadja geboten (siehe S. 248). Sorgfältigere Untersuchungen der Mauer und der Häuser des Dorfes würden vielleicht besser erhaltene Inschriften zum Vorschein bringen, und so den Beweis liefern, daß die Oasen der Sahara ebenfalls Repräsentanten der Civilisation sind, welche einst die mit alten Denkmälern reich ausgestatteten großen Oasen der Libyschen Wüste belebte, so daß zur Zeit, als Alexander der Große zum Tempel des Jupiter Ammon wallfahrtete (auf der Oase Sivah, etwa 550 km westlich vom Nilthale), wahrscheinlich die zahlreichen Oasen, die in der jetzigen Oede Libyens und der Sahara als ärmliche Zufluchtsorte roher afrikanischer Volksstämme emportauchen, als glänzende Juwelen inmitten der Sandwüste strahlten.

Wir mußten unsern Aufenthalt in der Oase Sidi-Okbâ abkürzen, um dem heranziehenden Siroccosturm zu entgehen, der sich schon durch aschgraue Wolken kundzugeben anfing; die Luft war sehr schwül, und das Thermometer stieg um 3 Uhr Nachmittags (30. April) im Schatten auf 39°. Dieser entscheidende Vorläufer der heißen Jahreszeit, welche hier gewöhnlich Anfangs Mai beginnt, gemahnte uns, nach Batna zurückzukehren, wo wir zwei Wochen vorher es noch zu kalt fanden, um einen Ausflug nach dem Aurès-Gebirge zu wagen. Dies ist ein schlagender Beweis für die Unmöglichkeit, Algerien in einem Jahre vollkommen zu bereisen; die klimatischen Gegensätze sind dort so schroffe, daß die für einzelne Orte günstige Jahreszeit für andere wieder eine solche ist, die den Besuch durchaus ausschließt, so daß man fast überall der Gefahr begegnet, entweder zu früh oder zu spät zu kommen. So war z. B. die für Biskra und namentlich für die entfernteren Oasen, wie Tugurt, günstige Jahreszeit bereits vorüber, während solche für das Gebirgsland von Batna noch nicht begonnen hatte. In die Unmöglichkeit versetzt, derartigen widersprechenden Erfordernissen zu genügen, mußten wir unsere Rückreise nach Batna beeilen, zumal uns noch eine lange Wanderung bevorstand, um auf weiten Umwegen Bone zu erreichen, wo wir uns nach Tunis einzuschiffen hatten.

Bevor wir Biskra verließen, was mit großem Bedauern, weitere Ausflüge in die Wüste aufgeben zu müssen, geschah, machten wir noch einen kleinen Abstecher nach den warmen Quellen, 7 km Nord-West-Nord von der Stadt.

Der Theil der Wüste, den wir eine Stunde lang durchstreiften, war anfangs vollkommen eben, wurde aber bald welliger und zeigte an mehreren Stellen Geröll enthaltende Sandablagerungen von ziemlicher Mächtigkeit, aus denen fast überall weiße Kalksteine von zellenartiger oder kompakter Textur hervorragten. Die Vegetation ist arm und fast auf einige weitzerstreute Gebüsche von Peganum harmala, Othonna cheirifolia, Limoniastrum Guyonianum etc. beschränkt.

Die dort errichtete kleine Badeanstalt besteht nur aus einem ziemlich einförmigen Gebäude, in dessen Mitte unter freiem Himmel sich das Hauptbecken befindet, aus dem das Wasser heftig empor sprudelt, und von wo es durch Röhren in die verschiedenen Badekammern geleitet wird. Die Temperatur des Wassers ist je nach der Exposition verschieden: höher in dem der Sonne ausgesetzten Centralbecken, niedriger in den Röhren und in den kleinen Behältern der Badekammern. Um 9 Uhr Morgens (1. Mai) war die des Wassers in letzteren 37°, in den Röhren 44°, im großen Centralbecken 50°, die Lufttemperatur im Schatten 28° und in der Sonne 36°. Der Geschmack des Wassers ist unangenehm, etwas salzig und erinnert an Schwefelwasserstoff-Säure; kürzlich hat Herr Dieulafait in demselben die Gegenwart von Borsäure nachgewiesen.[1])

Die Felsart, aus welcher das Wasser des großen Centralbeckens entspringt, besteht aus weißem, zellartigem, bröckligem

---

[1]) Vgl. Comtes rendus etc., an. 1881, T. XCIII, p. 224. Die Untersuchungen dieses Gelehrten haben das Vorhandensein der Borsäure in einer großen Anzahl von Salzseen, Salzquellen und verschiedenen heißen Quellen aller Länder bewiesen: Herr H. Dieulafait zieht aus seinen Arbeiten folgenden Schluß: „Die Borsäure ist vorhanden in den sedimentären Ablagerungen und stets verbunden mit salzigen Substanzen von derselben Abkunft; wie diese letzten, so entspringt die Borsäure aus Verdunstung der Gewässer alter Meere, und zwar unter gewöhnlichen Temperaturverhältnissen."

Kalkstein; etwas weiterhin und hinter der Badeanstalt zeigen die Hügel weißen, ebenfalls bröckligen Sandstein mit runzliger Oberfläche und strotzend von Stalaktiten. Auf den Abhängen derselben bilden die zersetzten Sandsteine weiße Lager, als ob sie Mehl oder irgend ein fein zerriebenes weißes Pulver wären. Die Hügel, in welchen die heißen Quellen entspringen, erstrecken sich bis zum Fuße der langen Bergkette, die den vom Badeorte etwa 2 km. nordwestlich liegenden nördlichen Rand der Wüste bildet und die Kette von Djebel Matraf (hier Djebel-ben-Ghazel genannt) ist, die wir zwischen Batna und Biskra auf dem Passe von Sfa überschritten hatten. Zuerst von Nord-Ost-Nord nach Süd-West-Süd gerichtet, wendet sich dieselbe schroff nach Westen, in dieser Richtung die große Felsenmauer bildend, längs deren Südsaum verschiedene Oasen aufgereiht sind, wie die von Buchagrum, Zadja, Tarfar, Tolga, Tuchada u. a. Nach dem Passe von Sfa zu urtheilen, scheinen die Gebilde, welche diese Bergkette zusammensetzen, stark aufgerichtete Schichten zu bieten, während die Kalk- und Sandsteine der Hügel, welche die heißen Quellen enthalten, horizontal oder ganz leicht nach Süden sich neigend abgelagert sind. Somit haben diese beiden Felsgruppen nicht das gleiche Alter und es ist wahrscheinlich, daß die des Djebel Matraf viel älteren Datums sind. Ebenso wahrscheinlich sind die horizontal geschichteten Sandsteine nur lokale Freilegungen desselben Unterbodens der Wüste, der an vielen Punkten in der Gestalt von Kalkstein, Sandstein, Mergel u. s. w. durch die Sandablagerungen hervorragt, wie ich zu erwähnen so oft Gelegenheit hatte, und wie es namentlich zwischen Biskra und der Oase von Zadja der Fall. Ohne Zweifel sind die den Unterboden der Wüste darstellenden Gebirgsarten nicht alle von gleicher Abkunft, da je nach den Lokalitäten die einen marine oder Süßwasser-Ablagerungen, andere von thermalen Gewässern gebildete sein mögen; letzteres ist höchst wahrscheinlich mit den die heißen Quellen enthaltenden Hügeln der Fall. Das aus dem Centralbecken sprudelnde Wasser ist zu bedeutend, um von den kleinen Behältern der Badekammern gänzlich absorbirt zu werden; demzufolge fließt ein Theil die Hügel in südlicher Richtung hinab und wird von den Arabern zur Herstellung anderer kleiner, von jenem Badeort ziemlich entfernter Behälter oder Hamam (Bad) benutzt. An mehreren Stellen in der Ebene bilden alle diese Bäche von Thermalwasser Moräste, welche trotz der hohen Temperatur des Wassers von kleinen Fischen wimmeln, die nach der Bestimmung des Herrn Playfair der Art Cyprinodon calaritanus, Bonelli angehören, identisch mit jener, welche die heißen Quellen der Oase des Jupiter Ammon in Libyen bewohnt.

Wir beflügelten unsere Schritte, um dem Gebiete der über uns hängenden Gewitterwolken zu entfliehen, und erreichten unversehrt Biskra, wo wir sogleich die Vorbereitungen für unsere Abreise nach Batna trafen, das uns mehrere Tage aufhalten dürfte.

Fünfzehnter Brief.

Batna, den 12. Mai 1878.

Trotz der Eile, mit welcher wir Biskra verließen, um dem Ausbruch des den Beginn der heißen Jahreszeit ankündigenden Siroccosturms zu entgehen, wurden wir doch von demselben eingeholt; kaum hatten wir die Anhöhe von Sfa erreicht, als uns ein reißender Wirbelwind, der von Westen nach Nordosten kreiste, mit solcher Wuth begrüßte, daß wir kaum die Zeit fanden, aus dem kleinen offenen Wagen zu springen und uns an die Felsen zu klammern, jeden Augenblick gewärtig, Wagen und Roß durch den tobenden Orkan in den Abgrund geschleudert zu sehen. Nur mit Mühe vermochten wir die Höhe zu Fuß hinabzusteigen, vollständig geblendet durch die Staubwolken, welche die ganze Gegend einhüllten. Wir durften uns glücklich schätzen, nach zweistündigem Herumtappen die Ebene endlich zu erreichen, die nach der Schlucht von Kantara führte, wo wir in dem kleinen, malerisch gelegenen Wirthshause Zuflucht fanden, das uns schon auf der Reise nach Biskra mehrere Tage beherbergt hatte. Als wir am folgenden Tage aufbrachen, hatte sich der Sturm zwar gelegt, der kalte Nordwind aber die Temperatur der Luft dermaßen herabgedrückt, daß wir uns im Dörfchen Ksur an einem hochlodernden Kaminfeuer kaum zu erwärmen vermochten, was für uns um so empfindlicher war, als wir zwei Tage vorher in der Oase Sidi Okba Mittags eine Schattentemperatur von 38° (Centigrad) gehabt hatten und die Temperatur zu derselben Stunde in Ksur (2. Mai) im Schatten nur 16° und in der Sonne 26° betrug. Freilich ist die Höhe von Ksur 961 m.

Als wir, in Batna angelangt, uns über die Kälte beklagten, fanden wir die Einwohner im Gegentheil sehr erfreut, weil der anhaltende Nordwind Regen zu versprechen schien, welche Wohlthat sie manche Jahre nur zu oft vergeblich erwarten. Auch diesmal wurden sie in ihren Erwartungen getäuscht, denn der seit einigen Tagen verfinsterte Himmel schien bald wieder in seinem gewöhnten Glanze, was Jedermann mit Unmuth erfüllte, nur die Reisenden nicht, für welche Regen in dieser Jahreszeit das größte Unheil gewesen wäre; wenige Tage heftigen Regens hätten hingereicht, alle die kleinen steinigen und dürren Betten der Bäche in reißende Ströme zu verwandeln. Solche Umwandlungen treten mit wahrhaft wunderbarer Geschwindigkeit ein, und man hat mir in Biskra versichert, daß, wenn sich das Flüßchen, dessen breites, von Blöcken strotzendes Bett wie eine Wüste in der Wüste ganz nahe der Stadt liegt, mit Wasser füllt (was sehr selten geschieht), dies durch ein plötzliches Getöse angekündigt werde und dann ungeheure Wassermassen mit solcher Schnelligkeit folgten, daß Leute, die im Begriff seien, das Flüßchen wie gewöhnlich zu durchschreiten, kaum die Zeit zur Flucht fänden. Auf diese Weise hätten wir, wenn die gerechten Wünsche der Bewohner von Batna und Biskra erfüllt und solche plötzlichen Wasserausbrüche zur That geworden wären, vielleicht Wochen lang in einer jämmerlichen Araberhütte gefangen bleiben können bei dem Genusse von etwas Ziegenmilch und einigen steinharten, aus Gerstenmehl gekneteten Teigscheiben.

Durch die wieder eingetretene schöne Witterung gegen Vorfälle dieser Art wieder vollkommen gesichert, trafen wir sogleich nach unserer Ankunft in Batna die nöthigen Vorbereitungen für unseren Ausflug in das Aurès-Gebirge. Es gehörte dazu nicht viel, da der General Logerot, Kommandant von Batna, unseren ganzen Ausflug im Voraus geregelt hatte, so daß wir nur die übermittelten Pferde bestiegen und uns dann der Leitung der wohlbewaffneten und berittenen Spahi anvertrauten, die der General unter den besten seiner arabischen Ordonnanz-Offiziere auszuwählen so freundlich war.

Der größte Theil der bedeutenden, unter dem Kollektivnamen Aurès bezeichneten Gebirgsgruppe war noch mit Schnee bedeckt oder doch einer für die Entfaltung der Vegetation ungünstigen Temperatur preisgegeben, so daß ich die Besteigung der Hauptgebirge, besonders des 2312 m hohen Djebel Cheliah, aufgeben und mich auf den Besuch der weniger entfernten Berge, nämlich auf die Gruppen Djebel-Tugur, Djebel-Bordjem, Djebel-Bu-Merzug ꝛc. beschränken mußte, die alle etwa 11—12 Kilom. südöstlich von Batna liegen. So konnten wir die in jeder Hinsicht hochinteressante Alpenwanderung in einem Tage bewerkstelligen und brachen am 24. Mai von Batna auf.

Eine halbe Stunde lang durchritten wir eine ziemlich gut bebaute Ebene, im Norden von einer von Nordost nach Südwest laufenden Gebirgsgruppe begrenzt, die hauptsächlich aus den Bergen Djebel-Tugur, D.-Bu-Merzug und D.-Kazru gebildet wird, hinter welchen letzteren (etwa 1 Kilom. nordwärts) die viel längere und bedeutendere Gebirgskette des Djebel-Bordjem emporsteigt. Je mehr wir diesen Bergen näher kamen, um so deutlicher gestalteten sich ihre Gipfel zu spitzen Kegeln, deren Köpfe aus mehr oder weniger senkrecht aufgerichteten Schichten bestehen. Die Gipfel des Djebel-Tugur und Djebel-Bordjem zeichnen sich ganz besonders durch solche auffallende Gebilde aus. Aus der Ferne scheinen sie, obwohl einzelne grüne Flecke zeigend, nicht sehr bewaldet, da die weißliche Färbung der Felsart stark vorherrscht.

Nach leichtem Auf- und Absteigen wendeten wir uns in das Thal hinab, das den Djebel-Tugur vom Djebel-Bu-Merzug trennt und an der Stelle, wo sich das Haus des Försters befindet, ziemlich steinig wird. Sodann erklommen wir die den östlichen Theil des Djebel-Tugur bildenden Höhen, einem Pfade folgend, der sich durch einen Hain von blühenden Quercus balotta schlängelte. Je höher wir kamen, um so malerischer wurde die Berggegend, auch zeigten sich einige arabische Zelte in den Thälern. In der Höhe von 1200 Metern erschienen die Cedern vereinigt mit dem Wachholderbaum (Juniperus oxycedrus) und der Balotta-Eiche. Jene waren weder kräftig noch besonders zahlreich, traten aber in den höheren Regionen massenhaft auf, während die engen Thäler und Plateaux zwischen den weniger bedeutenden Höhen (die wir eine nach der andern überritten) vielfach wie vergoldet erschienen durch die schönen Blüthen des gelben Asphodelus (Asphodelus luteus), einer ziemlich seltenen Art, mit ihrem Geschlechtsgefährten, dem gezweigten Asphodelus (Asphodelus ramosus) der, gemein in ganz Algerien, hier noch in Blüthe stand.

Nach Norden schließt sich der Djebel-Tugur an den D.-Bordjem vermittels eines steinigen, wenig bewaldeten Passes, den ein klarer Bach bewässert, über welchen eine Brücke geschlagen ist, Brücke des Bordjem genannt. Die Aussicht ist hier keine bedeutende da sie durch die hohe, dem Djebel-Tugur nördlich gegenüber liegende Bergkette des Djebel-Bordjem verdeckt wird, dessen obere Regionen Cedernwälder tragen, während die Balotta-Eiche (Quercus ilex. var. Balotta) und der Wachholder (Juniperus oxycedrus) die untern einnehmen. Die Oberfläche des südlichen Abhanges des Djebel-Bordjem erscheint von oben nach unten durch die senkrecht stehenden oder nach Süd-Süd-Ost abfallenden Schichten gestreift, wodurch den aufgerichteten Köpfen der Berggipfel die Gestalt von Pfeilern oder gezackten Pics verliehen wird. Das feste Gerüst des Djebel-Bordjem besteht wahrscheinlich, gleich den benachbarten und von uns besuchten Höhen, aus weißlichen, mergeligen Kalksteinen, mit dunkeln Mergelschiefern wechselnd, die einen wie die andern stark aufgerichtet oder in allen möglichen Richtungen gefaltet, jedoch die größte Verschiedenheit im Fallen zeigend, das nach Nordwest, nach Süden oder Südwesten stattfindet.

Von den nördlichen Rändern des Djebel-Tugur stiegen wir in ein tiefes enges Thal hinab, das den Namen Ravin bleu trägt. Es hat von Westen nach Osten eine Länge von etwa 5 km und erstreckt sich in dieser Richtung zwischen dem Djebel-Bordjem und D.-Bu-Merzug. Bei seinem östlichen Ausgange endigt es in eine entgegengesetzt (im Mittel von Norden nach Süden zwischen dem Djebel-Bu-Merzug und dem D.-Kazell) laufende Schlucht, die schließlich in die Ebene von Batna mündet.

Der durch den Ravin bleu führende Weg war ein sehr pittoresker; die Schichten der mergeligen und schiefrigen Kalksteine erhoben sich von allen Seiten gleich Pfeilern oder zeigten sich als mannigfach geneigte Platten mit Blöcken und Trümmern aller Art. Der Boden, wie auch die Felsdecken und Spalten, waren mit einem üppigen Pflanzenteppich bekleidet oder strotzten von Gebüsch und Bäumen, die hie und da das blaue Gewölbe des Himmels verschleierten. In diesen Hainen spielen die Cedern eine untergeordnete Rolle und werden von andern Baumarten beherrscht, von denen mehrere als seltene Formen im Pflanzenreich überhaupt bemerkenswerth oder Algerien mehr oder weniger eigenthümlich sind, wie: Coloneaster Fontanesii Spach, Pyrus longipes Boiss., Fraxinus dimorpha Boiss., andere sind als Arten in Europa und Asien, hingegen nicht in Algerien verbreitet, wie: Pyrus aria, Acer monspessulanus, Pistacia terebinthus etc. Endlich sind baum- oder strauchartige Species, welche die Haine des Ravin bleu und einige Stellen des Djebel-Tugur bilden, in Europa wie in Algerien mehr oder weniger gemein: Rhamnus alaternus, Pistacia lentiscus, Colutea arborea, Olea europea, Berberis vulgaris. var. australis, Quercus Balotta, Desf., Pinus halepensis, Hedera helix var., etc. [1])

Von krautartigen Pflanzen, die ich im Ravin bleu und in den von mir besuchten Theilen des Djebel-Tugur beobachtete, seien noch genannt: [2])

- r. Anthemis tuberculata, Boiss.
- Anacyclus Pyrethrum. Das Guntes der Araber, die die Wurzel als ein die Salivation beförderndes Mittel gebrauchen; auch werden davon große Mengen auf dem Markte feilgeboten.
- Anacyclus tomentosus.
- Centaurea pullata.
- r. Carduncellus atlanticus, Coss., eine Sahara-Form.
- Bellis sylvestris.
- r. Erinacea pungens, Boiss., fast ausschließlich dem Aurès-Gebirge eigen.
- Astragalus armatus.
- Lotus corniculatus.
- r. Halianthemum rubellum Presl.
- „ „ Fontanesii Boiss.
- r. Calamintha alpina, Desf.
- Salvia verbenaca.
- Sherardia arvensis.
- r. Fumaria parviflora, Lind.
- Scandix pecten Veneris.
- r. Cerastium brachypetalum Pers.
- Erysimum australe, J. Gay.
- r. Lepidium ähnlich dem L. glastifolium, L., eine noch nicht beschriebene Art, die Herr Roubaud entdeckte und Hrn. Cosson zur Bestimmung übersandte.

---

[1]) Die algerische Varietät des Epheu erinnert nach Herrn von Saporta (Le monde des plantes avant l'apparition de l'homme, p. 385) merkwürdiger Weise an die in der Kreide von Böhmen entdeckte fossile Species Hedera primordialis, Sap., welche der ausgezeichnete Paläontologe als den entferntesten Vorfahren des lebenden europäischen Epheu betrachtet. Nun hat aber letzterer seine ancestrale Physiognomie nicht beibehalten, sondern sämmtliche heutige Merkmale erst erhalten, nachdem er die lange tertiäre Periode durchschritten und nach und nach zahlreiche, durch folgende Formen vertretene Modificationen angenommen hatte: Hedera prisca, Sap. (Pliocene, in Sezanne), H. Philiberti, Sap. (Eocene, Gips von Aix), H. Kargii, Br. (Miocene, in Öhningen), H. acutiloba, Sap. (unterer Pliocene, Derubach), H. Mac-Aurii (Miocene, Grönland) und H. Strozzii, Gaud. (unterer Pliocene, Toscano).

[2]) Die mit r bezeichneten Arten sind in Algerien mehr oder weniger selten.

r. Myosotis stricta.
Erodium montanum.
r. Allium thirsoideum.
Ornithogalum umbellatum.
Stipa tenacissima. — Alfa der Araber; sie tritt bloß in den untern Regionen des Djebel-Tugur auf, dringt aber nicht in die Sahara hinein, wo diese Grasart durch Aristidia pungens u. Aristidia plumosa vertreten zu sein scheint.[1])

Sobald wir aus dem Ravin bleu in die Schlucht, welche den Djebel-Tugur vom Djebel-Kazru trennt, hinabgestigen waren, sahen wir die Cedern verschwinden, und die Baumvegetation trat überhaupt nur noch selten auf; aber was der Botaniker verliert, gewinnt der Geologe, da die ganze, fast vollständig unbewachsene Schlucht die schönsten Freilegungen darbietet: an beiden Seiten erheben sich ungeheure, mehr oder weniger aufgerichtete Platten

[1]) Aristidia plumosa, eine der am meisten charakteristischen Pflanzen der egypto-arabischen Wüste von Koseir (westliche Küste des rothen Meeres), gehört zugleich der sehr geringen Zahl von Pflanzen an, die diese Wüste mit der Sahara gemein hat. Der Gegensatz zwischen den Floren beider afrikanischen Wüsten, deren geographische Breite nur einen Unterschied von sechs Graden beträgt (Koseir liegt 6 Grad südlicher als Tugurt), ist in auffälligster Weise ausgeprägt, wenigstens nach der Mittheilung des Herrn Dr. C. B. Klunzinger über die Vegetation der egypto-arabischen Wüste von Koseir (Zeitschrift für Erdkunde, Berlin, an. 1878, T. XIII, p. 432), aus welcher sich ergiebt, daß die den beiden Wüsten gemeinen Geschlechter durch verschiedene Arten vertreten sind, während die Sahara nur wenige von den in Koseir sehr verbreiteten Geschlechtern besitzt, wie Balanites, Ochradenus, Leptadenia, Tephrosia, Taverniera, Avicennia, Halodule, Schonivia, Scapelia, Schanginia u. a. Daß der Kontrast zwischen den beiden Floren weniger von den Breiten- als von den Längen-Unterschieden abhängt, scheint aus dem Umstande hervorzugehen, daß derselbe sich weit weniger in der gebirgigen Gegend der Tuareg ausprägt, die, mit dem Namen Aïr bezeichnet, viel südlicher von der Sahara als Koseir, aber fast unter demselben Meridian wie Tugurt liegt. Auch Edwin de Bary erklärt (Zeitschrift für Erdkunde, Berlin, loco. cit. p. 350) in seinem interessanten, aus dem Lande Aïr an Ascherson gerichteten Briefe, daß die Flora in den die Gebirge Bagsen durchziehenden Thälern lebhaft an die der Sahara erinnere, daher er keineswegs der Ansicht Rohlfs beipflichtet, daß in dem Kollektivnamen „Sahara“ nur die Länder mit Winterregen zu begreifen seien; de Bary zufolge gehört ein großer Theil der ausgedehnten, von den Tuareg bewohnten Region, namentlich die Länder Hagar und Aïr, noch zu der Sahara, obwohl jene tropikale oder Sommer-Regen haben.

von weißem oder grauem mergeligem Kalkstein und schwarzen oder bläulichen Mergeln. Wir gelangten durch die Schlucht in die Ebene und wieder nach Batna zurück.

Der allerdings beschränkte Ausflug gewährte wenigstens einen Einblick in den nördlichen Theil des mit dem Kollektivnamen Aurès bezeichneten Gebirges, von dem ich schon früher mehrere östliche Endspitzen auf dem Wege von Batna nach Biskra überstiegen hatte; ich war dann bei dem Besuche der Oasen einigen südlichen Verzweigungen gefolgt. Wenn ich somit auch nicht bis in die centrale, freilich die wichtigste, Region des Aurès eingedrungen war, so konnte ich doch einen allgemeinen Ueberblick über die gesammte Gebirgsgruppe gewinnen und will eine Schilderung der hervorragendsten Züge des Aurès versuchen, an welchen sich überdies manche historische Erinnerungen knüpfen.

Nicht leicht ist es, diese Gebirgskette genau zu begrenzen, was besonders für die nördliche Grenze gilt, weil eine Menge mannigfach verzweigter von Batna bis Constantine durchsetzender Berge nicht gestattet, die Punkte zu bestimmen, wo der Aurès endet und wo die Gebirge von Constantine beginnen. Trotzdem könnte man, da eine kompakte Reihe hoher Bergketten eine mehr oder weniger große Gruppe bildet, welche sich zuweilen gegen Süden, Westen und selbst Osten von den ebenen oder weniger hohen Flächen scharf abhebt, mit dem Namen Aurès das Gebirgsland bezeichnen, das einerseits zwischen Batna und dem Flusse (Ued) El-Abiad, andererseits zwischen dem gewissermaßen die letzte östliche Verzweigung des Berges Cheliah bildenden Djebel-Tafrim und Djebel-Aksoin liegt. Letzterer bildet die westliche Endspitze der langen Gebirgsmauer, die, je nach den Ortschaften verschiedene Namen tragend, die Sahara-Wüste umsäumt und nordwestlich von Biskra nach Westen umlenkt. Auf diese Weise begrenzt, würde das Aurès-Gebirge in der Richtung von Nordost nach Südwest eine Länge von etwa 200 km und in der von Norden nach Süden eine mittlere Breite von 70 km haben, eine Fläche von circa 1000 qkm, die durch mehrere, meistens von Nordost nach Südwest streichende Bergreihen durchsetzt ist.

Diese Bergketten sind durch Längenthäler, welche ebenfalls von Nordost nach Südwest streichen, von einander getrennt und werden von Flüssen bewässert, deren wichtigste die folgenden sind: Ued-Ksur, dessen Quellen auf dem Djebel-Tugur liegen und der sich, nachdem er die große Ebene von Batna durchströmt, unter dem

Namen Ued-Kantara nach Süden wendet, um sich dann mit dem Ued-Abdi unweit des Passes Sfa zu vereinigen, so daß nun beide vereinigte Wasseradern den Fluß (Ued) von Biskra bilden, der in den Ued-Djedi, etwa 27 Kilom. Süd-Ost-Süd von letzterer Stadt, mündet. Ued-Abdi und Ued-Abiad nebst ihren Zuflüssen bilden die beiden anderen Hauptthäler des Aurès; leider ist die Gegend zwischen dem unteren Laufe beider Flüsse noch gänzlich unbekannt. Außer den drei Längenthälern giebt es noch mehrere, die den Aurès in entgegengesetzter Richtung durchziehen, und zwar vermittels der Zuflüsse der erwähnten drei Flüsse oder anderer unabhängiger Wasseradern.

Das ansehnlichste Gebirge, das sich längs der drei Hauptthäler hinzieht, ist jene Gruppe, welche nördlich und nordwestlich von Batna den nördlichsten Theil des Aurès bildet und die von mir besuchten Berge Tugur, Bordjem, Bu-Merzug und Kasru umfaßt. Südlich von Batna wird der centrale Theil des Aurès von Bergreihen gebildet, die den zwischen den Thälern des Ued-Fedala (Zufluß des Ksur) und Abdi sich erstreckenden Raum durchsetzen. Unter diesen Bergen sind Djebel-Mahmel, Grumbe-el-Dib, Bus und Novacer die bedeutendsten. Am nordöstlichen Ende des südlichen Thales des Aurès (des Thales von Ued-Abiad) befindet sich endlich der Djebel-Cheliah mit einer Höhe von 2312 m, der Kulminationspunkt von ganz Algerien.

In der Physiognomie des Aurès bilden die Cedern einen der am meisten charakteristischen Züge; Herr Cosson, dem wir fast alles, was von der Flora Algeriens bekannt, verdanken, hat auf der schönen Karte des Kapit. Rousseau mit besonderen Farben die an Cedern reichsten Stellen des Gebirges bezeichnet. Diese Farben heben in hervorragender Weise drei Zonen hervor, eine begreift einen großen Theil der nördlichsten Berggruppen, namentlich Djebel-Tugur und Djebel-Bordjem; eine andre die centrale Region längs der nördlichen Abhänge der ausgedehnten Bergkette des Djebel-Mahmel; die dritte endlich bildet einen breiten Gürtel rings um den Berg Cheliah, wo die Cedern die untere Grenze von 1800—1900 m und die obere von 2150 m Höhe erreichen.

Einen Begriff von der bedeutenden Ausdehnung des von den Cedern eingenommenen Raumes giebt die Mittheilung des Herrn Cosson, der diesen in dem einzigen Distrikte von Batna schon auf 13,500 Hektaren anschlägt; freilich sind die Cedern stets, obwohl in sehr verschiedenen Verhältnissen, mit der immergrünen Eiche vermischt. So nimmt letztere z. B. auf dem Gebirge Beiserene 3000, die Ceder nur 1800 Hektare ein, während in den Wäldern des Djebel-Tugur 1200 Hektare auf die Ceder und 1500 auf die immergrüne Eiche kommen.

Außer den Cedern, den glänzendsten Juwelen unter den Pflanzenschätzen Algeriens überhaupt und des Aurès insbesondere, liefern alle diese Gebirge eine durch Reichthum wie durch Originalität ausgezeichnete Flora. Herr Cosson hat auf dem Berge Tugur allein 412 Arten gesammelt, von denen 23 mehr oder weniger eigenthümlich sind; ferner auf dem Djebel Mahmel, Gumbel el Dib, sowie im Thale von Tedji Görza 211 Arten, von denen 28 endemisch, wie es 14 unter den 193 gesammelten Arten auf dem Djebel Cheliah waren.[1])

Unter mehreren Thälern des Aurès, welche gut angebaut sind und eine ziemliche Anzahl von Kabylen-Dörfern enthalten, führt Herr Cosson besonders das Thal des Ued-Abdi an. Die oberen Regionen des Aurès sind weniger bewohnt und scheinen vielfach den Löwen als Aufenthalt zu dienen, wie mir dies schon in Batna versichert wurde, ohne daß ich dieser Aussage viel Zutrauen geschenkt hatte. Sie wird aber durch jenen Gelehrten bestätigt, der auf dem Berge Cheliah, bei einer Höhe von 1800 m, bei Annäherung der Nacht gezwungen war, nach seinem Feldlager zurückzukehren, der Nachbarschaft der Löwen wegen.[2])

Wahrscheinlich sind mehrere jetzt wüste Gegenden des Aurès früher bewohnt gewesen, wie dies nicht allein die vielen Reste römischer Trümmer beweisen, sondern auch das durch Procopius entworfene reizende Bild vom Aurès, welches ich mehrere Jahre vor meiner Reise nach Afrika mit Eifer in mich aufgenommen und das in mir das lebhafte Verlangen geweckt hatte, die von einem Augenzeugen als ein wahres Erdenparadies geschilderten Orte zu besuchen. Procopius (byzantinischer Geschichtsschreiber des 6. Jahrhunderts unter Kaiser Justinian) begleitete Belisarius, wie einst Polybius den Scipio, auf seiner berühmten afrikanischen Expedition, die durch die Gefangenschaft Gelimer's, des letzten vandalischen Herrschers von Karthago, gekrönt wurde. Bei Procopius' Schilderung des Feldzuges Salomon's, des Stellvertreters von Belisarius, gegen

[1]) Vgl. Rapport sur le voyage botanique en Algérie, de Philippeville à Biskra et dans les monts Aurès, entrepris en 1853.

[2]) Loc. cit., p. 119.

den mit seinen vandalischen Truppen in den Aurès geflüchteten Jbda, bemerkt derselbe, daß der Berg Aurasios (Ἀυράσιος) etwa dreizehn Tagereisen von Karthago entfernt sei, daß man drei Tage brauche, um ihn zu umkreisen, und er ziemlich schwer zu ersteigen sei, daß man aber für die Mühe vollkommen belohnt werde, sobald man das Plateau des Berggipfels erreicht habe, auf welchem eine Menge von Quellen den Ursprung mehrerer Flüsse bilde und eine wunderbare Menge von Fruchtbäumen vorhanden sei. Alle mögliche Getreidearten und Früchte wachsen und erhalten hier eine Entwickelung wie an keinem andern Orte Afrikas (tanta altero majora sunt in hoc monte quam in reliqua Africa nasci solent). Und noch in einem andern seiner Werke [1]) kommt Procopius auf seinen geliebten Aurasios zurück, indem er mit Entzücken ausruft: „Blühende Wiesen, von Obstbäumen strotzende Gärten, aromatische Düfte, schäumend über Felsen stürzende Bäche, die sich zu krystallischen Flächen gestalten, bieten hier ein bezauberndes Bild; dazu die üppige Entwickelung aller Arten Feldfrüchte und Obst, die hier gedeihen wie an keinem andern Orte Afrikas." Nachdem wir durch Herrn Cosson belehrt worden, daß der Aurès zwar an seltenen Pflanzen, nicht aber an Getreide reich ist, vermögen wir den Werth solcher Uebertreibungen zu schätzen; auch diejenigen, welche den Aurès nie gesehen haben, dürften wohl schwerlich glauben, daß Obst und Feldfrüchte in so bedeutender Höhe besser gediehen, als in den unter viel milderem Himmel gelegenen Thälern und Ebenen. Obwohl die Uebertreibungen handgreiflich sind, so scheinen sie doch den Beweis zu liefern, daß dieses Gebirgsland einst und selbst noch im 6. Jahrhundert der Sitz einer reichen und civilisirten Bevölkerung gewesen ist, welche die nun menschenleeren Gegenden bis zum Gipfel einzelner Berge in wohlangebautes Ackerland und ergiebige Obstgärten verwandelt hatte. Spuren dieser Bevölkerung sind übrigens noch vorhanden, wie z. B. die stattlichen Ruinen von Lambessa und jene von Tamugatin, 20 Kilom. vom Berge Cheliah, dessen Procopius als einer reichen und bevölkerten Stadt gedenkt. [2])

Läßt sich nun auch die dem byzantinischen Geschichtsschreiber für den Aurès eingeflößte Bewunderung einigermaßen erklären, so

[1]) De aedificiis, VI, 7.

[2]) De bello vandalico, II, 3.

ist es schwieriger zu ermitteln, welchen Berg er eigentlich mit diesem Namen bezeichnen will, da er allezeit vom „Berge" Aurasios, nicht aber von einer sogenannten Gebirgsgruppe spricht; augenscheinlich handelt es sich um den höchsten Punkt derselben, weil er ausdrücklich den Berg Aurasios höher als alle bekannten Berge hinstellt (mons ille . . . . qui quidem nobis noti sunt maximus). Demnach könnte man annehmen, daß er den Cheliah meine, der alle übrigen Berge Algeriens an Höhe übertrifft, wenn er auch hinter den Schweizer-Alpen und verschiedenen leicht zugänglichen Pässen unserer Gebirge, z. B. dem St. Bernhard, dessen Hospiz (2491 m) sich 186 m über die Gipfel des Cheliah erhebt, weit zurücksteht. Hier ist die von Procopius beliebte Uebertreibung um so unbegreiflicher, als man, sogar seine Unbekanntschaft mit allen von ihm nicht besuchten Ländern vorausgesetzt, doch annehmen muß, daß er, aus Cesarea, einer fast am Fuße des Libanon gelegenen Stadt, gebürtig, dieses Gebirge gesehen haben müsse, welches 2906 m hoch ist und somit den Cheliah um 591 m überragt.

Wie dem auch sei, so sind doch gewisse Züge, die Procopius seinem Berge Aurasios zuertheilt, für den Cheliah einigermaßen anerkennbar. So bezeichnet er denselben z. B. als Ursprung mehrerer Flüsse, was wirklich der Fall, da sich auf dem Cheliah oder doch ganz in dessen Nähe die Quellen des Abiad, Chemara, Tagarest u. a. befinden; ferner sind nach seiner Angabe drei Tage erforderlich, um zu Fuß rings um den Berg Aurasios zu gehen, welche Zeit wieder nahezu einer solchen Rundreise entspricht, denn wenn auch der Umfang des Cheliah nur 50 km beträgt, so wird doch das Wandern durch das hügelige, schroffe Terrain sehr erschwert; endlich bestätigt sich auch die gepriesene Aussicht vom Plateau des Berggipfels durch Herrn Cosson, der mit Entzücken von dem sich hier entfaltenden Panorama spricht (loc. cit. p. 121).

Was die Eingeborenen des von Belisarius durchwanderten Theiles des Aurès betrifft, so giebt ihnen Procopius stets den Namen Mauri, nicht Numidi, obwohl die Gegend um das Gebirge bei den Alten Numidien hieß. Nach Plinius [1]) scheint sich dieser Name jedoch nicht auf eine besondere Rasse zu beziehen, da derselbe vom griechischen Worte νομάδας (Nomaden oder herumirrendes Volk) stammt, während Salustius zufolge,[2]) welcher ausdrücklich

---

[1]) Nat. Hist. V. 3.

[2]) Bell. Jugurth. 18.

versichert, seine Aussagen aus phönizischen (ex libris punicis), von König Hiempsal herrührenden Dokumenten geschöpft zu haben, der Name Mauri nur eine Verstümmelung des Volksnamen Medes sei, welches Volk gleich den Persern, Armeniern und Phöniziern die ersten Kolonisten dieses früher von den Getuliern eingenommenen Theils von Afrika gewesen sein soll. Herr Mercier hat indeß in dem früher erwähnten Werke bewiesen, daß diese Mauri die Vorfahren der heutigen Berber oder Kabylen sind. Aus den diesem Werke beigefügten beiden Karten über die Lage der verschiedenen Berberstämme während der Jahre 1050 und 1400 ergiebt sich denn auch, daß um das Jahr 1050 die ganze Gegend rings um das Aurès-Gebirge wie auch der übrige Theil Algeriens von den Berbern ausschließlich eingenommen wurde, daß aber im Jahre 1400, obwohl die Berber damals den Aurès inne hatten, in der Nähe dieses Gebirges schon mehrere arabische Stämme auftauchen. Nun aber wird der Aurès noch heute von den Berbern oder Kabylen bewohnt, ganz wie es im Jahre 1400 und auch zur Zeit des Procopius der Fall war, da nach Herrn Merciers Angabe die Mauri die heutigen Berber oder Kabylen sind, woraus folgt, daß der Name „Mauri" (Mohren) in der Geschichte die mannigfachsten Anwendungen durchlebt hat. Zuerst wurde dieser Name den ältesten der jetzigen Bewohner Algeriens gegeben, später auf die schwarze Rasse der Neger übertragen, und so sah man zu Shakespeare's Zeit, wie auch lange nach ihm, den „Mauren" Othello auf der Schaubühne schwarz gefärbt als Neger auftreten. Auch die Araber wurden so bezeichnet und deshalb die arabische Architektur als maurische (Architecture mauresque) ausgegeben. Alle solche Benennungen befinden sich mit der Geschichte im Widerspruch, diese lehrt uns, daß, wenn die Mauren keine Neger, sie auch nicht Araber, sondern Berber (Kabylen) seien.

Ein anderes interessantes ethnographisches Faktum, das wir Procopius verdanken, ist das Vorhandensein einer blonden Rasse in Numidien. Er will vom Heerführer Salomon, der tief in den Aurès hineingedrungen war, erfahren haben, daß sich außerhalb der Grenzen der ihm anvertrauten Provinz (ultra suae ditionis fines) eine große Wüste entfalte, in welcher man eine besondere Rasse von Menschen finde, die den Mauren gar nicht gleichen, da sie nicht braune, sondern ganz weiße Haut und goldgelbe Haare hätten.[1]) Welche waren aber die Grenzen der von Salomon

[1]) „Cui non atra, ut Mauris, sed candida sit cutis ac flava caesaries" (De bello vandalico, loc. cit.).

verwalteten Provinz und um welche Wüste (longissima solitudo) handelt es sich? Ist es die eigentliche, sogenannte Sahara, oder sind es die ausgedehnten, dürren Flächen zwischen dem Aurès und Tebessa, die das Kaïdat von Nemancha bilden? Das sind schwer zu beantwortende Fragen. Jedenfalls ist das Auftreten einer blonden Rasse in den Wüsten Numidiens ein interessantes Zeichen, das wohl nicht durch den Einfluß der Vandalen zu erklären ist, da diese Numidien nur fünf und neunzig Jahre lang vor ihrer Vertreibung durch Belisar beherrscht haben. Der im sechsten Jahrhundert so berühmte Aurès scheint übrigens später seinen Ruf verloren zu haben, denn im 12. Jahrhundert wird die Gebirgsgruppe von Edrisi nicht mehr erwähnt.

Vor unsrer Abreise aus Batna machten wir noch (4. Mai) eine reizvolle und angenehme Spazierfahrt nach den 13 km südöstlich gelegenen Ruinen von Lambessa, die wir in dem bequemen Wagen der Mad. Logerot und in deren Begleitung ausführten;[1]) auf der Chaussee schnell dahin rollend, wurden wir an die Fahrten des Bois de Boulogne oder der Champs Elysées erinnert, nur daß die zierliche Viktoria des Generals Logerot das einzige europäische Gefährt war, und statt der pariser Lustwandler ursprüngliche Araber in der passiven Bewegungslosigkeit des Orientalen das kuriose Vehikel angafften, während wir die ebenso ruhig und friedlich blickenden Kameele blitzschnell hinter uns ließen.

Der Weg lief durch eine etwas hügelige Gegend, an beiden Seiten von den Aurès-Bergen begrenzt, unter welchen der Djebel-Itch-Ali rechts wie eine grüne, von Cedern strotzende Masse aufstieg. Dieser Berg, den ich nicht besuchte, lieferte Herrn Cosson eine reiche Ausbeute, welche einschließlich der Umgegend von Lambessa 72 Arten (unter diesen drei eigenthümliche) beträgt, während sämmtliche Arten, die der ausgezeichnete Botaniker in den Ebenen von Batna und Lambessa gesammelt hat, die bedeutende Zahl 351 erreichen, worunter 39 diesen Gegenden mehr oder weniger eigen sind.[2])

---

[1]) Mad. Logerot ist die ausgezeichnet liebenswürdige Gemahlin des Generals, dessen Name häufig in den Zeitungen genannt worden, da er einer der Hauptbefehlshaber der französischen Armee in Tunis ist, wohin er aus Batna versetzt wurde. Während unseres Aufenthaltes in Batna erfuhren wir zahlreiche Beweise seines Wohlwollens, die ich der besonderen Empfehlung des General-Gouverneurs Chanzy verdanke.

[2]) Loc. cit., p. 41–58.

Die Ebene bis zu den Ruinen von Lambessa ist an mehreren Punkten ziemlich gut angebaut; an anderen harrt sie noch der menschlichen Betriebsamkeit und trägt dort ein dichtes Kleid von Gräsern: Artemisia herba venti, Euphorbia lutea, Santolina squamosa etc. Die Ruinen selbst liegen etwa 2 km nordwestlich vom Dorfe gleichen Namens, das man am Abhange des die Ebene von Süden begrenzenden Gebirges zu erbauen im Begriff ist.

Ptolemäus meldet, daß Lambessa der Sitz der dritten Legion des Augustus war; nach Gibbon's Angabe [1]) bildete es eine Stadt von mehr als 40,000 Einwohnern. Noch im fünften Jahrhundert mußte es bedeutend gewesen sein, da der heilige Augustinus einen Januarius als Bischof von Lambessa nennt; [2]) im zwölften Jahrhundert aber scheint die Stadt wenig bekannt gewesen zu sein, denn bei Edrisi kommt sie nicht mehr vor, obwohl der arabische Geograph diesen ganzen Theil von Afrika sehr umständlich beschreibt und viel über Constantine berichtet, das er als „den festesten Ort der Welt" bezeichnet mit einer handeltreibenden, reichen Bevölkerung und zahlreichen alten römischen Gebäuden und Denkmälern. [3]) Nichts zeugt mehr von der einstigen Wichtigkeit und Ausdehnung Lambessas als die allerdings nicht zahlreichen, aber bedeutsamen Denkmäler, die heute noch in ihrem erloschenen Glanze bestehen.

Das durch Menschen und Zeit am wenigsten verwüstete Denkmal ist das Prätorium, der ehemalige Sitz des Befehlshabers der Legion, welches, nach den im Innern aufgefundenen Münzen, zu Anfang des dritten Jahrhunderts errichtet worden sein muß: ein viereckiges Gebäude von etwa 30 m Länge und 20 m Höhe, aus schön behauenen Steinen ohne Kalk, dessen Mauerspalten und Risse wahrscheinlich durch Feuer erzeugt worden sind, was die Spuren langer schwarzer Streifen von Rauch zu bekunden scheinen. Das Dach ist vollständig verschwunden; die Mauern sind durch große gewölbte Oeffnungen unterbrochen, auch stehen noch mehrere stattliche Säulen ziemlich gut erhalten da. Das Innere des Gebäudes bildet eine Art Museum unter offenem Himmel, in welchem eine Menge von Statuen, Gesimsen, Grabsteinen und andern Bruchstücken alter Architektur aufgehäuft liegen. Von den Bildsäulen,

[1]) History of the decl. and fall of the Roman Empire, v. III. p. 19.

[2]) Cellarius. Noticia orbis antiqui. v. I, p. 176.

[3]) Géographie d'Edrisi traduite de l'arabe par A. Joubert. T. I, p. 242—244.

welche sämmtlich aus weißem Marmor sind, ist die des Aeskulap gut erhalten; andere, ebenfalls schön gearbeitete, sind ohne Kopf; unter den Verzierungen zeichnet sich ein prachtvoller Fries von dem nicht mehr vorhandenen Aeskulap-Tempel aus. Die in einige von diesen alten Trümmern eingeschnittenen Inschriften zeichnen sich durch ihre Schönheit und vortreffliche Erhaltung aus; sie sind so frisch und unversehrt, als ob sie die Werkstätte des Bildhauers eben erst verlassen hätten. Unweit des Prätorium wurde ein prachtvolles Mosaik von bedeutender Größe ausgegraben, die vier Jahreszeiten darstellend, eine ausgezeichnete Arbeit, die, leider sehr beschädigt, gänzlich dem Untergang geweiht sein dürfte, wenn nicht bald Maßregeln zu ihrer Erhaltung getroffen werden.

Bei jedem Schritte in der Ebene stößt man auf Trümmer alter Baulichkeiten, in deren Mitte sich das Prätorium majestätisch erhebt. So erkennt man z. B. in geringer Entfernung von letzterem die Reste einer Badeanstalt sowohl an den Becken als an den in diese mündenden unterirdischen Röhren, deren Einrichtung ihre doppelte Bestimmung verräth, nämlich frisches Wasser in jene zu leiten und dasselbe durch Dampf zu erwärmen. Weiter kann man nordöstlich vom Prätorium auf langer Linie den Resten eines römischen Pflasters in der Richtung auf Constantine folgen, dessen früherer Name Cirta auf den alten Steinplatten im Prätorium häufig vorkommt; an einigen Stellen läßt das Pflaster noch Eindrücke der Wagenräder deutlich erkennen. Die römische Straße führte durch ein Thor, das noch jetzt besteht.

Die Ebene, auf welcher die Trümmer Lambessas zerstreut liegen, wird von einem Bach bewässert, dessen Ufer einige Mandelbäume schmücken, was Herrn Cosson zu einer interessanten Beobachtung anregte. Dieser Gelehrte fand denselben nicht nur auf den die hohen Plateaux der Provinz Oran begrenzenden Gebirgen wildwachsend, sondern auch auf dem Djebel-Tugur in mehr als 1200 m Höhe, vereint mit winzigen, ohne Zweifel gleichfalls wildwachsenden Olivenbäumen.

An der Seite der Reste einer verschwundenen Herrlichkeit erhebt sich, nicht unwürdig solcher Erinnerungen der Vergangenheit, ein Denkmal der modernen Civilisation, nämlich das Gebäude oder richtiger eine Gruppe von Gebäuden für Sträflinge. Das Aeußere der schönen Anstalt entspricht der Einrichtung des Innern, die ich gründlich kennen zu lernen die Gelegenheit fand, da sich mir infolge der Gegenwart der Mad. Logerot alle Thüren öffneten und alle Beamten ehrfurchtsvoll am Platze erschienen. Das Centralgebäude ist das höchste von allen, in Gestalt eines Kreuzes erbaut und enthält in vier Stockwerken 450 Zellen, deren jede ein kleines, für sich abgeschlossenes Zimmer bildet. Ein solches wird für den zu vollkommener Isolirung verurtheilten Gefangenen entweder als vorübergehende Züchtigung benutzt, oder dient zur Vermeidung der Berührung zwischen solchen, die als unverbesserlich gelten und solchen, denen eine günstigere Zukunft vorbehalten ist. Aus diesem Gebäude tritt man in ein anderes weniger ausgedehntes mit Schlafzimmern für diejenigen Sträflinge, die zusammen zu leben bestimmt sind. Obwohl die Betten dicht neben einander stehen, meist etwa hundert in einem Zimmer, so führt dies doch nicht zu Uebelständen, da auf regelmäßige Circulation der Luft Bedacht genommen ist, und besonders während der Nacht die strengste Aufsicht ununterbrochen herrscht. Endlich gelangt man zu den Werkstätten für allerlei Arbeiten. Solche, die nur eine einfache Manipulation erfordern, wie z. B. das Dreschen der Alfa und die Verwandlung der so bereiteten Pflanzenfaser zu groben Stricken, werden den Arabern aufgetragen, während die französischen Gefangenen ausschließlich als Tischler, Schuhmacher, Schneider und dergl. Verwendung finden; sie fertigen hier allerhand Hausgeräthe in großer Menge, namentlich Tische, Stühle, Schränke ꝛc. an. Diese Fabrikation wird von einem Unternehmer, unter Oberaufsicht und Kontrolle des Anstalt-Direktors, geleitet; die Unternehmer theilen mit den Fabrikanten den aus dem Verkauf erzielten Gewinn. Die untergeordnete Industrie der Anfertigung von Alfa-Stricken wird mit 15 Centimes per Tag vergütet. Die Nahrung der Arbeiter ist einfach aber gesund; Wein und Tabak sind untersagt. Körperliche Strafen sind strenge ausgeschlossen; die Züchtigungen bestehen darin, daß der Betreffende eine gewisse Zahl von Tagen auf Brot und Wasser beschränkt, in die Isolirzelle gesperrt, oder zu ziemlich ermüdenden Spaziergängen in den Höfen der Anstalt genöthigt wird.

Die Sitten der Europäer sind von denen der Einheimischen ganz verschieden: was für erstere eine harte Entbehrung, übt auf letztere fast gar keinen Eindruck, daher die Araber ihren Aufenthalt in der Strafanstalt oft für weniger unangenehm halten, als den in ihren Zelten, für welche Thatsache Herr Cavalier, der Direktor der Anstalt, ein beachtenswerthes Beispiel anführte. Man übergab ihm einst einen aufgefangenen Brief, von einem Araber aus der Anstalt an seine Freunde insgesammt gerichtet, in welchem er ihnen anrieth, irgend einen Diebstahl auszuführen, um den Vortheil zu erlangen, in die Strafanstalt aufgenommen zu werden.

Herr Cavalier ist ein Mann von unermüdlicher Thätigkeit, der die kurze Muße, die ihm seine officiellen Pflichten lassen, vielfachen wissenschaftlichen Arbeiten widmet; diese haben ihn in den Stand gesetzt, seine ziemlich geräumige und mit einem Garten versehene Wohnung durch eine sehr interessante Sammlung von Gegenständen der Archäologie und Naturwissenschaft zu schmücken. Unter letzteren befinden sich die Thiere (verschiedene Vögel, Hyänen, Schakale ꝛc.), die er selbst als gewandter Jäger in großer Anzahl erbeutet, und ferner wohlerhaltene Petrefakten, die er in den nahen Gebirgen gesammelt hat, von denen er mir einige interessante Exemplare verehrte, die ich Herrn Tissot übergab. An archäologischen Gegenständen besitzt jener Herr viele römische Münzen, mehrere Hausgeräthe, Waffen, Dolche, eiserne Stylette, wahrscheinlich zu Schreibfedern bestimmt, u. a.

Bei unserm Besuche zählte die Strafanstalt 950 Gefangene.

Der Ort selbst, wo sich die Ruinen von Lambessa befinden, hat keine andern Häuser, als jene Anstalt; die Kolonisten werden ausschließlich dem jetzt in Bau befindlichen Dorfe überwiesen, das wie alle Dörfer Algeriens sich rasch weiter entwickeln wird. Um die Anstalt mit gutem Wasser zu versorgen, hat man einen unterirdischen Behälter gebaut, der von den etwa 2 km entfernten Gebirgsquellen gespeist wird; das überflüssige Wasser dient zur Bewässerung der Felder und Gärten.

Den letzten Tag unseres Aufenthaltes in Batna widmeten wir der Besichtigung der prachtvollen Alfa-Sammlung des Herrn Jus, insbesondere seinen geistvollen Vorkehrungen für die Bearbeitung dieser Grasart, um solche den verschiedensten Bestimmungen anzupassen. Die Mittheilungen und Erklärungen des gelehrten Ingenieurs waren um so lehrreicher, als dieselben durch Beweisstücke aus seiner methodisch geordneten Sammlung unterstützt wurden. Es sind nicht nur alle spinnbaren Pflanzen Algeriens in Schränken aufgestellt, sondern es befinden sich auch neben jeder Pflanze in ihrem natürlichen Zustande zugleich Probestücke der verschiedenen Umwandlungen, welche deren Fasern durchgemacht hatten, um endlich ganz unerwartete künstliche Produkte zu erzeugen. Unter diesen ist eines der merkwürdigsten das von der Alfa (Stipa tenacissima) erzeugte. Das wichtigste Bereitungsmittel, welches allen weiteren Operationen vorangehen muß, besteht in der Reinigung aller zum

Spinnen bestimmter Blätter der Pflanze, weil diese sämmtlich einen der Dauerhaftigkeit und Biegsamkeit der Faser schädlichen Gummi enthalten. Dieser Reinigungsprozeß kann ein zweifacher sein: entweder läßt man die Pflanze circa zehn Minuten in kaltem Wasser liegen, oder man macerirt dieselbe in Soda; in beiden Fällen entbindet sich aus der Pflanze eine gummiartige Substanz, die sich in festem Zustande oder flüssig verwenden läßt. Der durch Soda extrahirte Gummi hat andere Eigenthümlichkeiten und namentlich auch ein anderes Aussehen, als der durch kaltes Wasser gewonnene.

Nach dieser höchst einfachen Operation werden die Pflanzenfasern weiß und biegsam. Wenn man sie abermals in die gewonnene gummiartige Substanz taucht, so nehmen sie die verschiedensten Färbungen an: roth, orange, blau, grün 2c. Die Verwandlung der Alfa-Fasern in Teig wird einfach mit Hilfe der hydraulischen Presse bewerkstelligt. Das vortreffliche Papier, welches dieser Teig liefert, soll die am wenigsten wichtige Verwendung bilden, obwohl der Stoff, Herrn Jus zufolge, drei merkwürdige Eigenschaften besitzt, nämlich Festigkeit, Unverbrennbarkeit und Unangreifbarkeit durch zerstörende Insekten oder Ungeziefer irgend welcher Art.

Haben sich solche Eigenschaften erst vollständig bewährt und sind sie durch wiederholte Erfahrungen außer Zweifel gestellt, so dürfte die Verwendung des Alfa-Teigs als eine unendliche, grenzenlose anerkannt werden müssen; auch meint Herr Jus, daß aus demselben Kleidungsstücke verfertigt werden können, welche dem Feuer und den Würmern Trotz zu bieten vermögen, ja selbst Ziegelsteine für den Hausbau von einer Solidität, daß Kanonenkugeln sie schwerlich durchbohren würden. Um von den durch den Alfa-Teig gelieferten Produkten einen Begriff zu geben, legte uns jener Herr eine große Zahl aus dieser Substanz verfertigter Gegenstände jeder Gestalt und von mannigfachster Bestimmung vor, so daß ich den Werken wie ihrem Erzeuger meine aufrichtigste Bewunderung zu zollen mich gedrungen sah.

Der Zukunft allein bleibt die Entscheidung vorbehalten, ob sich alle Hoffnungen des Herrn Jus erfüllen werden und ob dem Alfa-Teige selbst nach erfolgreichen Experimenten ein anderes Loos beschieden sein wird, als der berühmten Cartonardoise, die in Paris so großes Aufsehen erregte, ohne jedoch das Versprechen, Eisen, Stein und Holz zu ersetzen, gehalten zu haben. Freilich ist unser Jahrhundert so reich an unerwarteten Entdeckungen, daß jener Forscher wohlberechtigt ist, seine Hoffnungen nicht ganz aufzugeben und sich als Wahlspruch die schönen Worte des Plinius anzueignen: „Wie Vieles wurde als Wunder betrachtet, bevor es ganz natürlich erschien, und wie Vieles galt als unausführbar, bevor es ausgeführt worden!“

Außer der Alfa hat Herr Jus mehrere andere Pflanzen hinsichtlich ihrer praktischen Eigenschaften untersucht. So zeigte er uns eine gummiartige flüssige Substanz, die er aus den Zapfen der Aleppo-Kiefer gewonnen hatte, und welche für die durch Feuer oder Insektenstiche, namentlich durch Skorpione verursachten Hautentzündungen eine besondere medicinische Eigenschaft besitzen soll, indem selbst der heftigste Schmerz durch Auflegen der Substanz auf die verwundete Stelle sogleich gehoben und vollständige Heilung in kurzer Zeit herbeigeführt werden soll.

Trotz der Wichtigkeit und des Reichthums der Alfa-Sammlung des Herrn Jus sind die wissenschaftlichen Schätze dieses genialen Gelehrten damit noch keineswegs erschöpft, denn er besitzt außerdem eine hochinteressante Sammlung der verschiedenen Produkte, welche die Bohrungsarbeiten in der Provinz Constantine zu Tage gefördert haben, unter diesen merkwürdige Fische, Krebse und Süßwasser-Mollusken, welche in der Wüste Ued-Rid, nordwestlich von Tugurt aus einer Tiefe von 75 m in lebendigem, kräftigem Zustande hervorgeholt sind. Der artesische Brunnen von Mazer, der sie geliefert, liegt hart an einem der brackigen Seen (Chott), die zwischen Biskra und Tugurt in so großer Anzahl zerstreut auftreten. Von den hervorgezogenen lebendigen Thieren ließ Herr Jus einen Krebs (Krabbe) kochen und dessen Fleisch wurde ausgezeichnet schmackhaft befunden. Die Fische (Sarotherodron Zillii, Gerv.) waren mit Sand bedeckt, die Schale der Krabbe aber vollkommen glänzend, so daß das Thier in reinem Wasser gelebt zu haben schien.

Neben den Schränken, welche diese merkwürdigen Produkte enthalten, hat Herr Jus mehrere bei den Bohrungsarbeiten verwendete Maschinen aufgestellt, unter diesen eine von merkwürdiger Bauart, aber so komplicirt und schwer, daß der Transport der aus einander genommenen Stücke nicht weniger als acht Kameele erfordert. Da der Gelehrte jene Operationen bereits seit zwanzig Jahren in der Provinz Constantine leitet, so dürften einige Mittheilungen, die ich ihm in dieser für Algerien wie für die Menschheit überhaupt so wichtigen Frage — den ungeheuren Wüsten das einstige Leben und die Civilisation wiederzugeben — verdanke, von Interesse sein. Sicher waren den Alten die artesischen Brunnen bekannt; Olympiodoros, ein Geschichtsschreiber, von dem uns Photius Auszüge liefert, sagt ausdrücklich: „man hat in den Oasen der Sahara 200 und selbst 500 Ellen (die Elle einen halben Fuß) tiefe Brunnen gegraben, aus welchen das Wasser in Strahlen emporschießt.“ Aber nicht nur dort, sondern auch in Syrien und Egypten wurden artesische Brunnen gebaut, und solchen künstlichen, durch Menschenhand gehobenen Quellen verdankte die jetzt so dürre und öde Ebene, welche die Ruinen von Balbek und Palmyra bedecken, ihren einst blühenden Zustand. Die englischen Reisenden Wood und Darwins haben unter diesen riesenhaften Trümmern Spuren solcher Brunnen entdeckt, stumme Reste des großen Bewässerungssystems, das einst Leben und Fruchtbarkeit in den nun ausgestorbenen Gegenden verbreitete. Manche Schriftsteller, wie Herr Joberd, sind sogar der Ansicht, daß das von Moses ausgeführte Wunder, indem er mit seinem Stabe auf den Felsen schlug und aus demselben eine Quelle zu Tage förderte, sich durch die Gegenwart eines der im Orient so verbreiteten artesischen Brunnen erklären lasse.

Seit dem Einbruche der Barbaren, unter welchen die osmanische Rasse eine traurige Berühmtheit erlangte, hat sich jedoch der menschliche Genius aus dem Orient zurückgezogen, und von da ab ersetzten Trümmer und Schutt die erhabensten Denkmäler der Civilisation. Frankreich, welches die ebenso schwierige als ehrenvolle Aufgabe übernommen, in Algerien eine glänzende Vergangenheit wiederherzustellen, ging sogleich an das Werk, als seine siegreichen Waffen das weite Gebiet unterworfen hatten, dessen südlichste Spitze die Oase Uargla bildet (125 km Süd-West-Süd von Tugurt). Im Jahre 1856 wurden die ersten Arbeiten begonnen, seitdem ununterbrochen fortgesetzt, und sie werden gewiß so lange durchgeführt werden, bis man alle unterirdischen Gewässer an den Tag gefördert hat und die dürre Sahara mit blühenden Oasen bedeckt sein wird.

Nichts giebt einen deutlicheren Begriff von der fruchtbaren, für die Erfüllung dieser großen Aufgabe entwickelten Thätigkeit als zwei publicirte Schriften: die eine im Jahre 1876 in Constantine unter dem Titel Résumé historique des sondages artésiens exécutés dans le département de Constantine, de 1856 à 1875, die andere im Jahre 1878 in Paris von Herrn Jus herausgegeben unter dem Titel: Les forages artésiens de la province de Constantine, résumé des travaux exécutés de 1856 à 1878. Beide sind mit einer Karte ausgestattet, welche die verschiedenen Bohrungsarbeiten bezeichnet; den wichtigen Dokumenten entnehme ich die folgenden Data.

Als die große Unternehmung im Jahre 1856 in der Oase Ued-Bir, nicht weit von Tamerna (nordwestlich von Tugurt), feierlich begonnen wurde, krönte sie der glänzendste Erfolg; der erste Schlag der Sonde fand am 17. Mai statt, und schon am 19. Juni sah man plötzlich dem Schoße der Erde einen wahren Fluß entströmen, jede Minute 4000 Liter Wasser in einer Temperatur von 21 Grad liefernd. Die Freude der Einheimischen war eine unbeschreibliche, und es verbreitete sich die Nachricht über diesen Wunderstrom blitzschnell durch die südliche Wüste, sodaß die ganze Bevölkerung aufbrach, um denselben mit eigenen Augen zu sehen. Es versammelten sich die Marabus, um den neuen Quellen den sinnvollen Namen „Quelle des Friedens“ zu geben.

Auch auf anderen Punkten ausgeführte Bohrungsarbeiten riefen gleich lebhafte Eindrücke und Aeußerungen der Dankbarkeit und Bewunderung hervor. Als z. B. in Sidi-Rached der laute Ausruf der Soldaten das Emporsteigen der Gewässer verkündigte, strömten die Einheimischen in Menge herbei, sich an die dem Erdenschoß entrissene Quelle drängend; Frauen badeten ihre Kinder, und der greise Scheikh, dem die Quelle neues Leben für seine Familie verhieß, konnte seine Rührung nicht beherrschen und erhob, auf die Knie fallend, die Augen von Thränen erfüllt, seine zitternden Hände gegen den Himmel, Gott und den Franzosen dankend.

Unter solchen herzlichen Freudenausbrüchen, wie sie den blutigen Triumphwagen des Eroberers nie begleiten, gingen die Arbeiten trotz der ungeheuren Schwierigkeiten des Transports durch die von der Sommersonne glühenden Sandwüsten mit solcher Schnelle vorwärts, daß sich ein Theil der Wüste in der Provinz Constantine in weniger denn zweiundzwanzig Jahren (1856—1878) mit Brunnen füllte, die das Wasser in Strahlen ausströmten (eau jaillissante) oder emporgehoben zu Tage förderten (eau ascendante).

Wie es die erwähnten zwei Karten zeigen, sind die artesischen Brunnen besonders zahlreich zwischen dem Chott (Salzsee) Melghir und der Stadt Tugurt, wie auch rings um den Chott Hodna, etwa 80 Kilom. nordwestlich von Biskra.

Natürlich nahm die etwa 425 Kilom. lange Linie, die sich zwischen Biskra und Uargla erstreckt, in erster Reihe die Aufmerksamkeit in Anspruch, da sie die Wüste in ihrer größten Ausdehnung durchschneidet. Leider ist die Strecke zwischen Batna und

Biskra, von Norden nach Süden 90 Kilom. betragend, für die Herstellung artesischer Brunnen nicht günstig, und es haben die verschiedenen, bei El-Utaia ausgeführten Bohrungsarbeiten den Erwartungen durchaus nicht entsprochen, sodaß man auf die Aussicht, die schöne Ebene mit artesischen Wässern zu versorgen, welche sie für die Baumwollenkultur so ergiebig gemacht haben würden, verzichten mußte. Ebenso hat die Sonde bei Fesdhès, neben Batna selbst in einer Tiefe von 180 m kein sprudelndes Wasser erreicht; nicht minder in Biskra, wo man nach zweijährigen Arbeiten diese in einer Tiefe von 81,65 m aufgeben mußte, und endlich, bei Tahin-Bacu, wo man in einer Tiefe von 102 m keine durchdringbaren Schichten mehr erreichte.

Hingegen befinden sich zwischen dem Chott-Melghie und der Stadt Tugurt nicht weniger als vierzig artesische Brunnen, was bei einer Linie von 120 Kilom. Länge fast einen Brunnen auf drei Kilom. ergiebt. Die schöne artesische Brunnenreihe wird sicher noch bis Uargla fortgeführt werden, da gegenwärtig zwischen Tugurt und Uargla auf einem Raum von 150 Kilom. Länge nur fünf artesische Brunnen vorhanden sind, während in der Gegend rings um Chott-Honda deren Zahl 69 beträgt.

In diesem ganzen Theile der Provinz Constantine zeigt die Tiefe, in welcher man die unterirdischen Gewässer erreichte, die auffallendsten Verschiedenheiten, namentlich wenn man die geringen Zwischenräume berücksichtigt. So sind in der Gegend von Ued-Rir die beiden Brunnen von Ain-Kerma und Un-el-Thiur nur etwa dreißig Kilom. von einander entfernt, und doch beträgt die Tiefe des ersten nur 14, die des zweiten aber 107,70 m; ferner ist der Brunnen von Nemech-dib in der Gegend von Honda nur 3 m tief, während 23 Kilom. weiterhin der Brunnen von Barika 39,15 m Tiefe hat. Dergleichen Verschiedenheiten treten in der ganzen Gegend sehr häufig auf.

Die Zahl der in der Provinz Constantine (Batna-Distrikt) seit 1856—1878 aufgeführten Brunnen kann man auf mehr als 155 annehmen, nicht mit inbegriffen die gewöhnlichen Brunnen und die von Arabern aufgegebenen und von französischen Ingenieuren wieder hergestellten. Ferner beträgt die Zahl der zur Erforschung sprudelnder Gewässer unternommenen Bohrungsarbeiten 149 und derjenigen zur Herstellung emporgehobener Gewässer (eaux ascendantes) 262. Die gesammte Tiefe der Bohrungsarbeiten beläuft sich auf 18 Kilom., 636,62 m und der totale Betrag der sprudelnden wie emporgehobenen Gewässer auf 182,19 Kubikmeter innerhalb vierundzwanzig Stunden, oder 65,742,969 Kubikmeter jährlich. Diese Zahlen sprechen beredt und bedürfen keines Kommentars. Wenn man berücksichtigt, daß sie eine Arbeit von nur zweiundzwanzig Jahren darstellen, so darf man behaupten, daß, selbst wenn Frankreich für Algerien nichts anderes gethan hätte als das Land mit artesischen Brunnen zu versorgen, es schon in dieser Beziehung den Vergleich mit jedem anderen Lande aushalten und auf das Günstigste bestehen würde.

Außer dem praktischen Werthe der Bohrungsarbeiten in der Wüste bieten solche auch ein großes wissenschaftliches Interesse und gestatten einen Vergleich der physischen Beschaffenheit der afrikanischen Wüste mit der der ungeheuren Wüstengegenden Centralasiens, von denen wir jetzt einige, namentlich die von russischen Gelehrten erforschten Wüsten Turkestans, ziemlich gut kennen. So gewährt z. B. eine interessante Arbeit [1]) über die Wüste der kirgisischen Steppe Kara-Kum (türkisch: schwarzer Sand) wichtige Vergleichungspunkte mit der algerischen Wüste zwischen Biskra und Uargla; jene, in geringer Entfernung vom Syr-Daria (Jaxartes) zwischen den nördlichen Breitengraden 45 und 48 und somit 10 Grad nördlich von der Wüste Biskra-Uargla gelegen, ist mit Sandablagerungen bedeckt, die Gehäuse von Muscheln enthalten, welche noch heute den Aral-See bewohnen und auf Thonschiefer ruhen. Auch in der Sahara sind an mehreren Stellen oberflächliche Ablagerungen vorhanden mit noch heute lebenden marinen oder Süßwasser-Muscheln, während das feste Gerüste aus viel älteren, nämlich aus cretacischen und tertiären Gebilden besteht. Dies scheint zu beweisen, daß die Kara-Kum-Wüste viel früher als die Sahara emporgehoben worden ist, vorausgesetzt, daß die Thonschiefer von Kara-Kum sich auf die paläozoische Periode beziehen. Andererseits sind für beide die salzigen Efflorescenzen bezeichnend und beide reich an unterirdischen Gewässern, deren Kara-Kum sogar mehr zählt als die algerische Wüste; denn in ersterer tritt süßes Wasser nahe an der Oberfläche, nämlich schon in der Tiefe von 0,7 m bei 2,2 m auf, eine Erscheinung, die übrigens der Kara-Kum-Wüste eigen zu sein scheint, da sich im größten Theile der Sandsteppen Centralasiens, z. B. in der von Kizil-Kum (türkisch: Rother Sand), südöstlich von Kara-Kum, das Süßwasser nur in einer Tiefe von 13—20 m befindet.

---

[1]) Vgl. Petermann's Mittheilungen, an. 1878, T. XXIV, p. 203.

Was die klimatischen Bedingungen anbelangt, so sind die Unterschiede natürlich ungeheure. In der Kara-Kum-Wüste übertrifft das Sommer-Maximum oft 40 Grad (Centigr.) und ist folglich eben so hoch wie in den um Biskra liegenden Oasen, welche letzteren sehr selten dem Frost ausgesetzt sind, während das Thermometer in Kara-Kum im Winter bis 30 Grad unter Null fällt, was zwischen beiden Jahreszeiten den kolossalen Unterschied von 70 Grad ergiebt. Selbstverständlich müssen beide Wüsten durch solche Abweichungen zwischen ihren Wintertemperaturen einen großen Gegensatz für ihre Vegetation schaffen, und das ist auch wirklich der Fall und zwar in höherem Grade, als man unter Berücksichtigung der beiderseitigen Sommertemperaturen erwarten sollte. So findet man in der erwähnten Schrift als für Kara-Kum charakteristisch bezeichnete Pflanzen (leider nicht alle specifisch benannt) nur zwei Geschlechter (Tamarix und Calligonum), hingegen keine Art, die beiden Wüsten gemein. Uebrigens scheint die Flora von Kara-Kum eine so arme zu sein, daß sie, mit der der Sahara verglichen, die algerische Wüste wie einen wahren Garten erscheinen läßt.

Schon am Tage nach dem belehrenden Besuche bei Herrn Jus verließen wir Batna, da uns in Algerien noch Vieles zu sehen übrig blieb und kein Tag zu verlieren war, wenn wir der heißen Jahreszeit entgehen wollten, die namentlich in Tunis, wohin wir uns von Bone aus begeben wollten, für meine Frau beschwerlich zu werden drohte. Demnach entschlossen wir uns (7. Mai) mittels der Diligence nach Constantine zurückzukehren, damit den besten Beweis für unsere Eile gebend, mit der tröstlichen Hoffnung, das abschreckende Beförderungsmittel, dessen wir uns überhaupt nur äußerst selten bedient hatten, nie mehr benutzen zu müssen.

Obwohl wir keinen Aufenthalt in Constantine beabsichtigten, vielmehr sogleich mit der Eisenbahn nach Philippeville zu reisen gedachten, verblieben wir doch einen Tag, um den seltsamen öffentlichen Verhandlungen beizuwohnen, die in der Cour d'assises statthaben sollten. Es handelte sich um das Verhör des Arabers Bu-Guerra, eines jeder Missethat fähigen, bekannten Mannes, der bis jetzt den zu einer gesetzlichen Verurtheilung unentbehrlichen Beweisen vermittels seiner Schlauheit, seines Muthes und wahrscheinlich auch seiner bedeutenden, aus sehr verdächtigen Quellen geschöpften Geldmittel auszuweichen verstanden hatte. Endlich aber erschienen die Beweise doch in ihrer ganzen Fülle, sodaß er vor das Gericht geladen wurde, um auf die gegen ihn erhobenen Beschuldigungen des Mordes und der Nothzucht zu antworten. So bot sich uns die Gelegenheit zu dem interessanten Schauspiele, Araber in ihrer eigenen Sprache gegen christliche Advokaten sich vertheidigen und den Koran gewissermaßen zugleich mit dem Code Napoleon auftreten zu sehen.

Das Innere des Gerichtshofes gewährte eine ebenso originelle als malerische Ansicht, namentlich von den rings um den Saal laufenden Balkonen: im Hintergrunde des Saales drängte sich das Publikum, Europäer in Civil und Uniform, Spahis (arabisches irreguläres Militär in französischem Dienst) in weißem oder rothem Burnus, arabische Frauen in Schleier gehüllt mit ihren Kindern an der Hand oder auf dem Rücken hockend; auf der vorderen Erhöhung oder Estrade des Saales saßen die Richter und Rechtsgelehrten in ihren officiellen Kostümen nebst den Tolmetschern, welche die in französischer Sprache gestellten Fragen und Entscheidungen der Richter ins Arabische, die Antworten der Beschuldigten und Zeugen in Französische übersetzten; endlich rechts von der Estrade auf den Anklagebänken Bu-Guerra und sechs Araber, seine Mitschuldigen, letztere einfach gekleidet, während der Hauptangeklagte, dessen Physiognomie Verschmitztheit und Grausamkeit verrieth, seiner Toilette besondere Aufmerksamkeit gewidmet hatte. Ein Gürtel aus buntem persischen Spitzenzeug umsäumte aufs Zierlichste eine mit Gold gestickte rothe Jacke; statt der schlichten arabischen, mit Kameelsstricken umwundenen Kopfbedeckung trug er einen türkischen Turban, und ein schneeweißer Burnus umwallte seine Schultern in anmuthigen Falten. Er antwortete mit der größten Gelassenheit und Würde und entwickelte in sehr beredter Weise sein Verneinungs- und Protestations-System, das er allen Beschuldigungen und Aussagen der Zeugen, unter denen auch seine eigene Frau, keck entgegensetzte.

Die Gegenwart der letzteren machte auf ihn so wenig Eindruck, daß er sich, als er ihre mit zitternder Stimme abgegebene Erklärung vernahm, mitleidig lächelnd gegen die Richter wandte, ihnen sein Erstaunen ausdrückend, daß verständige Männer auf das Geschwätz solcher Geschöpfe achteten, die bei den Mohamedanern weder Rechte noch irgend welche Verantwortlichkeit besäßen. Dennoch gelang es dem Bösewichte nicht, die zahlreichen Anklagen, welche sich auf sein Haupt vereinigt hatten, zu entkräftigen; eine einzige hätte schon hingereicht, seinen Kopf vom Rumpfe zu trennen. Er wurde zum Tode verurtheilt und in Jemappes, seinem Geburtsort und dem Schauplatz seiner letzten gräßlichen Missethaten, hingerichtet.

Nach dem Schlusse der Sitzung entfernten sich die in großer Menge versammelten Araber stillschweigend. Diese Wüstenkinder, an summarische Gerichtsverhandlungen gewöhnt, bei welchen schon ein Wort eines unwissenden, rohen Scheikhs genügt, um die verwickeltsten Fragen in wenigen Minuten zu entscheiden, waren augenscheinlich innig berührt von der Mühe, die sich ein christliches Tribunal gegeben, einem Manne jede mögliche Gelegenheit für seine Rechtfertigung und Freiheit gewähren zu sehen, den sie alle als berüchtigten Missethäter kannten und haßten. Doch war dieser Missethäter ein Muselman, der ihren religiösen Vorurtheilen gemäß nicht durch die Hand eines christlichen Scharfrichters entweiht werden durfte, ein Gefühl, das unwillkürlich die Bewunderung trübte, die sie im Uebrigen der Weisheit und Menschenliebe der Ungläubigen zu zollen nicht umhin konnten. So wird ohne Zweifel jeder Tag dazu beitragen, sie mit diesen zu befreunden, und jeder neue Gerichtsfall, an welchem sie persönlich betheiligt, wird ihnen die Vorzüge der christlichen Gerechtigkeitspflege mehr und mehr offenbaren.

Sehr befriedigt von unserm Besuche des Cour d'assises verließen wir Constantine noch an demselben Tage (10. Mai), um mittels der Eisenbahn nach Philippeville und dann auf weitem Umwege nach Bone zu gelangen, von wo ich den nächsten Brief zu datiren gedenke.

Sechzehnter Brief.

Bone, den 15. Mai 1878.

Die Eisenbahn jenseits Constantine wendet sich durch einen langen Tunnel in ein grünes Thal, von welchem sich die auf schönem Felsen thronende Stadt prachtvoll ausnimmt, während sich im Thalgrunde zur Linken der Kebir (dessen Hauptzufluß der Rümel bildet) schlängelt, auf dessen linkem Ufer das von Hainen eingerahmte Dorf El-Hamam sichtbar wird. Bei Bizot gewinnt die Gegend ein anderes Gesicht; sie erscheint unbewaldet, hier und da von grünen Flächen bedeckt und wie besäet mit Hedysarum coronarium. Scolymus granditlorus u. a. In der Nähe des Oliven-Passes (Col des Oliviers) ragen Mergel mit stark aufgerichteten Schichten aus den mächtigen rothen Sandablagerungen hervor. Die Umrisse der mehr oder weniger nackten Gebirge sind ziemlich mannigfaltig, wie z. B. der in zwei Spitzen auslaufende Berg, den wir in der Ferne aufsteigen sahen, und der von den Arabern mit dem Namen Zweibrüstiger Berg bezeichnet wird. Der Oliven-Paß, auf dem ich keinen Olivenbaum bemerkte, ist zwar eng, aber bequem gleich demjenigen, den wir in der Nähe von El-Harudi überschritten. Jenseits des letzteren wird die Gegend wieder anmuthiger und waldiger, namentlich rings um das Dorf Saint-Charles, das in einem pittoresken, wohlangebauten Thale liegt, wo die Opuntia-Hecken schon die Nähe der warmen Küstenregion ankündigen, die man auch bald erreicht, sobald man die stattlichen Haine von Korkeichen, Olivenbäumen, weißen Pappeln 2c. passirt hat.

Die 87 km lange Eisenbahnlinie zwischen Constantine und Philippeville macht den französischen Ingenieuren Ehre; sie hatten viele und häufig steile Abhänge, deren Bodenrelief Unterschiede von mehr als 1000 m bot, zu überwinden, auch waren acht Tunnel zu bohren und unter diesen zwei ziemlich lange, in der Nähe von Constantine und Philippeville durch den Berg Djebel-Abduna. Trotzdem dürfte diese schöne Eisenbahnlinie schwerlich das ihr vom Oberst Playfair in Murray's Handbook of Algeria gezollte Lob rechtfertigen, der sie als ein Meisterstück der Wissenschaft, das an vielen Punkten mit dem Semmering wetteifere, bezeichnet, da jene Bahn nirgends an die schwindeligen Schneckenlinien des Semmerings erinnert und in vieler Hinsicht sogar den Bahnen der Sierra Nevada und der Apenninen nachsteht.

Philippeville liegt an einer wenig gegliederten Bucht, im Süden, Südwesten und Südosten von Höhen begrenzt, durch einen Hafendamm gegen Nordwinde geschützt, aber den Nordwest-Winden ausgesetzt. Die Stadt wird von breiten und geradlinigen Straßen durchzogen, von denen mehrere mit schönen Läden besetzt sind; ihre Physiognomie ist eine vollständig europäische, ohne die geringste Beimischung des arabischen Elements. Im Jahre 1838 auf den Ruinen von Rusciada erbaut, sind einzig die wenigen Spuren der letzteren sehenswerth, in erster Reihe die des Amphitheaters, im höher gelegenen (südöstlichen) Theile der Stadt. Der obere Raum des Gebäudes mit seinen Gewölben und geschlossenen Gängen ist ziemlich gut erhalten, hingegen die verschiedenen für die Zuschauer bestimmt gewesenen Stufen unter ungeheuren Schutthaufen verschwunden.

Der durch das Amphitheater beschriebene Halbkreis ist in seiner offenen Rundung nach Nordost gekehrt, so daß man dort eine schöne Aussicht auf das Meer und die Landschaft genoß, die jetzt durch die großen Gebäude des Kollegiums und der christlichen Schule verdeckt wird. Im Innern des Amphitheaters ist, einem Museum gleich, eine große Zahl von alterthümlichen Resten aufgestellt, die hier und an andern Punkten der Stadt gefunden worden: Statuen, Säulenfragmente, Sarkophage, Begräbnißsteine &c., unter den Statuen die kolossale Bildsäule des Kaisers Hadrian, gut erhalten und an der Stelle gefunden, wo die Mairie erbaut ist. Fast alle Inschriften sind von merkwürdiger Frische und erinnern in dieser Hinsicht an die des Prätoriums von Lambessa. Am Eingange des Amphitheaters sieht man eine große Steinplatte, die aus der Tiefe des Bodens emporgehoben ist, auf welchem die Fundamente der für den Gerichtshof bestimmten Gebäude ruhen und deren Inschrift mit den Worten „Victoriae Augustae sacrum“ beginnt. Weiterhin wird dieselbe unterbrochen, und es scheinen mehrere Zeilen absichtlich ausgelöscht zu sein, weil sich die Inschrift dann wieder in ganz leserlichen Buchstaben fortsetzt. Die Reste der verschiedenen Denkmäler bestehen aus weißem Marmor, ausgenommen einige Säulenschäfte von Granit mit fleischfarbigem Feldspath. Das Gesammtbild des Amphitheaters mit seinem das Mauerwerk bekleidenden Gesträuch und den krautartigen Gewächsen, unter denen sich die aus den Spalten dringenden kräftigen Antirrhinum tortuosum und Lavatera stenopetata angenehm auszeichnen, ist ein sehr malerisches. Die äußere Bekleidung der Ziegelmauern ist nicht mehr vorhanden, doch sieht man hier und da noch Mauertheile aus großen behauenen, ohne Kitt an einander gefügten Steinplatten.

Neben den Ruinen des Amphitheaters sind die Cisternen von Philippeville ein interessantes Denkmal der Vergangenheit, zugleich auch ein Beweis ihrer praktischen Verwerthbarkeit für die Gegenwart; sie befinden sich oberhalb jenes Theaters, nordwestlich von der eigentlichen Stadt, aber noch innerhalb ihrer Ringmauern. Die grünen Höhen, welche man zu erklimmen hat, um das sehr wellige Plateau zu erreichen, erforderten fast eine halbe Stunde; oben sahen wir zwei große, 7—8 m tiefe Behälter, den einen von einem domartigen Gewölbe bedeckt, den andern vollständig offen und fünf mit einander verbundene Abtheilungen enthaltend. Beide

Hauptbehälter, von römischer Konstruktion und durch die Franzosen erneuert und erweitert, werden von etwa 2 km westlich im Gebirge entspringenden Quellen vermittels unterirdischer Röhren gespeist und das auf diese Weise angesammelte Wasser mit Hilfe anderer Röhren im Innern der Stadt vertheilt. Die großen Behälter liegen dicht an der Stadtmauer, welche, den verschiedenen, oft ziemlich schroffen Senkungen und Anschwellungen des Bodens folgend, einen Raum umschließt, der eine dreimal größere Stadt als Philippeville bergen könnte und deren oberer nordwestlicher Theil nicht einmal die Mauer erreichen würde. Wir gelangten außerhalb derselben durch die Pforte neben den Behältern und erfreuten uns einer prachtvollen Aussicht auf das Gebirge. Südlich wird der Horizont von sanft gegen die Bucht geneigten Flächen begrenzt, welche von zahlreichen Wegen durchkreuzt werden, die, meist sehr bequem, zu anmuthigen Promenaden in der Umgegend der Stadt dienen. Die Hügel längs der Außenseite der Mauer waren mit üppiger Vegetation geschmückt, bestehend aus: Scolymus grandiflorus, Galactites mutabilis, Cirsium giganteum, Genista tricuspidata, Lotus drepanocephalus, Campanula dichotoma, Cyclamen neapolitanum, Festuca cœrulea u. a.

Früher hatte die Umgegend von Philippeville ziemlich häufig Löwen und Panther aufzuweisen, was jetzt viel weniger der Fall ist, obgleich der Moniteur de l'Algérie (19. Febr. 1878) meldet, daß sich die Stadtbewohner am 14. Febr. genöthigt sahen, eine große Jagd auf einen Panther zu machen, dessen Verheerungen unter dem Vieh Besorgnisse zu erregen begannen; das getödtete Thier maß von der Schnauze bis zum Schwanzende 2,30 m. Herr Tabaré, der ansehnlichste Fleischer Philippeville's, kaufte dasselbe für den Preis von 250 Franken, so daß das schreckliche Thier, das sich so lange auf Kosten der Einwohner ernährt hatte, nun von ihnen verspeist wurde.

Wir konnten Philippeville nicht verlassen, ohne Stora besucht zu haben, das, etwa 4 Kilom. nordwestlich von der Stadt an der westlichen Küste der Bucht gelegen und mit derselben durch einen trefflichen Weg verbunden, für die Bewohner von Philippeville zu den beliebtesten Ausflügen zählt und in Wahrheit die Gelegenheit zu einer sehr angenehmen und malerischen Spazierfahrt bietet. Der Weg läuft längs der Küste, die sich mit ihren grünen Anschwellungen und schroffen Felsen nach dem Meere hinabsenkt, während die Höhen, welche die Küste entgegengesetzt, südwestlich, umsäumen, mit Hainen von Korkeichen, Olivenbäumen (blühend am 11. Mai),

Myrten, Calycotoma spinosa. Lentisken, Erdbeerbäumen (Arbutus unedo), Phyllirea (Phyllirea latifolia und media) u. a. bekleidet waren, in deren Schatten sich ein üppiger Pflanzenteppich ausbreitete, der hier und da von Antirrhinum tortuosum und Centranthus ruber geröthet erschien.

An diesem reizvollen Wege, und zwar auf den Höhen wie auf den vielfach geneigten Flächen der Küste, zeigen sich zahlreiche Villen der Bewohner von Philippeville mit ihren an schönen Pflanzen reichen Gärten, in denen ich jedoch weder die Phytolacca dioica noch den Dattelbaum bemerkte, die in Algier so gemein sind, hier aber nicht kultivirt zu werden scheinen. Unter diesen Villen befindet sich auch die des Herrn Landon, des glücklichen Besitzers des von mir mit so hohem Interesse besuchten Akklimatisationsgartens von Biskra, wie auch einer Menge von Landhäusern in den schönsten Gegenden Algiers und Frankreichs.

Die Höhen an jenem Wege bestehen aus grauem, gelblichem oder in Folge von Zersetzung weiß gewordenem Talkschiefer, deren Schichtung unklar ist und, wo solche deutlicher auftritt, das Gefälle wechselt, je nachdem dieses nach Nord-Ost-Nord, Süd-Ost-Süd oder nach Westen stattfindet. Die Struktur der Felsart tritt ebenfalls sehr verschieden auf: bald schieferig oder blätterig, bald kompakt, und dann mit einer mehr oder weniger fetten oder glänzenden Oberfläche.

Stora, in malerischer Lage am Fuße der Gebirgsmasse, welche südwestlich die Küste der breiten Bucht von Philippeville begrenzt, ist ein Dorf von etwa 1200 Einwohnern, fast ausschließlich Italienern (Genuesen, Neapolitanern und einigen Maltesern), die sich der Sardellenfischerei widmen. An den Thüren ihrer Häuser wie längs dem Meere sieht man Männer, Frauen und Kinder mit der Aufstellung oder Verfertigung von Netzen, der Ordnung von gegitterten Körben, um die Sardellen an der Sonne zu trocknen (wozu etwa eine Stunde erforderlich), oder mit dem Köpfen der Fischchen (was vorzugsweise den Frauen obliegt) beschäftigt, um diese dann in kleine Blechschachteln zu verpacken und in Magazinen niederzulegen, von wo sie schließlich nach Marseille, Livorno, Neapel u. s. w. verschickt werden. Auch die Schachteln werden an Ort und Stelle in besonderen Werkstätten fabricirt, sodaß alle diese Arbeiten für die kleine italienische Kolonie eine lebhafte Thätigkeit herbeiführen.

Der Fang und das Einsalzen der Sardellen werden ebenfalls in der kleinen Seestadt Collo, 57 km. nordwestlich von Stora, betrieben, doch ist diese Industrie dort nicht wie in Stora die ausschließliche Beschäftigung der Bewohner, da sie sich außerdem der Korallenfischerei und vor Allem der Ausbeutung der schönen Korkeichen-Waldungen, die in der Nähe von Collo eine Fläche von 25,000 Hektaren umfassen und der Gesellschaft Besson gehören, widmen.[1] Man schilderte mir die Küste zwischen Stora und Collo ebenfalls als sehr malerisch, auch soll dieselbe von vielen Bächen bewässert sein, deren einer, Ued-Z'haur, (nach der Aussage des für die afrikanische Ichthyologie so kompetenten Obersten Playfair) in ganz Algerien das einzige Gewässer ist, das von der Forelle und zwar von einer Algerien ausschließlich eigenthümlichen Art (Salmo macrostigma) bewohnt wird.

Es war an der Zeit, Philippeville zu verlassen, und so miethete ich ein kleines Fuhrwerk, das uns, mit Berührung der Erzgruben von Mokra, in wenigen Tagen nach Bone führen sollte. Wir brachen am 12. Mai nach Jemappes auf.

Nachdem wir Philippeville den Rücken gekehrt, durchfuhren wir eine halbe Stunde lang einen wirklichen Park auf einer von Platanen, Eucalypten, Hagebuchen, Eichen (Fraxinus australis) Pappeln (Populus alba), Robinia 2c. gebildete Allee. Die häufig

[1] Die Korallenfischerei in Collo ist von geringerer Bedeutung als die von La Calle, einer kleinen Stadt an der tunesischen Grenze, wo sie aber zum Leidwesen für Frankreich ausschließlich zu Gunsten der Italiener betrieben wird, deren Zahl 4000 übersteigt. Herr Dr. Bonnafont, der 1876 die Landreise von Bone nach La Calle machte, bei welcher seine kleine Karavane durch die Löwen viel zu leiden hatte, die diese Gegend bewohnen oder doch damals bewohnten, meldet (Bull. Soc. d'Acclimat. 3. Serie, Theil IV, an. 1877, p. 715), daß Korallen in dem Meerbusen zwischen Biserta und Kap de Garde in großer Menge vorhanden sind. Ueberrascht von der schnellen Abnahme der französischen Korallenfischer, berechnet er den jährlichen Verlust, den der Verfall dieses Gewerbezweiges für Frankreich im Gefolge hat, auf 2 Millionen Franken, was einem Kapitale von 16 Millionen entspricht. Herr Bonnafont macht darauf aufmerksam, daß unter den Plätzen, bei welchen Korallen gefischt werden, La Calle der Ort sei, wo dieser kostbare Zoophyte in geringster Tiefe, nämlich bei 30, 40 und 100 m zu finden wäre, während bei Messina 200 m und in den Dardanellen 400 m in Betracht kommen. Ueber diesen Gegenstand empfehle ich das Studium des Buches des Herrn Lacaze du Thiers: Histoire naturelle du corail, organisation, reproduction, pêche en Algérie, industrie et commerce; Paris, 1864.

von Caktus-Hecken eingeschlossenen Felder waren wohl angebaut, das Getreide aber noch nicht geerntet; unter den Gewächsen, welche den üppigen Pflanzenteppich zusammensetzten, bemerkte ich ziemlich häufig: Trifolium isthmocarpum, Brot., von Munby bloß in der Provinz Oran nachgewiesen, Eufragia (Bartsia L.) viscosa, Benth., Bartsia tricolor, Anarrhinum pedatum, Desf. u. a. Je mehr sich die Gegend welliger gestaltete, um so mehr nahm die Zahl der Korkeichen zu, die leider durch Feuersbrünste verwüstet worden, welche einen schwarzen Feuerschleier über die sonst so grünen Flächen gebreitet haben. Da wo die Sandablagerungen das feste Gerüst der Gegend erkennen lassen, sieht man zuerst die aufgerichteten Blättchen der Talkschiefer, dann mergelige dunkle Kalksteine fast horizontal geschichtet oder kaum nach Südosten geneigt, endlich gelbliche Sandsteine nach Südwesten unter Winkeln von 60—70 Grad abfallend.

Als wir einige unansehnliche Anhöhen überwunden hatten, stiegen wir in die schöne, vom Ain-Safar und Fendch bewässerte Ebene hinab, dort einer von Eucalyptus eingefaßten Allee folgend, die nach Jemappes führte, wo wir übernachteten, obwohl wir diesen Tag nur 25 Kilom. zurückgelegt hatten.

Diese kleine freundliche Stadt, deren Name dem belgischen Dorfe entnommen ist, wo 1792 die Oesterreicher von den Franzosen geschlagen wurden, liegt mitten in der Ebene auf einer geringen, 92 m hohen Anschwellung und erfreut sich durch ihre klimatischen Bedingungen der Vorzüge der am meisten begünstigten Küstenregionen, weshalb hier jede Kultur, obendrein durch reiche Bewässerung unterstützt, vortrefflich gedeiht; die zahlreichen Gärten sind mit schönen Zierpflanzen geschmückt, auch fehlen die in Philippeville nahezu unbekannten Dattelbäume nicht. Die nicht weniger als 25 Hektare einnehmenden Getreidefelder und Weingärten sind vielfach von Opuntia-Hecken eingefaßt, welche den südlichen Charakter der Landschaft noch mehr hervorheben, indem ihre flachgedrückten, grünblauen Stämme anmuthig von den schlanken Umrissen und dem grellen Grün der Bäume und Sträucher abstechen. An den westlichen und östlichen Ausgang der Stadt schließen sich schöne Alleen von Eucalypten, Eichen (Fraxinus australis) und besonders indischem Flieder (Melia Azedarach), dessen bläuliche Blüthen einen angenehmen Geruch aushauchten.

Obwohl die etwa 2000 Individuen zählende Bevölkerung nicht durchweg französisch ist, vielmehr 500 Araber darunter sind, ist doch die Physiognomie der Stadt mit ihren breiten, geraden Straßen und hübschen Häusern ganz europäisch, zumal die Einheimischen in besonderen Straßen vereinigt sind, deren Anzahl zu unbedeutend, um auf den Gesammtcharakter eine merkliche Wirkung auszuüben.

Wenn man die angebaute, aber wenig und nur auf den Höhen bewaldete Ebene von Jemappes sieht, so sollte man nicht erwarten, daß eine solche Gegend von Löwen besucht sei, und doch ist dieses Thier, obwohl früher viel häufiger, auch jetzt hier und besonders bei Fontaine-Chaude nicht selten. „Zuweilen hört man im Winter seine Stimme ganz in der Nähe des Städtchens ertönen, was dann die Araber in große Schrecken versetzt, da ihre Hausthiere nicht wie bei den Europäern gut abgesperrt und überwacht werden; ja selbst in mondhellen Sommernächten kann man den unwillkommenen Nachbar ruhig durch die Ebene schreiten sehen. Das Vorhandensein des Löwen in einer offenen, angebauten und bewohnten Ebene, wie der von Jemappes und manchem ähnlichen Orte Algeriens, welche ebenfalls nicht frei von Löwen und Panthern sind, liefert somit den schlagendsten Beweis von der argen Täuschung, in der man befangen, wenn man den Löwen unwillkürlich mit Wäldern oder Wüsten in Verbindung bringt. Das Entgegengesetzte kommt der Wahrheit näher, da dieser kühne Fleischfresser die Wälder nur so lange liebt, als sie Thiere enthalten; aber was er mehr liebt, sind wohlbewässerte Thäler, wo die Gegenwart des Menschen das Vorhandensein von Vieh verkündet und wo der Landbau kompaktes und ausgedehntes Dickicht ausschließt, das ihm die Gelegenheit nimmt, seine Beute aufzuspüren oder Jagd auf dieselbe zu machen. Es wäre also an der Zeit, den Ausdruck „der Löwe der Wüste" zu streichen und solchen den Dichtern oder phantastischen Reisenden zu überlassen.[1])

Ohne Zweifel wird sich mit dem Wachsen der Bevölkerung der von Löwen eingenommene Raum immer mehr vermindern und zuletzt ganz verschwinden; aber noch lange wird der Löwe seine Lieblingsplätze in Algerien, vorzugsweise in der Provinz Constantine, behalten, die diesem unwillkommenen Gaste noch immer einen

---

[1]) Zur Stütze dieser Aussage sei noch bemerkt, daß ich nicht etwa an einem einsamen Orte Kleinasiens, sondern in der Umgegend einer volkreichen Stadt, wie es Smyrna ist, eine neue Panther-Species entdeckte, die, von Valencienne beschrieben und abgebildet, unter dem Namen Felis Tulliana in meiner Asie Mineure, partie 2. p. 613, Tafel I einzusehen ist.

bedeutenden Tribut zu zahlen hat. Herr Riel[1]) giebt darüber folgende interessante Auskunft. „Eine Löwe frißt oder tödtet alle fünf Tage ein großes Stück Vieh und jeden zweiten Tag ein Schaf oder eine Ziege. Der mittlere Werth eines Ochsen, einer Kuh, eines Pferdes oder eines Maulthieres ist 150, der eines Schafes oder einer Ziege 10 Franken. In einem Jahre raubt also der Löwe 75 Stück großen und 292 kleinen Viehes, was einen Gesammtwerth von 13,870 Franken darstellt; so viel kostet also ein einziger Löwe. In der Annahme, daß er 30 Jahre alt wird, was einer mittleren Lebensdauer entspricht, erhält man die beträchtliche Summe von 416,000 Franken. Da man annehmen kann, daß im Departement Constantine wenigstens 50 Löwen vorhanden seien, so folgt daraus, daß der Löwe überhaupt diesem Departement jährlich 693,500 Franken kostet!" Nimmt man mit Riel nur 50 Löwen für jenes Departement an, was gewiß keine übertriebene Zahl, so dürfte es eher hinter der Wahrheit zurückbleiben, wenn man etwa nur die Hälfte für jedes der beiden anderen Departements (Algier und Oran), folglich 100 lebende Löwen für ganz Algerien annähme; dann würde also dieser König der Thiere der afrikanischen Kolonie jährlich nicht weniger als 1,387,000 Franken kosten, ohne die Panther zu rechnen, die noch weit zahlreicher und blutgieriger als die Löwen sind.

Die Entfernung von Jemappes bis zu den Bergwerken von Ain-Mokra beträgt nur 31 km. Wir setzten unsern Weg durch die schöne Ebene fort; Anfangs erschienen ausgedehnte Gerstenfelder (die Gerste am 13. Mai noch nicht völlig reif), dann Buschwerk mit Korkeichen vermischt. Etwa eine halbe Stunde von jenem Orte zeigte sich rechts der Weg nach la Fontaine-Chaude, deren Quelle sich in einem Graben am Fuße einer bewaldeten Höhe befindet; dies ist der Platz, den die Löwen zu ihrem Lieblingsaufenthalt erwählt haben, und von wo aus sie Jemappes und dessen Nachbarschaft ihre unwillkommenen Besuche abzustatten pflegen. Die Felder erschienen durch den schönen Scolymus grandiflorus wie vergoldet. Als wir an dem Dörfchen Indcherka vorüberfuhren, wo die Häuser der Franzosen hart an die aus Rohr geflochtenen arabischen Hütten anstoßen, sahen wir auf den Weiden Heerden von Kühen und Ochsen, was lebhaft an Schweizer Vieh erinnerte und sich nur äußerst selten in den anderen Provinzen Algeriens zeigt, wo Schaf und Ziege fast

[1]) Géographie de l'Algérie, Th. I. p. 193.

allein die Hausthiere bilden, während die Zucht des Hornviehes in der Provinz Constantine fleißig betrieben wird; diese allein hat den Vorzug, Fleisch und Milch von vorzüglicher Güte zu liefern, wie ich früher zu bemerken Gelegenheit gehabt.

Je weiter wir in der Richtung nach dem See Fezzara vorwärts schritten, um so mehr gestaltete sich die Gegend flach und waldlos, oft endlose Ebenen entfaltend, während die das nördliche Ufer des Sees umsäumenden Höhen auf dem weiten Horizont in dunstigen bläulichen Umrissen verschwammen. Erst etwa eine Stunde vor Ain-Mokra stiegen wir allmählich durch schöne Korkeichen-Haine bergan. Die Höhen trugen einen frischen Pflanzenteppich, durch welchen hier und da die Talkschiefer hervorragten. Ohne Ain-Mokra zu berühren, das als Dorf gilt, aber nur aus einem von wenigen arabischen Hütten umgebenen Karavanserai besteht und etwa 1 km östlich von den Bergwerken liegt, begaben wir uns sofort in die Wohnung des Direktors der Gesellschaft, Herrn v. Cerner, der, durch Geschäfte in Bone zurückgehalten, Herrn Marius Passebois, dem Ingenieur der Gesellschaft, aufgetragen hatte, uns die Honneurs zu machen, welche Aufgabe der hochgebildete, liebenswürdige Stellvertreter mit Eifer und Wohlwollen erfüllte. Er beeilte sich, uns nach den Bergwerken zu führen, nachdem wir vorher das bereitete Frühstück eingenommen hatten, das unserer in dem malerischen Kiosk des der Anstalt gehörenden Gartens wartete; in diesem erheben sich neben einigen ziemlich verkrüppelten Dattelbäumen kräftige, erst seit fünf Jahren gepflanzte Eucalypten.

Wenn ich auch schon viel von den Bergwerken Ain-Mokra's gehört hatte, so übertrafen diese doch alle meine Erwartungen. Sie sind eine in ihrer Art einzige Erscheinung, welche die Alten, wenn sie dieselben in ihrem jetzigen Zustande gesehen hätten, vielleicht als das achte Wunder der Welt bezeichnet haben würden; nirgends in der Welt ist eine so riesenhafte metallische Masse von so reinem Gehalt bekannt wie der aus fast reinem Eisen bestehende Berg von Mokra, dessen wirkliche Ausdehnung noch heute unbekannt ist.

Die in Mokra wie noch an einigen anderen Punkten der Gebirge zwischen Mokra und Bone abgebauten Erzlager gehören einer Gesellschaft, welche dieselben den Eigenthümern oder Koncessionären nach und nach abgekauft und sich unter dem Namen Mokra-el-Habid-Gesellschaft gebildet hat. Sie zahlt der Regierung 5 Procent vom reinen Ertrage des Abbaues, was der letzteren ein jährliches Einkommen von 200,000 Franken sichert, welche Summe sich im Hinblick auf den ungeheuren Verdienst der Gesellschaft, der sich auf einen jährlichen Reinertrag von zwei Millionen Franken beziffert, bedeutend erhöhen ließe. Die Bergwerke von Mokra allein liefern jährlich etwa 400,000 Tonnen rohen Eisens. Ferner hat die Regierung der Gesellschaft das Eigenthum des Sees Fezzara mit einem Flächengehalt von 14,000 Hektaren gesichert und letztere sich verpflichtet, 6000 Hektare trocken zu legen und den auf diese Weise verkleinerten See vermittelst eines 15 km langen Kanals mit dem Meere in Verbindung zu bringen, was für das öffentliche Wohl von großer Wichtigkeit ist, weil die Ausdünstungen der großen, durch verwesende Pflanzenreste geschwängerten Wassermasse heftige Fieber zu erzeugen pflegt. Trotzdem bleibt das Unternehmen für die Gesellschaft ein nutzenbringendes, da sie die Kosten, welche übrigens wegen der unbeträchtlichen Tiefe des Sees (nirgends unter 2,5 m) verhältnißmäßig unbedeutende sind, in kurzer Zeit durch die Verwerthung des gewonnenen Bodens, wie auch durch wohlfeilere Beförderung der Erze zu decken vermag, welche letzteren statt nach Bone vermittels des Kanals in die Bucht von Stora, unweit Constantine, erfolgt und so den weiten Umweg um Cap de Fes vermeidet. Das abgebaute Erzlager befindet sich etwa 8 km nördlich vom See Fezzara auf den Höhen, die fast parallel mit seinem Nordufer laufen (von W.-S.-W. nach O.-S.-O.) und sich in derselben Richtung bis in die Gegend von Bone fortsetzen, wo dieser Höhenzug sich an die südöstliche Spitze des Edugh-Berges anschließt und somit ein Dreieck bildet, dessen Scheitel durch den Vereinigungspunkt beider Höhenringe gebildet wird.

Die durch das weggeführte Erz entstandene weite Aushöhlung des Hauptbergwerkes, das 23 m über dem Meeresspiegel liegt, gestattet die Feststellung der geologischen Lagerungsverhältnisse und ihrer Mächtigkeit. Das Mineral ist ein manganhaltiges, fast reines Eisenoxidul, dessen bloßgelegte Masse schon von Westen nach Osten eine Ausdehnung von 1800 m und eine Mächtigkeit von 40 m besitzt. Das Hängende wie das Liegende des Erzlagers bestehen aus Glimmerschiefer; ersteres, an Glimmer und Erz reicher, enthält im Glimmerschiefer mehr oder weniger bedeutende Nester von dunklem krystallischen Kalkstein, der zuweilen in einen weißen körnigen Marmor übergeht. Der freiliegende Theil des Hängenden erhebt sich in Gestalt einer riesenhaften Platte, die stark gegen Südosten abfällt, wie es auch mit dem Glimmerschiefer des Bodens der Fall ist. Das aus oxydulirtem Eisen bestehende Erz zwischen beiden Glimmerschiefer-Abdachungen ist eine verworren geschichtete Masse, fast einer ungeheuren, in großen Blöcken sich ablösenden Eisenablagerung gleichend, von denen ich einen im Gewichte von 50 Tonnen sah. In dem Hauptbergwerke befindet sich das Liegende 10 m tief unter der Oberfläche des Bodens und ragt an mehreren Punkten durch denselben hervor, vertieft sich aber natürlich um so mehr, je mehr man der Richtung seines Falles folgt. Als man 400 m südöstlich vom großen Ausschöpfungsschachte einen Bohrversuch anstellte, mußte man 80 m des todten Gesteins durchdringen, ehe das Erzlager erreicht wurde. Wahrscheinlich hat man später, da sich die Erzlager vermuthlich in der ganzen Bergkette bis Bone fortsetzen, mehrere Hundert Meter tiefer hinabzugehen, was ausgedehntere und somit kostspieligere unterirdische Arbeiten erfordert; das bis jetzt in unbedeutender Tiefe erreichte Erz läßt jedoch noch ein weites Feld für die Ausbeute übrig und das Erz ist so reich, da es 60 bis 70 Prozent rohen Eisens abwirft, daß der Betrieb immer ein sehr lohnender bleiben wird, auch wenn man in noch größere Tiefen vordringen müßte.

Das Eisen wird im rohen Zustande nach Frankreich und England, ja selbst nach Amerika versendet, wo es dem schließlichen Reinigungsprozeß unterliegt, dessen Vornahme an Ort und Stelle wegen Mangels an Brennmaterial für die Gesellschaft zu kostspielig sein würde. Die ungeheure Masse von Eisenoxydul übt auf die Magnetnadel eine so störende Wirkung, daß ich mich nur mit größter Mühe meines Kompasses für die Bestimmung der stratigraphischen Bedingungen wie für die Orientirung überhaupt zu bedienen vermochte; jene erstreckt sich, wie man mir versicherte, so weit, daß sie noch am Bord der an der Küste von Bone steuernden Schiffe fühlbar sein soll.

Das Hauptbergwerk von Mokra ist mit gewaltigen Maschinen für die Ausschöpfung des Wassers und Hebung des Erzes versehen; letztere erfolgt durch Karren, welche vermittels Gewichte und Gegengewichte in den nur wenig tiefen Aushöhlungen auf- und absteigen, das Erz in die Eisenbahn-Waggons neben dem Bergwerke entleeren und auf solche Art eine sehr bedeutende Masse nach Bone bringen. Die Eisenbahn, welche, von der Gesellschaft erbaut, drei Fahrten täglich macht, hat auch einige bequeme und elegante Wagen für die Beamten und Besucher, welche letzteren die Gesellschaft in großer Zuvorkommenheit unentgeltlich befördert.

Die Zahl der in Mokra angestellten Arbeiter beläuft sich auf 800, wächst aber auf das Doppelte, wenn man die in den übrigen Bergwerken der Gesellschaft thätigen Arbeiter in Betracht zieht. Erstere wohnen neben dem Bergwerke in einer Reihe steinerner Häuser, welche die Gesellschaft erbaute und die, sehr sauber gehalten, getheilt für fünf, im Ganzen für zehn Franken monatlich vermiethet werden; das Miethsgeld wird von der Besoldung abgezogen, welche drei bis fünf Franken täglich beträgt. Reichliche gesunde Nahrung ist den Arbeitern durch eine Schänke gesichert, deren Unternehmer die Verpflichtung hat, ihnen solche stets zu mäßigen, von der Gesellschaft festgesetzten Preisen bereitzuhalten; ihrerseits garantirt diese dem Wirth eine tägliche Einnahme von zwei Franken per Person. Diese Einrichtung gestattet Letzterem nicht nur, einen gesicherten täglichen Umsatz von 1600 Franken zu machen, sondern seinen Vorräthen auf eigene Verantwortung noch manchen Leckerbissen für wohlhabendere Konsumenten beizufügen. Eine Schule, von erfahrenen Vorgesetzten geleitet, ist für die Erziehung der Kinder bestimmt und jeder Arbeiter gehalten, die seinigen dorthin zu schicken; bei unserem Besuche belief sich die Zahl der Zöglinge auf 79. Mädchen und Knaben versammeln sich in verschiedenen Zimmern, die mit Allem ausgestattet sind, was für das Schulstudium belehrend und bequem: Bänke in mehreren Reihen für die Schüler, geographische Karten und Schiefertafeln an den Wänden, Fächer mit den nöthigen Büchern 2c. Da der größte Theil der Arbeiter aus Italienern und Maltesern besteht, so sind deren Kinder vornehmlich auf die Erlernung des Französischen angewiesen; die arabischen Zöglinge bilden eine verschwindend geringe Zahl, obwohl der Schulvorstand das günstigste Urtheil über ihre geistigen Fähigkeiten und namentlich über die Leichtigkeit, mit der sie alles erlernen, aussprach. Leider hegen die Araber noch immer Widerwillen, ihre Kinder christlichen Schulen anzuvertrauen und ziehen es vor, dieselben in die jämmerlichen Gurbis zu schicken, wo sie zu einem rein thierischen Dasein verdammt sind.

Endlich wurden noch eine freundliche Kirche und ein bequemes Haus für den Direktor erbaut; für die liberalen und ehrenvollen Grundsätze der Gesellschaft spricht der Umstand, daß an die Bequemlichkeit ihres Direktors erst gedacht wurde, nachdem für die sämmtlichen häuslichen Bedürfnisse der zahlreichen Arbeiter vollständig gesorgt ward. Kurz, man muß der aufgeklärten, großen Menschenfreundlichkeit, mit welcher die Arbeiter von der Gesellschaft behandelt werden, unbedingtes Lob zollen, namentlich wenn man noch die ungünstigen Gesundheitsverhältnisse der Gegend berücksichtigt, wo eine so bedeutende Menge von Menschen zusammengedrängt ist, die eine stete Fürsorge und Ueberwachung erheischt, da Mokra, wie bemerkt, namentlich im Sommer, wo das Thermometer im Schatten bis zu 45 Grad (Centigr.) steigt, Fiebern ausgesetzt zu sein pflegt.

Die Umgegend ist an Wild ziemlich reich, sodaß schon mancher Jäger seine Jagdtasche für das erlegte Wild zu klein befunden hat, und trotz der offnen und keineswegs einsamen Landschaft ist auch hier der Löwe nicht allzu selten. Herr Passebois erzählte, daß man kurze Zeit vor unserer Ankunft einen Löwen von bedeutender Größe zwischen Mokra und Bone getödtet habe, und daß an einem anderen Tage die Diligence zwischen Philippeville und Bone einen Umweg machen mußte, weil sich eine Löwin mit ihren Säuglingen gerade in der Mitte des Weges gemächlich gelagert hatte, ohne daß sie die geringste Absicht gezeigt habe, dem Fuhrwerk Platz machen zu wollen. Jener Herr war so freundlich, uns zu begleiten und mit uns in einem Eisenbahnwagen Platz zu nehmen, der uns nach Bone bringen sollte.

Wenn man Mokra verläßt, so zeigt sich die weite Fläche des Sees von Fezzara, dessen schlammiges brackiges Wasser, von einem frischen Winde aufgeregt, wie die Wellen eines kleinen Meeres wogten. Der See verschwand bald hinter den Hainen von Eucalyptus, die, dank jener Gesellschaft, die ganze Ebene längs dem nördlichen Ufer schmücken. Die Ebene wird gegen Norden von einem bewaldeten Höhenzug begrenzt, einer Fortsetzung jener von Mokra, auch von derselben Felsart, nämlich Glimmerschiefer, deren Schichten jedoch nach Südwesten oder Nordwesten abfallen. In gleicher Weise treten an mehreren Stellen die Erzlager von Mokra auf. Etwa 22 km von Mokra entfernt erblickten wir auf den Höhen zu unserer Rechten die ebenfalls der Gesellschaft gehörende Grube Karesas, deren Abbau 200 Arbeiter beschäftigt. Näher an Bone, etwa 30 km von Mokra, sahen wir die Ebene wie die Berge mit Gebüsch von Zwergpalmen bekleidet, die ich seit dem Scheiden von Algier so sehr vermißt hatte. In der Nähe von Bone traten schöne Oliven-Haine an ihre Stelle, durch welche die glänzende Seybouse, ein breiterer und wasserreicherer Fluß als es die Mehrzahl der algerischen Flüsse sind, funkelte. Neben demselben zeigte sich auch die fast ebenso bedeutende, in das Meer mündende Budjema.

Bone nimmt sich recht malerisch aus, ist aber eine mehr europäische Stadt, in welcher man sich Anfangs wie in einer eleganten französischen Seestadt zu befinden wähnt.

Die beiden beträchtlichen Becken, welche als die Häfen von Bone dienen, sind durch zwei ausgedehnte Dämme vollkommen geschützt, auch tief genug, um den größten Schiffen das Ankern am Quai zu gestatten und sich unmittelbar mit der Stadt durch Boote in Verbindung zu setzen, was dem tieferen Theile der Stadt ein lebhaftes Gepräge verleiht. An den Hafen schließt sich eine schöne Allee längs dem Meere, fast bis zum Cap de Garde am westlichen Ende des Busens, eine beliebte Promenade der Bewohner von Bone wegen des kühlen Seewindes und weil man hier gegen die Sonne geschützt ist. Dies bewirken einerseits die Bäume der Allee, andererseits die pittoresken Felsen mit ihren abschüssigen Wänden, an welchen die mit Schießscharten versehene Stadtmauer kühn emporklimmt. Mit der Stadt steht die Allee durch eine ziemlich steile, doch nicht unbequeme Treppe in Verbindung, die sich am Felsen bis zur Mauerpforte der Kasba, welche in den oberen Theil der Stadt führt, erhebt. Wenn man letztere durch diese Pforte betritt, gewahrt man eine andere, längs der Innenmauer und parallel mit der Außenseite laufende Allee, die sich bis an das westliche Ende der Stadt erstreckt, wo die abschließende Mauer durch das Thor des Carroubiers unterbrochen wird. Auf diese Weise kann man der Mauer in zwei verschiedenen Höhen, nämlich innerhalb und außerhalb derselben, folgen, stets eine prachtvolle Aussicht auf beide Häfen und auf die blaue Wasserfläche des Meerbusens genießend, da auch die Mauer der inneren Allee an verschiedenen Stellen die Fernsicht gestattet.

Den unteren Theil der Stadt durchschneidet die schöne Straße Cours National, die sich von der Kathedrale bis zum Hafen erstreckt; ihre eleganten Häuser an beiden Seiten verleihen derselben ein durchaus europäisches stattliches Ansehen. Der obere, auf Hügeln erbaute Stadttheil mit seinen schlecht gepflasterten, meist engen Gassen erinnert allein an den Orient; alle übrigen würden sich auch in unsern größten europäischen Städten nicht übel ausnehmen; so namentlich die öffentlichen Dienst-Gebäude, Kaffeehäuser, Restaurants, Läden u. s. w., wie auch das schöne Wirthshaus Hôtel d'Orient, das Fremden alle Bequemlichkeiten der civilisirten Welt gewährt.

Nur ein einziges, zugleich malerisches Moment erinnerte bei allen diesen Gebäuden an den Orient, und zwar die Gegenwart von Störchen auf den Dächern, die ich in solcher Anzahl in Algerien nirgends angetroffen. Andererseits wird das Bedauern rege, die Hunde hier nicht ebenso wie im Orient von der Hydrophobia befreit zu sehen, da diese gräßliche Krankheit seit der französischen Okkupation sowohl in Bone wie an der ganzen algerischen Küste Wurzel gefaßt zu haben scheint. Die Zeitungen von Bone bezeugen die Thatsache und weisen auf das beunruhigende Ueberhandnehmen des Uebels hin.[1]) Wie ich bewiesen zu haben glaube,[2]) war den Alten die Wasserscheu unbekannt und Constantinopel erfreute sich dieses Privilegiums noch während meines letzten Besuches vor zwölf Jahren; leicht aber könnte es in Folge des Fortschritts europäischer Civilisation desselben verlustig gehen.

Die Schnelle, mit welcher sich Bone vergrößert und verschönert, grenzt ans Wunderbare. Wenige Jahre früher hatte die Stadt 15,000 Einwohner, jetzt bereits 26,000, und da die Zahl jährlich zunimmt, so unterliegt es keinem Zweifel, daß dieselbe zu einem der wichtigsten Handelsplätze des mittelländischen Meeres bestimmt ist, namentlich wenn erst Tunis der französischen Kolonie einverleibt sein wird, was nur eine Frage der Zeit und von allen parteilosen Freunden der Civilisation herbeigesehnt wird. Wie in Tunis, so befindet sich das italienische Element auch in Bone in steter Entwickelung und dürfte einst das vorherrschende werden.

Längs der Küste von Bone ist das Meer an Fischen sehr reich; auch wird, wie der Oberst Playfair meldet, die Seybouse mit ihren Zuflüssen von einer Süßwasser-Species (Syngnatus algeriensis) bevölkert, welche ausschließlich diesen Gewässern eigen und sonst nirgends anzutreffen ist. Ebenso sind die Schalthiere und eßbaren Mollusken an der Küste reich vertreten, unter diesen die Steuerkrabben fast von der Größe wie die Süßwasser-Krebse und ihr Fleisch von feinerem Geschmack als das des Hummers; andererseits sind wieder die Austern fast mikroskopisch, so daß man den Mund damit füllen muß, um nur irgend einen bestimmten Geschmack zu bekommen. Trotz ihrer Kleinheit gehören letztere wahrscheinlich doch zu der Art unserer eßbaren Auster (Ostrea edulis), obwohl es schwierig ist, die Ursachen anzugeben, welche in den Austern überhaupt und je nach ihrem Gehäuse so auffallende Abweichungen in der Größe und

---

[1]) Vgl. La Seybouse. Journal de Bone, 12. Mai 1878.

[2]) Asie Mineure, 2e partie, Climatologie et Zoologie, S. 597–599.

Entwickelung hervorbringen. Offenbar bildet ein gewisser Salzgehalt des Meerwassers eine Hauptbedingung für ihr Dasein, denn sie fehlen in der Ostsee und im größten Theile des schwarzen Meeres, welche beide salzarm sind, wenn auch der Uebergang von den von Austern bewohnten Stellen zu den nicht bewohnten oft ein schroffer ist, indem sie z. B. an den westlichen Küsten Jütlands zahlreich, an den östlichen aber gar nicht vorhanden sind. Das Marmara-Meer und die Dardanellen, beide mit dem schwarzen Meere innig verbunden, waren ihrer Austern wegen bei den Alten berühmt, und Plinius[1]) lobt die von Cizycus wie Virgilius[2]) und Atheneus[3]) jene von Abydos; wenn diese Oertlichkeiten ihren alten Ruf heute nicht mehr rechtfertigen, so muß man annehmen, daß sich die chemischen Bestandtheile dieser Meere geändert haben. Diese Erscheinung dürfte sich auch bei der Nordsee zeigen, die früher salzhaltiger gewesen sein muß, da die auf den Ostküsten Jütlands häufig vorkommenden Auswürfe alter Mahlzeiten, welche man mit dem Namen Kjokkenmading bezeichnet, eine Menge Austern enthalten, die jetzt nicht mehr an dieser Küste leben.

Es wäre nicht ohne Interesse, die Alten für diesen Fall zu Rathe zu ziehen, denn die Bekanntschaft mit jenen Mollusken als Nahrungsmittel steigt bis zum grauesten Alterthum hinauf; Atheneus zufolge[4]) sollen sie schon von Homer erwähnt worden sein, während die Auster zur Zeit des Apicius und Lucullus eine so wichtige gastronomische Rolle spielte, daß die Römer ungeheure Summen für die Begründung und Pflege künstlicher Austernlager aufwendeten, wie es Plinius umständlich erzählt.[5]) Nach diesem Schriftsteller[6]) hegen die Austern eine besondere Vorliebe für solche Stellen, wo mehrere Flüsse in das Meer münden; auch sagt er: „die Austern der hohen See sind klein und selten (pelagia pauca et rara)", doch fügt er hinzu, daß sie trotzdem auch zwischen Felsen und an Plätzen, die von süßem Wasser weit entfernt, vorkommen, wie z. B. in der Gegend von Grynium und Myrina. Ferner meldet Atheneus,[7])

---

[1]) Nat. Hist., XXXIII, 21.

[2]) Georg. I, v. 201.

[3]) Deipnosophist. III, 44.

[4]) Loc. cit. III. 31, 32.

[5]) Loc. cit. XXXII. 21 und IX, 20.

[6]) Loc. cit. XXXII. 21.

[7]) Loc. cit. VIII, 6.

daß zur Zeit der Kriege mit Mithridates in der Umgegend von Apamea (Phrygien) ein Erdbeben stattgefunden habe, in Folge dessen plötzlich mehrere Seen mit brackigem Wasser emporgetaucht seien, welche trotz ihrer bedeutenden Entfernung vom Meere Austern und andere Meerthiere enthalten hätten. Man sieht also, daß die Beobachtungen der Alten ebenso wenig wie die noch heute wiederkehrenden Thatsachen zur Erklärung der auffallenden Unterschiede hinsichtlich der Größe und der gastronomischen Eigenschaften der Auster ausreichen; wäre für solche die Vereinigung salziger und süßer Gewässer wirklich ein günstiges Moment, wie es Plinius meint, so würde die Kleinheit und Geschmacklosigkeit der Austern von Bone unbegreiflich erscheinen, da die Küste dort eine große Zahl von Bächen aufweist, während die Westküste Norwegens dergleichen selten hat und die Austern der letzteren sich durch ihre Größe und ihren Geschmack auszeichnen.

Sind nun auch die Austern von Bone ihrer mittelmäßigen Eigenschaften wegen als Handelsartikel ein unbedeutendes Objekt, so verhält es sich ganz anders mit den Fischen und Krabben, deren Verwerthung in Bone wie in Philippeville einen steigenden Gewinn bringt. Aus einer der französischen Akklimatations-Gesellschaft übersandten Arbeit[1]) des Herrn Dr. Bertherand ergiebt sich, daß beide Orte schon jetzt nicht weniger als eine Million Kilogr. Fische jährlich nach Marseille exportiren, die in vollkommen gutem Zustande ankommen, wozu allerdings sinnreiche Einrichtungen künstlicher Vereisung beitragen. Den besten Beweis für die tadellose Güte dieser Waare liefert die Thatsache, daß das Kilogr. Seezunge, welches in Algier 1 Fr. 50 Cent. kostet, in Marseille für 3 Franken verkauft wird.

Die Orangen von Bone können mit jenen von Blida und Bougie wetteifern, sind aber, wie aller Orten in Algerien, nur kurze Zeit zu haben und werden schon nach dem April sehr selten.

Obgleich man mir die Versicherung gab, daß einige Höhen an der Küste von wilden Affen bewohnt seien, so kamen uns leider solche nicht zu Gesicht, obgleich wir während unserer ganzen Reise durch Algerien in dieser Hinsicht wie in mancher anderen besonders begünstigt waren. Denn an allen Orten, wo das Vorkommen von Affen bekannt, hatten sie nie verfehlt, sich uns zu zeigen und so die Thatsache zu bestätigen, daß Algerien eines der bei

---

[1]) Bulletin de la Soc. d'acclim., 3. serie, an. 1879, Th. VI, p. 543.

diesen merkwürdigen Thieren beliebtesten Länder ist. Diese Thatsache hat schon die Aufmerksamkeit der Alten erregt; Strabo [1]) bezeichnet Maurisien (die Küstenregion von Marocco und Algier) als ein sehr fruchtbares, von Löwen, Panthern, und Elephanten (letztere nicht mehr vorkommend) bewohntes Land, in welchem die Affen so zahlreich seien, daß Posidonius, als er auf der Reise von Gadès (Gibraltar) nach Italien an der Küste von Libyen segelte, in einem bis zum Meere reichenden Walde eine Menge Affen erblickt habe, auf den Zweigen der Bäume sich wiegend und auf dem Boden ausgestreckt oder sitzend und ihre Jungen säugend. „Posidonius, fügt Strabo hinzu, konnte sich des Lachens nicht enthalten beim Anblick einiger von diesen Thieren mit hochgeschwollenen Brüsten oder kahlen Köpfen."

Ehe ich von der Umgegend Bone's spreche, gestatten Sie mir ein paar Worte über die geognostische Beschaffenheit der Stadt selbst, indem ich mir zugleich vorbehalte, später diejenigen Beobachtungen mitzutheilen, zu denen die weiteren Ausflüge den Anlaß gaben.

In Bone selbst liegt das feste Gerüst der Gegend in bedeutender Ausdehnung frei, da die Stadtmauern die malerischen Felsen durchschneiden, welche sich längs dem Meere erstrecken und die schöne Allee umsäumen, von der ich schon gesprochen habe.

Diese Felsen zeigen eine lange Reihe von Glimmerschiefer und Kalkstein, die, mehrmals auf einander folgend, häufig einer in den andern unmerklich übergehen. Der Glimmerschiefer, entweder dunkel oder weißlich, enthält viel Glimmer, Krystalle von Granaten, Staurolithen und Hornblende, aber wenig Quarz, oder ist von letzteren so durchdrungen, daß die Felsart zu einem weißlichen, blättrigen Quarzite wird; auch durchsetzen Quarzadern die dunkeln und glimmerreichen Varietäten der Felsart. Der Kalkstein ist meistens weiß, gräulich oder bläulich, von splittrigem Bruch, körniger oder saccharoider Textur, als schöner Marmor auftretend; mitunter wird er von Kalkspath-Zonen gestreift, die ihm ein bandartiges Aussehen verleihen; häufig sind die Kalksteine schieferig und blätterig. Sowohl die Glimmerschiefer, als die Quarzite und Kalksteine bilden Bänke und Schichten von sehr verschiedener Mächtigkeit, stark aufgerichtet (unter Winkeln von 60, 70 und 80 Grad), gewöhnlich nach Süd-Ost, zuweilen auch nach Nord-Ost abfallend.

Betrachtet man diese lange Reihe von Glimmerschiefer und Kalksteinen, so kommt man unwillkürlich auf den Gedanken, sie an

[1]) L. XVII.

die Reihe derselben in Mokra vorhandenen Felsarten zu knüpfen, wo die ebenfalls körnigen Kalksteine häufig in den Glimmerschiefern auftreten, die das Dach der Lager des Eisen-Oxyduls bilden und, wie in Bone, durch ihren Reichthum an Granaten bezeichnet sind; demnach stellen die Glimmerschiefer und Kalksteine wahrscheinlich auch das Dach der Erzlager dar. Renou [1]) bemerkt, indem er von den Kalksteinen Bone's spricht, daß sie „eine bedeutende Menge von Eisenoxydul oder Magneteisen enthalten.“ Allem Anschein nach wäre letzteres hier also nur ein lokales Auftreten desselben Erzlagers, das sich in Mokra wie auch an einigen Punkten der zwischen dem See Fezzara und Bone liegenden Höhen so reichlich darbietet, nur müßte man in diesem Falle annehmen, daß, da in Mokra die Glimmerschiefer und Kalkstücke, zwischen welchen die Erzlager eingeschaltet sind, mehr und mehr unter der Oberfläche des Bodens laufen und nach Süd-Ost abfallen, jene Felsarten eine bedeutende Störung in stratigraphischer Hinsicht erlitten haben, je mehr sie sich Bone näherten: statt in ansehnlicher Tiefe zu liegen, wie es vorauszusetzen war, erheben sie sich hier über die Oberfläche des Bodens. Möglich wäre es, daß die Schichten zwischen Mokra und Bone emporgehoben und in entgegengesetzter Richtung, nämlich nach Nordwest, geneigt wären und die Neigung dann in der Gegend von Bone nach Südost, wie dies in Mokra der Fall, nochmals stattgefunden hätte. Das wäre ein großer Vortheil für die Gesellschaft von Mokra-el-Hadid, da sie dann in Bone ebenso wie in Mokra mit Erzlagern zu schaffen haben würde, welche entweder über der Oberfläche des Bodens oder wenigstens in geringer Tiefe auftreten dürften. Sollte sich meine Hypothese bewähren, so würde daraus folgen, daß die körnigen mit Glimmerschiefer abwechselnden Kalksteine in Bone eine viel größere Entwickelung erhalten haben als in Mokra; sie bilden die herrschende Felsart rings um Bone, wie ich zu erwähnen Gelegenheit haben werde, sobald ich in meinem nächsten Briefe über meine weiteren Ausflüge in die Umgegend dieser Stadt Rechenschaft abstatte.

[1]) Géologie de l'Algérie, résultats des voyages faits en 1840—42, p. 57.

Siebzehnter Brief.

Bone, den 25. Mai 1878.

Die Gegend um Bone ist ebenso mannigfaltig wie malerisch, anmuthige Plätze in unmittelbarer Nähe der Stadt bieten freundliche und belehrende Spaziergänge. Unter den Ausflügen sei zuerst jener nach dem Waisenhause erwähnt, den wir bei höchst angenehmer Witterung ausführten, da trotz der Jahreszeit (15. Mai) ein kühler Windzug die Tagestemperatur auf 20—25 Grad erhielt.

Das Waisenhaus liegt in der schönen Ebene von Bone, dem Edugh-Gebirge fast gegenüber. Die Landschaft, welche wir durchschritten, war in vollkommen blühendem Zustande: überall Olivenhaine in schönen Gruppen, nirgends aber, oder doch nur ganz vereinzelt, sieht man, wie es auch bei Philippeville, Bougie und anderen östlich von Algier gelegenen Küstenstädten der Fall, den in letzterer Stadt so gemeinen Dattelbaum. Wir stiegen an der Pforte des Gartens ab, der nach dem ansprechenden Hause führt, das eine durch philanthropische Opferfreudigkeit wie durch ihren unbestrittenen öffentlichen Nutzen merkwürdige Anstalt birgt; dieselbe ist nicht bloß der Erziehung, sondern auch der Unterbringung und Anstellung der Waisen gewidmet, die ihr aus verschiedenen Orten Algeriens zugeführt werden. Eine Dirigentin, welche von dreißig Schwestern unterstützt wird, verwaltet das zur bequemen Beherbergung von 200 Personen eingerichtete Haus; dasselbe ist mit einer hübschen Kirche, einem Gemüse- und Obstgarten, mit Ställen, Geflügelhäusern, kurz mit Allem ausgestattet, was die Bedürfnisse einer solchen Anstalt erfordern, die alle ihre Kräfte aufbietet, um sich (ohne die geringste Unterstützung von Seiten der Regierung) durchaus selbst zu erhalten, und die keine andere Hilfsmittel besitzt, als ihre Arbeit und Sparsamkeit. Bei unserem Besuche, wo die Zahl der weiblichen Waisen 185 betrug, wiesen die Schlafzimmer, Speisesäle und die verschiedenen Werkstätten eine bewunderungswürdige Ordnung und Reinlichkeit auf. Die jungen Mädchen werden in den für den Haushalt unentbehrlichen Handarbeiten unterrichtet und eignen sich die nöthigen Elementarkenntnisse in der Geographie und Geschichte an. Um den ausreichend belehrten Zöglingen die Schwierigkeit zu ersparen, eine für sie schickliche Stellung in der Gesellschaft zu finden, ist die Dirigentin eifrig bemüht, die Mädchen bei ihrem Austritt aus der Anstalt zu verheirathen, was ihr auch häufig gelingt, da jedes junge Mädchen mit einer kleinen Aussteuer entlassen wird. Wahrhaft unbegreiflich bleibt es, wie ein so kostspieliges Werk einzig unter Mithilfe von Arbeit und aus Liebe zur Sache durchgeführt werden kann, zumal sich die Arbeit auf die Ausführung einiger dem Hause gemachten Bestellungen, Näherei und Stickerei ꝛc. betreffend, beschränkt; fügt man diesem winzigen Gewinne noch den Verkauf der in der Anstalt gezogenen Gemüse und Früchte hinzu, so ist hiermit das ganze Budget derselben bezeichnet. Die schwierigste und zugleich verdienstvollste Aufgabe, welche sich die frommen Schwestern gestellt, bleibt sicher die Verheirathung ihrer Zöglinge, da sich in der großen Zahl, die wir gesehen, auch keine einzige hübsche befand.

Am folgenden Tage besuchten wir die Ruinen, richtiger die Stelle der berühmten Stadt Hippone, 2 km südöstlich von Bone, ein Ausflug, der in sehr angenehmer Weise durch die Güte des Herrn Dubourg, des Maire von Bone, erleichtert wurde. Derselbe machte uns den Vorschlag, den Besuch unter seiner belehrenden Leitung auszuführen, indem er gerade an der Stelle, wo ein Theil der alten Stadt sich befand, eine Villa besitze. Nachdem wir eine ziemlich einförmige Ebene passirt und den Burjama auf schöner steinerner Brücke überschritten, folgten wir einer Ulmen- und Maulbeerbaum-Allee bis zu dem gefälligen Landhause, dessen Besitzer uns bereits am Eingange erwartete. In dem Garten, welcher dasselbe umgiebt und an welchen sich ausgedehnte Weintrauben-Pflanzungen anschließen, sieht man kräftige Casuarina tenuissima, einige Dattelbäume von mittelmäßigem Wuchse, Orangen- und Oliven-Haine.

Die sehr malerisch liegende Villa hatte bis jetzt nur wenige Spuren der alten Stadt aufzuweisen, in deren Innern sich wahrscheinlich die Besitzung des Herrn Dubourg befindet. Jene bestehen fast nur aus einigen unförmigen Mauerresten und einer Anzahl marmorner, in die Mauern der zur Villa gehörigen Nebenhäuser eingelassenen Säulen; allerdings befindet sich noch neben dem Wohnhause des Besitzers ein großes unterirdisches, zweifellos antikes Gebäude, dessen gewölbte Mauern die bedeutende Dicke von 1,70 m haben. Als Herr Dubourg das Terrain kaufte, war der innere Raum des Gebäudes mit Erde gefüllt und selbst der Eingang hinter ungeheuren Schutthaufen, welche Olivenbäume trugen, versteckt; nachdem er die Entdeckung gemacht, sorgte er für die Aufräumung. Das schöne und äußerst solide unterirdische Gebäude, dessen Bestimmung schwer zu erkennen ist, da es keine Inschriften zeigt, dient zur Aufbewahrung der verschiedenen Weinsorten, von denen Herr Dubourg jährlich etwa 2000 Hektoliter erntet, unter diesen eine weiße, süße, an Lunel erinnernde.

Ungefähr 1 km nordöstlich von der Villa befinden sich die prachtvollen Cisternen von Hippone; wir erreichten dieselben, nachdem wir einige mit dichten Olivenhainen bekleidete Hügel überstiegen hatten. Sie liegen mitten in grünen Bodenerhebungen und bestehen aus einigen ungeheuren gewölbten Behältern, in welche die Quellen des Edugh-Gebirges mittels einer die Budjama überschreitenden Wasserleitung und weiterhin durch Kanäle nach Hippone geleitet werden. Noch heute benutzt Bone dieselben Quellen, nur daß sie jetzt durch unterirdische Rinnen ihren Lauf nehmen.

Auf einem Hügel oberhalb der Cisternen erhebt sich eine Marmorsäule mit kleinem Bronzestandbild des heiligen Augustinus, einer winzigen Statue, die es wahrscheinlich macht, daß des Künstlers Absicht darauf ausging, nicht die Augen, sondern den Geist des Beschauers durch eine große historische Erinnerung in Anspruch zu nehmen. Alljährlich wird hier am 28. August eine Gedächtnißfeier für den großen Kirchenfürsten abgehalten, zu welcher, wie in allen ähnlichen Fällen, die Einwohner von Bone wallfahrten, um sich dann zu Ehren des erhabenen Verstorbenen durch Tänze, Picknicks und andere mehr heitere als erbauliche Dinge zu belustigen. Die Aussicht von den Cisternen, namentlich aber vom Hügel des heiligen Augustinus ist eine reizende: Bone nimmt sich besonders malerisch aus, während das ganze Gemälde einerseits von den anmuthigen Bergen, welche den Edugh einschließen, andererseits vom Meere eingerahmt wird und die grüne Landschaft von Windungen der Seybouse und Budjama belebt wird.

Sicher zeichnete sich das alte Hippone nicht bloß durch seinen Reichthum und seine Civilisation aus, vielmehr erfreute es sich auch einer schönen und gesunden Lage; und wenn alle seine Herrlichkeiten auch nur wenige Spuren zurückgelassen haben, so gehörte es eben zu den Städten, die allen zerstörenden Kräften als Zielpunkt gedient. Durch die Phönicier unter dem Namen Ubbo gegründet, glänzte die Stadt lange Zeit als eines der köstlichsten Juwelen unter den reichen Besitzungen von Karthago, bis sie, während des zweiten punischen Krieges, durch die von Lälius geführten Truppen geplündert wurde; sie erholte sich jedoch wieder unter der römischen Herrschaft und blieb während dreier Jahrhunderte eine der blühendsten Städte Numidiens bis zu der Zeit, als sie von den Vandalen eingenommen wurde. Dies geschah ein Jahr nachdem der in der belagerten Stadt gefangene heilige Augustinus gestorben war, wodurch dem großen Manne der Schmerz erspart blieb, Augenzeuge der Vernichtung einer Stadt zu sein, die ihn als Bischof vergötterte und als Vater liebte. Durch eine unerwartete Wendung des Schicksals wurde Hippone, oder vielmehr die diesen Namen tragenden Ruinen, von Belisarius (534 n. Chr.) erobert. Während der etwa anderthalb Jahrhunderte dauernden byzantinischen Herrschaft machte die unzerstörbare Stadt eine letzte Anstrengung zu ihrer Auferstehung, erhielt aber im Jahre 669 von den Arabern den entscheidenden Todesstoß, und diesmal verließ das Leben auf immer den wunderbar zähen Körper, der so lange allen Verletzungen getrotzt hatte.

Wie der Maire von Bone unser gütiger Führer auf dem klassischen Boden von Hippone gewesen, so trugen uns der General Ritter[1]) nebst seiner liebenswürdigen Gemahlin ihre Begleitung für einen Ausflug nach dem Leuchtthurm des Cap de Garde, 13 km von Bone, an.

Wir folgten ziemlich entfernt dem östlichen Ufer des Meerbusens, der sich hier zu einer tiefen Bucht gestaltet, welche südlich von der die Stadt tragenden Höhe, nordöstlich von der Landenge begrenzt wird, deren Endspitze das Cap de Garde bildet. Ein schöner Weg schlängelt sich um die Bucht und hält sich, stets in ansehnlicher Höhe über dem Meeresspiegel auf- und absteigend, wegen des mannigfach gestalteten Bodens besonders am östlichen Abhange des Höhenzuges, der die Halbinsel des Kap de Garde in ihrer ganzen Länge durchschneidet. Obwohl sehr steinig, ist der Abhang doch bekleidet mit Felsenrosen (Cistus monspeliensis), Heidekraut (Erica arborea), Mastixbaum, Myrten, Erdbeerbaum (Arbutus unedo), Zwergpalmen, hier und da auch mit Olivenbäumen, Feigenbäumen und Weinstauden, während eine Menge krautartiger Gewächse den Pflanzenteppich webte. Unter letzteren bemerkte ich eine schöne Schwertlilie (Iris sisyrinchium), die mir viel kräftiger zu sein schien als in Algier, wo sie übrigens schon seit zwei Monaten abgeblüht hatte, während sie hier (18. Mai) in voller Blüthe stand; auch der Scolymus grandiflorus trat vielfach auf.

[1]) Ein im jetzigen tunesischen Feldzuge häufig rühmlichst erwähnter Name.

Da ich auf dem Wege häufig angehalten hatte, um die Vegetation und die geologische Beschaffenheit der Gegend zu untersuchen, so war es ziemlich spät geworden, als wir das Fort Genois erreichten; und da nun das gebirgige Terrain nur noch zu Fuß zu passiren war, um den 3 km entfernten Leuchtthurm zu erreichen, so stand zu befürchten, daß wir vor unserer Rückkehr nach Bone von der Dunkelheit überrascht werden könnten. Deshalb gaben wir den Besuch des Leuchtthurms auf und begnügten uns mit dem der Grotten und Marmorbrüche, welche zwar am südlichen Abhange der Landenge des Cap de Garde gelegen, aber in viel geringerer Höhe erreichbar waren.

Das feste Gerüste der von uns berührten Strecke zwischen Bone und dem Fort Genois liegt überall in zahlreichen ausgedehnten Entblößungen zu Tage. Sobald man Bone verlassen hat und der Küste zu folgen beginnt, sieht man weiße faserige oder blättrige Glimmerschiefer, mit schwarzem Glimmer in Streifen oder Adern und weißem Quarz anstehen, mehr oder weniger mächtige Schichten bildend, die nach Süd-Ost 10° abfallen, obwohl häufig (besonders bei den blättrigen Varietäten) unbedeutende stratigraphische Abweichungen vorkommen. Dem südlichen Abhange der Landenge des Cap de Garde folgend, zeigt sich, aus dem Boden hervorragend, ein körniger weißer Kalkstein, oft durch Eisenoxyd roth gefärbt oder in eisenhaltigen Nieren sich ablösend, was zu beweisen scheint, daß man sich auch hier im Horizont der metallischen Erzlager befindet, die in Mokra in so großem Maßstabe entwickelt und dort ebenfalls von Glimmerschiefer und Kalkstein begleitet sind. Je höher wir stiegen, um so krystallinischer und körniger wurden die Kalksteine; sie sind im ganzen oberen Theile der Landenge vorherrschend, und in dieser Felsart befinden sich auch die Marmorbrüche wie die Grotten.

Die 2 km südwestlich vom Leuchtthurm, in einer Höhe von etwa 130 m über dem Meeresspiegel liegenden Marmorbrüche sind meist 20 bis 30 m hoch; sie werden nicht abgebaut, obgleich dies wahrscheinlich durch die Römer, ja selbst noch durch die Franzosen erfolgte. Wenn auch einer guten Politur fähig, so ist der von zahlreichen schwarzen Adern durchsetzte Marmor doch gegenüber den bei Bildhauern beliebten Marmorsorten wesentlich untergeordnet. Die etwa 100 m über dem Meere liegenden natürlichen Grotten sind in demselben weißen Marmor vorhanden, dessen mehr oder weniger mächtige Schichten nach Südosten unter Winkeln von

60 bis 70 Grad abfallen; alle sind sie dem Meere zugekehrt, dessen azurblaue Fläche die vielfach zergliederten Umrisse der Küste umsäumt, während einzig der taktmäßige Schall der den Fuß der Felsen bespülenden Wellen die feierliche Stille unterbricht, die an diesen einsamen, aber in hohem Grade malerischen Gestaden herrscht. Die leicht zugänglichen Grotten sind Aushöhlungen von unbedeutender Tiefe, in die man ebenen Fußes tritt; Reste von Wohnungen oder überhaupt Spuren von der Gegenwart des Menschen habe ich nirgends, dafür aber auf den Felsen eine Fülle von Pflanzen, auch einige seltene Formen, gefunden:[1])

r. Policarpon alsinaefolium, DC.
„ „ parnassiacfolium, J. Gay. Munby erwähnt beide Arten nur in La Calle.
Policarpon tetraphyllum.
r. Brassica cretica.
r. Biscutella frutescens, Coss. Erstere erwähnt Munby nur in der Umgegend von Bone, die andere in der Provinz Oran.
r. Ononis ramosissima, Desf.
r. Trifolium isthmocarpum, Brot. Munby zufolge nur in der Provinz Oran vorhanden.
r. Anthemis maritima L. Von Munby nur bei Bone erwähnt.
Senecio leucanthemifolius.
Hyoseris radiata.
r. Echium rosmarinaefolium, Vahl von Schrank.
Erythraea centaurium, var.
Carum mauritanicum. Boiss.
Campanula rapunculus.
Vaillantia muralis.
r. Sedum coeruleum.
r. Teucrium frutescens.
r. Iris juncea, Desf.
r. Aira capillaris, Host., var. Tenorii. Von Munby nur in der Gegend von La Calle erwähnt.
Dactylis glomerata.

Auf ziemlich holperigen Pfaden stiegen wir nach dem großen Wege hinab, wo wir unsere Fuhrwerke zurückgelassen, und kehrten ziemlich spät nach Bone heim, hoch erfreut über den anmuthigen, belehrenden Ausflug, den wir der Güte der beiden Genannten verdankten.

Um keine Zeit zu verlieren, rüsteten wir uns schon andern

[1]) Die mit r bezeichneten Pflanzen sind in Algerien mehr oder weniger selten.

Tags (20. Mai) für den Besuch der herrlichen Berggruppe des Edugh, die noch vor kurzem nur zu Pferde besucht werden konnte, während gegenwärtig ein schöner fahrbarer Weg einen großen Theil des Gebirges durchzieht, dessen Länge etwa 45 km beträgt. Wenn der Weg auch an mehreren Punkten für Fuhrwerk ziemlich abschüssig und schroff ist, so legt man ihn doch mit einem in Bone gemietheten, nicht schweren Fuhrwerk leicht zurück; dasselbe muß jedoch mit vier kräftigen Pferden bespannt sein, die ausreichend fähig sind, die großen Schwierigkeiten zu überwinden; unsere europäischen Pferde würden unter diesen erliegen. Wie aber in allen Theilen Algeriens, die wir durchwandert hatten, die lokalen Behörden stets bemüht gewesen waren, uns in jeder Hinsicht behilflich zu sein, ja unsern Wünschen zuvorzukommen, so auch diesmal bei unserm Ausfluge, für den der General Ritter wieder alles vorbereitet hatte, um ihn so bequem, angenehm und belehrend als nur möglich zu gestalten. Unter die getroffenen Vorkehrungen gehörte z. B. auch die Gastfreundschaft des Herrn de Loupiac, dessen Landhaus im Mittelpunkt des Gebirges unser Absteigequartier bildete, wo wir die für uns bereitgestellten Pferde nur zu besteigen brauchten, um in Begleitung jenes Herrn in das Innere des Edugh einzudringen.

In so trefflicher Weise ausgerüstet, brachen wir an einem schönen, kühlen Morgen von Bone auf und durchfuhren eine Viertelstunde lang eine ausgedehnte, mit zahlreichen Villen besetzte Allee, weiterhin zwischen Olivenbäumen leicht ansteigend, wo man einen sehr glimmerreichen Gneis anstehen sieht, der südwestlich, zuweilen auch südöstlich abfällt. Nach etwa anderthalbstündigem Steigen betraten wir, in einer Höhe von 400 m, die Region der Korkeichen mit Haidegebüsch (Erica arborea), eine schöne Waldgegend, die wie ein Park erschien, an dessen lichten Stellen hier und da das blaue Meer oder die grüne Ebene von Bone durchschimmerte. Auch hat dieser Park sein Wildpret, und zwar von weit aristokratischerer Art als das unsrer Parke. Denn hier ist es durch Löwen und Panther vertreten, durch letzteren sogar nicht selten, und man zeigte uns den Ort, wo vor fünf Tagen eines dieser Thiere von ungeheurer Größe getödtet worden war, während zwei Monate früher der Moniteur de l'Algérie vom 19. Februar in den Vorbergen des Edughs, namentlich bei Ued-Zied, das Erscheinen eines Löwen mit schwarzer Mähne (wahrscheinlich ein sehr bejahrtes Thier) ankündigte. Die Zeitung meldete ferner, daß, als das Thier getödtet wurde, in seinem Körper vierzehn Kugeln gefunden worden seien, von welchen eine Chassepotkugel im rechten Backen gesessen habe. In einer Höhe von 500 m erblickten wir zum ersten Male inmitten von Korkeichen einige einzelne Individuen der schönen Eichen-Spezies, welche eine dem Edugh ausschließlich angehörende Form bildet und Mirbek-Eiche (Quercus Mirbekii), zu Ehren des Generals Mirbek, genannt worden ist; doch erst nachdem das 900 m hoch gelegene Dorf Bugeaud durchfahren war, sahen wir diesen seltenen und merkwürdigen Baum ganze Wälder bilden.

Die Mirbek-Eiche ist schon in das mittägliche Frankreich verpflanzt worden, wo sie vortrefflich gedeiht und Herrn Naudin zufolge[1]) vielleicht dazu bestimmt ist, dem Seidenbau große Dienste zu leisten; die Attacus Yama-Maï und A. Pernyi genannten, von Eichenblättern sich nährenden Seidenwürmer konnten nämlich zur Zeit ihres Auskriechens nicht die zu ihrer Ernährung erforderlichen Blätter erhalten, da alle einheimischen Eichen in dieser Hinsicht im Rückstande sind. Nun ist aber gerade die Mirbek-Eiche durch die Frühzeitigkeit ihrer Blätterentfaltung bekannt, welche selbst in den in Frankreich gezogenen Individuen schon im März und also wenigstens einen Monat früher als alle französischen Eichen beginnt, und diese überaus nützliche Eigenschaft ist sehr wohl geeignet, der Züchtung jener Seidenwürmer, die sich von Eichenblättern nähren, einen neuen Aufschwung zu geben.

Nicht unwahrscheinlich dürfte es sein, daß die der Mirbek-Eiche eigene Frühzeitigkeit wenigstens theilweise von dem geologischen Alter dieser Baumart abhängt, da ihre ersten fossilen Reste schon in der Tertiärperiode auftreten, die bekanntlich eine der jetzigen weit überlegene Temperatur genoß, sodaß diese Copuliferen den meisten ihrer heute in Europa wachsenden Geschlechtsgenossen vorangegangen sind. Als Beweis dient, daß die sogenannten marnes à Tripoli von Ceyssac (Haute-Loire), welche der pliocenen Epoche angehören, reich an Eichenformen sind, die entweder an die Mirbek-Eiche Algeriens oder an Quercus lusitanica Spaniens, oder endlich an Q. infectoria lebhaft erinnern. Nun sind aber diese Formen an obengenanntem Orte mit keiner der unsrigen jetzt in Europa am meisten verbreiteten Eichenarten vergesellschaftet, wie z. B. Q. sessiliflora, Q. pedunculata, Q. pubescens u. a., sämmtlich Species,

[1]) Bull. Soc. d'Acclimatation. an. 1879, 3. Serie, T. VI, p. 251.

20*

deren fossile Vertreter erst viel später, namentlich in den Ablagerungen der quartären Periode, auftreten.[1])

Vom Dorfe Bugeaud stiegen wir in das Dorf Sainte-Croix de l'Edugh hinab, das nur eine Fortsetzung des ersteren bildet; in dessen Nähe liegt das Landhaus des Herrn von Loupiac, das wir von Bone aus nach etwa vierstündiger Fahrt durch eine gebirgige und sehr malerische Gegend erreichten.

Nach kurzer Rast in dem gastfreundlichen Hause schwangen wir uns auf die unserer harrenden Rosse, um in der Begleitung des Herrn von Loupiac die merkwürdigsten, außerhalb der großen Gebirgsstraße liegenden Punkte zu besuchen, unter denen dem Berge Buzizi, dem Kulminationspunkt des Edugh, die erste Stelle gebührt. Außerdem bietet dieser Ausflug, da der Buzizi 6 km vom Dorfe Sainte-Croix entfernt liegt, den Vortheil, daß man hier den pittoreskesten Theil dieser schönen Bergkette zu Gesicht bekommt.

Etwa drei km von Dorf Sainte-Croix de l'Edugh (in einer Höhe von 854 m) ritten wir nahe an einer Wasserleitung vorüber, die ein schmales Thal durchsetzte und die Bestimmung hatte, das Wasser des Baches Uetba nach Hippone zu leiten; dieser entspringt aus einer Felsspalte und mündet vermittels einer Rinne in die Wasserleitung, während jetzt die Verbindung zwischen letzterer und dem Bache unterbrochen ist und dieser sich, unterhalb der Wasserleitung, bogenfließend in das Thal ergießt. Das mit Epheu und Moos bekleidete ehrwürdige Denkmal erhebt sich malerisch als zwiefacher Zeuge für die Fähigkeit der Alten, Quellen zu entdecken und auf direktestem Wege nach dem angewiesenen Orte zu leiten, andererseits für ihr Nichtkennen moderner Einrichtungen, welche solche Beförderung vereinfachen und vervollkommnen. Und so ergiebt sich, daß, wenn die Quellen des Edugh, welche Hippone früher mit Wasser versorgten, noch immer dieselben sind, welche heute das jugendliche Bone speisen, die Förderung ihrer Gewässer nicht mehr die kostspieligen und raumfordernden Bauten erheischt, wie es die Wasserleitungen sind, da heute diese Gewässer ihren Lauf geheimnißvoll unter der Oberfläche der Erde nehmen. Etwa 1 km von der römischen Wasserleitung entfernt befindet sich eine andere, ebenfalls malerisch gelegene Quelle, die dem Fuße eines Felsens entspringt und den Namen Fürstenquelle (Source des

---

[1]) Saporta, Le monde des plantes avant l'apparition de l'homme, p. 345—349.

Princes) trägt, der indeß keinen historischen Werth hat und nur den Ruheplatz des Prinzen von Aumale während seiner Bereisung dieser Gegend anzeigt.

Bis zur Fürstenquelle durchritten wir den Edugh auf sehr gutem Wege in Kork- und Mirbek-Eichen-Waldung, obwohl der erstere Baum meist nur durch jüngere Individuen vertreten, der größte Theil der alten Bäume aber durch verhängnißvolle Feuersbrünste vernichtet worden ist, die leider eine der schwersten Plagen Algeriens sind. Die Fürstenquelle liegt am Abhange des ausgebreiteten Plateaus, das die Grundfläche des Buzizi bildet; auch sind es zuweilen nur abschüssige, aber stets leicht zugängliche Pfade, die auf das Plateau führen, das fast ganz waldlos, wenn auch mit dichtem Grase bekleidet ist. Der Buzizi, welcher sich nur etwa 100 m über die Oberfläche des Plateaus erhebt, ist ein mit zackigen Gneisfelsen gekrönter Kegel. Da es schon ziemlich spät geworden war, so rieth uns Herr von Loupiac, der schon früher auf dem Gipfel gewesen, denselben nicht zu ersteigen, zumal er durchaus nackt und die Aussicht von dort nicht viel umfassender sei, als jene vom Plateau. Demnach gaben wir diesen kleinen Abstecher als nicht lohnend genug auf und durchstreiften nach verschiedenen Richtungen das grüne, hier und da etwas morastige Plateau, das hier einen sehr ausgedehnten Horizont umfaßt: die Küsten von Bone treten westlich bis zum Kap de Fer, östlich bis La Calle, das freilich nur durch einen weißen dunstigen Flecken angedeutet ist, ziemlich deutlich auf; da aber das Cap de Fer in gerader Linie etwa 45 und La Calle etwa 70 km von unsrer Station entfernt waren, so betrug die von uns umfaßte Küstenentwicklung nicht weniger als 115 km Länge. Auf dem Plateau sieht man ein paar von Mauern umgebener Plätze, deren innerer Raum kleine Behälter einschließt; diese füllt man während des Winters mit Schnee, den man gefrieren läßt, und dessen consolidirte Masse man mit Backsteinen bedeckt, wodurch man Bone während des ganzen Jahres mit Eis versorgt.

An mehreren Punkten zeigt das Plateau schöne Wiesen, und es fiel mir besonders die große Zahl von Baritsia versicolor, Pers. (Trixago apula, Stev.) auf, die ich in solcher Höhe (1200 m) noch nicht gesehen hatte; diese Scrophularicee befand sich in Gesellschaft von Orchis papilionacea L. (O. rubra Jaq.), Aceras anthropophora, R. Br. (selten in Algerien) und einer wahrscheinlich neuen Art von Gladiolus, denn das meinerseits an Herrn

Dr. Reboud gesandte Exemplar vermochte der ausgezeichnete Kenner der Flora dieser Gegend mit keiner der beschriebenen Arten zu identificiren. Von andern Pflanzen, welche auf dem Plateau und auf den Höhen zwischen diesem und der Fürstenquelle wuchsen, seien noch genannt: Silene gallica, Dianthus liburnicus, Bartl. var., Androsaemum officinale All. (letztere beiden nach Munby nur in der Provinz Constantine und in der Umgegend von Blida vorhanden), Margatia gummifera (nicht in Blüthe, eine von Munby unerwähnte Ombellifere), Daucus Reboudii. Coss. (ohne Blüthen, noch nicht bekannt gemachte Art), Campanula alata Desf. (sehr selten, von Munby nur in Bone und Blidah erwähnt), Linum angustifolium, Huds. (selten in Algerien), Trifolium stellatum, Anthericum bicolor (nach Munby ausschließlich in der Provinz Algier vertreten), Ornithogalum arabicum, Ampelodesmus tenax, LK. (Arundo festucoïdes Desf., Diss der Araber), Cheiranthus odora Sw. (Polypodium fragans Desf.), Adianthum nigrum L., var. Virgilii Bory (Munby zufolge nur in der Provinz Algier bekannt).

Vom Plateau traten wir in die benachbarte Waldung ein und kehrten dann nach dem Dorfe Sainte-Croix zurück, wo wir im gastfreundlichen Hause des Herrn de Loupiac ein unserer harrendes Mittagsmahl vorfanden, das wir nach vierstündigem Ritte vollkommen zu würdigen wußten. Man trug einen Stachelschwein-Braten auf, der, in Europa ganz unbekannt, hier jedoch sehr beliebt ist und wirklich äußerst wohlschmeckend befunden wurde. Die Hausfrau bedauerte, nicht auch ein Filet de panthère oder de lion vorsetzen zu können, weil der Koch dieses im Lande hochgeschätzte Wildpret gerade nicht vorräthig habe, obwohl es sonst hier nicht selten sei, und Herr de Loupiac bemerkte noch dazu, daß das Fell eines Löwen oder Panthers in der Umgegend der Dörfer Sainte-Croix de l'Edugh und Bugeaud nur 80 bis 90 Franken koste, während in Bone das Stück für 200, in Paris sogar für 500 Franken verkauft werde.

In Bone befinden sich Agenten verschiedener europäischer Handelshäuser für die Ausbeutung dieses ergiebigen Handelszweiges, und wir selbst haben dort einen allgemein bekannten, reich ausgestatteten Laden, welcher den Namen Maison franco-Suisse trug, besucht, dessen Geschäft hauptsächlich in dem Aufkauf von Löwen- und Pantherfellen und in deren Verschickung nach Deutschland besteht. Während unseres Aufenthaltes hatte das Haus ein sehr ergiebiges Geschäft dieser Art gemacht: für etwa 100 Franken kaufte es einen in der Gegend zwischen Philippeville und Ain-Mokra erlegten Löwen, dessen Fell in Wien für 1500 Franken abgesetzt wurde, wozu allerdings die ganz außergewöhnliche Größe und Schönheit des Thieres beitrug, von dem eine Photographie abgenommen und uns ein Exemplar derselben verehrt wurde. Das prachtvolle Thier war eine der Trophäen von den ergiebigen Jagden eines jungen Russen, Namens Turskoï, der auserkoren zu sein scheint, einst der Erbe des berühmten Löwenbekämpfers Girard zu werden.

Das Dorf Sainte-Croix de l'Edugh, neben welchem das Landhaus des Herrn von Loupiac liegt,[*] hat eine malerische Lage und eine waldige reizende Umgegend, die in vieler Hinsicht an die Schweiz und an Tyrol erinnert. Die mit Gebüsch unserer Farren, wie Pteris aquilina und Osmunda regalis, bekleideten Hügel tragen ein gewisses Gepräge von Nordeuropa, während sich der südliche Charakter durch die Gegenwart der Kork- und Mirbek-Eiche, wie mehrerer Krautpflanzen, z. B. Scilla peruviana, kundgiebt. Jedenfalls sind hier die Winter ziemlich rauh und die Weinrebe gedeiht nicht gut, obwohl die Höhe von Sainte-Croix 800 m nicht übersteigt.

Herr von Loupiac zeigte uns ungeheure Magazine, in welchen die in der Gegend gewonnene Korkrinde aufgespeichert lag, und theilte manches Interessante über die Behandlungs- und Zubereitungsweise dieses wichtigen Artikels mit. Die Gesellschaft Berton Le Coque, welcher er als Verwalter vorsteht, besitzt im Edugh 7000, die Regierung außerdem 2000 Hektaren Korkeichen, was also den bedeutenden Umfang von 9000 Hektaren ergiebt, die im Gebirge von der Korkeiche eingenommen werden. Jene erzeugt jährlich 6000 Centner (Quintaux) Kork, der in Marseille mit je 50 Franken abgesetzt wird. Die Zubereitung ist eine sehr einfache: nachdem der Kork vom Stamme des Baumes abgelöst, wird er an der Sonne getrocknet, dann in Wasser gekocht, damit er die nöthige Geschmeidigkeit erlange, und schließlich einer mit der Hand ausgeführten Politur unterworfen, um der Oberfläche eine gewisse Glätte zu verleihen und zu starke Rauheiten und Runzeln zu entfernen. So zubereitet, wird er in große Scheiben gespalten und in dieser Form in den Handel gebracht; erst in Europa werden die Stücke herausgeschnitten, welche zur Anfertigung von Pfropfen, Sohlen, Platten und vielen andern Gegenständen dienen.

Wahrscheinlich hat das unter dem Kollektiv-Namen Edugh bezeichnete Gebirge dem letzten, von Belisarius überwundenen Könige von Karthago, dem berühmten Gelimer, als Zufluchtsort gedient. Procopius [1]) meldet, daß, nachdem Gelimer aus dem Aurès-Gebirge, wohin er sich geflüchtet, verjagt worden, er sich in die alte Stadt Medenus zurückgezogen habe, welche Procopius in das westlich von Hippo Regium (dem heutigen Bone) gelegene Gebirge Pappua verlegt. Westlich von Bone erhebt sich aber das Gebirge Edugh, das also höchst wahrscheinlich damals Pappua hieß. In dieser schwer zugänglichen Gegend postirte Gelimer sein kleines Heer unter dem Schutze der dieselbe bewohnenden Mauren (zweifellos der heutigen Kabylen oder Berber), die Procopius absichtlich stets von den Numidiern unterscheidet, indem er das Land selbst als Numidien bezeichnet. Da schon die winterliche Jahreszeit herannahte und Belisarius durch dringende Angelegenheiten nach Karthago zurückgerufen wurde, so mußte es dieser Feldherr aufgeben, den Vandalen-König weiter zu verfolgen und übertrug dieses Geschäft seinem General Pharas, der denselben nach dreimonatlicher Belagerung, während welcher der unglückliche Fürst den schrecklichsten Drangsalen ausgesetzt war, zur Uebergabe zwang.

Die Unterhandlungen, welche diesem Ausgange vorhergingen, tragen den Stempel besonderer Originalität, sodaß die von Procopius umständlich erzählte Anekdote der Mittheilung werth erscheint. Pharas, von Geburt ein Heruler und daher fast ein Landsmann des Vandalen-Königs, schrieb Sr. Majestät einen Brief, in welchem er demselben die Nutzlosigkeit eines längeren Widerstandes bewies und ihm rieth, sich der Großmuth des Kaisers Justinian anzuvertrauen. Das Schreiben, das man kaum als an einen König gerichtet meint, das aber voller Gemüthlichkeit und Biedersinn ist, beginnt mit den Worten: „Selbst ein Barbar wie Du, ohne irgend welche Erziehung und den Musen vollständig fremd, beeile ich mich, liebster Gelimer, Dir einen Rath zu geben, der wirklich vom Herzen kommt!" Der Fürst, tief gerührt, dankte seinem liebsten Pharas für dessen herzliche Theilnahme und bat ihn um eine letzte Gunst, nämlich um die Uebersendung einer Guitarre, eines Brodes und eines Schwammes, welches räthselhafte Begehren Pharas schleunigst befriedigte, den Sinn desselben folgendermaßen deutend: die Guitarre symbolisire die den Schmerz und die Leiden mildernde Musik, das Brod den Hunger und der Schwamm die zu trocknenden Thränen. Die Deutung des schlauen Pharas erwies sich ganz richtig, denn

[1]) De bello vandalico. L. II, 4.

wenige Tage später ergab sich Gelimer, unter dem Verlangen, mit Großmuth behandelt zu werden, was auch wirklich stattfand, da er mit allen dem königlichen Range gebührenden Ehren nach Karthago geleitet wurde, wo sich Belisarius befand. Hier vor seinen Ueberwinder gebracht, gab Gelimer abermals ein merkwürdiges Beispiel seiner schwärmerischen Vorliebe für symbolische Aeußerungen, indem er die Belisarius-Begrüßungen durch ein gellendes Gelächter erwiderte, welches seltsame Benehmen man natürlich als einen Ausbruch von Wahnsinn, herbeigeführt durch lange körperliche und geistige Leiden, betrachtete; aber es erklärten die Begleiter des Fürsten einstimmig, daß der Fürst in vollem Besitze seines Verstandes sei und sein wunderliches Betragen nichts Anderes bedeute, als den Ausdruck der Verachtung und Gleichgültigkeit, welche ihm die schroffen Gegensätze des menschlichen Geschickes in dem Augenblicke abnöthigten, wo er als Gefangener denselben Palast betrat, in welchem er noch vor Kurzem auf eigenem Throne römische Gefangene empfing.

Ein Theil dieses tragi-komischen Schauspiels spielte sich vor etwa dreizehn Jahrhunderten in dem Gebirge ab, wo ich die Geschichte Gelimers noch einmal mit Interesse im Procopius nachlas, der es gewiß nicht ahnte, daß diese Gegend einst unter der Herrschaft jener Gallier und Franken aufblühen werde, die zu seiner Zeit dem byzantinischen Hofe kaum als rohe Barbaren bekannt waren.

Wir sagten dem schönen Edugh-Gebirge Lebewohl, um nach Bone zurückzukehren, das unser letzter Aufenthaltsort in Algerien sein sollte, da wir uns hier nach Tunis einzuschiffen hatten; jedoch mochten wir den Ort nicht verlassen, ohne einen Ausflug nach den merkwürdigen heißen Quellen von Hammam-Meskutin unternommen zu haben, die zwar 80 km südwestlich liegen, welche Entfernung jedoch durch die Eisenbahn zwischen Bone und Guelma bedeutend abgekürzt wird, so daß von dort nach Hammam-Meskutin nur 16 km bleiben, die man zu Wagen bequem in $1^{1}/_{2}$ Stunde zurücklegt. So brachen wir denn am 22. Mai nach Guelma auf.

Die Eisenbahn durchläuft etwa eine Stunde lang eine flache, von der Seybouse bewässerte Ebene, welche abwechselnd Olivenbäume, gut bebaute Aecker und grüne, durch Scolymus grandiflorus vielfach gelb gefärbte Stellen zeigt. Bei Mondovi wird die Gegend hügelig und waldlos. Im Dorfe selbst, das freundlich und von Olivenhainen umgeben ist, versuchte 1849 der Marschall Mac Mahon eine irländische Kolonie zu begründen, die aber nicht gedieh, so daß sich die verblüfften und demoralisirten Insulaner schon nach kurzer Zeit beeilten, den sonnigen Himmel Algeriens gegen die Nebel ihres Vaterlandes zu vertauschen und es den Franzosen anheimstellten, ihren Platz einzunehmen, was letztere auch sofort ausführten, indem sie sich mit mehreren Kabylen-Kolonisten vereinigten. Heute befindet sich Mondovi in schnellem Aufschwung, und wir sahen die Einwohner mit der Ernte der Gerste und dem Abmähen der Fluren emsig beschäftigt. Je mehr wir längs dem linken Ufer der Seybouse hinanstiegen, um so malerischer wurde die Gegend.

An vielen Stellen wird das feste Gerüst derselben in Entblößungen sichtbar, wie z. B. neben dem Orte Baral, wo ein gelblicher oder röthlicher Sandstein ansteht, der weiterhin, zwischen den Stationen Ued-Ferrah und Duvivier, längs der Seybouse Felsen bildet, an deren Fuß mächtige Konglomerat-Ablagerungen aufsteigen. Duvivier ist ein kleines Dorf am rechten Ufer der Seybouse, über welche hier eine schöne steinerne Brücke führt; aus den Olivenhainen tauchen hier und da schwarze Zelte der an ihren ungeheueren Strohhüten leicht erkennbaren Kabylen auf. Zwischen Duvivier und Nadar rücken die Berge näher zusammen, auf beiden Seiten das enge und malerische Thal der Seybouse einschließend; die größtentheils bewaldeten Höhen bestehen nicht mehr aus Sandstein, sondern aus weißlichem Kalkstein mit stark aufsteigenden Schichten. In der Nähe von Nadar öffnet sich das Thal in eine schöne Ebene, die zuweilen mit kräftiger, zierliche gelbe Blüthen tragender Opuntia (Opuntia ficus indica) geschmückt ist. Wir überschritten die Seybouse auf einer schönen Steinbrücke; ihr breites, fast ganz trockenes Bett durchzieht in zahlreichen Krümmungen die Ebene, die an Kultur zunimmt, je mehr man Guelma näher kommt, das sich mit seinen krenelirten Mauern malerisch ausnimmt.

Guelma ist ein hübsches Städtchen von ganz europäischem Aussehen, mit breiten Straßen, welche der unebenen, 300 m hohen Anschwellung folgen, auf welcher dasselbe erbaut worden. Trotz der kaum 5000 Einwohner zählenden Bevölkerung und der für den Augenblick noch etwas isolirten Lage, welche durch die rasche Entwickelung der Eisenbahnen bald verschwinden wird, findet der Fremde hier im Wirthshause Auriel alles, was er billigerweise fordern kann, ja im Punkte der Ernährung viel mehr. Der kleine Speisesaal des Wirthshauses gewährte uns, wie in manchen anderen Orten Algeriens, das sonderbare Schauspiel von Arabern, allerdings höherer Klasse, welche dort täglich und regelmäßig speisten und öffentlich das von Mohamed verbotene Getränk genossen.

Guelma, obwohl es zum Theil die Stelle des noch zur Zeit des heiligen Augustinus vorhandenen Kalama einnimmt und aus den Trümmern desselben erbaut ist, enthält nur wenige Spuren von der alten Stadt; die einzigen Reste aus der Vergangenheit bestehen nur in solchen von den Thermen und einem Amphitheater oder Zirkus. Erstere, im innern Raume der Kaserne, sind zwei ziemlich beträchtliche Mauerwände, jede mit einem gewölbten Thor, hoch und dick, größtentheils ihrer äußern Bekleidung beraubt, die an einigen Stellen, wo sie noch erhalten, aus schönen, behauenen, ohne Kitt an einander aufgestellten Steinplatten besteht. Die Felsart, der diese entnommen worden, ist ein weißlicher Kalkstein (wahrscheinlich aus der Kreideformation) oder ein mit kleinen Höhlungen versehener Kalkstein, welcher noch Reste von Süßwassermuscheln enthält. Diese ausgezackten, mit Moos und Schlingpflanzen bekleideten Mauern, deren gewölbte Thore sich in anmuthigen Ovalen vom blauen Horizont abheben, nehmen sich sehr malerisch aus; der Zustand dieser Trümmer läßt aber in Zweifel, ob sie Reste einer Festung sind oder von Thermen herrühren, wenn auch die letztere Voraussetzung die wahrscheinlichere ist, weil die Häufigkeit der heißen Quellen dieser Gegend und die besondere Sorgfalt der Römer, solche zu verwerthen, dafür spricht.

Das Amphitheater (Zirkus?) liegt neben dem Getreidemarkt; man unterscheidet noch ziemlich deutlich sechs Reihen von Sitzen für die Zuschauer. Leider ist eine außerordentliche Liebe für archäologische Forschungen nöthig, um das Gefühl von Ekel und physischer Unbehaglichkeit zu überwinden, das hier, besonders unter brennender Sonne, der Unrath und Schmutz jeder Art verursachen, den die Einwohner an diesem klassischen Ort, als wäre er die Kloake der Stadt, abgelagert haben; ein abschreckender Akt von Vandalismus, dessen Spuren die Munizipalität von Guelma nicht schnell genug vertilgen könnte, und geschähe es auch nur im Interesse der Gesundheit, abgesehen von der Schande, welche eine derartige entsetzliche Entweihung eines Denkmals des Alterthums auf ein civilisirtes Volk wirft. Schon eine kleine, mit polizeilicher Mahnung versehene Umzäunung würde genügen, die ehrwürdigen Ruinen vor neuen Einfällen der Barbaren zu schützen!

Vom oberen Theile des Amphitheaters hat man eine prachtvolle Aussicht auf die Ebene, welche nördlich von dem Djebel-Deba und Djebel-Thaya begrenzt wird.

Außer den Thermen und dem Amphitheater muß ich noch der verschiedenen auf Kalama bezüglichen Alterthumsreste gedenken, die rings um den schönen, von Ceratonia siliqua umgebenen öffentlichen Platz aufgestellt sind, in dessen Mitte ein zierlicher Springbrunnen sprudelt. Unter den so zahlreichen Bruchstücken von Grabsteinen, Statuen, Säulenschäften, Basreliefs u. s. w. würden manche eines gründlichen Studiums der Archäologen werth sein; die Inschriften sind auffallend gut erhalten, einige in kufischer, vielleicht phönizischer Sprache.

Die Berge um Guelma, wie auch die Anhöhe, welche die Stadt trägt, bestehen aus weißem Sandstein von feinem Korn, der, sehr kieselreich, hier und da mit dunkeln schiefrigen Mergeln oder gelblichem mergeligen Kalkstein wechselt, alles Felsarten, die eine ausgesprochene Form der Kreideformation zeigen, leider aber keine organischen Reste zu enthalten scheinen.

Auf dem Wege von Guelma nach Hammam-Meskutin stiegen wir zunächst in die Ebene mit ihren mannigfaltigen Krümmungen der Seybouse hinab. Uns gegenüber erhob sich der Djebel-Deba und im Hintergrunde der Djebel-Thaya, welchen von Guelma aus deutlich sichtbaren Berg ich stets mit einem Gefühl von Achtung und Neugierde begrüßte, da ich mit Ungeduld die dort von Herrn Bourguignat entdeckten paläontologischen Schätze kennen zu lernen wünschte, welche der ausgezeichnete Naturforscher in einem gediegenen, von mir mit besonderer Vorliebe studirten Werke beschrieben hat. Die wellenförmige, zuweilen gut angebaute Ebene ist nach allen Seiten von stattlichen Höhen umgeben, und die Seybouse, wenn auch erst in geringer Entfernung von ihren Hauptzuflüssen, ist hier doch schon fast trocken, und es enthält ihr breites, von Tamariskengesträuch strotzendes Bett nur einen schmalen Streifen Wasser. Wir überschritten den Fluß auf einer schönen Steinbrücke ganz in der Nähe der Vereinigung des Ued-bu-Hamdan mit dem Ued-Cherf, welche die Seybouse bilden. In dieser Gegend begann Girard seine glänzende Laufbahn, indem er hier den ersten Löwen erlegte; seit jener nicht allzu fern liegenden Zeit, welche die Heldenthaten dieses algerischen Nimrods umschließt, sind die Löwen hier viel seltener geworden, ohne jedoch ganz verschwunden zu sein.

An den Ufern des Ued-Cherf sieht man Mergelschiefer, nach Südost abfallend, anstehen. Wir hielten uns zunächst am rechten

Ufer des in einer Schlucht fließenden Ued-bu-Hamdan, deren Wände von den vertikal aufgerichteten oder verschieden gefalteten Schichten der Sandsteine und Mergel gestreift sind, und berührten dann eine unebene, zum Theil bewaldete Gegend, um schließlich in die Ebene hinabzusteigen, in welcher sich die Bäder (Hammam) von Meskutin befinden. Man entdeckt den Ort erst in dem Augenblick, wo man ihn betritt, und wenn man der zahllosen Kegel ansichtig wird, die sich überall wie Bienenstöcke erheben. Rückt man weiter vor, so sieht man Rauchwolken über dem Orte schweben, sucht aber vergebens nach irgend einem Gebäude, das eine Badeanstalt vorstellen könnte. Zwar zeigen sich hier und dort auf den Hügeln einzelne Häuschen oder arabische Zelte, aber weder Badegäste noch irgend ein zur Bedienung bestimmtes Personal, sodaß ich schon zu glauben anfing, ich befände mich inmitten merkwürdiger Naturerscheinungen, die mir, dem isolirten Forscher, zu studiren oblägen, als Herr Rocher, Direktor und Arzt des hiesigen Militärhospitals, an unsern Wagen herantrat, der, schon einige Tage auf den Besuch vorbereitet, uns auf dem Wege nach dem Militärkrankenhause erwartete. Somit wurde uns die Annehmlichkeit zu Theil, den merkwürdigen Ort unter der Führung dieses sachkundigen und äußerst gefälligen Mannes in Augenschein zu nehmen.

Die Gegend, in welcher sich die heißen Quellen befinden, ist eine sehr ungleiche und wächst zum Theil zu Höhen an, die mehr oder weniger schöne Waldungen tragen und mit einem üppigen Pflanzenteppich bekleidet sind. Die Quellen liegen zerstreut auf einem 5—6 Kilom. weiten Raume, der sich von Osten nach Westen erstreckt und vom Bache Chadakra (in den Ued-bu-Hamdan mündend) begrenzt wird; eine so scharfe Grenze, daß sich andere heiße Quellen weder am linken Ufer desselben, noch längs des Ued-bu-Hamdan befinden. Der Chadakra wird hauptsächlich durch die Quellen gespeist, deren Temperatur zwischen 70 und 96 Grad schwankt. Das Wasser, das in den Höhlungen der Kegelspitzen siedet, überströmt dieselben, ohne sich in Strahlen zu erheben, und fließt dann in kleinen Rinnen, die es selbst gebildet hat, ab. Da dieselben aber oft durch Inkrustationen verstopft werden, so ändert das Wasser häufig seinen Lauf. Wahrscheinlich ist das heiße Quellwasser früher in ziemlich hohen Strahlen emporgeschossen, da man sonst den Ursprung einiger durch die Wasserniederschläge gebildeter Kegel, die zum Theil 4—5 m hoch sind, nicht erklären könnte, eine Höhe, welche das jetzt aus den Kegeln entweichende Wasser nicht erreicht. Die

Kegel bestehen aus weißem, in koncentrischen Ringen abgelagertem Kalkstein, und es entspricht ihre Höhe der Höhe der Wassersäule, die sie erzeugten. Die Niederschläge treten entweder als horizontale flache Schichten oder als weiße, auch gelbliche Massen auf, deren Oberfläche warzenförmig-runzelig oder gefurcht erscheint, wenn sich die Niederschläge auf geneigten Flächen bilden, wie es z. B. bei der prächtigen Steinkaskade der Fall ist, die gleich einem riesenhaften, mannigfach geschwollenen und gefalteteten weißen Tuche den nördlichen Abhang eines dem Militärhospital gegenüberliegenden Hügels bedeckt. Es ist das erhabene Bild eines versteinerten Wasserfalles: das Wasser das in zahllosen Adern längs der von ihm gefüllten ungeheuren Kalkmasse herabrieselt, unterscheidet sich kaum von dieser und scheint deren Unbeweglichkeit zu theilen. Die Inkrustationen zeigen häufig verschiedene Färbungen, die man Mineraloxiden zuzuschreiben geneigt wäre; nach Herrn Rocher's Mittheilungen rühren jedoch diese Färbungen, namentlich die röthlich-gelben, nicht von eisenhaltigen Substanzen her, sondern sind durch das Vorhandensein eines mikroskopischen Pilzes erzeugt. Die Hauptquellen, welche, den Hügel hinunterfließend, dessen geneigte Fläche 15—20 m hoch ist, die große Kaskade gebildet haben, befinden sich auf dem Gipfel desselben, ich zählte deren vier, die heißeste mit einer Temperatur von 97 Grad.

Wie prächtig und originell nun auch der Anblick ist, den die Quellen von Hammam-Meskutin gewähren, so wird das Gemälde doch bei weitem überflügelt durch jenes der heißen Quellen von Pambuk-Kalessi in Phrygien, von denen ich vor zwölf Jahren eine ausführliche Schilderung, unter Beigabe mehrerer Tafeln, bekannt gemacht, um von den wunderbaren, zahllosen Gestalten, welche dort durch Inkrustationen gebildet sind, einen Begriff zu geben. [1]) Die einzige Aehnlichkeit zwischen den Quellen Kleinasiens und Algeriens ist ihre Höhe, da jene 500, diese 400 m hoch liegen, im Uebrigen ist der Unterschied ein sehr großer und fast immer zu Gunsten Asiens ausfallend. Gewiß erscheint der versteinerte Wasserfall von Hammam-Meskutin mit seinen mannigfaltigen Vertiefungen, Anschwellungen, faserigen verzweigten Stalaktiten u. s. w. in hohem Grade malerisch und imposant; aber wie weit entfernt ist der Eindruck, den die zahllosen Säulen, Kelche, Becher, phantastischen

---

[1]) Vgl. Tchihatchef, Asie Mineure, Partie géologique und Le Bosphore et Constantinople. p. 384—396, Planches II—IV.

Arabesken u. A. machen, mit denen die versteinerten Wasserfälle von Pambuk-Kalessi prangen![1]) Allerdings ist die Temperatur der Quellen von Hammam-Meskutin eine höhere und steht nur den Geisern auf Island und de las Trincheras in Südamerika nach; aber auch in dieser Hinsicht finden die algerischen Quellen ihren Besieger wieder in Kleinasien, wo die von Tuszla in der Troade die bis jetzt bekannte höchste Wassertemperatur zu besitzen scheinen.[2]) Den Angaben des Herrn Sartorius von Waltershausen und Descloiseaux zufolge beträgt die Temperatur des großen Geisers, die höher ist als die von de las Trincheras, an der Oberfläche 76—80 Grad und erreicht nur in einer Tiefe von 22 m 122—127 Grad; jedoch auch diese nicht dauernd, sondern nur unmittelbar v o r oder n a ch den Ausbrüchen. Die Temperatur des Wassers in den Salzquellen von Tuszla übersteigt dagegen an der Oberfläche sogar der Strahlen beständig 100 Grad, woraus folgt, daß sie in einer Tiefe von 22 m höher als beim großen Geiser in gleicher Tiefe sein muß. Leider ließen sich diese Angaben von mir nicht direkt bestätigen, da die drei nach einander hinabgelassenen Thermometer sofort platzten und sie die einzigen waren, die ich mitgenommen, während alle übrigen bei meinem schweren Gepäck in Denizly zurückgeblieben waren.

Die Inkrustationen scheinen in Hammam-Meskutin noch schneller als in Pambuk-Kalessi vor sich zu gehen. Für letzteres fehlt freilich jedes Vergleichungsmittel, denn es sind weder neuere noch alte Beobachtungen über die dortige progressive Entwickelung vorhanden, auch besitzen wir keine sicheren Angaben in Betreff der Epoche, an welche sich die Gründung der Badeanstalten von Hieropolis dem heutigen Pambuk-Kalessi, knüpft. Dr. Rocher versicherte, daß die große versteinerte Kaskade von Hammam-Meskutin jedes Jahr um etwa 1 m vorrücke und wies noch auf ein weiteres merkwürdiges Beispiel von Schnelligkeit hin, mit welcher hier das Werk der Inkrustation vor sich geht. Etwa zwei Monate vor unserem Besuche (22. Mai 1878) sah man sich durch die im Bau begriffene Eisenbahn veranlaßt, einen kleinen, natürlichen, von mehreren heißen

[1]) Der türkische Name des alten Hieropolis ist sehr bezeichnend, indem Pambuk Watte und Kale Schloß bedeuten (ein aus Watte gebautes Schloß); die weißen Massen zeigen, aus der Ferne gesehen, die zarten abgerundeten Umrisse riesenhafter Haufen von aufgethürmter Watte.

[2]) Vgl. Tchihatchef, Le Bosphore et Constantinople, 2. édit., p. 377, mit einer Tafel.

Quellen gespeisten Behälter zu durchstechen, in Folge dessen sich derselbe leerte und seine 3 m mächtigen Wände freilegte. Nun aber strömte das Quellwasser durch den Riß und bildete eine Rinne, in welcher bereits eine 1 Decimeter dicke Inkrustations-Masse, wie ich durch direkte Messung bestimmen konnte, niedergeschlagen war; dies aber würde in einem Jahre 60 Centim., in zehn Jahren eine Masse von 6 Metern Mächtigkeit ergeben. Das Wasser mit dieser raschen Inkrustation hat eine Temperatur von 47 Grad, und der niedergeschlagene Kalkstein zeigt Schwefelnadeln.

Die Gewässer des Hammam-Meskutin enthalten eine ziemlich bedeutende Menge von Salzen, unter denen vorherrschend sind: Chlornatrium, kohlensaurer Kalk, anhydrischer schwefelsaurer Kalk und Schwefelnatrium; die entbundenen Gase enthalten in 100 Theilen: 97 Kohlensäure, 0,5 Schwefelwasserstoff-Säure und 2,5 Stickstoff. Abgekühlt ist das Wasser trinkbar, da der schwefelsaure Kalk niedergeschlagen wird und die Schwefelwasserstoff-Säure, deren Geruch an der Austrittsstelle der Quellen ein sehr fühlbarer ist, verdunstet, so daß man dieselbe nicht mehr schmeckt.

Außer den Salzquellen ist noch eine Quelle von geringem Eisengehalt am rechten Ufer des Ued-Chadakra vorhanden; auch besteht der Boden, dem sie entströmt, aus stark mit eisenhaltigen Substanzen geschwängerten Mergeln. Unter den chemischen Bestandtheilen dieses Wassers sind schwefelsaurer Kalk, Chlornatrium und kohlensaurer Kalk vorherrschend, das Eisenoxyd ist verhältnißmäßig unbedeutend.

Die Quellen von Hammam-Meskutin waren schon bei den Alten unter dem Namen Aquae Tebelitinae bekannt, und es sind hier noch Spuren ihrer Badeanstalten vorhanden; so z. B. unweit der großen versteinerten Kaskade Reste römischer Bauten, die aber leider so verstümmelt sind, daß selbst ihre Bestimmung schwer fällt. Wahrscheinlich waren es Piscinen und jedenfalls von bedeutender Ausdehnung, da man sie auf einer Strecke von 2 km verfolgen kann.

Die neuen, für Kranke erbauten Piscinen befinden sich im Militärhospital, sind bequem, geräumig und empfangen das erforderliche Wasser mittels offener, unter freiem Himmel liegender Rinnen; die für Badende angeordnete Temperatur beträgt 34—40 Grad. Das von Herrn Dr. Rocher verwaltete Militärhospital kann 200 Personen aufnehmen, hatte aber bei unserem Besuche deren nur 80; die Behandlung ist eine unentgeltliche, und es werden Araber in gleicher Weise wie Europäer aufgenommen und behandelt.

Die Wässer von Hammam-Meskutin erweisen sich besonders wirksam gegen Lähmungen, Verrenkungen, Muskel- und Sehnen-Retraktionen, rheumatische Leiden, Neuralgien, gewisse Hautentzündungen ꝛc. So vortrefflich ausgestattet auch beide Militär- und Civil-Hospitäler sind, um den Bewohnern des Landes gute Dienste zu leisten, ebenso traurig steht es mit den Einrichtungen für Fremde; diese umfassen nur einige winzige Zimmer eines kleinen Wirthshauses, das wegen des geringen Besuches äußerst kärgliche Küche hat, sodaß Hammam-Meskutin unter den heutigen Verhältnissen für Fremde, welche an europäische Bequemlichkeiten gewöhnt sind und namentlich für diejenigen, welche die Badeanstalten von Deutschland, Belgien und Frankreich kennen und zu benutzen pflegen, eine ungenügende Zuflucht bietet. Hieraus ergiebt sich, daß auch nach der Eröffnung der Eisenbahn auf wohlhabende fremde Besucher nicht zu rechnen sein wird, so lange diese nicht den mit Recht zu beanspruchenden Komfort finden, zumal hier die Badesaison eine ziemlich kurze ist und nur vom April bis Ende Juli währt, von wo an sich Fieber geltend machen. Sobald jedoch Hammam-Meskutin Wirthshäuser besitzen wird, wie man sie in Algerien so vortrefflich einzurichten versteht, wird der Ort sicher ein sehr guter Winteraufenthalt werden, da der Winter dort ein milder und vollkommen gesunder ist.

Die geologische Beschaffenheit der Gegend ist für die Bestimmung der Formation, in welcher die heißen Quellen ihren Ursprung haben, noch zu wenig bekannt; alles was sich für den Augenblick sagen läßt, ist, daß sie inmitten von Sandsteinen und Mergeln hervorsprudeln, die wahrscheinlich cretacisch (Kreide) sind.

Die Umgegend von Hammam-Meskutin ist ziemlich bewaldet und vielfach malerisch; der Botaniker könnte hier interessante Studien anstellen hinsichtlich der von den heißen Quellen auf die Vegetation ausgeübten Wirkung; denn mitten in allen diesen rauchenden Kegeln und längs der siedenden Quellen und Kaskaden sieht man zahlreiche Pflanzenbüschel auf einem Boden erblüht, der mehr oder weniger erhitzt, ja von 50—60 Grad warmem Gewässer befeuchtet wird. Unter solchen Bedingungen fand ich folgende Pflanzen blühend: Andryala laxiflora Salzm. (selten in Algerien, von Munby als in einer einzigen Lokalität der Provinz Oran vorkommend erwähnt), Lotus cytisoides, Scorpiurus sulcata (selten in Algerien), Hypericum tomentosum, Sedum cœruleum (selten in Algerien), Umbilicus horisontalis, Lythrum Graefferi. Ten. (L. flexuosum, Lag.), Campanula dichotoma, Chlora grandiflora, Viv. (Chl. perfoliata L., var. grandiflora, Griseb.), Stachys hirta, Micromeria græca, Ajuga iva, Statice globulariæfolia, Desf., (selten in Algerien), Plumbago europæa, benetzt durch ein 50 Grad warmes Wasser, was auch der Fall war mit den folgenden: Adiantbum capillus Veneris, Samolus Valerandi und Rumex bucephalophurus u. a.

Leider vermochte ich der Gegend von Hammam-Meskutin nicht die Zeit zu widmen, welche die Untersuchung einer so interessanten Oertlichkeit erforderte; aber noch lebhafter bedauerte ich die Nothwendigkeit, die beabsichtigten Ausflüge nach dem Thaya-Berge und den prähistorischen Grabmälern von Roknia aufgeben zu müssen. Da beide Punkte nicht fern von Hammam-Meskutin liegen, so hielt ich einen Tag für den Ausflug ausreichend, mir mit der Hoffnung schmeichelnd, daß die mir angedeuteten Schwierigkeiten für das Eindringen in die Höhlen von Herrn Bourguignat übertrieben oder doch seit dessen Besuch verringert seien; leider aber wurden die Aussagen dieses Gelehrten in Hammam-Meskutin selbst als durchaus richtig bestätigt und die Versicherung hinzugefügt, daß der Besuch der Knochen enthaltenden Höhlen des Thaya allein einen Tag und der Abstecher nach Roknia dieselbe Zeit erheische, so daß die Hin- und Rückreise nicht unter drei Tagen hätte bewerkstelligt werden können. So mußte ich denn diese Ausflüge aufgeben, um nicht das Dampfboot, das uns von Bone nach Tunis führen sollte, zu verfehlen, und um die Abreise nicht noch eine Woche zu verschieben, was in so vorgerückter Jahreszeit für meine Frau von übeln Folgen werden konnte.

Wenn es mir selbst nun auch nicht vergönnt war, den Berg Thaya und die prachtvolle megalithische Nekropolis von Roknia zu besuchen, so mag mir wenigstens gestattet sein, Sie darüber unter der Führung des Herrn Bourguignat, der seine dort gemachten wichtigen Entdeckungen in zwei ausgedehnten Werken ausführlich beschrieben hat, einige Augenblicke zu unterhalten.[1]) Die genannten Schriften sind ziemlich selten geworden, und hätte ich nicht das Glück gehabt, sie in der öffentlichen Bibliothek von Bone zu finden, wo das für diese Stadt besonderes Interesse bietende Werk nicht fehlen durfte, so würde ich es schwerlich irgendwo erlangt haben.

---

[1]) Histoire du Djebel-Thaya et des ossements fossiles recueillis dans la grande caverne de la Mosquée, par J. E. Bourguignat, und Histoire des monuments megalithiques de Roknia, von demselben.

Etwa 35 km nordwestlich von Hammam-Meskutin beherrscht der rundlich gestaltete Djebel-Thaya durch die Höhe seiner vier Endspitzen alle Bergketten dieser Gegend, und es entfaltet sich dem Blicke vom Gipfel der höchsten dieser Spitzen aus (1390 m) ein ungeheurer Horizont: die Gegend von Jemappes, der Berg Edugh, der See Fezzara und der Meerbusen von Bone.

Der Djebel-Thaya, der als Centralpunkt für die Erhebung der umliegenden Berge angesehen werden kann, besteht fast ausschließlich aus kompaktem, wahrscheinlich der Kreide-Formation angehörendem Kalkstein, welcher an einigen Stellen von jüngeren Gebilden überlagert ist, die Herr Bourguignat für eocäne, der älteren Tertiärformation beizuzählende, hält. Sämmtliche Felsarten fallen nach Süden ab.

Am nordwestlichen Abhange des Berges öffnet sich eine große Höhle, ein wahrer Abgrund, in den man nur mit außerordentlichen Beschwerden hinabzusteigen vermag. Die Wände tragen auf einem Raum von 10—15 m römische Inschriften, welche Herr Bourguignat kopirte und mit großer Gelehrsamkeit erklärte; es sind Votive oder Todes-Inschriften. General Faidherbe hat auf den Grund der Höhle einen Schacht hinabgesenkt, mit dessen Hilfe die Ausgrabungen in einem Raume von etwa 30 Quadratmetern bis zu einer Tiefe von 2,20 m bewerkstelligt werden konnten. In dieser Mächtigkeit hat man drei über einander liegende Schichten durchsetzt: die obere 5—10 cm dicke Schicht besteht aus Dammerde, die zweite etwa 1 m mächtige aus schwärzlicher Erde mit Knochen, die dritte aus einer gelblicheren, thonigen Erde, die ebenfalls an fossilen Knochen reich ist. Letztere zwei Schichten haben 200 bis 300 kg Knochen geliefert, die man nach Paris geschickt, wo sie von den Herren Lartet und Bourguignat einer gründlichen Untersuchung unterworfen worden sind. Diese unterschieden 21 Arten, [1]) von denen (mit Ausschluß eines Ochsen von zweifelhaftem spezifischen Werth) 10 neue; die übrigen bewohnen den Berg Thaya nicht mehr, sondern

---

[1]) Die neuen Arten sind mit einem Sternchen bezeichnet: Pithecus innus (der gewöhnliche Magot), Canis aureus (Schakal), *Vulpes atlanticus (Fuchs von Algerien), Felis leo (Löwe), F. pardus (Panther), *Ursus Lartetianus *U. Letourneuxianus, *U. Rouvieri, *U. Faidherbianus, Sus scrofa (Eber), Equus caballus (Pferd), Hystrix cristatus (Stachelschwein), *Antilope Faidherbii, *A. Rouvieri, *Gazella atlantica, Musimon tragelaphus, *M. Lartetianus, *M. Faidherbi, *M. Rouivieri, M. corsicus, Bos sp.

sind an einigen andern Orten Algeriens vorhanden, ausgenommen den Musimon corsicus, der heute ausschließlich Corsica, Sardinien und vielleicht noch Spanien eigenthümlich zu sein scheint. Unter allen Arten, deren Knochen in der Höhe des Taya beobachtet worden, sind die Bären-Species die zahlreichsten und merkwürdigsten, weil der Bär schon zur Zeit des Herodot, Strabo und Plinius in Numidien äußerst selten war; und wenn sein Vorkommen an einigen Punkten Algeriens auch noch heute constatirt worden ist, so hält diese Herr Bourguignat doch für die letzten Vertreter einer absterbenden Rasse, wie es der Auerochs in Lithauen ist.[1]) Nächst dem Bären ist das wilde Schaf (Mouflon) in den Höhlen am häufigsten. Aus diesen Daten, wie auch aus dem gänzlichen Fehlen von Menschenknochen zieht jener Forscher die Folgerungen, daß die Höhle stets ein Zufluchtsort für Bären, und daß unter den Thieren, die ihnen zur Nahrung dienten, im Djebel-Thaya der Musimon tragelaphus am meisten vertreten gewesen sei; andererseits mußte die große Zufluchtsstätte der Bären den Menschen fern halten, ja ihm solche Furcht einflößen, daß er, wie es mehrere Inschriften beweisen, dem Thiere eine Huldigung erwies gleich einer schrecklichen Gottheit.[2])

[1]) Dr. Reboud (Excursion archéologique dans les cercles de Guelma etc., p. 10) führt das Zeugniß des Kapitäns Sergent an, nach welchem der Bär zu Anfang dieses Jahrhunderts noch ziemlich häufig in den nördlich von Azeba gelegenen Gebirgen gewesen, seitdem aber dort vollkommen verschwunden sei; doch soll er in den Gebirgen von Marocco noch vorhanden sein.

[2]) Herr Hörneß (Verhandlung der k. k. Reichsanstalt an. 1878, p. 273) erwähnt in einigen Höhlen von Steiermark Knochen von Ursus spelaeus, einer von den in Djebel-Thaya gefundenen Arten verschiedenen, aber wie letztere ebenfalls erloschene Art, welche, nach mehreren in diesen Höhlen beobachteten Anzeichen zu schließen, während der Glacialperiode Zeitgenosse des Menschen war. Andererseits giebt Herr Filhol (Comptes rendus etc. Th. XCII, an. 1881, p. 929) eine Beschreibung der zahlreichen fossilen Knochen von Säugethieren, die kürzlich in den Höhlen von Lherm (Arriège) entdeckt worden sind und hauptsächlich folgenden Thieren angehören: Ursus spelaeus, U. arctos, U. Gaudryi, Felis leo (dessen Femur eine Länge von 0,46 m hat und folglich ein Individuum von ungeheurer Größe andeutet), F. spelæa, Hyæna spelæa, Rhinoceros, Cervus etc. Man sieht, daß diese Fauna, außer dem Löwen, keine Art mit der des Djebel-Thaya gemein hat, aber einen Zug bietet, der an letztere erinnert, nämlich das Vorherrschen des Bären, obwohl specifisch von denen des D.-Thaya verschieden, wo dieses Thier nur durch ausgestorbene Formen vertreten wird,

Die megalithischen Denkmäler von Roknia, welche Herrn Bourguignat ebenso interessante Ergebnisse geliefert haben, wie die Höhle von Djebel-Thaya, befinden sich zwei Stunden von Hammam-Meskutin auf einem ausgedehnten, schwach nach Norden abfallenden Plateau neben dem arabischen Dorfe Roknia. Er fand hier etwa 1500 noch ziemlich gut erhaltene Dolmen und giebt die Beschreibung und Abbildung von 28 megalithischen Gräbern, welche 45 Gefäße von allen Formen, 13 bronzene Schmucksachen und zwei aus vergoldetem Silber, endlich Knochen von 48 Individuen enthielten. Die Schmucksachen Roknias, höchst einfach und primitiv, bestehen aus Ringen oder Armbändern, Amuletten, Fingerringen aus Bronze oder vergoldetem Silber u. a. Die Schädel von Roknia, welche Herr Dr. Pruner untersuchte, zerfallen in zwei verschiedene Kategorien, nämlich in Schädel von afrikanischer und solche von problematischer Abkunft; zur ersteren gehören die in den Dolmen von Roknia gefundenen Schädel von Kabylen, welche Thatsache dem Gelehrten zu folgender Bemerkung Anlaß giebt: im Widerspruch mit der Ansicht der meisten Anthropologen, welche die Kabylen oder Berber in die kaukasische Rasse versetzen, ist der Schädel der Kabylen wegen seiner Knochentextur wesentlich afrikanisch und steht dem Negerschädel sehr nahe.

Eine andere von Herrn Bourguignat in diesen Gräbern gemachte, vielleicht noch wichtigere Entdeckung betrifft die reiche und merkwürdige malakologische Fauna in den Gräbern an Stelle der verschwundenen Knochen menschlicher Leichen wie der Erde, welche die Gräber einst bedeckte. Auf diese Weise haben sich die inneren

während in Lherm eine lokale, dem Herrn Gaudry gewidmete Species vorherrscht; von den andern beiden Arten ist der Ursus spelaeus zwar ausgestorben, aber als fossil in Europa ziemlich häufig. Das Zusammenleben dieser fossilen Art mit der unsrigen (Ursus arctos) ist ein merkwürdiger Umstand, den Herr Filhol betont, indem er darauf aufmerksam macht, daß, da nur ein einziges, sehr großes Individuum des Ursus arctos zugleich mit einer Menge von Ursus spelaeus in Lherm auftritt, es unmöglich sei, anzunehmen, wie es gewöhnlich geschieht, daß unser heutiger Bär (U. arctos) von dem U. spelaeus abstamme. Daraus zieht Herr Filhol die Folgerung, daß beide Species nicht zugleich die Höhlen von Lherm bewohnten, sondern der U. arctos von irgend einem nördlicheren Lande, vielleicht aus Amerika, eingewandert sei, in Folge dessen diese Art endlich den U. spelaeus verdrängt habe, der dann ausgestorben sei und so unserem jetzigen Bären Platz gemacht habe.

Räume der Dolmen mit Schutt und Gehäusen von Landschnecken gefüllt, indem die Mollusken dort gegen die Dürre des Landes und die rauhen Jahreszeiten Schutz suchten. „Die Folge war, sagt Herr Bourguignat, daß diese Dolmen die reichste aller vorhandenen Muschelsammlungen enthalten, so daß ich hier die gesammten Vertreter der malakologischen Bevölkerung des Landes sammeln konnte. Alle diese Muscheln sind wie in regelmäßigen Schichten auf einander abgelagert, vollkommen gut erhalten und bekunden durch das Vorherrschen gewisser Formen auf das Deutlichste die klimatologischen Wirkungen, deren modificirendem Einfluß sie ausgesetzt gewesen."

Unter den von Herrn Bourguignat in den Dolmen gesammelten 42 Molluskenarten sind wenigstens sieben ausgestorbene und etwa zehn jetzt höchst selten in diesem Theile Algeriens. Alle diese Arten wie auch jene, die sich bis heute lebend erhalten haben, verrathen durch die Gesammtheit ihrer charakteristischen Merkmale ein viel feuchteres Klima und eine kältere mittlere Temperatur, als jetzt in diesem Lande herrscht. Zum Beweise dieser Behauptung entwickelt Herr Bourguignat die verschiedenen Aenderungen, welche Helix aspersa je nach den klimatischen Bedingungen, denen sie unterworfen war, erfahren, Aenderungen, welche durch Abbildungen mehrerer von ihm in Frankreich, Italien, Syrien 2c. gesammelter Individuen in vortrefflicher Weise hervorgehoben werden. Daraus ergiebt sich, daß die in den unteren Schichten der Dolmen abgelagerten Helix aspersa solchen Arten am nächsten stehen, die den Norden Frankreichs und folglich ein kälteres und feuchteres Klima als das von Roknia bewohnen, während Individuen derselben Art aus den oberen Schichten sich an Formen anschließen, die trockneren und wärmeren Klimaten eigen sind, etwa dem heutigen Klima der Gegend von Roknia in einer Höhe von 480 m entsprechend.

Die zahlreichen in jenem Werke enthaltenen Thatsachen, von denen ich nur die hervorragendsten erwähnte, waren für den Verfasser eine Anregung, über das Alter der megalithischen Denkmäler von Roknia allgemeine Betrachtungen anzustellen, die zu dem Schlusse führten, daß die vorhistorischen Erbauer jener Denkmäler vor etwa viertausend Jahren gelebt haben und Kabylen (Berber) gewesen seien, die von einem arianischen Volksstamme beherrscht worden, der von Italien nach Sicilien und von dort nach dem nördlichen Afrika hinübergewandert, und endlich, daß die klimatologischen Verhältnisse des Landes, dessen mittlere Temperatur nicht unter 10 Grad (Centigr.) und dessen atmosphärische Feuchtigkeit eine bedeutende war, dem Boden die Möglichkeit geboten habe, sich mit einer üppigen Vegetation zu schmücken.

Hoffentlich wird es mir nicht verargt, daß ich mich so lange bei den Untersuchungen des Herrn Bourguignat aufgehalten; die Wichtigkeit und Originalität derselben bildet aber ein Faktum, das sich in gleichem Grade kaum sonst wiederholt, und außerdem sind eben jene beiden großen Werke des Gelehrten selten geworden und gehören auch zu der Zahl derjenigen Luxuswerke, welche, mit einer Menge von Tafeln und Abbildungen ausgestattet, überhaupt nur wenigen Privatbibliotheken zugänglich geworden sind.

Unabhängig von dem Werthe der Arbeiten Bourguignat's und dem Vergnügen, mich mit denselben zu beschäftigen hege ich noch den lebhaften Wunsch, so lange wie möglich in der schönen Gegend zu bleiben, an die sich jene Arbeiten knüpfen, und da Hammam-Meskutin mein letzter Ruheplatz in Algerien ist, so suche ich die entscheidende Trennungsstunde begreiflicherweise möglichst hinauszuschieben. Sie erinnern sich wohl noch, wie viel Mühe ich mir gegeben, irgend einen Vorwand für den Aufschub meiner Abreise von Algier ausfindig zu machen, und doch handelte es sich dort nur darum, aus meinem Winterquartiere aufzubrechen, um das ausgedehnte Land zu besuchen, von dem es nur einen kleinen Flecken ausmachte; damals hatte ich nur von einem freundlichen Gemache Abschied zu nehmen, um mich statt dessen in den Besitz des ganzen Hauses zu setzen, während ich jetzt aber das Haus selbst verlassen muß und, wehmüthig gestimmt, die Erinnerung an die dort verlebten glücklichen Tage mit mir nehme.

Da ich das Dampfboot trotz aller Eile verfehlt habe und nun in Bone eine Woche ausharren muß, so benutze ich die Zeit zu einer allgemeinen Skizze von Algerien, indem ich die in meinen Briefen zerstreuten Notizen über die physischen, socialen und politischen Verhältnisse des Landes in ein übersichtliches gedrängtes Bild zusammenfasse. In meinem folgenden Briefe werde ich zunächst die geologische Skizze übermitteln.

Achtzehnter Brief.

Bone, den 20. Mai 1878.

Es bedarf meinerseits kaum der Andeutung, daß ich mich bei dem Versuche, Ihnen einen allgemeinen Begriff von der geologischen Beschaffenheit der von mir besuchten Gegenden von Algier zu geben, nur auf einzelne unvollkommene Skizzen beschränken muß, da begreiflicherweise mehrere Elemente, welche zu einem geologischen Faktum gehören, für meine Beobachtungen fehlten und selbst die Art meiner Reise es nicht immer gestattete, das Alter der verschiedenen Gebilde durch ihre paläontologischen Bezeichnungen oder ihre relative Lage zu bestimmen. Andererseits waren manche Striche, die ich berührte, noch nicht genügend untersucht, während schon bekannte Theile Algeriens oft außerhalb des Bereiches meiner Reise lagen und somit keine Vergleichungs- oder Anhaltspunkte zu bieten vermochten.

Zwar mangelt es nicht an Materialien aller Art, welche sogar für die Herstellung einer geologischen Karte Algeriens ausreichend wären, die noch vermißt wird, da die höchst verdienstvollen Versuche der Herrn Ville und Renou den Erfordernissen des jetzigen Standes der Wissenschaft nicht mehr entsprechen; leider aber liegt der größte Theil jener schätzbaren Materialien als Manuskript in den Portefeuilles von Gelehrten, wie der Herren Tissot und Pomel, des Augenblicks harrend, wo die französische Regierung die Mittel hergiebt, um die wichtigen Dokumente der wissenschaftlichen Welt zu erschließen.

Trotz all' dieser Mängel und Lücken läßt sich doch annehmen, daß der größte Theil derjenigen Sedimentgebilde, welche die Erdrinde bilden, in Algerien vertreten ist, namentlich I. die alten Formationen, die wahrscheinlich den silurischen oder devonischen Systemen angehören; II. Kohlen-Bildung; III. vor-jurassische Gebilde; IV. Jura-Bildung; V. Kreide-Bildung; VI. Tertiär-Bildung; VII. Quaternär-Bildung; VIII. jüngere Ablagerungen.

Lassen Sie mich diese Formationen kurz besprechen, indem ich mit der älteren Formation beginne.

I. Wie ich in meinen Briefen aus Algier bereits wiederholt zu erwähnen Gelegenheit gefunden, besteht die Küste, welche diese Stadt trägt, aus Granit, Gneis, Glimmerschiefer, Talkschiefer, Chloritschiefer und dunkelblauem Kalkstein, welche Felsarten einen breiten Streifen bilden, dessen größte Ausdehnung von Ost nach

West (vom oberen Mustapha bis zum Cap El-Kantur) etwa 35 km, von Nord nach Süd (von El-Biar bis zur Gegend der Pointe de Pescade) etwa 50 km beträgt. Auf dem in dieser Weise abgegrenzten Raume herrschen Granite und krystallinische Schiefer vor, während dunkle Kalksteine abgesonderte Partien oder Fetzen bilden, von denen fünf durch ihre äußere Gestalt bemerkenswerth; sie befinden sich fast alle mehr oder weniger um den Berg Buzarea gruppirt, der im Centrum des Granit-Gebietes liegt und dessen höchsten Punkt bildet. Unter den fünf Kalkstein-Partien haben zwei genau das Aussehen eines langen, dem Buzarea entspringenden und der Küste zufließenden Lavastroms. Der eine, auf dem westlichen Abhange des Berges, zuerst nach Westen steuernd, dann, plötzlich sich nach Norden wendend, erreicht im Cap Djerba seinen Endpunkt und besteht aus einem Streifen von sehr ungleicher Oberfläche, bei etwa 35 km Länge und 5 km Breite, während der andere Kalkstein-Streifen von ca. 5 km Länge und 3 km Breite zwischen dem nördlichen Abhange des Buzarea und der Küste liegt, wo diese Felsart das Cap Pescade bildet. Die übrigen vier Kalkstein-Partien, welche eben so viele unregelmäßige Massen vorstellen, erstrecken sich längs den östlichen und südlichen Abhängen des Buzarea; die in der Gegend von El-Biar auftretende bezeichnet den südlichsten Punkt aller fünf Kalkstein-Partien.

In meinen Briefen aus Algier erwähnte ich die Gründe, welche die Annahme des eruptiven Ursprungs, den mein geschätzter Freund Dr. Bourjot diesen Kalksteinen zuschreibt und der allerdings beim ersten Blick unwillkürlich in die Augen tritt, nicht gestatten. Kürzlich wurde solcher Ursprung auch durch Herrn Th. Fuchs den Sandsteinen und Konglomeraten des Flysches der Karpathen zugeschrieben, eine Ansicht, die Herr K. M. Paul lebhaft bekämpft hat,[1])

---

[1]) Verhandl. der k. k. geolog. Reichsanst. 1878. In einer interessanten Arbeit über Predazzo, jenen klassischen Ort, auf den Herr von Richthofen zuerst die Aufmerksamkeit der Geologen gelenkt hat, beleuchtet Ed. Reyer (Jahrb. d. k. k. geol. Reichsanst. 1881, B. XXXI p. 63) die Frage der Uebergänge, welche zuweilen zwischen eruptiven und Sediment-Gesteinen stattfinden. Herr Reyer pflichtet der Ansicht von Macculoch bei, der diese Erscheinung durch Metamorphismus erklärt, indem er meint „daß die Hitze des Eruptiv-Gesteins eine Umkrystallisirung und ein Verschweißen der Sedimente mit den anlagernden Massengesteinen bewirkt habe.“ Diese Theorie hat aber mit der des Dr. Bourjot nichts zu schaffen, da Algier keinen Uebergang zwischen Eruptiv und Sediment zeigt und Dr. Bourjot den Kalkstein selbst als Eruptiv-Gestein ansieht.

obgleich dieselbe in chemischer Hinsicht weniger Schwierigkeiten bietet als jene des Dr. Bourjot. Nach Herrn Fuchs sollen die Sandsteine und Konglomerate der Karpathen in der Gestalt einer Art von vulkanischem Schlamm aufgetreten sein, erzeugt durch Ausbrüche, welche verschiedene zerriebene Felsarten angehäuft hatten, wogegen Dr. Bourjot annimmt, daß der Kalkstein seine Kohlensäure beibehalten habe, trotz des flüssigen oder breiartigen Zustandes der einer hohen Temperatur ausgesetzten Felsart.

Die Bestimmung des Alters der algerischen Kalksteine ist um so wichtiger, als sie zugleich auch das Alter der mit denselben augenscheinlich abwechselnden Granite und krystallinischen Schiefer [1]) ergeben würde. Leider hat man darin bis jetzt noch keine organischen Reste gefunden, aber wie ich schon bemerkte, könnte wohl die zwischen jenen Kalksteinen und denen des Bosporus vorhandene Aehnlichkeit die Ansicht wecken, daß sie dem devonischen System angehören, welche Hypothese ich allerdings nur mit größter Zurückhaltung ausspreche, wie solche auch hinsichtlich der von den Herren Hanoteau und Letourneux [2]) ohne irgend einen paläontologischen Beweis in der Kabylie angegebenen silurischen und devonischen Gebilde beobachtet werden muß. Welches auch das Alter der Gebirgsarten in der Umgegend Algiers sein möge, so ist es doch wahrscheinlich, daß sie derselben geologischen Epoche gehören, wie die ihnen ähnlichen, an andern Stellen der algerischen Küste, z. B. am Cap Matifou, in den Gegenden von Philippeville und Bone 2c. vorhandenen Gebirgsarten, Oertlichkeiten, die ich ebenfalls besprochen, [3]) und wo die Abwechselung zwischen Graniten, Glimmerschiefern und krystallinischen Kalksteinen öfters auftritt, obwohl letztere je nach der Lokalität verschieden sind und selbst in der Kabylie, namentlich in der Umgegend des Fort National, die sonst nicht beobachtete Eigenthümlichkeit besitzen, einen stinkenden Geruch auszuhauchen. [4]) Ohne Zweifel werden die alten Formationen noch an anderen Stellen Algeriens und der angrenzenden Länder konstatirt werden; für den Augenblick kennen wir schon deren vier durch Herrn Coquand, [5]) welche mit paläozoischen

[1]) Vgl. Brief VII, p. 89.

[2]) La Kabylie et les Coutumes Kabyles, T. I. p. 21—23.

[3]) Briefe XI, p. 164; XVI, p. 284 et seq.

[4]) Brief X, p. 143.

[5]) Coquand, Géologie et paléontologie de la région sud de la province de Constantine, p. 17.

Fossilien ausgestattet sind: auf der Küste von Marocco, im westlichen Theile der Provinz von Oran, in der Sahara südlich von Laghuat, und endlich in der Region zwischen Murzuk und Ghat (im westlichen, Fezzan genannten Theile der Regentschaft Tripolis). In der letzteren Region ruhen, nach Herrn Pomel's Aussage,[1]) die mit Versteinerungen durchsetzten devonischen Schichten auf Granit. Durch ihn erfahren wir auch,[2]) daß in der Sahara die Kreide unmittelbar auf paläozoischen Gebilden gelagert ist, sodaß eine große Lücke zwischen beiden Formationen stattfindet. Dies berichtet auch Herr Roland[3]) in Betreff der Gegend von Ued-Rhis unweit der Stadt Temassenin, wo ebenfalls cretacische Gebilde auf devonischen ruhen sollen.

II. Auf die paläozoischen Ablagerungen folgt ein Komplex von Schichten, welche sich an die Kohlen-Formation anzuschließen scheinen und die Herr Bleicher[4]) als Groupe du terrain carbonifère et du terrain houillier zusammenfaßt. Bis jetzt sind diese nur in der Provinz Oran bekannt. Sie ruhen auf Gebirgsarten, die Herr Bleicher als Uebergangsformation bezeichnet (Groupe de transition), und zerfallen in zwei Abdachungen, deren untere aus Konglomeraten besteht, die mehr oder weniger dolomitische Kalksteine enthalten: Korallen, Encriniten, unbestimmbare Bivalven und Foraminiferen (Endocbyra? Trachomena?), den in den Kohlenkalksteinen Englands, Rußlands und Amerikas gefundenen ähnlich. Die obere Abdachung besteht aus Schiefer, Thon und Sandstein, mit Schiefern wechselnd und verkieselte Hölzer (Koniferen) enthaltend.

III. Als ebenfalls lokales, in derselben Provinz auftretendes Gebilde gilt der den obengenannten folgende Schichten-Komplex, der den Anfang der sekundären Periode andeutet und von Herrn Bleicher vorläufig mit dem Namen Trias-jurassique bezeichnet ist. Wie in den vorhergehenden Schichten ist ihr unterer Theil aus Trümmer-Felsarten, die an Arkosen erinnern, zusammengesetzt; auf diese folgen mächtige Ablagerungen von Kalkstein, Konglomerat und Sandstein, viel mächtiger als die erwähnten und von Herrn Bleicher als Kohlenkalkstein angesehenen; außerdem enthalten sie Fossilien aus den Geschlechtern Ostrea und Pekten. Endlich tritt über die Ver-

[1]) Pomel, Le Sahara, p. 188.

[2]) Id. ibid. p. 246.

[3]) Comptes rendus etc. an. 1881, Th. XCIII, p. 167.

[4]) Bullet. de la Soc. géol. de France, 3. Ser., an. 1880, T. VIII, p. 303.

steinerungen führenden Schichten der obere Lias auf, der durch mehrere charakteristische Fossilien bezeichnet wird.

IV. Die Jura-Bildung in der Provinz Oran ist vermittels Versteinerungen nachgewiesen, obwohl dieselben, wenn auch Herr Ville [1]) vierzehn bestimmbare Arten anführt, nicht hinreichen dürften, um irgend eine diese Formation bildende Abdachung zu bezeichnen. Dies ist in erhöhtem Maß der Fall mit den in der Kabylie von Hanoteau und Letourneux [2]) als jurassisch angegebenen Ablagerungen, in welchen sie nur ein einziges specifisch bestimmtes Fossil erwähnen, nämlich den für Lias allerdings ziemlich charakteristischen Ammonites concavus, Sowerb.; die übrigen sind unter generischen Namen angeführt (Belemniten, Spirifer, Terebratula rc.), was allerdings zu sicheren Folgerungen keine Veranlassung giebt. Hingegen war Herr Coquand [3]) in der Lage, die verschiedenen Jura-Abdachungen mit Hülfe paläontologischer Charaktere in der Provinz Constantine vollständig zu unterscheiden. Die durch ihn gelieferten Profile [4]) von der Gegend zwischen Batna und dem Djebel-Chelia zeigen in absteigender Ordnung mehrere von diesen Abdachungen, und auch ich habe einige in der Umgegend von Constantine nachgewiesen, [5]) sodaß sie, wenn die Jura-Formation von keiner großen Bedeutung in der Provinz Oran ist (viell eicht weil sie dort noch nicht hinlänglich untersucht worden), doch in der Provinz Constantine eine große Entwickelung zeigt.

V. Dies scheint auch der Fall in Betreff der Kreide-Bildung, wenn man die Ablagerungen dieses Zeitalters, wie sie in den drei Provinzen Oran, Algier und Constantine auftreten, mit einander vergleicht. In den ersten haben die wenig zahlreichen, von Herrn Ville erwähnten cretacischen Gebilde nur sechzehn bestimmbare Fossilien geliefert, [6]) welche sämmtlich der unteren (Neocomien-) Abdachung angehören. Auch die in der Provinz von Algier, namentlich in dem Gebirgsstock von Milianah fast ausschließlich durch die obere Abdachung vertretene Kreide-Formation scheint an Versteinerungen arm zu sein; letztere Abdachung bietet sogar, nach Herrn Pomel, [7])

[1]) Notice minéral. sur la province d'Oran et d'Alger, p. 2.

[2]) La Kabylie etc., T. I, p. 15, 24.

[3]) Coquand, loc. cit. p. 14—16.

[4]) Ebenda p. 23.

[5]) Brief XIII, p. 214.

[6]) Ville, loc. cit. p. 3.

[7]) Déscription du massif de Milianah. p. 16—29.

eine ziemlich merkwürdige Thatsache dar, nämlich die große Seltenheit der Hippuriten und andern Rudisten, die bekanntlich im mittelländischen Becken besonders verbreitet sind. Endlich vermochten Hanoteau und Letourneur [1]) in der Kreide-Formation Kabyliens nur die Orbitolina lenticulata enthaltende Neocomien-Abdachung und die durch Ostrea proboscidea bezeichnete weiße Kreide paläontologisch zu bestimmen. Ganz anders steht es mit der Provinz Constantine, wo, wie Coquand berichtet, [2]) „die Geschichte der Kreide-Formation so vollständig ist wie in irgend einem klassischen Lande und sogar in paläontologischer Hinsicht Schätze enthält, die den Oertlichkeiten von Tebessa und Batna in den Jahrbüchern der Geologie den ausgezeichnetsten Platz sichern."

Dieser durch Coquand hervorgehobene paläontologische Reichthum der Provinz Constantine ist noch an anderen Stellen Algeriens bestätigt worden, wo die cenomaniene Abdachung den Herren Cotteau, Péron und Gaulthier 86 Echiniden-Species geliefert hat, von denen 58 neu sind, einen neuen generischen Typus einschließend, den jene Gelehrten mit dem Namen Coptophyma bezeichnet haben. [3])

Herrn Coquand zufolge [4]) erscheinen, wenn man von Norden nach Süden geht, die verschiedenen cretacischen Ablagerungen der Provinz Constantine regelmäßig von unten nach oben; auf diese Art steigt man, zwischen dem Karavanserai Ksur und der Stadt Biskra, stufenweise von den untern zu den obern, auf einander gelagerten Abdachungen, sodaß man, in Biskra angelangt, nur die mit Tertiär-Schichten bekleidete Kreide sieht.

Herr G. Rolland giebt interessante Mittheilungen über die Kreide-Formation der nördlichen Sahara, indem er darauf hinweist, [5]) daß in der Gegend zwischen Laghuat, El-Coleah und Uargla die cretacischen Ablagerungen den Turonien- und Cenomanien-Abdachungen angehören, da sich die von ihm in El-Coleah gesammelten Fossilien auf diese Epoche beziehen. Er betont [6]) die ungeheure Entwicklung der Kreide-Formation nicht allein in dem

---

[1]) La Kabylie. loc. cit.

[2]) Loc. cit. p. 26.

[3]) Comptes rendus. an. 1879. T. LXXVIII. p. 778, und Bullet. de la Société géol. de France, 3. Ser. an. 1880. T. VIII. p. 366.

[4]) Loc. cit. p. 67.

[5]) Comptes rendus. an. 1880. T. XC. p. 1557, und Bull. Soc. géol de France, 3. Ser., an. 1881. T. IX. p. 299.

[6]) Comptes rendus, an. 1881, T. XCIII, p. 167.

französischen Theile der Sahara, wo sie einen dem ganzen Frankreich gleichen Raum umfaßt, sondern auch in westlicher Richtung bis zu den letzten Bergketten des Atlas, östlich bis zu den libyschen und arabischen Wüsten reicht. „In allen diesen Gegenden", sagt Rolland, „sind es dieselben cretacischen Schichten, mit derselben Fauna und demselben mineralogischen Facies, wie man sie vom atlantischen Ocean bis zum rothen Meere, in einer Länge von 60 Grad und einer Breite von 3—6 Grad auftreten sieht. Keine späteren Ablagerungen erschienen bis zu den quaternären, die die Einsenkungen und tieferen Stellen des Gerüstes bekleiden, mit Ausnahme der östlicher gelegenen Gegenden der libyschen Wüste, wo tertiäre Gebilde vorkommen."

Wenn man einerseits den außerordentlichen Reichthum und die Mannigfaltigkeit der die Kreide-Formation Algeriens bezeichnenden Versteinerungen betrachtet, und andererseits berücksichtigt, daß diese Formation sich von Algerien aus bis nach Syrien fast ununterbrochen erstreckt, so wird die Erwartung rege, daß die merkwürdige Erscheinung, welche die cretacischen Gebilde in letzterem Lande zeigen, auch in den von Algerien oder den nächst liegenden Regionen stattfindet: ich meine das Vorhandensein der Nummuliten, deren ganz unerwartete, in der Geschichte der Geologie gewissermaßen Epoche machende Entdeckung wir Oskar Fraas verdanken. Es war in der Umgegend von Jerusalem, wo dieser scharfsinnige Gelehrte die von ihm benannte Nummulites cretacea nicht bloß mit Hippuriten-Bruchstücken vereinigt fand, sondern auch überlagert von Hippuriten und Ammoniten enthaltenden Schichten.[1]) Sollte diese, bis jetzt ganz vereinzelt dastehende Thatsache auch in der Kreide-Formation Nordafrikas bestätigt werden, so würde man einen neuen, dem südöstlichen Theil des mittelländischen Beckens eigenen cretacischen Typus erhalten, was die bis jetzt allgemein geltende Lehre von dem ausschließlichen Vorhandensein der Nummuliten in der Tertiär-Formation vollkommen zu Grunde richten, ja sogar die Grenze zwischen dieser letzteren und der Kreide-Formation sehr unsicher machen würde.[2])

---

1) Oskar Fraas, Aus dem Orient, an. 1867, Stuttgart, p. 83, Tafel I, Fig. 8.

2) Dr. Zittel sagt (Ueber den geol. Bau der libyschen Wüste, p. 14): „Im nordöstlichen Afrika und insbesondere in der libyschen Wüste giebt es keine schroffe Demarkationslinie zwischen „Kreide- und Tertiär-Zeit," trotzdem ist paleontologisch die Grenze ziemlich bestimmt bezeichnet. Nie habe ich mit oder über

VI. Die tertiäre Bildung ist in Algerien sehr entwickelt und durch ihre drei Abdachungen: die untere (Eocän), die mittlere (Miocän) und die obere (Pliocän) vollständig vertreten.

1. In der Provinz Oran nimmt die untere Abdachung einen ziemlich beträchtlichen Raum zwischen den Ufern des Isser und des Sidi-Bel-Abbès ein. Sie besteht aus einem hellgrauen, durch die Nummulites laevigata besonders bezeichneten Kalkstein.[1]) In dem Bergstock von Milianah (Provinz Algier) bildet die Nummuliten-Formation nur einen unmittelbar auf der oberen Kreide (Craie chloritée) ruhenden Fetzen, die in demselben enthaltenen Nummuliten treten stellenweise auf und ihre specifische Bestimmung ist fast unmöglich.[2]) So ist auch in Kabylien nur ein einziger Ort (der Gipfel des Djurjura) als der Nummuliten-Formation angehörend paläontologisch konstatirt worden.[3])

Auch hier scheint die Provinz Constantine die übrigen Provinzen sowohl in der Ausdehnung wie in dem paläontologischen Reichthum der unteren Tertiär-Abdachung zu übertreffen. Letztere nimmt die Küstenregion der Provinz fast vollständig ein und wird im Süden durch die große Bergkette begrenzt (Djebel-Cheressa, Djebel-Jaia, D.-Um Chirak, D.-Babor 2c.), welche so deutlich die Ausdehnung der Tertiär-Gebilde in dieser Richtung, von Bougie bis Tunis, angiebt. An vielen Punkten sind die unteren Tertiär-Ablagerungen sehr reich an Fossilien, wie unter andern die Höhen des Djebel-Der (nördlich von Tebessa) ganz aus einem von Nummuliten strotzenden Kalkstein zusammengesetzt sind.[4]) In der Gegend von Kranga (an der südlichen Endspitze des Djebel-Chechar) auf dem Ued-Arab treten Felsen des unteren Tertiärs aus dem Wüsten-

die ältesten Nummuliten oder Alveoliten noch irgend eine charakteristische Versteinerung der Kreide-Formation beobachtet, nie einen Nummuliten in Kreideschichten gefunden." Diese Aussage würde bloß das Außerordentliche und somit die Wichtigkeit der Entdeckung des Dr. O. Fraas noch mehr hervorheben, ohne dieselbe im Geringsten zweifelhaft zu machen, da sowohl die ausführlichen Angaben seiner Beobachtung, wie die bekannte Gewissenhaftigkeit und Sachkenntniß des gelehrten Geologen die Wahrheit der von ihm bezeichneten, allerdings ganz abnormen Erscheinung hinlänglich verbürgen.

[1]) Ville, loc. cit. p. 4.

[2]) Pomel, loc. cit. p. 31.

[3]) Brief X, p. 143.

[4]) Coquand, loc. cit. p. 108.

sande hervor und bilden die äußersten südlichen Grenzen des Aurés.[1]) Endlich versetzt Herr Coquand in den unteren Tertiär die zahlreichen und merkwürdigen Salz- und Gypslager, die in der Provinz Constantine sehr häufig sind. So z. B. besteht der berühmte Salzberg (Djebel-Melah), von dem ich bereits gesprochen[2]) aus einem Kalkstein (Inoceramus enthaltend), der die Basis ungeheurer, 20 m mächtiger Salzlager, von Gyps, röthlichen Mergeln und Dolomiten bildet. Herr Coquand[3]) glaubt annehmen zu können, daß auf diesen genannten Gebilden die östlich von dem Berge gelegenen gelblichen Sandsteine ruhen, welche eine Menge der für die miocäne Abdachung charakteristische Ostrea crassissima enthalten; wenn man es als erwiesen betrachten könnte, daß die Sandsteine wirklich die erwähnten Salzmassen, Gypse und Mergel überlagern, so wäre das eocäne Alter dieser Salzmassen (die Herr Coquand nicht durch Sublimation, sondern durch Sedimentation entstanden erklärt) außer Zweifel gesetzt. Dieses Alter schreibt Herr Coquand[4]) gleichfalls den Salz- und Gypslagern, etwa 50 km westlich von Constantine in der Gegend von Mila zu, wo zahlreiche Schächte ein mächtiges Salzlager in einer Tiefe von 15—20 m erreicht haben.

1. Die mittlere Tertiär-Abdachung ist in der Provinz Oran sehr entwickelt, wo sie den Raum zwischen den beiden secundären Haupt-Gebirgsmassen vom rechten Ufer der Tafna westlich und östlich bis über den Ued-Hammam einnimmt und somit bedeutende Gebirge einschließt, wie den Djebel-Tessala, der eine Höhe von 1022 m erreicht.[5]) Der südliche sekundäre Gebirgsstock grenzt die erwähnten miocänen Gebilde scharf ab; an vielen Punkten der Umgegend von Tlemcen bezeichnen sehr deutlich zahlreiche Spuren von Bohrmuscheln, welche die Kalksteine und Dolomite durchlöchern, das alte Ufer des Meeres, in welchem sich die miocänen Schichten ablagerten.[6]) Herr Ville giebt[7]) ein Verzeichniß der in der Umgegend von Tlemcen und Temuchin wie auf dem Djebel-Tafala gesammelten Fossilien, das 47 Species enthält, deren Vertheilung

[1]) Coquand, loc. cit. p. 131.
[2]) Brief XIV, p. 231.
[3]) Loc. cit. p. 139.
[4]) Loc. cit. p. 140.
[5]) Ville, loc. cit. p. 5
[6]) Ville, ibid.
[7]) Ibid. p. 6.

ein gewisses Interesse gewährt, denn, obwohl die drei Lokalitäten etwa 50 km von einander entfernt liegen, sind ihnen bloß acht Arten gemein; die für diese Formation so charakteristische und zugleich in der Gegend von Tlemcen und Ain-Temuchin auftretende Ostrea crassissima ist unter den auf dem Berge Tafala gefundenen Arten nicht vorhanden.

Die Umgegend von Oran ist auf der geologischen Karte von Ville als dem oberen Tertiär (pliocen) angehörend bezeichnet, was mit der Ansicht des Herrn Renou harmonirt,[1]) demzufolge der nördliche Theil der Stadt sammt ihren Befestigungen auf cretacischen Gebilden ruht, während der südliche, nämlich der höhere Theil auf subapenninen Schichten steht, die selbst im Innern der Stadt zu Tage treten. Endlich sollen die die Stadt umgebenden Kalkstein- und Mergel-Anhöhen zahlreiche versteinerte Fische enthalten, besonders die Alosa elongata. Andererseits wird Oran durch Herrn Pomel,[2]) namentlich in seiner Etage Saharien, in die miocäne Formation verlegt; er beschreibt die Ablagerungen von Oran als aus Felsarten von kreideartigem Aussehen bestehend, welche durch die noch heute im Mittelmeere lebende Ostrea cochlear charakterisirt werden und glimmerreiche Sandsteine mit Felsspath-Gehalt überlagern, was die Veranlassung war, sie für eine Art von Porphyr zu halten, obwohl die darin vorhandenen Fossilien ihren Sediment-Ursprung offenbar bekunden. Die Gesammtmasse dieser Felsarten erreicht nach Pomel die Stärke von 200 m.

In der Provinz Algier scheinen die miocänen Gebilde, die nach Herrn Ville's Angabe den Raum zwischen der Tafna und dem Ued-el-Hammam einnehmen, die lange Zone fortzusetzen, denn auf der geologischen Karte von Ville ist das Gebirge von Teniet-el-Ahd als miocen kolorirt. Leider ist Teniet-el-Ahd nicht in der Zahl jener Oertlichkeiten einbegriffen, welche dieser Gelehrte als solche bezeichnet, die ihm miocäne Versteinerungen geliefert haben; und meinerseits vermochte ich dort eben so wenig irgend eine organische Spur zu entdecken.[3]) Andere Punkte der Provinz Algier zeigen ebenfalls miocäne Ablagerungen. Herr Pomel hat sie in dem Bergstock von Milianah und in dessen Nachbarschaft studirt, wo er drei Abdachungen aufstellt: die untere (terrain carténien), die mittlere

[1]) Résultats des Voyages etc., p. 6.

[2]) Déscription du massif de Milianah etc., p. 171.

[3]) Vergl. Brief III, p. 61.

(helvétien) mit drei Unterabtheilungen, und die obere (Saharien).[1]) Die untere ist in der Gegend von Tenès am meisten entwickelt und wird von Herrn Pomel als identisch angesehen mit den in Italien von Herrn Pareto unter dem Namen bormidien bezeichneten und von Herrn Michelotti als unterer Miocen angegebenen, da die Mehrzahl der darin enthaltenen Fossilien ebenfalls in dem Cartènien vorhanden ist. Herr Pomel erwähnt in den oberen Schichten des Cartènien, neben Cherchel und Tenès, eine große Anzahl absonderlicher steiniger Schwämme, die man auf den ersten Blick in die mittlere oder obere Kreide zu versetzen geneigt wäre.[2]) Endlich weisen auch in der großen Kabylie, am Orte Tizi-Nani, die Herren Hanoteau und Letourneux[3]) auf Ablagerungen hin, welche Clypeaster marginatus, Schizaster scillae u. a. enthalten; ferner ist nach den Angaben dieser Gelehrten die die Befestigung von Tizi Uzun tragende Höhe (die ich leider wegen Zeitmangels nicht besuchen konnte) aus Mergeln, Kalksteinen und Konglomeraten zusammengesetzt, welche miocäne Versteinerungen enthalten.

In der Provinz Constantine ist das Mittel-Tertiär gleichfalls wohl entwickelt und besonders reich an Fossilien, unter denen die Ostrea crassissima zuweilen in Massen auftritt; der außerordentlichen Häufigkeit dieser Auster, wie auch der schändlichen industriellen Ausbeutung, zu welcher sie benutzt wird, habe ich bereits gedacht.[4]) Herr Fournel, der Gelegenheit hatte, eine dieser paläontologischen Schatzkammern an Ort und Stelle (nicht weit von der Schwefelquelle von El-Hammam) zu bewundern, drückt sich darüber folgendermaßen aus: „Man schreitet über die Austern, die unter den Füßen dahin rollen, ganz wie man am Meeresufer über Geschiebe geht.“[5])

3. Das obere Tertiär ist in Algerien von bedeutender Ausdehnung. Für die Provinz Oran verlegt Herr Ville[6]) in diese Abdachung die ganze Umgegend, namentlich die Ebene im weiten Sobka-Oran Becken. Sein Verzeichniß über die in diesen Ablagerungen gefundenen Fossilien enthält dreizehn Species, welche in Europa gewöhnlich die pliocäne Abdachung charakterisiren. Ich

---

[1]) Pomel, loc. cit., p. 42—79.

[2]) Id. ibid. p. 165.

[3]) Loc. cit. p. 32.

[4]) Brief IV, p. 228.

[5]) Coquand, loc. cit. p. 144.

[6]) Loc. cit. p. 8.

machte bereits darauf aufmerksam, daß Herr Pomel die Ablagerungen von Oran für miocän hält; jedoch erwähnen er und Herr Tournouer[1]) in dieser Provinz Süßwasser-Gebilde mit den Knochen vieler Säugethiere, besonders vom Geschlechte Hippotherium, die somit einer späteren, als der Miocen-Epoche angehören, da die Gebilde auf miocänen marinen Ablagerungen ruhen. Auch werden die betreffenden Gebilde von beiden Geologen als gleichzeitig mit denen von Montpellier angesehen. Nun aber versetzt Th. Fuchs[2]) letztere in die pliocäne Abdachung, indem er sich darauf stützt, daß die Mastodonten (in den Ablagerungen von Montpellier durch M. arvernensis und Borsoni vertreten, jedoch mit Ausschluß der Elephanten) die pliocäne und miocäne Abdachung charakterisiren, während sie in dem Quarternär (pleistocen oder Diluvium) durch Elephas primigenius und meridionalis ersetzt werden. Dies sucht der österreichische Geologe dadurch zu beweisen, daß er die in den tertiären und quarternären Ablagerungen verschiedener Länder bis jetzt beobachteten Säugethier-Reste einer sorgfältigen Untersuchung unterzieht. Aus dieser erhellt, daß Mastodonten und Elephanten sich niemals in Ablagerungen von gleichem Alter zusammen befinden, mit einziger Ausnahme des Arno-Thales, wo nach Herrn Fuchs' Ansicht diese Vereinigung noch nicht vollkommen entschieden sei, während sie Herrn Ch. Mayer[3]) zufolge positiv durch den Umstand widerlegt wird, daß die Mastodonten im Arno-Thale stets tiefer liegen, als die stets in den oberen Schichten zusammen auftretenden Elephas meridionalis und Hippopotamus major. Jedenfalls würde der von Fuchs aufgestellte Grundsatz, wenn auch auf das Arno-Thal anwendbar, doch für Nordamerika nicht passen, wo nach Professor March's Angabe[4]) Elephanten und Mastodonten sich in den pliocänen Schichten vereinigt befinden, ohne daß irgend ein Vertreter dieser Geschlechter in den miocänen beobachtet worden.[5])

---

[1]) Bull. Soc. géol. France, an. 1877—78, p. 213.

[2]) Verhandl. der k. k. geol. Reichsanst., an. 1879, p. 49.

[3]) Bull. Soc. géol. France, an. 1876, 3. Ser., p. 107.

[4]) American Journal of Sciences and Arts, v. XVI, an. 1878 und v. XVII, an. 1879.

[5]) Eine der reichsten bis jetzt bekannten Fundstätten fossiler Elephanten und Mammute (Elephas premigenius) ist bestimmt das Archipel von Neu-Sibirien zwischen dem 73. und 76. Grad nördl. Breite, das aus sechs Inseln von sehr ungleicher Größe besteht. Der russische Topograph Chwoinow, der sie im Jahre 1873 besuchte und dieser Thatsache zuerst gedachte, bemerkt, daß

In der Provinz Algier umgeben mächtige Ablagerungen von Kalkstein, Mergeln, Sand und Konglomeraten an drei Seiten die die Stadt Algier tragende granitische Zone und haben südlich, südwestlich und südöstlich von derselben eine bedeutende Ausdehnung. Bis jetzt hat man sie noch nicht ausreichend studirt, um ihr relatives Alter bestimmen zu können; sicher aber beziehen sie sich auf das mittlere oder obere Tertiär, vielleicht auf das Quaternär, wenn man auch keine Demarkationslinien in ihnen sieht und sie alle das gleiche Aussehen, die gleiche mineralogische Zusammensetzung und dieselbe mehr oder weniger horizontale Schichtung zeigen. Sowohl in der geologischen Karte von Ville, wie auch in der von Renou sind fast alle diese Ablagerungen als pliocen angegeben, ohne daß diese Angabe auf positive Beweise gegründet wäre.

In der Provinz Constantine giebt Coquand [1]) dem oberen Tertiär eine sehr bedeutende Entwickelung, ist aber der Ansicht, daß die sogenannten subapenninen Mergel vollständig fehlen und durch Süßwasser-Ablagerungen vertreten sind, die in dem Tell und besonders in der Sahara eine wichtige Rolle spielen sollen; er unterscheidet in denselben drei Abdachungen, von unten nach oben aus Puddingsteinen, Thon und Kalksteinen bestehend, und weist zur Stütze dieser Ansicht auf einen nahe bei Constantine gelegenen natürlichen Durchschnitt hin, den ich besichtigt habe. [2]) Die Puddingsteine (untere Abdachung des Pliocens) erstrecken sich nach Coquand von Constantine bis Batna, ja selbst bis zur Wüste und bedecken die älteren Ablagerungen. Wenn man die Wüste durch den Paß Karanga-Sidi-Nadji (an der südwestlichen Endspitze der Bergkette von Chachar, einer der östlichsten des Aurès) betritt, so sieht man

---

die Fossilien dort so massenhait auftreten, daß sie allein das feste Gerüst der südlichsten Insel des Archipels zusammensetzen, was auch spätere Beobachter vollkommen bestätigen. Eine Sandbank auf der westlichen Küste der Inseln Lachon bildet eine unerschöpfliche Schatzkammer von diesen paläontologischen Reichthümern, die übrigens auch auf dem Boden des die Bank bespülenden Meeres in großer Menge angehäuft sein müssen, da derselbe, wenn der Ostwind die Bank trocken legt, stets mit Mammutzähnen, von der See ausgeworfen, bedeckt ist. Die auf den Inseln gesammelten Knochen liefern den Küstenbewohnern Sibiriens einen so ergiebigen Handelsartikel, daß ein Kaufmann aus Irkutsk im Jahre 1821 deren 2000 Pud, etwa 327,000 kg, erbeutete. (V. Petermann's Mittheilungen 1879, Th. XXV, p. 161.)

[1]) Loc. cit. p. 146.

[2]) Brief XIII, p. 214.

die buntscheckigen, Gyps führenden Mergel der eocänen Abdachung in der Karanga-Oasis selbst durch einen äußerst mächtigen Komplex von Puddingsteinen, mit nach Süden abfallenden Schichten überlagert. Schreitet man weiter von der Karanga-Oasis nach dem großen Salzsee (Chott) von Melrir, so fällt das Niveau der Wüste rasch ab: während Karanga noch eine Höhe von 259 m hat, beträgt die von Badessa nur 185; sodann neigt sich der Boden bis zu 92 und 28 m und ist in El-Faidah schon 41 m unter dem Meeresspiegel.[1]) Herr Coquand ist der Meinung, daß die subapenninen Ablagerungen den Unterboden (sous-sol) der Sahara zusammensetzen, daß sie aber stark aufgerichtet worden sind an allen Punkten, wo sie die Grenze des Atlas bilden, hingegen ihre horizontale Schichtung in einer größeren Entfernung vom Atlas beibehalten haben.

VII. Die quarternäre Bildung in der Provinz Oran wird von Herrn Ville[3]) als sehr entwickelt geschildert. In ihrem unteren Theile beginnt sie gewöhnlich mit einem Puddingstein, gebildet aus Trümmern der sekundären, oft auch zugleich tertiären Formation; sodann folgen Schichten von Kalkstein, Thon und Kalktuff (Travertin), charakterisirt durch eine ungeheure Menge von Resten dicotyledoner Pflanzen, wie durch Landschnecken (Helix. Bulimus, Cyclostoma) und Fluß-Conchylien (Melanopsis). Alle diese Muscheln sind mit den jetzt lebenden identisch. Endlich besteht der obere Theil des Quarternären aus thon-kalkigen rothen Erdarten oder weißlichen erdigen Kalksteinen; die Erdarten werden zur Bereitung hydraulischen Mörtels mit Vortheil verwendet. Herr Ville[4]) giebt in dem Quarternär von Oran zehn, auf den das Meer begrenzenden Höhen gesammelte Species fossiler Mollusken an, dabei zwei Landschnecken (Helix aspersa und Bulimus decollatus), die übrigen Seemuscheln, unter welchen sich jedoch nicht Pectunculus violaceus und Pecten opercularis befinden, die ich so zahlreich in dem Quarternär von Algier beobachtete[5]), wo derselbe eine bedeutende Entwickelung zwischen dem Cap Kratur und den Umgebungen von Koleah zeigt. Ich machte auch bereits aufmerksam auf die interessanten Süßwasser-Gebilde längs der Küste zwischen St. Eugène und la Pointe Pescade, wie

---

[1]) Coquand, loc. cit. p. 156.

[2]) Ibid. p. 156—160.

[3]) loc. cit.

[4]) Loc. cit.

[5]) Brief VIII, p. 114.

zwischen den Vorgebirgen Djerba und Kratur und der Gegend von Guyotville, Gebilde, unter deren Fossilien sich die Helix aspersa befindet, die Herr Ville gleichfalls auf den Küstenablagerungen von Oran beobachtet hat. Und schließlich habe ich die Folgerungen besprochen, zu denen die Ablagerungen von Algier den Anlaß geben, nämlich die Schwankungen, welchen dieser Theil der Küste in ganz neuer Zeit unterworfen gewesen; an mehreren Stellen in unmittelbarer Nähe von Algier vermochte ich sogar die erst vor Kurzem stattgehabte Anwesenheit des Meeres nachzuweisen. So ist z. B. das unter dem Namen Frais Vallon bekannte Thal in seinem unteren Theile mit Sand und Kalkstein bekleidet, die bis zur Küste reichen und sich mit dem Gestade derselben vollkommen verschmelzen; sie enthalten zahlreiche Bruchstücke von Haifisch-Zähnen, Kammmuscheln und anderen Seethieren, die augenscheinlich den unteren Theil des Thales während einer der unsrigen sehr nahen Epoche bewohnten, als das Meer hier eine kleine Bucht zwischen dem Thale von Bab-el-Ued und dem Hospital des Dey bildete. Wahrscheinlich haben auch die mächtigen, horizontal geschichtete Geschiebe enthaltenen Ablagerungen von Sand und rothem Thon, welche die Böschung bekleiden, die man auf dem Wege von der Küste nach dem Observatorium überschreitet, einen gleichen Ursprung.

In der Gegend von Milianah hat Herr Pomel das Quarternäre mit vieler Sorgfalt studirt[1]) und in demselben drei Abdachungen unterschieden: die untere, marinen Ursprungs, ist durch die Ostrea hippopus charakterisirt und enthält zahlreiche Süßwasser-Muscheln wie auch viele Knochen von Elephanten (Elephas meridionalis), Rhinoceros, Antilopen, Hippopotamus, Ochsen u. s. w.;[2]) die obere

---

[1]) Pomel, Déscription du massif de Milianah, p. 106—130.

[2]) In seiner interessanten Monographie (Die Rinder der Tertiär-Epoche etc.) über die in den Tertiär-Ablagerungen vorhandenen Rinder bezieht Herr Rüttimeyer die in Algerien, neben Selif, gefundenen Reste des fossilen Ochsen auf den Bos antiquus. Wahrscheinlich gehören die in Buiha entdeckten, im Museum von Algier aufbewahrten Reste des fossilen Ochsen, deren ich im Briefe VI. p. 78 gedachte, einer verwandten, wenn nicht derselben Form an. Eines der merkwürdigsten Ergebnisse der Arbeit des gelehrten Deutschen Paläontologen ist die Begründung der Thatsache, daß Ostindien die Wiege der Familie der Bovideen und Caprineen sei, so daß alle jetzt in Europa und Africa vorhandenen Vertreter dieser Familien nur modificirte Formen derjenigen Thiere wären, die einst auf den Wiesen am südlichen Abhange des Himalaya weideten. Herrn Rüttimeyer zufolge sei es unmöglich, eine vollständige Kenntniß von der Ge-

Abdachung, welche hauptsächlich aus Schlammablagerungen besteht, in welche sich die jetzigen Flüsse ihr Bett eingeschnitten haben, mit Resten alter fossiler Wirbelthiere, namentlich des Elephas primigenius. Wahrscheinlich erstrecken sich diese durch Elephanten-Knochen charakterisirten Quarternär-Ablagerungen bis zu der Küste von Marocco, wo Professor Ramsay unweit Tanger in jüngeren Ablagerungen einen Backenzahn des Elephas antiquus entdeckte;[1]) ein Umstand, der der Hypothese günstig wäre, welche die Bildung der Gibraltar-Meerenge in eine jüngere, wenigstens der quarternären Periode nicht vorangehende Epoche versetzt.

Von Interesse würde es sein, zu ermitteln, ob in den quarternären (diluvialen) Ablagerungen Algeriens Elephas antiquus zusammen mit Elephas primigenius auftritt, eine ziemlich seltene Erscheinung, die Herr Dumas in dem Diluvium von Rixdorf bei Berlin nachgewiesen hat.[2]) Herr Leith Adams[3]) unterscheidet in England zwei Varietäten der typischen Form des Elephas antiquus, der einen soll das preußische Exemplar (mit breiter Zahnkrone) angehören. Herrn Benecke[4]) zufolge ist das Alter des Elephas antiquus in England noch nicht fest bestimmt; es scheint diese Species dem E. primigenius vorangegangen, beide aber mögen in England wie in Deutschland zuletzt gleichzeitig geworden sein, wie es auch der Fall mit Rhinoceros leptorhinus und R. tichorinus wäre, da erstere Art gleichfalls von Herrn Beyrich in Rixdorf nachgewiesen worden, so daß hier abermals eine häufige Form mit einer seltneren, etwas älteren und von südlicherer Verbreitung zusammen auftritt. Uebrigens wurde die Vergesellschaftung des E. primi-

schichte unserer lebenden Ochsen und Ziegen ohne gründliches Studium der Ueberreste ihrer in den Tertiär-Ablagerungen Indiens, namentlich in den von Sawalik vergrabenen Vorfahren, zu erlangen. Eine andere, gegenwärtig in Afrika sehr verbreitete Thierart scheint ebenfalls in den Sawalik-Ablagerungen ihre Vorfahren zu finden, nämlich der Strauß, denn die Untersuchung der dort vorhandenen Reste des Struthio asiaticus hat William Daves (Neue Jahrb. für Min., Geol. und Paläontol. 1881, Bd. II, p. 266) zu der Ansicht geführt, daß der afrikanische Strauß ein Nachkomme des Straußes der Siwalik-Schichten sei und überhaupt die afrikanische Fauna über Syrien und Griechenland ihren Weg nach Afrika gefunden habe, wie es schon früher Wallace angenommen hatte.

[1]) Vergl. Brief II. p. 22.

[2]) Neues Jahrb. f. Min., Geol. und Pal., an. 1879, p. 981.

[3]) Monograph. of british fossil Elephants.

[4]) Neues Jahrb. ꝛc. loc. cit.

genius mit E. antiquus von O. Fischer[1]) constatirt, und zwar unter noch ungewöhnlicheren Bedingungen, indem er in dem Diluvium von Bannington unweit Cambridge nicht nur die beiden Elephanten-Arten mit Rhinoceros leptorhinus, Hippopotamus major, Bos primigenius, Bison priscus, Cervus megaceras und C. elaphus, Hyaena spelaea, Ursus spelaeus u. a., sondern auch mit Silex, von Menschenhand gearbeitet, vereinigt fand. Auch Professor Byd Dawkins und Rev. J. M. Mello weisen in den Cresswell Caves auf Beispiele ähnlicher Vergesellschaftungen hin, wennschon ohne Beweise von der Anwesenheit des Menschen.[2]) Endlich wurden kürzlich in der Nähe von Paris (Montreuil) zahlreiche Renthier-Reste zusammen mit Rhinoceros tichorinus entdeckt, worüber Herr Gaudry Interessantes mittheilt.[3]) Er macht darauf aufmerksam, daß in derselben Gegend, aber in ganz verschiedenen Höhen Elephas meridionalis, E. antiquus und E. primigenius, Rhinoceros Merckii u. s. w. gefunden worden und wahrscheinlich sei, daß diese Thierreste verschiedene klimatische Phasen bezeugen, so daß die quarternären Ablagerungen von Paris sechs aufeinander folgende klimatische Perioden andeuten, unter welchen die an Renthieren reichste der phase glaciaire, der zweiten Phase, angehöre, die keine Spur von der Anwesenheit des Menschen zeigt.

In der Provinz Constantine bedecken die quarternären Ablagerungen weite Räume, ohne indeß an organischen Resten reich zu sein; doch haben die quarternären Ablagerungen Bones mehrere hochinteressante Belege, namentlich Hippopotamus-Zähne, geliefert. Herr Alb. Gaudry, der sie studirte, fand, daß sie nicht nur von denen des noch in Afrika lebenden Hippopotamus amphibius, sondern auch von allen in verschiedenen Ländern gesammelten verschieden sind. Diesem Gelehrten zufolge zeigen die in Bone gefundenen Zähne eine besondere Neigung nach der Zahnbildung des Schweines und verleihen somit dem Thiere einen Uebergangscharakter zwischen den Geschlechtern Hippopotamus und Sus; er hat diese neue Art Hippopotamus hipponensis getauft.[4])

Die quarternäre Bildung der Provinz Constantine gewinnt ein besonderes Interesse durch die Rolle, welche sie in der Sahara

---

[1]) Quarterly Journal of the geol. Soc., an. 1879, T. XXXV, p. 670.
[2]) Ibid. Loc. cit. p. 724.
[3]) Comptes rendus etc. an. 1881, T. XCIII, p. 819.
[4]) Bull. Soc. géol. de Fr., an. 1877, 3ème Série, T. IV. p. 501.

spielt, da mehrere Geologen an die quarternäre Epoche die Erhebung der Sahara knüpfen, während andere dieselbe als viel jünger annehmen. In der Voraussetzung, daß die pliocänen (subapenninen) Ablagerungen in dem Atlas mit aufgerichteten Schichten gleicher Art sind wie jene, welche in der Sahara ihre horizontale Schichtung behalten haben, glaubt Herr Coquand[1]) daraus den Schluß ziehen zu können, daß die Erhebung des Atlas und der Sahara eine fast gleichzeitige Erscheinung seien, die zur Zeit der Erhebung des großen Systems der Hauptkette der Schweizer Alpen stattgefunden habe; somit gehöre die Erhebung der Sahara nicht unserer geologischen Epoche an, und es könne diese nicht als eine weite, jüngst vom Ocean verlassene Sandfläche betrachtet werden. Zur Unterstützung seiner Ansicht führt er noch die Meinung des gelehrten Ingenieurs Dubocq an, wonach das Becken von Chott-Melir, in welchem sich die Gewässer des Ziban und Ued-Djedi vereinigen, ein geschlossenes und vom jetzigen Meere geschiedenes Becken sei, so daß sich „der große Salzsumpf, der den Grund dieses Beckens bildet, auf einem Raume von 4—5 Grad östlicher Länge bis 70 km vom Meerbusen Gabès, durch die Oasen von Bled-el-Djerid und Nef-Zana fortsetzt; die Höhe dieses Salzsumpfes beweist, daß er mit dem Meere ehemals nicht in Verbindung stehen konnte, wie es Ptolemäus behauptet." Endlich meint Herr Coquand,[2]) daß alle zwischen Constantine und Batna oder an andern Punkten Algeriens gelegenen und in den schwarzen Dolomiten, vielfarbigen Mergeln, Gypsen u. s. w. ausgehöhlten Salzseeen (Sabkha, Chott) einst Süßwasser-Seen gewesen seien; da aber die sie speisenden Bäche einen mit Salz geschwängerten Boden durchsetzen und die im Sommer stattfindende Ausdünstung eine größere Wassermenge ausscheidet, als die den Seeen während des Winters zugeführte beträgt, so wird der größte Theil der Oberfläche dieser Seeen trocken gelegt, und das Salz krystallisirt auf dem Boden in mächtigen Massen.

Diese Ansicht theilt auch der gelehrte deutsche Geologe Fictz[3]) in Betreff des Ursprungs der Salzsteppen überhaupt; er bestreitet, daß dieselben durch das Austrocknen des Meerwassers entstanden seien.

Wie Herr Coquand, so glaubt auch Herr Pomel,[4]) daß der

[1]) Loc. cit. p. 156—157.
[2]) Loc. cit. p. 144.
[3]) Jahrb. der k. k. geol. Reichsanstalt, an. 1877, p. 375.
[4]) Le Sahara, p. 209.

Sand und die Trümmer-Gebilde, welche die Sahara bedecken und deren Bildung er der Wirkung diluvialer Regengüsse zuschreibt, weder der Boden eines trockengelegten alten Sahara-Meeres, noch die Folgen der nach der Erhebung der Sahara stattgehabten Desagregation der den Unterboden bildenden Felsarten seien. Nach Herrn Pomels Ansicht war die Sahara durch kein Meer vertreten, selbst nicht während der Tertiär-Epoche, mit Ausnahme vielleicht ihres östlichen Theiles; „denn," sagt er, „wohl constatirte Mergel-Ablagerungen fehlen ihr, während solche im Atlas und besonders im Tell ausgebreitet und mannigfaltig sind. Das Relief dieses algerischen Berglandes war größtentheils ausgebildet nach der Ablagerung des terrain helvétien (Pomels miocäne Abdachung). Das Meer hat die Sahara am Anfange der jetzigen Periode nicht überfluthet, denn diese hat von ihrer Anwesenheit keine Spuren hinterlassen. Eben so wenig giebt es Spuren von einem die ganze Sahara bedeckenden Meere, da die Ablagerungen dieses Alters alle von kontinentaler Bildung sind. Ein fast ununterbrochener Saum von marinen Küsten-Ablagerungen, der das ganze Mittelmeer und Atlantische Küstenland umgiebt, beweist, daß sich das letztere während der quarternären Epoche von seiner heutigen Gestalt wenig unterschied, und schließt jede Hypothese einer seit dieser Zeit stattgehabten bedeutenden Erhebung aus."

Den geologischen Argumenten fügt Herr Pomel noch eine der botanischen Geographie entnommene Betrachtung hinzu, indem er darauf hinweist, daß der specielle Charakter der Flora der Sahara nicht mit einem so jugendlichen Ursprunge der Wüste übereinstimme; wäre die Sahara am Anfang der jetzigen Epoche ein weites Meer gewesen, so würden die Flora und Fauna der Wüste durch Einwanderung von Arten gebildet sein, die den beiden kontinentalen Regionen entstammten, welche die emporgehobene Oberfläche begrenzen.

Mit diesem Gelehrten ist Herr Dr. Zittel[1]) übereinstimmend der Meinung, daß „die Bedeckung der libyschen Wüste wie der übrigen Sahara durch ein Diluvial-Meer unmöglich ist." Er gesteht jedoch zu, daß für einige Punkte der Wüsten die Anwesenheit dieses Meeres angenommen werden muß, da sonst das Vorhandensein zweier Mittelmeer-Thiere nicht zu erklären wäre, nämlich eines kleinen Fisches, Cyprinodon dispar (Varietät von C. calaritinus), der in den brackigen Gewässern der ganzen nördlichen Sahara

[1]) Ueber den geologischen Bau der libyschen Wüste, p. 21, mit einer geologischen Karte.

häufig ist und in den Salzsümpfen der Oase Siwah „zu Tausenden vorkommt", und dann des Cerithium conicum, einer von der im Mittelmeere vorhandenen Art fast gar nicht verschiedenen. Herr Zittel betont auch die von Rohlfs angegebenen Fundorte lebender Muscheln in Tripolitanien.

Den Ansichten der Herren Coquand, Pomel und Zittel treten Désor und Charles Martins schroff entgegen. Ersterer berichtet,[1]) daß er beim Durchstreifen des mit dem ziemlich vagen Namen Areg bezeichneten Theiles der Wüste, der ausschließlich aus Dünen besteht (deren breite Zone bis an die südlichste Endspitze der französischen Besitzungen, namentlich bis zu der kleinen Stadt Uargla reicht und sich östlich bis zum Gabes-Meerbusen erstreckt), in einem die Dünen durchsetzenden Thale drei versteinerte, mit den im Mittelmeere lebenden vollkommen identische Muscheln beobachtete, nämlich Cardium edule, Buccinum giberrulum und Balanus miser. Auch Herr Gebhard Rohlfs hat mehrere quarternäre, vielleicht sogar noch jüngere Fossilien in der südlich von Tripolis und Bengasi liegenden, die östliche Fortsetzung der Sahara bildenden Wüste beobachtet und in der Gegend von Bis Ressim (etwa 60 km vom Meere) versteinerte Hölzer und unversteinerte Cardium gefunden, deren Menge ihn „in Erstaunen setzte",[2]) ferner in der Umgegend von Bordjem (etwa 50 km vom Meere)[3]) „ganze Bänke von Cardium so frisch aussehend erblickte, als ob sie gestern aus dem Meere ausgeworfen wären." Endlich erwähnt noch der Capitän Bernard[4]) die Quarternär-Muscheln als charakteristisch für das durch den Ued-Igargar (südlich von Tugurt) bewässerte Thal.

Dem Forscher Charles Martins erscheint die Anwesenheit des Cardium edule südlich vom See Melrir, für die Frage über das Alter der Erhebung der Sahara vollständig entscheidend; er sagt:[5]) „Das Ereigniß ist, geologisch gesprochen, recent; es hat sich vielleicht seit hunderttausend Jahren zugetragen. Die Zahl der Jahre ist nicht bestimmbar, aber die Thatsache hat ein relatives Zeitalter, welches später als das der tertiären Ablagerungen fällt. Als das Ereigniß stattfand, war das Mittelmeer schon vorhanden, denn

[1]) Le Sahara et l'Atlas, p. 46.

[2]) Kufra etc., p. 235.

[3]) Ibid. p. 118.

[4]) Quatre mois dans le Sahara, p. 108.

[5]) Du Spitzberg au Sahara, p. 532.

man findet in der Sahara Mollusken, die noch jetzt die Küste bewohnen; der Boden ist mit Salz geschwängert; er besteht sowohl aus Gyps, welcher wahrscheinlich in den heutigen Meeren abgesetzt wird, wie aus Sand, der von Flüssen der Sahara zugeführt wurde."

Es dürfte eine schwierige Aufgabe sein, seine Gegner in gebieterischer Weise, als es hiermit geschehen, abzufertigen; aber diese etwas zu summarische Art, unentschiedene Fragen zu beantworten, ist schon manches Mal in den Jahrbüchern der Wissenschaft aufgetreten, und es mag genügen, daran zu erinnern, wie z. B. zwei Gelehrte ersten Ranges sich wegen der wahren Heimath der Kartoffel ausgedrückt haben. Während Humboldt[1]) schulmeisterlich in Berlin erklärte, „die Kartoffel ist in Peru nicht einheimisch", schrieb Cuvier[2]) zu gleicher Zeit in Paris: „Ohne den geringsten Zweifel ist die Kartoffel in Peru einheimisch". Jahre waren erforderlich, um die Frage zu Gunsten Cuviers zu entscheiden, und wahrscheinlich wird nicht weniger Zeit verfließen, bis ausgedehnte und vielfach erneuerte Untersuchungen dahin führen werden, das Zeitalter der Erhebung der Sahara unwiderleglich zu bestimmen.

Das Alter dieser Erhebung ist indeß nicht die einzige Frage, die sich an dieses räthselhafte Land knüpft; eine andere, die eben so schwer zu beantworten, ist nach dem Ursprung der ungeheuren Sandmassen, welche einen Theil der Wüste bedecken. Herr Dr. Zittel[3]) glaubt nicht, daß für eine so riesige Sandanhäufung die durch Richthofen aufgestellte Theorie der Löß-Bildung in China hinreiche, obwohl auch hier die Wirkung der Winde eine wichtige Rolle gespielt haben muß. Er ist der Ansicht, daß der Sand nicht nur hineingeweht, sondern auch durch Wasser zugeführt worden. Da aber der Sand der Wüste ein Quarzsand ist, den die kalkigen und mergeligen Gebilde der Wüste nicht liefern konnten, so hält Dr. Zittel den berüchtigten nubischen Sandstein für die große Werkstatt desselben.[4]) Die Auflösung des Sandsteins in lockeren

[1]) Nouvelle Espagne, T. II, p. 400.

[2]) Histoire des Sc. naturelles, partie II, p. 186.

[3]) Loc. cit., p. 11.

[4]) Das Alter dieses zuerst von Rusegger in Nubien erwähnten Sandsteins ist der Gegenstand verschiedenster Ansichten geworden, die sich namentlich auf die darin befindlichen versteinerten Baumstämme gründen. In seiner Arbeit über die fossilen Hölzer in der libyschen Wüste (Botanische Zeitung 1880, Nr. 30) giebt Schenk eine Uebersicht über die bisher bekannten Hölzer der libyschen Wüste und des Nilthales, aus der sich ergiebt, daß unter allen dort gefundenen

Sand glaubt er durch Wasser bewerkstelligt, dessen erodirende Kraft in der ganzen Sahara zahlreiche Spuren zurückgelassen hat, so namentlich die hohen Steilränder mehrerer Oasen, die tiefen Mulden und besonders die Inselberge; letztere, meint Dr. Zittel, seien nur die Zeugen einst zusammengehörender, jetzt zerstreuter Gebirgsmassen, sodaß solche kolossale Entblößungen das Werk mächtiger, aus dem Süden kommender Süßwasser-Fluthen seien, die zugleich auch die ungeheuren Massen der versteinerten Baumstämme herbeigeschwemmt haben mögen.

Es bedarf kaum der Andeutung, daß meine eigenen, beschränkten und flüchtigen Beobachtungen wenig geeignet gewesen, neue Belege für die Entscheidung der mannigfachen auf die Sahara bezüglichen Fragen beizubringen, und so begnüge ich mich, einige Bemerkungen zu den von den genannten Gelehrten entwickelten Ansichten hinzuzufügen.

Wie wir gesehen haben, beruht das von Herrn Coquand geltend gemachte Argument, um die gleichzeitige Erhebung des Atlas und der Sahara darzustellen, auf der Voraussetzung, daß die horizontal geschichteten Ablagerungen der letzteren nur die Fortsetzung derselben Ablagerungen des Atlas mit aufgerichteten Schichten seien. Diese Thatsache kann in zwiefacher Art bewiesen werden: entweder mit Hilfe eines natürlichen, diese Fortsetzung beurkundenden Profils, oder durch die Entdeckung derselben organischen Reste in den Ablagerungen mit verschiedener Schichtungsart. Nun scheint aber der ununterbrochene Zusammenhang dieser Schichten trotz der von Coquand gegebenen Durchschnitte nur ungenügend dargethan zu sein und man in Ermangelung solcher Beweise von vornherein zu der Annahme geneigt zu sein, daß die in dem Gebirge stark

---

Formen nur eine, und zwar Araucaroxylon aegyptiacum (Dadarylon aegyptiacum Unger), dem jetzigen afrikanischen Kontinent fremd ist, alle übrigen aber sich mehr oder weniger dem Typus der afrikanischen Flora nähern. Schenk nimmt an, daß dementsprechend der nubische Sandstein der oberen Kreide angehöre und nicht der permischen Formation, wie Unger glaubt, der übrigens nur zwei versteinerte Holzarten: Nicolia aegyptiaca (Sterculacee) und Dadarylon aegyptiacum (Conifere) zu seiner Verfügung gehabt, während, dank den ergiebigen Reisen Dr. Zittels, einige andere Formen aus diesen Gegenden bekannt geworden sind. Dr. Zittel (loc. cit. p. 10) stimmt der Meinung Schenks vollkommen bei und weist auf die große Entwickelung des nubischen Sandsteins hin, der „durch mehr als 10 Breitegrade in ganz Nubien bis zu den Grenzen von Kardofan und Sennaar die herrschende Gebirgsart sei.“

aufgerichteten Ablagerungen von älterem Datum sein müssen, als diejenigen, welche in gewisser Entfernung von den Gebirgen eine horizontale Schichtung zeigen. Diese Folgerung drängte sich mir auf, als ich Oasen besuchte, die, wie Zabja und Ukbà, nicht weit von den südlichen Verzweigungen des Aurès und in der Richtung derselben liegen. Die dort aus dem Sande an den Tag tretenden Felsarten entfalten sich bald mit aufgerichteten Schichten, wie man sie in dem benachbarten Gebirge sieht, bald horizontal, so daß ich, in Ermangelung organischer Reste oder irgend einer Belehrung bietenden Freilegung, glaubte annehmen zu müssen, daß die wagerecht geschichteten Felsarten den unmittelbaren Unterboden der Sahara bilden, während jene mit aufgerichteten Schichten nur lokale Hervorragungen der Gebirgs-Felsart seien, auf deren geneigten Flächen die ersten abgelagert worden. Da nun Coquand die Erhebung der Gebirge in eine der pliocänen (subapenninen) Epoche folgende versetzt, so müssen die horizontal geschichteten Felsarten noch jünger sein, folglich quarternär, was allerdings der Hypothese eines Sahara-Meeres (wenigstens in der hier bezeichneten Gegend), dessen Küste die Gebirge darstellen, günstig wäre.

Auch die von Pomel angeführten Argumente als Beweise für die Unmöglichkeit irgend eines quarternären Meeres in der Sahara lassen in mancher Hinsicht etwas zu wünschen übrig und sind außerdem viefach zu allgemein in Gestalt von lakonischen Aphorismen ausgedrückt. So dürfte z. B. der Ausspruch des ausgezeichneten Naturforschers gewagt erscheinen, daß das Meer keine Spuren in der Sahara hinterlassen habe, da doch die Anwesenheit desselben an mehreren Punkten durch Désor, Zittel, Rohlfs u. a. bewiesen ist und solche Spuren auch vielleicht einst in den horizontal geschichteten Kalksteinen entdeckt werden mögen, so daß man für den Augenblick noch nicht das Recht hat, alle quarternären Ablagerungen der Sahara für kontinentale Gebilde, wie es Pomel meint, zu halten. Ferner verallgemeinert er zu sehr die verhältnißmäßige Stabilität der mittelländischen Küstenländer während der quarternären Periode, denn, abgesehen von den bedeutenden Schwankungen, die dieselben auch in der jüngsten Zeit dargeboten haben (wie ich es ausführlicher besprechen werde), habe ich sogar auf dem algerischen Littoral mehrere Beispiele von sehr recenten Senkungen und Erhebungen beobachtet.[1]) Auch das von Pomel gegen die recente

[1]) Vergl. Brief VIII, p. 99.

Erhebung der Sahara aus geographisch-botanischen Betrachtungen geschöpfte Argument ist nicht begründet; einem höchst kompetenten Richter zufolge wären diese Betrachtungen eher der von Pomel bekämpften Hypothese günstig, indem Griesebach gezeigt hat, daß der specielle oder endemische Charakter der Sahara-Flora keineswegs in starken Zügen ausgedrückt sei.[1])

Was schließlich Dr. Zittel's Hypothese über den Ursprung der Sandanhäufung in der Wüste betrifft, so ist hierzu zu bemerken, daß, wenn der nubische Sandstein das Material für die libyschen Sandmassen geliefert hat, solcher Ursprung des Sandes auf die Sahara nicht anwendbar ist, so lange man das Vorhandensein von großen Sandstein-Gebirgen im Süden der Sahara nicht erwiesen hat, wo man bis jetzt nur Kalk- oder Mergel-Gebirge kennt. Außerdem würden die heftigen, von Süden kommenden Süßwasser-Fluthen, denen Dr. Zittel die ungeheuren Erosion- und Entblößungs-Phänomene in der libyschen Wüste zuschreibt, ganz außerordentliche Veränderungen in den klimatischen Verhältnissen dieser Länder voraussetzen; denn obwohl er zugiebt, daß das Klima von Egypten und folglich der umliegenden Regionen ehemals feuchter war als jetzt, so könnten solche Fluthen doch nur von Niederschlägen herrühren, wie man sie kaum in den regnerischsten Gegenden der Erde kennt. G. Rollan[2]) nimmt an, daß die in der Sahara vorhandenen quarternären und alluvialen Sandsteine für die mächtigen Sand-Anhäufungen ausreichen, die er atmosphärischen, in der Jetztzeit stattfindenden Wirkungen zuschreibt, indem Winde die durch Desagregation entstandene Sandmasse auf die Oberfläche der Wüste abgesetzt haben sollen.

Das Wenige, was wir von dem unterirdischen festen Gerüst der Wüste wissen, verdanken wir den bewunderungswürdigen Bohrarbeiten, welche die französische Regierung schon seit zwanzig Jahren in dem Theile, welcher die Provinz von Constantine durchzieht, namentlich in der Subdivision von Batna, betreibt. Der größte Theil der durch die Sonde durchbrochenen Kalksteine, Mergel, Sandsteine, Gypse 2c. scheint der pliocänen (subapenninen) Epoche anzugehören, wie es auch mit den wasserdichten Thonen der Fall ist, welche die Behälter der unterirdischen Gewässer bilden. Eine durch

[1]) Vergl. meine französische Angabe des Grisebach'schen Werkes: La végétation du Globe, T. II, p. 138.

[2]) Bull. Soc. géol. de France, an. 1881, 3ème Sér., T. IX, p. 388 und T. X, p. 31.

die Bohrarbeiten entdeckte geologische Thatsache ist von hohem Interesse, nämlich die außerordentlich mannigfaltig gestaltete Oberfläche der wasserdichten Thonschichten. Ich wies bereits darauf hin,[1]) daß die Stellen, wo die Bohrungen das Wasser in sehr verschiedenen Tiefen erreichten, häufig ziemlich wenig von einander entfernt liegen, so daß (wenigstens an solchen Stellen) die Behälter der unterirdischen Gewässer eben so viele geschlossene Becken zu bilden scheinen, die einen in tiefen Aushöhlungen, andere auf mehr oder weniger der Oberfläche des Bodens sich nähernden Erhöhungen liegend. Dieses merkwürdige Relief der wasserdichten Schichten scheint auf starke Erosionen und Entblößungen hinzuweisen, denen sie nach ihrer Bildung ausgesetzt werden.

Was den Ursprung der unterirdischen Gewässer anlangt, so muß man bei den gegenwärtigen Kenntnissen in dieser Hinsicht annehmen, daß sie das Ergebniß des durch Spalten, welche mit der Oberfläche des Bodens in Verbindung stehen, sickernden Regenwassers sind. Und da eine an Niederschlägen so arme Gegend, wie es die Wüste ist, das zur Speisung der unterirdischen Behälter erforderliche flüssige Quantum nicht zu liefern im Stande ist, so muß dasselbe durch die Gebirge beschafft werden, deren die tieferen Schichten der Wüste durchsetzende Spaltungs-Linien das Regenwasser den unterirdischen Behältern zuführen. Das Vorhandensein gewisser, die stete Verbindung zwischen den unterirdischen Gewässern und der Atmosphäre erhaltenden Oeffnungen ist die einzige Erklärung für die durch die Bohrarbeiten entdeckte räthselhafte Erscheinung, nämlich die Anwesenheit von Fischen und Crustaceen in einem der Brunnen der Wüste,[2]) da ohne die unmittelbare Mitwirkung der Luft kein Leben für die Thierwelt, wenigstens nicht für die Vertebraten, möglich ist.

Dr. Zittel[3]) ist der Ansicht, daß in der libyschen Wüste ein unterirdischer Wasserbehälter zwischen der Oase Sinah und dem Nil vorhanden und dadurch entstanden sei, „daß die in der regenreichen Zone Central-Afrikas hinabstürzenden Niederschläge theilweise versickern und auf wasserdichten Schichten nach Nord-Osten geführt werden, wo sie sich in einer reichen Mulde westlich vom Nil sammeln. Eine schwache Aufbiegung der Kreideschichten, wie sie sich aus dem geologischen Bau der Oase Beharieh folgern läßt, verhindert das

[1]) Vergl. Brief XV, p. 276.

[2]) Vergl. Brief XV, p. 273.

[3]) Ueber den geol. Bau der libyschen Wüste, p. 13.

Abfließen des unterirdischen Stromes nach dem Mittelmeere, und so entsteht unter dem Abschluß wasserdichter Kreidemergel ein Reservoir von gewaltiger Ausdehnung." Ihm zufolge werden durch dieses Reservoir nicht bloß die Brunnen der libyschen Oasen, sondern auch die zahlreichen salzhaltigen natürlichen Quellen und Seen gespeist. Es wäre möglich, daß solche unterirdischen Behälter auch einst in der Sahara entdeckt würden, aber bis jetzt haben die in Algerien mit so großer Anstrengung betriebenen Bohrungen und Schürfen noch nichts dergleichen aufgewiesen.

Ich möchte von der Sahara nicht Abschied nehmen, ohne einer wichtigen Erscheinung zu gedenken, an welcher die Wüste bis zu einem gewissen Grade betheiligt zu sein scheint, nämlich des rothen Staubes und der trocknen Nebel, welche auf dem weiten, zwischen dem Grünen Vorgebirge und dem südlichen Amerika sich ausbreitenden Raum des Atlantischen Oceans den Himmel derart verfinstern, daß schon der berühmte arabische Geograph Edrisi im zwölften Jahrhundert das ganze Meer, welches die westliche Küste Afrikas bespült, mit dem Namen des dunklen Sees (Bahr-el-Mecdolin, Mare tenebrosum) bezeichnete. Diese Erscheinung, welche die Physiker und Naturalisten vielfach beschäftigt hat, ist in einer bedeutenden Arbeit von Dr. Gustav Hellman beleuchtet worden, der nicht nur ein chronologisches Verzeichniß aller in der Zeit von 1854—1871 über diesen Gegenstand gemachten Beobachtungen liefert, sondern diese auch auf einer Karte graphisch darstellt. Gründliches Studium aller dieser, einer strengen Kritik unterworfenen Materialien veranlaßte denselben, über den Ursprung jener wunderbaren, aus staubartigen Substanzen gebildeten Wolken eine Ansicht aufzustellen, welche der des größten Theiles der Gelehrten, unter andern Ehrenbergs, vollständig entgegengesetzt ist. Dem preußischen Gelehrten zufolge kommen diese Wolken hauptsächlich aus der westlichen, zum Theil sogar aus der französischen Sahara, da in den meteorologischen Registern der algerischen Stationen El-Aghuat, Tugurt, Uargla rc. viele Tage charakterisirt sind durch „Sirocco-Wind und eine mit Staub geschwängerte Atmosphäre." [1])

Gustav Tissandier [2]) hat interessante Betrachtungen über Staubniederschläge überhaupt veröffentlicht, die er an eine ähnliche in

[1]) Monatsb. der k. preußisch. Akad. der Wissensch. zu Berlin, an. 1878, p. 368.

[2]) Comptes rendus etc., an. 1876, T. LXXXIII, p. 1184.

der Sahara stattfindende Erscheinung knüpft. Als er einen in Boulogne-sur-Mer am 9. Oktober 1876 herabgefallenen Staub mikroskopisch untersuchte und mit dem Sahara-Sande verglich, erwies sich der Staub-Niederschlag in Boulogne genau von derselben Zusammensetzung wie der Sahara-Sand, nur daß letzterer ein viel gröberes Korn besitzt, während die Algen und mineralischen Bestandtheile in beiden von gleicher Natur sind. Tissandier konstatirte außerdem, daß, wenn man verschiedene Sandarten, z. B. die der Wüsten von Sahara und Gobi, in etwas Wasser schüttet, nur die gröberen Theilchen auf den Boden niedersinken, während das Wasser trübe bleibt in Folge des Vorhandenseins eines in demselben schwimmenden feinen Schlammes, der, mikroskopisch untersucht, lebhaft an gewisse, erdige Körperchen enthaltende Regen erinnert, die so reich an organischen Substanzen sind, daß man sie mit dem Namen Dünger-Regen getauft hat. Aus mehreren seiner Experimente zieht jener Gelehrte den Schluß, „daß eine wirkliche Auswahl der feinsten und leichtesten Substanzen des Wüsten-Sandes durch den Wind bewerkstelligt wird. Indem sich bloß die kleinsten Körperchen und unter diesen die vegetabilischen Theile in die Luft erheben, sind die atmosphärischen Wirbel im Stande, einen an organischen Substanzen reichen Staub zu bilden, auch wenn sie einem an solchen Substanzen armen Sande entlehnt worden, aber nur weil die Auswahl in großen Massen stattfindet."

Endlich schreibt auch Herr Tacchini [1]) dem mit eisenhaltigen Substanzen geschwängerten Staub-Niederschlag, welcher am 25. Februar in Folge eines Sirocco-Windstoßes an verschiedenen Stellen Italiens herabfiel, afrikanischen Ursprung zu. Was diesen zu beweisen scheint, ist der Umstand, daß mehrere solcher Magneteisen-Kügelchen im Meere längs der Küsten von Algerien und Tunis entdeckt wurden. Tacchini bemerkt, daß diese Erscheinung nicht ohne Wichtigkeit sei, da sie beweise, daß in gewissen Fällen ein terrestrischer, nicht aber kosmischer Ursprung jenen meteorischen Kügelchen zugeschrieben werden müsse, die man im Staube der entlegensten Orte und unter den verschiedensten Bedingungen, wie z. B. im Schnee, beobachtet hat.

VIII. Jüngste Ablagerungen. Die Gebilde dieses, von den französischen Geologen als Dépôts modernes bezeichneten Alters sind in Algerien noch nicht genügend geprüft, um die Bedeutung

[1]) Comptes rendus etc., an. 1879, T. LXXXVIII, p. 613.

der Wirkungen, welche die physischen Agentien auf die durch die letzten geologischen Epochen entscheidend ausgeprägte heutige Gestalt des Landes ausgeübt haben, gehörig zu würdigen. Das Studium der einander folgenden Erzeugnisse der großen Werkstätte der Natur, die ununterbrochen und rastlos unter unsern Augen fortarbeitet, gewährt ein besonderes Interesse, wenn man ihre Thätigkeit während der historischen Perioden mit Hilfe glaubwürdiger Urkunden verfolgen kann, eine Forschung, deren Resultate im Verhältniß zu der Rolle stehen, die ein Land in der Geschichte der Menschheit gespielt hat, und somit zu der größeren ode. geringeren Zahl der Ueberlieferungen oder literarischen und artistischen Erinnerungen, die sich an dasselbe knüpfen. Danach sind es vorzugsweise die als klassisch bezeichneten Länder, welche solchen Studien die reichsten und mannigfachsten Ergebnisse liefern, wie ich bewiesen zu haben glaube, indem ich Schritt für Schritt, die alten Schriftsteller in der Hand, jene zahlreichen Modifikationen verfolgte, welche die Oberfläche von Kleinasien, sogar in dem kurzen Zeitraume von Christi Geburt bis zur Jetztzeit, erfahren hat; denn schon während dieser verhältnißmäßig beschränkten Periode änderten hier Flüsse ihren Lauf, zuweilen mehrmals, sodaß sich Küsten sowohl in ihrer Konfiguration wie in ihrer Ausdehnung durch Hinzufügung von Deltas anders gestalteten, Seestädte von der Küste weit zurückgedrängt, Landseen, ja selbst bedeutende Meerbusen in Festland, tiefe Thäler in Ebenen und Ebenen wieder in zerklüftete Abgründe verwandelt wurden; und alles dies nur durch die nie rastende Wirkung gewöhnlicher physischer Agentien ohne Beihilfe heftiger Kataklysmen.[1])

---

[1]) In meiner „Géographie physique de l'Asie Mineure" habe ich versucht, die Geschichte der auf der Oberfläche dieser Halbinsel seit der christlichen Zeitrechnung stattgehabten Veränderungen zu restauriren. Dieser Theil meiner Arbeit, der natürlich umfangreiche Nachforschungen forderte, ist in meiner Schrift: „Une Page sur l'Orient", p. 272—282, kurz zusammengefaßt worden, wo trotz der bedeutenden Reduktion des Inhalts die hervorragendsten Thatsachen wiedergegeben sind, welche die Wichtigkeit der Erscheinung vollkommen zu würdigen gestatten. Die Tragweite dieser Erscheinung ist so außerordentlich, daß, wenn man in Kleinasien die errungene Vergrößerung des Festlandes nur durch Bildung von Deltas und Verschüttung der Landseen und Meerbusen berücksichtigt, man ohne Uebertreibung sagen kann, daß sie während dieses kurzen Zeitraumes die Oberfläche einer wirklichen Provinz erobert hat, Eroberungen, die stets im vollen Gange sind und die von Strabo seit achtzehn Jahrhunderten gemachte Prophezeihung zu rechtfertigen scheinen, daß einst der Tag komme, wo die cili-

23*

Gewiß wird auch Algerien, dem ebenfalls ein Platz unter den klassischen Ländern gebührt, nicht ermangeln, der Wissenschaft werthvolle Beiträge zu liefern hinsichtlich der succesiven Entwickelung der jüngsten, auf die historische oder vorhistorische Epoche bezüglichen Ablagerungen, und schon jetzt lassen sich Beobachtungen dieser Art anführen, die nicht ohne Interesse sind. So weist z. B. Herr Renou[1]) in der Ebene zwischen der Stadt Bone und dem Fuße des Gebirges auf Thon- und Sandstein-Gebilde hin, die zugleich Gehäuse von gegenwärtig das Mittelmeer bewohnenden Mollusken und kleine Bruchstücke römischer Topfgeschirre enthalten, was den Beweis zu liefern scheint, daß diese Ebene nach der römischen Herrschaft versenkt und dann in ganz junger Zeit wieder emporgehoben worden. Es läßt sich noch auf die merkwürdige Bildung einer Knochen-Breccia neben der Oasis von Laguat (El-Aghuat) aufmerksam machen, wo sich eine den Hyänen als Zufluchtsort dienende Höhle befindet, in welcher diese Räuber eine ungeheure Menge Knochen von noch heute in der Gegend lebenden wilden oder Hausthier-Arten angehäuft haben und noch immer anhäufen. Die verschiedenen Reste, unter denen sich auch Menschenköpfe befinden und die mit Excrementen von Hyänen und mit mehreren erdigen Substanzen verbunden sind, werden häufig in eine wirkliche Knochen-Breccia verwandelt, die von den alten Knochen-Breccien, welche den Paläontologen so viele Reste längst ausgestorbener Thiere geliefert haben, gar nicht zu unterscheiden sind.[2])

Ich beschließe diesen ganz allgemein gehaltenen, unvollständigen Entwurf der verschiedenen Formationen, aus denen Algerien zu-

---

cische Küste sich mit der Insel von Cypern verbinden wird. Eine derartige Prophezeihung steht keineswegs im Widerspruch mit den geologischen Voraussichten, welche alluviale Vergrößerungen in noch viel größerem Maßstabe annehmen. Auf die ungeheure Entwickelung des an den Mündungen der Flüsse des Schwarzen Meeres sich bildenden Bodens hinweisend, sagt Peters (vgl. „Die Donau und ihr Gebiet"): „Das Schwarze Meer erhält ununterbrochen Niederschläge der in dasselbe mündenden Flüsse, und man kann den Zeitpunkt voraussehen, wo der Dnjper, der Dnjster und die Donau sich in ein einziges Delta vereinigen werden. Es ist sogar gestattet, anzunehmen, daß einst das Becken des Pontus-Euxinus vollkommen ausgefüllt sein wird, und daß die heute in dasselbe mündenden Flüsse sich nach dem Bosporus wenden werden, durch einen in dieser recenten Alluvial-Fläche ausgegrabenen Kanal fließend."

[1]) Loc. cit. p. 60.

[2]) Vergl. Stanislas Meunier: Les causes actuelles en Géologie, p. 365.

sammengesetzt, mit einem flüchtigen Blick auf die hervorragendsten Züge, die das geologische Bild Algeriens charakterisiren.

I. Die ziemlich zahlreichen auf Algerien bezüglichen Arbeiten haben, so viel mir bekannt, dort noch keine bestimmte Spur der Eiszeit nachgewiesen, deren Abwesenheit auch meine Beobachtungen bestätigen. Sollte diese Thatsache durch weitere Untersuchungen vollständig außer Zweifel gesetzt werden, so würde Algerien ein neues Beispiel des Lokalisations-Charakters liefern, welches den hervorragendsten Zug dieser wichtigen Epoche der Geschichte unserer Erde bildet, wie ich es schon lange Zeit betont habe,[1]) nicht bloß auf meinen eigenen Studien fußend, sondern auch auf zahlreichen in andern Ländern gemachten Beobachtungen, die sich vor Kurzem durch neue bedeutsame Thatsachen bereichert haben, welche sich auf Regionen beziehen, wo man Beweise für alte Glacial-Erscheinungen am ehesten zu finden erwartet hätte. So enthält die in Schanghai gehaltene Inaugural Adreß Th. W. Kingsmill's, Präsident der Königlichen Akademie dieser Stadt, eine Uebersicht der Spuren dieser Art in dem entlegensten Orient, aus der sich ergiebt, daß solche dort sehr selten sind, während sie nach J. F. Campbell's Ansicht[2]) gar nicht existiren. Letzterer verneint auch durchaus das Vorhandensein irgend einer kälteren Eiszeit als das heutige Klima, und erklärt, daß alle Glacial-Erscheinungen nur lokale seien und von meteorologischen, keineswegs aber von astronomischen oder kosmischen Bedingungen abhingen, und daß endlich die letzte Eisperiode auf Europa allein beschränkt, Asien wie Amerika aber vollkommen fremd sei. Diese Ansicht, welche alle bis jetzt angenommenen Lehren über die Eiszeit umstößt, ist nicht das Ergebniß theoretischer Grübeleien oder des Studiums einer kleinen Anzahl von Thatsachen, sondern die Folge von Untersuchungen, denen Campbell mehr als vierzig Jahre seines Lebens

---

[1]) Vgl. meine Géographie physique de l'Asie Mineure, dessen umständliche Betrachtungen über die glacialen Erscheinungen ich summarisch wiedergegeben habe in meiner Schrift: „Une Page sur l'Orient", Paris, 1868, p. 251 bis 272. Den zahlreichen von mir angeführten Ländern des Orients, wo keine Spuren der Eiszeit beobachtet worden, ist Persien hinzuzufügen, wo Dr. Emile Tietze (Jahrb. der k. k. Geol. Reichsanst., an. 1881, B. XXXI, p. 68) nicht vermochte, solche Spuren anzutreffen, obwohl er sie wenigstens auf dem 3000 m hohen Demawend zu entdecken hoffte.

[2]) Quarterly Journal of the geol. Soc. an. 1879, T. XXXV, p. 98.

gewidmet hat, indem er längere und ausgedehntere Reisen unternommen, als es jemals von irgend einem Gelehrten für die Ergründung einer physischen Erscheinung geschehen. Nachdem er nicht nur Europa, sondern auch das brittische Indien, den Kaukasus, Kleinasien, Syrien, Amerika u. s. w. durchforscht hatte, gelangte der unermüdliche Gelehrte zu der Ansicht, daß die glacialen Erscheinungen nur Modifikationen seien, die zu jeder geologischen Epoche stattfinden könnten, verursacht durch die relative Lage des Festlandes wie des Meeres, durch Emporhebung oder Senkung der Gebirge, und endlich durch die Richtung kalter oder warmer Seeströmungen, ohne daß solche Modifikationen in dem Klima der Erde eine Veränderung hervorgebracht hätten. Daher die Erscheinung und das Verschwinden der Glacial-Phänomene. Jedenfalls hat die gründliche Durchforschung der Hauptgegenden des alten und neuen Kontinents, wo den Glacialisten zufolge Spuren der Eiszeit vorhanden sein müßten und auch von ihnen ausdrücklich erwähnt werden, dem englischen Gelehrten die Ueberzeugung verschafft, daß diese vermeintlichen Spuren durch die Wirkung der noch heute thätigen Agentien erklärt werden können, daß sie aber wesentlich verschieden seien von jenen, welche die glaciale Epoche in einigen Gegenden Europas augenscheinlich hinterlassen hat.

Der Werth der von Campbell so geistreich entwickelten Argumente ist nicht zu verkennen, und schätze ich mich glücklich, in ihnen die Bestätigung der Ansichten zu finden, die ich schon vor fünfzehn Jahren ausgesprochen.[1]) Uebrigens stimmen diese Ansichten ziemlich überein mit denen des ausgezeichneten Meteorologen und Physikers Dr. Alex. v. Woeikov, der kürzlich in einer werthvollen Arbeit[2]) nachgewiesen hat, daß die Gletscherbildung hauptsächlich von meteorologischen, lokalen Phänomenen abhinge, sodaß Gegenden, welche zu den kältesten unserer Erde gehören, keine Gletscher besitzen, während sie in solchen Gegenden vorhanden sind, deren jährliche Mitteltemperatur sie gar nicht erwarten lassen sollte. Unter den angeführten zahlreichen Beispielen will ich nur jene von Ostsibirien erwähnen, wo bei einer mittleren Jahrestemperatur von — 15,6° und der des Januar von — 48,6° keine Gletscher vorkommen, hingegen in Neuseeland (in den Breiten von

[1]) In meiner 1867 erschienenen „Géologie de l'Asie Mineure".

[2]) Zeitschr. der Gesellsch. für Erdkunde zu Berlin, B. XVI, an. 1881. p. 217—272.

Nizza und Florenz) sich bis zu einer Lufttemperatur von + 10° erstrecken. Die erstere Erscheinung erklärt Herr v. Woeikov durch die Trockenheit der Luft und die verhältnißmäßig warmen Sommer, welche die im Winter gefallenen Schneemassen aufzehren; die zweite durch den Umstand, daß auf den großen Meeresströmen der Süd-Hemisphäre eine Temperatur von etwas über und unter 0° herrsche, welche gerade die günstigste für Bildung von Schnee und Gletscher sei.

Unter den neuesten, auf glaciale Erscheinungen bezüglichen Arbeiten ist noch die von G. Berendt über die diluvialen Ablagerungen Norddeutschlands zu erwähnen. Nach dessen Ansicht[1]) kann der Ursprung solcher Ablagerungen weder durch die glaciale Theorie, noch durch die des Drift, selbst nicht durch die Voraussetzung der Wechselwirkung dieser beiden Agentien erklärt werden; im letzteren Falle müßte man annehmen, daß in Norddeutschland und Rußland die Erscheinungen der Vereisung und Fortschaffung der verschiedenen Schutt- und Trümmergebilde durch schwimmende Eisschollen wechselweise fünf- bis sechsmal, wohl gar noch öfter, stattgehabt hätten. Demzufolge schlägt Berendt eine wahrscheinlichere Theorie vor, deren Mittheilung hier zu weit führen würde, die aber eine vollkommene Vereisung von Norddeutschland zurückweist. Nach Berendt soll der Löß dieser Gegend durch Schlamm-Niederschläge von Flüssen gebildet und somit von Süßwasser-Ursprung herzuleiten sein.[2])

II. Die marine Fauna, deren zahllose Reste sich in den verschiedenen Ablagerungen, aus denen das feste Gerüst Algeriens besteht, erhalten haben, zeigt eine höchst merkwürdige Eigenthüm-

---

[1]) Zeitschr. der deutsch. Geolog. Gesellsch. 1879, B. XXXI, p. 1–20.

[2]) Wegen der ganz unbedeutenden Rolle, welche die glacialen Erscheinungen im Orient spielen, ist die Aufmerksamkeit der Geologen dort besonders durch den Löß in Anspruch genommen, welcher einen hervorragenden Zug in der geologischen Physiognomie dieser Länder, besonders in China bildet. Herr Kingsmill hatte natürlich auch Veranlassung, diese Erscheinung in seinem erwähnten Vortrage zu besprechen, theilt aber in dieser Hinsicht die von Herrn v. Richthofen aufgestellte Theorie nicht und führt zur Unterstützung seiner Einwendungen die Meinung des berühmten Abtes Armand David an, eines Gegners jener Theorie, wie ich mich in Algier in den Unterhaltungen mit dem unermüdlichen Erforscher Chinas, der diesem Lande die schönsten Jahre eines thätigen und an Ergebnissen so reichen Lebens gewidmet hat, selbst überzeugen konnte.

lichkeit. Nach Herrn Coquand[1]) ist die gesammte Zahl der in Algerien bekannten fossilen Arten (meistentheils Mollusken) 656, darunter 390 neue; ja es erhöht sich die erste Zahl auf 754 und die zweite auf 480, wenn man die von Cotteau, Peron, Gauthier und Rolland kürzlich entdeckten 89 Species hinzufügt[2]): ein Verhältniß, das, so weit mir bekannt, noch kein Land geboten hat. Aber das ist noch nicht alles: auch die Vertheilung der Arten in den verschiedenen Formationen bildet eine ganz ausnahmsweise Thatsache, da die Kreideformation allein 227 Arten aufweist (288 mit Hinzufügung der von den obengenannten Geologen entdeckten 61 neuen cretacischen Species,[3]) die derselben eigen sind. Ferner sind von den in den miocänen Schichten gefundenen 12 Arten sämmtliche derselben eigenthümlich, und endlich enthalten die paläozoischen Formationen Algeriens bloß Formen, die auch in diesen Formationen anderer Länder vorhanden sind, was auch der Fall mit den Jura-Schichten, während die hervorragend speciellen und merkwürdigen Organismen sich in den cretacischen und tertiären Ablagerungen koncentriren.

Dies sind die interessanten Ergebnisse der wichtigen Arbeiten des Herrn Coquand, die er zu einer Zeit unternommen, als man von den paläontologischen Reichthümern Algeriens kaum eine Ahnung hatte.[4])

[1]) Loc. cit. p. 311.

[2]) V. p. 333.

[3]) Ebenda.

[4]) Coquand berichtet (loc. cit. p. 318), daß, als er seine erste Reise (1851) in der Provinz von Constantine unternahm, die dort gefundenen Fossilien sich nur auf 31 Arten beliefen. Vergleicht man diesen bescheidenen Anfang mit den Endresultaten seiner Reisen, so kann man dem ausgezeichneten Manne die höchste Anerkennung nicht versagen. Ich zolle ihm dieselbe um so bereitwilliger, als ich aus eigener Erfahrung weiß, wie schwierig der Abbau eines jungfräulichen Bodens ist, aber auch zugleich wie lebhaft die Freude und der Genuß, wenn die überwundenen Schwierigkeiten mit Erfolg gekrönt werden. Kaum 20 Fossilien-Arten waren in Kleinasien bekannt, als ich die Erforschung dieses Landes unternahm, dessen unerschöpfliche naturhistorische Schätze, besonders der Geologie, Paläontologie, Botanik und Klimatologie, ich zu heben das Glück hatte. Die Zahl der von sieben Jahre langen mühevollen Wanderungen mitgebrachten Fossilien belief sich auf 576 Species (456 des Thierreichs, 122 des Pflanzenreichs), wie sich aus meiner im Jahre 1860 in Paris herausgegebenen „Paléontologie de l'Asie Mineure" ergiebt. Zwar war ich in Betreff neuer Species nicht so begünstigt wie Coquand, da meine paläontologischen, durch

Die heute mit Riesenschritten rastlos fortschreitende Naturwissenschaft gestattet keiner Arbeit, selbst nicht der jüngsten, sich ihrer vollkommenen Giltigkeit lange zu erfreuen, und daher wird auch Herr Coquand diesem allgemeinen Schicksal nicht entgehen; wenn aber auch die von ihm als neu beschriebenen Arten wirkliche Reduktionen erdulden sollten, die übrigens durch die Entdeckung anderer neuer Arten ausgeglichen werden könnten, so bliebe doch die für Algerien eigenthümliche Zahl der Arten noch immer groß genug, um in dieser Beziehung alle Regionen zu übertreffen, die bis jetzt bei gleicher Ausdehnung von Paläontologen von Grund aus durchsucht worden.

Was die Koncentration der endemischen Formen betrifft, die in Algerien die sekundären und tertiären Epochen auszeichnen, so hat Herr Filhol diesen Zug ebenfalls in Frankreich als charakteristisch für die Tertiär-Formation gefunden, indem ihm die Phosphorite des oberen Eocen von Quercy eine äußerst interessante Fauna von 112 Species geliefert haben, von denen mehr als zwei Drittel dieser Lokalität eigen sind und sonst nirgendwo gefunden werden; unter den 81 neuen Arten zählen die Fleischfresser 42.[1]) Ebenso hat Herr G. G. Gemmelaro in dem unteren Lias Siciliens eine ganze Fauna aufgefunden, die nicht nur reicher als die früher dort bekannte ist, sondern auch aus vollkommen neuen Formen besteht; die Cephalopoden scheinen darin verhältnißmäßig selten zu sein, da sie nur 5 Species zählen, dafür aber ist die Entwickelung der Gastropoden eine ungeheuere, und obwohl Herr Gemmelaro eben erst deren Beschreibung begonnen hat, so belaufen sich die beschriebenen Arten doch schon auf 96 neue, häufig neuen Geschlechtern angehörende.[2])

d'Archiac, de Verneuil, Fischer und Unger bestimmten Sammlungen nur 41 neue Formen lieferten; dafür aber war es mir vergönnt, die Flora Kleinasiens bedeutend zu bereichern, nicht nur, was die Gesammtzahl, sondern auch neue Formen anbetrifft (hauptsächlich von E. Boissier beschrieben, in meinen in 2 Bänden erschienenen „Eléments d'une Flore de l'Asie Mineure, de l'Arménie et des îles de l'Archipel grec").

[1]) Comptes rendus etc., an. 1880, T. XC, p. 441. Der großen Anzahl neuer Formen hat Herr Filhol kürzlich (Comptes rendus etc., an. 1882, T. XCIV, p. 138) noch zwei neue Geschlechter von Pachydermen hinzugefügt, nämlich: Bachiterium (mit 3 Arten) und Mouillacitherium (mit 1 Art).

[2]) Giornale di Science nat. e. econom. di Palermo, an. 1879, T. XIII.

Es haben also die sekundäre und die tertiäre Formation wie in Algerien so auch in Italien und Frankreich eine merkwürdige und seltene Lokalisation der Faunen geliefert.

III. Wenn in Algerien einerseits die physischen Bedingungen des thierischen Lebens die Entwickelung merkwürdiger und eigenthümlicher Formen begünstigten, je mehr man sich den jüngeren geologischen Epochen nähert, so möchte man andererseits annehmen, daß es Algerien gewesen, wo der Mensch früher, oder doch zuerst in größerer Zahl, als in andern Ländern aufgetreten: eine Folgerung, die sich aus der ungeheuren Anhäufung prähistorischer Denkmäler zu ergeben scheint, welche in Algerien beobachtet worden, wie ich wiederholt angedeutet.[1])

IV. Ein weiterer hervorragender Zug in der geologischen Physiognomie Algeriens ist das Mißverhältniß zwischen den durch eruptive oder vulkanische Mittel hervorgebrachten Erscheinungen und dem Vorhandensein dieser Agentien auf der Bodenoberfläche.[2])

In allen Ländern Europas und Asiens (namentlich auf der anatolischen Halbinsel), charakterisirt durch die gestörten stratigraphischen Bedingungen ihrer Ablagerungen, sieht man die als Ursache solcher Störungen geltenden Felsarten sich allerwärts erheben, gleich Zeugen der älteren oder jüngeren unterirdischen Kräfte; in Algerien hingegen sind solche Felsarten selten, oder ihr Vorhandensein steht wenigstens nicht im Verhältniß zu den ungeheuren Zerrüttungen, welche die Sediment-Gebilde erduldet haben, und die intensiver und in größerem Maßstabe auftreten, als in irgend einem andern Lande, das ich kennen gelernt, wie ich bereits wiederholt zu bemerken Gelegenheit hatte.[3])

In Algerien erblickt man überall die Wirkungen, selten aber die Ursachen solcher Erscheinungen; jene mächtigen aber geheimniß-

[1]) Vgl. Brief VIII, p. 117–120.

[2]) Ueber die eruptiven Gesteine der Provinz Constantine macht Herr Tissot (V. Notice géologique et minéralogique, Alger, 1879) folgende Anmerkung: „Die eruptiven Felsarten dieses Departements bilden keine zwischen den Schichten der Ablagerungen eingeschalteten geflossenen Ströme, sondern befinden sich unter diesen Ablagerungen vertikal auf dieselben gerichtet. Solche Felsarten treten unter den serpentinischen Massen auf; dann folgt eine Gruppe komplexer Felsarten, die in einem teichartigen, den Trapp-Gesteinen eigenen Zustand hinaufgedrungen sind. Sie sind durch keine deutlichen topographischen Umrisse ausgedrückt, und es wäre schwer, sie auf einer Karte zu verzeichnen."

[3]) Vgl. Brief XIV, p. 229.

vollen Erschütterungen müssen während aller geologischen Epochen, besonders nach der tertiären, stattgefunden haben; auch schreibt Herr Pomel[1]) diesem Zeitalter die eruptiven Felsarten zu, die er in den Gegenden von Milianah, Cherchell, in der Ebene von Mitidja u. s. w. studirt. Kurz, berücksichtigt man die Zerrüttung ihrer Sedimentär-Gebilde, die große Zahl ihrer heißen Quellen und die Häufigkeit der Erdbeben, welchen die verschiedensten Punkte der drei Provinzen ausgesetzt sind, so ist Algerien allerdings ein in hohem Grade vulkanisches Land; allein es erscheint nicht als solches, wenn man die unbedeutende Rolle ermißt, welche die eruptiven Felsarten (Porphyre, Dolerite, Basalte u. s. w.) gespielt haben. Wenn auch in anderen an eruptiven Felsarten reichen Ländern die heißen Quellen gewöhnlich um letztere gruppirt oder in ihrer Hauptrichtung auftreten, so scheinen solche Quellen doch ohne Ordnung auf der ganzen Fläche von Algerien zerstreut zu sein, wie es sich wenigstens aus der von Herrn Bertherand entworfenen Karte ergiebt.[2])

V. Obwohl die Hauptbildungen in Algerien vertreten sind, so befinden sich dieselben doch in sehr ungleicher Art vertheilt, da die Kreide- und Tertiär-Formationen die bei weitem hervorragendste Rolle spielen. Deshalb bestand auch während der silurischen und devonischen Zeiträume, denen in Algerien nicht bloß die wenigen

---

[1]) Déscription du massif du Milianah, p. 130.

[2]) Sehr wenige Länder besitzen wie Algerien so viele durch die Mannigfaltigkeit ihrer chemischen Bestandtheile und ihrer chemischen Bedingungen merkwürdige Quellen. Man ist noch weit entfernt, die Ausdehnung und Wichtigkeit der Schätze, mit denen Algerien in dieser Hinsicht (wie in so vielen andern) ausgestattet, vollkommen zu würdigen; jedoch giebt davon schon einen Begriff die von Dr. Bertherand in dem Bull. de la Soc. des Sc. phys. nat. et climat. d'Alger, p. 101, Alger 1855, veröffentlichte Arbeit. Diese, betitelt „Des Sources thermales et minerales de l'Algerie", ist von einer großen Karte begleitet, in welcher die Quellen mit verschiedenen, ihre chemische Zusammensetzung bezeichnenden Farben angegeben sind; die Gesammtzahl der in der Karte angeführten Quellen beläuft sich auf hundert. Dr. Bertherand theilt die die interessantesten Quellen enthaltenden, theilweise chemisch analysirten Gruppen ein in sieben alkalinische mit einer Temperatur von 27—66°, vier arsenikhaltende, zwei Jodo-Brome haltende, zweiundzwanzig eisenhaltige (Temp. 14—78°), fünf Gase enthaltende gewöhnliche mit Temp. 16—18°, siebenundvierzig Saline mit Temp. 13—95°, siebenunddreißig schwefelige mit Temp. 14—70°, vierzehn gewöhnliche thermale Quellen mit Temp. 24—43°.

durch Fossilien dieses Alters bezeichneten Entblößungen, sondern auch die Gneise, krystallinischen Schiefer, Granite und die mit ihnen wechselnden Kalksteine angehören, fast der ganze Theil Afrikas zwischen Marocco und Tunis nur aus einer Anzahl Inselgruppen, die sich aus dem ungeheuren Ocean erhoben, der damals Europa bedeckte, und aus dessen Fluthen nur einige Inselgruppen auftauchten, die einzigen Vertreter des heutigen Spaniens, Frankreichs, Englands, Deutschlands und centraleuropäischen Rußlands, mit fast gänzlichem Ausschluß Italiens, dessen spätere Erscheinung noch kaum angedeutet war. Die ausgedehntesten unter allen diesen Inselgruppen waren diejenigen, welche das heutige Schweden und den westlichen Theil des europäischen Rußlands bezeichneten; letztere Insel war durch ein breites Meer von einer anderen, von Norden nach Süden langgestreckten Insel geschieden, die schon ziemlich vollkommen die jetzige südliche Ural-Bergkette darstellte, und obwohl das Kaspische und das Schwarze Meer damals nur eine zusammenhängende, das centrale europäische Rußland bedeckende Fläche bildeten, die sich wahrscheinlich an das heutige Eismeer anschloß, erhob sich schon der Kaukasus unter der Gestalt einer langen Bergkette zwischen den beiden Seebecken, die sich erst viel später absonderten.

Unter den Inseln, die zu dieser Epoche (silurische und devonische) Algerien und Marocco bildeten, befanden sich die Gegenden von Algier, Philippeville und Bone, sowie die südlichen Vorberge des Djurdjura, die silurischen und devonischen Felsen der Sahara und der Gebirgsstock Djebel-Serka, der schon damals wie heute die östliche Endspitze der Gibraltar-Meerenge darstellte, ohne daß jedoch die entgegengesetzte (spanische) Küste noch vorhanden war.

Wahrscheinlich ist auch zur paläozoischen Zeit der östliche Theil Spaniens, wo jetzt die Stadt Carthagena liegt, mit der heutigen Küste Algeriens verbunden gewesen und hat sich an die paläozoischen Felsarten angeschlossen, zu denen die Gneise, Granite, Glimmerschiefer, Kalksteine ꝛc. von Algier, Kap Matifu, Bone ꝛc. gehören; diese Verbindung wurde jedoch in den Gegenden zwischen Oran und Carthagena frühzeitig unterbrochen; während dieser Theil der spanischen Küste über dem Meeresspiegel erhoben blieb und somit von den folgenden Ablagerungen nicht bedeckt wurde, versank der entgegengesetzte Theil der algerischen Küste tief in das Meer und erhob sich abermals erst nach der tertiären Epoche. Dies ist die Ursache von der Abwesenheit der metallführenden Felsarten Carthagenas auf der Küstenregion von Oran, welche wahrscheinlich reiche Silbererze besitzen würden, wenn die dieselben enthaltenden paläozoischen Felsarten der spanischen Küste ihre Lage ebenfalls auf der algerischen beibehalten hätten.

Erst während der Kreide-Bildung, und somit zu einer Zeit, wo die meisten Schweizer Alpen, die julischen und denarischen, die adriatische Ostküste und ein Theil von Central-Italien schon vorhanden gewesen, begann Algerien eine seiner jetzigen sich nähernde Gestalt anzunehmen, indem der archipelagische Charakter sich bedeutend verminderte und ungeheure, fast die ganze Sahara und die libysche Wüste zusammensetzende cretacische Gebilde sich erhoben. Daraus folgt, daß von einer recenten Erhebung der ganzen Sahara keine Rede sein kann. Andererseits waren gewisse Theile der Sahara noch von den eocänen, miocänen und pliocänen Meeren bedeckt, die an vielen Punkten Algeriens, z. B. in der Provinz Constantine, so viele und ausgedehnte Zeugnisse ihrer langen Anwesenheit hinterließen.[1]) Allein mit der Erhebung der letzten pliocänen Ablagerungen war die definitive Bildung der Sahara noch nicht beendet, weil sich inmitten der cretacischen und tertiären Regionen zahlreiche quarternäre Ablagerungen befanden, sodaß das Vorhandensein des Diluvial- oder Quarternär-Meeres an vielen Punkten der Sahara über allen Zweifel erhaben ist.[2]) Solche quarternäre Versteinerungen führende Ablagerungen wurden gewiß durch Meerbusen des Quarternär-Meeres bewerkstelligt, das mehr oder weniger tief in das Innere des Landes eindrang; einer der wichtigsten reichte aus dem jetzigen Gabes-Meerbusen bis in den Ued-Rir, wo das Ued-Igharghar-Thal fast bis Tuggurt Quarternär-Muscheln enthält.[3]) Was die Existenz dieses Busens höchst wahrscheinlich macht, ist der Umstand, daß während der Quarternär-Zeit keine Verbindung zwischen der Sahara und der von dem Ued-Rir nördlich gelegenen Küste Algeriens statthaben konnte, weil letztere schon seit langer Zeit gehoben und damals wie heute sehr gebirgig war, sodaß das Meer in die Gegend von Ued-Rir nirgends sonst einzudringen vermochte, als aus dem heutigen Gabes-Meerbusen, und zwar auf einem Wege, der noch jetzt durch eine lange Reihe brackiger Seen (Chott), die sich nach dieser Richtung erstrecken, deutlich bezeichnet ist.

---

[1]) Vgl. Brief XVIII, p. 335—340.

[2]) Ibid. p. 341.

[3]) Ibid. p. 347.

Dieser Meerbusen muß sehr beträchtlich gewesen sein, denn auf der geologischen Karte der Sahara von Rolland[1]) nehmen die alluvionen und Quarternär-Ablagerungen ununterbrochen die Becken von Ued-Igharghar, Ued-Rir und Ued-Suf ein und erstrecken sich über Biskra und Laghuat bis Figuig in dieser Richtung (von Gabes bis Figuig, also von Osten nach Westen) 1000 km, und von Norden nach Süden (von Biskra bis El-Biot) über 600 km lang. Da diese Ablagerungen jedoch an ihrer westlichen Endspitze (in der Gegend von Figuig) durch die dieselben verschüttenden Sanddünen des Erg occidental unterbrochen sind, aber bei dem Städtchen Currara abermals zu Tage treten und, sich nach Osten wendend, eine weite Strecke im Lande der Ahaggar bedecken, so muß der Meerbusen vor der lokalen Aufschüttung der erwähnten Sanddünen eine ununterbrochene Ausdehnung gehabt haben, die der Fläche Frankreichs wenigstens gleichkommt. In seinem südlichen Theile umspülte der Meerbusen mehrere devonische Inseln, während er in seiner Mitte von langgestreckten kretacischen Massen fast durchsetzt wurde. Trotz seiner Ausdehnung muß der Eingang des Meerbusens ziemlich eng gewesen sein, da die den Busen durchsetzenden kretacischen Gebilde bis in die Gegend der heutigen Stadt Gabes reichten und dieselbe von beiden Seiten (nördlich und südlich) umgaben, auf solche Weise dem Eintritt des quarternären Meeres nur einen engen Kanal bietend.

Außer diesem großen Meerbusen waren während der quarternären Periode noch mehrere kleinere vorhanden, wie unter anderen an der jetzigen Küste von Tripolis, deren quarternäre und noch jüngere Ablagerungen die ganze südliche Küste des heutigen Gabes-Golfes (kleine Syrte der Alten) einnehmen. In der Nähe der Gegend der Stadt Gabes schloß sich dieser kleinere Meerbusen an den Eingang des erwähnten großen Meerbusens durch einen schmalen Streifen an, und von da griff er ziemlich tief in die heutige Küstenregion von Tripolis hinein, bis in die Gegenden, wo sich die Städte Ralub, Djado, Libda, Masrata ꝛc. befinden.

Erst nach der Ausfüllung aller dieser Meerbusen, folglich nach der quarternären Periode, war die Erhebung der gesammten Sahara, wie sie sich gegenwärtig zeigt, vollendet, eine Erhebung, die fast während der ganzen geologischen Geschichte unsrer Erde gedauert hat, seit der paläozoischen bis nahe an unsre Zeit.

---

[1]) Bulletin de la Soc. géol. de France, 3e Ser. an. 1881, T. IX.

Nach dieser definitiven Erhebung muß aber die Sahara, wie auch die libysche Wüste den Wirkungen mächtiger Erosionen und Entblößungen unterworfen gewesen sein, von denen diese Länder zahlreiche Spuren aufweisen,[1]) und so ist es wahrscheinlich, daß solche Faktoren ebenfalls thätig gewesen sind vor der Bildung (zur kretacischen oder tertiären Zeit?) der unterirdischen Wasserbehälter,[2]) wie es die auffallenden Verschiedenheiten in der Tiefe derselben zu beweisen scheinen.

Seit der definitiven Erhebung der Sahara bis auf unsere Tage hat die Wüste auch sehr bedeutende klimatische Veränderungen erfahren, die ebenfalls das ganze Mittelmeer-Becken betroffen, denn obwohl man die ziemlich recente Bildung des heutigen Mittelmeeres anzunehmen Ursache hat, fand diese Bildung wahrscheinlich nach der Einwanderung gewisser, jetzt als afrikanische geltender Thiere, z. B. der Affen, in Afrika statt.[3])

Endlich regen die Betrachtungen über das Alter der Sahara-Libyschen Wüste noch zu folgenden interessanten Bemerkungen an. Die wichtige, aus den jüngsten Erforschungen erscheinende Thatsache, wonach die Erhebung der Sahara-Libyschen Wüste nicht, wie man früher geglaubt, eine recente sei, sondern im Gegentheil bis in ältere geologische Epochen hinaufreiche, scheint sich mehr oder weniger auch in den bekannten Hauptwüsten anderer Länder kund zu geben, wo ungeheure Sandanhäufungen und Salz-Efflorescenzen gleichfalls eine recente Erhebung aus dem Meere vermuthen ließen. Ich habe schon der zwei großen kaspischen Wüsten gedacht,[4]) deren Erhebung wahrscheinlich in einer alten geologischen Epoche stattfand, und scheint es, daß die Erhebung der Wüste Gobi (vielleicht mit der Sahara-Libyschen die zweite kolossalste Wüste der Welt) sich ebenfalls auf ein sehr altes Zeitalter beziehe.

Freilich kennen wir von dieser ungeheuren Wüste nur den nördlichen Theil, den die große Poststraße zwischen Urga und Peking durchzieht. Die zahlreichen Reisenden, welche diesen Weg zurückgelegt haben und deren Beobachtungen in Ritter's großem Werke sehr umständlich zusammengestellt sind,[5]) sprechen alle nur von

---

[1]) Vgl. Brief XVIII, p. 351.

[2]) Brief XV, p. 276.

[3]) Vgl. Brief II, p. 24.

[4]) Brief XV, p. 277.

[5]) Die Erdkunde von Asien, B. II, p. 343—381.

mächtigen Sandablagerungen, ohne uns von dem dieselben tragenden festen Gerüst aus älteren oder jüngeren Gebilden den geringsten Begriff zu geben; von organischen Ueberresten melden sie keine Spur. Auch hat Oberst N. von Prchewalski, als er sich von Urga nach Peking begab, nirgends auf dieser ganzen Strecke eine anstehende Felsart beobachtet, da er ausdrücklich bemerkt:[1]) „der Boden der eigentlichen Gobi besteht aus grobkörnigem, rothem Kies und kleinen Geröllen, in welchen man verschiedene Gesteine, wie z. B. Achat, findet.“[2]) Glücklicherweise schlug Prchewalski einen anderen Weg bei seiner Rückreise über Urga ein, indem er diesmal westlich von dem früher verfolgten Wege die Wüste in gerader Linie von Süden nach Norden durchschnitt, und zwar von den Gebirgen Alaschan nach Urga. In diesem noch ganz unbekannten Theile der Gobi, die er als die schrecklichste, der „so verschrieenen Sahara“ keineswegs nachstehenden Wüste schildert,[3]) fand der gelehrte Reisende an mehreren Stellen anstehende Gebirgsarten. So sah er in der kaum 1000 m hohen, Galbun-Gobi genannten Einsenkung verwitterte Gneisfelsen auf nicht hohen Bergrücken wie aus dem Sandmeere emporstehende Inseln. Nicht weit von Galbun-Gobi erhebt sich das die Wüste von Nordwest nach Südost durchziehende Churchu-Gebirge, das aus Porphyr besteht. Im Norden von Churchu wird die Wüstenfläche wellenförmig, und nur hin und wieder sieht man zerstreut einige nicht hohe Hügel, zuweilen als Rücken sich erstreckend oder vereinzelte Gruppen bildend, die aus Gneis, Lehmschiefer und stellenweise aus neueren vulkanischen Gebilden bestehen.[4])

Das Auftreten anstehender Felsarten auf verschiedenen Punkten der Gobi-Wüste ist von der größten Wichtigkeit für die Erkenntniß des festen Gerüstes derselben, denn falls diese lokal hervorragenden Felsarten mit denjenigen übereinstimmen, aus welchen die mächtigen Gebirgsketten, die die Gobi begrenzen, bestehen, so hätte man Ur-

---

[1]) Reisen in der Mongolei, im Gebiete der Tanguten und den Wüsten Nordthibets, in den Jahren 1870—1873, aus dem Russischen von Albin Kohn, 2. Auflage, Jena, Hermann Costenoble, p. 14.

[2]) Ritter (loc. cit. p. 351) erwähnt schon der über bedeutende Räume zerstreuten farbigen Kiesel (Carniole, Agate, Onyx ꝛc.). Sie stammen vielleicht theilweise von den verschiedenen Porphyren, die eine der Hauptfelsarten des festen Gerüstes der Wüste bilden, wie man es aus den Angaben von Prchewalski vermuthen kann.

[3]) Loc. cit. p. 488.

[4]) Loc. cit. p. 491.

sache, zu vermuthen, daß letztere ebenfalls das feste, nur vom Sande verhüllte Gerüst der Gobi selbst ausmachen. Von diesen Gebirgsketten sind jene, welche die Nordgrenze der Wüste bilden, nämlich der Altai, die Sayanen und der Jablonovoi, wahrscheinlich von demselben geologischen Alter, da man annehmen kann, daß die paläozoischen Bildungen, die ich im Altai und in den Sayanen beobachtete,[1]) sich auch im Jablonovoi fortsetzen. Den jüngsten Forschungen zufolge scheint der Thianchan, dessen zahlreiche Verzweigungen die westliche Grenze der Gobi vorstellen, ebenfalls alten geologischen Epochen anzugehören. Es blieben also noch die Gebirge übrig, welche die Gobi von Süden und Osten begrenzen. Nun hat aber Prchewalski gerade diese südlichen Randgebirge durchschritten und darüber wenn auch spärliche und sehr allgemeine, doch für unseren Zweck wichtige geologische Mittheilungen geliefert, indem er folgende Felsarten angiebt: gewöhnlicher und Hornblende-Gneis, Granit, Syenit, Granulit, Felsit, Porphyr, Felsitporphyr, Diorit, Glimmerschiefer, Thonschiefer, Chloritschiefer und Steinkohlen.[2]) Aus diesen Hauptelementen werden, nach Prchewalski's Mittheilung, mehrere von ihm überstiegene Randgebirge zwischen Kalgan und dem See Kuku-Nor gebildet, nämlich Suma-Chada;[3]) Inchan, etwa 250 km lang und in seinem westlichen Theile (Muni Ullah genannt) bis 2800 m aufsteigend;[4]) Alaschan längs des linken Ufers des Hoangho bis 200—250 km sich erstreckend und eine absolute Höhe von 3347 m erreichend. In diesem Gebirge weist Prchewalski auf ausgezeichnete Steinkohlenlager hin,[5]) wie auch in den die östliche Grenze des Kuku-Nor bildenden Gebirgen, unter denen der Gabichur sich über 4000 m erhebt.[6])

Aus diesen Angaben ersieht man, daß das südliche von Prchewalski durchschrittene Randgebirge der Gobi (von Kalgan bis zum Kuku-Nor und dem nördlichen Tibet) aus Felsenarten zusammenge-

---

[1]) Vergl. Tchihatchef, Voyage scientifique dans l'Altai Oriental et les parties adjacentes de la frontière de Chine.

[2]) Gewiß wird uns das erwartete große Werk von Prchewalski den geologischen Theil seiner Beobachtungen vollständig bringen, denn leider ist dieser Gegenstand in dem vorhandenen Buche nur stiefmütterlich behandelt, während der Botanik und besonders der Zoologie ein bedeutender Platz eingeräumt wurde.

[3]) Prchewalski, loc. cit. p. 121.

[4]) Ibid. p. 139.

[5]) Loc. cit. p. 218.

[6]) Ibid. p. 418.

setzt ist, die höchst wahrscheinlich den ältesten geologischen Perioden angehören, welcher Schluß allem Anscheine nach auch für die ausgedehnte Chingan-Gebirgskette gilt, die die östliche Grenze der Gobi bildet und die Mongolei von der Mandschurei scheidet; denn diese Gebirgskette steht mit dem erwähnten Juchan im Zusammenhang, wie auch die Randgebirge der südlichen Gobi (von Kalgan bis zum nördlichen Tibet) sich an ihrem westlichen Ende an den Küenlün anzuschließen scheinen, eine Gebirgskette, die Herr von Richthofen als die ausgedehnteste und zugleich älteste Asiens betrachtet.[1])

Somit glaube ich, wo nicht streng bewiesen, jedenfalls höchst wahrscheinlich die Ansicht befestigt zu haben, daß die Erhebung der Gobi (wenigstens ihres östlichen Theiles) während einer sehr alten geologischen (paläozoischen?) Epoche stattfand, da die zwischen den Randgebirgen gelagerte ungeheuere Fläche verhältnißmäßig viel niedriger geblieben ist und doch eine der höchstgelegenen Ebenen unserer Erde bildet, deren mittlere Höhe von Prchewalski mit 1265 m angenommen wird,[2]) zuweilen aber auch unter 1000 m sinkt.

Seit ihrer Erhebung scheint somit diese stark accedentirte Oberfläche niemals vom Meere (dessen Spuren vollständig fehlen) bedeckt gewesen zu sein, ebenso wenig wie es die Sahara-Libysche Wüste seit der cretacischen und tertiären Periode gewesen, sodaß die ungeheuren Sandaufhäufungen auf beiden gar nichts mit marinen Ablagerungen zu schaffen haben, und nur durch Atmosphärilien bewirkte und durch Winde zerstreute Zersetzungsprodukte sind, denen die in der Gobi so sehr verbreiteten kieselhaltigen Granite und Gneise hinlängliches Material zu liefern vermochten.

Ich habe kaum nöthig, nochmals daran zu erinnern, daß die Erhebung aller dieser Wüsten nicht auf einmal deren gesammte Masse, sondern nur den größten Theil derselben betroffen hat, wie es nämlich mit der Sahara-Libyschen Wüste der Fall gewesen, wo die das Hauptgerüste bildenden cretacischen und tertiären Gebilde eins nach dem andern emportauchten, mehrere noch vom Meere oder Süßwasser-Becken eingenommene Räume übrig lassend, die erst in der quartären oder noch jüngeren Zeit ausgefüllt wurden. Gleich der Sahara-Libyschen Wüste waren auch vielleicht die asiatischen Wüsten noch lange Zeit nach ihrer Emersion von Meerbusen durch-

---

[1]) Verhandl. der geogr. Gesellsch. zu Berlin, an. 1874, Nr. 6 und 7.

[2]) Loc. cit. p. 13.

jetzt oder enthielten Süßwasserbecken; unsere Kenntniß von diesen asiatischen Wüsten ist jedoch noch eine so geringe, daß wir uns in dieser Hinsicht jede Hypothese versagen müssen. Jedenfalls fehlt es nicht an Gründen zu der Hoffnung, daß die Erforschungen dieser geheimnißvollen Gegenden die Thatsache ihrer sehr alten Erhebung bestätigen und somit die bis jetzt allgemein verbreitete Ansicht zurückweisen werden, der zufolge die ungeheuren mehr oder weniger mit Salz geschwängerten Sandwüsten Afrikas und Asiens einen jüngst erhobenen Meeresboden darstellen. Vielleicht würde sich sogar ergeben, daß diese ganz recenten Sand- und Trümmerablagerungen zuweilen unmittelbar auf der zuerst erstarrten Erdkruste ruhen.

Neunzehnter Brief.

Bone, den 22. Mai 1878.

Die geologische Skizze von Algerien, die ich im letzten Briefe zu entwerfen versuchte, bezieht sich nur auf eines der Elemente, welche das physische Bild eines Landes ausmachen, sodaß zur Vervollständigung desselben noch die Andeutung der hervorragendsten Züge der algerischen Flora übrig bleibt. Da Algerien jedoch in botanischer Hinsicht besser als in geologischer untersucht worden und ich in meinen Briefen vielfach von seiner Vegetation gesprochen habe, so darf ich mich auf diese, allerdings fragmentarischen Angaben beschränken, zumal die Vegetation Algeriens schon durch Herrn Cosson genügend beleuchtet worden, der die vollständige Flora Algeriens eben herauszugeben beabsichtigt. Ueberdies wurden mir durch diesen gelehrten Freund und Kollegen die Ergebnisse seiner über die Floren von Cyrenaica, Tripolitanien und Marokko gemachten Studien freundlich mitgetheilt, und ebenso verdanke ich der Güte des Herrn Doumet-Adanson die gleichfalls noch nicht veröffentlichen Beobachtungen über die Flora von Tunis. Diese wichtigen Arbeiten, deren Veröffentlichung mir in der französischen Ausgabe der „Vegetation der Erde" meines unvergeßlichen Freundes Grisebach vergönnt gewesen,[1]) führen zu manchen inter-

[1]) V. Végétation du Globe, traduit et annoté par P. de Tchihatchef. T. II, p. 145—156.

essanten neuen Schlüssen hinsichtlich der geographischen Botanik der afrikanischen Küsten, von denen hier nur zwei erwähnt werden mögen.

1. Auf dem bis jetzt erforschten Theile der afrikanischen Küste wird die Flora ärmer, je mehr man von Westen nach Osten fortschreitet. So bietet Marokko die größte Anzahl endemischer Arten, dann folgen Algerien, Tunis und endlich Tripolis, das fast keinerlei eigenthümliche Arten enthält.

2. Die für Marokko seltenen, Italien und den Gegenden des östlichen Theiles des Mittelmeer-Beckens aber eigenthümlichen Arten — ein Umstand, der von der Zahl der westlichen Species, nämlich der portugiesischen und spanischen, grell absticht — beweisen, daß sich in den Küsten-Gegenden von Marokko und Algerien die botanischen Verwandtschaften mit dem am nächsten liegenden europäischen Festlande oder dessen Inseln besonders in latitudinaler Richtung zeigen. Ein gleich triftiger Beweis ist die Fülle der in Marokko auftretenden, in Algerien nicht vorhandenen portugiesischen und spanischen Arten. Aus diesen Thatsachen scheint hervorzugehen, daß das Mittelmeer sein heutiges Bett erst nach der Vertheilung der organischen Geschöpfe, wie sich solche jetzt darstellt, eingenommen hat. [1])

Schließlich würde die von Herrn Cosson aufgestellte Hypothese auch der Ansicht, welche für die Gibraltar-Meerenge eine ältere Bildung annimmt, ziemlich günstig sein; denn wenn jene, wie es wahrscheinlich, gleichzeitig mit dem Mittelmeere entstanden, so würde sie einer nicht ganz jungen geologischen Epoche angehören.

Diese durch die Flora Algeriens hervorgerufenen Betrachtungen sind für die botanische Geographie von Bedeutung, ja ich möchte behaupten, daß dieser Zug der hervorragendste der Flora sei. Weder durch ihren Reichthum, noch durch ihre Mannigfaltigkeit kann sich dieselbe mit gewissen privilegirten Ländern, z. B. Kleinasien, messen, wo auf einem Raume, der von Algerien wenig übertroffen wird, die verschiedenen Pflanzenformen in solchem Maße angehäuft sind, daß ich über sechs Tausend Species anzuführen vermochte, die sicher bei Weitem nicht die gesammte Flora Kleinasiens umfassen. Hingegen giebt es wieder wenige Länder,

[1]) Ich machte schon darauf aufmerksam, daß die auf botanische Betrachtungen gegründete Ansicht des Herrn Cosson in zoologischer Hinsicht weniger Anklang findet.

die gleich Algerien so viele für die botanische Geographie interessante Erscheinungen zeigen, deren ich schon in meinen Briefen gedachte, und von denen ich hier nur die folgenden hervorheben möchte: Das Vorhandensein mehrerer Pflanzen in der Umgegend des sogenannten Grabmals der Christin, die hier allgemein, in Algier aber selten sind,[1]) sowie ferner die Vereinigung von mehr als der Hälfte aller in Algerien bekannten Farren-Arten[2]) im Affengraben der Chiffa-Schlucht. Die merkwürdigste, von mir beschriebene Lokalisations-Erscheinung bietet jedoch das Gebirgsland von Teniet-El-Ahd,[3]) wo allerdings schon der vorgerückten Jahreszeit halber fast jede Spur von Vegetation verschwunden war; es hatte mir aber Herr Professor Durando eine Liste von fünfundachtzig seinerseits dort beobachteten Pflanzenarten, die in Algier gar nicht als wildwachsend vorhanden, gütigst übersandt.[4])

Diese Lokalisation ist hochinteressant, wenn man berücksichtigt, daß Teniet-El-Ahd nur 192 km von Algier entfernt und nicht mehr als 100 km südlicher als diese Stadt gelegen ist, sodaß diese auffallende Erscheinung nur durch den Unterschied der respektiven Höhenverhältnisse herbeigeführt sein kann, der indeß, etwa 1700 m betragend, für die Erklärung einer solchen Thatsache, die unter gleichen Bedingungen anderswo kaum stattfindet, nicht allein ausreicht.

Ein weiteres Lokalisations-Phänomen Algeriens, aber in viel größerem Maßstabe, ist die Armuth gewisser, an der Nordküste des Mittelmeer-Beckens mehr oder weniger häufiger Pflanzenfamilien, sowie die scharfe Abgrenzung anderer Formen. Die erste Eigenthümlichkeit bezieht sich auf die Familien der Cupuliferen, Coniferen und Farren, welche alle in Algerien wesentlich schwächer vertreten sind, als auf dem nördlichen Gestade des Mittelmeer-Beckens, was besonders mit den Cupulifern, namentlich mit dem Geschlechte der Eiche der Fall, dessen Erscheinung in den geologischen Jahrbüchern unserer Erde als verhältnißmäßig recent angesehen werden muß, da unter den vom Grafen Saporta[5]) angeführten 34 fossilen Eichenarten sämmtliche, mit Ausnahme einer einzigen (Quercus

---

[1]) Vergl. Brief X, p. 160.

[2]) Ebenda p. 150.

[3]) Vergl. Brief III, p. 60.

[4]) Vergl. Belegstücke XIV.

[5]) Le monde des Plantes avant l'apparition de l'Homme, p. 202—378.

primordialis). erst in dem Tertiär und zwar in dessen jüngsten Abdachungen (Miocen und Pliocen) auftreten. Nun zählt aber Algerien höchstens neun Eichenarten, während sich die ancestralen Stammformen dieses Geschlechtes in dem größten Theile der Länder an der nördlichen Küste des Mittelmeer-Beckens rasch und üppig entwickelt und differenzirt haben. So besitzt Spanien 16 Eichenarten,[1]) Frankreich deren 12,[2]) Griechenland 11,[3]) während Kleinasien, wo dieses Geschlecht seine höchste Entwickelung erhalten zu haben scheint; nicht weniger als 52 Arten, unter diesen 26 der Halbinsel eigenthümliche, aufweist.[4])

In Betreff der Lokalisation der Pflanzenformen liefert die Ceder ein merkwürdiges Beispiel, da sie in dem ganzen Umkreise des Mittelmeer-Beckens nur an zwei Punkten wild auftritt und zwar an einzelnen Plätzen des nördlichen Afrika und der südlichen Küste Kleinasiens, wo Herrn Kotchy und mir das Glück zu Theil geworden, ausgedehnte Wälder jener seltenen und schönen Baumart aufzufinden, die lange Zeit durch karge und verhältnißmäßig winzige Stämme vertreten gewesen und die man nur allzu eilig als Cedrus Libani bezeichnet hat.[5])

Wahrscheinlich knüpfen sich die merkwürdigen anormalen Erscheinungen, welche die beiden entgegengesetzten Küsten des Mittelmeer-Beckens charakterisiren, in zweifacher Hinsicht, in der Entwickelung und Lokalisation der Pflanzenformen, an einen sehr fernen Zeitpunkt, ohne daß es möglich wäre zu bestimmen, bis zu welchem Grade die frühere Ordnung der Dinge durch klimatische Veränderungen beeinflußt worden, welche dieses Becken

[1]) Willkomm und Lange, Prodromus Florae Hispaniae, V. I, p. 227—246.

[2]) Grenier et Godron, Flore de France, T. III, p. 115—119.

[3]) Sibthorp, Florae graecae prodromus, V. II, p. 239—252. Seit dem Erscheinen des schon ziemlich alten Werkes ist die Zahl der griechischen Eichenarten bedeutend gestiegen.

[4]) P. de Tchihatchef, Asie Mineure, Partie botanique, V. II, p. 463—480.

[5]) Sir Jos. Hooker hat der Linnean Society of London einen männlichen, Kätzchen und Zapfen tragenden Cedernzweig aus Cypern vorgelegt, wo Sir Samuel Baker ihn gepflückt. Das zweifellos am Orte seines Vorkommens vollkommen spontane Vorhandensein dieses Baumes ist eine interessante Thatsache, da bis jetzt keine Cedern auf dieser Insel bekannt waren (V. Bulletin de la Soc. bot. de France, an. 1879, T. XXVI, p. 191).

erfahren hat, wie es Herr Theobald Fischer in seiner gehaltreichen Arbeit über das Klima der Mittelmeer-Gegenden zu beweisen sucht. [1]) Die seit der geschichtlichen Zeit auftretenden Veränderungen dieses Klimas führten denselben zu den Folgerungen, daß Veränderungen dieser Art in den Ländern auf der Nordküste des Beckens kaum bemerklich sind, wonach er die klimatischen Modifikationen, die ich in Kleinasien angenommen, nur als lokal und als Ausnahme betrachtet, daß es sich aber ganz anders verhalte mit den Gegenden der südlichen Küste des Mittelmeer-Beckens, südlich von dem 34. Parallel, wo die wässerigen Niederschläge selbst in normalem Zustande so unbedeutende sind, daß die geringste Reduktion derselben für die Aenderung des Klimas hinreicht. Unter den einer solchen Reduktion unterworfenen Ländern nennt Th. Fischer Syrien und Palästina, die voll sind von Spuren alter Flußadern und künstlicher Bewässerungen, welche einst eine bevölkerte Gegend belebten, die heute nicht allein durch die Schuld der Menschen, sondern auch durch die Wirkung veränderter atmosphärischer Verhältnisse in öde Wüsten verwandelt wurde. Th. Fischer beruft sich noch auf die Afrika durchfurchenden Wadi, allem Anschein nach alte Betten von Flüssen, welche zu einer Zeit Wasser enthielten, wo die Atmosphäre ergiebigere Niederschläge lieferte, eine Ansicht, die Livingstone schon früher in geistreicher Weise entwickelt hat. [2])

Herrn Fischer zufolge wird für die im nördlichen Afrika gestiegene Lufttrockenheit noch ein weiterer Beweis geliefert durch das Verschwinden der großen Säugethiere und die späte Einführung des Kameels in dieser Region. Dieses für die Verbindungen in der Wüste heute unentbehrliche Thier scheint in Nordafrika bis etwa zur christlichen Zeitrechnung fast ganz unbekannt gewesen zu sein, da man keinerlei Abbildung dieses Wiederkäuers auf den Denkmälern Egyptens oder Meroës entdeckt hat, und Polybios in der carthagischen Kavallerie wohl Elephanten, nicht aber Kameele

[1]) Studien über das Klima der mediterraneen Länder in Petermanns Mittheilungen, an. 1879, Ergänzungs-Heft Nr. 58.

[2]) The last travels of David Livingstone in Afrika etc., by H. Waller. London, 1874. T. II, p. 215—220. Ich habe die auf triftige Gründe und Beweise gestützten Ansichten des berühmten Reisenden in einer Anmerkung zu p. 243, T. II meiner französischen Ausgabe des Griesebach'schen Werkes La végétation du Globe umständlich angeführt.

erwähnt. Schon vor mehreren Jahren habe ich die verhältnißmäßig späte Einführung des Kameels in der anatolischen Halbinsel besonders hervorgehoben[1]) und für meine Ansicht zahlreiche Zeugen angeführt, unter andern Herodotus und Xenophon, die beide den bei Sardes erfochtenen Sieg des Kyros über den König von Lydien der Benutzung von Kameelen von Seiten des persischen Heeres zuschreiben, deren Anblick die lydische Reiterei in Schrecken versetzte. Ja sogar schon im sechsten Jahrhundert unserer Zeitrechnung spricht Procopius von dem gleichen auf die römische Reiterei bewirkten Eindruck durch die in dem maurischen Heere vorhandenen Kameele; und ferner erscheint beachtenswerth, daß der im zwölften Jahrhundert unserer Zeitrechnung lebende Glycas in seinen Annalen die die Schlacht von Sardes betreffenden Angaben von Herodotus und Xenophon ohne eine Bemerkung über irgend einen Unterschied zwischen den Gewohnheiten der damaligen und der zu seiner Zeit vorhandenen Kameele wiedergiebt, was zu beweisen scheint, daß das Kameel im Orient selbst im zwölften Jahrhundert, also vor etwa sechshundert Jahren, noch nicht die Gleichgiltigkeit für das Pferd an den Tag legte, die es heute besitzt, wo es vereint mit letzterem ruhig in demselben Stalle steht, wie ich durch eigene Erfahrung häufig bestätigen konnte.

Th. Fischer bringt die Zeugnisse von Herodotus und Plinius bei[2]) und von bezeichneten alten Bildhauerarbeiten, um zu beweisen, daß Nordafrika zu einer historischen Zeit Elephanten, Rhinoceros, Kameelparder und, was noch bedeutungsvoller, Krokodile ernährte, welche Amphibien das Vorhandensein unversiechbarer Flüsse voraussetzen. Das Verschwinden aller dieser Thiere kann unmöglich dem Menschen allein zugeschrieben werden, muß sich vielmehr auf eine Veränderung in den klimatischen Bedingungen beziehen, namentlich auf die Zunahme der Lufttrockenheit, welche Thatsache allein die späte Einführung des Kameels in Nordafrika wie das Verschwinden des Elephanten zu erklären vermag. Herr Fischer macht ferner darauf aufmerksam, daß in Asien wie in Afrika noch

---

[1]) Vergl. meine Asie Mineure: Climatologie et Zoologie, p. 757.

[2]) Man könnte denselben auch das Zeugniß von Strabo (T. XII) hinzufügen, der die Maurisia (Küstenregion von Marocco und Algerien) als ein sehr fruchtbares, von Elephanten, Löwen und Panthern bewohntes Land schildert, woraus erhellt, daß der Elephant im nördlichen Afrika noch fast bis zum Anfang der christlichen Zeitrechnung vorhanden war.

heute die Verbreitung des Elephanten die des Kameels ausschließe und umgekehrt, so daß das Kameel im höheren Nilthal, wo der Elephant gedeiht, trotz aller Bemühungen der Menschen abnimmt.

Dr. Oskar Fraas[1]) hebt gleichfalls das Fehlen von Abbildungen des Kameels in den egyptischen Ruinen hervor, und zwar nicht bloß in der berühmten Todesstadt Saqára, deren Wände von zahlreichen Thiergestalten bedeckt sind, sondern auch in Theben, obwohl diese dreitausend Jahre v. Ch. gegründete Stadt viel jünger als Saqára ist; dadurch scheint der Beweis geliefert, daß es zu dieser Zeit noch keine Wüste gab, deren Vorhandensein auch schon durch die zahlreichen, mit Inschriften, Malereien und Skulpturen überladenen Prachtbauten und Riesen ausgeschlossen ist, „denn solche Bauten setzt man in keine Wüste abseits, in die man nur mit Noth und Mühe gelangt". Dr. O. Fraas glaubt auch in Egypten ganz andere klimatische Verhältnisse, als es die heutigen sind, noch zur Zeit der Griechen annehmen zu sollen, wo Alexandrien der Mittelpunkt aller Künste und Wissenschaften, eine wahre Weltuniversität war: er meint, daß die außerordentliche geistige Thätigkeit, die sich damals entfaltete, nothwendig ein anderes Klima, eine feuchtere Luft voraussetze. „Auf dem gegenwärtigen Boden des Nilthales wird kein philosophisches System erblühen, und mit keiner Macht der Welt könnte man eine Universität, die nur entfernt einer europäischen gliche, dort entstehen lassen!"

Dr. Zittel[2]) hält die von O. Fraas ausgesprochene Ansicht für keineswegs grundlos, daß die egyptische Wüste im Beginn der historischen Zeit noch nicht existirte, „indem für ein feuchteres Klima in prähistorischer Zeit manche Erscheinungen sprechen. So ist auf dem Wege von Chargeh nach dem Nil der Steilrand der Oase von einer Kalktuffmasse wie von einem Lavastrom übergossen, und in dem Tuff finden sich Schilf und Blätter von Steineichen als Ueberreste einer in Oberegypten und in den Oasen längst verschwundenen Vegetation. Auch Höhlen mit Tropfstein-Stalaktiten auf dem wasserlosen Kalksteinplateau und vor Allem die behauenen Feuersteinsplitter, welche an ganz unbewohnbaren Stellen in außerordentlicher Menge den Wüstenboden bedecken, weisen auf ein ehemals günstigeres Klima hin."

---

[1]) Aus dem Orient, 1867, Stuttgart, p. 213–216.

[2]) Ueber den geol. Bau der libyschen Wüste, p. 22.

In der großen nubischen Wüste am rechten Ufer des Nil scheinen Anzeichen eines früher feuchteren Klimas ebenfalls nicht zu mangeln. Als Juan Maria Schuver diese jetzt so öde Wüste von Korosko bis Berber durchschritt, wurde er in Erstaunen gesetzt „durch die ungeheure, unfaßbare Masse zerbrochener Straußeier, mit welcher die ganze Ebene von 100 km Ausdehnung von Nord nach Süd und vielleicht 200 km von Ost nach West im wahren Sinne des Worts überstreut ist. Daraus scheint hervorzugehen, daß dieser südliche Theil der jetzigen nubischen Wüste in früheren Jahrhunderten ein milderes und feuchteres Klima gehabt; auch wäre es nicht unmöglich, daß der jetzt noch acht Monate des Jahres unpassirbare vierte Katarakt damals das Wasser viel höher aufstaute und jährlich einen Theil der Wüste südlich vom Alederaib überschwemmte.“ [1])

Die Folgerungen, zu welchen das Nilthal führt, machen sich noch in höherem Grade in der Halbinsel von Sinai geltend. Wenn man bedenkt, daß sich in dieser jetzt vollkommen wüsten und wasserlosen Halbinsel das zahlreiche Volk Israels (mit etwa 60,000 streitbaren Männern) mehrere Jahre aufgehalten hat, so muß man annehmen, wie O. Fraas bemerkt, [2]) „daß Sinai damals eine fruchtbare Alpenlandschaft gewesen sei, die Berge mit Weiden bedeckt; an eine Wüste, wie sie jetzt ist, zu denken, ist rein unmöglich.“

Zu ähnlichen Schlüssen kommen auch die Herren Rolland und Clavé in Betreff Algeriens. Ersterer [3]) macht auf die von den (in der Sahara jetzt nicht mehr vorhandenen) Quellen abgesetzten Kalktuffe (Travertin), wie auch auf die große Menge von behauenen Feuersteinsplittern aufmerksam, die, heute durchaus öde Flächen bedeckend, einst bewohnt gewesen sein müssen, was nothwendig von den heutigen verschiedene klimatische Verhältnisse voraussetzt, sodaß Rolland die Ansicht ausspricht: „das Klima von Algerien muß eine bedeutende Degratation seit der Römerzeit erlitten haben.“ Diese Ansicht theilt auch Clave, [4]) der die ungeheure Menge von aus Feuerstein geschliffenen Pfeil-Bruchstücken zwischen Biskra und Uargla erwähnt, die in der Gegend von Ogla-el-Hassi mit einer 0,6 m dicken Gypsinkrustation bekleidet und die von Quellen ab-

[1]) Petermanns Mittheil. 2c., an. 1882, Band XXVIII, p. 1.

[2]) Loc. cit. p. 27.

[3]) Comptes rendus de l'Acad. des Sc., an. 1881. T. XCII, p. 524.

[4]) Revue des deux Mondes. an. 1881, p. 689.

gesetzt worden sind, deren Spur vollständig verschwunden ist. Diese mit Inkrustationen bedeckten Feuerstein-Bruchstücke sind, wie Clavé bemerkt, wahrscheinlich die ältesten Zeugen menschlicher Industrie, die bis jetzt irgendwo gefunden worden.

Obwohl ich mich auf ganz allgemeine Betrachtungen über den Pflanzencharakter Algeriens beschränken zu müssen glaubte, möchte ich diesen Gegenstand doch nicht verlassen ohne einige Anmerkungen über gewisse Pflanzen, die einen besonderen praktischen Werth in sich schließen, namentlich Waldbäume, Getreidearten, Alfa u. dergl.

Trotzdem Algerien während mehrerer Jahrhunderte von Verwüstungen betroffen worden, ist es doch ein waldreiches Land, da nach Herrn C. Guy's Angabe[1]) die von Wäldern eingenommene Fläche 2,257,272 Hektaren beträgt, was etwa den fünfzehnten Theil der gesammten Fläche Algeriens ausmachen würde (34 Millionen Hektaren). Die von den Wäldern eingenommene Fläche zerfällt nach den Baumarten in folgende Abgrenzungen:

Aleppo-Kiefer (Pinus Halepensis)	693,830	Hektaren.
Cedern (Cedrus-Libani, var. atlantica) . . .	31,650	"
Steineiche (Quercus Ilex)	554,655	"
Korkeiche (Q. suber)	483,711	"
Mirbekeiche (Q. Mirbeki)	96,005	"
Verschiedene Baumarten	397,403	"

Diese bewaldete Fläche ist unter den drei Departements sehr ungleich vertheilt: das von Constantine, das am reichsten ausgestattete, zählt 1,117,777 Hektaren und besteht vornehmlich aus den großen Wäldern von la Calle, Beni-Salak, Edugh, Batna, Frudeik und Djidjilli; sodann folgen das Departement von Oran mit 681,580 Hektaren, und schließlich das Departement von Algier mit 451,215 Hektaren.[2])

Diese Zahlen beweisen zur Genüge die Wichtigkeit der Forsthilfsmittel in Algerien, die leider einer schwer drohenden Gefahr, nämlich den die schönsten Waldungen verheerenden Feuersbrünsten ausgesetzt sind, von denen ich, wie in früheren Briefen erwähnt,

---

[1]) L'Algérie, agriculture, industrie, commerce, p. 102. Das unter diesem Titel im Jahre 1876 in Algier veröffentlichte Buch ist eine wichtige Sammlung von Dokumenten, deren Werth durch den Umstand bedeutend erhöht wird, daß der Verfasser den Posten eines Kontroleurs des Zollamtes bekleidete, folglich aus authentischen, officiellen Quellen seine Angaben schöpfen konnte.

[2]) Guy, loc. cit.

selbst die Spuren zu sehen mehrmals Gelegenheit hatte, ein Uebel, das um so schlimmer, weil es schwierig ist, seine Ursachen zu ermitteln, sodaß die getroffenen Regierungsmaßregeln nicht ausreichen, den geheimnißvollen und unzugänglichen Feind zu erreichen. Diese wichtige Frage ist schon seit Jahren der Gegenstand gründlicher Studien und Untersuchungen nicht nur von Seiten der Regierung, sondern auch der öffentlichen Organe, sodaß man fast eine kleine Bibliothek aus den über diesen Gegenstand publicirten Schriften bilden könnte. Unter den zahlreichen Schriften verdient die Arbeit des Herrn George Gravius[1]) Erwähnung, die zwar etwas veraltet ist, jedoch viele Dokumente enthält, denen die officielle Stellung des Verfassers, welcher Chef des Bureau arabe in Jemappe war, besonders Werth verleiht. Aus derselben ergiebt sich, daß viele Feuersbrünste merklich den Arabern zuzuschreiben sind, und führt er mehrere Fälle an, die das Gepräge einer vorbedachten Unternehmung tragen und in dieser Hinsicht alle Zweifel beseitigen; eine solche war die Feuersbrunst, welche im Jahre 1863 einen 1000 bis 1500 Hektaren umfassenden Korkeichenwald in Folge der durch die Mordbrenner geschickt getroffenen Maßregeln binnen 48 Stunden vernichtete, indem diese nämlich die Brennmaterialien an verschiedenen Punkten des Waldes so vertheilten, daß zwei Schlachtlinien, die eine unter dem Süd-, die andere unter dem Nordostwind, angelegt waren. Gravius führt noch andere Beispiele solcher wahrhaft höllischen Mordbrenner-Einrichtungen an, die er Mordbrenner-Batterien nennt, weil sie die schnellste und vollkommenste Vernichtung des angegriffenen Waldes bewirken. Und so beweist er durch unwiderlegliche, häufig auf officielle Geständnisse und Erklärungen der Kaids und Cheiks selbst gegründete Argumente, daß außer den unwillkürlich entstandenen Feuersbrünsten (vorzugsweise von der heillosen Gewohnheit der Araber herrührend, den Boden durch Verbrennung seiner Sträucher und Gräser für den Anbau herzurichten), die absichtlichen, schlau vorbereiteten Feuersbrünste eine wichtige Rolle spielen, sodaß die Regierung nur zu sehr im Rechte ist, wenn sie die getroffenen Präventiv-Maßregeln streng geltend macht und die gesetzliche Bestrafung der Urheber solcher Schandthaten schnell und schonungslos herbeiführt.[2])

---

[1]) Les Incendies des forêts en Algérie, Constantine 1866.

[2]) Algerien ist leider nicht das einzige Land, in welchem die Wälder den schrecklichsten Verwüstungen ausgesetzt sind, wenn auch nicht durch verbrecherische

Seit dem Erscheinen der erwähnten Schrift haben die Feuersbrünste ihr Verwüstungswerk in Wäldern ununterbrochen fortgesetzt; wie H. Guy[1]) meldet, fanden solcher im Jahre 1873 nicht weniger als 117 statt und richteten 75,313 Hektaren Wald, Străncher und gepfropfte Olivenbäume zu Grunde. Unter andern Maßregeln hatte das Gesetz vom 17. Juli 1874 die kollektive Verantwortlichkeit dekretirt, eine schon von den Türken getroffene Maßregel, die jedoch nie fest angewendet worden ist und auch unter der französischen Herrschaft keinen besseren Erfolg gehabt hat; dies ergiebt sich wenigstens aus dem Berichte der in Bone ernannten Kommission für die Erforschung der Verwüstungen in Korkeichen- und Olivenwäldern.[2]) Aus diesem Berichte ersieht man, daß über die Hälfte der in Algerien von der Korkeiche eingenommenen Fläche theils durch Feuersbrünste verwüstet worden ist, theils durch das barbarische Fällen der Bäume behufs Abschälung der Korkrinde oder Gewinnung des Gerbstoffes, eine Industrie, die Frankreich jedenfalls wenig nützt, da der gesammte Gerbstoff Algeriens nach England oder Italien geht. Der Berichterstatter bemerkt dazu, daß, wenn dem Uebel nicht abgeholfen werde, die Verwendung der Korkeiche für

Absichten, so doch durch Vorurtheile, Nachlässigkeit und Unwissenheit des Menschen. So erfahren wir durch Dr. Arzruni, der kürzlich (1879) den centralen Theil des Urals (Rußland) besuchte (vgl. Verhandl. der Gesellsch. für Erdk. zu Berlin, B. VI, p. 373), daß dort die Einwohner häufig die Wälder anzünden, um einen ergiebigeren Boden für Ackerbau und Weiden zu erlangen, und daß auf diese Weise in dem Bezirk Scyssert allein ein etwa vier Quadratmeilen einnehmender Wald vollkommen vernichtet wurde. Dasselbe gilt auch für den Kaukasus, denn Oberförster Keßler zufolge (Verhandl. 2c. loc. cit. 1881, B. VIII, p. 85) „haben in den letzten dreißig Jahren die kaukasischen Wälder in einem Maße abgenommen, das befürchten läßt, daß nach einigen Generationen überhaupt kein Wald existiren wird", „und doch", sagt Keßler, „sind die Wälder im Kaukasus wohl unstreitig die an Arten reichsten innerhalb der gemäßigten Zone, indem bloß in dem Gebiete am Schwarzen Meere, jenem schmalen Streifen, der sich von Anapa bis Suchum zwischen Meer und Gebirgskämmen erstreckt, mehr als 150 Baum- und Straucharten konstatirt worden." Uebrigens tritt die Wälderverwüstung in dem Alterthum in einem unendlich größeren Maßstabe auf als alles, was uns die Jetztzeit lehrt. In meiner französischen Ausgabe des Grisebach'schen „La Végétation du Globe" habe ich in einer Anmerkung (B. I, p. 450) einige merkwürdige Angaben über die Waldverwüstung in Kleinasien zusammengestellt.

[1]) Loc. cit. p. 163.

[2]) La Seybouse, Journal de Bone, 12—19. Mai 1878.

die Gewinnung des Gerbstoffes in kurzer Zeit den wichtigsten Zweig des Forstwesens Algeriens vernichten würde, wo derselbe Baum nach acht oder höchstens zehn Jahren ein jährliches Mittel von etwa 12 Kilogr. brauchbaren Korkes liefert und dem Arbeiter somit etwa acht Monate ergiebiger Thätigkeit sichert. Die Kommission hält es auch für unabweislich, den Olivenbaum gegen die ihm drohende Gefahr in Schutz zu nehmen; auch dieser beginnt bereits in Algerien abzunehmen, und doch ist dieses Land das einzige, das geeignet wäre, Frankreich von dem Tribut von 40 Millionen Frcs. zu befreien, den es jährlich Italien und Spanien zollt, um seinem eigenen Oelbedarf zu entsprechen. Nun besitzen aber die drei Provinzen Algeriens über 35,000 Hektaren Olivenbäume, von denen ein großer Theil kein Oel liefert, da sie nicht gepfropft sind: andererseits werden die kräftigsten Zweige und Schößlinge des Baumes zur Verfertigung von Spazierstöcken nach England verschickt. „Diese neue Handelsspekulation, sagt der Bericht, hat der Kolonie schon Millionen der besten und jüngsten Individuen gekostet; es ist ein Vandalismus, der in dieser Hinsicht die Zukunft der drei Provinzen bedroht." Die Kommission schließt ihren Bericht mit der an die Regierung gerichteten Aufforderung, die Ausfuhr sowohl des aus der Korkeiche gewonnenen Gerbstoffs wie des Olivenholzes zu verbieten.

Man sieht also, daß die Feuersbrünste, welche für das Forstwesen Algeriens die schrecklichste Plage bilden, noch durch andere Uebel ergänzt werden, die glücklicherweise der Regierung zugänglicher sind, da es sich hier nicht um geheimnißvolle Mordbrenner, sondern um europäische Spekulanten handelt, deren Geschäft am hellen Tage betrieben wird. Alles läßt jedoch hoffen, daß die Zeit nicht mehr fern ist, wo es der Regierung gelingen wird, die Wälder Algeriens unter einen mächtigen Schutz zu stellen und somit diesen ergiebigen Zweig des nationalen Gewerbes in gleichem Fortschritt zu sehen, den alle übrigen Gewerbszweige in Algerien zeigen, wie sich dies aus den kurzen Betrachtungen deutlich ergeben wird, die ich über die Verhältnisse anstellen will, in welchen sich die Entwickelung der Haupterzeugnisse des algerischen Bodens befindet.

Unter diesen Erzeugnissen spielt das Forstwesen eine um so wichtigere Rolle, als Algerien ein sehr nützlicher Gehilfe für das Mutterland werden kann, das leider in dieser Hinsicht nicht zu den besonders begünstigten Ländern Europas gehört, da die bewaldete Fläche von Frankreich nur 9,185,310 Hektaren beträgt. Algerien fügt somit über ein Fünftheil und also einen verhältnißmäßig stärkeren Beitrag hier zu, als es irgend ein anderes algerisches Erzeugniß thut. Uebrigens sind die von der Forstverwaltung Frankreichs gemachten Anstrengungen für die Wiederbewaldung bereits durch einen glänzenden Erfolg gekrönt, wie es die Angaben von B. Demoutzey darthun.[1]) Er berichtet, daß die Forstverwaltung während zwanzig Jahren schon eine von derselben bepflanzte Fläche von mehr als 100,000 Hektaren erlangt hat, und zwar mit Aufwendung höchst bescheidener Mittel, indem die ganze Summe für diese wichtige Unternehmung sich nur auf etwa 500,000 Frcs. jährlich beschränkt. Welche Resultate würden solche Maßregeln hervorrufen, wollte man sie in Algerien anwenden, das für die Entwickelung des Forstwesens schon so günstig ausgestattet ist!

Ein anderer Gewerbszweig, der in Algerien mit den ersten Platz beansprucht — weniger vielleicht durch das was er heute ist, als was er verspricht einst zu werden — ist der Ackerbau.

Vor der französischen Eroberung existirte der Ackerbau in diesem Lande, das mit Tunis und Sicilien die Kornkammer des alten Rom bildete, fast gar nicht; Dünger war unbekannt und die Araber bauten den Boden nur durch Verbrennung der Bäume, Sträucher und Gräser an. Erst seit 1830 nahm Algerien die Gestalt an, die den hervorragendsten Zug der ihm von der Vorsehung verliehenen Physiognomie darstellt. Bis 1840 entwickelte sich der Anbau der Cerealien langsam, aber seit 1844 schreitet er schnell vorwärts. Im Jahre 1850 zählte man nur 20,142 Hektaren dem Getreide und Küchenpflanzen gewidmet; 1875 nehmen diese Kulturen schon 3 Millionen Hektaren ein, also fast den zehnten Theil der gesammten Fläche von Algerien. Obwohl man erst 1871 mit der Ausführung der Cerealien und Küchenflanzen begonnen hatte, warf die Exportation bloß der Cerealien schon im Jahre 1876 die Summe von 49,177,536 und die der Gemüse und Früchte 6,700,977 Frcs. ab, sodaß die ausgeführten Nahrungsmittel insgesammt einen Werth von mehr als 75 Millionen darstellten; unter ihnen waren einige, deren fortschreitendes Wachsen fast an das Wunderbare grenzt. Dies ist namentlich der Fall mit den Orangen, von denen Marseille im Jahre 1836 8000 Kilogr. erhielt, während Algerien im Jahre 1878 dorthin 1,650,286 Kilogr. exportirte,

---

[1]) Vergl. Etudes sur les travaux de reboisement et du gazonnement des montagnes, Paris, 1878.

also die Ausfuhr algerischer Orangen im Laufe von nur zweiundvierzig Jahren wenigstens zweihundert Mal stärker geworden ist.

Und doch bildet der jetzt kultivirte Boden nur einen geringen Theil des noch unangebauten, der an manchen Punkten Algeriens weite Flächen umfaßt, die oft mit Gebüsch der Zwergpalme vollständig bekleidet sind, was indeß keine Plage mehr für den Landwirth werden dürfte, seitdem Herr Vignan, der Genie-Chef der Division von Tlemcen, das Mittel für die Ausrottung entdeckt hat, das nach Herrn Cossons Mittheilung [1]) in reichlichen, den benachbarten Gewässern entnommenen Irrigationen besteht: zwei Jahre genügten, um in der Gegend des Hadji-Rum die kräftigen Stengel der Zwergpalme aufzulösen und in fetten Humus zu verwandeln, in Folge dessen man den Boden mit der größten Leichtigkeit beackern und ihm eine Fruchtbarkeit verleihen konnte, die ohne jene einfache Vorkehrung nur mit schweren Kosten zu erlangen war.

Die in diesem Lande von der Natur selbst angedeutete Kultur des Weinstocks, Olivenbaums und der Tabakpflanze ist noch weit entfernt von der Verwirklichung der günstigen Bedingungen die ihr geboten werden, denn es nimmt der Weinstock bloß eine Fläche von 20,000 und der Olivenbaum eine solche von 35,000 Hektaren ein; dessenungeachtet haben schon beide begonnen, ihren Beitrag zur Ausfuhr und zwar mit raschen Schritten zu liefern. So betrug im Jahre 1871 die erste Exportation der algerischen Weine 1359 Hektoliter, während sie drei Jahre später auf 13,063 stieg. Die erste Ausfuhr des Olivenöls, aus 3753 Kilogr. bestehend, fand 1840 statt, und obwohl die folgenden Jahre bedeutende, zwischen einer und sieben Millionen Kilogr. schwankende Verschiedenheiten zeigen, so lieferte doch das Jahr 1874, das zu den am wenigsten ergiebigen zählte, der Ausfuhr 142,704 Kilogr. Es bedarf kaum der Andeutung, daß das Quantum des ausgeführten Oeles nur einen geringen Bruchtheil des Gesammtprodukts der Oliven darstellt, das sich im Jahre 1876 auf 90 Millionen Kilogr. belief. Obwohl auch die Kultur der Tabakpflanze noch wenig entwickelt ist und nur eine Fläche von 7144 Hektaren bedeckt, so fängt auch für Tabak die Ausfuhr an, sodaß davon im Jahre 1874 über 4 Millionen Kilogr. ins Ausland gingen.

[1]) Rapport sur le voyage botanique en Afrique, d'Oran au Chott-el-Thangui. p. 38—41.

Unter den Pflanzen-Erzeugnissen Algeriens spielt die unter dem Namen Alfa (Stipa oder Macrochloa tenacissima) bekannte Grasart als Handelsartikel eine Rolle ersten Ranges, sie nimmt nicht weniger als 14 Millionen Hektare ein und ist für die Region der hohen Plateaux so bezeichnend, daß diese, wie Herr Cosson bemerkt, ganz das Aussehen einer ungeheuren Alfa-Wiese hat. Schon die Alten waren durch die außerordentliche Entwickelung dieser Grasart in Spanien und Afrika überrascht, und Plinius [1]) der sie unter dem Namen Sparta erwähnt, sagt, daß sie zur Verfertigung von Stricken und Schiffstakelwerk, wie ärmeren Klassen auch zu Kleidungsstücken, Fußbekleidung ꝛc. diene. Jedoch konnten die Alten die der Grasart für heute vorbehaltene Rolle nicht ahnen: von all' den wunderbaren Metamorphosen abgesehen, derer diese Pflanze zufolge der geistreichen Experimente von Jus [2]) fähig ist, hat sie schon durch ihre Umwandlung in Papier eine unermeßliche praktische Wichtigkeit. Herr Raveret-Wattel [3]) macht darauf aufmerksam, daß, obwohl Spanien noch einen ziemlich großen Beitrag an Alfa für England liefere, es doch von Algerien vollkommen verdrängt sei, da England aus letzterem Lande jährlich etwa 15 Tausend Tonnen (50 Millionen Kilogr.) bezieht. Jede Tonne Alfa liefert fast die Hälfte ihres Gewichtes in Papier, und zwar mit solcher Schnelle, daß, dank den geistreichen in England erfundenen Vorkehrungen, „Ballen von Alfa, wie Raveret-Wattel sagt, welche des Morgens in London ausgeschifft worden, schon Abends in Papier verwandelt worden sind."

Zieht man in Betracht, daß es der Alfa wahrscheinlich vorbehalten ist, die civilisirte Welt von der Gefahr zu retten, der die Verfertigung des Papiers durch den stets zunehmenden Mangel an Lumpen ausgesetzt ist, so kann man die Tragweite jener kostbaren Substanz nicht genug würdigen und ihre Zukunft in gewisser Hinsicht mit der der Elektricität vergleichen, die gleichfalls bestimmt scheint, die Welt von der schrecklichen Aussicht zu befreien, womit sie die einst unvermeidlich eintretende Erschöpfung der Steinkohlenlager bedroht. Deshalb müssen wir die ungeheure Entwickelung, die der Absatz der Alfa in England findet, mit Freude begrüßen; denn im Jahre 1868 erhielt England davon

[1]) Nat. Hist. XIX, 6.

[2]) R. Brief XV, p. 272.

[3]) Bull. de la Soc. d'Acclimat., 2e Série, an. 1873, T. X, p. 876.

nur 2762 Tonnen, während zwanzig Jahre später die Einfuhr fast um das Zwanzigfache zugenommen hatte. Und doch ist England noch weit entfernt, sich mit diesem Ertrage zu begnügen, denn Gerhard Rohlfs zufolge [1]) geht das gesammte Erzeugniß von Alfa in der Regentschaft von Tripolis fast ausschließlich nach England. Nun aber wurden im Jahre 1875 aus der Regentschaft von Tripolis, nach Algerien das ergiebigste Land für diese Grasart, 33,590,025 Kilogr. im Werthe von 2,372,680 Frcs. exportirt, während 1870 die Ausfuhr 1,022,200 Kilogr. im Werthe von 40,000 Frcs. betrug, also in fünf Jahren mehr als das Dreißigfache.

Eine andere, neuerdings in Algerien eingeführte und ebenfalls eine glänzende Zukunft versprechende Pflanze ist die unter dem Namen Ramie bekannte Nessel (Urtica oder Rœmeria utilis), die nach Herrn Baron Jean de Bray's Angaben, der ihr ein sehr belehrendes Studium widmete, [2]) dem berühmten Chinagras (Urtica oder Rœmeria nivea) in jeder Hinsicht unendlich überlegen ist; dieses wird in England schon lange zur Verfertigung verschiedener Stoffe verwendet und deshalb in großer und stets zunehmender Menge nach England geführt, wohin im Jahre 1863 allein aus Shanghai 1,915,500 Kilogr. und zwei Jahre später schon 3,240,000 Kilogr. importirt wurden. Jetzt aber droht die Ramie das Chinagras gänzlich zu verdrängen und in den englischen Manufacturen zu ersetzen; auch fangen bereits die Vereinigten Staaten an, sich mit dieser Kultur eifrig zu beschäftigen, worüber C. F. Dennet der Versammlung der British Association in Brighton im Jahre 1872 interessante Mittheilungen gemacht hat. [3]) Dennet hebt den ungeheuren Vorzug hervor, den die Ramie-Faser gegenüber allen spinnbaren Pflanzen besitze (Baumwolle und Flachs inbegriffen), nicht bloß hinsichtlich der Schönheit, sondern auch der Dauerhaftigkeit und der Fähigkeit, die verschiedensten Färbungen anzunehmen. Algerien kann aber getrost der Mitbewerbung der Vereinigten Staaten entgegensehen, sowohl wegen seiner geographischen Lage, als auch weil sein Boden der Entwickelung der Pflanze besonders günstig ist, sodaß es allein im Stande wäre, alle englischen Manufacturen zu versorgen. Hoffentlich wird sich

---

[1]) Kufra. p. 80.

[2]) La Ramie etc., Alger, 1873.

[3]) Report of the forty second Meeting of the British Assoc. at Brighton. p. 126.

aber Algerien nicht damit begnügen, an England nur das rohe Material der Ramie wie der Alfa zu liefern, sondern auch die Bearbeitung beider selbst bewerkstelligen, ein Gewerbszweig, welcher mit um so größerem Erfolg betrieben werden kann, als auch in diesem Falle das Material an Ort und Stelle auf das Ueppigste zuwächst.

In Algerien giebt es noch eine andere, sehr leicht zu kultivirende Pflanze, die Vallonea oder Velani-Eiche (Quercus vallonea Ky.), welche von bedeutender praktischer Wichtigkeit werden könnte wie im Orient, besonders in Klein-Asien,[1]) von wo aus die Rinde nebst den Eicheln zur Gewinnung des Gerbstoffs nach Europa in Massen exportirt wird. Herr Dr. Turbel[2]) betont die aus der Einführung dieser Cupulifere in Algerien entspringenden Vortheile in besonderem Maße, weil in Frankreich der jährliche Verbrauch der für jenen Zweck verwendeten Eichenrinden 500 Millionen Kilogr. beträgt, während das Land selbst nur die Hälfte erzeugt, sodaß es die mangelnden 250 Millionen Kilogr. vom Auslande beziehen muß. Nach der Angabe jenes Gelehrten sollen die Vallonea-Eicheln an Gerbstoff reicher sein, als irgend ein andere Eichenart.

Durch die Vallonea würde für Frankreich ein weiterer Vortheil entspringen, indem der auf diesem Wege gewonnene Gerbstoff die für Algerien so werthvolle Korkeiche vor der Gefahr schützen würde, von welcher dieser Baum durch die an ihm verübte Missethat, die Gewinnung des Korks, bedroht ist, und auf welche auch die Commission von Bone ausdrücklich hinweist.

Von den pflanzlichen Erzeugnissen zu denen des Thierreiches übergehend und namentlich die Zucht des Hornviehs und anderer durch die Landwirthschaft bedingter Hausthiere ins Auge fassend, müssen wir annehmen, daß Algerien in dieser Hinsicht noch viel zu wünschen übrig läßt. Mit Bezug auf diesen Uebelstand erinnert Herr Guy[3]) an das Beispiel Australiens, dessen Kolonisation durch die Engländer erst 1787 begann. „In diesem Lande", bemerkt er, „schritt die Viehzucht während der ersten sechzig Jahre nicht schneller vorwärts, als in Algerien." Den neuesten statistischen Angaben zufolge besitzt Algerien heute 1,159,683 Stück Hornvieh

[1]) V. Tchihatchef, Asie Mineure, Partie botanique, vol. II, p. 474.
[2]) Bull. Soc. d'Acclimat., T. III, an. 1876, p. 607.
[3]) Loc. cit. p. 9.

9,878,253 Schafe, 3,653,547 Ziegen, 185,843 Kameele, 159,038 Pferde und 137,367 Maulesel; unter dem Schlachtvieh beginnen Ochsen und Schafe bereits ihren Beitrag für die Ausfuhr nach Frankreich und dem Auslande zu liefern, denn im Jahre 1877 wurden 12,345 Ochsen und 367,000 Schafe exportirt.[1])

Auch die noch kaum berührten Mineralschätze Algeriens haben günstigste Ergebnisse geliefert: Im Laufe von vierzehn Jahren, von 1859—1873, stieg der Werth der Mineralproduktion von 862,000 auf 5,900,000 Franken, und es betrug das Quantum der ausgeführten Mineralien im Jahre 1873: 420,695,000 Kilogr. Eisen, 4,689,000 Kilogr. Blei, 960,000 Kilogr. Zink und 71,000 Kilogr. Kupfer; im Jahre 1874 stieg das Eisenergebniß auf 460,272,800 Kilogr. (Guy, loc. cit., p. 122.) Diese schon ziemlich bedeutenden Zahlen sind jedoch unbedeutend im Vergleich mit denjenigen, durch welche die Metallproduktion Algeriens bezeichnet sein wird, wenn

[1]) Die Rasse der algerischen Schafe ist von Seiten des Herrn Chauveau (Comptes rendus de l'Acad. des Sc., an 1879, T. LXXXIX, p. 428) der Gegenstand wichtiger Beobachtungen gewesen. Aus den von ihm an zahlreichen Individuen angestellten Versuchen, die Pestbeule (Charbon) zu inoculiren, ergab sich in dieser Hinsicht die vollständige Unverletzbarkeit der algerischen sogenannten Barberiner Rasse, die entweder reinen Blutes oder mit der Syrischen fettschwänzigen Rasse gekreuzt ist. „Indem die Thiere," wie er bemerkt, „wiederholten Inoculationen Trotz boten, unterlagen derselben schon nach der ersten Inoculation alle die zur Vergleichung angewendeten Kaninchen und einheimischen Schafe." Sollten weitere Beobachtungen des umsichtigen Forschers die gewonnenen Resultate unwiderruflich bestätigen, so würde sich daraus eine nicht nur für die Wissenschaft, sondern auch nach praktischer Seite hin wichtige Thatsache ergeben, welche dafür zeugen würde, daß Algerien eine werthvolle Schaf-Rasse von ausnahmsweiser physischer Beschaffenheit besitzt, welche die Schafe vor einer der schrecklichsten Krankheiten, denen das Vieh unterworfen ist, schützt. Das Privilegium der Barberiner Rasse Algeriens dürfte sich um so wahrscheinlicher erweisen, als die Widerstandsfähigkeit gegen die Pestbeule auch bei dem Vieh von Marocco durch den in Mogador angesiedelten C. Olive konstatirt worden, der (Comptes rendus etc., loc. cit. p. 792) jene merkwürdige Erscheinung schon im Jahre 1874 beobachtet hat, ohne daß seitdem irgend eine Thatsache dieselbe entkräftigt hätte. „Man exportirt," so sagt er, „jedes Jahr aus unserer Stadt im Mittel hundert tausend Dutzend Ziegenhäute, mehrere Tausend Kuhhäute und eine große Menge Wolle, fast alles nach Marseille. Nun ist es aber allen Gerbern und Kaufleuten dieser Stadt eine vollkommen ausgemachte und bekannte Sache, daß Häute, aus Marocco kommend, noch nie die Pestbeule hinübergeschleppt haben."

erst alle bereits bekannten, heute aber noch brach liegenden Erzlager abgebaut sein werden, ohne der neuen zu gedenken, welche in Folge umfassender gründlicher Untersuchungen des Landes entdeckt werden dürften.

Der merkwürdige Fortschritt in der Ausbeutung des algerischen Bodens bekundet sich ferner in allen industriellen Zweigen des Landes, wie sich auffällig aus den von Herrn Guy gelieferten Tabellen ergiebt, welche in umständlicher, aber gründlicher und übersichtlicher Weise die Entwickelung des Handels von 1840 — 1874 darstellen. Sie machen anschaulich, daß die Ausfuhr aller Artikel seit vierunddreißig Jahren auf das Zehnfache gestiegen ist, ja die Zunahme in manchen Jahren sich wie 1 zu 20 verhält: Angaben, die durch den General-Gouverneur Chanzy durchaus bestätigt werden, der in seiner an den Senat (Sitzung vom 19. März 1878) gerichteten Rede die merkwürdigen Thatsachen folgendermaßen zusammenfaßt: „Im Jahre 1850 war die Ausfuhr im Mittel 3,000,000 Franken; von 1850—1870 stieg sie auf 50 Millionen; von 1870 — 1876 erreichte sie 150 Millionen; 1876 betrug die Ausfuhr 166,500,000, und die Einfuhr 213 Millionen Franken. Um Ihnen schließlich eine Gesammtzahl zu liefern, die Sie gewiß überraschen wird, will ich noch anführen, daß sich die Transaktionen zwischen Frankreich und Algerien in der Zeit von 1840—1877 auf 1 Milliarde 232 Millionen Franken gesteigert haben."

Der fortgesetzte Aufschwung aller Zweige der nationalen Industrie Algeriens läßt nothwendig annehmen, daß die Entwickelung der für das öffentliche Wohl unternommenen Arbeiten wie der von der Regierung getroffenen Schutzmaßregeln den gleichen Fortschritt eingehalten hat, da solche Erfolge ohne verbindenden Verkehr, ohne Sicherheit, Garantie der individuellen Unabhängigkeit, Vervielfältigung der Mittelpunkte europäischer Bevölkerung und endlich ohne die Hebung öffentlicher Bildung rein unmöglich sind. Und alles das hat wirklich stattgefunden, denn nach diesen Seiten hin ist Algerien mit Riesenschritten vorgegangen. Als Beweis würde schon genügen, an die wiederholten Andeutungen in meinen Briefen zu erinnern, und richte ich die Aufmerksamkeit namentlich auf das ausgebreitete, das ganze Land durchziehende Netz von gut angelegten Wegen und trefflich gebauten Brücken, auf die zahlreichen öffentlichen Fuhrwerke, welche dasselbe nach verschiedenen Richtungen durchkreuzen, auf die fast überall herrschende vollkommene Sicherheit, deren sich noch viele Theile Europas, z. B. Spanien, Italien und Griechenland, in gleichem Grade nicht erfreuen, ferner auf die parteilose Anwendung der Gesetze ohne Unterschied der Nationalität und des Glaubens, und endlich auf die Wahrung religiöser Toleranz, die hier weit kräftiger entwickelt und von allgemeinerer Giltigkeit ist, als es in den am meisten civilisirten Ländern der Fall. Ich will diesen Gegenstand nicht wiederholt besprechen und begnüge mich mit der Anführung einiger Zahlen in Betreff der von der französischen Regierung in Algerien ausgeführten öffentlichen Arbeiten, die ich den offiziellen Angaben der erwähnten Rede des Generals Chanzy, sowie namentlich der vor Kurzem veröffentlichten Schrift des Herrn E. Reveu-Deroterie „Notice sur les travaux publics de l'Algérie" entnehme. Diese Arbeiten lassen sich folgendermaßen zusammenfassen:

650 km Eisenbahn in Cirkulation, 700 im Bau begriffene, 2265 durch die Kommission vorgeschlagen, was in nicht entfernter Zukunft 3615 km Eisenbahn ergeben wird; dazu 7267 km Chausseen und Wege.

Telegraphen-Netz von 5000 km Länge, bedient durch 216 Stationen.

15 erbaute oder im Bau begriffene Brücken.

43 funktionirende Leuchtthürme zwischen Nachgu und La Calle.

Bewässerung einer Fläche von 30,000 Hektaren.

Artesische, in der Sahara gebohrte Brunnen, täglich 25,000 Kubikmeter Wasser liefernd.

Ueber $5\frac{1}{2}$ Millionen Franken für die Austrocknung morastiger Gegenden verwendet.

Gründung mehrerer blühender Städte, wie Philippeville, Boufarik, Sidi-bel-Abbès, Fort National u. a. Erbauung von 504 Dörfern, deren Bewohner europäische Kolonisten sind.

Für die öffentlichen Einrichtungen mag es hier genügen, folgende an den Senat gerichtete Worte des Generals Chanzy wiederzugeben: „Mit Stolz für Algerien kann ich sagen, daß die öffentlichen Einrichtungen sich mit denen der aufgeklärtesten Länder Europas messen können: wir zählen 3347 europäische Zöglinge in den sekundären Schulen und 66,340 in den primären; 210 Muselmänner genießen Unterricht in Lyceen und Kollegien, 2130 besuchen die Vorlesungen der gemischten Schulen (écoles mixtes)!" Diese Zahlen gewähren eine besondere Befriedigung, besonders im Hinblick auf die europäische Bevölkerung (353,639), die allein 60,687 Studirende umschließt, was ein Verhältniß von etwa 17 auf 100 ergiebt. Allerdings erscheint die einheimische Bevölkerung (2,868,977) in dieser Hinsicht in weit weniger günstigem Lichte, da sie nur 2340 Studirende besitzt, aber wenn man den Umstand in Betracht zieht, daß die französische Herrschaft erst seit 30 Jahren, nach langen und hartnäckigen Kämpfen mit einer fanatischen Bevölkerung, die Wohlthaten des Friedens und der Ordnung genießt, so wird die anscheinend geringe Zahl der arabischen Studirenden als ein befriedigendes Zeichen des Vertrauens erscheinen, das die von christlichen Lehrern geleiteten Schulanstalten den Arabern einflößen, indem sie doch allmählich den Anfang machen, ihre Kinder denselben anzuvertrauen und der erste Schritt, bekanntlich der schwierigste und entscheidendste, nun gethan ist.

Ein weiterer Beweis, daß die arabische Bevölkerung dem jetzigen Stande der Dinge mit Vertrauen entgegenkommt, ist ihre im Steigen begriffene Zahl: seit der in den Jahren 1872 — 1876 veranstalteten Abschätzung hat die mohamedanische Bevölkerung um 335,000, die französische um 67,710 und die europäische fremde um mehr als 43,000 zugenommen, was in der kurzen Zeit von vier Jahren einen Zuwachs von 445,740 Individuen ausmacht. Im Jahre 1876 zählte die Gesammtbevölkerung von Algerien (die Armee nicht inbegriffen) 2,868,977 Individuen einschließlich 353,639 Europäer.

Der Moniteur de l'Algérie vom 10. Januar 1877 liefert über die Entwickelung der europäischen fremden Bevölkerung während dieses Zeitraumes (1872—1876) nicht uninteressante Mittheilungen. Nach diesem meist sehr gut unterrichteten Blatte schreitet dieselbe viel schneller als die französische vor, denn während erstere im Jahre 1872 numerisch unter der letzteren stand, waren 1876 beide Elemente einander gleich (außer den Juden, die in Abnahme begriffen waren). Bei dieser Gelegenheit macht der Moniteur folgende Bemerkung: „Wenn die in den vier Jahren konstatirten Verhältnisse für die Zunahme zehn Jahre lang fortdauern (und ein Grund, das Gegentheil anzunehmen, besteht nicht), so werden im Jahre 1887 die Franzosen 221,000 und die fremde Bevölkerung 250,000 Individuen zählen. Diese Progression wird noch stets zunehmen, und so läßt sich die nicht ferne Zeit voraussehen, wo die Zahl der Franzosen ungünstig von der der Fremden abstechen wird."

Ich glaube nicht, daß der vom Moniteur vorausgesehene Fall Ungünstiges in sich schließt. Algerien ist groß und fruchtbar genug, um eine doppelte oder dreifach stärkere Bevölkerung, als es die jetzige ist, zu beherbergen; auch ist es gleichgiltig, ob sein Boden oder seine Industrie durch Franzosen oder Fremde verwerthet wird, denn, den gleichen Gesetzen unterworfen und dieselben Abgaben zahlend, tragen jene genau wie die Franzosen zur Entwickelung des Landesreichthums bei. Der Zufluß von Fremden beweist überdies das diesen innewohnende Vertrauen zu der Zukunft der Kolonie, und so kann man sich nur Glück wünschen, ihre Zahl anwachsen zu sehen, zumal unter allen Völkern Europas die Franzosen stets den geringsten Beitrag für die Auswanderung in irgend eine Gegend liefern werden. Durch die ausnahmsweise günstigen Bedingungen, welche letztere in ihrem Vaterlande genießen, werden sie wenig angeregt, in der Fremde zu suchen, was sie in der Heimath finden können, während in Ländern, welche durch Uebervölkerung (wie England und die Schweiz), oder durch drückende Abgaben (wie in Italien, wo dem Grundeigenthümer fast die Hälfte seines Einkommens abgefordert wird), oder durch Soldaten-Hetzjagd (wie in Deutschland) geplagt werden, immer Leute genug vorhanden sind, die es der Mühe werth finden werden, ihr Glück in einem an der Schwelle Europas gelegenen Lande zu versuchen, das ihnen einen prachtvollen Himmel, einen üppigen, ihrer Thätigkeit harrenden Boden gewährt, und das sich einer aufgeklärten Regierung erfreut, die für sich nur einen mäßigen Gewinnantheil in Anspruch nimmt. Dies sind die Ursachen, weshalb Algerien stets mehr Fremde als Franzosen anlocken und der schönen Kolonie einen weltbürgerlichen Charakter verleihen wird, was vielleicht mancherlei Uebelstände im Gefolge haben mag, trotzdem aber als eine unvermeidliche und im Ganzen keineswegs ungünstige Nothwendigkeit angenommen werden muß.

Vorstehende Skizze von dem heutigen Zustande Algeriens giebt ein Bild von der Wichtigkeit dieses Landes, insbesondere für die französischen Interessen, im Allgemeinen aber auch hinsichtlich der humanitären Frage. Solchen schlagenden Thatsachen gegenüber verschwinden die so lange durch Unwissenheit und Mißgunst geweckten Zweifel und Besorgnisse über die Zukunft desselben. Hoffentlich werden sich nun nicht mehr die hartnäckigen Verleumder Frankreichs erdreisten, ihm den Vorwurf der Kolonisations-Unfähigkeit zu machen, der leider häufiger durch Franzosen selbst, als durch Fremde an sie gerichtet wurde, vielleicht weil erstere oft Dinge besprochen, die sie nie gesehen hatten, während letztere sich wenigstens die Mühe gaben, das Land an Ort und Stelle kennen zu lernen. So habe ich bereits auf die gewissenhaften Studien hingewiesen, die Herr Dr. Schneider in Algier angestellt,[1]) und gedenke vor allen noch des berühmten afrikanischen Forschers Dr. Gerhard Rohlfs, der sich über Algerien wie folgt ausspricht: „Wer wie ich diese Kolonie gesehen hat, die vielen kunstgerechten Wege, welche das Land von Norden nach dem Süden, vom Osten nach dem Westen durchziehen, die Anlage der neuen Kanäle, Hafenbauten, Telegraphen-Leitungen, Eisenbahnen ꝛc., wer wie ich das Entstehen ganz neuer Städte mit erlebt hat, wer wie ich die prachtvollen und üppigen Plantagen durchwandelte, der wird mit Achselzucken den Vorwurf, die Franzosen verständen nicht zu kolonisiren, zurückweisen."[2])

Ich schätze mich glücklich, meine Ansichten über Algerien von einer so kompetenten Autorität unterstützt zu sehen und bedaure um so mehr, die Ansichten des Herrn über die Araber nicht theilen zu können. Indem Dr. Rohlfs die Unmöglichkeit einer Annäherung zwischen Franzosen und Arabern zu beweisen sucht, bemerkt derselbe: „Weshalb man in Algerien den Eingeborenen andere Gesetze gestattet als den Europäern, ist mir unbegreiflich ..... Die Milde und die Barmherzigkeit ist der französischen Regierung nie gedankt worden, im Gegentheil hat man es immer als ein Zeichen von Schwäche betrachtet .... Warum gestattet man den Eingeborenen noch das Nomadisiren? ... Warum gestattet man in der unmittelbaren Nähe Algiers noch Zeltdörfer? .. Was würde man in den Vereinigten Staaten thun, wenn ein Indianer sein Wigwam neben dem Landhause eines amerikanischen Bauern aufbauen wollte? ... Warum zögert man denn mit dem Zurückdrängen der Eingeborenen, nachdem eine mehr als vierzigjährige Erfahrung gelehrt, daß sie das französische Gesetz nicht achten und lieben, daß sie keine Civilisation wollen?[3]) ... Warum entwaffnen denn die Franzosen die Eingeborenen nicht?"[4])

Ich glaube, daß die Antwort auf alle diese Fragen nicht schwierig, zum Theil auch schon in meinen Briefen gegeben ist.

Was die Gewährung anderer Gesetze für die Eingeborenen betrifft, so muß man sich vor allem überzeugen, ob daraus irgend eine Begünstigung für dieselben entspringt, wie Herr Dr. Rohlfs anzunehmen scheint. Dieser Unterschied der Gesetze ist nun aber

[1]) V. Brief XI. p. 172.

[2]) Mittheilungen ꝛc. von D. Petermann, an. 1876, vol. XXII, p. 252.

[3]) Mittheilungen ꝛc., loc. cit. p. 253.

[4]) Kufra, p. 82.

für die Araber ein durchaus nachtheiliger, da ihnen nicht einmal die politischen Rechte der Franzosen gesichert werden und ihnen jeder Antheil an der repräsentativen Regierungsform untersagt ist: ein Araber kann kein Wähler und kein Deputirter sein, was der ihnen verhaßte Jude sein darf. Die Eingeborenen Algeriens werden also bei weitem nicht so günstig behandelt, wie z. B. die der englischen Kolonien von Südafrika, wo diese hinsichtlich der bürgerlichen und politischen Rechte auf gleichen Fuß mit den Europäern gestellt wurden, welche Einrichtung Anthony Trollope[1]) als unverzeihlichen Irrthum lebhaft bedauert, der England die größten Schwierigkeiten schaffen dürfte, sobald es den wilden Stämmen der Kaffern, Basutas, Kriquos und selbst der Zulu (die in Natal weit zahlreicher sind als die Europäer) einmal belieben sollte, sich ihrer Rechte als Wähler zu bedienen, um eine erdrückende „schwarze" Majorität zu erlangen, welche ihnen ihr ungeheures numerisches Uebergewicht über die europäischen Kolonisten gar leicht sichern würde. Die französische Regierung hat somit sehr weise gehandelt, als sie den Arabern die politischen Rechte einstweilen vorenthielt, was jedoch sicher keine ihnen erwiesene Begünstigung ist. Wenn andererseits unter Berücksichtigung der Verschiedenheit der Religion und Sprache ihre nationale Rechtsverwaltung beibehalten wurde, so befaßt sich diese bloß mit religiösen Fragen, ohne daß sie sogar das Strafrecht besäße. Ferner haben die Eingeborenen die Wahl zwischen den nationalen und fremden Tribunalen, welchen letzteren sie häufig den Vorzug geben, wovon ich in meinen Briefen Beispiele angeführt habe, was sich auch besonders aus dem Umstande ergiebt, daß man im Laufe von weniger als vier Jahren siebenundvierzig nationale Rechtsstühle als vollkommen überflüssig abschaffen konnte, so daß die Zeit nicht mehr fern scheint, wo die französische Rechtspflege, wenn nicht auf die Gesammtheit, so doch auf den größten Theil der arabischen Bevölkerung Anwendung finden wird. Diese aber wird dieselbe um so williger annehmen, je besser sie ihre Vortheile zu würdigen vermag; denn was den Arabern in der französischen Rechtspflege besonders behagt, ist deren Parteilosigkeit und Menschenliebe, Eigenschaften, welche die Araber nicht entfernt für Schwäche halten, wie es Dr. Rohlfs meint. Im Gegentheil hat man der französischen Regierung eher den Vorwurf gemacht, die Araber nach der im Jahre 1871 stattgefundenen Unterdrückung der Empörung zu hart

[1]) South Africa. London, 1878.

behandelt zu haben, da nicht allein alle Eingeborenen vollständig entwaffnet und mit dem strengen Verbot belegt wurden, unter irgend einem Vorwand eine Waffe zu tragen — die bitterste Demüthigung, welcher der Orientale ausgesetzt werden kann — sondern man ihnen auch 370,000 Hektaren ihres besten Bodens weggenommen, außerdem die der Empörung schuldigen Stämme zu einer Kriegskontribution von 36 Millionen Franken verurtheilt hat. Und schließlich, da man gewissen Stämmen doch ein Bruchstück ihrer Grundbesitzungen überlassen mußte, um sie nicht der Hungersnoth preiszugeben, wurden sie verurtheilt, für diese geringen Reste der Regierung den beträchtlichen Preis von 8,700,000 Franken zu zahlen, den man zu Gunsten der Kolonisation bestimmte, und der bereits zum größeren Theile mit über 5 Millionen abgetragen ist.

Das sind allerdings absonderliche Beispiele der Milde und Barmherzigkeit, deren Herr Rohlfs die Franzosen beschuldigt, und durch welche die letzteren bei den Arabern discreditirt worden sein sollen; für ihn aber ist es schon ein Beweis von Schwäche der Regierung, arabische Zelte in der Nähe Algiers zu dulden oder die Eingeborenen nicht in die Wüste zurückzudrängen. Nun, was die Zelte der Nomaden betrifft, die jenen Reisenden aufregen, so muß ich gestehen, daß ich während meines fast ein ganzes Jahr währenden Aufenthaltes in Algerien keine Zelte in der unmittelbaren Nähe Algiers oder irgend einer Stadt, selbst nicht eines Dorfes, bemerkt habe. Fast überall, wo sich die Araber neben den Europäern angesiedelt haben, bewohnen sie Häuser wie letztere, und wenn man hier und da außerhalb einer Stadt resp. eines Dorfes mitunter ein paar arabische oder Kabylen-Hütten oder Zelte erblickt, so werden diese gewöhnlich nur von der ärmeren Klasse der Eingeborenen bewohnt, die noch nicht in den Stand gesetzt sind, sich eine solidere Behausung zu verschaffen, einstweilen im Dienste der Christen stehen und bei landwirthschaftlichen Arbeiten Hilfe leisten; es sind also nicht allein unanstößige, sondern arbeitsame und nützliche Leute, die durchaus nicht an die von Herrn Rohlfs erwähnten Indianer erinnern, welche die Amerikaner mit vollem Recht von ihrer Nachbarschaft ausschließen, da die liebenswürdigen Bewohner der Wigwams sich den Europäern meist nur nähern, um ihnen die Skalpe abzustreifen, nicht aber um den Boden anbauen zu helfen.

Was schließlich die Entwaffnung der Araber anbelangt, deren Unterbleiben Dr. Rohlfs rügt, so läßt sich entgegnen, daß diese Maßregel schon seit mehreren Jahren getroffen und streng beobachtet worden ist, soweit es thunlich und rathsam erschien. Freilich besitzt die französische Regierung weder das Recht noch die Gewalt, die sich gewissermaßen nur als Vasallen derselben betrachtenden und in der Wüste herumirrenden Stämme zu entwaffnen; aber in dem gesammten Theile Algeriens, der der französischen Herrschaft unterworfen, darf kein Eingeborener Waffen tragen, außer etwa in den ausschließlich von Arabern bewohnten entlegenen Ortschaften, wo vollkommen waffenlose Wanderer die Beute wilder Thiere sein würden. Der Anblick der entwaffneten Araber ist selbst für einen an den Orient gewöhnten Reisenden so auffallend, daß ich schon den Eindruck erwähnt habe,[1]) den diese Wüstenkinder in Oran auf mich gemacht, als ich, von Spanien kommend, sie zum ersten Male mit dem Spazierstock statt aller Waffen in der Hand und der Cigarrette statt der orientalischen Pfeife im Munde erblickte.

Wenn man von den Arabern als von unbändigen Wilden spricht, so vergißt man, daß es sich um eine der am reichsten ausgestatteten, der Civilisation am meisten fähigen Rassen der Welt handelt, und nicht minder, daß, während andere Völker der wohlthätigen Wirkung des Christenthums bedurften, um sich den Weg für die Bildung zu öffnen, die Araber solchen vor den Christen in Bagdad, Sicilien und besonders in Spanien betraten, und dies trotz der Fesseln, die der Islamismus der intellektuellen Entwickelung anzulegen scheint, und mit denen er auch wirklich so viele unter dem Gesetze Mohameds stehende Völker gelähmt hat, wie z. B. die Türken, die an jedem Orte und zu jeder Zeit ihre Gegenwart nur durch Verwüstung und Mord bezeichnet haben und Jahrhunderte lang die schönsten und civilisirtesten Länder der Welt nicht anders zu beherrschen verstanden, als bis sie dieselben in Wüsten und Trümmer verwandelt hatten. Demnach wäre es befremdlich, ein Volk, das den Christen in der Bildung vorangeschritten, zur Verbrüderung mit ihnen unfähig zu erklären, namentlich wenn man die zahlreichen Fälle in Betracht zieht, aus denen sich ergiebt, daß eine solche Vereinigung bereits wirklich begonnen hat, wovon ich Beispiele in meinen Briefen gegeben habe. Auch andere Länder liefern schlagende Beweise von der merkwürdigen Wirkung, die das anhaltende Zusammenleben von Christen und Muselmännern hervorbringt; ich will nur Rußland erwähnen und mich dabei auf die Angaben eines Fremden, somit eines unparteiischen Zeugen, nämlich

[1]) S. Brief III, p. 54.

auf Dr. Mackencie Wallace stützen, dessen Werk über Rußland allgemein bekannt und geschätzt ist. Der wohlunterrichtete und gewissenhafte Reisende spricht mit Verwunderung über die vollkommene Eintracht, welche in vielen Dörfern dieses Reiches zwischen Russen und Mohamedanern herrsche und so weit gehe, daß die russischen Gemeinden häufig Tataren an ihre Spitze setzen; er fügt hinzu, daß er in einem dieser Dörfer tatarische Arbeiter gesehen habe, die sich an dem Aufbau einer russischen Kirche auf das Lebhafteste betheiligt hätten. Auch ich erinnere mich, ähnliche Beispiele mehr als ein Mal in Dörfern Sibiriens beobachtet zu haben, wo die Russen mit den Kirgisen in so freundschaftlichem Verhältniß leben, daß man an das islamitische Glaubensbekenntniß der letzteren kaum denken möchte.[1])

Allerdings gaben sich solche Resultate in Rußland erst nach mehreren Jahrhunderten kund, und es ist zweifellos, daß auch in Algerien das Werk der Assimilation eine Frage der Zeit ist und sich nur stufenweise entwickeln kann; wie anderwärts, so muß sie auch hier die nothwendige, aber freiwillige Folge der civilisirenden Wirkung des christlichen Elements auf das mohameda-

[1]) In seiner in den Litterary romains of the late Em. Deutsch veröffentlichten Arbeit über den Islamismus hebt der israelitische Gelehrte die moralische Seite des Korans hervor und beweist klar, daß der Islamismus so, wie er in dem Buche Mohameds selbst ausgedrückt, nicht aber durch in seinem Namen sprechende Fanatiker verunstaltet ist, gar nichts Unvereinbares mit dem reinen Christenthum und den Grundsätzen der Civilisation und Freiheit darbietet. Daraus folgt also, daß der grelle Kontrast zwischen der hohen Bildung der Araber im Mittelalter und der ununterbrochenen Barbarei ihrer Ottomanischen Glaubensgenossen nicht von der Religion abhängt, vielmehr eher eine Frage der Rasse ist. Emanuel Deutsch entwirft ein lebhaftes und interessantes Bild von dem Zustande, in welchem Spanien sich bis zur Eroberung von Granada befand, „der Eroberung, die in der Geschichte Spaniens und vielleicht der der Menschheit stets tief bedauert werden wird.“ Er weist ferner auf die glänzende Epoche hin, die in Sicilien mit der arabischen Herrschaft (9. Jahrh. nach Chr.) begann. „Das goldene Zeitalter Hierons von Syracus schien wieder aufzublühen.“ Die in diesem Lande hervorgebrachte Umwandlung war eine so große, daß die neuen Herrscher lange nach der christlichen Eroberung Siciliens den Arabern nachahmten. „Die Paläste der christlichen Fürsten“, sagt E. Deutsch (loc. cit. p. 461), „wurden nicht im Namen der Dreieinigkeit, sondern des barmherzigen Allah eingeweiht. Der König Roger war durch die Ueberlegenheit seiner arabischen Unterthanen über die christlichen dermaßen betroffen, daß er ersteren den Uebergang zum Christenthum untersagte.“

nische sein, begünstigt durch die stets intimer und mannigfaltiger werdende Berührung zwischen beiden Rassen, wie durch das Vertrauen auf die Dauer und den praktischen Sinn der Regierung. Alles was dieses Vertrauen erschüttert, lähmt den Fortschritt, wie es der Fall gewesen, als, einer großmüthigen Schwärmerei folgend, Kaiser Napoleon III. sein arabisches Reich zu gründen wähnte. Die zu dieser Zeit nach einander getroffenen und widerrufenen Maßregeln, welche das ganze Land in einen provisorischen Zustand versetzten, bezeichnen in der Geschichte Algeriens eine traurige Epoche des Stillstandes, ja des Rückschrittes. Erst als dieses absurde System fruchtloser Experimente zusammengebrochen, war es Algerien gestattet, nicht mehr einer künstlichen, krampfhaften Bewegung, sondern seiner natürlichen, freiwilligen Entwickelung zu folgen. Zu dieser glücklichen Umwandlung hat General Chanzy viel beigetragen. Dank seiner kräftigen und aufgeklärten Leitung erfreuen sich heute die drei Departements von Algerien fast derselben Verwaltung, wie die Departements von Frankreich, soweit sich dies mit den Erfordernissen der arabischen Bevölkerung verträgt; denn diese steht noch unter militärischer Leitung, die den Generälen der drei Militärdivisionen anvertraut ist, aber unterstützt und unter Theilnahme der sogenannten Bureaux civils und Bureaux arabes oder indigènes, die wohl geeignet sind, die arabische Bevölkerung allmählich für das europäische Verwaltungssystem, für welches sie noch nicht reif, vorzubereiten und zu erziehen. Den in die Landeseigenthümlichkeiten eingeweihten Behörden bleibt es vorbehalten, den Zeitpunkt festzustellen, wann dieser provisorische Zustand aufhören soll. Denselben voreilig eintreten zu lassen, würde gefährlich sein, trotz der Deklamationen der von Furcht und Haß eines vermeintlichen Cäsarismus geplagten Politiker, da man sich an Ort und Stelle leicht überzeugen kann, daß eine solche politische und soziale Umgestaltung in den jetzigen Verhältnissen weder für Frankreich vortheilhaft sein, noch bei den Arabern selbst Beifall finden würde. Als ich einige sogenannte Communes mixtes, besonders in Kabylien gelegene, besuchte, ersah ich, mit welcher Behendigkeit und Regelmäßigkeit das so einfache Räderwerk der Militärverwaltung sich bewegte, und wie viel besser solches den patriarchalischen Sitten dieser Völker entspricht, als die komplizirte Maschine unserer Civilverwaltung. Betrachtet man z. B. das Fort National,[1]) das sich

[1]) V. Brief X. p. 139.

wie eine Citadelle inmitten der kabylischen Bergbewohner erhebt, deren kriegerischer Sinn und leidenschaftlicher Hang zur zügellosen Unabhängigkeit den französischen Truppen so viel zu schaffen gegeben, so überzeugt man sich bald, daß ein solcher Ort nur von einem Militärbeamten verwaltet werden kann, der mit Hilfe eines Rathes allen administrativen und richterlichen Erfordernissen entspricht und zugleich auch das äußere Prestige aufrecht hält, für welches uncivilisirte Völker überhaupt und die Orientalen insbesondere so empfindlich sind. Die Hinzufügung von Beamten in schwarzem Frack und mit weißer Halsbinde würde unnützer Weise das offizielle Personal vergrößern, das ohnehin in Algerien viel zu zahlreich ist. Wie bemerkt, sind diese Einrichtungen nur provisorische und dazu bestimmt, später dem normalen Zustande der Dinge Platz zu machen, doch glaube ich annehmen zu dürfen, daß diese glückliche Veränderung noch einige Jahre auf sich warten lassen wird, da sie nur dann stattfinden kann, wenn die providentielle Sendung Algeriens erfüllt worden, d. h. wenn es eine große aus christlichen und arabischen Elementen zusammengesetzte Gemeinde bilden wird, deren sämmtliche Mitglieder unter demselben Gesetze und, dieselben Rechte genießend, mit vereinigten Kräften an dem allgemeinen Wohle des Vaterlandes arbeiten werden.

Solches Ideal muß allerdings jedem Kolonisationswerke vorschweben; wir haben gesehen, wie letzteres in Algerien begonnen und sich entwickelt hat, und es wäre von Interesse, zu prüfen, bis zu welchem Grade andere Völker die schwierige Aufgabe erfüllt haben. Um einen Vergleichungspunkt zu wählen, so hoch gestellt, daß es zur Ehre gereicht, ihm gleichzukommen und wieder nicht zur Schande, denselben nicht erreicht zu haben, greife ich das durch sein Kolonisations-Talent berühmteste Volk als Begründer der größten geschichtlich bekannten Kolonie, nämlich Brittisch-Indien, heraus.

Wenn es Länder giebt, deren Studium durch den Mangel an Nachrichten erschwert wird, so findet bei Brittisch-Indien das Gegentheil statt, wo die Fülle und namentlich die Mannigfaltigkeit der Materialien ein solches Studium eher verwirrt. Nicht nur sind die über das interessante Land in allen Ländern und Sprachen erschienenen Schriften so zahlreich, daß es nahezu ein Menschenleben in Anspruch nehmen hieße, sie alle durchzulesen, sondern auch die von der brittischen Regierung über den Gegenstand veröffentlichten Dokumente sind je nach den entgegengesetzten politischen Parteien so verschieden gedeutet, beurtheilt und kommentirt worden, daß es nicht leicht ist, daraus allgemein geltende Resultate zu schöpfen. Unter allen Umständen hat man keine Ursache, den Berichten über die moralischen und materiellen Fortschritte Indiens, welche dem Parlamente jährlich vorgelegt werden (Annual report on the moral and material progress of India), das Vertrauen zu versagen. Aus jedem derselben, vorzugsweise aber aus dem die Zeit von 1874 bis 1875 umfassenden, ergiebt sich ein schnelles Wachsen der indischen Völkerschaften. Im Allgemeinen läßt sich annehmen, daß seit der Revocation der Gesellschaft das Verwaltungswesen, die öffentlichen Arbeiten und die Bildung dort ungeheure Fortschritte gemacht haben, welche man besonders den Lords Cornwallis und Dalhousie verdankt. Letzterer organisirte die öffentliche Bildung in völlig europäischem Geiste, indem nicht bloß das Studium der englischen Sprache in allen höheren Anstalten eingeführt wurde, sondern auch die drei Universitäten von Calcutta, Bombay und Madras sind nach denselben Grundsätzen, wie die Universität von London eingerichtet und mit der Leitung der unteren Kollegien und Schulen beauftragt worden. Das brittische Indien zählte im Jahre 1874 über 40,000 Schulen mit 1,280,940 Kindern; das Budget für die öffentliche Bildung, das im Jahre 1853 20,000 Franken nicht überstieg, hob sich schon im Jahre 1856 auf 2,500,000 und übersteigt heute 20 Millionen Franken. Auch die öffentlichen Arbeiten schritten in dem gleichen Maße fort, da nach W. Thorntons Angaben (Indian public Works, London 1875) binnen vierundzwanzig Jahren 21 Milliarden Franken darauf verwendet wurden. Durch den officiellen Bericht über die Eisenbahnen Indiens für das Jahr 1875 erfahren wir ferner, daß das Netz 6273 Meilen (etwa 10,000 km) umfaßt und die Totalsumme der von verschiedenen Gesellschaften auf dasselbe verwandten Kapitalien sich auf etwa $2\frac{1}{2}$ Milliarden erhebt. Der Zinsenbetrag, den der Staat in Folge der von ihm verliehenen Garantie bezahlt, übersteigt heute 40 Millionen Franken.

Aus den letzten Berichten der indischen Verwaltung resultirt endlich noch die schnelle Zunahme in der Gewinnung von Eisenerz und Steinkohlen, an welch' letzterem Brennmaterial der Bezirk von Raneegung so reich ist, daß der officielle Bericht sich darüber folgendermaßen äußert: „es giebt vielleicht in der ganzen Welt keinen Ort, der in seiner Steinkohlen-Ablagerung eine solche Mächtigkeit besitzt", sodaß denn auch schon 44 Bergwerke in diesem Bezirk in vollem Betriebe sind.

Die Kultur von Baumwolle, Cinchona und Thee weist ebenfalls höchst befriedigende Resultate auf. So macht z. B. die Times vom 4. April 1877 darauf aufmerksam, daß das brittische Indien vor zwanzig Jahren nur drei, den Eingeborenen gehörende Baumwollen-Mühlen besessen, während es heute deren 31 allein auf der Bombay-Insel (Bombay Island) giebt, und binnen Kurzem die Präsidentschaft von Bombay 50 von tausend eingeborenen Arbeitern betriebene Mühlen besitzen wird, sodaß die Indier bald mit der Stadt Manchester wetteifern werden.

Vor dreißig Jahren war der Anbau des Cinchona in Indien nur ein von Royl und Falconer geäußerter Wunsch; heute sind die Nilgherrees und Sikkim mit Cinchona-Wäldern bedeckt. Im Jahre 1850 versuchte die Gesellschaft ein paar Theestauden anzupflanzen; heute drohen Ascam und andere Theile Indiens China das Monopol der Thee-Erzeugung zu entreißen. Ebenso versprechen die englischen Provinzen von Birmah unerschöpfliche Quantitäten ausgezeichneten Tabaks zu liefern.

Haben wir bis hierher die glänzende Seite der Medaille betrachtet, so lassen Sie uns nun auch die Rückseite derselben ansehen, die den Beweis liefern wird, daß ein Land, im Besitze von allen Hilfsmitteln unserer Civilisation, geschickten Verwaltern, gut unterrichteten Rechtsgelehrten, Eisenbahnen, Schulen, Manufakturen ꝛc., trotzdem sich in einem ungünstigen Wohlstands-Verhältniß, ja trotz seiner natürlichen Reichthümer in einem Zustande verhältnißmäßiger Armuth befinden kann. In einer gehaltreichen Schrift über die finanziellen Verhältnisse Indiens, in welcher Prof. Henry Fawcett[1]) ein ziemlich düsteres Bild von den materiellen Hilfsmitteln Indiens entwirft, erklärt derselbe, daß in dieser Beziehung England lange Zeit in einem unglücklichen Irrthum befangen gewesen, indem es wähnte, Indien besitze unerschöpfliche Reichthümer, bis endlich eine späte Erfahrung lehrte, daß es im Gegentheil ein armes Land sei (an extreemely poor country), dessen größerer Theil der Bevölkerung dermaßen erschöpft sei, daß es der Regierung sehr schwer werden dürfte, die Einkünfte durch erhöhte Abgaben zu mehren. Nach einer kritischen Beleuchtung der auf die jährlichen Einkünfte und Ausgaben bezüglichen offiziellen Dokumente glaubt Fawcett die jährliche Ausgabe im Mittel auf 37—38

---

[1]) Fawcett, The financial conditions of India. (The Nineteenth Century, an. 1879, p. 193.)

Millionen Pfund Sterling (925—950 Millionen Frcs.) annehmen zu können, die ein jährliches Deficit von etwa 1 Million Pfd. St. (25 Mill. Frcs.) zurückläßt.[1]) Die ausnahmsweisen Ausgaben werden vornehmlich durch Kriege und Hungersnoth verursacht; im Laufe von zwölf Jahren fand Hungersnoth viermal statt, welche Calamität in der Zeit von 1873—1878 nicht weniger als 16 Millionen Pfd. St. (407 Millionen Frcs.) gefordert hat, ohne hierbei von der Zahl der Menschenopfer zu sprechen, die fabelhaft klingen würde, wäre sie nicht auf offizielle Angaben gegründet, wie z. B. 6 Millionen Menschen, welche in einem einzigen Jahre nur in den Provinzen Mysore, Bombay und Madras, somit in einem etwa die halbe Ausdehnung von Frankreich einnehmenden Landstrich[2]) hingerafft worden sind. Wie unbedeutend erscheinen im Vergleich mit einer solchen Sterblichkeit die schrecklichsten Gemetzel der Eroberer, deren blutige Erinnerungen uns die alte wie die neuere Geschichte überliefert haben!

Nach Herrn Fawcett bestehen die Hauptquellen für die Einkünfte Indiens aus der Grundauflage, Salzbesteuerung und Accise (Lebensmittel-Besteuerung), ferner aus Stempeln, Zöllen und Opium.[3]) Er weist nach, daß die ersteren drei ihre letzte Grenze erreicht haben und die Zolleinkünfte sich seit mehreren Jahren vollständig stationär verhalten haben, hingegen der mit andern Worten auf Immoralität und Erniedrigung der Menschen gegründete Opium-Handel gedeihe, obgleich auch dieser durch China bedroht

[1]) Die seit der Erscheinung der Fawcett'schen Schrift von der Regierung veröffentlichten Angaben ändern an den hier angeführten nichts Wesentliches. Gemäß der am 22. August 1881 von Lord Hartington der Deputirtenkammer gemachten Mittheilung gestaltete sich im Jahre 1879—80 die Einnahme zwar viel höher als in dem von Fawcett erwähnten vorhergehenden Jahre, da dieselbe 68,484,606 Pfd. St. betrug; dafür aber war auch die Ausgabe weit beträchtlicher, nämlich 69,667,612 Pfd. St., so daß das Deficit bis auf 1,182,429 Pfd. St. (28,320,625 Frcs.) anwuchs. Andererseits verspricht das für das Jahr 1880—1881 vorläufig entworfene Budget das Gesammtdeficit auf 6,219,761 (14,449,417 Frcs.) zu reduciren, und noch günstigere Resultate soll das Budget von 1881 bis 1882 liefern; freilich nur Versprechungen, deren Erfüllung abzuwarten bleibt und die sich auf die Voraussetzung gründen, daß keine neue politische Complikation störend wirke, was in dem von so vielen unerwarteten Unfällen heimgesuchten Lande immer etwas gewagt erscheint.

[2]) The Nineteenth century, an. 1878, Nr. 18, p. 194.

[3]) Fawcett, loc. cit., p. 199.

wird, das in seinen Staaten den Anbau des Opiums untersagt hat, und auch wahrscheinlich England nicht mehr die Einfuhr der verderblichen Sustanz gestatten wird.

Die Ausgaben, welche das indische Budget am meisten angreifen, werden durch die Aufrechthaltung eines Heeres veranlaßt, das in Friedenszeiten jährlich 17 Millionen Pfd. St. (425 Mill. Frcs.) kostet, was 45 Procent der reinen Jahreseinkünfte ausmacht. Seit 1875 ist diese Ausgabe bedeutend gestiegen, und Fawcett weist darauf hin, daß die Herstellung der wissenschaftlichen Grenze geeignet sei, die Finanzen Indiens vollständig lahm zu legen (to paralyse the finances of India), da eine der ersten Folgen dieses sehr wenig wissenschaftlichen Werkes des Lords Beaconsfield sein würde, die Ausgaben des Kriegswesens durch neue 7 Millionen Pfd. St. (75 Millionen Frcs.) zu vermehren.

Die Verwaltungskosten sind eine weitere erdrückende Bürde für das indische Budget, zumal sie wirklich in furchtbaren Dimensionen zunehmen; seit der Revocation der Gesellschaft im Jahre 1856, wo dieselben 14,964,867 Pfd. St. (374,111,895 Millionen Frcs.) betrugen, sind sie im Jahre 1871 auf 23,221,082 Pfd. St (680,176,050 Mill. Frcs.) gestiegen.

Fawcett [1]) faßt in folgenden Zügen die ungünstigen Bedingungen der indischen Finanzen zusammen: 1. die Einkünfte leiden an einem Mangel von Elasticität (great inelasticity); 2. die Ausgaben sind vor Kurzem stark gestiegen, theils durch Zunahme der Verwaltungskosten, theils durch Sinken des Silberwerthes; 3. die ungeheuren Kriegsausgaben verschlucken 45 Procent der Landeseinkünfte und müssen im Falle einer Erweiterung der Grenze Indiens bedeutend zunehmen; 4. der vergleichsweise Stillstand der Einkünfte in Betracht der zunehmenden Ausgaben wird die Regierung zwingen, die Auflagen zu erhöhen. Kommt man für eine kurze Zeit dem Deficit vermittels einer Anleihe zu Hilfe, so wird das für die Zinsen der Anleihe gezahlte Geld das Deficit steigern, sodaß man dem neuen Uebel durch neue Taxen abzuhelfen gezwungen sein wird; 5. Indien hat stets einen Hang nach Erhöhung seiner Schulden gezeigt, die im Laufe von zwanzig Jahren das Verhältniß von 100 Procent erreicht hat.

Diese durch Fawcett bezeichneten fünf Plagen Indiens sind um so bedenklicher, als mehrere von ihnen schlechterdings un-

[1]) Loc. cit. p. 211.

heilbar sind, namentlich die Hauptplage der Militärausgaben, weil die Erhaltung eines zahlreichen Heeres hier eine nothwendige Folge der politischen Bedingungen des Landes ist, worüber Sir David Wedderburn [1]) interessante Mittheilungen macht, denen ich die folgenden Züge entnehme. Obwohl vier Fünftheile der Bevölkerung Indiens der brittischen Herrschaft unterworfen sind, verbleiben doch fünfzig Millionen Individuen als Unterthanen nationaler Souveräne, die eine Landfläche einnehmen, welche der von Frankreich, Deutschland und Spanien zusammengenommen gleich ist. Die Zahl der National-Fürsten von sehr verschiedener Bedeutung beträgt 460, die des von ihnen unterhaltenen Heeres 300,000 Soldaten, von denen zwei Drittel zehn der wichtigsten Staaten angehören; dieses Heer besitzt 9300 Artilleristen und 5252 Kanonen.

Die an die brittische Regierung von den National-Fürsten abzuliefernden Militärbeiträge sind unbeträchtlich, was auch mit dem Tribut der Fall ist, den man einigen auferlegt hat.

Trotz des der englischen Regierung zukommenden Rechtes, eine Kontrole über die National-Fürsten auszuüben, macht dieselbe nur dann Gebrauch von demselben, wenn ihr Verfahren von einer begründeten und einstimmig geäußerten Unzufriedenheit ihrer Unterthanen geweckt wird; gewöhnlich aber enthält sie sich aller Einmischung in die inneren Angelegenheiten der Fürsten, soweit nämlich deren Verwaltung mit den durch weltliche Gebräuche und Sitten angenommenen und beobachteten Grundsätzen übereinstimmt. Daraus ergiebt sich, daß die mächtigen indischen Vasallen der Regierung in finanzieller Hinsicht fast gar keinen Vortheil gewähren, während sie ihr eine schwere Bürde auferlegen, nämlich die Nothwendigkeit, eine Heeresmacht, welche der der indischen Fürsten entspricht, zu halten.

Allerdings haben die jetzigen Militärverhältnisse dieser Fürsten nichts Beunruhigendes für die Regierung und die englischen Officiere alle Ursache mit einem mitleidigen Lächeln auf die grotesken Krieger hinabzusehen, welche ihre verstümmelten und verrosteten Kanonen hinter sich schleppen, mit altmodischen Flinten bewaffnet sind und ihre zusammengedrängte Mannschaft in ordnungslosen Horden gruppiren, welche eine einzige englische Batterie über den Haufen werfen würde; aber ist es denn so sicher ausgemacht, daß

[1]) Protected princes in India. (The Nineteenth century, an. 1878, p. 151.)

diese Ordnung der Dinge ewig dieselbe bleiben muß, und könnte nicht doch eine Zeit kommen, wo diese jetzt so lächerlichen Truppen statt ergötzender Eindrücke den englischen Officieren ernsthafte Betrachtungen aufnöthigen? Man darf solche Voraussetzung nicht mit Verachtung behandeln, namentlich wenn man die Leichtigkeit in Betracht zieht, mit welcher die indischen Fürsten ihre Heere umbilden, mit allen den Engländern selbst abgekauften modernen Waffen ausrüsten oder solche später selbst verfertigen können. Ein einziger indischer Fürst mit hervorragendem Geist und Thatkraft würde genügen, diese neue Periode in die Militär-Annalen der National-Fürstenthümer einzureihen und der einmal gegebene Impuls die englische Regierung zwingen, ihr schon ohnedies fast die Hälfte des Landeseinkommens verschlingendes Heer noch mehr zu vergrößern. Das sind, wenn auch fernliegende, doch nicht unmögliche Aussichten, die Sir David Wedderburn nicht ahnt, wenn er von den Truppen der indischen Fürsten mit einer Geringschätzung spricht, die sie heute allerdings noch verdienen.[1])

Die Existenz souveräner Fürsten im brittischen Indien weist noch einen andern Uebelstand auf, den weder Fawcett noch Sir David Wedderburn bemerkt haben, der jedoch sehr ernster Natur ist, wenn daraus der brittischen Regierung auch bis jetzt noch kein materieller Schaden erwachsen ist: das ist der Stillstand, zu welchem 50 Millionen der von den indischen Fürsten beherrschten Unterthanen verdammt sind. Jene haben augenscheinlich keine Ursache, die Civilisation der letzteren zu begünstigen; im Gegentheil wäre das beste Mittel, den orientalischen Despotismus aufrecht zu erhalten und zu verewigen, die Herrschaft über hilflose, materiell wie intellektuell möglichst tiefgesunkene Völkerschaften. Indem die englische Regierung jenen Fürsten das statu quo garantirt, erklärt sie die Barbarei als gesetzmäßig, raubt der Civilisation 50 Millionen menschlicher Wesen und weiht sie dem Dienste einiger Hundert Fürsten, deren Aufwand und Reichthümer wohl den Glanz öffentlicher Festlichkeiten erhöhen können, diesen aber zugleich etwas Betrübendes und Demüthigendes anhängen, wenn (wie es z. B. zur Ehrenfeier des Prinzen von Wales geschehen) Schaaren armseliger, halbnackter und zum Hetzen wilder Thiere verwendeter Menschen als Unterthanen der mit funkelnden Juwelen überladenen und auf köstlich geschirrten Elephanten

[1]) Loc. cit., p. 153.

thronenden Souveräne erscheinen. Solche Schauspiele erinnern leider nur zu lebhaft an die prachtvollen Jagden des mongolischen Kaisers Kublai-Khan, von denen Maro Polo ein ebenso pittoreskes, als für die Menschheit betrübendes Gemälde entworfen hat.[1])

In dem Genusse ihrer ungestörten Souveränität schwelgend, ohne für ihre politische Unabhängigkeit, deren Vertheidigung England übernommen, irgend etwas zu entrichten, würdigen die eingeborenen Prinzen natürlich ihre außerordentliche Lage vollkommen und sind England für den ihnen zu Theil werdenden ungeheuren Dienst dankbar; daher die Zeugnisse der Treue und Liebe, die sie einem so großmüthigen Herrn zu zollen bemüht sind. Man ist stets demjenigen Herrn zugethan, der alles erlaubt und nichts verweigert und hält um so mehr darauf, ihn nicht zu verlieren, als er einen weniger nachsichtigen Nachfolger haben könnte. Und so erscheinen alle diese barbarischen Fürsten, im Schatten der brittischen Fahne und inmitten zahlreicher durch das liberale englische Gesetz regierter Völkerschaften, gleich versteinerten Gebilden des orientalischen Despotismus, hochmüthig der sie umgebenden europäischen Civilisation trotzend.

In dieser Skizze von dem jetzigen Zustande des brittischen Indiens hielt ich strenge darauf, mich nur auf englische Autoritäten zu stützen und zwar auf solche, die wie Fawcett, Sir David Wedderburn, Hyndman u. a., ihre Angaben aus officiellen Quellen schöpften und jene Angriffe siegreich zurückgewiesen haben, denen sie natürlich durch solche unwillkommenen Enthüllungen gegenüber den auf das Lebhafteste aufgeregten Regierungsorganen ausgesetzt waren.[2]) Demnach darf man das von diesen Schriftstellern

---

[1]) The Book of Ser Marco Polo translated by Col. Jule, V. II, p. 356.

[2]) Auf diese wichtigen Enthüllungen wurden bis jetzt drei Antworten von Seiten officieller Autoritäten gegeben und zwar durch John Morley, dem die vom Finanzminister Sir John Strachey mitgetheilten Dokumente zu Gebote standen; ferner durch Sir Erskine Perry, Mitglied des Indischen Rathes, und endlich durch einen anonymen aber augenscheinlich officiellen Verfasser, dessen Arbeit in der Fortnightly Review erschien. Herr Hyndman (The Nineteenth Century, an. 1879, p. 433) hat alle Entgegnungen der officiellen Advokaten kritisch beleuchtet und bewiesen, daß dieselben auf keine der gestellten Fragen geantwortet haben, und macht darauf aufmerksam, daß John Morley doch gezwungen gestehen müsse, „daß die sich periodisch erneuernde Hungersnoth der Regierung eine permanente Bürde auferlegt, um den Erfordernissen solcher Plagen

entworfene Gemälde als naturgetreu annehmen, und da dasselbe ohnehin ein ziemlich düsteres ist, so braucht man die Farben nicht noch stärker aufzutragen, was durch Hinzufügung anderer achtbarer Zeugnisse, die man indeß für übertrieben halten möchte, leicht geschehen könnte. Ich erinnere z. B. an das Zeugniß der berühmten Miß Florence Nightingale, der Verfasserin einer interessanten Schrift über die indische Bevölkerung, die, ebenfalls auf officielle Dokumente gestützt, mit den niederschlagenden Worten beginnt: „Welches ist wohl das traurigste Schauspiel, das man im Orient oder richtiger in der ganzen Welt zu sehen Gelegenheit hat? Es ist das Schauspiel, welches der Landmann in unserm orientalischen Kaiserreiche bietet.“ [1])

Nachdem ich hier die von englischen Schriftstellern so laut geäußerten Besorgnisse und Klagen in Betreff Indiens gewissenhaft wiedergegeben, ist es meine Pflicht, auch die von ihnen gehegten Hoffnungen nicht zu verhehlen. So hat der unerschöpfliche rastlose Fawcett eben eine Arbeit veröffentlicht,[2]) in welcher er mit Freude die von der englischen Regierung gegebene Erklärung anerkennt, nach welcher dieselbe gesonnen sei, Maßregeln zu ergreifen, um die Indien drohende Krisis zu beschwichtigen. Faßt man aber die versprochenen Maßregeln, welche Fawcett mit dem ihm eigenen Scharfsinn beleuchtet, näher ins Auge, so sieht man, daß unter den

---

zu entsprechen“, was die Meinung Hyndmans zu rechtfertigen scheint, wenn er sagt: „es giebt gute Gründe, anzunehmen, daß in mehreren Distrikten Indiens der Boden einer fortschreitenden, durch die verschiedensten Ursachen bewirkten Verschlimmerung ausgesetzt sei, sodaß die Fälle von Hungersnoth sich vervielfältigen, während die Mittel, derselben zu widerstehen, abnehmen. Es folgt daraus, daß die früher nur lokale Leiden erzeugende Dürre heute ein massenhaftes Opfer (whole sale sacrifice) von Menschen und Vieh erzeugt.“

[1]) The people of India im Nineteenth Century (an. 1878, p. 193). Dieselbe treffliche Monatsschrift vom Jahre 1879 (p. 443) enthält eine Arbeit von H. Hyndman, betitelt: Bankrupcy of India, in welcher er zu beweisen sucht, daß dieser Bankerott unvermeidlich sei ohne eine vollkommene Reorganisation der jetzt vorhandenen Ordnung der Dinge. Herr Hyndman bestätigt alle Angaben Fawcetts und fügt den traurigen von dem Letzteren gemachten Enthüllungen noch neue betrübendere hinzu. Er beschließt seine Arbeit mit folgenden Worten: „Können wir Indien nicht anders behalten, als einer stets zunehmenden Bevölkerung fortschreitendes Elend und Hungertodt bereitend, dann müssen wir uns beeilen, das Land so schnell wie möglich zu verlassen.“

[2]) Nineteenth Century, an. 1879, p. 639.

in Aussicht gestellten Reduktionen des Budgets viele zu harten Opfern und mehr oder weniger begründeter Unzufriedenheit Anlaß geben müssen, wie z. B. die Unterbrechung mancher öffentlicher Arbeiten, deren Stillstand eine Menge Arbeiter ihres täglichen Brodes berauben würde, und in gleicher Weise der Beschränkung der Besoldung der Militär- und Civil-Beamten, welche letzteren man kaum unter weniger vortheilhaften Bedingungen würde anstellen können. Trotz alledem würden solche durch die dringende Nothwendigkeit erpreßten Maßregeln allerdings harte, jedoch vorübergehende Leiden schaffen. Ganz anders aber verhält es sich mit der von Fawcett als bei weitem wichtigsten geforderten Maßregel, nämlich der Reduktion der Kriegsausgaben, da sich aus allem, was ich über die Natur derselben angeführt, die vollkommene Unmöglichkeit ergiebt. Gerade das Entgegengesetzte wird stattfinden, und auch Fawcett gesteht,[1] daß man nach dieser Seite hin so wenig zu erwarten hat, daß die Afghanistan-Frage sogar eine bedeutende permanente Vermehrung der Ausgaben Indiens hervorrufen dürfte (a large permanent addition to the annual expenditure of India). Wenn man ferner in Betracht zieht, daß das Militärbudget auch vor den Kämpfen mit den Afghanen und Zulu fast die Hälfte des jährlichen Einkommens von Indien verschlang, so wird es klar, daß der günstigste Erfolg aller von der Regierung versprochenen ökonomischen Maßregeln nur der sein kann, Indien vom Bankerott zu retten, ohne hierdurch die spätere Möglichkeit zu erlangen, den Zustand der Finanzen des Landes wesentlich zu verbessern. Bei ungestörtem Frieden können Jahre kommen, welche das Gleichgewicht zwischen Ausgabe und Einnahme halten, wohl gar einen Ueberschuß bringen, aber solche Jahre werden nicht den normalen Stand der Dinge darstellen, so lange die Verhältnisse des Landes von so vielen ungünstigen Umständen abhängig bleiben. Wie dem auch sei, so kann sich doch die brittische Kolonie, wie die erwähnten kompetenten Richter sie geschildert, nicht zu ihren Gunsten mit der verschwindend klein erscheinenden französischen Kolonie messen; die unterscheidenden Züge beider bilden eben so viele Gegensätze, welche sich folgendergestalt zusammenfassen lassen.

I. Wie in Brittisch-Indien, so leiden auch in Algerien die Finanzen am Defizit, das in letzterem Lande durchschnittlich auf drei Millionen Franken angenommen werden kann, da die jährliche

[1] Loc. cit., p. 648.

Einnahme rund 26 Millionen und die Ausgabe 29 Millionen beträgt. Dies ist aber auch die einzige Aehnlichkeit zwischen den beiden Kolonien, die ohnehin bald verschwinden wird, weil in Algerien die produktiven Kräfte des Landes stets im Fortschritt begriffen sind, ohne daß die Ausgaben denselben Gang nehmen, was nothwendig die baldige Herstellung des Gleichgewichts zur Folge haben muß, während in Brittisch-Indien gerade das Gegentheil stattfindet, wo Herrn Fawcett zufolge die materielle Produktionskraft erschöpft ist, oder sich jetzt wenigstens in einem Zustande von Unbeweglichkeit und Starrheit (inelasticity) befindet.

II. Da die friedlichen Gesinnungen der Eingeborenen gegenüber den Franzosen sich fortgesetzt kräftiger entwickeln, so kann die Okkupationsarmee mehr und mehr reduzirt werden. Im Jahre 1878 wurde sie durch die Deputirtenkammer auf 52,424 Mann und 15,756 Pferde festgestellt, obgleich solche Zahl unter normalen Umständen wahrscheinlich kaum nothwendig sein dürfte. Während meines einjährigen Aufenthalts in Algerien umfaßte die Okkupationsarmee 30,000 Mann und entsprach durchaus allen Erfordernissen der inneren Sicherheit, wie der äußeren politischen Rücksichten. Wie wir gesehen, verhält es sich in dieser wie in so mancher anderen Hinsicht ganz anders mit der brittischen Kolonie, wo alle Aussichten auf Vermehrung, keineswegs aber auf Verminderung des Militäraufwandes hinweisen.[1])

[1]) Es bedarf kaum der wiederholten Betonung, daß es sich hier nur um die normalen, nicht aber um außerordentliche vorübergehende Bedingungen Algeriens handelt. Aufrührerische, dann und wann sich erneuernde und durch unvorhergesehene Umstände hervorgerufene oder begünstigte Bewegungen sind in orientalischen Kolonien unvermeidliche Uebel, mit denen man von vornherein rechnen muß, die aber unter kräftigen Regierungen, wie denen von Frankreich und England, die normale Ordnung der Dinge zwar vorübergehend stören, nicht aber aufheben können. Zu Störungen dieser Art gehört unter andern die Aufregung, welche durch die leider so ungeschickt eingeleiteten Tunesischen Angelegenheiten hervorgerufen worden war und allerdings bedeutende Truppenvermehrungen erheischte. Solche periodischen Krisen sind indeß so wenig geeignet, die Aussichten hinsichtlich der Zukunft Algeriens zu schwächen, daß sie in gewisser Hinsicht dieselben sogar fördern und festigen, weil jede kräftige Unterdrückung aufrührerischer Ausbrüche die Ruhestörer entmuthigt und zur Erneuerung fruchtloser erschöpfender Versuche weniger fähig macht, was unter andern der Fall gewesen mit den früher so unbändigen und kampflustigen Kabylen, die sich an den jüngst ausgebrochenen Unruhen nicht betheiligten, gerade weil die ent-

III. Statt, wie es England gethan, den einheimischen Fürsten die Konservirung einer barbarischen Vergangenheit zu sichern, hat Frankreich solche auf immer vernichtet und die Vertreter derselben in brauchbare Werkzeuge der neuen Ordnung der Dinge verwandelt; denn nach dem langen Kampfe, welchen die Araber mit den Franzosen hartnäckig durchgefochten, mußten jene endlich zu der Ueberzeugung kommen, daß die abermalige Erneuerung der vielfachen fruchtlosen Versuche unmöglich sei, und es mußten die einflußreichsten Häuptlinge einsehen, daß sie nach dem unwiederbringlichen Verlust ihrer früheren Stellung nichts zu verlieren, vielmehr nur zu gewinnen, sich also in ihre neue Lage zu fügen hätten, um wenigstens den ihnen von der französischen Regierung angewiesenen, und zwar streng gesetzlichen und immer noch achtbaren Wirkungskreis zu genießen. Und auf diese Weise wird sich früher oder später die ganze Bevölkerung am Fortschritt betheiligt fühlen, was die Assimilation zwischen den arabischen und christlichen Elementen zur Folge haben muß: eine Aussicht, die durch hier und da auftauchende Empörungen keineswegs vereitelt werden kann, zumal solche nicht bloß durch die Lokalbehörden unterdrückt werden, sondern häufig auch weniger gegen die französische Regierung, als gegen ihre eigenen Häuptlinge gerichtet sind, was dazu beitragen muß, letztere in den Augen der Araber zu diskreditiren und so die Einführung der französischen Verwaltung ohne Vermittelung nationaler Beamten zu erleichtern.

IV. Aus allen diesen vergleichenden Betrachtungen ergiebt sich, daß die Starrheit und Bewegungslosigkeit, durch welche die englische Kolonie gelähmt wird, die Zeit nicht voraussehen läßt, wann dieselbe sich ihrer vollkommenen Autonomie erfreuen wird. Dem Mutterlande aufgepfropft gleich einem Riesenschmarotzer, der seine gesammte Nahrung einzig dem kräftigen Stamme, an welchem er haftet, entnimmt, muß Brittisch-Indien in diesem Zustande künstlicher Vegetation verbleiben, so lange die heutigen Bedingungen seines Daseins bestehen. Ganz anders verhält es sich mit dessen junger, afrikanischer Schwester; diese hat Aussicht, ihren Platz in

---

schiedene Unterdrückung ihres letzten großen Aufstandes sie für immer gelähmt und in die Nothwendigkeit versetzt hat, sich mit ihrem neuen unabänderlichen Zustand zu versöhnen. Ich glaube mich also vollkommen berechtigt, meine vor zwei Jahren ausgesprochene Ansicht aufrecht zu halten und wiederholt zu behaupten, daß die algerische Occupationsarmee (etwa 50,000 Mann) nicht bloß ausreiche, sondern mit der Zeit selbst einer bedeutenden Reduktion fähig sei.

der großen Familie selbständiger Länder einzunehmen, indem sie durch ihre eigene Kraft lebt und keines fremden Schutzes bedarf, als etwa eines souveränen Protektorats von Seiten Frankreichs, als dessen blühende Tochter-Republik sie sich einst erweisen dürfte.

Zwanzigster Brief.

Tunis, den 1. Juni 1878.

Endlich haben wir nun doch das schöne Algerien verlassen, wo wir etwa acht, leider nur zu schnell entflohene Monate zugebracht. Es war am 25. Mai, als wir uns in Bone einschifften, und am folgenden Tage vier Uhr Morgens befanden wir uns im Angesicht der Rhede von Tunis. Die ziemlich stürmische Witterung, welche unsere Ueberfahrt zu einer wenig angenehmen machte, hatte noch den Uebelstand, daß sich die Einfahrt unter nebligem Himmel gefährlich erweist, weil die Rhede viele Klippen birgt und die Küste mit keinen guten Leuchtthürmen versorgt ist, sodaß wir mit größter Ungeduld die Morgendämmerung erwarten mußten, um endlich Anker werfen zu können.

Wenn man unmittelbar von Europa (Marseille, Neapel, Palermo 2c.) nach Tunis kommt, ohne je den Orient gesehen zu haben, so ist der Eindruck, welchen diese Stadt macht, ein sehr lebhafter, wie es bei jeder von den bisher bekannten so gänzlich verschiedenen Oertlichkeiten natürlich der Fall ist. Dieser Eindruck verliert aber schon viel von seiner Bedeutung, wenn man von Algerien nach Tunis gelangt, und doch müssen Fremde, die den Orient nur durch Algerien kennen, bei dem Anblick des von Moscheen strotzenden Tunis sich zum ersten Male in eine wirklich orientalische Stadt versetzt glauben, wo nicht das europäische Element als das herrschende auftritt. Ganz verschieden verhält es sich mit denjenigen, die mit allen den Herrlichkeiten des Orients, wie sie in Constantinopel, Kairo, Bagdad, Dehli, Benares 2c. auftreten, vertraut sind; für sie ist Tunis kaum der wirkliche Orient, vielmehr nur ein matter Widerschein desselben in sehr verkleinertem Maßstabe, und in malerischer Beziehung hat Tunis wenig und ist auch in dieser Hinsicht den meisten Städten des Orients, namentlich Algeriens, sehr untergeordnet. Tunis liegt in einer fast nackten Ebene, die nicht grün genug, um an die von Damaskus zu erinnern, und weder den erhabenen Charakter noch jene erhabenen historischen Erinnerungen besitzt, welche den ebenfalls nackten und noch dürreren Ebenen von Jerusalem und Rom eine so feierliche Physiognomie verleihen.

Der See El-Bahira, an dessen südwestlicher Spitze sich Tunis ausbreitet, ist mit dem Meere durch einen Kanal verbunden, den die Europäer mit dem Namen Gulett (La Goulette) bezeichnen. Sowohl der See als der Kanal sollen von Menschenhänden gegraben sein, wie es wenigstens Edrisi ausdrücklich bemerkt,[1]) ohne jedoch die Epoche anzugeben, in welcher dieses große Werk ausgeführt worden. Wahrscheinlich war obiger See in alter Zeit nicht vorhanden, da die Alten nur einen neben Tunis gelegenen See erwähnen, und Polybios sagt: „Juxta lacum est Tunes", woraus man schließen möchte, daß es sich um den See Sedjum handle; denn hätte schon damals der El-Bahira existirt, so würde der griechische Geschichtsschreiber gesagt haben: Tunis liege zwischen zwei Seen und nicht neben einem See.[2]) Die Abwesenheit des El-Bahira

[1]) Géographie d'Edrisi traduite de l'arabe par A. Jaubert, T. I, p. 262.

[2]) Edrisi meint (loc. cit.), daß der Name Tunis erst durch die Muselmänner der früher Tarchich genannten Stadt gegeben worden sei; der Name Tinis oder Tunes wurde jedoch schon von den Alten gebraucht, unter anderen von Strabo (L. XVII), Titus Livius (L. XXX, 9), Diodoros von Sicilien (L. XIV, 78), Polybios etc., und in dem Itinerarium Antonini erscheint schon der Name Tuniza. Auch scheint es, daß Tunis im dreizehnten Jahrhundert noch Thunes hieß, da es unter diesem Namen von Jean Sire de Joinville (Hist. de Saint Louis, Ausgabe von Natalis de Wailly, p. 100) erwähnt wird. Herr Davis (Carthago and her remains, p. 260) glaubt, daß der Name Tunis bloß eine Verstümmelung des Wortes sei, das in phönizischer Sprache die Göttin Tanäis (Aphrodite der Griechen, Venus der Römer) bezeichnete. Und wenn auch der alte von Edrisi erwähnte Name (Tarchich) von den griechischen und lateinischen Schriftstellern nicht gebraucht wurde, so wurde derselbe doch nicht nur auf Tunis, sondern auch auf Karthago angewendet. So wird er in der Bibel erwähnt (I. Könige, X, 22 und II; Chron., IX, 21), wo es heißt, daß die Könige Salomon und Hiram jedes dritte Jahr Schiffe nach Tarchich und Ophis abzusenden pflegten, um Gold, Silber, Elfenbein und Affen zu holen. Herr Davis meint (loc. cit. p. 11), das Tarchich der Bibel sei das Tinis oder Tunes der Griechen und Römer, eine geistreiche Hypothese, die sich außerdem auf den Umstand stützen würde, daß Nordafrika stets für das klassische Land der Affen galt, und somit gerade in diesem Lande die Schiffe Salomons die günstigste Aussicht hatten, diese Thiere zu erlangen.

vorausgesetzt, müssen wir nothwendig annehmen, daß Tunis in alter Zeit nicht für einen am Meere liegenden Hafen galt, von dem es wenigstens 3 km entfernt sein mußte, was der ganzen Breite des El-Bahira entspricht. Wenn nun auch Tunis kein Meereshafen war, so galt die Stadt doch schon über zwei Jahrhunderte vor unserer Zeitrechnung als ein wichtiger strategischer Punkt, von dem Polybios meldet,[1]) daß es Scipio vor seinem Marsche gegen Karthago nothwendig gefunden, sich der Stadt Tunis zu bemächtigen, „einer Stadt, 120 Stadien (etwa 20 km) von Karthago entfernt und in sehr fester, theils durch Kunst, theils durch ihre geographischen Bedingungen erzeugter Lage".

Edrisi[2]) giebt der Mündung des Kanals von Gulett unter dem Namen Fum-El-Wadi eine Breite von etwa 40 Ellbogen, was ungefähr 20 m (den arabischen Ellbogen zu 480 mm gerechnet) entspricht, und eine Tiefe von 3 bis 4 Toisen (5,8 m — 7,7 m), die er heute nicht mehr besitzt, da nur Schiffe mit sehr geringer Tiefe den Kanal zu durchfahren vermögen, während größere Schiffe, namentlich Dampfboote, etwa 1 km von der Mündung in dem den Nordwinden ausgesetzten Meerbusen von Tunis ankern müssen. Mit dem Namen Gulett bezeichnet man ebenfalls eine Häusergruppe am nördlichen Ufer des Kanals, in wecher sich das Zollamt befindet und eines der geräumigen Gebäude dem Bey als Palast dient, den er einen Theil des Sommers bewohnt.

Man ist glücklicherweise nicht mehr wie früher genöthigt, den El-Bahira in einem kleinen Boote zu durchfahren, um nach Tunis zu gelangen; jetzt wird dieser ganze Weg in zwanzig Minuten mittels der Eisenbahn zurückgelegt, die von der südlichen Spitze der Gulette, dem südwestlichen Ufer des Sees folgend, eine öde Sandgegend durchzieht. Alle Plackereien, denen die Fremden bei ihrer Ausschiffung an der Gulett von Seiten des Zollamtes ausgesetzt sind, blieben uns erspart, da der französische Vizekonsul, Herr Joseph Cubisol, die Güte hatte, uns dort zu erwarten, und mit den nöthigen Befehlen von der Regierung ausgerüstet war, die den freien Durchlaß unseres ziemlich reichlichen Gepäckes bewirkten, sodaß wir die Reise nach Tunis sogleich fortsetzen konnten.

Wenn man durch Tunis geht, so gelangt man ebenen Fußes durch alle Quartiere, die nicht wie bei andern orientalischen Städten

---

[1]) Polybios, Hist. L. XIV. 10.

[2]) Loc. cit.

in verschiedener Höhe (je nach den von ihnen bewohnten verschiedenen Nationalitäten) liegen, sondern einander folgend sich auf derselben fast horizontalen Oberfläche befinden. So durchschreitet man, eins nach dem andern, die arabischen, jüdischen, maltesischen Quartiere, ohne zu bemerken, wie sich das eine von dem andern abtrennt. Die Straßen sind meist weniger eng in dem arabischen, als in dem jüdischen Quartiere, sodaß man in ersterem bequem zu Wagen fahren kann, was in Tunis mehr als in einer andern mohamedanischen Stadt, selbst Constantinopel im Verhältniß nicht ausgenommen, benutzt wird. Trotz schnellen Ueberhandnehmens europäischer Gebräuche ist in Tunis die Beleuchtung mittels Gas noch unbekannt (wenigstens zu der Zeit unseres Aufenthalts) und selbst jene mittels Oel eine ziemlich schlechte, sodaß man eine Laterne mit sich führen muß, wenn man sich noch spät nach einem entlegenen Orte begeben will. Um acht Uhr des Abends werden die Thore der Stadt geschlossen, öffnen sich aber den Begünstigten leicht.

Die Physiognomie der Stadt, soweit sie sich durch die Tracht der Einwohner ausprägt, ist ein Gemisch von arabischen und türkischen Elementen. Wie in allen mohamedanischen Ländern, so sind hier die Juden orientalisch gekleidet, aber es ist ihnen strenge verboten, sich des grünen oder weißen Turbans zu bedienen, da diese Farben nur den Gläubigen gestattet sind; einzig in Algerien erlauben sich die Israeliten diese Freiheit, welche die Araber einst sehr erzürnte, an die sie sich aber, wie an so manche andere Neuerung, mit der Zeit gewöhnt haben. Die Tracht der Frauen ist eine so abnorme, daß ich Gleiches noch in keinem mohamedanischen Lande gesehen: das Kleid reicht kaum bis an das Knie, und es ist somit der ganze obere Theil des Beines, wie der untere Theil des Fußes, in enge Hosen, eine Art von Pantalon collant, eingezwängt, etwa wie es bei unsern Ballettänzerinnen der Fall. Als ich in Tunis einfuhr und in den Straßen so gekleidete, oder richtiger, so wenig gekleidet erscheinende Frauenzimmer zum ersten Male erblickte, glaubte ich, daß sie jener Klasse des schönen Geschlechts angehörten, die sich zuweilen auch in Europa erlaubt, ihr Gewerbe auf gar zu grelle Weise zur Schau zu tragen, und war nicht im Stande zu begreifen, wie ein solcher Cynismus unter Muselmännern geduldet werden könne; aber groß war mein Erstaunen, als ich mich überzeugte, daß es die nationale Tracht sei, die sogar in den Harems der angesehensten Männer gebraucht wird, wie es meine Frau bestätigen konnte, als sie in Begleitung der Lady Wood diese Damen in ihren reichen Häusern besuchte. Da dieselben aber mehr oder weniger hübsch und jung sind, so findet dieses etwas indiskrete Auftreten hier seine Entschuldigung in dem Umstande, daß es bloß zu Gunsten des Herrn und Herrschers, nicht aber des Publikums stattfindet, dessen Blicken die Harem-Bewohnerinnen vollkommen entrückt sind. Anders aber ist es mit den in den Straßen verkehrenden Frauen; diese machen auf den zum ersten Male in Tunis verkehrenden Fremden einen überraschenden Eindruck, namentlich wenn er eine bejahrte oder wohlbeleibte Matrone dahinwatscheln sieht, welche oft ein höchst possirliches und dabei wenig anständiges Bild gewährt.

Die Bevölkerung von Tunis kann auf 70,000 Seelen angeschlagen werden, unter denen sich etwa 20,000 Juden und 12,000 Christen befinden, letztere vorzugsweise Malteser und Italiener (5000 resp. 4000), während die Franzosen verhältnißmäßig nicht zahlreich sind (etwa 1500) und die Engländer noch weniger zählen. Das italienische Element scheint stark zuzunehmen, auch hört man in den Straßen die italienische Sprache unter allen fremden am meisten. Die geringe Bedeutung des englischen Elementes in Tunis offenbart sich besonders in den Wirthshäusern; während man sich in denen von Algier fast nach England versetzt glaubt, hört man in den Wirthshäusern von Tunis, namentlich in dem Hôtel de Paris (das wir zwei Wochen bewohnten) nur italienisch und französisch sprechen. In unserm Wirthshause war England allerdings trefflich vertreten durch Herrn Davis, den ausgezeichneten Erforscher von Karthago, den wir häufig zu sehen das Vergnügen hatten, und der uns die angenehme Hoffnung machte, seine interessante Bekanntschaft noch dauernder zu pflegen, da er beabsichtige, den Winter in Florenz zuzubringen; leider jedoch war er noch vor unserer Rückkehr dort an den Folgen der Strapazen, mit denen er unter der glühenden afrikanischen Sonne zu kämpfen gehabt, gestorben.

Die Konsuln der europäischen Mächte sind in Tunis hochgestellte diplomatische Beamte und erinnern an die Gesandten in Constantinopel, wenn man sie, begleitet von ihren wohlbewaffneten Spahi, diese in orientalischer Tracht und viel malerischer als die schlichten türkischen Kawaß erscheinend, in den Straßen stolziren sieht. Unter den Konsuln spielen der französische und englische die Hauptrolle; Herr Roustan, Generalkonsul und Geschäftsträger von Frankreich, besitzt den Vortheil vor seinem englischen Kollegen Sir Richard Wood, eine scharfsichtige, nicht bloß an die Gegenwart gebundene, sondern auch die Zukunft beherrschende Politik zu vertreten, was nicht der Fall mit seinem Kollegen, der leider zu sehr an gewissen Ansichten der Vergangenheit haftet und sie für den heutigen Stand der Dinge noch geltend annimmt. Indem er sich einem sonderbaren historischen Anachronismus hingiebt, erscheinen ihm Frankreich und England wie zur Zeit der Jeanne d'Arc und die Türkei wie sie unter Suleiman dem Großen auftrat; und somit hält er sich verpflichtet, alles das, was für Frankreich günstig, als für England nachtheilig und die Türkei als ein unzerstörbares Reich anzusehen. Ihm schien auch der Kampf zwischen Rußland und der Türkei den Augenblick der triumphirenden Aufrichtung der Fahne Mohameds anzukündigen, und war er bemüht, den Bey zu überreden, unter dieser Fahne sofort Stellung zu nehmen und die wenigen elenden tunesischen Soldaten nach Constantinopel zu schicken, um an dem großen Werke der Wiederherstellung des siegenden Islamismus seinen Theil in Anspruch zu nehmen. Glücklicherweise hatte der weiter blickende Herr Roustan noch Zeit, dem Fürsten über seine wahren Interessen aufzuklären und ihm somit die gefährliche Stellung in Betreff Rußlands zu ersparen für den schnell herannahenden Tag, wo für die Türkei wie für alle ihre unglücklichen Mithelfer die verhängnißvolle Stunde der Liquidation gegen den Sieger schlagen sollte. Diese sonderbaren retraspektiven Ansichten des englischen Generalkonsuls machten seine Lage gegenüber seinem französischen Kollegen vollständig unhaltbar; trotzdem wird man die Abberufung Sir Richard Wood's bedauern, da Jedermann seinen Kenntnissen wie seiner langen Erfahrung und angenehmen Persönlichkeit Gerechtigkeit widerfahren läßt, besonders aber Lady Wood vermissen wird, die als ganz ausgezeichnete Dame in Tunis allgemein geschätzt wird und in jedem Lande der Gesellschaft zur Zierde gereicht.

Die Wohnungen der Konsuln, besonders die des französischen Generalkonsuls sind geräumig und zierlich, aber ohne die schöne, sogenannte maurische Architektur, die in Algier so charakteristisch für die Wohnungen der fremden Konsuln, wie der französischen Beamten und selbst vieler Privatleute ist. Obwohl übrigens das christliche Quartier von Tunis mehrere ansehnliche, europäisch gestaltete Gebäude besitzt, so hat doch der größte Theil derselben ganz den orientalischen Stil, mit flachen Dächern und gegitterten Fenstern; zu den merkwürdigsten Gebäuden gehören die Moscheen und der Palast des Fürsten, Dar-el-Bey genannt.

Die Moscheen sind zahlreich und einige von imposantem Aeußern, da aber den Christen der Zutritt untersagt und nur mit besonderer, allerdings leicht zu erlangender Erlaubniß gestattet ist, so mochte ich mich nicht dem Zeitverlust aussetzen, der mit solchen Formalitäten verknüpft ist, und zog es vor, meinen hiesigen Aufenthalt den Ausflügen in die Umgegend zu widmen. Ich stand von jenem Vorhaben um so leichter zurück, als mir die Moscheen von Constantinopel, Kairo, Damaskus ꝛc. bekannt waren und ich kaum darauf hoffen durfte, in den hiesigen besonders Merkwürdiges zu finden, bedauerte dabei allerdings, nicht die zahlreichen Reste von Carthago sehen zu können, die angeblich in einigen Moscheen enthalten sind. Unter diesen soll die schönste und größte die Oliven-Moschee (Djanani el-Zaituna) und voll von werthvollen Reliquien (Säulen, Karniesen, Skulpturen, Grabsteinen ꝛc.) der geheimnißvollen alten Stadt sein. Der Winterpalast des Fürsten, Dar-el-Bey, in durchaus europäischer Bauart und zwischen dem Bazar und einem schönen, mit grünem Viereck geschmückten Platz gelegen, ist im Innern nicht merkwürdiger als in seinem Aeußern, etwa einige prächtige Stuckarbeiten ausgenommen, welche die Decke und die Wände mehrerer Zimmer zieren; schade nur, daß diese kleinen Meisterstücke maurischer Architektur, welche kaum ein Jahrhundert alt sind, durch die unpassende Verbindung mit europäischen Möbeln und Verzierungen entweiht werden, indem sich in allen Zimmern geschmacklose Sessel, Tische, Betten ꝛc. befinden, die, mit einer Fülle künstlicher Blumen versehen, kaum von einem englischen oder französischen wohlhabenden Bürger im eigenen Hause geduldet werden dürften. Im Ganzen zählt der Palast an großen und kleinen Zimmern etwa vierzig: in einigen sieht man Marmor- und Granit-Säulen, die aus den Ruinen Carthagos stammen.

Mitten in einer Sandebene, zwischen den Seen El-Bahira und Sebkha-el-Sedjum gelegen, besitzt Tunis weder im Innern der Stadt öffentliche Spaziergänge, noch jene malerischen Umgegenden, die bei Algier, Bougie, Bone und vielen andern Städten Algeriens zu so angenehmen, nur wenige Stunden in Anspruch nehmenden Ausflügen Gelegenheit bieten. Die sogenannte Seepromenade, die bedeutendste, ist eine breite Allee, welche sich, der brennenden Sonne ausgesetzt, längs des westlichen, vollständig öden Ufer des Sees El-Bahira hinzieht.

Trotzdem ist die Umgegend von Tunis nicht in dem Maße einförmig und kahl, wie sie von einigen Reisenden geschildert wird; nach welcher Richtung man sich auch von der Stadt aus wenden mag, sei es nordwärts nach Biserta, südlich oder südöstlich in das Gebirge von Zaghuan oder nach Hamam-el-Elf, sei es endlich westlich nach Medjez-el-Bab: nirgends ist man ausschließlich auf sandiges, dürres Terrain angewiesen. Im Gegentheil wechseln fast überall vielfach grasreiche Ebenen mit Hügeln, die mit schönen Olivenhainen gekrönt sind, einer in Tunis durch ihr sonderbares Aussehen auffälligen Baumart, da der Stamm häufig aus zwei in einander verschmolzenen Individuen besteht und stark gewunden ist, während sich die Wurzel bogenartig über dem Boden wölbt.

Zu den anmuthigsten, wenn nicht malerischsten Gegenden dieser Art gehört die wellige Ebene nördlich von Tunis, in deren Mitte das Dorf Ariana und zahlreiche grüne Villen liegen. Zwar ist die Oertlichkeit für Fußgänger zu entfernt, die, wie bemerkt, in Tunis selbst nur die einförmige Seepromenade und ein paar Alleen um die Stadt mit einigen lokalen Ausblicken haben; wir aber genossen die Freundlichkeit von Seiten der Lady Wood, den interessanten Ausflug nach der Ebene von Ariana in deren Wagen unternehmen und mehrere Villen besuchen zu können. Obwohl das Wort Ariana im Arabischen soviel wie unangebaut oder öde bedeutet, so verdient die Ebene doch keineswegs diese Bezeichnung, da die Sommerhäuser und Anlagen der reicheren Bewohner von Tunis zur Belebung beitragen.

Unter diesen Villen gehört eine der schönsten dem General Hamida-Ben-Ayad, zu deren Besichtigung mir genügend Zeit verblieb, da ich dort etwa zwei Stunden auf die Rückkehr meiner Frau zu warten hatte, die, mit Lady Wood vereint, dem ziemlich entfernten Harem des Schwiegersohns von Hamida einen Besuch abstattete. Leider konnte der General, der in der Villa zu meiner Gesellschaft zurückgeblieben war, auf die zahlreichen Fragen, die ich an ihn richtete, nur unvollständig antworten, da er, trotz seines Aufenthaltes in Paris und London der Kenntniß jeder europäischen Sprache bar, sich auch türkisch nur schwer auszudrücken vermochte, mit welcher Sprache ich sonst noch im ganzen Orient ausgekommen bin, sodaß sich für mich weder die Gelegenheit noch das Bedürfniß gefunden, das Arabische zu erlernen. Es war mir daher überraschend, in Tunis das türkische Element so vollständig durch das arabische ersetzt zu finden, daß trotz der langen osmanischen Herrschaft jetzt fast nur der Bey geläufig türkisch spricht, während das Volk wie die tunesischen Beamten diese Sprache ihrer früheren Herren durchaus vergessen haben.

Die Villa des Generals Hamida-Ben-Ayad enthält ein schönes, für den Besitzer und seine Familie bestimmtes Wohnhaus mitten in einem kühlen Garten, das drei Stockwerke umfaßt, deren europäisch möblirte Zimmer geschmackvolle Verzierungen im alten maurischen Styl zeigen.

Trotz der äußerst mangelhaften administrativen Organisation von Tunis muß man doch die Sicherheit in der Stadt und selbst in größerer Ferne von derselben bewundern; in dieser Hinsicht ist das noch so wenig civilisirte Land manchen Staaten Europas, namentlich Italien, weit überlegen, wo Sicilien, ja selbst die Umgegend von Neapel, noch die ersten und unentbehrlichsten Bedingungen eines geordneten socialen Zustandes, soweit es die öffentliche Sicherheit betrifft, vermissen lassen. Diesen Vorzug verdankt Tunis theilweise den vom jetzigen Bey ergriffenen energischen Maßregeln, ohne daß jedoch das Reformsystem, womit man die Türkei bereichert zu haben meint, jemals in Tunis eingeführt worden wäre. Obwohl die glänzenden Manifeste, welche in Constantinopel erschienen, auch in Tunis proklamirt worden, so galt die Bekanntmachung solcher officiellen Vorschriften doch nur als Zeichen der Achtung vor dem heiligen, wenn auch kraftlosen und unbedeutenden Vertreter des Propheten, den man seine repräsentativen Kammern und verantwortlichen Minister dekretiren ließ, ohne daß man in Tunis jemals solchen Institutionen auch nur die geringste Aufmerksamkeit geschenkt hätte. Wie früher, befindet sich hier die ganze Macht in den Händen des Beys, und diese ist menschenfreundlich und liberal, oder drückend und grausam, je nach den persönlichen Eigenschaften ihres Inhabers; der gegenwärtige Herrscher macht von derselben keinen für das Land ungünstigen Gebrauch und verwaltet dasselbe ziemlich väterlich, dabei jedoch stets den alten administrativen Formen treu bleibend.

Einen der auffallendsten Beweise von der Lebenszähigkeit dieser traditionellen Formen liefert die Art, in welcher der Bey, gleich den biblischen Patriarchen, die Gerechtigkeit in Person ausübt. Am 1. Juni wohnte ich der öffentlichen Sitzung bei, die der Fürst jeden Sonnabend in seinem Sommerpalast auf der Gulette hält, um alle ihm von seinen Unterthanen vorgelegten Streitfragen zu schlichten. Die Sitzung wird um acht Uhr Morgens eröffnet, die einheimischen Zuschauer werden in gewisser Auswahl, Europäer aber nur mit Erlaubniß des Ministers der auswärtigen Angelegenheiten zugelassen. Durch die Vermittelung des Herrn

27*

Roustan erhielt ich für mich einen guten Platz, während es nicht möglich war, für meine Frau die gleiche Gunst zu erlangen, da das weibliche Geschlecht, soweit es die Europäerinnen betrifft, von den Gerichtshöfen ausgeschlossen ist; auch ist der Saal nicht geräumig und mit Militär stark besetzt, dessen reiche Uniform und gute Haltung auffallend waren, zumal sich tunesische Soldaten in letzterer Hinsicht eben nicht auszuzeichnen pflegen und man sie mitunter sogar im Dienst als Schildwache, die Flinte friedlich auf dem Boden liegend oder an die Mauer gelehnt, Strümpfe stricken sieht.

Der Bey sitzt in einem mit grünem Sammet bekleideten Sessel, eine lange Jasmin-Pfeife in der Hand, während ihm die Individuen, welche geschriebene Bittschriften überreichen oder mündliche Erklärungen abgeben, von einer Art Ceremonienmeister vorgeführt werden.

Der Rechtsuchende drückt seine Klagen oder Forderungen mit lauter Stimme aus, worauf sofort die Entscheidung des Beys erfolgt. Zuweilen, wenn es Seiner Hoheit scheint, daß die Sache näherer Untersuchungen bedürfe, übergiebt er die geschriebene Bittschrift einem seiner Beamten; diese Fälle sind jedoch selten; gewöhnlich wird der Rechtsuchende sogleich abgefertigt und aus dem Saal geschoben, um einem anderen Platz zu machen.

Diese bei den Arabern übliche, höchst primitive summarische Rechtspflege setzt das Unterlassen aller gesetzlichen Verhandlungen und Prüfungen, namentlich aber einen grenzenlosen blinden Glauben in die Unfehlbarkeit des Richters voraus, der vermöge einer Art übernatürlicher Intuition befugt ist, in wenigen Minuten Fragen zu entscheiden, deren legale Lösung Tage, wohl gar Monate erfordert haben würde.

Wenn aber auch der primitive Zustand der Rechtsausübung einen außerordentlich niedrigen Grad der in Tunis vorhandenen Aufklärung bekundet, so würde man sich doch täuschen, wollte man annehmen, daß das Land sich vollkommen stationär verhielte. Ich habe schon an die öffentliche Sicherheit erinnert, deren sich dasselbe jetzt erfreut und die noch vor wenigen Jahren nicht vorhanden gewesen, ein Resultat, für welches die von der Regierung getroffenen Maßregeln nicht genügt haben würden, hätte nicht eine günstige Veränderung in den Gesinnungen der orientalischen Völker überhaupt stattgefunden. Den besten Beweis liefert der Umstand, daß der mohamedanische Fanatismus, obgleich in den weit entlegenen, aller Berührung mit Europa entzogenen Ländern noch immer rege, bei Weitem nicht mehr das ist, was er früher gewesen und so rasch in Abnahme begriffen, daß ihm nicht mehr die Kraft des Hebels innewohnt, Völkermassen in Bewegung zu setzen. Die Glorie, die das Haupt der Nachfolger Mohameds umstrahlte, hat in gleichem Maße von ihrem Glanze verloren, wie es mit der des Erben des heiligen Petrus der Fall; der Donnerkeil, der den mächtigen Arm dieser beiden Riesen bewaffnete, kann zwar noch heute einzelne Individuen treffen, ist aber ganzen Völkern gegenüber ohne große Wirkung.

Während meiner langen Reisen im Orient hatte ich häufig Gelegenheit, diese merkwürdige Veränderung wahrzunehmen, und mein letzter Aufenthalt in Algerien und Tunis lieferte neue auffallende Beispiele dazu.

In diese Gegenden gerade in dem Augenblicke gekommen, wo der Kampf zwischen Russen und Türken auf dem höchsten Punkte der Erbitterung stand, mußte ich befürchten, daß meine Nationalität auf die Araber einen sehr ungünstigen Eindruck machen würde, und als mein Aufenthalt in Algerien die Besorgnisse vollkommen widerlegte, mußte ich diese für Tunis als wohlbegründet anerkennen, da es sich hier um einen mohamedanischen Fürsten, einen Vasall der Türkei, handelte, der trotz seiner persönlichen Ansichten und Neigungen durchaus machtlos sein würde, mich gegen die Aufregung des Volkes zu schützen, die unter solchen Umständen nicht bloß bei fanatischen Muselmännern, sondern auch in Europa als natürlich anzunehmen war. Unter diesen Umständen machte mir der General-Gouverneur Chanzy den freundlichen Vorschlag, mich in Tunis officiell unter den Schutz des französischen Geschäftsträgers zu stellen, zu welchem Schutze ich als Mitglied des Instituts und als Commandeur der Ehrenlegion gewissermaßen berechtigt war. Groß aber war mein Erstaunen, als ich, in Tunis angelangt, wo man augenscheinlich von meiner Ankunft im Voraus unterrichtet war, mich überzeugte, daß ich als Russe nicht den mindesten Eindruck auf die arabische Bevölkerung machte und als solcher ganz wie jeder andere Europäer auftreten konnte. Im Gegentheil schien der Bey bemüht zu sein, den Zeichen besonderen Wohlwollens, mit denen er mich zu beehren wünschte, die größte Oeffentlichkeit zu geben. In seinem von einer großen Menge Volks umringten Palast in der Gulette und in Gegenwart seiner Beamten bekleidete er mich mit dem Großbande des Nischan-Iftikhar, der höchsten Dekoration des Landes, und ich mußte, mit diesen glänzenden Insignien geschmückt, sowohl die im Hofe aufgestellten Truppen, die mir militärische Ehrenbezeugungen erwiesen, wie auch die in den Straßen versammelte Menge bis zur Eisenbahnstation zu Fuß passiren, ohne daß auf diesem Wege der Pöbel das geringste Zeichen von Unwillen oder Mißmuth gegeben hätte. Dies wäre doch so verzeihlich gewesen bei dem Anblick eines durch ihren rechtgläubigen Fürsten öffentlich ausgezeichneten Fremden, dessen Landsleute in mörderischen Kämpfen die mohamedanischen Glaubensgenossen der Tunesier niedermetzelten, wie es die Zeitungen und Gerüchte jedem Bewohner der Stadt täglich meldeten. Vor zehn oder fünfzehn Jahren würde das Volk weder in Tunis noch in irgend einer mohamedanischen Stadt einen Fremden mit Wohlwollen empfangen haben, der einer mit dem Haupte des Islams in blutiger Fehde begriffenen Nation angehörte, und leicht würde es sein, viele solcher Beispiele anzuführen, welche für die jetzt vorwaltende verhältnißmäßige Toleranz, ja selbst religiöse Gleichgiltigkeit der noch vor Kurzem so fanatischen Muselmänner Zeugniß ablegen würden. Nur dieser merkwürdigen Veränderung in den Gesinnungen der Muselmänner kann man die erfolgreichen Unternehmungen der Reisenden, welche heute Afrika nach allen Richtungen durchstreifen, und von denen ich nur Rohlfs, Nachtigal Dr. Oskar Lenz, Dr. P. Matteucci und den Schiffslieutenant A. Massari als der jüngsten Zeit angehörend nennen will, zuzuschreiben. Ohne jeden Aufwand und nur auf ihre persönliche Kühnheit zählend, sind diese Reisenden glücklich in Gegenden gedrungen, die lange Zeit als die unzugänglichsten Bollwerke des mohamedanischen Fanatismus und Christenhasses angesehen wurden, und die allen Versuchen früherer gleich kühner und ausdauernder Reisenden Trotz geboten haben. Wenn Oberst Flatters von den keineswegs schlimmeren Tuareg ermordet worden, so muß man nicht vergessen, welchen Antheil geheimnißvolle Mächte bei dieser Aufregung der Fanatiker hatten.[1]) Solche Ereignisse sind nicht als der Ausdruck des normalen Standes der Dinge anzusehen, und

---

[1]) In seinem Werke „Quatre mois dans le Sahara“ (p. 138—148) führt der Kapitän F. Bernard mehrere zwischen den einflußreichen Scheichs der Tuareg (z. B. der Emirs von Ghadames) gewechselte Briefe an, in welchen die Scheichs den Mord der französischen Expedition als ein für Constantinopel höchst willkommenes Ereigniß ankündigen, hierbei auf die Sympathien und die Mithilfe des Vertreters des Propheten rechnend.

man braucht nicht nach Afrika zu gehen, um sich zu überzeugen, wie leicht auch unter Christen eine durch Vorurtheile und geheime Einflüsterungen plötzlich aufgeregte Menge der größten Excesse fähig ist, wie es neuerdings die gräßliche Judenhetze und die Mordthaten in Irland bewiesen haben. [1])

Ehe ich über meine Ausflüge in die Umgegend von Tunis berichte, will ich einige Worte über den Bardo, den im Norden unweit von Tunis und dem westlichen Ufer des Sees El-Bahira gelegenen Palast des Bey, sagen. Nach demselben führen eine Eisenbahn und eine schöne Chaussee, die bis Hamam-el-Enf reicht, auf dessen Mineralquellen ich später zurückkommen werde. Der Name Bardo bezeichnet eine Anzahl von verschiedenen Häusern, die den Palast des Bey umringen und gewissermaßen ein mit Buden ausgestattetes Dörfchen bilden. Der Palast selbst ist ein Bau mittlerer Größe, mit zwei Stockwerken, die nur etwa fünfzehn Zimmer enthalten, und einem recht ansehnlichen Eingang. Die Treppe und die Löwen, welche sie zieren, bestehen aus weißem, italienischen Marmor, sowie fast alle architektonischen Verzierungen

---

[1]) Wenn man von kühnen Reisenden spricht, so ist vielleicht als der kühnste unter allen der Oberst Prchewalski zu nennen, da noch keiner mit so geringen Mitteln so viel errungen hat, tantulo tantum! Mit Verwunderung liest man (Reisen in der Mongolei, aus dem Russischen von Albin Kohn, p. 80), daß die für seine abenteuerliche Unternehmung bewilligte Summe das erste Jahr 2500 Rubel, das zweite und dritte Jahr je 3500 Rubel betragen habe, sodaß die Gesammtkosten seiner ungeheuren Reisen die Summe von 9500 Rubeln (28,500 Franken, den Rubel nur mit 3 Franken angenommen), nicht übertroffen, was in Amerika oder England ein begünstigter Gelehrter für eine Erholungsreise im eigenen Lande erhalten würde. Mit so winziger Beisteuer, die dem Obersten nicht einmal gestattete, die unentbehrliche Dienerschaft mit sich zu führen, und ihn zwang, seine Kameele selbst zu beladen, durchstreifte er, nur von zwei (!) Kosaken begleitet, fast drei Jahre lang die unzugänglichsten und noch von keinem Europäer betretenen Länder des Orients, wies alle Angriffe zurück und erlangte dadurch einen solchen Ruf, daß schon das Gerücht von der Anwesenheit der drei unverwundbaren Russen hinreichte, vielen, häufig sogar berittenen Tunganen-Horden Schrecken einzujagen und sie zu vertreiben. Bei der Mittheilung eines solchen Falles ruft Prchewalski aus (loc. cit. p. 321): „So groß ist der Zauber des europäischen Namens zwischen den moralisch verfallenen asiatischen Völkern! nicht wir persönlich waren die Ursache der Furcht, welche die dunganischen Räuber ergriffen hatte, nein, es war der Sieg des europäischen Geistes, seiner Energie, seines Muthes, welche so allmächtig wirken, daß der Erfolg fast sagenhaft erscheint."

im Innern des Palastes; Decken und Wände einiger Zimmer weisen schöne Stuck-Arbeiten in maurischem Stile auf. Leider waltet im Bardo wie im Dar-el-Bey die burleske Nachäffung des europäischen Schmuckes und der Möblirung vor, obwohl der Bardo in letzterer Hinsicht weniger schlimmer behandelt worden ist, die Möbel dem Stile Ludwig's XVI. angehören und somit wenigstens einen gewissen historischen Charakter besitzen. Der Empfangssaal ist geräumig und die Wände sind mit Bildnissen europäischer Souveräne geschmückt, unter welchen Napoleon III. und Victor Emanuel den Hauptplatz einnehmen, während seltsamer Weise der Sultan und der Kaiser von Rußland ausgeschlossen sind.

Wie im Dar-el-Bey, so wurden wir auch hier von einem Offizier in Paradeuniform begleitet, und es salutirten die Schildwachen wenn auch mit gewissen flehenden Blicken, die unsere Freigebigkeit in Anspruch zu nehmen schienen; dem schmucken Offizier gab unser Dolmetscher 3 Franken, worüber derselbe seinen herzlichsten Dank ausdrückte. Ich hielt diese Aeußerung für Ironie und machte dem Dolmetscher über die Geringfügigkeit der Gabe eine Bemerkung, worauf er alle diese Beamten trotz ihrer staatlichen Uniform für hungrige Bettler erklärte, hinzufügend, ich hätte wohl daran gethan, den Schildwachen nichts zu geben, da der Offizier sie sonst bald beim Obersten, als gegen die Militärehre handelnd, verklagt haben würde.

Nach diesen kurzen Worten über Tunis und dessen nähere Umgegend seien mir noch einige Andeutungen über entferntere Ausflüge gestattet. Ich beginne mit dem fernstgelegenen einem Städtchen Zaghuan, etwa 40 km südlich von Tunis, wohin mich sowohl die vom Kaiser Hadrian erbaute berühmte Wasserleitung, welche die Quellen des Zaghuan-Gebirges nach Carthago beförderte, wie die Quellen selbst lockten.

Da die Gegend zwischen Tunis und Zaghuan ziemlich flach ist, so kann man sie wenigstens im Sommer (denn im Winter ist der Boden mit Wasser und Schlamm bedeckt) zu Wagen bereisen, was vor etwa fünfzehn Jahren nicht möglich war, weil damals weder Eisenbahn noch Wagen existirten und der zu Pferde reitende Europäer diesen Ausflug schwerlich ohne Eskorte hätte machen können. Jetzt werden Wagen aller Art von Franzosen und Italienern bereit gehalten, und der europäisch gekleidete Fremde kann die Reise allein zu Wagen unternehmen, ohne hierbei die geringste Gefahr zu laufen. Freilich bestehen in tunesischen Städten keine europäisch eingerichteten Wirthshäuser, wie sie überall in Algerien vorhanden; wir aber waren nach dieser Seite hin trefflich versorgt, da uns Dank der unermüdlichen Fürsorge des Herrn Roustan, des französischen Generalkonsuls, die Gastfreundschaft des Herrn Fanelli gesichert war, der im Dienste des Bey als Ingenieur und Direktor der hydraulischen Arbeiten den Flecken Marona unweit des Städtchens Zaghuan bewohnte. In jeder Hinsicht auf das Beste ausgerüstet, verließen wir, von dem bewaffneten Spahi des französischen Consulats und einem Dolmetscher begleitet, Tunis am 28. Mai.

Nach anderthalb Stunden Weges erblickten wir eine Gruppe zertrümmerter Gebäude, Reste eines von Achmed Bey erbauten Schlosses, das unter dem Namen Mohamedia als eines der prachtvollsten und kostspieligsten Privathäuser von Tunis galt und dessen Besitzer ungeheure Summen auf dasselbe verwendet hatte; erst fünfzig Jahre alt, ist es schon fast gänzlich verschwunden und wird nun durch zahlreiche Haufen von Trümmern und Schutt ersetzt. Neben diesem traurigen Bilde des Verfalls und der Verstümmelung erheben sich majestätisch die Gewölbe der Wasserleitung des Kaisers Hadrian, die der menschlichen Kraft und Zeit siebzehn Jahrhunderte lang getrotzt haben! Schwerlich dürften sich irgendwo so auffällige Beispiele von der Dauer alter Bauten und der Hinfälligkeit unserer, besonders von Ottomanen stammenden, neben einander vereinigt finden.

Nahe bei den Ruinen der Mohamedia beginnt die erste Reihe der Bogen der römischen Wasserleitung, die sich in ihrer ganzen Pracht entwickelt, sobald man das Flüßchen Ued-Melian (Catada des Ptolemäus) überschritten hat. Man kann sich nichts Großartigeres und Malerischeres denken, als diese langen Reihen von Arkaden, die sich auf dem blauen Grunde des Horizonts gewissermaßen in glänzenden Bogen abdrücken und an ihren oberen Rändern durch Pflanzen, welche sich seit Jahrhunderten dort angesiedelt, grün gefärbt sind; namentlich machen sich mehrere kleine Opuntia (Opuntia ficus indica) bemerkbar. Jenseits des Ued-Melian folgten wir einer welligen, nahezu unangebauten und meist dürren Ebene, die hier und da mit den rosenfarbigen wohlriechenden Blüthen eines Thymian (Thymus capitatus) geschmückt war. An den wenigen mit Gerste bebauten Feldern stand man im Begriff zu ernten.

Wir ließen nun bald zu unserer Linken die Reihe der Wasserleitungs-Bogen, die noch jetzt eine Länge von 30 km einnehmen, zur Zeit der Römer aber (nach Herrn Caillat's Angabe) von den Quellen des Zaghuan bis Carthago die ungeheure Länge von 132 km gehabt haben mußten, eine Ausdehnung, die keine der bekannten alten Wasserleitungen besitzt; auch die längste von allen der bei Rom befindlichen, Amio Novus genannt, ein Werk des Kaisers Claudius, hat nicht ganz 100 km, und außerdem liegt die Hälfte unterirdisch.

Obwohl der größte Theil jener alten Wasserleitung, namentlich zwischen dem Flüßchen Melian und der Stelle Carthagos verschwunden ist, so staunt man doch über die zahlreichen prachtvollen Reste des riesenhaften Denkmals, trotzdem man Anstrengungen gemacht, dasselbe zu vernichten, welches Zerstörungswerk Gelimer, der Vandalen-König, begann, und das bis zu den Spaniern, die die letzte Hand daran legten, fortgesetzt wurde. Immerhin ist das wunderbarer Weise übrig Gebliebene noch sehr bedeutend, denn als wir nach Ueberschreitung des Ued-Melian längs der langen Reihe von Arkaden hinfuhren, konnte ich noch 341 vollkommen erhaltene Bogen zählen. Drei Jahre vorher hatte der Oberst Playfair noch 344 gezählt, und so ist es wahrscheinlich, daß, wenn Tunis in seiner jetzigen Lage verbleibt, der Tag einst kommen wird, wo jenes herrliche Denkmal sein langes Dasein beschließen dürfte. Allerdings wird die Todesstunde nur langsam vorrücken, aber sie macht einen Schritt vorwärts bei jedem Hammerschlage, der einen Stein ablöst, eine leider eifrig betriebene Arbeit, da wir selbst viele Araber damit beschäftigt sahen, die kostbare Beute auf Karren zu laden, um sie ihren Dörfern zuzuführen.

Je mehr wir uns Zaghuan näherten, um so welliger und steiniger erschien die Ebene; überall ragten die weißlichen mergeligen Kalksteine hervor und fielen in ihren Schichten nach Südwesten. Trotz des öden Charakters der Gegend trugen die Hügel an mehreren Stellen Gesträuch von Pistacia lentiscus und Ziziphus vulgaris, vereint mit Passerina hirsuta und Thapsia garganica, diese letztere merkwürdige Doldenpflanze in ungeheurer Entwickelung.

Nach einer fünfstündigen Reise erreichten wir das gastfreundliche Haus des Herrn Fanelli, der uns mit herzlicher Zuvorkommenheit empfing und uns in die für uns bereitgestellten Zimmer führte.

Die Gegend zwischen Tunis und der Wohnung des Herrn Fanelli ist ziemlich wüst, lieferte mir aber trotzdem eine ansehnliche Menge von Planzen, von denen ich außer den bereits angeführten noch die folgenden erwähnen will:[1])

[1]) Die mit r bezeichneten Arten sind für Algerien selten.

Cistus monspeliensis L.
Polycarpon tetraphyllum L.
r. Hypericum pubescens Boiss.
Ebenus pinnata Desf.
Paronychia nivea Dc.
Sedum altissimum Poir.
Scabiosa maritima L.
Asteriscus maritima L.
Scolymus hispanicus L.
Centaurea fuscata Des.
Andryala integrifolia L.
r. Spitzelia cupuligera Dc.
Cuscuta planiflora Ten. (auf Rosmarinus officinalis.)
Echium maritimum Willd.
Verbascum sinuatum L.
Trixago viscosa Rchb.
Teucrium polium L.
Statice Thouini Viv.
r. Allium paniculatum L., var. pallens.
*Melica ciliata, var.
— Nebrodensis.
Lygeum spartium L.
Ampelodesmos tenax Link.

Da wir bei Herrn Fanelli ziemlich früh anlangten, so machte er den Vorschlag, sogleich das Städtchen Zaghuan und die im Zaghuan-Gebirge befindlichen Quellen zu besuchen.

Das Städtchen, das etwa 3 km von der Wohnung des Herrn Fanelli entfernt ist, und dessen Höhe mein Aerometer mit circa 200 m angab, besteht aus etwa hundert elenden, aber malerisch gelegenen Häusern. Man hat von hier eine prachtvolle Aussicht; südlich steigt 1353 m das stattliche Zaghuan-Gebirge auf, während sich südwestlich die mit dichten Olivenhainen besetzte Ebene entfaltet, welche im Westen durch eine andere, mit dem Djebel-Zaghuan parallel laufende Bergkette begrenzt wird. Eine Menge von Schäften antiker Säulen ist in den Mauern des Städtchens wie in den Wänden seiner Häuser eingebettet, welche letzteren enge und holprige steil auf- und absteigende Gassen begrenzen; das nach dem Städtchen führende Thor ist von römischer Konstruktion.

Für den Besuch der Quellen erstiegen wir zunächst den west-süd-westlichen Abhang des Djebel-Zaghuans und gingen dann längs desselben, der Rinne folgend, die durch die Piscine gespeist wird. Eine halbe Stunde lang durchschritten wir schöne Haine von Thuya (Callitris quadrivalvis), die weit in die tiefer gelegene Landschaft reichten, längs des nördlichen Fußes des Djebel-Zaghuan, wo diese Baumart beträchtliche, nach Herrn Fanelli's Aussage etwa 30,000 hect. bedeckende Wälder bildet. Der malerische Pfad durch die schöne, waldige Berglandschaft war von kräftigem Oleander-Gebüsch (Nerium Oleander) mit einer Fülle rother und weißer Blüthen umsäumt. Diese zierliche, für den Süden so bezeichnende Apocynee gehört zu den seltenen Pflanzenformen, deren stufenweise Entfaltung und Umbildung während verschiedener geologischer Perioden am gründlichsten studirt worden ist; Herrn von Saporta[1]) ist es gelungen, die Geschichte des Nerium-Oleander festzustellen, indem er bis zu dessen primordialen, in der oberen Kreide durch Nerium Rohlii vertretenen Typus hinaufstieg, der während der eocänen und miocänen Perioden sich mehr und mehr modifizirte, bis er endlich in den pliocänen Ablagerungen von Marimieux alle die Charaktere unsers heutigen Oleanders annahm. Auch hat er das Nerium von Marimieux unter dem Namen Nerium Oleander pliocenicum abgebildet, zusammen mit den sechs intermediären Formen (N. parisiense, sarthacense, repentum, Gaudryanum und bilirmense), die der alte cretacische Typus durchgemacht hatte, bis er seine heutige Form erhielt.

Wir erreichten endlich das prachtvolle römische Denkmal, das die Piscine einschließt, in welcher sich die im Zaghuan-Gebirge befindlichen Quellen vereinigen. Eine Beschreibung dieses merkwürdigen, den Arabern als El-Kasba oder Festung bekannten Denkmals erscheint überflüssig, weil bereits Oberst Playfair[2]) von demselben ein vorzügliches Bild entworfen und auch der gelehrte Ingenieur Caillat in einer später noch zu berührenden Arbeit die genauesten und ausführlichsten numerischen Angaben geliefert hat. Die 300 m hohe Piscine wird von kräftigen Johannisbrod- und Maulbeerbäumen (Morus nigra) beschattet; letztere waren mit reifen Früchten beladen, während ich in den Spalten der Steinquadern, welche die Mauern und die Treppe bilden, folgende Pflanzen beobachtete: Campanula dichotoma L., Polycarpon tetraphyllum L., Hypericum pubescens Boiss., Reseda alba L., Nigella damascena L. etc.

Nachdem wir in dem gastfreundlichen Hause des Herrn Fanelli übernachtet hatten, wollte ich den folgenden Morgen dazu benutzen, noch vor unserer Abreise nach Tunis das Zaghuan-Gebirge etwas näher kennen zu lernen. Demnach ritten wir (am 29. Mai) in Begleitung des Herrn Fanelli ganz in der Frühe bis zu der gestern besuchten Piscine hinauf, weil von hier aus das Besteigen des Zaghuans längs des nordwestlichen Abhangs am leichtesten geschieht. Wir ließen unsere Pferde an der Piscine zurück und überschritten eine

---

[1]) Le monde des plantes avant l'apparition de l'homme, p. 390.

[2]) Vgl. Travels in the footsteps of Bruce, und Handbook for travellers in Algeria and Tunis, new edition, p. 290.

halbe Stunde lang wellige Höhen aus festem Konglomerat mit Sträuchern von Mastixbaum und Johannisbrodbaum, Myrten, Brustbeerbaum 2c., und erreichten endlich einen langen von Süd-Ost-Süd nach Nord-West-Nord laufenden Graben. Die bald senkrecht, bald in welligen, mit Gesträuch bekleideten Flächen abfallenden Wände bestehen aus bläulichem oder grauem Kalkstein, der sehr kieselig oder mit Gängen und Nestern von weißem Kalkspath durchsetzt ist; die Struktur der Felsart ist häufig kristallinisch und der Bruch splitterig oder muschelig. Die Schichtung erscheint undeutlich, und es sind die durch Niederschlag entstandenen Ablagerungen von den Wirkungen lokaler Risse oder Spaltungen nicht leicht zu unterscheiden, obwohl an manchen Punkten ein Fallen der Schichten nach Süd-West stattzuhaben scheint. Von den Rändern des Grabens aus, dessen Höhe 500 m beträgt, umfaßt der Blick ganz deutlich die obere Region dieses Theiles des Gebirges, der allem Anschein nach aus dem gleichen Kalkstein besteht, welcher die unteren Theile zusammensetzt; auch sieht man dieselben Sträucher bis zum Gipfel hinaufsteigen. Demzufolge hielt ich es für überflüssig, denselben zu erklimmen, was ohnehin unsere Rückkehr nach dem Hause des Herrn Fanelli verspätet hätte, wo ich meine Frau zurückgelassen hatte, und wo der Wagen für die Reise nach Tunis auf uns harrte. Somit kehrten wir über die Piscine dorthin zurück, allerdings lebhaft bedauernd, wegen Zeitmangels an der Wanderung rings um den Zaghuan behindert zu sein, da in geringer Entfernung von der südlichen Grenze dieses Gebirgsstockes ungeheure, einen beträchtlichen Raum einnehmende Mengen von Dolmen vorhanden sein sollen.

Von den Pflanzen, die mir in diesem Theile des Zaghuan zu Gesicht gekommen, nenne ich:

r. Biscutella apula L. var.
r. Rapistrum Linnæanum Boiss.
Rapitsrum orientale DC.
r. Cistus villosus Lmk.
Polycarpon tetraphyllum L.
r. Sedum dasyphyllum, var. glandulosum.
Umbilicus horizontalis DC.
Eryngium triquetrum Vahl.
Ridolfia segetum Moris.
r. Ammi visnaga Link.
Ammi majus L.
r. Kundmannia sicula DC.
r. Daucus crinitus Desf.
Papaver dubium L.
Fumaria capreolata L.
Chrysanthemum coronar. L.
Urospermum Delechampsii Desf.
r. Cardopatium amethystinum Spach.
Galactites tomentosa Mœnch.

r. Spitzelia cupuligera Dur.	r. Teucrium pseudochamœpitys L.
Campanula dichotoma L.	Rosmarinus officinalis L.
r. Convolvulus cantabricus L.	Mercurialis annua L.
Linaria reflexa Desf.	Dactylis glomerata L.
Stachys hirta L.	Andropogon hirtus L.

Die den oberen Theil des Zaghuan-Gebirges bildenden Kalksteine gehen an den unteren Theilen desselben in einen mergeligen, mit blätterigen, gelblichen oder dunklen Mergeln abwechselnden Kalkstein über und fallen nach Südosten ab; Kalksteine, welche wahrscheinlich derselben Formation, wie die grauen Kalksteine angehören, die die oberen und mittleren Regionen des Bergstockes ausmachen. Anders ist es mit den weißen zerreiblichen Kalksteinen, die an verschiedenen Stellen der Gegend zwischen Tunis und Zaghuan in horizontalen Schichten auftreten, und offenbar jünger, vielleicht tertiär sind.

Herr Professor Stache, der diese Gegend vor mir besuchte, nimmt zwischen Tunis und Zaghuan cretacische und tertiäre Ablagerungen an, gesteht aber zu, daß diese Ansicht nur auf dem äußeren Aussehen der Felsarten beruhe. Der deutsche Gelehrte bemerkt, daß Kalksteine in der Nähe des Städtchens Zaghuan Bleierze gleich denen des Djebel-Reças enthalten und er in diesem Kalkstein, namentlich in einer röthlich und grau gefleckten Abart, viele unbestimmbare Korallen-Bruchstücke beobachtet habe. Derselbe meint auch, daß die Felsarten, welche den Djebel-Zaghuan und den Djebel-Reças bilden, dem devonischen Zeitalter angehören, bleibt aber für diese Ansicht die entscheidenden Beweise schuldig.[1])

Ehe ich von dem gastfreundlichen Hause des Herrn Fanelli Abschied nehme, möchte ich Sie noch mit den Notizen, die mir derselbe über das hydraulische System gegeben, welches die römischen Wasserleitungen ersetzt, bekannt machen, zumal niemand so gut wie er dazu berufen ist, da er mit der offiziellen Aufsicht über diese wichtigen Werke beauftragt worden; außerdem verdanke ich seiner Freundlichkeit noch die von Ph. Caillat, dem früheren Ingenieur des Bey von Tunis, veröffentlichte, im Buchhandel nicht mehr vorhandene Schrift: „Notice sur l'ancien aqueduc de Carthage et sa restauration“. Diesem wichtigen Dokument, wie den Mittheilungen des Herrn Fanelli sind nachstehende Thatsachen entnommen.

[1]) Vgl. Verhandl. der k. k. geol. Reichsanst. an. 1876, Nr. 2, 3, 6.

Herr Caillat beginnt seine gehaltvolle Schrift mit der ausführlichen Beschreibung der römischen Wasserleitungen und des Tempels, der sich an der Piscine erhebt, in welcher die Quellen des Zaghuan-Gebirges zusammenfließen: eine wichtige Schilderung, die es uns ermöglicht, den Zustand genau kennen zu lernen, in welchem sich die Denkmäler vor etwa zwanzig Jahren (1860) befanden, so daß man zu einer Zeit, wo sie nicht mehr vorhanden sein mögen, ein vollständiges Bild derselben haben wird. Herr Caillat ist der Ansicht, daß der Tempel, dessen Ausdehnung er nach allen Richtungen mit mathematischer Genauigkeit angiebt, der Astarte, der schützenden Gottheit Carthagos, geweiht gewesen sei, und schließt seine Schilderung der alten römischen Wasserleitungen mit folgender Bemerkung: „Dieses prachtvolle Werk, das täglich 32 Millionen Liter Wasser (somit 370 Liter per Sekunde) liefert, bestand aus dem Haupt-Aquädukt in einer Gesammt-Länge von 124 km, von denen 17 km über der Ebene auf Bogen ruhten, denen riesenhafte Pfeiler als Stütze dienten; die sekundären Wasserleitungen hatten eine Länge von 8 km, woraus sich ergiebt, daß dieses römische Denkmal eine Gesammtlänge von 132 km besaß."

Im Jahre 1839 wurde der Civil-Ingenieur Herr Colin vom Bey beauftragt, die römische Wasserleitung herzustellen, soweit solche noch zu benutzen möglich, um die Hauptquellen des Zaghuan und Djuggar nach Tunis zu leiten. Eine Summe von 7,800,000 Franken war für dieses Unternehmen bestimmt worden, welches in weniger als drei Jahren vollendet worden ist: eine staunenswerthe Schnelligkeit, wenn man die Größe und Schwierigkeit der Arbeiten berücksichtigt, über die hier einige allgemeine Angaben Platz finden mögen.

Die heutige, meist als Kanal der Gewässer des Zaghuan und Djuggar, bekannte Wasserleitung zerfällt in zwei ganz verschiedene Theile, deren einer aus Mauerwerk, der andere aus mit Bitumen bekleideten Eisenblech-Röhren besteht.

Die unmittelbar aus den Quellen des Djuggars hinabsteigende und von Tunis entfernteste Verzweigung hat eine Gesammtlänge von 33,691 m, dabei 33,011 aus Mauerwerk bestehend und 350 m aus Röhren von 45 cm innerem Durchmesser, die den sogenannten Heber (Siphon) des Djuggar bilden. Der genannte Kanal mit 24,143 m Gewölbe erhebt sich über den Erdboden und läuft längs der abschüssigen Abhänge der Berge; 9198 m sind unterirdisch. Diese Verzweigung des Kanals setzt über 64 Bäche, was die Errichtung einer großen Anzahl von Brücken nöthig machte.

Die von den Quellen des Zaghuan hinabsteigende Verzweigung hat eine Länge von 6141,50 m über dem Boden und 2148,50 m unterirdisch.

Beide Verzweigungen vereinigen sich an dem Marona genannten Orte (wo sich die Wohnung des Herren Fanelli befindet) in einem weiten runden Behälter, von wo aus der große gemeinsame Kanal entspringt. Jener ist mit allen nöthigen Vorrichtungen ausgestattet, um zu jeder Zeit die Höhe und das Quantum des darin enthaltenen Wassers zu messen und den Ausfluß zu regeln, sodaß man das Volumen des Wassers genau bestimmen kann, das der gemeinsame Kanal nach Tunis befördert, wo es nach verschiedenen Richtungen vertheilt wird.

Auf dem Raum zwischen Behälter (am Ort Marona) und Tunis hat man die römischen Bauten für die Anlegung des Kanals benutzt, hingegen nicht in der Verzweigung des Djuggar.

Um mit kurzen Worten von der Ausdehnung und Wichtigkeit der so schnell ausgeführten Arbeit des Herrn Colin einen Begriff zu geben, genügt die Bemerkung, daß sie die Konstruktion von 87,899 m, 60 gemauerter Wasserleitungen und 43,070 m unterirdische Röhren in sich schließt, was eine Gesammtentwickelung von 130,969.60 m, ergiebt, ohne der zahlreichen, häufig komplicirten Anlagen zu gedenken, welche die Regulirung, Messung und Reinigung der Gewässer bezwecken. Letztere durchlaufen eine Strecke von 101,873.70 m bis Tunis, 103,337 m bis Bardo und 124,958 m bis zur Gulett.

Herr Caillat behauptet, daß der Ingenieur Colin in Wirklichkeit nur 5,937,000 Franken in Münze erhalten habe, das Uebrige aber in Teskeré oder Anweisungen auf die Schatzkammer bestanden habe, was natürlich die Besoldung der Arbeiter, deren größter Theil Fremde waren, erschwerte. Herr Fanelli aber ist der Meinung, daß Herr Colin sich in eine sehr delikate Lage versetzt hatte als er es unternommen, die schwere Verantwortung mit einer Horde tunesischer Beamten zu theilen, welche sämmtlich Trinkgelder (bakchich) forderten oder sich dieselben mit Gewalt aneigneten, was eine ebenso unnütze als ansehnliche Verschleuderung veranlaßte. Auch scheint Herr Colin, unter der Last seiner mannigfachen Geschäfte erliegend, gewissen, mit der Ausführung zahlreicher Arbeiten beauftragten europäischen Agenten zu viel Vertrauen geschenkt zu haben, ohne für die nöthige Kontrole genügend Zeit zu erübrigen; woraus folgt, daß vieles schlecht ausgeführt worden, wie z. B. einige Röhren, bei denen man das Mauerwerk durch Thon oder Lehm ersetzte. Alle diese bedauernswerthen Mängel geben Anlaß zu häufigen Reparaturen, deren Kosten Herr Fanelli für das Jahr auf etwa 60,000 Francs anschlägt.

Die ungeheuren Ausgaben, welche durch dieses große hydraulische Werk und durch noch manche anderen, mehr oder weniger nützlichen Unternehmungen verursacht worden, haben gewiß viel dazu beigetragen, die Finanzen des Staates in die bedenkliche Lage zu versetzen, in welcher sich dieselben befinden. Nach anderer Seite hin aber verleiht der mit diesen Ausgaben verknüpfte Zweck dem Bey eine weit höhere und würdigere Stellung, als sie alle die ruinirten und beutelustigen orientalischen Potentaten einnehmen, die Europa jetzt unter seine Vormundschaft zu stellen bemüht ist; denn während diese Fürsten ihr Land erschöpft haben, um ihre grenzenlose Eitelkeit oder unersättliche Sinnenlust und ihre Laster zu befriedigen, kann wenigstens der Bey mit Stolz auf das riesenhafte Denkmal hinweisen, welches er der Civilisation errichtet, ohne aber dabei seine Mittel gehörig zu berücksichtigen.

In dem Zaghuan-Gebirge scheinen Löwen und Panther ziemlich selten zu sein; dafür aber erfahren wir durch Sir Grenville Temple,[1]) der einen großen Theil der tunesischen Regentschaft durchstreifte, daß die ganze Gebirgsregion westlich von Tunis an wilden Thieren ungemein reich sei, sodaß sie noch heute ist, was sie zur Zeit Herodot's gewesen: „leonum arida nutrix“. Auch waren es hauptsächlich Tunis und Algerien, die den Thierkämpfen in den römischen Amphitheatern die ungeheure Menge von Panthern und Löwen lieferten, derer Plinius gedenkt, und wobei er z. B. erzählt, daß Pompejus 600 und Cäsar 400 Löwen auf einmal erscheinen ließen, und daß Augustus 420, Pompejus 400 und Scaurus 150 Panther ebenfalls mit einem Male nach Rom beförderten. Die Leidenschaft der Römer für Thierkämpfe war so groß, daß kein Staatsmann irgend welche Popularität erlangen konnte, ohne dem Volke solche Schauspiele zu bieten, wovon Cicero in seinem Briefwechsel ein auffallendes Beispiel liefert, indem dieser mehrere Briefe von Coelius enthält,[2]) die der sich um die Prätur bewerbende römische Beamte an Cicero richtete, als dieser sich in Kleinasien

[1]) Excursion in the Mediterranean. Algeria and Tunisia. London, 1835, T. II, p. 239. Dieses sehr selten gewordene Buch ist trotz seines Alters noch heute mit Nutzen zu gebrauchen.

[2]) Cicero, Ad Diversos, VIII, 2, 4, 6 und 11.

befand und dort Cilicien verwaltete; Coelius fleht um Panther und Löwen als um die größte Wohlthat, die ihm sein berühmter Freund erweisen könnte.[1]) — Wie es stets der Fall, so geben diese Thiere überall, wo sie zahlreich vorhanden, zu den ärgsten Uebertreibungen Veranlassung; Temple bemerkt, daß er ganze Bände mit den wunderlichen Geschichten füllen könnte, die man ihm über Löwen und Panther erzählt habe, und die alle jene von Plinius und Aristoteles angeführten bei Weitem überträfen. Wie das populäre Sprichwort sagt: „Man leiht bloß den Reichen", so nimmt der englische Reisende mehrere in dieser Beziehung ziemlich außergewöhnliche Thatsachen an, deren Wahrhaftigkeit er zu ermitteln im Stande gewesen. Er sagt unter Anderem, daß das die kleine Stadt Kazerin (Stelle der alten Colonia Scilitana oder Cilio) tragende Plateau mit dichtem Gebüsch von Opuntia bekleidet war, welches durch einen starken Frost kurz vor seiner Ankunft vollständig zerstört wurde, ein Ereigniß, welches die Einwohner als eine Wohlthat der Vorsehung begrüßten, da es sie von den wilden Bestien befreite, denen das Gebüsch als Zufluchtsstätte diente. Unter diesen hätte sich ein ungeheurer Löwe befunden, der während vier Jahre einen solchen Schrecken in der Gegend verbreitet habe, daß, nachdem von den Einwohnern alles fruchtlos angewendet worden, um sich dieses unwillkommenen Nachbars zu entledigen, dieselben schon im Begriff gewesen seien, die Stadt zu verlassen; ein einziger Nachtfrost habe genügt, sie von dem Thiere zu befreien, das sogleich mit allen seinen Gefährten verschwunden sei.

Der unter brennender Sonne nach Zaghuan unternommene Ausflug hatte leider für meine Frau die längst befürchteten Folgen, indem sie den Strapazen, welche sie mehrere Monate mit Energie und mit Genuß ertragen, nicht länger gewachsen war; ein heftiges Fieber nöthigte sie, das Bett aufzusuchen und weiterhin das Zimmer zu hüten, welches sie nach ärztlicher Vorschrift bis zu dem Augenblicke nicht mehr verlassen durfte, wo sie die Reise nach Europa ermöglichen konnte. Zwar war es mir, nach überstandener Gefahr und als die Genesung eingetreten, wieder vergönnt, vor unserer Abreise noch einige Ausflüge zu unter-

[1]) Dieser klassischen Erinnerung wegen taufte Herr Valenciennes, dem Marcus Tullius Cicero zu Ehren, die von mir in Kleinasien entdeckte neue Panther-Art als Felis Tulliana (vergl. meine Asie Mineure, Climatologie et Zoologie, p. 618, Pl. I.)

nehmen, aber der größte Reiz war dahin, weil nichts in der Welt mir die Anwesenheit meiner Gefährtin zu ersetzen vermochte. Und da ich nun auch auf alle größeren Ausflüge, welche mehr als einen Tag in Anspruch nahmen, verzichten mußte, so gab ich nicht allein den Anfangs beabsichtigten Besuch nach Gabès, welcher längere Zeit erforderte, sondern auch den viel näheren, jedoch nicht in einem Tage ausführbaren nach Biserta auf und begnügte mich während der Genesung meiner Frau mit drei kurzen, aber hochinteressanten Ausflügen nach den Ruinen von Utica, den Mineral-Quellen von Hammam-el-Enf und den Trümmern von Karthago.

Für den Besuch des durch seine Ruinen berühmten Utica, etwa halben Weges zwischen Tunis und Biserta, verließ ich Tunis am 2. Juni durch das grüne Thor, folgte längs der Festungsmauern einer schönen Robinia- und Opuntia-Allee und ließ zur Rechten die geräumige Artilleriekaserne und gegenüber die Wasserleitung Kaiser Karl's V., eine im Hinblick auf die Wasserleitung Hadrians sehr untergeordnete Baulichkeit. Mit meiner Begleitung durchschritt ich einen dieser Bögen und betrat eine schöne, aber ganz flache Ebene, wo rechts der Palast Bardo wie ein kleines Dorf erschien, während links am fernen Horizont und längs des westlichen Ufers des Medjerdah das Gebirge auftauchte. Neben dem Bardo und von diesem durch eine schöne Allee von Phytolacca dioica geschieden, befindet sich ein anderer Palast des Bey, Saïd geheißen, in welchem der Fürst zuweilen einen Theil des Sommers verbringt, und um dieses Gebäude herum gruppiren sich in der Ebene zahlreiche Landhäuser der fürstlichen Beamten.

Nachdem wir zwei Stunden lang eine abwechselnd wellige, mit Oliven-, Johannisbrod- und Brustbeer-Bäumen bestandene, mitunter ganz öde Ebene durchzogen hatten, gestaltete sich dieselbe schließlich zu einer durchaus horizontalen, bis zum Meere (in der Gegend von Porto Farina) reichenden Fläche. Trotz ihrer Oede zeigten sie jedoch stellenweise neben der hier sehr verbreiteten Mentha pulegium L. einige Gerstenfelder und kräftige Stauden der Thapsia garganica. Wir überschritten die Hügel, welche sich hier von Nord-Ost-Nord nach Süd-West-Süd längs des rechten Ufers des Medjerdah (Bagrada der Alten) erstrecken, und stiegen zu dem durch seine fabelhafte Legende berüchtigten Fluß hinunter, eine Legende, die ihrer lächerlichen Uebertreibung halber wenig Beachtung verdienen würde, wäre ihr nicht durch ihre mehrfache und einstimmige Wiederholung durch den größten Theil der

28*

Klassiker und Schriftsteller des Mittelalters Werth verliehen. Es handelt sich nämlich um die böse Schlange, die zur Zeit der punischen Kriege das von Atilius Regulus geführte römische Heer mehrere Tage an den Ufern des Flusses aufgehalten haben soll. Plinius sagt:[1]) „Es ist eine bekannte Thatsache (nota est), daß neben dem Flusse Bagrada Regulus gezwungen war, sich der Kriegsmaschinen zu bedienen, um eine riesenhafte, 120 Fuß lange Schlange gleich einer Stadt zu belagern."[2]) Valerius Maximus[3]) fügt, indem er „die bekannte Thatsache" wiederholt, hinzu, daß das Ungeheuer, welches den Römern furchtbarer erschien als selbst Karthago, vor der Anwendung der Kriegsmaschinen mehrere Soldaten mit seinem mächtigen Rachen (ingente ore) ergriffen und dieselben zwischen den Schwanzringen (caudae voluminibus) zerquetscht habe; das vom Blute gefärbte Wasser sowie die erstickenden Ausdünstungen der Leiche sollen die Gegend so verpestet haben, daß das Heer zur schleunigen Aufhebung des Lagers gezwungen worden sei. Endlich berichten auch Titus, Livius, Seneca,[4]) Florus,[5]) Aulus Gellius,[6]) Silvius Italicus[7]) und Orosius[8]) ꝛc. von diesem wunderbaren Abenteuer, sodaß es sicherlich wenig andere in den Jahrbüchern des Alterthums genau verzeichnete Ereignisse giebt, die von einer so großen Zahl von Schriftstellern und so einstimmig wiederholt worden sind, wie es mit der Geschichte von der Schlange des Bagrada der Fall ist. Demnach muß man annehmen, daß ein Reptil von außerordentlicher Größe die Ufer des Flusses zur Zeit, wo die römischen Armeen dort gewesen, bewohnt habe. Wie sich die Sache auch verhalten haben mag, immerhin liefert die Einstimmigkeit, mit welcher Schriftsteller ganz verschiedener Zeitalter die gleiche fabelhafte Sage behaupten, ein merkwürdiges Beispiel von der Schwäche des Arguments, das man so häufig zu

---

[1]) Hist. Nat., VIII, 14.

[2]) Herr Davis (Carthago and her remains, p. 314) versetzt dieses Ereigniß an den Fluß Miliana, südöstlich unweit Tunis; der Ued-Miliana ist aber der Catada des Ptolemäus, während alle Schriftsteller, welche dieses Ereigniß erwähnen, vom Bagrada, dem heutigen Medjardah, sprechen.

[3]) L. XIX.

[4]) Epist. 82.

[5]) II, 2.

[6]) VI, 3.

[7]) VI, vers. 140—282.

[8]) IV, 8.

Gunsten übernatürlicher Erscheinungen geltend macht, dabei glaubend, daß eine lange Reihe von Zeugnissen zur Begründung der Wahrheit solcher Erscheinungen ausreichend sei. Die Mythe von der Schlange beweist wieder, wie oft solche Zeugnisse nur Wiederholungen einer vermeintlichen Thatsache sind, die, zuerst von einer einzigen Autorität ausgehend, von denjenigen ins Unendliche wiederholt werden, die die Sache nie selbst geprüft, sondern ihren Vorgängern nachgeschrieben haben.

Der berühmte Bagrada, dessen Quellen sich in Algerien mitten in den Ruinen von Thubursikum Numidarum befinden, ist ein Fluß von mittelmäßiger Größe, in welchem die von Plinius mit 120 Fuß Länge bezeichnete Schlange heute kaum weder in der Breite noch in der Tiefe Platz finden würde, jedoch muß während der regnerischen Jahreszeit das Bett viel breiter sein und die umliegenden Moräste überschwemmen; die Ufer aber sind sandig und vegetationslos. Wir überschritten den Medjerdah auf einer langen, an beiden Enden ziemlich steilen Brücke, ließen sodann den Fluß zur Rechten und betraten eine horizontale, von Thapsia garganica weiß gefärbte Ebene; diese ist hier und da bebaut und dient als Weide für zahlreiche Heerden von Schafen mit fetten, aber weit kürzeren Schwänzen, als die Schafe Asiens tragen.

An Pflanzen in der Ebene seien erwähnt: Lonas inodora, Erythraea pulchella, Rapistrum Linnaeanum und Othonna cheirifolia, sämmtlich in Algerien seltene Arten. In der Ferne tauchten bald zwei weiße Gebäude auf, welche eine kleine Anhöhe krönten. Die Gebäude werden von den Arabern die beiden Brüder genannt, während die Höhe selbst und eine benachbarte, nebst den rings herum zerstreuten Hütten Buchater heißen und die Hauptpunkte des einst von dem alten Utica eingenommenen Raumes sind. Bevor wir diese Höhen erreichten, überschritten wir auf einer Steinbrücke einen kleinen, schlammiges Wasser führenden Zufluß des Medjerdah, dessen morastige Ufer von dichten Cyperaceen und Gramineen strotzten, darunter Juncus acutus, L., und maritimus, L., Scirpus holoschoenus, L., Cyperus badius, Desf., Hordeum maritimum, With., Polypogon monspeliense, Desf., Avena sterilis, L., Phalaris paradoxa, L. und Festuca interrupta Desf. Wir überstiegen eine Reihe sanft aufsteigender Hügel, die hier und da mit Gerstenfeldern bekleidet waren, und erreichten endlich die Höhe von Buchater, das Ziel unserer etwa vierstündigen Reise.

Ich war erstaunt, als man mir mittheilte, daß hier die

Reste des berühmten Utica zu suchen seien, und war in der glücklichen Lage, meine Forschungen ungemein erleichtert zu sehen durch die Mithilfe eines äußerst sachkundigen Mannes, eines Herrn Smith, der hier eine kleine Meierei angelegt und sich ein nettes Häuschen erbaut hatte, das er schon seit vier Jahren bewohnte. Dieser junge Agronom, dem ich von Lady Wood, der liebenswürdigen Gemahlin des englischen Generalkonsuls, empfohlen war, erbot sich mit der größten Bereitwilligkeit zum Führer durch das Trümmerlabyrinth, das heute die einst prächtige Stadt vorstellt, und das er besser kennt als irgend ein lebender Europäer.

Unmittelbar bei Buchater, südöstlich, erblickt man die Cisternen, die jetzt aus sechs gemauerten Höhlungen bestehen, von denen drei vollkommen gut erhalten, zwei andere theilweise beschädigt sind, sodaß sich jedenfalls das Vorhandensein von sechs geräumigen unterirdischen Gebäuden mit gewölbten und wenig über dem Boden aufsteigenden Kuppeln constatiren läßt; die noch wohlerhaltenen drei Cisternen werden von Herrn Smith als Ställe und Magazine benutzt.

In geringer Entfernung von den sechs Cisternen, südlich, befinden sich ziemlich undeutliche Trümmer einer Wasserleitung; wenigstens möchte man sie wegen ihrer Lage als solche deuten, da sie in einer langen Linie von Südost nach Nordwest aufgereiht stehen. Dem Anschein nach leitete dieser Aquädukt das Wasser der im Gebirge Kochbata (welches die Ebene nordöstlich begrenzt) entspringenden Quellen nach Utica. Immerhin ist es schwer zu entscheiden, ob die Wasserleitung wirklich in die Cisternen mündete, da sie über diese hinauszugehen und sich der geräumigen und tiefen, südwestlich unweit der Cisternen liegenden Höhlung zu nähern scheint.

Diese Höhlung in Gestalt eines riesenhaften Trichters ist wohl für ein Amphitheater zu tief und zu groß, obwohl, nach einigen Trümmern zu urtheilen, die inneren Wände gemauert gewesen zu sein scheinen und sich auf dem Rande der Höhle ein rundliches, in diese führendes Thor befindet. Wahrscheinlich hatte man diese geräumige Höhlung für nautische Spiele bestimmt und sie muß daher mit Wasser gefüllt gewesen sein, das ihr vielleicht durch den Aquädukt zugeführt wurde, dessen Trümmer auch wirklich bis zum südlichen Rande dieser Art von Naumachia reichen. Außerdem enthält das Innere der Höhle verhältnißmäßig wenig Trümmer; Boden und Wände sind mit Pflanzen bedeckt, unter denen sich die schönen

Aehren einer zierlichen Bärenklaue (Acanthus mollis) anmuthig wiegten, während zwischen dem Trümmergestein das Hypericum crispum L. massenhaft auftrat. Südöstlich von der Naumachia (?) befindet sich eine andere, weit ausgedehntere Höhlung von ovaler, aber nicht runder Form, die sich von Ost-Nord-Ost in der Richtung nach West-Süd-West erstreckt. An ihrer west-süd-westlichen Spitze ist sie 5 m tief und etwa 200 m lang; die inneren Wände scheinen gemauert gewesen zu sein. In der Mitte der Höhlung befindet sich eine von Trümmern bedeckte Erhebung; sollte diese nicht eine kleine Insel und die geräumige Höhle, in deren Mitte sie aufsteigt, nicht den alten Hafen von Utica vorstellen?

Nicht weit davon und westlich von der Höhlung, die ich vorläufig als Naumachia bezeichnete, erheben sich die beiden, durch einen wenig tiefen Graben getrennten Höhen, die man mir, wie erwähnt, schon aus der Ferne als die beiden Brüder bezeichnet hatte, und von denen eine zwei „Sidi Buchater" genannte Marabuts trägt. Die flachen Gipfel beider Höhen strotzen von Trümmern, welche, wenn man die beherrschende Lage der Höhen berücksichtigt, möglicherweise die Citadelle der Stadt vorstellen.

Am Fuße des westlichen Abhanges der mit den beiden Marabuts gekrönten Höhe sieht man die Trümmer eines Gebäudes, das vielleicht Thermalwasser oder eine Badeanstalt enthielt, und etwas südwestlicher die Reste von Cisternen, deren eine vollständig offen ist und etwas Wasser wie in einem tiefen Brunnen entdecken läßt.

In der Nähe der beiden Höhen, südwestlich, erblickt man eine ungeheuere Anhäufung schöner Säulenschäfte aus grauem Granit mit großen Feldspathkrystallen; keiner der Schäfte steht aufrecht, doch liegen sie in einer regelmäßigen Linie, was vermuthen läßt, daß sie einem Tempel angehörten, während man in der Nähe in einer runden morastigen Höhlung aufrecht stehende Säulenschäfte aus dem Boden hervorragen sieht. Das Innere der Höhlung scheint gemauert gewesen zu sein, da man darin Reste von Treppenstufen sieht, was auf ein Amphitheater schließen läßt.

Weiterhin in der Ebene, etwa 1 km südwestlich von den Buchater-Höhen, sieht man mitten in einem Morast eine Quelle sprudeln, deren Temperatur, wenigstens im Sommer, nur wenig die der Luft übersteigt; sie betrug am 2. Juni zwei Uhr Nachmittags 31 Grad und verrieth außer einem schwachen Nachgeschmack von Kupfer nichts Saures oder Alkalisches.

Von der die Ebene nur etwa zwanzig Meter überragenden

Höhe der beiden Marabuts sieht man jene in östlicher und nordöstlicher Richtung sich bis zum Meere als vollkommen horizontale Fläche ausdehnen; das Meer selbst vermochte ich, vielleicht wegen des etwas nebeligen Himmels, nicht zu erblicken; auch war der Medjerdah nur durch eine Schlangenlinie angedeutet, ohne daß sich sein weiterer Lauf mit dem Auge verfolgen ließ.

In dem ganzen Theile der Ebene, der die Trümmer Utica's birgt, wie auch auf dem Raume zwischen letzterem Orte und Tunis, ist die Ebene von einer Humus-Schicht bedeckt, die sehr fruchtbar zu sein scheint: ältere Gebilde vermochte ich nicht zu erkennen, als etwa horizontal abgelagerte grauliche Kalksteine, Konglomerate und rothen Sand. Wahrscheinlich sind es dieselben Gebilde, von denen sich schöne Entblößungen längs des südwestlichen Randes der großen Höhle (Raumachia?) unweit der Buchater-Höhe vorfinden; man sieht dort mächtige Sand- und Konglomerat-Bänke, die stellenweise in einen Sandstein übergehen, der zerreiblich oder sehr fest und kleinkörnig ist, hier und da auch Schichten oder Nester eines weißen plastischen Thones enthält, dessen sich die Araber zur Verfertigung grober Topfgeschirre bedienen.

Der Eindruck, den die zwar flüchtig, aber unter der Leitung eines trefflichen Führers besuchten Trümmer von Utica auf mich übten, war ein ebenso lebhafter und tief ergreifender, wie jener, den die Ruinen Karthago's auf mich hervorgebracht, da an diesen beiden Orten das vollkommene Erlöschen jeder Spur einer glänzenden Vergangenheit am meisten auffällt; vielleicht trifft dies für Utica, wo mehr Aussicht für künftige Entdeckungen vorhanden ist, weniger zu, weil diese berühmte Nebenbuhlerin der von Dido gegründeten Stadt weniger als letztere untersucht worden ist.[1])

[1]) Seitdem dies geschrieben, hat Graf Hérisson eine großartige, an der Stelle von Utica gemachte Sammlung nach Paris gebracht und im Louvre aufgestellt, wo sie mehrere geräumige Säle füllt, und wo auch ich sie (im Oktober 1881) gesehen. Da diese unerwartete Entdeckung in mehrfacher Hinsicht von den französischen Archäologen angegriffen worden ist, so glaube ich mich irgend eines Urtheils über eine so delikate Frage enthalten zu müssen. Wenn ich auch mehr durch die Zahl, als durch den artistischen oder archäologischen Werth der Sammlung betroffen war, so muß ich doch den außerordentlichen Glücksstern des Grafen Hérisson bewundern, der ihm gestattete, während eines kurzen Aufenthaltes an jenem Platze Schätze zu Tage zu fördern, die den langjährigen Forschungen seiner Vorgänger vollkommen unbekannt geblieben waren. Niemand würde darüber mehr in Erstaunen gesetzt werden, als der erwähnte

Die definitive Bestimmung der Lage von Utica verdanken wir Herrn A. Daux; seitdem ist der Ort auch von andern Gelehrten erforscht worden, unter denen Herr Davis, welcher die Ergebnisse seiner fleißigen Ausgrabungen veröffentlicht hat, [1]) eine wichtige Rolle spielt.

Die von Herrn Daux ausgeführten Arbeiten bieten ein merkwürdiges Beispiel eines von glänzendem Erfolge gekrönten Unternehmens, und dies trotz aller Einwendungen, welche dasselbe früher als eine Täuschung, ja als eine Thorheit erschienen ließen. Er spricht in seinem Werke[2]) mit besonderer Betonung von dem Eindruck, den diese sandigen Ebenen auf ihn gemacht, als er sie zum ersten Male betreten, um eine Stadt zu entdecken, die so oft von den Alten als an der See liegend beschrieben worden sei. Indem er den Hügel von Buchater bestieg, wo ihm die Araber viele Trümmer verheißen, konnte er unmöglich ahnen, daß es Trümmer einer Seestadt seien, da der Hügel von Buchater über 10 km weit vom nächsten maritimen Punkte gelegen ist, und überdies wußte er aus Strabo, daß sich unweit Utica das Vorgebirge Cornelia erhob, das man natürlich nicht mitten im Festlande suchen konnte. Trotz solcher gewichtigen Einwendungen ließ sich der muthige Archäologe nicht beirren, eine scheinbar so undankbare Unternehmung zu betreiben, und verweilte mehrere Monate in dieser öden, fieberhaften Gegend, Tag für Tag den Boden aufwühlend und durchgrabend, bis ihm endlich der Beweis gelang, daß gerade hier und nirgends sonst die berühmte phönizische Stadt gestanden, wo Cato seinen erhabenen Selbstmord vollführte.

Die Entdeckung der Lage Utica's hat jedoch nicht nur einen archäologischen Werth, sondern auch ein großes wissenschaftliches Interesse; sie beweist, daß dieser Theil der afrikanischen Küste seit der christlichen Zeitrechnung wesentliche Veränderungen erlitten hat, indem das westliche Litoral des tunesischen Meerbusens sich um ein großes Stück Land, das von Westen nach Osten nicht weniger als 10 km Breite hat, vergrößerte.

Herr Smith, der unter diesen Trümmern schon vier Jahre herumstreifte und doch nur eine geringe Zahl von Reliquien, welche dem alten Utica wirklich entstammen, erlangt hat.

[1]) Vergl. Kapitel XXII seines wichtigen Werkes: Carthago and her remains, London, 1861.

[2]) Recherches sur l'origine et l'emplacement des Emporium phéniciens.

Diese merkwürdige Erscheinung ist theilweise der Wirkung des Flusses Medjerdah zuzuschreiben, dessen Niederschläge noch heute die Versandung der Bucht Porto Farina (Ghar-el-Melah), in welche der Fluß mündet, fortsetzen, die jetzt nur vermittels eines Kanals mit dem Meere in Verbindung steht. Vor etwa zwei Jahrhunderten galt diese Bucht als ein vortrefflicher Hafen von einer Tiefe von 10—15 m; auch lief im Jahre 1655 die ganze, vom englischen Admiral Blake kommandirte Flottille, die aus 9 Kriegsschiffen bestand, in diese Bucht und lag dort vor Anker. Heute hat die Bucht von Porto Farina nur einen halben Meter Tiefe, und wahrscheinlich ist die Zeit nicht fern, wo dieselbe vollends in Festland verwandelt sein wird.

Dennoch ist man, unter voller Berücksichtigung der unbestreitbaren Wirkung, welche der Fluß Medjerdah auf die Vergrößerung dieses Theiles der tunesischen Küste ausübt, zu der Annahme genöthigt, daß jene Wirkung nur lokaler Natur sei, und daß die Erscheinung, um die es sich handelt, eine bei Weitem mächtigere und allgemeinere Ursache habe, weil sie sich noch an Stellen der tunesischen Küste offenbart, die gänzlich außerhalb des Wirkungskreises dieses Flusses liegen.

So befindet sich unter andern süd-west-süd-westlich von Biserta der See Gharat-Djebel-Ichkul (See des Berges Ichkul, Sisarga lacus der Alten), so geheißen, weil der Berg Ichkul (Kirna mons des Ptolemäus) auf der südwestlichen Küste des Sees ein abschüssiges, 565 m hohes Vorgebirge bildet. Der vom Obersten Playfair [1]) erwähnten interessanten Beobachtung des Lieutenants Spratt gemäß scheint aber dieser Berg einst eine aus dem See emportauchende Insel gewesen zu sein, während der See jetzt nur eine Tiefe von 0,6 bis 2,5 m hat und sein östliches Ufer von Klippen gebildet wird, die eine Menge fossiler Cardium enthalten; dies beweist, daß dieser beträchtliche und an Fischen und Süßwasser-Mollusken (Clupea finta, mehreren Unio-Arten &c.) reiche See zufolge einer Erhebung dieses Theils des Meeresbodens entstanden ist.

Solche Erhebungen hat man auf der ganzen litoralen Linie zwischen der Bucht von Porto Farina und dem Meerbusen von Gabès beobachtet, wo Herr Barth neben der Stadt dieses Namens Ruinen einer viel älteren Stadt gefunden, die er für Taskape

[1]) Travels in the footsteps of Bruce, p. 144.

hält, die aber den griechischen und römischen Schriftstellern zufolge am Ufer des Meeres lag und einen Hafen besaß, was mit der modernen Stadt Gabès nicht mehr der Fall ist. Sir Granville Temple glaubt Spuren einer alten Bucht, die sich von Gabès aus in das Innere erstreckte, erkannt zu haben, sodaß die Auftauchung dieses Theiles der Küste die Verbindung zwischen Gabès und dem Palus Tritonis unterbrochen haben mag, wie es Dr. Theobald Fischer in seiner gehaltvollen Schrift über die an den Küsten des Mittelmeeres erlittenen Niveau-Veränderungen darthut.[1])

Nach anderer Seite hin macht Gerhard Rohlfs[2]) auf das Sinken der ganzen Küste von Tripolitanien bis zur tiefst eingeschnittenen Stelle der großen Syrte aufmerksam, und meint, daß das Sinken so schnell vor sich gehe, daß er selbst im Stande gewesen, den Fortschritten dieser merkwürdigen Erscheinung während seiner wiederholten Besuche zu folgen; indem er auffallende Beispiele anführt, fügt er noch hinzu: „ich wüßte nicht, daß irgendwo auf der Erde eine so schnelle Senkung beobachtet ist.“

Auf der seiner Schrift beigegebenen Karte hat Dr. Theobald Fischer die durch Anschwemmungen entstandenen Flächen, sowie die im Sinken und im Erheben begriffenen Flächen mit verschiedenen Farben bezeichnet. Ein Blick auf die Karte lehrt, daß zur ersten Kategorie die Mündungen der Rhone, des Arno, Tiber, Po, Meander und Djihon in Kleinasien &c. gehören; zur zweiten ein großer Theil Dalmatiens, die Küste von Lycien (Kleinasien), die östliche Endspitze der Insel Kreta, die Mündungen des Nils und das Litoral der Cyrenaika.

Endlich hat man eine sekuläre Erhebung beobachtet auf dem ganzen tunesischen Litoral von Porto Farina bis zur kleinen Syrte (aber nicht auf dem tripolitanischen Litoral, wo, wie wir eben gesehen, nach Rohlfs gerade das Gegentheil stattfindet), fast an allen Küsten Siciliens, an der südlichen Küste Sardiniens und der östlichen Korsika's, an mehreren Punkten des westlichen Litorals Italiens, an den Küsten Phöniziens und Ciliciens, an der westlichen Küste Kreta's, endlich an der westlichen Küste Kleinasiens.[3])

[1]) Zeitschrift der Gesellsch. für Erdk. zu Berlin, 1878, T. XIII, p. 151.

[2]) Kufra, p. 89.

[3]) Für Kleinasien, wo ich schon lange auf Erscheinungen dieser Art hingewiesen, haben mich die Herren Th. Fischer und Credner (Petermann's Mittheil., Ergänzungsheft 56, 1878) citirt in Betreff der von mir beobachteten

Wenn man die Vertheilung der merkwürdigen Erscheinung, wie sie von Th. Fischer dargestellt worden, betrachtet, so sieht man, daß die Erhebungs- und Senkungs-Bewegungen des Bodens in geraden oder gekrümmten Linien mehrmals wechseln, sodaß diese Linie in eine Schaukelbewegung versetzt scheint. In dieser Art findet Erhebung auf den tunesischen Küsten, Senkung auf der Cyrenaica und in der Region der Nilmündungen statt; dann abermals Erhebung auf den Küsten Phöniciens und Ciliciens und Senkung in Lydien, endlich wieder Erhebung auf dem westlichen

recenten Erhebung in der Gegend von Smyrna. Ich freute mich dieser Aufmerksamkeit umsomehr, als ich in dieser Hinsicht eben nicht verwöhnt worden bin und Schriftsteller wie Reisende manche in meinem vielbändigen Werke „Asie Mineure“ enthaltenen Thatsachen häufig ihrerseits als neue erwähnen Dies läßt sich leider ebenso leicht bewerkstelligen, wie schwer entdecken, wenn es sich um Werke handelt, die entfernte, wenig oder früher nicht bekannte Länder behandeln und ihrer speziellen Natur und namentlich ihres hohen Preises wegen fast nur in öffentlichen Bibliotheken Platz finden, diesen ehrwürdigen Heiligthümern, wo so viele Blumen und Früchte gepflückt werden, ohne daß man sich immer des Bodens erinnert, der sie gezeitigt. Wenn ich mich nun auch in diese unvermeidliche Anleihe-Industrie in Ergebung gefunden hatte, so erwartete ich doch nicht den Vorwurf, diese selbst zu betreiben, was mir indeß beschieden war, als ich im Jahre 1876 dem Direktor des New quarterly Magazine, Herrn Growford, eine Arbeit über die physische Beschaffenheit Kleinasiens übersandte. Dieser drückte mir sein Bedauern aus, dieselbe nicht veröffentlichen zu können, weil die Zeitschrift nur Original-Arbeiten annehme, während (wie er schrieb) „die von Ihnen gemachte höchst interessante Mittheilung auch andern Werken entlehnt werden kann“ Der geehrte Direktor, der natürlich nicht gezwungen war, Kleinasien zu kennen, hielt nämlich meine Angaben für zu zahlreich und namentlich für zu ausführlich, als daß sie meine alleinige Ausbeute sein könnten, meinte, daß dieselben also von Andern entlehnt sein müßten und ahnte nicht, daß dieser Andere ich selbst war, da ich schon anno 1866 in meiner „Asie Mineure“ in streng wissenschaftlicher Form die Angaben veröffentlicht hatte, die ich nun dem N. Quart. Mag. in populärem Gewande vorzulegen im Begriff stand. Jedenfalls war ich der Erste, der diese Angaben veröffentlichte, die somit möglichst große Originalität besaßen, sodaß Herr Growford, wenn er Gelegenheit hatte, früher von solchen Beobachtungen irgendwo Kenntniß zu nehmen, diese nothwendig mir entlehnt sein mußten. Die von Herrn Growford herbeigeführte ergötzliche Konfusion beweist abermals, daß Schriftsteller, welche nicht für die Menge schreiben, nicht nur wenig bekannt sind, sondern auch Gefahr laufen, für Plünderer und Diebe zu gelten, sobald sie sich erlauben, das von ihnen einst Gesagte in anderer Form wiederzugeben.

Litoral Kleinasiens; ferner erhebt sich auf der Insel Kreta die westliche Endspitze, während sich die entgegengesetzte senkt.

Die Bodenschwankungen, welche man in der alten Welt beobachtete, sind auch der neuen Welt nicht fremd. In einer Schrift unter dem Titel „Sinken die Andes?“ stellt W. Reiß [1]) eine große Zahl bemerkenswerther Thatsachen zusammen, auch die von Agassiz geprüften, denen zufolge sich der östliche Litoral auf einer bedeutenden Strecke senkt, während die entgegengesetzte Bewegung auf dem westlichen Litoral stattfindet, sodaß das amerikanische Festland in einer Verrückung von Ost nach West begriffen sei. Die von Fischer und Reiß besprochenen Erscheinungen stehen in der engsten Verbindung mit der Bildung der Deltas, was Dr. G. Rudolph Credner's gehaltreiche Schrift über Deltas, deren Configuration, geologische Ausdehnung und Ursprung klar beweist. [2]) Unter den beigegebenen Karten stellt eine die durch ihre sekuläre Bodenerhebung oder Senkung bezeichneten Länder der Erde, die andere aber die Flüsse dar, welche mehr oder weniger ausgedehnte Deltas zeigen. Man wird überrascht durch den zwischen beiden Erscheinungen bestehenden strikten Zusammenhang, da sich herausstellt, daß die Flüsse nur an denjenigen Punkten Deltas besitzen, wo die Erhebung oder Senkung der Küsten wirklich beobachtet worden ist: eine Thatsache welche, unter Herbeiziehung authentischer Dokumente, die Arbeit des deutschen Gelehrten außer Zweifel setzt. In dieser geht er alle physischen Bedingungen, welche die Delta-Bildung am meisten begünstigen, eine nach der andern durch, um zu beweisen, daß das Vorhandensein oder die Abwesenheit der Deltas von solchen Bedingungen vollkommen unabhängig sei. Die Endresultate der Crednerschen Arbeit können folgendermaßen zusammengefaßt werden: Der Transport von Sedimenten durch Flüsse, die Schnelligkeit ihres Laufes, die Tiefe ihrer Mündungen und endlich die mechanische Wirkung des Meeres haben nur einen lokalen Einfluß auf die Delta-Bildung; dagegen haben die sekuläre Erhebung der Litoral-Linien und das Sinken des Wasserspiegels in den Binnenseen die Wirkung, daß die Anschwemmungen der Flüsse (trotz der anderweiten ungünstigen Bedingungen) über die Oberfläche des Wassers aufsteigende Deltas bilden, während im

[1]) Verhandl. der Gesellsch. für Erdk. zu Berlin, an. 1880, T. VII. p. 45.

[2]) Mittheil. Dr. Petermann's, an. 1878, Ergänzungsheft, Nr. 56, mit drei kolorirten Karten.

Gegentheil das Sinken der Meeresküsten und das Steigen des Wasserspiegels in Binnenseen die Bildung der Deltas längs des Meeres wie auch in Binnenseen verhindern und die früher gebildeten Deltas unter Wasser setzen. Diese Thatsachen vor allen andern sind es, welche nach Credner's Mittheilungen die geographische Vertheilung der Deltas bedingen.

Aus diesen Betrachtungen ergiebt sich, daß das Verdrängen Utica's in das Innere des Festlandes nicht allein der Wirkung des Medjerdah zuzuschreiben ist, sondern sich an eine viel allgemeinere und unendlich mächtigere Erscheinung knüpft, deren Natur noch ziemlich geheimnißvoll ist, deren Vorhandensein an so vielen Punkten der Welt jedoch zweifellos einen der hervorragendsten Züge der physischen Erdkunde bildet.

Am folgenden Tage nach meiner Rückkehr (4. Juni) besuchte ich von Tunis aus die etwa zwei Fahrstunden ost-süd-östlich an der südlichen Küste des Meerbusens von Tunis gelegenen Mineralbäder von Hammam-el-Enf.

Wir verließen die Stadt durch das Festungsthor, fuhren längs des heiligen Berges, der aus weißem, schwach nach Südosten abfallendem Kalkstein besteht, und passirten weiterhin eine fast ganz flache Ebene, die einerseits (nordöstlich) bis zum See El-Bahira reicht und nur unbedeutende Höhen in entgegengesetzter Richtung aufweist. Uns gegenüber erhob sich der in zwei scharfe Gipfel auslaufende Gebirgsstock Djebel-Bu-Kurnein (zweihörniger Berg), dessen südwestliches Ende sich an den Berg Reças (Bleiberg, seiner Bleierze wegen) schließt, während südlich von diesen Gebirgsgruppen einige andere, namentlich die anmuthigen Umrisse des Zaghuan am fernen Horizont auftauchen.

Nachdem wir eine Reihe von Nordost nach Südwest streichender, hier und da mit Olivenhainen gekrönter Hügel überschritten, stiegen wir in eine ziemlich gut angebaute weite Ebene hinab, die sich bis zu Hammam-el-Enf erstreckt und vom Ued-Milan bewässert wird, den wir passirten, um dann bald das Schloß des Beys zu erreichen, neben welchem sich die warmen Bäder (Hammam) befinden.

Der Palast schließt sich an eine Häusergruppe, welche das von Arabern und Juden bewohnte Dörfchen Hammam-El-Enf bildet, an. Die Teiche, in welchen sich das Wasser der Quellen sammelt, bestehen aus vier kleinen Behältern, von denen drei außerhalb des Palastes und einer innerhalb desselben, für den ausschließlichen Gebrauch des Fürsten bestimmt, liegen. Die drei äußeren Behälter sind jeder 70 bis 80 cm tief; das Wasser, das am 4. Juni 10 Uhr Vormittags 35—40 Grad Wärme hatte und einen etwas salzigen Geschmack zeigte, wird als sehr heilsam gegen Rheumatismus und Hautkrankheiten betrachtet, und auch mit leicht purgirender Wirkung innerlich angewendet.

Um einen allgemeinen Begriff von der geologischen Beschaffenheit und Vegetation des südlich nahe bei Hammam-el-Enf gelegenen Djebel-Bu-Kurnein zu erlangen, erklomm ich den nordöstlichen Abhang des Berges, indem ich einem tiefen und gleich dem Berge selbst durchaus waldlosen Graben folgte. An den Rändern des letzteren bemerkte ich zahlreiche Statice sinuata, eine schöne und seltene Form, und höher ansteigend kleine Sträucher von Callitris quadrivalvis, Ebenus pinnata, Passerina hirsuta und den mit Cuscuta planiflora reich bekleideten Rosmarinus officinalis, während in den Felsspalten und zwischen den Blöcken und dem Sande Sedum altissimum, Thymus capitatus, Attractylis cancellata, Brachipodium phœnicoides, Roem. et Sch. ꝛc. in Fülle auftraten; letztere Grasart, in Europa ziemlich verbreitet, ist in Algerien selten. Der von steilen Abhängen eingefaßte Graben durchzieht mächtige Sand- und Trümmergebilde, die aus einer ungeheuren Menge loser Blöcke und Geschiebe bestehen und das Steigen um so mehr erschweren, als man stets abschüssige öde Partien zu erklimmen hat, ohne gegen die glühende, etwa 40 Grad ausstrahlende Sonne den geringsten Schutz zu finden. So war ich denn nach dritthalbstündigem ermüdenden Steigen nur 200 m höher gelangt; trotzdem vermochte ich schon von dieser Höhe mittels des Fernglases ganz deutlich den Gipfel des Berges als mit seinem unteren Theile aus derselben Felsart bestehend zu erkennen. Da auch die etwa 500 m über meinem Standpunkt aufsteigenden Gipfel vollständig nackt waren, so ließ sich dort nichts Erhebliches an kraut- oder strauchartigen Pflanzen erwarten, und so faßte ich den Entschluß, das außerordentlich beschwerliche Besteigen der höchsten Region aufzugeben und in einem andern, ebenfalls steilen und höckrigen Graben nordöstlich von dem erwähnten nach Hammam-el-Enf hinabzusteigen, wo mich der Wagen für die Rückfahrt nach Tunis erwartete.

Die Aussicht von der Höhe, die ich erreicht hatte, ist eine sehr schöne: nördlich und nordöstlich breitet sich der Meerbusen von Tunis aus, dessen östliche Grenzen von Gebirgen gebildet werden, die durch eine Ebene vom Djebel-Bu-Kurnein geschieden sind, in welcher die weißen Häuser des Städtchens Soliman funkelten.

Der Theil des Djebel-Bu-Kurnein, den ich besuchte, besteht aus einem grauen, häufig krystallinischen Kalkstein, welcher, von weißen Kalkspath-Adern durchsetzt, in der unteren Region etwas mergelig wird und dessen Schichten nach Südost abzufallen scheinen. In der unteren Bergregion strotzt das feste Gerüst desselben von mächtigen Sandablagerungen und ist mit Blöcken und Geschieben bedeckt, während tiefe von Norden nach Süden ziehende Gräben oder Rinnen diese Ablagerungen mannigfach durchsetzen. Organische Reste vermochte ich in den Kalksteinen nicht zu entdecken, obschon Dr. Stache[1]) darin Spuren von Hippuriten beobachtet hat.

Der Djebel-Reças, südwestlich unweit vom Djebel-Bu-Kurnein, bildet gewissermaßen die südliche Verzweigung der letzteren. Ueber die dort abgebauten Blei- und Zinkgruben giebt Herr Stache, der dieselben besuchte, weit vollständigere Berichte, als in Betreff der geologischen Beschaffenheit des Berges. Er erwähnt am nördlichen Abhange dunkelgraue Mergel, die sich in globuläre oder faserige Massen ablösen und gegen den Berg, somit südöstlich, steil abfallen, was auch ich auf dem Djebel-Bu-Kurnein konstatirt hatte; östlicher sollen Kalksteine und Dolomiten auftreten. Die Erze befinden sich in diesen Kalksteinen, in welchen Herr Stache Spuren von unbestimmbaren Gastoropoden und Korallen entdeckt hat. Er ist ferner der Ansicht, daß der allgemeine Facies der Felsarten mitunter an den Trias, häufiger jedoch an paläozoische Gebilde, namentlich an die devonische Formation erinnere, in welche er auch den Zaghuan zu versetzen geneigt ist, was keinenfalls mit dem Djebel-Bu-Kurnein der Fall sein dürfte, dem das Vorhandensein der Hippuriten ein viel jüngeres (kretacisches) Alter anweist. Die Blei- und Zinkerze des Djebel-Reças sollen nach Herrn Stache's chemischen Analysen derselben tertiären Epoche angehören, auf welche Herr Coquand die Blei- und Zinkerze der Provinz Constantine bezieht.

Es erübrigt nun noch, den letzten Ausflug in die Umgegend von Tunis, nämlich nach den Ruinen von Karthago, zu besprechen, was ich mir für meinen nächsten und wahrscheinlich letzten afrikanischen Brief vorbehalte.

[1]) Loc. cit., an. 1878, p. 38.

Einundzwanzigster Brief.

Tunis, den 8. Juni 1878.

Der Besuch der Ruinen von Karthago ist jetzt schnell und bequem zu ermöglichen durch die Eisenbahn, die von Tunis bis zu dem etwa eine halbe Stunde entfernten, mit der Kapelle des heiligen Ludwig gekrönten Hügel reicht, der mitten in der alten Stadt gelegen ist, deren Name nur noch über dieser verwüsteten Gegend schwebt. Stat magni nominis umbra.

Da mein Wagen an der Eisenbahnstation wartete, so fuhr ich sofort bis an den Fuß des Hügels, den viele Archäologen, namentlich Beulé (hingegen nicht Davis) für den Sitz der Byrsa, der Citadelle Karthago's halten. Derselbe wurde im Jahre 1830 vom Bey von Tunis an den König von Frankreich, Karl X., zur Erinnerung an den heiligen Ludwig abgetreten, welcher hier im Jahre 1276 während des unglücklichen Kreuzzuges in Folge der letzten fruchtlosen Anstrengung des machtlosen Christenthums gegen den triumphirenden Islam verschied. Der Hügel ist von einer Mauer eingeschlossen und trägt auf seinem Gipfel die vom Könige Louis Philipp zu Ehren des heiligen Ludwig errichtete Kapelle, die nur durch ihre Winzigkeit auffällt; man begreift nicht, daß der erste König der Franzosen, wie Louis Philipp in der am Eingange der Kapelle aufgestellten Inschrift genannt wird, sich nicht einen besseren Begriff von der Wichtigkeit der historischen Erinnerung und der Würde der Nation, an welche sich erstere knüpft, zu machen vermochte. Der ziemlich bedeutende Raum zwischen der Mauer und dem Fuße des Hügels wird von schönen Phytolacca dioica beschattet, die am 1. Juni in Blüthe standen; um die Kapelle zieht sich eine Halle mit kleinem Museum, aus einer Menge alter Fragmente bestehend, theilweise mit punischen Inschriften, die nicht ohne Interesse sind. Auch eine kleine Sammlung alter Münzen ist dort in den Hauptepochen (phönizische, griechische, römische 2c.), mit Ausnahme der Vandalen-Epoche, ziemlich vollständig vertreten; und ferner befinden sich im unteren Kapellenraum einige schöne Säulenschäfte und eine Tischplatte mit zierlicher Mosaik, welche Fische und andere Meerthiere darstellt.

Erstaunlich war der große Temperaturunterschied auf dem Hügel des heiligen Ludwig, verglichen mit der drückenden Hitze in Tunis; auch bemerkten die Mönche, daß sie die Luft im Winter häufig zu kühl fänden. Ihrer vier bewohnen sehr bequem die Halle, welche den südlichen Theil des Hügels umgiebt und sind, da sie der Kongregation der Notre-Dame d'Afrique angehören, arabisch gekleidet.

Von der Kapelle erschließt sich eine prachtvolle Aussicht auf das Meer und die weite wellige Ebene, wo einst Karthago gestanden hat und wo jetzt nur ungeheure Haufen formlosen Gesteines lagern, die, weit von einander geschieden, durch arabische Hütten oder Sommerhäuser des Beys und seiner Minister stellenweise verhüllt werden. In dem ernsten Panorama fesseln die Aufmerksamkeit namentlich zwei süd-süd-westlich am Meeresufer gelegene Becken, von denen das eine (nördliche) als der alte Civilhafen Karthago's gilt, während der andere, weit mehr in die Länge gezogene, mit ihm in Verbindung steht und, wie man behauptet, den Militärhafen vorstellen soll. An seiner südlichen Spitze steht die kleine Villa eines Ministers des Bey; das frische Grün am Sommerhause reflektirt anmuthig auf der Oberfläche jener beiden künstlich erzeugten Becken, in welche das Wasser erst neuerdings geleitet wurde, nachdem sie einige Jahrhunderte lang vollständig trocken gelegen.

Am südwestlichen Abhang des Hügels des heiligen Ludwig, jedoch außerhalb seiner Mauern, sieht man beträchtliche Entblößungen unterirdischer Mauerwerke, die als Reste des Aeskulap-Tempels gelten. Von diversen Cisternen, welche fast die einzigen noch erkennbaren Reste Karthago's sind, liegen einige südöstlich von jenem Hügel, während andere als Fundament für das arabische Dorf Maalaka dienen. Erstere, nicht weit vom Meere gelegen, bilden riesenhafte Galerien, von denen etwa siebzehn nebst den oberen, mit Oeffnungen versehenen Gewölben noch aufrecht stehen; mehrere von diesen unterirdischen Bauten, sowie die Brunnen neben denselben enthalten noch ein schwärzliches, schlammiges Wasser. Die zahlreichen gewölbten Cisternen des benachbarten, nördlich vom Hügel des heiligen Ludwig liegenden Dorfes Maalaka sind nicht bloß die Fundamente des Dorfes, dessen Häuser auf den Gewölben der Cisternen ruhen, sondern dienen auch als Wohnungen; die Wände der Häuser wie die das Dorf einschließenden Mauern enthalten alte Steinplatten und Trümmer aus der Vergangenheit.

Zwischen den Cisternen nahe der Küste und jenem Dorfe zeigt sich Mauerwerk von einem bedeutenden Gebäude, in dessen Inneres man nur durch einen abschüssigen, von Blöcken strotzenden Abhang gelangen kann; dieser innere Raum ist in mehrere Zimmer getheilt, und das ganze Gebäude wird von Archäologen als das die Bäder Dido's bergende angesehen.

Wahrscheinlich mündete die große durch Hadrian erbaute Wasserleitung von Zaghuan in die Cisternen von Maalaka, da sich an das Ende des Dorfes eine lange Reihe von Trümmern und Blöcken anschließt, die sich in bedeutender, in der Ebene von Südost nach Nordwest laufender Linie erstreckt, obwohl man keinen aufrecht stehenden Bogen mehr sieht.

In Maalaka erfreut man sich einer schönen Aussicht auf die ausgedehnte Ebene nordöstlich bis zum Meere, hier und da von zahlreichen Baumbüscheln unterbrochen, welche die Villen einrahmen, die angeblich die Stelle der alten Quartiere von Karthago, Marsa und Megara einnehmen. Von Maalaka, wo sich ein Schloß des Bey befindet, führt eine Eisenbahn nach Tunis, und rechts von jenem Dorfe sieht man Blöcke und Trümmer einen Halbkreis bilden, der auf den Sitz eines alten Amphitheaters schließen läßt.

Mitten in allen diesen Trümmern ist wenig Platz für Vegetation; ich bemerkte: Euphorbia serrata, Hypericum crispum, Andryala integrifolia und Chrysanthemum coronarium. Erstere beide Arten sind hier interessant für die botanische Geographie, weil sie ihre westlichsten Stationen am südlichen Ufer des Mittelmeeres bezeichnen, während sie am entgegengesetzten Ufer viel häufiger auftreten und sich auf einem weit größeren Raum von Osten nach Westen zeigen. So ist die in Frankreich und Italien ziemlich gemeine Euphorbia serrata selten in Tunis, wo sie nur in Sfaa und Djerba beobachtet worden, zwei Orte, denen sich nun ein dritter (Karthago) hinzufügen kann; und auch in Algerien ist dieselbe nur auf den Höhen von Mustapha (neben Algier) wie in der Umgegend von Nemours, in der Provinz Oran, bekannt. Das Hypericum crispum dringt nicht einmal in Algerien ein und tritt in Tunis nur vereinzelt, noch weit seltener in der Cyrenaica auf, während es in Kleinasien, Griechenland, Italien, Süd-Spanien &c. sehr verbreitet ist. In Tunis scheint dieser Hyperacea ein besonders ruderaler Charakter eigen, da ich sie nur mitten in den Trümmern von Karthago und Utika zahlreich vertreten fand. An letzterem Platze zeigt sie sich zuweilen in grasreichen Feldern, wo sie, nach Herrn Smith's Angabe, so lange sie in Blüthe ist, eine schlimme Wirkung auf das Vieh ausübt, von demselben aber ohne Nachtheil genossen werden kann, sobald sie sich in der Fruchtbildung befindet. Obwohl mich Herr Smith, der die Gegend seit drei Jahren bewohnt, ausdrücklich auf die Pflanze hinwies und meinerseits Proben an Herrn Cosson gelangten, so bezweifelt dieser ausgezeichnete Botaniker die Richtigkeit jener Angabe, glaubt vielmehr, daß hier Hypericum crispum mit Atractylis gummifera verwechselt sei, einer Art, die in Wahrheit dem Vieh schädlich, von mir aber in der Umgegend von Utika nicht bemerkt worden ist.

So wenig die Ruinen Karthago's dem Botaniker bieten, ebenso wenig bieten sie dem Geologen, da das feste Gerüst der Gegend überall von Trümmern und einer ungeheuren Masse zerriebener staubartiger Körper bedeckt ist; nur in einiger Entfernung erblickt man anstehendes Gestein, namentlich auf dem Vorgebirge von Karthago, welches vom Städtchen Sidi-Bu-Said gekrönt wird. So viel ich aus der Ferne unterscheiden konnte, besteht dieses Vorgebirge aus einem durch Eisensubstanzen an der Oberfläche roth gefärbten Kalkstein, dessen mächtige Schichten nach dem Meere südöstlich abfallen.

Die erwähnten Trümmerhaufen sind so ziemlich alles, was ich in der großen Ebene, welche Karthago darstellt, zu entdecken vermochte. Freilich währte mein Besuch nur ein paar Stunden; trotzdem bezweifle ich, daß die mühevolle Vergleichung dieser Reste mit den vorhandenen Beschreibungen irgend welches befriedigende Resultat liefern würde, selbst denjenigen nicht, die gleich mir die Geduld hätten, die über diesen Gegenstand veröffentlichten wichtigsten Schriften zu lesen, die schon eine kleine Bibliothek bilden würden. Mag man sich auch alle Paläste, Nekropolen, Bäder, Mauern &c., welche die Archäologen erkannt zu haben behaupten, im Geiste aufbauen, so wird die Einbildungskraft bei der Wahl eines neuen gelehrten Führers doch stets von Neuem angeregt werden, sodaß man mit Herrn Davis alles ganz anders ansieht, als es mit Herrn Beulé der Fall ist. Selbst die im Jahre 1877 von Herrn Caillat herausgegebene topographische Karte des alten Karthago, in welcher er die über diesen Gegenstand bekannten Arbeiten zusammengefaßt hat und möglichst in Einklang zu bringen bemüht gewesen ist, ermöglicht es nicht immer, alles auf der Karte Verzeichnete wirklich zu entdecken.

Allerdings konnten sich verschiedene Gelehrte, welche die Ebene von Karthago untersucht, von der Wahrheit der Darstellung alter Schriftsteller, namentlich Virgilius, überzeugen, und war z. B. Sir Grenville Temple[1]) schon vor vierzig Jahren von der Treue der

[1]) Excursions in the Mediter., Algeria and Tunis, loc. cit.

Schilderungen des Virgilius erstaunt, indem er versichert, daß die in der Aeneide erwähnten Lokalitäten aufzufinden seien, unter andern auch der Ort, wo Aeneas landete, ja selbst die Höhle, welche Aeneas und Dido als Tempel der Liebe gedient hat. Die Uebereinstimmung in der Beschreibung des Dichters mit den Oertlichkeiten, auf die sich dieselbe bezieht, soll eine so vollständige sein, daß (nach Angabe des englischen Reisenden) Virgilius jene selbst besucht haben muß, welche Ansicht auch mit der des Herrn Davis harmonirt.[1]) Ferner weist Sir G. Temple darauf hin, daß das Thor von Tunis, welches man passirt, wenn man sich nach den sogenannten Ruinen von Karthago begeben will, noch jetzt den bedeutsamen Namen Bab-Kartajennah trägt; und noch merkwürdiger erscheint der Umstand, daß sich unweit von der Kasba ein anderes Thor, Bab-Silsilah (Kettenthor), befinden soll, das seinen Namen nach einer Volkssage trägt, der zufolge eine maurische Frau, welche an dieser Stelle ein Stück Land zu kaufen wünschte, die Antwort erhielt, sie könne solches nur in der Länge einer an ihrem Halse hängenden goldenen Kette erhalten, worauf sie diese in zahlreiche, durch außerordentlich langen Draht verbundene Theile zerlegte und sich hierdurch ein beträchtliches Grundstück sicherte. Diese arabische Ueberlieferung erinnert auffallend an eine der ältesten geschichtlichen Sagen, wonach der Dido eine ähnliche List zugeschrieben wird, welcher die Fürstin die Erwerbung des Bodens verdankt, auf welchem sie Karthago aufführte.

Wie es sich nun auch mit allen solchen Ueberlieferungen und mit der Uebereinstimmung der Schilderungen des Dichters hinsichtlich der Oertlichkeiten verhalten mag, so handelt es sich hierbei doch nur um die Erinnerungen an die physische Beschaffenheit der Gegend, keineswegs aber um historische Denkmäler des alten Karthago, sodaß sich mit vollem Rechte sagen läßt, ohne hiermit den künftigen Entdeckungen vorgreifen zu wollen, daß gegenwärtig das Wichtigste, was das alte Karthago bietet, das Fehlen jeder deutlichen Spur der Vergangenheit ist.

Das vollkommene Verschwinden Karthago's ist gewiß eine in ihrer Art einzige Erscheinung, die keine der berühmten Städte, wie Ninive, Jerusalem, Athen und Rom zeigt, deren herrliche Denkmäler noch heute die Bewunderung erregen, trotzdem dieselben mehrmals zerstört worden, namentlich Jerusalem und Rom, die

[1]) Loc. cit.

beiden unsterblichen Phönixe der Geschichte, auf deren wiederholte Zerstörung und Herstellung wir einen flüchtigen Blick werfen wollen.

Nach Josephus Flavius[1]) ist Jerusalem vor der Eroberung durch Titus sechsmal zerstört worden; diese fand erst statt, nachdem Jerusalem 2177 Jahre geblüht hatte. Als Augenzeuge des schrecklichen Ereignisses, von dem auch Tacitus, der unversöhnliche Judenfeind, spricht,[2]) ohne seines ausgezeichneten Vorgängers zu gedenken, entwirft Josephus Flavius ein anschauliches Bild von der Pracht der ungeheuren Stadt, wie von den langen Martern und der schauerlichen Vernichtung ihrer Bewohner. Wäre der hebräische Geschichtsschreiber nicht ein persönlicher Freund des Titus und den Römern keineswegs feindselig gewesen, so würde man kaum geneigt sein, seiner Angabe über die Zahl der unter dem Schwerte der Römer Gefallenen und durch Hunger und Krankheiten Weggerafften Glauben zu schenken, da die erste Kategorie auf eine Million (ausschließlich 97,000 Gefangener) die zweite auf sechs Hundert Tausend angegeben wird.[3]) Titus verschonte nur einige Thürme und die Mauern des östlichen Theiles der Stadt, damit, wie Josephus Flavius sagt,[4]) „die Nachwelt wisse, welche ungeheuren Befestigungen die von den Römern eroberte Stadt besaß". Alles Uebrige ward dem Boden gleich gemacht, „sodaß diejenigen, die den Ort später besuchten, garnicht glauben könnten, daß derselbe je bewohnt gewesen". Trotzdem übten die von Titus verschonten Reste eine solche Anziehungskraft auf die Juden von Palästina aus, daß sich in noch nicht einem Jahrhundert eine neue Stadt um dieselben erhob, welche Kaiser Hadrian abermals zerstörte (118 nach Chr.). Er gründete an ihrer Stelle eine römische Kolonie, Aelia Capitolina, aus welcher Kaiser Konstantin und die gottesfürchtige Helena ein Sanktuarium machten, indem sie dort zu Ehren des heiligen Grabes ein Gebäude errichteten. Aber auch das christliche Jerusalem theilte das Loos des hebräischen, denn im Jahre 614 nach Chr. erneuerte der persische König Chosroës an ihm das einst von Titus vollbrachte Werk der vollkommenen Vernichtung. Alles ward abermals dem Boden gleich gemacht, und

[1]) Hist. Bell. Hebr., L. VI, 10.
[2]) Hist. L. V., 11—13.
[3]) Loc. cit.
[4]) Ibid. L. VII. 1.

90,000 Christen wurden niedergemetzelt.[1]) Die schwachen Keime des Lebens, welche in diesem so oft verwüsteten und mit Blut getränkten Boden sich später zu entfalten suchten, wurden schnell unterdrückt durch die Araber, die noch das wenige Uebriggebliebene im Jahre 637 einnahmen.[2]) Noch einmal erhob sich die unverwüstliche Stadt und ward (1099 nach Chr.) von den Kreuzfahrern unter Gottfried von Bouillon erobert und der Plünderung preisgegeben, bei welcher 70,000 Mohamedaner und Juden schonungslos ermordet wurden,[3]) eine Gewaltthat, die der ritterliche Saladin nicht nachahmen wollte, als er Jerusalem 88 Jahre später (1187 nach Chr.) den Christen entriß und auf den verstümmelten Thürmen der Stadt die Fahne Mohamed's aufpflanzte, die seitdem dort zu wehen nicht aufgehört hat. Daraus ersieht man, daß Jerusalem gerade elfmal erobert und fast immer vollständig zerstört worden ist.

Auch mit der ewigen Stadt (Città eterna) ist die Vorsehung nicht viel milder verfahren als mit der heiligen Stadt, denn Rom wurde neunmal erobert und fast jedesmal zerstört: achtmal durch die nordischen Barbaren und einmal durch einen christlichen Fürsten. Bekanntlich waren deren älteste Eroberer die Gallier unter Brennus (391 v. Chr.), der sich der Stadt, mit einziger Ausnahme des Kapitols, bemächtigt und dieselbe den Flammen preis gab, wie es uns Titus Livius berichtet.[4]) Ebenfalls bekannt ist, daß Rom sich

[1]) Eutychius, Ann., T. II, p. 212—223.

[2]) Michaud, Hist. des Croisades, 4me éd., V. I., p. 22.

[3]) Elmacin, Hist. Saracin.

[4]) Omnia flammis ac ruinis æquata (Hist. rom. L. V. 30). Einer von diesem Geschichtsschreiber angeführten Ueberlieferung zufolge wurden die Gallier durch den etruskischen Fürsten Aruns nach Italien hinübergezogen, der, um an Luccimon, dem Verführer seiner Frau, Rache zu üben, die Lüsternheit der Gallier durch Uebersendung des ihnen vollkommen unbekannten Weines und von Früchten erregte, welche Thatsache Dionys von Halicarnassus (Hist. rom. L. XIII, 16) ausdrücklich bestätigt, indem er bemerkt: „daß sich die Gallier statt des Weines einer stinkenden, durch verfaulte, in Wasser abgekochte Gerste erzeugten Flüssigkeit bedienten und statt des Oeles des sehr widerlich schmeckenden und ebenso riechenden Schweinefetts." Es ist seltsam, daß zu einer Zeit, wo das südliche Europa, namentlich Griechenland und Italien, im üppigen Genusse des Bacchischen Nektars schwelgten, Frankreich, das heutige klassische Weinland, sowohl den Weinbau wie die Zucht des Olivenbaumes nicht ahnte. Allerdings giebt die Unwissenheit nach dieser Seite keinen Begriff von der Barbarei, in welcher Frankreich damals (300 Jahre v. Chr.) stand, denn selbst noch zehn

seitdem schnell erhoben hat, um der Mittelpunkt der Macht und des Reichthums der Welt zu werden; und doch scheinen die von der großen Räuberin der Völker aufgehäuften Schätze dazu bestimmt gewesen zu sein, die Lüsternheit der zahllosen nordischen Räuber zu befriedigen, welche während des fünften und sechsten Jahrhunderts Europa zittern machten, und deren mächtigste Anführer einer nach dem andern Rom eroberten und brandschatzten: Alarich (410 n. Chr.), Athaulf[1]) (410), Genserich (455), Ricimerus (472), Odoaker (476) und Theodorich (493), eine Barbaren-Reihe, die durch den Herzog Charles de Bourbon geschlossen wurde. In hohem Grade merkwürdig ist es, daß es einem Connetable von Frankreich, dieser ältesten Tochter der Kirche, vorbehalten war, Rom mitten im sechzehnten Jahrhundert (1527) noch schrecklicheren Plünderungen und Mordscenen auszusetzen, als es solche jemals von den blutdürstigsten Barbaren erduldet hatte.[2]) Aber damit war die lange

Jahrhunderte später meldet der heilige Hieronymus (331 –420 n. Chr.), daß er in seiner Jugend in Gallien ein Völkchen gesehen hätte, daß dem Menschenfressen ergeben war, und dies etwa nicht aus Noth (da es zahlreiche Herden Vieh besaß), sondern aus Vorliebe, indem es die fleischigsten Theile des Menschenkörpers als Leckerbissen auswählte: „puerorum nates et feminarum papillas solere abscindere, et has solas ciborum delicias arbitrari“ (S. Hieronimi Opera. T. IV. ad Jovinianum. L. II). So viel aßen die Gallier Menschenfleisch zu einer Zeit, wo in Italien, in Kleinasien und selbst in Afrika das Christenthum in seinem ganzen Glanze blühte und durch die berühmtesten Kirchenväter vertreten war, wie die Heiligen Athanasius, Gregorius, Basilius, Ambrosius, Augustinus, Chrysostomus, Gregorius von Nazianze u. a.

[1]) V. Jornandes (De Get. s. Goth. orig. et rebus gestis. C. XXXI).

[2]) Vergl. die ergreifende Beschreibung über die Plünderung Roms durch die Soldaten des Herzogs Charles de Bourbon in dem klassischen Werke Robertsons „The Hist. of the reign of the emperor Charles V, T. II. L. IV, p. 616“. Dieses Zerstörungswerk erinnert in trauriger Weise an die eben so schrecklichen, von Franzosen und Venetianern in Constantinopel verübten Gräuelthaten zur Zeit der Eroberung im Jahre 1204 durch die Kreuzfahrer, unter Anführung des Dogen Dandolo und des Grafen Baudoin: ein merkwürdiges Ereigniß, von dem sich in meinem Buche „Bosphore et Constantinople“ (2me éd. p. 361—363) eine kurze Beschreibung findet, und das dem Massimo Azeglio in seinem „Niccolò de' Lapi“ so schöne Bilder eingegeben hat. Wenn man das entsetzliche Benehmen der europäischen Krieger berücksichtigt, wie es durch authentische Dokumente bewiesen ist, so wird man nordische Barbaren und Mohamedaner nachsichtiger beurtheilen müssen, namentlich wenn man diese unter ähnlichen Umständen bei Weitem weniger grausam als die

Leidensgeschichte der ewigen Stadt noch nicht beendet, denn als die fremden Eroberer Rom verließen, hatten sie den Platz nur seinen inneren Feinden eingeräumt, die nun während des ganzen Mittelalters durch bürgerliche Fehden das den Barbaren Entgangene vernichteten. Die berühmten Worte Pasquino's: „quod non fecerunt Barbari fecere Barberini" sind nicht nur auf die Familie der Barberini anwendbar, sondern auch auf fast alle römischen Patricier, und gewiß waren es die römischen Bürger selbst, welche dazu beigetragen, die riesenhafte Schicht von Trümmern und Schutt aufzuhäufen, die den römischen Boden bedeckt und deren ungeheure Masse zu veranschaulichen ich den Versuch gemacht habe.[1])

Erwägt man, daß Zerstörungsmittel, die, sowohl durch ihre Kraft wie durch ihre Häufigkeit und Dauer ausgezeichnet, nicht ausreichten, Ninive, Athen, Rom und Jerusalem vollends zu vernichten,[2]) so muß man nothwendigerweise annehmen, daß Faktoren, welche das nicht weniger solid erbaute Karthago bis auf die letzten Spuren auszulöschen vermochten, unbedingt von außerordentlicher Art und ganz ohne Beispiel in den Jahrbüchern der Vergangenheit gewesen sein müssen.

Und dies ist wirklich der Fall. Die Beschreibungen, welche uns Appianus und Prokopius von der Eroberung Karthago's, erst durch Scipio und dann durch die Vandalen, hinterlassen haben, reichen allein hin, das vollkommene Verschwinden Karthago's zu

Vertheidiger des Kreuzes erkennt. Jedenfalls erbleichen die blutigen Thaten der Heruler, Gothen und Vandalen, der Zerstörer Roms, vor denen der Soldaten Karls V. und vor den in Constantinopel durch die Kreuzfahrer verübten Greueln, welche die Unthaten Mohameds II. vergessen lassen, während man andererseits mit Hochachtung auf den Mohamedaner Saladin blickt, der Jerusalem verschonte, während dort Tausende seiner Glaubensgenossen von den Kreuzfahrern ermordet worden waren.

[1]) Tchihatchef, Une page sur l'Orient, p. 293.

[2]) Wenn auch die Reste von Jerusalem nicht mit den Denkmälern von Ninive und dem alten Persien, welche in so ausgezeichneter Weise in den prachtvollen Werken von P. E. Botta und E. Flandin (Monuments de Ninive, 5 Bände groß Folio) und von E. Bournouf, P. Coste, E. Flandin, H. Lebas und A. Leclerc (Monuments de la Perse ancienne, 7 Bände, groß Folio) abgebildet sind, wetteifern können, so beweisen doch die von Salzmann in zwei großen Foliobänden dargestellten Denkmäler des heutigen Jerusalem, daß die archäologischen Schätze, welche diese unverwüstliche Stadt heute aufweist, noch immer zahlreich und von bedeutendem Werth sind.

erklären. Während meines Aufenthaltes in Algier und Tunis war das wiederholte Studium des Appianus[1]) für mich eine unerschöpfliche Quelle spannenden Interesses, und stellte ich mir oft die Frage, warum die dramatischen Vorgänge des auf Tod und Leben kämpfenden und heldenmüthig sterbenden Karthago bis jetzt noch keinen großen Dichter gereizt haben, diesem Gegenstande ein episches Werk zu widmen, das sich unbedingt großartiger und anziehender gestalten würde, als es mit allen vom Genius des Alterthums oder der Neuzeit eingeflößten Epopeen der Fall ist. In einem epischen Gedichte dieser Art müßte nicht nur der Sturz Karthago's, wie ihn Appianus schildert, sondern auch das gezeigt werden, was die noch erhaltenen Schriften des Polybios über den außerordentlichen Feldzug Hannibal's liefern. Diese klingen[2]) selbst wie eine romantische Dichtung, wenn man den großen Geschichtsschreiber durch die Alpen begleitet, wo nach fünfmonatlichen Kämpfen nicht nur mit vielen abgehärteten Bergvölkern, sondern auch mit Gletschern und Schneegebirgen, die gewiß noch nie von Elephanten begangen waren, Hannibal in die lombardische Ebene hinabsteigt an der Spitze eines auf zweiundzwanzigtausend Mann Fußvolk und sechstausend Reiter reducirten Heeres, welches beim Aufbruch von Neu-Karthogo in Spanien fünfzigtausend Mann Fußvolk, neuntausend Reiter und siebenunddreißig Elephanten zählte. Jene Handvoll schwer erprobter Helden schlug die Römer in drei blutigen Treffen, von welchen das von Trasimene den Römern fünfzehntausend und das von Canna (etwa elf km südwestlich von der heutigen Stadt Barletta) sogar siebzigtausend Mann kostete, die zahlreichen Gefangenen nicht inbegriffen. Und nach solchen, nicht über verweichlichte Asiaten, vielmehr über die besten Soldaten der Welt erfochtenen Siegen hielt Hannibal das stolze Rom gewissermaßen im Zustande der Belagerung, indem er fünfzehn Jahre lang die schönsten Provinzen Italiens in Beschlag nahm. Könnte wohl irgend ein Gegenstand ergiebigeren Stoff für den Dichter und Romanschreiber bieten, als dieses lebendige und glänzende Drama, von einem Historiker überliefert, der zum Theil selbst Augenzeuge desselben gewesen!

Nichts giebt einen besseren Begriff von der Schwindel erregenden Höhe, von welcher Karthago herabstürzte, als das Bild, das uns Appianus von der Pracht der Stadt entwirft; einige

[1]) Vergl. die Betrachtungen über Appianus und die Geschichtsschreiber Karthagos in den Belegstücken XV.

[2]) V. Polybios, Hist. I, 63 und L. III, 35, 39, 56, 84, 117.

Züge reichen hin, um der Einbildungskraft das Weitere überlassen zu können. Appianus berichtet,[1]) daß unter den verschiedenen Mauern, welche Karthago einschlossen, diejenige, die sich über die Landenge erstreckte, eine dreifache und jede Mauer wieder in zwei Stockwerke abgetheilt gewesen sei, daß sich ferner im unteren Theile (sie waren nämlich hohl und mit einem Dache versehen) dreihundert Elephanten und neben ihnen die Futterkammern befunden hätten, die obere Abtheilung aber von Ställen für viertausend Pferde und von Speichern für Grünfutter und Gerste eingenommen worden sei. Zugleich enthielten die Mauern die Wohnungen für die Soldaten, und zwar für zwanzigtausend Mann Fußvolk und viertausend Reiter. „Eine so große Masse von Streitkräften," sagt Appianus, „fand einzig schon in den Mauern Unterkunft." Ferner befand sich in der Mitte des inneren Hafens eine Insel, welche, gleich diesem selbst, von starken Dämmen eingefaßt war, die für Seearsenale mit zweihundert und zwanzig Schiffen eingerichtet waren und über diesen Arsenalen eine Fülle von Vorrathskammern zur Aufbewahrung der Geräthe der Dreiruderer bargen.

Danach ist es begreiflich, daß eine mit so reichen Hilfsmitteln ausgerüstete Stadt allen Anstrengungen der Römer den beharrlichsten Widerstand zu leisten vermochte, hingegen ebenso wenig verständlich, wie dieser Widerstand auch dann noch fortgesetzt werden konnte, als die Römer sich treulos auf die vollständig entwaffnete und zu einer hilflosen Beute gewordene Republik stürzten, die, zufolge eines Friedensvertrages mit den Römern, diesen ihre waffenfähigen Bürger, alle Elephanten und fast die ganze Flotte ausgeliefert hatte. Und doch setzte Karthago in diesem verzweifelten Zustande noch drei Jahre lang den Kampf fort, während es, nach Appianus' Bericht „alle Tage hundert große Schilde, dreihundert Schwerter, tausend Geschosse für die Wurfmaschinen, fünfhundert Wurfspieße, Lanzen und Bogen verfertigte. Um letztere spannen zu können, schnitten sie, aus Mangel an sonstigem Haar, das Haupthaar der Frauen". Schließlich wurden neue Schiffe wie durch Zauberkraft gezimmert, sodaß die Karthager, als die Feinde den Eingang für den Hafen völlig abgeschlossen hatten, sofort einen anderen Ausgang durchbohrten und die große römische Flotte mit solcher Wuth angriffen, daß dieselbe sich eiligst zurückzog. Diese

[1]) Hist. Rom. L. VIII, 93.

Belagerung übertrifft die glänzendsten Kriegsthaten der neueren Geschichte; dafür aber hat auch keiner unserer Sieger den Sieg mit solchen Ruinen gestempelt, als es Scipio gethan.

Mit grellen Farben malt Appianus[1]) das schaurige Bild, welches Karthago beim Einzuge der römischen Truppen darbot, die durch Ströme von Blut und ungeheure Haufen von Leichen sich kaum Bahn zu brechen vermochten. „Die Schuttaufräumer, welche mit Aexten, Beilen und Gabelstangen das Herabgestürzte hinwegräumten, um einen Weg für den Durchzug des Heeres zu bereiten, warfen Todte wie Lebende in die Erdgruben, indem sie dieselben mit eisernen Werkzeugen hin und her zogen und stießen. So mußten menschliche Körper zum Ausfüllen der Gruben dienen; einige, die mit dem Kopfe hineingeworfen waren und mit den Schenkeln aus der Erde hervorragten, zuckten noch lange Zeit, während über andere, welche, mit dem Unterleibe hinabgestürzt, mit den Köpfen über dem Erdboden hervorragten, die Pferde hinweg sprengten und ihnen in das Gesicht oder Gehirn traten." Und als die ganze Stadt in Flammen loderte und Asdrubal, der Anführer der Karthagischen Truppen, sich den Römern als Gefangener ergeben hatte, erschienen in Scipio's Lager dessen Frau und Kinder festlich gekleidet und stürzten sich, die Heldin mit Verwünschungen gegen ihren unglücklichen Gemahl, in die Flammen.[2]) Appianus erzählt, daß sich Scipio beim Anblick der schauerlichen Bilder von Verwüstung und Mord der Thränen nicht enthalten konnte und folgende Verse Homer's laut gesprochen habe: „Einst wird kommen der Tag, da die heilige Ilios hinsinkt, Priamos selbst und das Volk des lanzenkundigen Königs."[3]) Als der große Geschichtsschreiber Polybios, welcher nicht von Scipio's Seite wich, seinen siegreichen Freund über die Ursache dieser dichterischen Erinnerung befragte, antwortete Scipio, daß die Flammen, welche Karthago verzehren, ihn unwillkürlich an das vielleicht auch Rom selbst bevorstehende Schicksal mahnten.[4]) Die prophezeienden Worte des

---

[1]) Loc. cit. L. VIII. 129.

[2]) Appianus. loc. cit.. L. VIII. 131.

[3]) Iliad., VI. 448.

[4]) In einem der Bruchstücke seines Buches XXXIX. 4 erzählt Polybios diesen interessanten Vorfall umständlicher. Nachdem er der von Scipio ausgesprochenen Verse Homers gedacht, sagt er: „Publius (Scipio) wandte sich gegen mich und, meinen Arm ergreifend, rief er aus: Oh Polybios, der uns von

berühmten Eroberers wurden wirklich wahr, denn etwa sechs Jahrhunderte nach der Zerstörung der prachtvollen phönizischen Stadt war es ein König von Karthago, der Vandale Genserich, welcher Rom einnahm und nach vierzehntägiger Plünderung die von der Cäsaren-Stadt geraubten Schätze nach Karthago zurückbrachte. Den Vandalen ist es jedoch nicht gelungen, die noch jetzt bewunderten Denkmäler Rom's zu vernichten, während unter der ehernen Hand der Römer ganz Karthago in Schutt und Staub verwandelt wurde, eine Thatsache, die ausdrücklich von Orosius behauptet wird, der wahrscheinlich aus Quellen schöpfte, die uns nicht mehr zugänglich sind. Dieser Geschichtschreiber, ein Zögling des heiligen Augustinus, berichtet, „daß die Römer nicht nur alle Gebäude dem Boden gleich machten, sondern auch das Gestein, aus welchem sie erbaut waren, zu Sand zermalmten: omni murali lapide in pulverem comminuto“.[1])

Nach solchen Verwüstungen wäre jede andere Stadt von der Oberfläche der Erde vollkommen und auf immer verschwunden, aber die Lebenszähigkeit Karthago's war unerschöpflich wie seine Schätze; denn etwa hundert Jahre nach der Vertilgung der Stadt durch Scipio vollbrachte der Kaiser Augustus ein wahres Wunderwerk, indem er nicht nur eine neue Stadt auf diesem verwüsteten Boden erbaute, sondern auch mehrere der damals ganz verschwundenen Gebäude, unter anderen die Tempel des Herkules und des Jupiter wie auch den Palast Dido's, mit einer Pracht wiederherstellte, wie sie diese Gebäude (nach Beulé's Ansicht) früher nicht besaßen.[2]) Und da, Herrn Davis zufolge, der größte Theil des für die neuen Gebäude verwendeten Materials aus dem früheren genommen war, so muß man annehmen, daß, nachdem jene durch Scipio vom Boden

den Göttern verliehene Sieg ist schön, aber ich weiß nicht, warum ich in diesem Augenblick durch den Gedanken gequält werde, daß einst ein Anderer in die Lage kommen werde, diese Verse im Angesichte unserer Stadt auszusprechen.“ Diese merkwürdige, von Polybios mitgetheilte Thatsache ist die einzige, die sich auf die Einnahme Karthago's bezieht; denn wenn er auch (ebenda 3) das Erscheinen von Asdrubal's Frau in Scipio's Lager erwähnt, so bricht die Erzählung doch plötzlich ab, und ohne Appianus würden wir weder das tragische Ende dieser Heldin, noch etwas von dem aufregenden Drama der Einnahme Karthago's (welche Ereignisse Appianus sicher dem Polybios entlehnte, dessen treuer und werthvoller Ueberlieferer er für uns ist) kennen.

[1]) Orosius, Historia adversus paganos, L. IV. 23.

[2]) Beulé, Fouilles à Carthage, p. 11.

vertilgt, eine große Anzahl von Denkmälern oder wenigstens deren mehr oder weniger wohl erhaltene Trümmer unter den mächtigen Schuttmassen, die das ungeheure Verwüstungswerk aufgehäuft, vergraben blieben. Deshalb hatte auch Karthago, selbst noch nach seiner Wiedergeburt durch Augustus, den Ruf, in seinem Boden unerschöpfliche, absichtlich oder unwillkürlich vergrabene Schätze zu bergen, in welcher Beziehung Tacitus [1]) eine kurzweilige Anekdote erzählt. Ein Karthager, Ceselius Bassus, meldete dem Kaiser Nero, er habe Grund zu der Vermuthung, daß sich in einer nahe bei Karthago gelegenen Höhle eine Menge Goldbarren und sogar aus gediegenem Gold verfertigte Säulen befänden. Durch diese Nachricht hoch erfreut, stellte Nero dem Bassus Legionen von Soldaten und Horden von Bauern zur Verfügung, um die Ausgrabungen zu bewerkstelligen. Seine Majestät verdoppelte bald seine thörichten Verschwendungen, überzeugt, daß die Götter selbst ihm plötzlich unerschöpfliche Schätze zuweisen würden, und die Höflinge und Hofpoeten stimmten bereits laute Lobeserhebungen an. Nach ungeheuerer Arbeit vollführte aber Bassus einen Selbstmord und kein Wort verlautete mehr über die erwarteten Schätze. Freilich bleibt bei einem Herrscher wie Nero die Entscheidung eine schwierige, ob Bassus von eigener oder fremder Hand gestorben und ob sein Tod dadurch verursacht worden sei, daß er nichts oder mehr gefunden, als es dem Kaiser lieb, ihn wissen zu lassen.

Die glänzende Schöpfung des Kaiser Augustus blühte über vier Jahrhunderte bis zur Eroberung der Stadt durch den Vandalenfürsten Genserich (441 nach Chr.); aber auch unter der Vandalenherrschaft muß sich die Stadt nicht nur erholt, sondern auch eine große Pracht wiedererlangt haben, denn als sich im sechsten Jahrhunderte Belisarius Karthago's bemächtigte, strotzten die vandalischen Paläste und Festungen von Reichthum. Die Menge gemünzter Metalle, die sie enthielten, übertraf, wie Prokopius bemerkt, [2]) alles was jemals davon an irgend einem Orte gefunden worden (pecuniae vis tanta reperta est, quanta nulla usquam uno loco). Er erklärt diese Anhäufung edler Metalle durch den Umstand, daß die in verschiedenen Theilen des machtlosen und schlecht vertheidigten römischen Reiches unausgesetzt verübten Plünderungen von Seiten der Vandalen die Veranlassung gewesen, ungeheure

[1]) Annales, XVI, 12.

[2]) De bello Vandal., L. II. 3.

Mengen von Gold (grandes auri acervas) nach Afrika zu bringen und andererseits die Vandalen in Folge der außerordentlichen Fruchtbarkeit des afrikanischen Bodens nicht genöthigt gewesen seien, von diesen Schätzen Gebrauch zu machen. Und auf diese Weise, sagt Prokopius, blieben dieselben während der fünfundneunzig Jahre der Vandalen-Herrschaft unberührt und häuften sich ungeheuer an (aucta in immensum divitiæ).[1]) Deshalb konnte auch Belisar die Bevölkerung von Constantinopel durch die Pracht und Menge der Schätze und Kunstwerke, die seinen Triumphzug schmückten, den er, von Karthago kommend in der Hauptstadt hielt, in Erstaunen setzen, Schätze, unter welchen sich (nach Prokopius) herrliche Vasen, Haufen von Edelsteinen, Throne aus gediegenem Golde, Bildsäulen 2c. befanden.

Hieraus ergiebt sich, daß auch die härtesten Schläge nicht im Stande waren, Karthago das Leben zu nehmen; weder Scipio, noch Genserich, noch Belisar, noch endlich die Araber, die es zweimal (im Jahre 673 unter Hassan und 678 unter Musa) mit stürmender, zerschmetternder Hand eroberten, vermochten, die Spuren der unverwüstlichen Stadt zu verlöschen.

Und doch waren es nur ihre prachtvollen Ruinen, die mitten in schauerlichen Wüsten aufstiegen; denn unter der byzantinischen Herrschaft, namentlich unter der Regierung Justinians war dieser ganze Theil von Afrika ein Bild vollständiger Verheerung, das Prokopius[2]) mit den grellsten Farben schildert, indem er meldet, daß der Kaiser Justinian mit seinem alles zu Grunde richtenden Verwaltungssysteme Afrika in eine ungeheure Wüste verwandelt hatte, wo man während mehrtägiger Reise kein lebendes Wesen antreffen konnte: „Africam sic devastavit ut difficile sit, immo dictu mirabile, post multorum dierum viam, obvium habere quemquam.“

---

[1]) Die Angaben des Prokopius über die vom römischen Reiche der Lüsternheit der Vandalen gebotenen Schätze erscheinen um so glaubwürdiger, wenn man in den byzantinischen Geschichtschreibern die Beschreibung ungeheurer Beuten liest, die nicht nur von den Vandalen, sondern auch von anderen nördlichen Barbaren aus den verschiedenen römischen Provinzen unausgesetzt hinweggeschleppt wurden. Ich will hier nur Zozimios (Hist. L. V. 4) erwähnen, der eine lange Liste von den werthvollen Gütern giebt, die Alarich bei seinem Abzuge aus Rom, das er besetzt hatte, mit sich nahm.

[2]) Anecdota, c. 18.

Die Zahl der Menschen, welche während der Regierung dieses Kaisers durch Krieg oder Hungersnoth zu Grunde gegangen sind, veranschlagt Prokopius auf fünf Millionen. Wenn wir nun auch nicht alle von ihm über den Kaiser, die Kaiserin und deren Hof gemachten, theils entehrenden, theils obscönen Offenbarungen wörtlich nehmen dürfen, da seine „Anekdota" augenscheinlich das Gepräge von Rache und Mißwollen an sich tragen und wir die Ursache hierzu nicht zu würdigen vermögen, reicht doch schon die Hälfte der Angaben hin, ein Bild von dem traurigen Zustande zu liefern, in welchem sich Afrika damals (6. Jahrh. nach Chr.) befunden.

Um so unbegreiflicher erscheint das Vorhandensein der zahlreichen herrlichen Denkmäler, die Karthago selbst noch im zwölften Jahrhundert besessen, da Edrisi [1]) mit Entzücken von dem Theater spricht, das er „das prächtigste Gebäude der Welt" nennt, und ferner fünfzig Arkaden von „unübertrefflicher Schönheit" und vierundzwanzig Cisternen nebst Wasserleitung als „das merkwürdigste Werk, das man irgendwo sehen kann" erwähnt und beschreibt.

Aus Allem folgt, daß eintausenddreihundertfünfundfünfzig Jahre seit der Zerstörung Karthago's durch Scipio (201 vor Chr.) bis zu Edrisi (1154 nach Chr.) verflossen waren, ohne daß es den Anstrengungen der Menschen noch der Wirkung der Zeit gelungen, die Stadt ihrer Denkmäler zu berauben; und erst dem Mittelalter wie unserer Zeit war es vorbehalten, alle Spuren die für die Ewigkeit geschaffen schienen, zu vertilgen.

Dieses letzte Zerstörungswerk, welches weder das Schwert des Eroberers noch die schrecklichsten Verwüstungen zu bewerkstelligen vermochten, blieb der ununterbrochenen, fast von allen Völkern Europas, Afrikas und Asiens geübten Plünderung vorbehalten: eine Erscheinung die an die wunderbaren Erfolge der unsichtbaren aber fortgesetzt arbeitenden Naturkräfte erinnert, die viel größere Wirkungen hervorbringen, als es die schwersten vorübergehenden Katastrophen vermögen. Cavat gutta lapidem non vi sed cadendo.

Im Angesicht der prachtvollen Denkmäler, die Karthago noch zu Edrisi's Zeiten besaß, würde es von hohem Interesse sein, die Zeugnisse von Reisenden zu erhalten, die diesen Ort nach Edrisi besucht haben, denn auf solche Weise ließe sich der Zeit-

[1]) Géographie traduite de l'arabe par A. Jaubert, T. I., p. 262.

punkt des völligen Verschwindens der letzten Monumente annähernd bestimmen. Leider aber müssen wir auf ein derartiges Zeugniß fast ein Jahrhundert warten, da die Expedition des heiligen Ludwig und seine Ausschiffung in Tunis erst 1250, folglich 97 Jahre nach der Abfassung des Werkes von Edrisi (1153) stattgefunden hat. Es bleibt zu bedauern, daß Jean, Sire de Joinville, seinen Souverän nicht auch während des zweiten Kreuzzuges begleitet hat, wie es beim ersten geschehen, von welchem er der Nachwelt einen interessanten Bericht überliefert hat.[1]) Statt dieses aufgeklärten Beobachters bildeten mehr oder weniger unwissende Männer das Gefolge des Königs; unfähig, die Ruinen zu befragen, wußten sie nur, daß sie, wie es der heilige Ludwig selbst in naiver Art verkündigte, in einer Stadt angelangt waren, die man früher Karthago genannt.[2]) Aus den von Michaud angeführten Dokumenten ergiebt sich jedoch, daß diese vermeintliche Stadt nur „eine von der Sonne verbrannte Wüste mit einigen Olivenbäumen" war; daher ist es unzweifelhaft, daß zu der Zeit, als der heilige Ludwig mit seinen Kreuzfahrern sich an diesem klassischen Orte befunden, die Mehrzahl der von Edrisi erwähnten Denkmäler schon nicht mehr vorhanden gewesen ist, so namentlich die Wasserleitungen, da die Kreuzfahrer dort besonders unter dem Mangel trinkbaren Wassers schwer zu leiden hatten.

Auch im sechzehnten Jahrhundert muß die Stätte von Karthago noch ziemlich viele Denkmäler aufgewiesen haben, weil die Chronikschreiber melden, daß zu der Zeit, als Karl V. sich der Gulette bemächtigt hatte, die höheren Beamten, besonders die italienischen, welche den Kaiser begleiteten, wie Wölfe über das noch von Karthago Vorhandene hergefallen seien; unter andern soll der Admiral Doria mehrere Schiffe, mit verschiedenen Denkmälern beladen, nach Italien geschickt haben. Ferner sollen Reste alter Gebäude zum Bau der vom Kaiser vorgeschriebenen Be-

[1]) Jean, Sire de Joinville giebt die Ursachen seines Stillschweigens über den zweiten Kreuzzug in seiner naiven Sprache folgendermaßen an: „De la voie qu' il (Saint Louis) fit à Thunes (Tunis) ne vueil -- je rien conter ne dire, pour ceque je n'i fie pas, la merci Dieu! ne je vueil chose dire ne mettre en mon livre de quoy je ne soie certain" (J. Sire de Joinville, Hist. de Saint Louis, édit. de Natalis de Wailly. Paris 1874, p. 400).

[2]) Michaud, Hist. des Croisades, 4me édit. T. V. L. XVII, p. 83.

festigungen verwendet worden sein; ein Augenzeuge, Marmoil, behauptet ausdrücklich, daß er selbst marmorne Gebäude, welche auf diese Art Stück für Stück zerlegt gewesen, gesehen habe. Schließlich sollen die Genueser alles, was sich nur auf Schiffe laden ließ, nach Italien hinübergeschleppt haben, ja die Pisaner rühmen sich sogar, daß ihre berühmte Kathedrale aus karthagischem Material erbaut worden sei. [1])

Dies sind die Ursachen, welche fast sämmtliche Spuren des alten Karthago verlöscht haben, und so bleibt zu befürchten, daß nach so beispiellosen Prüfungen der Boden Karthagos, über welchem die Verdammniß des Himmels zu schweben scheint, künftigen Nachgrabungen oder Unternehmungen schwerlich etwas Erhebliches liefern werde. Indeß darf man auf dem Gebiete der Alterthumskunde wie der physischen Wissenschaften keine Hoffnung, wie anspruchsvoll solche auch sein mag, aufgeben; denn wie die neue Anwendung der Elektricität die Welt in Erstaunen versetzt hat, so riefen Herrn Schliemann's Ausgrabungen fast die gleiche Verwunderung hervor, als er aus dem Schoße der Erde Städte, eine auf der andern erbaut, entdeckte und Schätze von Denkmälern erschloß, die man Jahrhunderte lang als Haufen öden und stummen Cyclopengesteins angesehen hatte. Nach solchen unerwarteten Entdeckungen hat man vielleicht nicht das Recht, über die Zukunft der Ruinen von Karthago zu verzweifeln; keinenfalls wäre es den Reisenden anzurathen, in dieser Hinsicht dem Beispiele eines berühmten Schriftstellers zu folgen, der während seiner Anwesenheit in Tunis der Meinung war, auf solche Besuche verzichten zu können, wie er sich denn auch in Kairo damit begnügte, einen Freund zu beauftragen, seinen Namen an die Pyramiden zu schreiben. [2])

---

[1]) Beulé. Fouilles à Carthage. p. 18.

[2]) Nach Davis' Mittheilung (loc. cit. p. 119) soll Chateaubriand im Jahre 1807 sechs Wochen in Tunis, ohne es je zu verlassen, im Hause des Herrn Devoise, des französischen Konsuls, verbracht haben, und er hätte sich nie entschlossen, die Ruinen von Karthago zu besuchen, wäre nicht das Schiff, auf welchem er seine Rückreise nach Europa antrat, in der Guletta aufgehalten worden. Dort überredete ein holländischer Ingenieur, Herr Humberg, den gleichgiltigen Philosophen, mit ihm vereint den klassischen Ort zu besuchen, ohne daß es ihm gelang, denselben dort länger als eine halbe Stunde aufzuhalten. Was die Anekdote in Bezug auf die Pyramiden betrifft, so giebt uns Chateaubriand selbst mit wirklich unbegreiflicher Naivetät darüber Auskunft: „Ich über-

Indem ich die tunesischen Ausflüge mit dem Besuche der Ruinen von Karthago beschließe, habe ich allerdings nur einen Theil des Programms erfüllt, das ich mir für die Reise nach Tunis vorgezeichnet, da ich einen ganz besonderen Werth auf den Ausflug nach dem Meerbusen von Gabès gelegt hatte, um dort die Oertlichkeit zu studiren, auf welche das großartige Projekt des Herrn Roudaire die Blicke der wissenschaftlichen Welt gelenkt hatte. Auch seit der Zeit, wo dieses Projekt der französischen Regierung übergeben worden, war ich unausgesetzt und mit größter Aufmerksamkeit den langen und wichtigen Debatten gefolgt, die dasselbe sowohl in der französischen Akademie, als unter den Gelehrten und Fachmännern des Auslandes hervorgerufen und erwartete mit Ungeduld den Augenblick, wo ich die Belegstücke des großen Processes an Ort und Stelle zu untersuchen vermöchte. Leider zwang mich der Gesundheitszustand meiner Frau zu schnellster Rückkehr nach Europa, und so mußte ich jenen Ausflug aufgeben, der mehrere Tage beansprucht haben würde. Ich vermag jedoch der Versuchung nicht zu widerstehen, Sie einige Augenblicke mit der interessanten Frage zu unterhalten, zumal es nicht immer leicht ist, dieselbe in ihrer Gesammtheit zu umfassen, wenn man sich nicht die Mühe gegeben (wie ich es gethan), die bezüglichen authentischen Belegstücke sorgfältig zu sammeln, von denen mehrere in Schriften zerstreut sind, die in verschiedenen Ländern und Sprachen erschienen.

Der Entwurf des Herrn Roudaire hat bekanntlich den Zweck, das Wasser des Meerbusens von Gabès in das Innere dieser Theile von Tunis und Algerien zu leiten, und zwar mittels Durchstechung jener Landenge, die den Meerbusen vom großen Salzsee (arabisch Chott oder Sebkha) El-Fejej (Lacus Tritonis der Alten) trennt, welch letzterer unter dem Meeresspiegel liegt, wie es auch mit einer langen, von Osten nach Westen laufenden Reihe von Seen der Fall zu sein scheint, die sich an den El-Fejej schließen und dann tief in das Innere Algeriens eindringen. Herr

trug Herrn Cassé, bei der ersten sich ihm darbietenden Gelegenheit, dem Brauche zufolge, meinen Namen auf diese großen Grabmäler zu schreiben; man muß sich doch der Pflichten eines frommen Reisenden entledigen" (Excursions dans la Méditerranée, vol. I., p. 115). Diese vom Autor selbst erzählte Anekdote von Kairo verleiht auch der von Tunis, wie sie Davis anführt, vollständige Glaubwürdigkeit.

Roudaire ist somit der Ansicht, daß die Durchstechung der Landenge von Gabès, deren Breite er auf 16 km annimmt, die Ueberfluthung eines Raumes von 320 km Länge (von Osten nach Westen) und 50 bis 60 km Breite bewerkstelligen würde. Hauptresultate bei der Herstellung dieses inneren Meeres würden nach Herrn Roudaire sein:

1. Bedeutende Veränderung der klimatischen Bedingungen dieses Theiles der Gegend. Herr Roudaire berechnet das täglich durch das innere Meer verdunstete Quantum Wassers auf wenigstens 39 Millionen Kubikmeter; [1]) Südwinde, welche Roudaire als vorherrschende annimmt, würden die Wasserdünste in die nördlicheren Gegenden von Algerien und Tunis hinübertragen und sich, indem sie das Aurès-Gebirge durchziehen, kondensiren, somit reichliche Niederschläge erzeugen.

2. Entwickelung der Bevölkerung und des Ackerbaues in Folge der günstigen Veränderung in den klimatischen Bedingungen.

3. Eröffnung neuer Verbindungswege mit dem Innern.

Zuletzt macht Herr Roudaire noch darauf aufmerksam, daß die von ihm vorgeschlagene Verbindung zwischen dem Meerbusen von Gabès und dem See Fejej nur eine Wiederherstellung derjenigen sein würde, die einst wirklich zwischen dem ersten und dem Triton-See der Alten (hodiè Fejej) bestanden habe.

Zur Bestätigung dieser häufig erneuten Angabe führt Roudaire eine arabische, von Herrn de Lesseps mit Recht betonte Handschrift an, [2]) welche das Vorhandensein eines ununterbrochenen Meeres bis zur Stadt Nafta nachweist, sodaß man sich in Egypten einschiffte, um auf diesem Wege nach der Stadt Zarfran zu gelangen, woraus sich nothwendigerweise ergiebt, daß der Meerbusen Tritons der Alten noch im Mittelalter existirte. Ferner weist Roudaire daraufhin, [3]) daß die Hügel an der Küste zwischen Gabès und Suza offenbare Spuren einer nach der römischen Herrschaft stattgehabten Erhebung zeigen und unter solchen folgende Thatsachen erwähnenswerth seien. In der Stadt Suza, welche nördlich von Sfaa die Stelle des alten Hadramit einnimmt, haben Ausgrabungen eine Mauer bloßgelegt, deren Fuß einst vom Meere

---

[1]) Comptes rendus de l'Acad. des Sc., T. XXXIV. p. 1512.

[2]) Ibid. T. XXXIII., p. 1147.

[3]) Comptes rendus de l'Acad. des Sc., an. 1874, T. LXXIX., p. 110 und 352.

bespült wurde, wie zahlreiche birnenförmige Löcher beweisen, welche marine steinbohrende Muscheln enthalten. Diese Mauer steht heute 12 m über dem Meeresspiegel. Eine ähnliche Erscheinung wiederholt sich in den Ruinen zwischen Suza und Tunis, 4 km südlich vom Karavanserai Bir-Lubir; diese liegen 1500 m vom Dorfe entfernt und enthalten etwa 70 Centimeter über dem Boden steinbohrende Muscheln in den Steinen eingebettet, aus welchen das Fundament des Gebäudes erbaut ist, ein Beweis, daß diese Ruinen, deren Fuß früher von den Fluthen des Mittelmeeres bespült worden, eine Erhebung von 15 m erfahren haben. Auch die Ruinen des alten Hafens von Taskape (Gabès) sind heute 1 km weit in das Innere des Landes zurückgedrängt, sodaß es sich hier ebenfalls um eine Hebung des Bodens handelt, und endlich ist der östliche Abhang des Ufers von Gabès von marinen Muscheln übersäet. Herr Roudaire zieht aus allen diesen Thatsachen die Folgerung, daß eine Verbindung zwischen den Chotten von Tunis und dem Mittelmeere noch während der historischen Epochen vorhanden gewesen, was allerdings stark unterstützt wird durch die merkwürdigen, noch heute an den Ufern des Mittelmeeres stattfindenden Schwankungen, worauf ich früher hingewiesen habe (p. 443), hierbei die wichtige Arbeit Theobald Fischers anführend.

Die zahlreichen Einwendungen gegen den Entwurf Roudaire's trafen zuerst die topographischen und hypsometrischen Bedingungen der zu durchstechenden Landenge und der durch das Meer zu überfluthenden Seen. Die Herren Hannvet und Fuchs behaupteten, daß die Landenge länger sei, als sie Roudaire veranschlagt, und auch die italienische Kommission von Tunis, welche beauftragt worden, die von Roudaire aufgeworfene Frage über das innere Meer zu prüfen, fand, daß die Länge der Landenge 20 km statt 16 oder 18, wie Roudaire angenommen, betrage. Außerdem erklärten die italienischen Gelehrten,[1]) daß sich der See Fejej 25 km in gerader Linie vom Meere und, statt unter dem Meeresspiegel, 53 m über demselben befinde und die Durchstechung der Landenge zwischen dem Meerbusen und dem Fejej-See schwierig und kostspielig sei, weil man sehr feste, und mehr als 50 m über dem Meeresniveau liegende Felsarten zu durchbohren habe; dies

[1]) Der Bericht dieser Kommission wurde unter dem Titel: Il mare Sahariço e la spedizione italiana in Tunesia verfaßt und erschien ebenfalls in der Biblioteca di Viaggi XXXVII, Viaggi in Tunesia, Milano, 1876, p. 193.

aber würde 300 Millionen Francs Kosten verursachen, ohne daß solcher großen Ausgabe entsprechende Resultate weder in kommerzieller noch in klimatischer Hinsicht geliefert werden würden.

Die die Zunahme der wässerigen Niederschläge in Folge der Herstellung des inneren Meeres betreffende Frage hat Herr Angot [1]) erörtert. Indem er das von Roudaire berechnete Verdunstungs-Quantum des inneren Meeres annimmt, ist er der Ansicht, daß dasselbe Algerien keineswegs zu Gute kommen würde, weil in Biskra und Tuggurt die Nord-West-, Nord-Ost- und Nord-Winde bei Weitem die Süd-West-, Süd-Ost- und Süd-Winde überwiegen; daraus aber würde sich ergeben, daß fast die gesammte Dunstmasse nach der Sahara getrieben werden würde. Die von Angot angeregte Frage über die vorherrschenden Windrichtungen in der Sahara ist gewiß die Hauptfrage, von welcher die Beurtheilung des Roudaire'schen Entwurfes vorzugsweise abhängt. Leider reichen zwei Punkte, wie Biskra und Tuggurt, nicht entfernt aus, um die vorherrschende Windrichtung in der Sahara auch nur annähernd zu bestimmen, zumal es sich hier um einen bedeutenden Raum handelt. In Ermangelung besserer Angaben dürfte es von Interesse sein, hier einiger Beobachtungen zu gedenken, welche auf weit von einander gelegenen Punkten der gesammten Sahara (die marokkanische und libysche inbegriffen) von bekannten Reisenden gemacht wurden. Nach Gerh. Rohlfs sind in der tripolitanischen Wüste die Nordwinde, namentlich der Nordnordwest, vorherrschend, [2]) was auch mit der marokkanischen der Fall zu sein scheint, worüber Dr. Lenz ausdrücklich bemerkt, daß, obwohl heiße Südwinde häufig vorkommen, der Nord-West-Wind (mit vollkommenem Ausschluß des Nord-Ost) dominirend sei. [3]) In Fezzan wehen, wie Dr. Gustav Nachtigal angiebt, [4]) östliche und südliche Winde vom Mai bis December; dann aber stellen sich Nordwinde ein. Entfernen wir uns weiter östlich von der Sahara, aber doch immer in Wüstengebieten bleibend, so erscheint der Nordwind abermals vorwaltend. In Kosseir am rothen Meere

[1]) Comptes rendus de l'Acad, des Sc. an. 1877. T. LXXXV, p. 396 et 512.

[2]) Kufra, p. 156.

[3]) Zeitschrift der Gesellsch. für Erdk. zu Berlin, an. 1881. B. XVI., p. 284.

[4]) Sahara und Sudan, T. I, p. 140.

herrschen während der warmen Jahreszeit (und diese ist dort überwiegend) nördliche Winde,[1]) und in der persischen Wüste Seistan (fast unter demselben Breitegrade wie Tripolis, aber 9 Grad östlicher) wehte, wie Bellew meldet,[2]) jedes Jahr 120 Tage lang vom Frühjahr-Aequinottium bis gegen den 20. Juli ein eisig kalter Nordwind. Aus diesen Angaben ergiebt sich, daß auf den ungeheuren Wüstengebieten zwischen dem atlantischen und rothen Meere die Nordwinde vorherrschend zu sein scheinen, was die Ansicht des Herrn Angot über die Sahara um so wahrscheinlicher macht.

Wie Angot, so bestreitet auch Naudin,[3]) daß die Verdunstungen des inneren Meeres auf die Regenverhältnisse der Wüste irgend welchen nennenswerthen Einfluß haben können; und ferner ist er der Ansicht, daß der Kanal eine starke Strömung erzeugen müsse, um das in dem inneren Meere verdunstete Wasser täglich zu ersetzen; dieses aber würde ein bedenkliches Zerfressen der Kanalwände bewirken und demzufolge die Gewässer desselben mit einer Masse von Trümmern und Schutt füllen, welche sich theils im Kanal, theils im inneren Meere absetzen würden. Naudin meint, die niedergeschlagenen festen Substanzen, namentlich das Salz, müßten dann früher oder später eine vollständige Ausfüllung desselben herbeiführen.

Diese Ansicht theilt so ziemlich Dr. W. Jordan, der in seinem Werke über die libysche Wüste[4]) die in gewissen Theilen Libyens vorhandene, mehr oder weniger bedeutende Depression wiedergiebt, zugleich aber auch bemerkt, daß sich das Niveau der Wüste unweit der Oase Siwah zu heben beginnt. Bei der Erörterung des von Roudaire vorgeschlagenen inneren Meeres kommt der deutsche Gelehrte zu dem Schluß, daß dieses Meer keine andere Wirkung haben würde, als die Erzeugung von Salzlager und salzigen Morästen.

Roudaire hat auf die Einwendungen bezüglich der erosiven Wirkung des Wassers im Kanal und der Salzanhäufungen in den Seen befriedigend geantwortet; er macht darauf aufmerksam,

[1]) Zeitschrift der österreich. Gesellsch. für Meteorologie, an. 1877, p. 227.

[2]) From India to the Tiger, London, 1874, p. 339.

[3]) Comptes rendus de l'Acad. des Sc., an. 1877, T. LXXXV., p. 50.

[4]) Physische Geographie und Meteorologie der libyschen Wüste, Kassel, 1876, mit 4 geographischen Karten und 3 meteorologischen Tafeln.

daß im schlimmsten Falle die Schnelligkeit der im Verbindungskanal erzeugten Strömung unter 1 m per Sekunde sein würde, während nach Herrn von Lesseps die Strömung zwischen Suez und den bitteren Seen 1 m und oft mehr betrage, ohne die Ufer des Kanals zu beschädigen oder den Arbeiten hinderlich zu sein. In Betreff der Ausfüllung des inneren Meeres durch die aus der Verdunstung entspringenden Salzablagerungen erwidert Kapitän Roudaire, daß ähnliche Einwendungen auch gegen Lesseps erhoben worden, dem man die stufenweise Verwandlung der bitteren Seen in eine ungeheure Salzmasse auf das Bestimmteste vorhergesagt hatte, welche Prophezeihung sich jedoch keineswegs verwirklicht hat und schon im Voraus durch die Thatsache widerlegt war, daß sich untere Strömungen bilden, die aus den bitteren Seen in das rothe und mittelländische Meer gehen, wohin sie das Salz und andere im Kanal abgelagerte Substanzen führen; und das sei es gerade, was auch im Gabès-Kanale nothwendigerweise stattfinden werde. Herr von Lesseps [1]) hat die Ergebnisse der im Suez-Kanale vorgenommenen Sondirungen mitgetheilt, und diese haben ergeben, daß die Salzbank im Becken der bitteren Seen, welche früher eine Mächtigkeit von 10 m gehabt, jetzt in vollständiger Auflösung begriffen ist, wodurch an der Stelle eine beträchtliche Tiefe herbeigeführt worden.

Durch Herrn Balland ist noch eine andere Ursache für die Ausfüllung des inneren Meeres geltend gemacht worden, nämlich die Beförderung von Erde und Sand durch Wasserströmungen, sowie die Verrückung der ersteren durch Winde. Um von der außerordentlichen Masse, welche in Algerien die durch die Gewässer fortgeführten Trümmergebilde erlangen können, einen Begriff zu geben, weist Balland auf den Cheliff hin, der im Jahre 1878 während vierundzwanzig Stunden und mit einem Absatz von 1448 Kubikmetern per Sekunde 3,777,894 Tonnen erdiger Substanzen fortführte, welche, einförmig auf einen Raum von 300 Hektaren (3 Quadratkilometer) vertheilt, eine Schicht von 1 m Mächtigkeit geben würden. Herr Balland stellt danach die Frage auf, ob die Gegenströmung, die zwischen dem Mittelmeere und dem von Roudaire beabsichtigten inneren Meere vorhanden sein soll, im Stande sein würde, wenigstens eine theilweise Versandung des letzteren

---

[1]) Comptes rendus de l'Acad. des Sc., an. 1878, T. LXXXVII., p. 142.

zu verhindern. „Man kann es bezweifeln," erwidert Balland, „wenn man sieht, mit welcher Schnelligkeit sich an unseren Küsten das süße Wasser, in Berührung mit dem Meerwasser, von erdigen Substanzen befreit, und wenn man berücksichtigt, daß einst ein großer See den Platz der Chotten einnahm und das heutige Egypten ein durch die Anschwemmungen des Nils nach und nach ausgefüllter Meerbusen ist." [1])

Ebenso nimmt Karl Ochsenius [2]) die Wirkung der unteren Gegenströmungen an, glaubt aber, daß es schwer, ja vielleicht unmöglich wäre, einen künstlichen Kanal herzustellen, der breit genug sein würde, den Seen das erforderliche Volumen Wasser zu liefern und die Wirkungen der ungeheuren Verdunstung zu neutralisiren, und hinreichend tief, um der unteren Gegenströmung Platz zu bieten, das koncentrirte Salzwasser in entgegengesetzter Richtung wegzuführen.

Die von Roudaire mit vollem Recht angenommene frühere Verbindung zwischen dem Meerbusen von Gabès und dem Tritonis-See (Chott El-Fejej) wird von Herrn Stache [3]) bekämpft, weil er zwischen Gabès und Ued-Akerit Süßwasser-Ablagerungen konstatirt hat. Auf diesem Flüßchen hat nämlich der österreichische Geologe eine Reihe von acht regelmäßig auf einander liegenden Schichten beobachtet, von denen einige eine Menge größtentheils noch jetzt lebender Land- und Süßwasser-Muscheln enthalten, und so ist er der Meinung, daß das Vorhandensein solcher Schichten, welche sich unter den die Küste von Gabès bildenden quarternären Ablagerungen befinden, von vornherein die Ansicht derer widerlege, die da behaupten, daß noch in historischer Zeit das große algiro-tunesische Chott-Gebiet einen mit dem Mittelmeere in Verbindung stehenden Meeresarm gebildet habe. Diese Einwendung wurde jedoch schon von Roudaire durch den Beweis widerlegt, daß die Küste von Gabès sogar in historischen Zeiten Hebungs-Schwankungen unterworfen gewesen, welche Erscheinung durch die wiederholt erwähnte gediegene Arbeit Th. Fischers außer allem Zweifel gesetzt wird.

Endlich hat noch Herr Cosson [4]) gegen die Herstellung eines

[1]) Comptes rendus de l'Acad. des Sc. an. 1879, T. LXXXVIII, p. 408.

[2]) Die Bildung der Salzsteinlager 2c., Halle, 1877, p. 7.

[3]) Verhandl. der k. k. geol. Reichsanstalt, an. 1876, Nr. 6.

[4]) Comptes rendus de l'Acad. des Sc., an. 1874, T. LXIXX und an. 1877, T. LXXV.

inneren Meeres wichtige Argumente geltend gemacht. Der ausgezeichnete Botaniker glaubt, daß die dadurch bewirkte klimatische Veränderung nur lokaler Natur, jedenfalls aber der Kultur des Dattelbaums schädlich sein würde, der die Hauptnahrung der Völker der Sahara bildet, und dessen Zerstörung durch keinen andern Kulturzweig ersetzt werden könne. Jenem Forscher zufolge würden die durch die hohe Temperatur der Sahara erhitzten Dünste sich nicht an dem Aurès-Gebirge, sondern weit eher am nördlichen Abhange desselben oder an dem hohen Tafellande kondensiren, wo es kälter als auf dem südlichen Abhange des Aurès ist, dessen Temperatur mehr der der Sahara selbst sich nähert. Herr Cosson vertheidigt die Ansicht über die wahrscheinliche Verstopfung des Kanals und kann sich mit der Herstellung der dem inneren Meere zugeschriebenen commerciellen oder strategischen Vortheile nicht befreunden, glaubt vielmehr, daß die Karawanen Central-Afrikas, weit entfernt, sich dieses Meeres zu bedienen, zum Nachtheile Algeriens fortfahren würden, den Weg über Marokko und Tripolis einzuschlagen, und in militärischer Hinsicht befürchtet er ernsthafte Beeinträchtigung der Sicherheit Algeriens, weil der Eingang und der größte Theil dieses Meeres in Tunis liegen und fortgesetzt bewacht werden müßte, um die Einführung der Kriegskontrebande zu verhindern. Nach der Aufzählung der Uebelstände, zu denen das innere Meer Anlaß geben würde, sieht sich Herr Cosson zu der Erklärung veranlaßt, „daß dasselbe für Frankreich in jeder Beziehung so nachtheilig sein würde, daß in dem Falle, wenn ein solches wirklich vorhanden sei, man sich beeilen müßte es auszufüllen.“

Cosson's botanische Betrachtungen werden durch die Herren Rebatel und Tirant[1]) unterstützt, die im Jahre 1874 einen Theil von Tunis erforschten. Dieselben enthalten interessante Mittheilungen über die Oase El-Gettar, welche durch eine 18 km lange öde Ebene von der Oase Gafsa getrennt ist, wo ein Dorf dieses Namens den Platz der alten Stadt Capsa einnimmt, die von Sallustius und auch in den Kirchen-Jahrbüchern erwähnt wird, da sie der Sitz von fünf auf einander folgenden Bischöfen war.

---

[1]) Die Reiseberichte von Rebatel und Tirant sind in der Biblioteca di Viaggi (XXXVII, Tunisia) herausgegeben; da mir aber das französische Original nicht zu Gebote steht, so führe ich die Angaben dieser Reisenden nach der italienischen Uebersetzung an.

Die französischen Gelehrten entwerfen ein lebhaftes Bild von den prachtvollen Denkmälern, welche diese Oase schmücken, und in deren Schatten sich eine überaus üppige und vielseitige Vegetation entwickelt; sie machen aber zugleich darauf aufmerksam, daß, käme das vom Kapitän Roudaire vorgeschlagene innere Meer wirklich zur Ausführung, die Dattelwälder und die mit denselben vereinigten Olivenhaine unter Wasser gesetzt werden würden. Sogar dort, wo sie der Ueberfluthung nicht ausgesetzt wären, würde die durch diese große Wasserschicht herbeigeführte klimatische Veränderung höchst nachtheilig auf das Reifen der Datteln wirken und die Bäume in den Zustand versetzen, in welchem sie sich in Gabès und auf der Insel Djerba befinden, wo die Früchte nicht zur Reife kommen, während die Datteln der Oase von Gafsa gegenwärtig die von ganz Tunis übertreffen und der Regierung eine Einnahme von 1,000,500 Francs abwerfen, was der Hälfte der Einnahme entspricht, welche der öffentlichen Schatzkammer durch die Olivenbäume von ganz Tunis zugeführt wird, nämlich 2,617,000 Francs.

Die Herren Rebatel und Tirant erwähnen in der Oase von Gafsa zahlreiche heiße Quellen, die zum Theil von den Römern verwerthet wurden, wie es die Trümmer von Badeanstalten beweisen. Die heißen Quellen enthalten viele Fische und Schlangen; unter letzteren, die von dunkler Farbe sind, konnten die beiden Naturforscher eine neue Art des Geschlechtes Tropidonotus unterscheiden. Die Oase von Gafsa zählt nur 500 Bewohner, doch ist es sicher, daß sie im Alterthum eine zahlreiche Bevölkerung besessen, da man überall in dieser Gegend Spuren derselben entdeckt; so gewahrt man die Trümmer eines römischen Weges, der sich von Gafsa bis an den Meerbusen von Gabès erstreckte und längs des Fußes der Gebirge von Arbet und Boalledma lief. Ersteres, dessen Höhe französische Reisende mit 362 m bestimmt haben, bildet die nordwestliche Grenze des Thales von Tala, an dessen Ausgang sich die Oase El-Gettar befindet.

Unter den übrigen Autoritäten, welche das berüchtigte innere Meer besprechen, seien noch erwähnt: Pomel, Lesseps, Charles Martins und Desor. Die beiden Letzteren behaupten,[1]) daß zwischen der von Lesseps bewirkten Durchstechung der Landenge und der vom Kapitän Roudaire vorgeschlagenen Herstellung eines inneren

[1]) Comptes rendus de l'Acad. des Sc., an. 1879. T. LXXXVIII., p. 265.

Meeres in der algerischen Sahara gar keine Aehnlichkeit sei und demnach ihrerseits jener Entwurf unbedingt bekämpft werde. Zwar nehmen auch sie ein ehemaliges Vorhandensein eines Meeres an, doch nur in vorhistorischer Zeit, und sie verneinen die Wirkung einer 13,280 qkm betragenden Wasserschicht. Mit Angot sind auch sie der Ansicht, daß die Nordwinde in Biskra und Tuggurt vorherrschend seien und folglich die erzeugten Dünste nach der Wüste hinüberwehen würden.

Herr von Lesseps[1]) hat der Akademie die Beobachtungen mitgetheilt, die er selbst zugleich mit dem Kapitain Roudaire angestellt, indem er längs des Meerbusens von Gabès, am Flüßchen Melah etwa 15 km weit hinaufstieg, dessen Ufer aus zusammengebackenem Sand, keineswegs aber aus festem Gestein bestehen sollen. Die Fluth erreicht im Meerbusen von Gabès 2,5 m, eine Erscheinung, auf die schon früher der Admiral Mouchez und Roudaire hingewiesen hatten, und die in ihrer Art einzig ist, da man bis jetzt der Meinung war, daß die höchste Fluth im Mittelmeere jene an der Küste Venedig mit 0,50 m sei.

In einem am 28. Juni 1879 von Roudaire an Lesseps gerichteten Briefe meldet der Schreiber, daß die nahe beim Ued-Melah in einer Tiefe von 10 m ausgeführten Sondirungen nichts als Sand und mergeligen Thon getroffen hatten; nur in einer Tiefe von 40 m ist man auf eine unbedeutende Kalkstein-Bank gestoßen, und schon 1200 m südlich von diesem Ort hat man diese Bank in einer Tiefe von 28 m erreicht. An einer anderen Stelle hat ein hinabgesenkter Brunnen trinkbares Wasser schon 4 m unter der Erd-Oberfläche geliefert, welche Thatsache von Herrn von Lesseps mit Recht betont wird, da er sich bei der Durchstechung der Suez-Landenge zuerst eines Heeres von 2000 Kameelen bedienen mußte, um die Arbeiter mit Wasser zu versorgen, und dann das Wasser des Nils vermittels eines Kanals aus einer Entfernung von mehr als 70 km zuführte. In neuester Zeit (Juni 1881) hat Herr von Lesseps der Akademie die ausdrückliche Erklärung gemacht,[2]) daß er an der Verwirklichung der großartigen Resultate des inneren Meeres nicht zweifele; leider aber liefert er keine neuen Beweise zu Gunsten der so vielfach besprochenen etwaigen Resultate.

[1]) Ibid. 1878, T. LXXXVII und an. 1879. T. LXXXVIII.

[2]) Comptes rendus de l'Acad. des Sc.. T. XCII., p. 534.

Es ist begreiflich, daß eine Polemik, die sich auf eine für Frankreich so wichtige Frage bezieht und in welcher französische Gelehrte die Hauptrolle spielen, vor das Tribunal der Akademie gebracht werden mußte, und dies fand im Jahre 1877 wirklich statt, sodaß die Kommission, welche aus den Herren Dumas, Daubrée und Yvon-Villarceau, den Admirälen Jurien de la Gravière und Paris und dem General Favé bestand, ihre Berichte in den Sitzungen des 7. und 21. Mai vorlegte.[1]) Natürlich wurde den vom Kapitän Roudaire in Algerien ausgeführten geodätischen und topographischen Arbeiten die gebührende ausgezeichnete Anerkennung gezollt; was aber die Ausführbarkeit und die daran sich anknüpfenden Resultate des Entwurfs betrifft, so äußert sich jener Bericht folgendermaßen: „Die auf irgend eine Weise bewirkte Leitung der Gewässer in die von ihnen einst eingenommenen Chotten am südlichen Abhange des Aurès-Gebirges würde zweifellos einen sehr günstigen Einfluß auf die jetzt fast öden Gegenden ausüben; sie würde stufenweise der europäischen Civilisation den Zugang in das Innere eines der Barbarei preisgegebenen Festlandes eröffnen."

Dieses Urtheil ist dem Entwurfe Roudaire's allerdings günstig, hat aber den Fehler, daß es auf keiner festen Basis fußt, da als bewiesen vorausgesetzt wird, was erst durch eine eingehende Erörterung bewiesen werden soll; auch sind die eigenen Urheber dieser Entscheidung keineswegs unter sich einig, da zwei von ihnen, Dumas und Daubrée, sich hinsichtlich der Nützlichkeit und Ausführbarkeit der Ueberfluthung des Chotts ausdrücklich reservirt verhalten. Nach der Ansicht dieser hervorragenden Gelehrten dürfte die Ausführung des Entwurfes auf ernste Schwierigkeiten, die der Berichterstatter (General Favé) nicht genug berücksichtigt habe, stoßen, da sie es nicht für durchaus bewiesen erachten, daß ein durch ungleiche Räume mit dem Meere verbundener Kanal nicht austrocknen oder daß die Wasserdünste, statt der Umgegend zu Gute zu kommen, nicht in eine ganz andere Richtung hinübergeweht werden könnten. „Dies sind die Hypothesen, wie Dumas und Daubrée bemerken, die uns verhinderten, dem Berichte Beifall zu zollen; wir billigen zwar die allgemeinen Schlüsse desselben, erwarten aber erst die Resultate der zahlreichen ernsten Untersuchungen, welche alle diese Fragen noch erheischen."

[1]) Ibid. T. LXXXIV.

Unbedingt wird jedoch, abgesehen von dem Gutachten der Akademie, ein Theil des Roudaire'schen Entwurfes von den gegen denselben gemachten Einwendungen frei, da es nun bewiesen ist, daß die technische Ausführung nicht mit den behaupteten Schwierigkeiten zu kämpfen haben würde, und ebenso darf man jetzt als sicher annehmen, daß der Meerbusen von Gabès einst, und zwar noch in historischer Zeit, mit den Chotten in Verbindung gestanden hat.

Leider sind alle diese Koncessionen zu Gunsten Roudaire's nur von untergeordneter Wichtigkeit, weil, wie erwähnt, die wichtigsten physischen und meteorologischen Thatsachen, von welchen der Erfolg des vorgeschlagenen inneren Meeres hauptsächlich abhängt, noch nicht genügend erforscht sind. Die gründliche Erörterung dieser Fragen erweist sich um so unentbehrlicher, als die bis jetzt zu Gunsten des inneren Meeres verwertheten Angaben sich nur auf Wahrscheinlichkeiten und Hoffnungen gründen, während einzelne Einwendungen, wie z. B. die von Cosson (die Dattelkultur betreffend) auf bestimmten Thatsachen beruhen. Auch sind die von den Gegnern des Entwurfs angeführten Beispiele des kaspischen und rothen Meeres, wie des persischen Meerbusens und Arals, für die Aussichten des inneren Meeres nicht ermuthigend, da alle diese tief in das Festland eingreifenden Wasserbehälter gerade durch die Dürre und Unfruchtbarkeit der Umgegend berüchtigt sind.[1])

Welche Zukunft auch diesem großartigen Entwurfe vorbehalten sein möge, so sind die physischen Verhältnisse von Tunis doch der Art, daß das Wohlsein dieses Landes von dem Erfolge hypothetischer Entwürfe keineswegs abhängt. Einige ebenso leicht ausführbare, wie unzweifelhaft nützliche technische Unternehmungen würden ausreichen, Tunis zu einer der wichtigsten Gegenden des

---

[1]) Wird das innere Meer des Kapitäns Roudaire auch noch längere Zeit Gegenstand der widerstreitendsten Ansichten sein, so gestaltet es sich ganz verschieden mit mehreren auf andere Punkte der Sahara bezüglichen Projekten dieser Art, die von vornherein unwiderruflich verurtheilt sind. So ist es namentlich mit dem Vorschlage des Engländers Mackencie der Fall, die westliche Sahara zu überfluthen und das Meer wo möglich bis Tumbuktu zu führen. Aus den Forschungen des Dr. Lenz, der die ganze westliche Sahara durchstreifte, ergiebt sich, daß dort keine absolute Depression des Terrains unter dem Meeresspiegel vorhanden ist; auch bemerkt derselbe über jenes Projekt, daß „es zu absurd sei, um ernsthaft diskutirt zu werden." (Zeitschr. der Gesellsch. für Geogr. zu Berlin, B. XVI, an. 1881, p. 292.)

Mittelmeerbusens zu machen; in erster Reihe würde die Verwandlung des etwa 50 km nord-nord-westlich von Tunis gelegenen Sees Biserta (Tinga der Araber) in einen ganz ausgezeichneten Hafen stehen.

Dieser See (Hipponitis Palus der Alten) der sich von Ost nach West in ovaler Gestalt 12 km lang erstreckt, hat von Norden nach Süden eine Breite von 8 km und steht an seinem nordöstlichen Ende durch einen natürlichen, 6 km langen und etwa 800 m breiten Kanal mit dem Meere in Verbindung. In der Gegend der Stadt Biserta, welche dieser Kanal durchströmt, hat derselbe nur 3—9 dem Tiefe, vertieft sich aber, je mehr er sich dem See nähert, und erlangt endlich die Tiefe des letzteren, nämlich 5—7 m.

„In den Händen einer europäischen Macht," sagt Oberst Playfair,[1]) „würde der Biserta-See einer der schönsten Häfen und einer der stärksten strategischen Punkte des Mittelmeerbeckens werden. Eine verhältnißmäßig unbedeutende Ausgabe würde für die Herstellung eines prachtvollen Hafens ausreichen, der, von allen Seiten vollkommen geschützt, ein Areal von 80 qkm trefflichen Ufergrundes für große Schiffe besitzt".

Heute gewährt der Biserta-See der tunesischen Regierung keinen andern Vortheil dar, als das Ergebniß der Fischerei, die allerdings nicht unbeträchtlich ist, da sie eine jährliche Einnahme von 180,000 Piastern abwirft.

Ein weiterer ausgezeichneter Zug in der physischen Physiognomie von Tunis ist die Konfiguration der besonders im nahe gelegenen Tripolitanien in tiefe Meerbusen auslaufenden Küstenlinien, welche die in das Innere von Afrika am weitesten eindringenden Seebuchten bilden, sodaß von diesen nach dem Meerbusen von Ginea gezogene gerade Linien die kürzesten sein würden, welche diesen Theil des afrikanischen Festlandes von Nordost nach Südwest durchschnitten. Deshalb betrachtet auch Gerhard Rohlfs diese Gegend, die er selbst erforscht, als augenfällig von der Natur zur Errichtung von Eisenbahnen zwischen dem Mittelmeere und Inner-Afrika bestimmt. Dem berühmten Afrika-Forscher zufolge[2]) könnte keine andere Bahn diese Verbindung vortheilhafter bewerkstelligen, als diejenige, die von Tripolis nach

[1]) Travels in the footsteps of Bruce, p. 114.

[2]) Petermann's Mittheilungen rc., an. 1877. T. XXIII., p. 15.

Mursuk und dann nach dem Tschad-See laufen würde. Rohlfs sucht die großen Vorzüge zu beweisen, die eine solche Verbindung im Vergleich mit der von den französischen Ingenieuren vorgeschlagenen zwischen Algier und Senegambien über Tuat und Tumbuktu besitzt. Seine gewichtigen Argumente scheinen jedoch in Frankreich wenig Anklang gefunden zu haben, denn sogar nach dem unglücklichen Ausgange der Expedition des Obersten Flatters ist der Kapitän Bernard, der dieselbe begleitete, mit der Ueberzeugung heimgekehrt, daß die Linie über Tumbuktu die von allen günstigste sei. Demzufolge soll solche über Uargla und Insalah gehen. Bis Uargla bietet die Unternehmung keine großen Schwierigkeiten; ganz anders aber ist es mit dem ungeheuren Raume zwischen Uargla und dem Lande der Aulimmiden (in dem Flußgebiet des Niger), den die Eisenbahn in einer Länge von 1500 km zu durchziehen hätte, der eine nur selten betretene Wüste und, nach den wenigen vorhandenen Berichten, durchaus unfruchtbar, öde und wasserlos ist. Sollte die Linie über Tumbuktu nach Senegambien, die allerdings den französischen Interessen am meisten entspricht, trotz jener wichtigen Einwendungen, wirklich ausgeführt werden, so würde, wie Dr. Oscar Lenz bemerkt,[1]) daran keinesfalls vor der Besitzergreifung von Tuat (in der Wüste) und Segu am Niger zu denken sein: eine Ansicht, die auch Rohlfs theilt,[2]) der, wie erwähnt, von dieser Linie ausdrücklich abräth.

Zu der Zahl der günstigen physischen Bedingungen, welche Tunis auszeichnen, gesellen sich noch die Milde des Klimas und die Fruchtbarkeit des Bodens. Tunis besitzt eine höhere Temperatur als Algier, wie folgende Mittelwerthe darthun: Jahresmittel 20°, 4; Wintermittel 13°, 2; Frühlingsmittel 18°, 3; Sommermittel 28°, 3; Herbstmittel 20°, 4.

Die außerordentliche Fruchtbarkeit des tunesischen Bodens ist allerdings von geringem Nutzen für die jetzige Bevölkerung, welche nach des Obersten Playfair Angabe[3]) nur 1½ Million beträgt, während sie unter der römischen Herrschaft zwanzig Millionen überstieg. Schöne Wälder bekleideten damals die jetzt vollständig nackte Landschaft, nahmen aber mit solcher Schnelle ab, daß Gegenden, die der englische Reisende Bruce vor etwa einem Jahrhundert noch

[1]) Zeitschrift der geogr. Gesellsch. zu Berlin, an. 1881, B. XVI, p. 292.
[2]) Petermann's Mittheil., an. 1881, B. XXVIII., p. 302.
[3]) Loc. cit. p. 154—156.

als ziemlich bewaldet bezeichnete, keinen einzigen Baum mehr aufwiesen, als jener Reisende sie neuerdings besuchte.

Die Region zwischen dem Meerbusen von Gabès (Syrtis minor) und Hadrammat, Byfacium geheißen und gegenwärtig eine dürre und öde Wüste, galt im Alterthume als eine der fruchtbarsten Gegenden der Welt. Nach Plinius [1]) erhielt man von einem Korn 1,50 und von einem Scheffel (modicum) 150 Scheffel Ertrag; ferner habe der Verwalter (Procurator) von Byfacium dem Kaiser Augustus ein Weizenbund (Triticum) mit 400 Stengeln übersandt, die sämmtlich aus einem einzigen Korn (ex uno grano) entsprossen seien, und Nero habe aus derselben Provinz einen andern mit 355 Stengeln (CCCLV stipulas ex uno grano) erhalten. Weiter fügt er hinzu, daß diese Thatsachen in officiellen Berichten verzeichnet worden seien (extant que de ea re epistolae). [2]) Varro, der seine Angaben bestätigt, fügt noch hinzu, daß in Byfacium ein Scheffel Korn gewöhnlich hundert Scheffel gebe (ex modico nasci centum). Die Gegend muß noch im 6. Jahrhundert gut angebaut gewesen sein, da Procopius [3]) in seiner Erzählung über den Zug Belisar's durch einen Theil dieses Landes diejenige zwischen Adrumet (dem heutigen Mohameta?) und Karthago als wohl angebaut und von Obstbäumen strotzend beschreibt. Vielleicht waren die berühmten Hesperiden-Gärten in der Cyrenaika, südlich von der Stadt Berenice (dem jetzigen Bengazi), noch nicht gänzlich zerstört, weil der Dichter Klaudianus, der am Ende des vierten Jahrhunderts lebte (also etwa zwei Jahrhunderte vor Procopius), dieselben noch erwähnt. [4])

Trotz des elenden Zustandes des Landes ist der Boden von Byfacium noch jetzt im Stande, die von Plinius und Varro betonten Wunderstöcke zu erzeugen, denn Sir Grenville Temple berichtet, [5]) daß er in dieser Gegend in einem Gerstenfelde ein Exemplar, und zwar ohne Auswahl und aufs Gerathewohl, gepflückt

[1]) Hist. nat., L. XVII, 3.

[2]) Ibid., L. XVIII, 21.

[3]) De Bello vandalico, L. II., 3, 4 (4).

[4]) In seinem dem Stilicho gewidmeten Lobgedichte (In prim. Consulat. Stilichonis, L. I. v. 255) scheint der Dichter diese Gärten nicht als der Vergangenheit, vielmehr eher seiner Zeit angehörend zu erwähnen, da er sagt: „et proximus hortis Hesperidum Tritose."

[5]) Excursions in the Medit., Algeria and Tunis, Vol. II, p. 108—109.

habe, das 97 Stengel enthalten, und die Eingeborenen hätten versichert, daß Gerstenstöcke mit 300 Stengeln nichts Seltenes wären.

Nach G. Tempel's Annahme reicht ein mit Korn gefüllter Sack (Corn-bag), wie ihn die englische Kavallerie verwendet, vollkommen hin, hier eine Fläche von einem Hektar zu besäen; er bemerkt dazu, daß die Araber den Körnern beim Säen Sand hinzuzufügen pflegen, um eine zu dichte Vegetation zu verhindern. Als Augenzeuge solcher wunderbaren Beispiele von Fruchtbarkeit, sieht sich der englische Reisende zu dem Ausrufe veranlaßt: „Tunis, in eine brittische Kolonie verwandelt, würde abermals ganz Europa als Kornkammer dienen können!"

Das ist jedoch ein frommer Wunsch, über welchen sich England erst mit Frankreich zu verständigen hätte, und wäre es auch nur, damit sich Frankreich endlich entschlösse, das zu thun, was erstaunlicherweise immer seither nicht ausgeführt worden. Diese Veränderung macht sich besonders lebhaft und in peinlicher Weise geltend, wenn man unmittelbar aus Algerien nach Tunis kommt; nie und nirgends hat die Natur inniger zwei Länder verbunden, welche dann durch menschliche Launen von einander getrennt, das eine der Civilisation wiedergegeben, das andere der Barbarei überlassen wurde. Auch scheint Bône, auf der Grenze dieser beiden Schwesterländer gelegen, die Grenze zwischen zwei ganz verschiedenen Welttheilen zu bezeichnen: einerseits blühende Felder, von Städten und Dörfern belebt, tief in die Wüste eindringende Wege und längs derselben gastliche und ausschließlich für Reisende bestimmte Häuser; andererseits öde, baumlose Wüsten, während der Regenzeit kaum für Reiter und Fußreisende zugänglich; nirgends der geringste Zufluchtsort für den an einige Bequemlichkeit und Reinlichkeit gewöhnten Fremden! Kurz, ein paar Stunden, an derselben afrikanischen Küste zurückgelegt, genügen, ebenen Fußes in den regungslosen Orient der Vorzeit einzutreten, nachdem man die Schwelle jenes andern modernen Orients überschritten, wo sich europäische Civilisation mit der Poesie des Orients verbunden hat.

Unmöglich kann es ausbleiben, daß dieser bedauernswerthen Anomalie durch die Vereinigung von Tunis mit Algerien, welches erstere nur die Fortsetzung und Ergänzung des letzteren bildet, Gerechtigkeit widerfahren werde. Es ist eine Frage der Menschheit, zugleich aber auch eine Frage französischer Interessen, da Frankreich durch Tunis mit einem der schönsten Häfen des Mittelmeeres, nämlich dem von Biserta, bereichert werden würde, und außerdem

Frankreich sich in dem Bereiche der Syrtischen Meerbusen befinden würde, die von der Natur bestimmt scheinen, die Verbindung mit den bevölkertsten und reichsten Gegenden von Afrika zu vermitteln. Wenn der großartige Plan Roudaire's wirklich einmal in Erfüllung gehen sollte und es gelänge, den Meerbusen von Gabès tief in die Wüste zu leiten und so ein inneres afrikanisches Meer zu schaffen, so wäre es von der größten Wichtigkeit für Frankreich, daß der Eintritt in dasselbe, wie auch in die Becken selbst, nicht in den Händen einer fremden Macht, sondern unter unmittelbarer Obhut von Frankreich stehe, weil sonst im Kriegsfalle der Meerbusen von Gabès eine offene Thür für alle Feinde und Eindringlinge wäre, während andererseits die künstliche und kostspielige Meeresbahn bald vollkommen versanden und in den Händen der Mohamedaner unbrauchbar würde.

In unserm Zeitalter, wo Annektionen jeder Art unter allen möglichen Vorwänden stattfinden, kann die Ausübung dieses Verfahrens gegenüber Tunis irgend welchen Einspruch, der auch nur den geringsten Schein von Recht und Consequenz hätte, von Seiten der europäischen Mächte nicht hervorrufen, denn wer würde wohl den Muth haben, solche Einwendungen auf die Unverletzbarkeit der Integrität des alemannischen Reiches zu gründen, als dessen Vasall man den Bay von Tunis betrachten will? Sicher geschähe das nicht von jenen Mächten, die sich unter unseren Augen Cypern, Bosnien und die Herzegowina einverleibt haben, oder die in zahlreichen Konferenzen die Zerstörung der Türkei zu Gunsten Rumäniens, Bulgariens, Montenegros und Griechenlands dekretirt haben und zu dekretiren fortfahren werden.

Und sollten auch die Gründe, welche auf den Forderungen der Civilisation und des Fortschrittes fußen, nicht hinreichen, die Einverleibung von Tunis zu rechtfertigen, so hat doch Frankreich einen anderen, durchaus unanfechtbaren Grund zu Gunsten dieser Maßregel geltend zu machen, nämlich das Recht, seine Besitzungen vor Angriffen unverantwortlicher ruheloser Feinde zu schützen. Die Gegend um das Vorgebirge Roux (Cap Roux), etwa 15 km östlich von La Calle, welche die Grenze zwischen Algerien und Tunis bildet, wird von zahlreichen arabischen Stämmen bewohnt, unter andern von den räuberischen Krumirs und Uchtalas, auf welche die tunesische Regierung nicht den geringsten Einfluß hat, und die, sich ihrer vollkommenen Straflosigkeit bewußt, unaufhörlich auf Plünderung französischer Schiffe ausgehen, ja selbst ihre eigenen, andern Stämmen angehörenden Landsleuten hiermit nicht verschonen.

Ein merkwürdiges Beispiel der Art hatte sich während meines Aufenthaltes in Algerien dargeboten. Schon sechs Monate vor meiner Ankunft in Tunis hatte ich in Algier von der frechen Plünderung eines französischen Schiffes durch jene räuberischen Araber gehört, konnte aber erst in Tunis das Ereigniß durch einen officiellen Augenzeugen, Herrn J. Cubisol, französischen Konsul in Gulett, erfahren. Dieser ebenso thätige als verständige Beamte erzählte, daß, als am 25. Januar 1878 ein großes französisches, der Gesellschaft Talabot gehörendes Dampfschiff an der tunesischen Küste, und zwar neben dem befestigten und mit tunesischer Garnison versehenen Schlosse Bord-Djedid (etwa 12 km von der Grenze) strandete, eine Schaar von Arabern sich wie hungrige Wölfe auf das Schiff gestürzt und dasselbe angegriffen habe. Da der französische Generalkonsul in Algier, Herr Roustan, den Bey aufforderte, den unglücklichen Schiffbrüchigen schleunige Hilfe zu leisten, so wurden 400 Mann abgesandt, die Herr Cubisol begleitete; aber an Ort und Stelle angelangt, mußten der französische Konsul und die tunesischen Soldaten stumme Zuschauer der abscheulichen Plünderung bleiben, welche die Araber (deren Zahl auf fünf- bis sechstausend angewachsen war) nach Herzenslust betrieben, da einer ihrer Anführer jenem Herrn den freundschaftlichen Rath gab, sich ja ruhig zu verhalten, bis das Geschäft vollzogen sei und es sich nur noch darum handelte, die Beute unter den verschiedenen Stämmen zu vertheilen. Die einzige Gunst, die Herr Cubisol erflehte, war das Versprechen, das Leben der Schiffsmannschaft zu schonen, das auch großmüthig und exakt gehalten wurde; denn nach beendeter Plünderung und theilweiser Vernichtung des Schiffes wurde die Mannschaft, ihrer Kleider beraubt und fast nackt, dem französischen Konsul überliefert. Die tunesische Regierung war nicht in der Lage, eine Entschädigung zu zahlen, da diese ihre Mittel überschritten haben würde, noch die Missethäter zu bestrafen, die deren Macht noch öffentlich verhöhnten.

Frankreich wartet also in Geduld auf den Augenblick, wo es sich durch längere Duldsamkeit dem begründeten Vorwurf der Schwäche und Rücksichtslosigkeit gegen seine Rechte und seine Ehre aussetzen würde. Dieser Augenblick scheint jetzt gekommen zu sein, da dieselben Stämme, die während meines Aufenthaltes in Algerien eine so ruchlose und für die französische Regierung so demüthigende

Schandthat an der tunesischen Küste verübten, sich jetzt herauszunehmen, auch den französischen Boden zu betreten. Möge der neue Ausbruch der so lange geduldeten Frechheit dieser Räuber wenigstens den Vortheil haben, Frankreich endlich zu dem Schritte zu bewegen, der seine providentielle Aufgabe in Afrika krönen und Tunis abermals zur Kornkammer Europa's machen wird.

Mit der sicheren und tröstlichen Hoffnung, Tunis als kräftig aufblühende und mit Algerien vereinigte französische Kolonie bald wiederzusehen, schifften wir uns am 9. Juni 1878 nach Neapel ein, wo wir nur einige Tage blieben, um dann unsere schöne Adoptiv-Heimat Florenz zu erreichen, die wir fast ein Jahr lang für den genußreichen und nur zu schnell verflossenen Aufenthalt in Afrika aufgegeben hatten.

Zweiundzwanzigster Brief.

Florenz, am 1. Juni 1882.

Nachdem ich vor etwa vier Jahren meine Abschiedszeilen in Tunis niedergeschrieben und zugleich die Ueberzeugung ausgesprochen hatte, daß die kritische entscheidende Stunde für Tunis geschlagen habe, hat sich meine Prophezeihung so weit erfüllt, als die französischen Truppen jetzt wirklich Tunis besetzt haben; nur vermochte ich damals nicht, die Möglichkeit des groben Mißgriffs zu ahnen, welchen Frankreich in dieser Angelegenheit begehen würde. Als der zweifelhafte Vertrag von Bardo unterzeichnet war, machte ich sofort dem peinlichen Erstaunen, welches derselbe bei allen Freunden der Menschheit hervorgerufen, in einem langen Schreiben an Herrn Paule Leroy-Beaulieu Luft. Dieser ausgezeichnete Gelehrte, zugleich einflußreicher Publicist, der mein Buch über Algerien und Tunis mit einer höchst schmeichelhaften Recension im Journal de Débats und in der Revue des Deux Mondes beehrt hatte, veröffentlichte meinen Brief vom 21. Mai 1881 in dem von ihm geleiteten und besonders geschätzten „Economiste“, indem er zugleich einen großen gehaltreichen Aufsatz „Le traité de garantie avec la France. Ses lacunes. Les dangers des irrésolutions“ hinzufügte. In letzterem (den die meisten französischen Blätter wiedergaben) werden alle meine Aussagen und Ansichten hinsichtlich der tunesischen Angelegenheiten lebhaft vertheidigt und durch neue gewichtige Argumente unterstützt. P. Leroy-Beaulieu ist durchaus meiner Meinung, daß Frankreich auch im schlimmsten Falle den Biserta-See nicht aufgeben könne; auf die große politische und commercielle Bedeutung desselben habe ich zuerst hingewiesen, obwohl (wie es so oft mit Dingen der Fall, die man erstaunlicher Weise früher nicht beachtet,) der von mir schon seit vier Jahren (1878) besprochene Gegenstand von mehreren öffentlichen Blättern, ja selbst von Reisenden, als etwas ganz Neues aufgetischt worden ist.

Seltsamerweise war die Angelegenheit, als ich sie zuerst vortrug, wohl für Frankreich, nicht aber für das scharfsinnige, alles erspähende und voraussehende England neu, wie ich dies durch die Aeußerungen des Obersten Playfair, des brittischen Generalconsuls in Algier, bewiesen habe und wie es vor Kurzem noch schlagender der Admiral Spratt dargethan hat. Als Barthélemy-Saint-Hilaire, Minister der auswärtigen Angelegenheiten, öffentlich und officiell die Erklärung abgab, Frankreich kümmere sich ganz und gar nicht um den Biserta-See und sei nicht gesonnen, die ungeheuren Ausgaben für die Klarstellung des Hafens zu tragen (welche der Herr Minister auf etwa 150 Millionen Francs anzuschlagen beliebte), veröffentlichte die Times vom 16. Mai 1881 einen Brief des Admirals Spratt an Herrn Guest, in welchem der berühmte englische Hydrograph, der alle Küsten und Häfen des Mittelmeeres gründlich untersucht hatte, ausdrücklich erklärt, daß die Kosten für die Herstellung des Hafens von Biserta höchstens eine Viertel Million Pfund Sterling (weniger als sechs Millionen Francs) betragen würde und zugleich alle erforderlichen Arbeiten in größtem Detail angiebt. Admiral Spratt beschließt seinen praktischen, werthvollen, alles erschöpfenden Brief mit der Bemerkung, daß die verhältnißmäßig wohlfeilen Arbeiten vollkommen ausreichen würden, aus dem Biserta-See den größten und bequemsten Hafen des Mittelmeeres zu machen, in welchem „alle Flotten der Welt Platz finden würden".

Wie groß auch die unverzeihliche Ignoranz gewesen sein mag, in welcher die französische Regierung gegenüber Tunis befangen war, so ist doch die Annahme, daß ein wissenschaftlich gebildeter Mann, wie Barthélemy-Saint-Hilaire, wirklich das gemeint habe, was er in Betreff Biserta's zu erklären sich erlaubte, undenkbar; ohne Zweifel lag ihm daran, England und namentlich Italien, die den Minister zu jener sonderbaren Aeußerung bewogen, zu beruhigen, was um so wahrscheinlicher, als gerade jene kurzsichtigen Rücksichten, die der Würde wie den Interessen Frankreichs widersprechen, den ganzen Gang der unglücklichen tunesischen Angelegenheiten stempelten. Und doch waren die Folgen einer solchen Politik leicht vorherzusehen. Das nach langem und furchtsamen Herumtappen zusammengeflickte Protektorat konnte Italien und England keineswegs angenehmer sein, als eine ausdrücklich erklärte Annektion, wie solche mit Algerien stattgefunden, sodaß man in dieser Hinsicht nichts gewann, in jeder anderen aber außerordentlich viel verlor, weil eine für Annextion so günstige Gelegenheit, wie die verfehlte, nicht leicht wiederkehrt und der grelle Widerspruch zwischen Versprechungen und Handlungen für die Würde Frankreichs verletzend ist und das Zutrauen in seine Macht und Rechtschaffenheit bei den Arabern erschüttern mußte, was sich in Algerien auch durch vielfache Aufstände herausstellte, und endlich weil man nach so langem, fruchtlosen Blutvergießen und so großen Geldvergeudungen (bis jetzt schon über 80 Millionen Francs), doch schließlich wieder damit wird enden müssen, womit man hätte anfangen sollen.

Unmöglich kann der precäre unhaltbare Zustand, in welchen Frankreich durch das sogenannte Protektorat versetzt worden, lange dauern, ohne die größten Schwierigkeiten und Reibungen in den inneren wie in den äußeren Verhältnissen des so absonderlich protegirten Landes hervorzurufen. Was letztere anbelangt, so genügt der Hinweis auf das unbegreifliche Festhalten an den Kapitulationen, zu welchen sich Frankreich förmlich verpflichtete, indem Barthélemy-Saint-Hilaire wiederholt officiell erklärt hatte, daß das Protektorat keinen der zwischen Tunis und den auswärtigen Mächten früher abgeschlossenen Verträge und folglich auch nicht die Kapitulationen berühre, — eine Verdrehung der Sachlage, die selbst in privaten Verhältnissen lächerlich erschiene, da der Schutzherr und Verwalter eines Hauses doch vollständig hilflos sein würde, sobald Fremde ohne seine Genehmigung in dasselbe einzudringen berechtigt wären, um Streitigkeiten zwischen dessen Bewohnern zu schlichten.

Es würde zu weit führen, wollte ich mich über die vielen unverzeihlichen, ja oft demüthigenden Mißgriffe, welche Frankreich in dieser heillosen tunesischen Wirthschaft begangen und die sich schon seit vier Jahren mehr und mehr anhäufen, verbreiten. Frankreich dürfte das Ende des neunzehnten Jahrhunderts als eine traurige Periode seiner Geschichte ansehen, da diese Zeit durch zwei ganz unerwartete Niederlagen, die eine auf dem Schlachtfelde gegen Preußen, die andere auf dem Felde der Politik und Diplomatie, bezeichnet wird. Mit vollem Recht kann sich der tapfere Krieger den schönen Wahlspruch des ritterlichen François I. aneignen: „Alles verloren außer der Ehre", während den geschlagenen Politikern auch dieser Trost nicht immer vergönnt ist.

Glücklicherweise ist Frankreich mehr als irgend ein anderes Land in der Lage, allen den Widerwärtigkeiten die Spitze zu bieten; es hat sich triumphirend und mit jugendlicher Kraft aus harten Prüfungen erhoben, die das mächtigste Reich zertrümmert oder doch auf lange Zeit verkrüppelt haben würden, und so läßt sich mit Recht hoffen, daß die durch seine eigene Schuld so verwickelte tunesische Frage sich zu seinen Gunsten bald entscheide und das schöne Land mit seiner älteren algerischen Schwester innig vereint die große europäische Gesellschaft durch ein neues, schätzbares Mitglied bereichern werde. Erst wenn dieser ganze prachtvolle Strich von Nordafrika der Civilisation wiedergegeben sein wird, kann Frankreich die ihm von der Vorsehung bestimmte erhabene Aufgabe in Inner-Afrika verwirklichen.

Diese Aufgabe macht sich auffallend bemerkbar durch die ausnahmsweise günstigen topographischen Verhältnisse seiner beiden Kolonien, die den beiden größten Flüssen Inner-Afrika's näher gerückt sind, als irgend eine Kolonie einer anderen europäischen Macht, nämlich Senegal und Gabun. Erstere liegt auf dem geradesten und kürzesten Wege nach dem Niger, da nur ein Raum von etwa 80 km die östlichen Zuflüsse des Senegal vom Niger trennt; die zweite verfügt über den Congo vermittels des nicht weit von Gabun entfernten Ogove-Flusses, von welchem aus man zu Lande den Congo leichter erreicht als von der Seeseite, weil die Mündungen des letzteren wegen der Wasserfälle und reißenden Strömungen ziemlich gefährlich sind. Neuerdings (im Jahre 1880) hat Savagnan de Brazza diesen Weg, der wahrscheinlich nicht über hundert km beträgt, untersucht, und es ist alle Aussicht vorhanden, auf demselben den Congo an einem Punkte zu erreichen, wo dieser ungeheure, vollkommen schiffbare Fluß sich in seiner ganzen Pracht entfaltet. Nun aber wird durch den Niger und Congo für Europa und besonders für die Mächte, welche die Herrschaft über diese Flüsse erringen, eine ganz neue Welt der Thätigkeit eröffnet. Schon sind die Vereinigten Staaten von Amerika rege, um sich im Voraus auf dieser wichtigen Centralbahn einen günstigen Platz zu sichern, und haben den unermüdlichen Stanley als Pionier dahin gesandt; aber weder Amerika noch England werden sich in dieser Hinsicht mit Frankreich zu messen im Stande sein, wenn Letzteres mit allen ihm zu Gebote stehenden und durch keine Zersplitterung seiner Kräfte gelähmten Hilfsmitteln die außerordentlichen Vortheile benutzt, welche Senegal und Gabun bieten.

Frankreich kann aber, wie bemerkt, an die Verwirklichung dieser großartigen Pläne nicht eher denken, als bis es seine tunesischen Angelegenheiten geregelt haben wird, wie überhaupt kein Land sich mit neuen Kolonien befassen darf, so lange noch das eigene Haus nicht in Ordnung ist. Wer wäre nicht geneigt, mit dem trefflichen Gerhard Rohlfs,[1]) diesem tiefen und geistreichen Kenner des Orients, auszurufen: „Hoffentlich ist die Zeit nicht fern, wo Marokko, Tunis und Tripolis europäischen Mächten anheimfallen werden"; allein wir dürfen nicht vergessen, daß, wenn Marokko und Tripolis ihrer Lage wegen vorzugsweise für Spanien und Italien geeignet scheinen, beide Staaten doch noch nicht befähigt sind, eine derartige anziehende Nachbarschaft gehörig zu verwerthen, und daher der Gefahr ausgesetzt bleiben, einem reicher begabten Besitzergreifer den Platz überlassen zu müssen. Hiermit erlangen sie noch nicht das Recht, diesen als Beleidiger zu betrachten, wie Frankreich durch Italien wegen Tunis beschuldigt wird, indem Italien hierbei nicht bedenkt, daß Tunis, obwohl ziemlich nahe an Sicilien, noch weit näher an Algerien liegt, dessen natürliche Fortsetzung es in physischer und ethnographischer Hinsicht bildet, was durchaus nicht der Fall mit Italien; und ferner, daß Italien mit seinen zerrütteten Finanzen und den vielen noch unbebauten und unbewohnten Strecken seines eigenen, so fruchtbaren und schönen Landes noch nicht die Mittel besitzt, eine Kolonie blühend zu gestalten, wie es Algerien durch Frankreich geworden ist.

Die Interessen der Menschheit sind so dringende, und die in der Barbarei noch schmachtenden Länder so zahlreiche, daß kein Staat der Welt zu fordern berechtigt ist, man müsse auf ihn warten, bis er reich und kräftig genug geworden, ein solches Land zu ergreifen und mit Erfolg zu behalten.

Für den Philanthropen ist es ziemlich gleichgültig, zu wissen, von wem oder in wessen Namen ein für die Wiedergeburt bestimmtes Land getauft werden soll; er ist stets bereit, die erhabene Gestalt der Civilisation und Freiheit, in welchem Gewande sie auch erscheinen mag, herzlich zu begrüßen.

---

[1]) Petermann's Mittheil., an. 1881, B. XXVIII, p. 302.

Beleg-Stücke.

Beleg-Stücke.

I.

Wild wachsende Pflanzen, beobachtet am 12. Dezember 1877 zwischen Algier und Kap Caxine (p. 73)[1])

Cruciferae.

l. Clypeola maritima L. (*Alyssum maritimum* Lind).

r. l. Sysimbrium amplexicaule Desf.

Cistineae.

l. Cistus monspeliensis L.

v. — heterophyllus Desf.

v. — salvifolius L.

v. Helianthemum lavandulæfolium DC.

Violarieae.

l. Viola arborescens L.

Geraniaceae.

r. v. Geranium geifolium Desf.

v. Erodium moschatum Desf.

Leguminosae.

r. v. Genista linifolia L.

Myrtaceae.

v. Myrtus communis L.

Terebinthaceae.

v. Pistacia lentiscus L.

Cacteae.

v. Cactus opuntia L. (subspontan).

Compositae.

l. Bellis annua L.

l. — sylvestris Cyrill.

l. Asteriscus (*Bupthalmum* L.) maritimus Mœnch.

l. Calendula arvensis L. var.

l. Senecio vulgaris L.

r. l. — humilis Desf.

r. l. Leucanthemum globosum Boiss.

l. Picridium vulgare Desf. var.

f. Inula graveolens Desf.

l. Leontodon tuberosum L.

Primulaceae.

l. Cyclamen africanum Boiss. [2])

Oleacineae.

v. Phillyrea media L.

Ericae.

v. Erica arborea L.

Jasmineae.

v. Jasminum fruticans L.

Solaneae.

v. Lycium europæum Desf. non L.

Scrophularinae.

l. Linaria reflexa Desf.

Labiatae.

l. Lavandula stœchas L.

Salsolaceae.

v. Atriplex halimus L.

---

[1]) Die die Species begleitenden Buchstaben bedeuten: l. Pflanzen in Blüthen; f. Pflanzen nur Früchte tragend; v. Pflanzen ohne Blüthen oder Früchte, nur mit Blättern; r. Pflanzen mehr oder weniger selten in Algerien.

[2]) Nach Herrn Munby hat man diese Art in der Provinz Oran nicht beobachtet.

Thymeleae.

v. Passerina hirsuta L.

Moreae.

v. Morus alba L. (subspontan).
r. v. Ficus carica L.

Coniferae.

r. v. Juniperus phœnicea L.
r. v. Ephedra fragilis Desf.

Liliaceae.

f. Scilla maritima L.
r. f. — undulata L.

Smilaceae.

l. Ruscus hypoglossum L.

Irideae.

l. Iris stylosa Desf.

Amaryllideae.

f. Narcissus serotinus L.
r. f. — oxypetalus Boiss.

Gramineae.

v. Arundo festucoides Desf.
v. — mauritanica Desf.

Filices.

r. f. Polypodium vulgare L.

II.

Wildwachsende Pflanzen, beobachtet am 30. Dezember 1877 zwischen la Fontaine Bleue und dem Jardin d'essai (p. 88).

Ranunculaceae.

r. v. Ranunculus spicatus Desf.
v. — bullatus L.
f. Clematis cirrhosa L.

Fumariaceae.

l. Fumaria capreolata L.

Cruciferae.

l. Clypeola maritima L.

Cistineae.

l. Cistus monspeliensis L.

Violarieae.

l. Viola arborescens L.

Caryophilleae.

l. Silene fuscata L.

Geraniaceae.

l. Erodium moschatum W.
v. — malacoïdes W.

Oxalideae.

l. Oxalis cernua L. (naturalisirt).

Rhamneae.

l. Rhamnus alaternus L.
v. Zizyphus lotus L.

Leguminosae.

l. Anagyris fœtida L.
f. Calycotome spinosa L.
r. l. Coronilla juncea L.
l. Ceratonia siliqua L.
r. l. Acacia retinoides (subspontan).

Rosaceae.

l. Rosa sempervirens L.

Ombelliferae.

v. Smyrnium olustratum L.

Cucurbitaceae.

v. Bryonia dioica L.

Valerianeae.

l. Fedia cornucopiæ Gaertn.
v. Centranthus ruber DC.

Araliaceae.

f. Hedera helix L. var.

Rubiaceae.

l. Gelium saccharatum All.

Compositae.

l. Bellis annua L.
f. Inula viscosa Ait.
f. — graveolens Desf.
l. Calendula arvensis L. var.
v. Artemisia arborescens L.
l. Asteriscus (*Buphthalmum* L.) maritimus Mœnch.
l. Barkhausia taraxacoides DC.

l. Leontodon tuberosum L.
l. Phagmalon (*Conyza* L.) saxatilis Coss.
l. Senecio vulgaris L.
l. Helichrysum (*Gnaphalium* L.) Fontanesii Camb.
l. Sonchus oleraceus L.

Terebinthaceae.

f. Pistacia lentiscus L.

Campanulaceae.

f. Trachælium cœruleum L.

Primulaceae.

v. Cyclamen africanum Boiss.

Oleacineae.

f. Olea europæa L.
v. Phyllerea media L.

Ericeae.

l. Erica multiflora L.

Jasmineae.

Jasminum fruticans L.

Solaneae.

f. Nicotiana glauca L. (subspontan).

Scrophularinae.

l Linaria reflexa Desf.
v. Antirrhinum majus L.
l. Veronica cymbalaria Bertol.

Labiatae.

l. Thymus inodorus Desf.
v. Calamintha (*Melissa* L.) officinalis, Mœnch. var.
l. Salvia verbenaca L.

Globularieae.

l. Globularia alypum L.

Thymeleae.

l. Passerina hirsuta L.

Euphorbiacae.

l. Euphorbia peplis L.
l. — helioscopa L.
l. Mercurialis annua L.

Cupuliferae.

v. Quercus coccifera L.

Coniferae.

f. Pinus halepensis L.

Liliaceae.

r. l. Scilla lingulata Poir.
l. — fallax Steinh.
f. — maritima L.
f. — parviflora Desf.
v. — obtusifolia Desf.

Smilaceae.

v. Ruscus hypoglossum L.

Irideae.

l. Iris stylosa Desf.
v. — fœtidissima L.

Aroïdeae.

l. Arisarum vulgare Rchb.
l. Ambrosinia Bassii L.

III.

Wildwachsende Pflanzen, beobachtet am 20. Januar 1878 zwischen Algier, El-Biar, Bouzarea und der cité Bugeaud (p. 94).

Ranunculaceae.

v. Ranunculus flabellatus Desf.
v. — macrophyllus Desf.
f. Clematis cirrhosa L.

Fumariaceae.

l. Fumaria capreolata L.

Cruciferae.

l. Thlaspi bursa pastoris L.
l. Raphanus raphanistrum L.
l. Clypeola maritima L.
l. Sinapis arvensis L.

Cistineae.

l. Cistus monspeliensis L.

Resedaceae.

l. Reseda alba L.

Caryophylleae.

l. Stellaria media L.
l. Silene fuscata Lind.

Malvaceae.

v. Lavatera cretica L.

Geraniaceae.

l. Erodium moschatum W.
l. — malacoides W.

Paronychieae.

v. Paronychia argentea Lind.

Oxalideae.

l. Oxalis cernua L. (naturalisirt).

Rhamneae.

l. Rhamnus alaternus L.

Leguminosae.

v. Calycotome spinosa Lind.
v. Lotus cytisoides L.
f. Ceratonia siliqua L.
r. l. Genista candicans L.
r. l. Coronilla pentaphylla Desf.

Rosaceae.

l. Prunus insititia L.
v. Pyrus sorbus Gaertn.
r. l. Amygdalus communis L.
v. Rubus fruticosus L.

Haloraceae.

r. v. Callitriche pedunculata DC.

Myrtaceae.

v. Myrtus communis L.

Crassulaceae.

v. Umbilicus horizontalis Guss.

Cacteae.

v. Cactus opuntia L.

Ombelliferae.

v. Ferula communis L.
v. Fæniculum vulgare Gaertn.
l. Scandix pecten Veneris L.
v. Smyrnium olusatrum L.

Valerianeae.

l. Fedia cornucopiæ DC.

Caprifoliaceae.

l. Viburnum tinus L.

Araliaceae.

v. Hedera helix L.

Rubiaceae.

v. Rubi peregrina L.
l. Galium saccharatum All.

Compositae.

l. Bellis annua L.
l. Calendula arvensis L.
l. Sonchus tenerrimus L.
l. — oleraceus L.
l. Senecio vulgaris L.
l. Crepis taraxacifolia L.
l. Centaurea pullata L.
v. — calcitrapa L.
l. Hyoseris radiata L.
l. Asteriscus maritimus Mœnch.
l. Anthemis (*Maruta* DC.) fuscata Brot.
l. Phagnalon saxatilis Coss.
v. Artemisia arborescens L.
v. Cachrys tomentosa Mœnch.!
v. Helminthia echioides Gaertn.
f. Erigeron viscosum L.
f. — graveolens L.
v. Evax asterisciflora Pers.

Primulaceae.

v. Cyclamen africanum Boiss.

Olacineae.

v. Olea europæa L.
v. Phillyrea media L.

Boragineae.

v. Cerinthe major L.
Echium grandiflorum Desf.

Scrophularineae.

l. Veronica cymbalaria Bert.
l. Linaria reflexa L.
l. Scrophularia sambucifolia L.

Labiatae.

f. Salvia verbenaca L.
l. Lavandula stœchas L.
l. Lamium amplexicaule L.
v. Marrubium vulgare L.

Acanthaceae.

v. Acanthus mollis L.

Plantagineae.

v. Plantago serratus L.

Salsolaceae.

v. Chenopodium album L.

v. — murale L.

Laurineae.

v. Laurus nobilis L.

Santalaceae.

r. v. Osyris quadripartita Salz.

Euphorbiaceae.

l. Euphorbia peplis L.

v. — helioscopia L.

l. Mercurialis annua L.

Urticeae.

v. Urtica membranacea L.

v. — pilulifera L.

v. — dioica L.

Cupuliferae.

v. Quercus coccifera L.

r. v. Castanea vulgaris Lind.

Coniferae.

f. Pinus halepensis L.

Melanthaceae.

f. Merendera filifolia Cambess.

Liliaceae.

f. Scilla fallax Steinh.

Smilaceae.

v. Smilax maritima Desf.

v. Ruscus hypoglossum L.

Irideae.

l. Trichonema columnæ Rchb. var.

v. Iris sisyrinchium L.

l. — stylosa Desf.

Amaryllideae.

v. Agave americana L. (iubiponteu).

Aroideae.

l. Arisarum vulgare Rchb. [1])

r. v. Arum italicum Mill.

Gramineae.

v. Arundo mauritanica Desf.

Filices.

v. Grammitis leptophylla Sw.

r. v. Asplenium adiantum nigrum L.

r. v. Adiantum palmatum Lind.

v. — capillus Veneris L.

r. f. Ophioglossum lusitanicum L.

Lycopodiaceae.

r. v. Isoetes hystrix Dur. [2])

Hepaticae.

r. l. Targionia Michelii DC.

IV.

Wildwachsende Pflanzen, beobachtet am 10. Februar auf den Anhöhen des Mustafa supérieur (p. 197).

Ranunculaceae.

r. v. Ranunculus spicatus Desf.

f. Clematis cirrhosa L.

v. — flammula L.

r. l. Biscutella raphanifolia Poir.

r. l. Anemone coronaria L.

l. — palmata L.

r. l. Ficaria calthæfolia Rchb.

Cruciferae.

l. Thlaspi bursa pastoris L.

l. Raphanus raphanistrum L.

l. Sisymbrium amplexicaule L.

r. l. Sinapis geniculata Desf.

l. Clypeola maritima L.

Fumariaceae.

l. Fumaria capreolata L.

Resedaceae.

l. Reseda alba L.

Cistineae.

l. Cistus monspeliensis L.

l. — salvifolius L.

Caryophylleae.

l. Stellaria media L.

[1]) Nach Munby sehr gemein in der Provinz Algier, aber äußerst selten in der Provinz Oran.

[2]) Auf steinigen, kaum feuchten Plateaux.

l. Cerastium glomeratum Thuill.
l. Silene fuscata Lind.

Lineae.

r. v. Linum corymbiferum Desf.

Malvaceae.

v. Malva nicæensis All.
v. Lavatera cretica L. [1])

Paronychiae.

v. Paronychia argentea L.

Cacteae.

v. Cactus opuntia L. (subspontan).

Hypericineae.

r. f. Hypericum ciliatum Lind.

Meliaceae.

f. Melia azedarach L. (subspontan).

Geraniaceae.

l. Geranium molle L.
r. l. — Robertianum L.
l. Erodium moschatum W.
r. l. — malacoides W.

Oxalideae.

l. Oxalis cernua L. (naturalisirt).

Rhamneae.

l. Rhamnus alaternus L.

Terebinthaceae.

f. Pistacia lentiscus L.

Leguminosae.

l. Anagyris fœtida L.
v. Calycotome spinosa L.
v. Vicia sativa L.
v. Psoralea bituminosa L.
f. Ceratonia siliqua L.

Rosaceae.

l. Prunus insititia L.
r. l. Amygdalus communis L.
v. Rubus fruticosus L.
r. v. Cratægus oxyacantha L.

Granateae.

v. Punica granatum L.

Ombelliferae.

v. Ferula communis L.
v. Fœniculum vulgare L.
v. Sium siculum L.
l. Scandix pecten Veneris L.

Rubiaceae.

v. Rubia peregrina L.
v. Galium apparine L.
f. — saccharatum L.

Valerianeae.

v. Centranthus ruber DC.
l. Fedia cornucopiae Gaertn.

Dipsaceae.

v. Scabiosa maritima L.

Compositae.

l. Bellis annua L.
l. — sylvestris Cyr.
l. Asteriscus maritimus Mœnch.
l. Phagnalon saxatile Coss.
l. Anthemis fuscata Brot.
l. Senecio vulgaris L.
l. Calendula arvensis L.
l. Thrincia tuberosa DC.
l. Barkhausia taraxacifolia DC.
l. Sonchus oleraceus L.
l. — tenerrimus L.
f. Inula viscosa Ait.
f. — graveolens Desf.
v. Pyrethrum Myconis Mœnch.
v. Artemisia arborescens L.
r. v. Centaurea sphærocephala L.

Campanulaceae.

f. Trachælium cœruleum L.

Primulaceae.

f. Cyclamen africanum Boiss.

Olacineae.

f. Olea europæa L.
f. Phyllirea media L.

Jasmineae.

l. Jasminum fruticosum L.

[1]) Die in Südeuropa so verbreitete Lavatera maritima ist (nach Munby) nur in der Provinz Oran beobachtet worden, wel che ebenfalls allein die Lavatera Mauritanica Dur. und L. flava Desf. besitzen soll.

Apocineae.
v. Nerium oleander L.

Convolvulaceae.
v. Convolvulus althæoides L.

Boragineae.
l. Echium plantagineum L.
l. — grandiflorum Desf.
l. Anchusa (*Salenanthus* Alph. DC.) lanata L.
v. Cerinthe major L.
Borago officinalis L.

Solaneae.
v. Lycium mediterraneum Durr.
l. Solanum nigrum L.

Scrophularinae.
l. Linaria reflexa L.
v. Verbascum sinuatum L.
l. Veronica arvensis L.
l. — cymbalaria Brot.
l. Scrophularia sambucifolia L.

Labiatae.
l. Lavandula stœchas L.
l. Salvia verbenaca L.
l. Lamium amplexicaule L.
v. Calamintha officinalis Mœnch.
v. Marrubium vulgare L.

Globularieae.
l. Globularia alypum L.

Salsolaceae.
Chenopodium murale L.
r. l. Achyranthes argentea Lind.

Plantagineae.
v. Plantago coronopus L.

Polygoneae.
Rumex pulcher L.

Thymeleae.
f. Passerina hirsuta L.

Laurineae.
v. Laurus nobilis L.

Euphorbiaceae.
r. l. Euphorbia peplis L.
l. — helioscopia L.
r. l. Ricinus communis L.

Urticeae.
l. Parietaria diffusa M. und K.
v. Urtica dioica L.
l. — membranacea L.

Ulmaceae.
r. l. Ulmus campestris Sm.

Celtideae.
v. Celtis australis L.

Moreae.
v. Morus alba L. (subspontan).
r. v. Ficus carica L

Cupuliferae.
v. Quercus coccifera L.

Coniferae.
f. Pinus halepensis L.

Salicineae.
v. Salix pedicellata L.

Liliaceae.
v. Asparagus acutifolius L.
f. Scilla maritima L.
f. — parviflora Desf.
f. Asphodelus microcarpus Viv. (A. *ramosus* Desf.)

Smilaceae.
v. Smilax mauritanica Desf.
v. Ruscus hypoglossum L.

Dioscoreae.
l. Tamnus communis L.

Irideae.
v. Iris sisyrinchium L.
r. v. — florentina L.
l. — stylosa Desf.

Amaryllideae.
v. Agave americana L. (subspontan).

Orchideae.
l. Ophrys fusca L.
l. — tenthredinifera W.

Palmae.
l. Chamærops humilis L.

Aroidae.
l. Arisarum vulgare Rchb.
r. v. Arum italicum L.

32*

Gramineae.

l. Poa annua L.
v. Andropogon hirtus L.
v. Arundo festucoides L.

Lyclopodiaceae.

l. Licopodium denticulatum L.

Filices.

v. Grammitis leptophylla Sw.

V.

Wildwachsende Pflanzen, beobachtet am 3. März 1878 zwischen Algier und Koubba, durch die Metidja-Ebene gehend (p. 106).

Ranunculaceae.

l. Ranunculus flabellatus Desf.
f. Clematis cirrhosa L.
l. Ficaria calthæfolia Rchb.
l. Anemone coronaria L.

Cruciferae.

l. Raphanus raphanistrum L.
l. Sinapis arvensis L.
r. l. — dissecta Lagas. (naturalisirt).
l. Sisymbrium amplexicaule Desf.
l. Clypeola maritima L.
r. l. Lepidium glastifolium Desf.
l. Thlaspi bursa pastoris L.

Fumariaceae.

l. Fumaria capreolata L.
l. — agraria Lag.

Resedaceae.

l. Reseda alba L.

Caryophylleae.

l. Stellaria media L.
l. Silene fuscata Lind.
l. Cerastium glomeratum Thuil.

Malvaceae.

r. l. Malope malacoides L.
l. Erodium malacoides W.
l. — moschatum L.

Rhamneae.

l. Rhamnus alaternus L.

Terebinthaceae.

l. Pistacia lentiscus L.

Leguminosae.

l. Anagyris fœtida L.
l. Calycotome spinosa Lind.
l. Tetragonolobus purpureus Mœnch.
r. l. Astragalus chlorocyanus Boiss.
(*A. monspessulanus* Desf. non L.)
r. l. Orobus atropurpureus Desf.
r. l. Coronilla pentaphylla Desf.
l. Ceratonia siliqua L.

Rosaceae.

l. Prunus insititia L.
r. l. Cratægus oxyacantha L.

Ombelliferae.

Ferula communis L.
l. Smyrnium olustratum L.

Araliaceae.

f. Hedera helix L. var.

Valerianeae.

l. Fedia cornucopiæ Gaertn.

Compositae.

l. Bellis annua L.
l. — sylvestris Cyr.
l. Phagmalon saxatile Coss.
l. Anthemis fuscata Brot.[1])
l. Senecio humilis L.
l. — vulgaris L.
l. Calendula arvensis L.
l. — officinalis L.
l. Barkhausia taraxacifolia DC.
l. Sonchus oleraceus L.

---

[1]) Besonders zahlreich in den etwas morastigen Feldern um den Marabut herum, nicht weit vom Gué de Constantine.

l. Sonchus tenerrimus L.
l. Hyoseris radiata L.
l. Centaurea pullata L.
v. Sylibum marianum Gaertn.
v. Galactites tomentosa Mœnch.

Boragineae.

l. Borago officinalis L.
l. Anchusa lanata L.
l. Cynoglossum pictum L.
l. — clandestinum DC.
l. Cerinthe major L. var. purpurascens.

Scrophularinae.

l. Linaria reflexa L.
l. Scrophularia sambucifolia L. *(S. mellifera* Ait.).
l. Veronica cymbalaria Bert.

Orobancheae.

r. l. Orobanche fœtida Desf.

Labiatae.

l. Lavandula stœchas L.
l. Salvia verbenacea L.
l. — clandestina L.
l. Rosmarinus officinalis L., var. lavandulacea De Noé [1]).
l. Lamium amplexicaule L.

Globularineae.

Globularia alypum L.

Polygoneae.

l. Polygonum persicaria L.
l. Rumex spinosus Camp.

Thymeleae.

l. Passerina hirsuta L.
v. Daphne gnidium L.

Euphorbiaceae.

r. l. Euphorbia peplis L.
l. Euphorbia helioscopia L.
v. — verrucosa L.
l. Mercurialis annua L.

Urticeae.

l. Urtica membranacea L.

Salicineae.

l. Salix pedicellata L.

Cupuliferae.

v. Quercus coccifera L.

Coniferae.

Pinus halepensis Mill. (Blumen und Früchte).
r. v. Ephedra fragilis Desf.

Liliaceae.

r. l. Ornithogalum umbellatum L.
l. Alium triquetrum L. [2])
l. Hyacinthus dubius Juss.
l. Asphodelus microcarpus Viv.

Irideae.

l. Iris stylosa Desf. [3])
l. — sisirynchium L.
l. Trichonome bulbocodium Rchb.
lr. — columnæ Rchb.

Amaryllideae.

l. Narcissus tazetta L.

Orchideae.

r. l. Aceras longibracteata Rchb. *(Orchis Robertiana* Lois.).
l. Orchis papilionacea L. *(O. rubra* Jacq.).
l. Orchis variegata All. *(O. acuminata* Desf.)
l. Orchis undulatifolia Bis. *(O. longicornis* Link.).
l. Ophrys tenthredinifera W.

---

[1]) Diese Varietät soll nach Munby in der Provinz von Oran gemein, in der Provinz von Algier aber selten sein.

[2]) Nach Munby hat man diese Species in der Provinz Oran noch nicht beobachtet.

[3]) Sie war schon seit einem Monat auf den Anhöhen von Mustefa abgeblüht und erschien nur hier und da auf der Küste von Saint-Eugène in Blüthe.

l. Ophrys lutea Cav.
l. — tabanifera W.
(*O. bombyciflora* Link.).
l. Ophris fusca Link.
(*O. funerea* Viv.)

Palmae.

l. Chamærops humilis L.

Aroideae.

r. f. Ambrosinia Bassii L.
r. f. Arum vulgare Rchb.

Cyperaceae.

l. Carex divisa Hud.
(*C. shœnoides* Desf.).

Gramineae.

l. Poa annua L.
v. Arundo phragmites L.
v. — festucoides Desf.

VI.

Merkwürdige Bäume und Bäumchen in dem Jardin d'Essai auf gewöhnlichem Boden und unter freiem Himmel kultivirt (P. 128).[1])

	Durchmesser der Büschel oder Baumkronen.		Durchmesser der Stämme an der Oberfläche des Bodens.		Höhe der Individuen.		Bemerkungen.
	m.	c.	m.	c.	m.	c.	
Compositae.							
Conocarpus latifolius Roxb. — Ostindien	5	—	—	30	7	—	Büschel mit drei Stämmen.
Euryhia argophylla Cassin. — Neuholland	5	—	—	12	7	—	
Kleinia neriifolia Haw. — Canarien.	4	—	—	20	4	—	
Osteospermum moniliferum L. — Cap.	6	—	—	20	2	—	Büschel mit mehreren Stengeln oder Stämmen.
Rubiaceae.							
Hamelia patens L. — Südamerika	1	50	—	12	2	—	Junge Zweige erfroren.
Luculia gratissima Sweet. — Ostindien.	1	50	—	10	2	—	
Gardenia Thunbergii L. fils. — Cap.	2	—	—	08	2	50	
Rogiera cordata Planch. — Guatemala.	2	—	—	07	1	50	Einige Blätter erfroren.
Pavetta gracilis Rich. — Madagascar.	1	—	—	05	1	—	
— australis L. — Neuholland	1	—	—	08	2	—	
Serissa fœtida Commers. — China und Japan	—	80	—	03	—	80	
Apocyneae.							
Cryptostegia grandiflora R. Br. — Ostindien	3	—	—	05	4	—	
Strophanthus laurifolius DC. — Sierra Leone	4	—	—	15	2	50	

1) Die mit einem Sternchen (*) bezeichneten Pflanzen sind solche, die man als besonders merkwürdig bezeichnen kann wegen ihrer Eigenschaft, dem Klima Algiers zu widerstehen, was sie namentlich während der kalten Periode bewiesen, die im Jahre 1878 eintrat und neun Tage dauerte (vom 14.—19. Januar und vom 15.—19. März), im Mittel 3 Grad unter dem Gefrierpunkt zeigend. Auf diese Periode beziehen sich die Angaben hinsichtlich der durch diese niedere Temperatur ausgeübten Wirkung auf die erwähnten Pflanzen. Ferner wurden mit einem Kreuz (†) diejenigen Species bezeichnet, deren Autorennamen mir unbekannt sind. Leider sind die Species weder in dem von Rivière herausgegebenen alten Cataloge (dem einzigen, den ich besitze), noch in der von Herrn Charbonnière verfaßten Liste mit den Namen ihrer Autoren versehen, sodaß ich sie selbst aufsuchen mußte, ohne solche indeß für gewisse Arten ausfindig machen zu können. Es wäre möglich, daß diese Namen meinen Nachsuchungen entgangen, oder einige dieser Arten neu und von Herrn Rivière vorläufig benannt aber noch nicht beschrieben sind; vielleicht sind auch manche Benennungen darunter, deren man sich in Gärten bedient, die aber in der systematischen Nomenclatur noch keinen Platz erhielten.

	Durchmesser der Büschel oder Baumkronen.		Durchmesser der Stämme an der Oberfläche des Bodens.		Höhe der Individuen.		Bemerkungen.
	m.	c.	m.	c.	m.	c.	
Plumieria rubra L. — Südamerika	2	—	—	08	3	—	Blätter und Endspitzen der Zweige erfroren.
* Cerbera Manghas Gærtn. (*S. Lactaria* Hamilt.) — Molukken	1	50	—	06	2	—	Blätter theilweise erfroren.
Alstoni ascholaris R. Br. — Molukken.	7	—	—	80	10	—	
Sapoteae.							
Bumelia tenax Willd. — Carolina	6	—	—	18	8	—	
Sideroxylon atrovirens Link. (*S. inerme*, L.) — Cap	5	—	—	20	7	—	
Theophrasteae.							
† Theophrasta imperialis. — Brasilien.	4	—	—	17	7	—	Blätter leicht erfroren.
† Jacquinia mexicana	1	—	—	05	1	—	
Borragineae.							
Ehretia tinifolia L. — Westindien	5	—	—	30	6	—	
Cordia sebestena L. — Westindien	4	—	—	20	3	50	
— domestica Roth. — Ostindien.	5	—	—	20	7	—	
Solaneae.							
† Solanum cauliflorum	1	—	—	05	3	—	Ein Theil der Blätter erfroren.
Solandra hirsuta Dun.	2	—	—	10	2	—	
Iochroma tubulosum Benth. (*Habrotamnus cyaneus* Lindl.) — Neu-Granada	6	—	—	10	5	—	
Chænestes longipes Miers.	6	—	—	15	4	—	
Cestrum nocturnum L. — Südamerika.	5	—	—	20	4	50	
— aurantiacum Meyer. — Guatemala	7	—	—	25	6	—	
Scrophularineae.							
Franciscea eximia Schiedw. — Brasilien.	—	80	—	3	1	—	
Brunsfelsia americana Swartz. — Brasilien	1	50	—	04	2	—	
Brunsfelsia Sabierii. — Brasilien.	—	80	—	03	1	—	
Bignoniaceae.							
Colea Commersonii DC. — Madagaskar.	E. Zweige		—	08	2	—	Junge Zweige erfroren.
— floribunda Bojer. — Madagaskar.	—	—	—	04	1	50	
Tecoma mollis H. B. — Madagaskar.	6	—	—	15	6	—	
— stans Juss. — Westindien	6	—	—	15	5	—	
† Spathodea Wallichii	7	—	—	18	7	—	Blätter theilweise erfroren.

	Durchmesser der Büschel oder Baumkronen.		Durchmesser der Stämme an der Oberfläche des Bodens.		Höhe der Individuen.		Bemerkungen.
	m.	c.	m.	c.	m.	c.	
Phædrantus Lindleyanus Miers.	—	—	—	07	20	—	Blätter theilweise erfroren.
Jacaranda mimosæfalia Don. — Südamerika	10	—	—	40	12	—	
Acanthaceae.							
Hexacentris coccinea Nees. — Ostindien.	10	—	—	15	—	10	
Asphelandra tetragona R. Br. (*Justicia tetagrona* Wahl.) — Westindien	1	—	—	4	2	—	Junge Stengel erfroren.
— cristata R. Br. (*Justicia tetragona* Vahl.) — Westindien	1	—	—	4	2	—	Junge Stengel erfroren.
Justicia quadrifida Vahl. — Ostindien.	1	—	—	2	—	80	Hälfte der Stämme erfroren.
— speciosa Roxb. — Bengalen	—	10	—	8	—	80	Junge Stengel erfroren.
Labiatae.							
Cleodendrum ternifolium D. Don. (*C. trifoliatum*). — Antillen.	6	—	—	25	6	—	
Citharexylon lucidum Chamiss. — Merito	10	—	—	35	10	—	
— quadrangulare L. — Westindien.	9	—	—	40	9	—	
Myoporineae.							
Myoporum tuberculatum R. Br. — Neuholland	6	—	—	15	4	—	Büschel mit drei Stämmen.
Pittosporeae.							
Pittosporum eriocarpum Royl. — Ostindien	5	—	—	18	5	—	
— undulatum Vent. — Neuholland.	6	—	—	25	6	—	
Ilicineae.							
Ilex cassine L. — Carolina, Florida	5	—	—	25	5	—	
Styraceae.							
Styrax officinale L. — Asien, Griechenland	4	—	—	10	4	—	Büschel mit mehreren Stämmen.
Rexiaceae.							
Rexia madascariensis Ker. — Madagaskar	2		—	10	5	—	Büschel mit vier Stämmen.
Rhamneae.							
Ziryphus ortacantha DC. — Senegal, Azoren	7	—	—	30	7	—	

	Durchmesser der Büschel oder Baumkronen.		Durchmesser der Stämme an der Oberfläche des Bodens.		Höhe der Individuen.		Bemerkungen.
	m.	c.	m.	c.	m.	c.	
Hovenia dulcis Thunb. non Dun. — Japan	8	—	—	30	12	—	
Celastrus edulis Vahl. — Arabien	5	—	—	16	6	—	
Araliaceae.							
† Oreopanax dactylifera	5	—	—	20	5	—	
† — nymphaefolium	7	—	—	35	6	—	
Aralia reticulata H. B. (*Hedera reticulata* DC. — Südamerika	3	—	—	18	4	—	
— Brownei Spr. — Jamaika	3	—	—	10	2	50	
— Humboldtiana R. S. (*Hedera floribunda* DC. — Neu-Granada	3	—	—	08	2	—	
† — pulchra							
Cussonia spicata L. fil. — Cap	2	—	—	10	3	50	
Myrtaceae.							
Jambosa aquea DC. — Molukken	4	—	—	06	3	—	Blätter erfroren.
— malacensis DC. — Ostindien	2	50	—	08	5	—	Blätter erfroren.
— australis DC. — Neuholland	6	—	—	45	12	—	
— vulgaris DC. — Ostindien	6	—	—	78	7	—	
Metrosideros diffusa Sm. — Neuseeland	6	—	—	30	6	—	
Melaleuca decussata R. Br. — Neuholland	5	—	—	40	6	—	
— ericifolia Smith. — Neuholland	6	—	—	20	4	—	Büschel mit mehreren Stengeln.
— polygonoides Hffmsg. — Neuholland	5	—	—	20	4	—	Büschel mit mehreren Stengeln.
Pisidium pyriferum L. — Westindien	7	—	—	20	5	—	Büschel mit mehreren Stengeln.
† Tristania speciosa. — Neuholland	6	—	—	20	5	—	
Eucalyptus resinifera Smith. — Neuholland	10	—	—	35	12	—	
† — Resdonii Hort. — Neuholland	7	—	—	30	13	—	
† — Foold-Bay Hort. — Neuholland	7	—	—	35	9	—	
— oppositifolia Desf. (*E. purpurascens*, Lk. — Neuholland	5	—	—	25	7	—	
— pulverulenta Sims non Lk. — Neuholland	7	—	—	30	7	—	
— robusta Smith. — Neuholland	7	—	—	30	7	—	
† — sideroxylon Hort. — Neuholland	5	—	—	25	8	—	
— globulus Labil. — Neuholland	12	—	—	75	12	—	

	Durchmesser der Büschel oder Baumkronen.		Durchmesser der Stämme an der Oberfläche des Bodens.		Höhe der Individuen.		Bemerkungen.
	m.	c.	m.	c.	m.	c.	
Syzygium Jambolanum DC. — Westindien	8	—	—	40	8	—	
Cacteae.							
Cereus rostratus Hort. — Merico			—	08	—	8	
— triangularis Haw. — Merico			—	08	7	—	
Lythrarieae.							
Lagerstrœmia Indica L. — China, Japan	6	—	—	30	6	—	
Leguminosae.							
Bauhinia aculeata L. non Jacq. — Südamerika	7	—	—	18	5	—	
— purpurea L. non Wall. — Westindien	5	—	—	12	3	—	Blätter erfroren.
Moringa pterosforme Gaertn. — Ostindien	3	—	—	10	4	—	
— aptera Gaertn. — Ostindien	2	—	—	08	3	50	
Cassia lanceolata Forsk. — Nubien, Arabien	3	—	—	08	3	—	
— coluteoides Poep. (*C. Candolleana*, Vogel). — Ostindien	3	—	—	10	2	50	
Calliandra Portoriensis Benth.	6	—	—	20	5	—	
Inga hymænæfolia H. B. — Neugranada	2	—	—	04	3	—	
— Houstonii DC. (*Acacia Houstonii*, Willd.) — Merico	2	—	—	04	4	—	
— anomala Kunth. — Merico	2	—	—	04	4	—	
* Hæmatoxylon Campechianum L. — Tropisch-Amerika	5	—	—	17	3	—	Blätter erfroren.
Castanospermum australe Cunningh. — Neuholland	1	—	—	05	2	—	
Erythrina crista-galli L. — Brasilien	9	—	—	60	9	—	
— umbosa H. B. — Südamerika	15	—	1	20	15	—	
Guillandina glabra Mill. — Südamerika	8	—	—	10	9	—	Büschel mit mehreren Stämmen.
Duranta Plumieri L. — Westindien	7	—	—	20	5	—	
* Acacia catechu Willd. — Ostindien	5	—	—	16	5	—	
— Adansonii Guil. Perrot. — Senegal	4	—	—	20	3	50	
— Nilotica Desf. non Delil. — Cap, Arabien, Ostindien	5	—	—	20	5	—	

	Durchmesser der Büschel oder Baumkronen.		Durchmesser der Stämme an der Oberfläche des Bodens.		Höhe der Individuen.		Bemerkungen.
	m.	c.	m.	c.	m.	c.	
Acacia Arabica Willd. (*A. nilolica*, Delil). — Arabia petræa. — Ostindien	6	—	—	25	5	—	
— vera Willd. — Egypten	3	—	—	12	3	—	
— alba Willd. (*A. leucophlœa* Willd). — Ostindien	5	—	—	18	6	—	
— cavenia Bert. — Chili	7	—	—	40	7	—	
— retinoides Schlecht. — Neuholland	7	—	—	25	6	—	
— longissima Lk. (*A. linearis*, Kar). Neuholland	8	—	—	35	9	—	
— genistæfolia Lk. — Neuholland.	10	—	—	25	8	—	
— sophoræ Desf. — Neuholland.	8	—	—	30	7	—	
— melanoxylon R. Br. — Neuholl.	8	—	—	45	10	—	
— dealbata Lk. — Neuholland	8	—	—	20	7	—	
— curtiformis Hook. — Neuholl.	7	—	—	15	4	—	Büschel mit mehreren Stämmen.
— cyanophylla Benth. — Neuholl.	6	—	—	20	4	—	do.
— ruscifolia Cunningh. — Neuholl.	7	—	—	15	4	—	do.
— cyclopis Cunningh. — Neuholl.	8	—	—	20	6	—	do.
Terebinthaceae.							
Rhus vernicifera DC. — Japan, Nepal.	4	—	—	12	5	—	
— succedanea L. — Japan	3	—	—	12	6	—	
— odina Hamilt. — Ostindien	12	—	—	40	12	—	
Schinus terebinthifolius Raddi. — Ostindien	6	—	—	40	12	—	
Garuga pinnata Roxb. — Ostindien	10	—	—	40	8	—	
Hesperideae.							
Cookia punctata Retz. — China, Molukken	5	—	—	25	6	—	
Murraya exotica L. — Ostindien	3	—	—	05	3	—	
Sapindaceae.							
Swietenia Mahagoni L. — Südamerika.	2	—	—	12	4	—	Blätter erfroren.
— senegalensis Desv. — Senegambien.	1	—	—	05	1	50	Blätter erfroren.
Sapindus emarginatus Vahl. — Ostindien.	15	—	—	50	15	—	
Porliera hygrometrica R. Br. — Peru, Chili	3	—	—	10	4	—	

	Durchmesser der Büschel oder Baumkronen.		Durchmesser der Stämme an der Oberfläche des Bodens.		Höhe der Individuen.		Bemerkungen.
	m.	c.	m.	c.	m.	c.	
Cedreleae.							
Cedrela odorata L. — Südamerika	10	—	—	50	12	—	
Bytneriaceae.							
Astrapea Wallichii Ker. non Lindl. — Madagaskar	3	—	—	08	3	—	
Dombeya palmata Cav. — Insel Bourbon.	7	—	—	30	7	—	
Pterospermum acerifolium Willd. — Ostindien	5	—	—	15	4	—	
Sterculiaceae.							
Sterculia nobilis Smith	6	—	—	20	5	—	
— heterophylla Beauv. non Cunningh. — Neuholland	10	—	—	60	15	—	
Malvaceae.							
† Abutilon aurantiacum. — Brasilien.	4	—	—	10	4	30	Einige Blätter erfroren.
Hibiscus mutabilis L. — Ostindien	5	—	—	15	4	—	
— cubensis A. Rich. — Westindien.	5	—	—	18	5	—	Einige Blätter erfroren.
— liliiflorus Cav. — Insel Bourbon.	4	—	—	15	5	—	
Bombaceae.							
* Chorisia speciosa St.-Hil. — Brasilien.	14	—	—	85	15	—	
† Eriodendron phæsanthum	12	—	—	20	12	—	
† * — Rivierii. — Brasilien	6	—	—	45	7	—	
* Pachira insignis Savign. — Brasilien.	6	—	—	35	8	—	
Menispermeae.							
Menispermum laurifolium Roxb. (*Cocculus laurifolius* DC. Ostindien.	6	—	—	40	6	—	
Anonaceae.							
* Anona cherimolia Mill. — Peru	8	—	—	40	6	—	
Malpighiaceae.							
Banisteria chrysophylla Lk. (*Heteropteris chrysophylla*, H. B.) † Schlingpflanze. — Südamerika.	3	—	—	05	8	—	
— laurifolia L. — Westindien	2	—	—	05	2	—	
— emarginata Cav. Schlingpflanze. Südamerika			—	02	4 à 5 m		Junge Stengel erfroren.
Byrsonima volubilis DC. — Westindien.	—	80	—	04	—	80	Blätter erfroren.
Stigmatophyllum ciliatum Juss. — Südamerika			—	03	4	—	

	Durchmesser der Büschel oder Baumkronen.		Durchmesser der Stämme an der Oberfläche des Bodens.		Höhe der Individuen.		Bemerkungen.
	m.	c.	m.	c.	m.	c.	
Amarantaceae.							
Deeringia celosoides R. Br. — Neuholl.	6	—	—	15	7	—	Mehrere Stämme.
Nyctagyneae.							
† Bougainwillea Warscewiczii (*B. fastuosa?*) — Brasilien . . .	10	—	—	40	8	—	
Boldoa fragrans Pers. (*Peumus Boldus* Molin). — Chili	6	—	—	20	8	—	Büschel mit zwei Stämmen.
Phytolaceae.							
Phytolacca dioica L. — Südamerika.	13	—	1	—	13	—	
Laurineae.							
Camphora officinalis Nees. — Japan, China	7	—	—	25	6	—	
Cinnamomum dulce Nees. — Japan.	5 à 7m		—	20	4 à 7m		
Phœbe lanceolata Nees. — Ostindien.	5	—	—	25	5	—	
Tetranthera ferruginea R. Br. — Neuholland	4	—	—	25	4	—	
Apollonias canariensis Nees. — Ostindien	5	—	—	20	6	—	
Persea gratissima Gærtn. fil. — Tropisches Amerika	6	—	—	30	8	—	
Laurus indica L. (*Perse indica* Spr.) — Madeira, Canarien, Azoren.	5	—	—	40	8	—	
Proteaceae.							
Grevillea robusta Cunningh. — Neuholl.	10	—	—	60	20	—	
Hakea pectinata Dum. — Neuholland.	6	—	—	15	5	—	
— saligna R. Br. — Neuholland.	3	—	—	15	3	—	
— ruscifolia Labil. — Neuholland.	5	—	—	15	4	—	
Banksia integrifolia L. fil. — Neuholl.	6	—	—	25	7	—	
— quercifolia R. Br. — Neuholland.	6	—	—	25	7	—	
Euphorbiaceae.							
Euphorbia grandidens Haw. — Canarien.							
Croton grandifolius Blanco. — Ostindien.	4	—	—	20	6	—	
— tyglium L. — Jamaika . .							
Xylophilla montana Sw. — Ostindien.	1	—	—	04	1	50	
— longifolia L. — Ostindien . .	1	—	—	04	1	50	
Anda Gomesii Juss. — Brasilien . .	2	—	—	12	4	—	Blätter erfroren.

	Durchmesser der Büschel oder Baumkronen.		Durchmesser der Stämme an der Oberfläche des Bodens.		Höhe der Individuen.		Bemerkungen
	m.	c.	m.	c.	m.	c.	
Aleurites moluceana Willd. non Desf. (*A. triloba* Forsk., *A. Ambinus* Pers.) — Molukken, Ceylon	7	—	—	30	10	—	
Poinsettia pulcherrima Graham. — Merika	3	—	—	10	3	—	Spitzen der jungen Stämme erfroren.
Stillingia sebifera Michx. — Nordamerika, Cuba, China	7	—	—	35	14	—	
Hippomane spinosa L. — Westindien.	5	—	—	18	4	—	
Moreae.							
Ficus laurifolia Lmk. — Westindien	15	—	1	—	15	—	
— lævigata Vahl. — Caraiben	10	—	—	45	12	—	
— nitida Thunb. — Ostindien	10	—	—	60	14	—	
— coronata Reinv. non Spin. — Java	6	—	—	28	7	—	
— populifolia Vahl. non Desf. — Arabien	10	—	—	20	14	—	Bäume mit abfallenden Blättern.
— elastica Roxb. — Ostindien	8	—	—	45	10	—	
— rubiginosa Desf. — Neuholland.	8	—	—	45	13	—	
— sycomorus L. — Egypten, Palästina	12	—	—	80	14	—	
— racemosa L. — Ostindien	12	—	1	—	12	—	
— Roxburgbii Wall. — Ostindien.	15	—	—	30	12	—	
— reclinita Desf.	12	—	—	50	8	—	
† — Botterii Hort.	15	—	—	50	8	—	
† — pergaminea Hort.	12	—	—	30	8	—	
— Lichtensteinii Lx. — Südafrika.	12	—	—	30			
— Capensis Thunb. (*F. Lichtensteinii* Lx. sec. Spr.)	7	—	—	40	7	—	
— Fijela Roxb. — Ostindien	6	—	—	25	10	—	
Casuarineae.							
Casuarina equisetifolia Forst. non L. fil. — Inseln des stillen Oceans.	10	—	—	30	13	—	
— quadrivalvis Labil. — Van Diemen	6	—	—	38	7	—	
— glauca Sieber. — Neuholland	3	50	—	15	7	—	
— Cuningbamii Miq. — Hebriden.	8	—	—	30	8	—	
Coniferae.							
Pinus longifolia Lamb. — Nepal	16	—	—	70	18	—	

	Durchmesser der Büschel oder Baumkronen.		Durchmesser der Stämme an der Oberfläche des Bodens.		Höhe der Individuen.		Bemerkungen.
	m.	c.	m.	c.	m.	c.	
Araucaria excelsa Ait. — Insel Norfolk.	10	—	1	—	25	—	
— Bidwillii Hook. — Neuholland.	7	—	—	30	8	—	
— Cookii R. Br. — Neucaledonien.	4	—	—	30	9	—	
— Cunninghamii Steud. — Neuholland	8	—	—	50	18	—	
— brasiliana Lamb. — Brasilien.	6	—	—	28	9	—	
Podocarpus elongatus Herit. — Cap.	5	—	—	20	7	—	
Dammara australis Lamb. (*Agathis australis* Steud.) — Neuseeland.							
— Brownii Col. Quensl. — Merton Bey							
Cycadeae.							
Cycas revoluta Thunb. — Japan . .			—	35	1	50	Stämme 250 Blätter rc.
— circinalis L. — Molukken. .			—	30	3	50	„ 150 „ „
Encephalartus caffer Lehm. — Südafrika.			—	50	2	—	„ 120 „ „
— horridus Lehm. — Südafrika.			—	25	1	—	„ 100 „ „
Musaceae.							
Ravenala madagascarensis Sonner. — Madagaskar	3	—	—	25	4	—	Vollkommen erfroren.
Strelitzia angusta D. Dr. — (*S. angusta* — Thunb.) Cap.	E. Zweige		—	20	8	—	Länge der Blätter 2,00m
Musa troglodytarum L. — Molukken.	„		—	20	7	—	„ „ „ 2,00m
— ensete Bruc. — Abessinien .	„		—	50	4	—	„ „ „ 1,50m
†* — Veitchi	„		—	15	2	50	„ „ „ 1,50m
* — Sinensis Swartz. — China? .	„		—	20	2	50	„ „ „ 1,50m
† — Zebrina Hort.	„		—	10	2	—	„ „ „ 1,50m
Liliaceae.							
† Cordiline brasiliensis	1	—	—	10	3	—	
Dracæna gracilis Wall. — Ostindien.	1	—	—	12	5	—	
— draco L. — Ostindien, Canarien.	4	—	—	35	3	50	
† — canariensis Hort	1	50	—	30	4	—	
— cunnæfolia R. Br.	E. Zweige		—	07	3	—	
— congesta Sweet. (*Cordyline congesta* Steud.) — Neuholland.	2	50	—	04	2	50	
— ensifolia Haw. non L. nec Lour. (*Dianella ensif.* Ait.) — Neuholland	2	50	—	05	2	50	

	Durchmesser der Büschel oder Baumkronen.		Durchmesser der Stämme an der Oberfläche des Bodens.		Höhe der Individuen.		Bemerkungen.
	m.	c.	m.	c.	m.	c.	
† Yucca filifera	1	50	—	35	4	—	
— draconis L. — Carolina	4	—	—	60	7	—	
— treculiana	2	—	—	30	4	—	
† — canaliculata	E. Zweig		1	—	10	—	
Fourcroya gigantea Vent. — Südamerika[1])	4	—	—	40	5	—	Stamm 60 Blätter tr.
Smilaceae.							
Smilax sarsaparilla L. — Virginien			—	01	6	—	Endspitzen der Stengel erfroren.
Piperaceae.							
Piper arcuatum Blume. — Java	4	—	—	08	5	—	
Palmae.							
* Cocos lapidea Gærtn. (*Attalæa funifera* Mart.) — Brasilien.			—	35	8	—	Blätter 3m lang
* — flexuosa Mart. — Brasilien			—	35	12	—	Blätter 4m lang.
* Falchironia senegalensis Lestib. (*Phœnix Leonensis* Lodd.?) — Sierra Leone			—	20	7	—	Blätter 2m lang.
Phœnix dactilifera L. — Nordafrika.	7	—	—	60	20	—	
Chamærops excelsa Thunb. — China.			—	20	8	—	Blätter 1,50m lang.
Thrinax radiata Lodd. (*F. elegans* Hort.) — Insel la Trinité	1	50	—	20	3	—	
† — flexilis	2	—	—	20	2	—	
— amantia Falchiron.	1	50	—	15	2	—	
— argentea Lodd. — Antillen	2	—	—	10	2	—	
† — tunicata	1	50	—	15	7	80	
Brahea dulcis Mart. — Peru	4	—	—	45	5	—	
— conduplicata Mark.	2	50	—	15	6	50	
† Sabal havanense	5	—	—	60	4	—	
* Oreodoxa regia H. B. (*Anocarpus regius* Spr.) — Antillen	7	—	—	70	12	—	
Jubæa spectabilis H. B. — Chili	6	—	1	20	6	—	
* Arenga saccharifera Labil. — Molukken, China	8	—	—	45	12	—	

[1]) Professor Agostino Todaro, Director des botanischen Gartens von Palermo, hat unter den in diesem Garten kultivirten Fourcroya (v. Sopra nuova specie di Fourcroya. Palermo, 1879 mit drei kolorirten Tafeln), eine neue Art gefunden, deren Heimat unbekannt ist; jedoch glaubt Todaro, daß sie aus Mexiko stamme.

	Durchmesser der Büschel oder Baumkronen.		Durchmesser der Stämme an der Oberfläche des Bodens.		Höhe der Individuen.		Bemerkungen.
	m.	c.	m.	c.	m.	c.	
* Acrocomia sclerocarpa Mart. — Brasilien	5	—	—	60	6	—	Blätter theilweise erfroren.
† Caryota Wallichiana	4	—	—	15	3	50	
Caryota sp.	9	—	—	70	8	—	Blätter 6m lang.
Latania borbonica Lmk. — Madagaskar.	6		—	30	7	—	
Pandaneae.							
Pandanus utilis Bary. — Madagaskar.	3	—	—	20	4	—	Wenig kräftig.
Gramineae.							
* Bambusa arundinacea Retz. non Ait. — Ostindien			—	18	25	—	
— vulgaris Wendt (*B. Thouarsii* Kunth.) — Insel Bourbon und Madagaskar.			—	10	15	—	
* — vittata. — Madagaskar			—	06	10	—	

VII.

Wildwachsende Pflanzen, beobachtet am 16. März 1878 in der Schlucht von Chiffa (p. 151).

Ranunculaceae.

v. Clematis flammula L.

Cruciferae.

l. Raphanus raphanistrum L.
v. l. Sinapis pubescens L. (*S. circinata* Desf.)
l. Sinapis arvensis L.
v. l. Cardamine hirsuta L.
l. Thlaspi bursa pastoris L.
l. Clypeola maritima L.
v. l. Biscutella raphanifolia Poir.

Capparideae.

r. v. Capparis spinosa L.

Cistineae.

l. Helianthemum levipes Pers.

Geraniaceae.

l. Geranium molle L.
r. v. — Robertianum L.

Caryophylleae.

l. Stellaria media L.
l. Cerastium glomeratum Thuil.
l. Silene fuscata Lmk.

Hypericineae.

r. v. Hypericum Naudinianum Coss. (*H. perfoliatum* Munby) [1].

Coriarieae.

r. v. Coriaria myrtifolia L.

Rhamneae.

l. Rhamnus alaternus L.

[1]) Scheint der Umgegend von Blidah ausschließlich eigen zu sein.

Terebinthaceae.

l. Pistacia lentiscus L.

Leguminosae.

l. Anagyris fœtida L.
l. Calycotome spinosa Lmk.
r. l. Spartium arboreum Desf.
(*Sarothamnus arboreus* Webb.)
l. Genista tricuspidata Desf.
r. l. Colutea arborescens L.
l. Latyrus clymenium L.
l. Coronilla glauca L.
r. l. — pentaphylla Desf.

Rosaceae.

l. Rosa sempervirens L.
r. l. Cratægus oxyacantha L.
r. l. Amygdalus communis L.
l. Prunus institia L.
r. v. Armeniaca vulgaris Lmk. (subspont.)
v. Rubus fruticosus L.

Tamariacineae.

v. Tamarix africana L.

Crassulaceae.

r. v. Sedum dasyphyllum L.
v. Umbilicus horizontalis Guss.

Cacteae.

v. Cactus opuntia L. (subspontan).

Ombelliferae.

v. Thapsia garganica L.
l. Ferula communis L.
l. Smyrnium olusatrum L.

Caprifoliaceae.

f. Viburnum tinus L.
v. Lonicera implexa Ait.
v. Sambucus ebulus L.

Compositae.

l. Bellis annua L.
l. — sylvestris Cyr.
r. v. Echinops Bovei Boiss.
v. Galactites tomentosa Mœnch.
(*Centaurea galactites* L.)
r. v. Centaurea sempervirens L.
l. — pallata L.
v. Sylibum maritimum L.
l. Calendula arvensis L.
l. Phagmalon saxatile Coss.
l. Asteriscus maritimus Mœnch.
l. Anthemis fuscata Brot.
l. Senecio vulgaris L.
l. — atlantica Boiss.
l. Helichrysum Fontanesii Camb.
l. Hyoseris radiata L.
l. Picridium vulgare Desf.
l. Thrincia tuberosa L.
l. Barkhausie taraxacifolia L
l. Sonchus oleraceus L.

Rubiaceae.

v. Rubia peregrina L.
l. Galium saccharatum L.
v. — lucidum L.

Campanulaceae.

v. Trachælium cœruleum L.

Valerianeae.

v. Centranthus ruber L.
l. Fedia cornucopiæ Gærtn.

Ericeae.

l. Arbutus unedo L.
l. Erica arborea L.

Olacineae.

v. Olea europæa L.
l. Fraxinus exselsior L. var.
v. Phyllirea media L.

Jasmineae.

v. Jasminum fruticosum L.

Apocyneae.

v. Nerium oleander L.

Boragyneae.

l. Borago officinalis L.
l. Corinthe major L.
l. Anchusa lauata L.
l. Cynoglossum pictum Ait.

Scrophularinae.

v. Scrophularia canina L.
l. — sambucifolia L.
r. l. — aquatica L.

l. Linaria reflexa Desf.
l. Antirrhinum majus L.
l. Veronica cymbalaria L.

Labitae.

l. Lavandula stœchas L.

Acanthaceae.

v. Acanthus mollis L.

Thymeleae.

v. Daphne gnidium L.

Laurineae.

l. Laurus nobilis L.

Aristolocheae.

v. Aristolochia altissima L.

Euphorbiaceae.

r. l. Euphorbia peplis L.
l. — helioscopia L.
l. Mercurialis annua L.
r. l. Ricinus communis L.

Urticeae.

l. Urtica membranacea L.
l. Parietaria diffusa M. et K.
r. l. — mauritanica Dur.

Ulmaceae.

r. l. Ulmus campestris L.

Celtideae.

v. Celtis australis L.

Moreae.

v. Morus alba L.
r. v. Ficus carica L.

Cupuliferae.

v. Quercus balotta Desf.
v. Callitris quadrivalvis Vent.
(*Thuya articulata* Desf.)

Liliaceae.

l. Asphodelus microcarpus Viv.
l. Allium triquetrum L.
v. Scilla maritima L.
v. Asparagus acutifolius L.

Smilaceae.

v. Smilax mauritanica Desf.

Amaryllideae.

v. Agave americana L. (subspontan).

Palmae.

v. Chamærops humilis L.

Cyperaceae.

v. Eleocharis palustris R. Br.

Gramineae.

v. Arundo festucoides Desf.[1])

VIII.

Exotische Pflanzen, beobachtet am 16. März 1878 in dem Ravin des Singes, Sitz des früheren Acclimatations-Gartens (p. 150).

Compositae.

l. Crysanthemum fruticans L. non Thunb. — Canarische Inseln.
v. Senecio scandens DC. — Cap.

Solaneae.

l. Habrothamnus elegans Schl. — Mexico.
v. Solanum laciniatum Ait. — Neuholland.

Labiatae.

v. Salvia Grahami Benth. — Mexico.

Philadelpheae.

v. Philadelphus coronarius L. — Südeuropa.
v. Deutzia gracilis Zucc. — Japan.

Myrtaceae.

v. Eucalyptus globulus Labil. — Neuholland.

---

[1]) Vergl. für die Farrenkräuter, Brief X. p. 150.

Rosaceae.

l. Kerria japonica DC. — Japan.
l. Rosa indica L. var. — China.
l. Spiræa spec.

Leguminosae.

l. Acacia distycha DC. — Neuipanien.

Geraniaceae.

v. Pelargonium inquinans Ait. — Insel St. Helena.

Magnoliaceae.

v. Ilicium anisatum L. — Japan, China.

IX.

Pflanzen, beobachtet am 16. März 1878 in dem Jardin de Blidah genannt Bois sacre (p. 150).

Compositae.

l. Ligularia macrophylla DC. (*Cineraria macrophylla* Ledeb.) Sibirien.

Caprifoliaceae.

l. Viburnum tinus L. — Südeuropa, Nordafrika.

Apocineae.

v. Vinca major L. — Europa.

Solaneae.

v. Solanum pseudo-capsicum L. — Madeira.
v. Datura arborea L. — Südamerika.
l. Habrothamnus elegans Schl. — Mexico.
l. Cestrum Parqui L. — Chili [1]).

Pittosporeae.

v. Pittosporum Tobira Ait. — Japan, China.

Olacineae.

v. Ligustrum japonicum Thunb. — Japan.
v. Olea europæa L. [2]) — Südeuropa, Nordafrika.

Jasmineae.

l. Jasminum heterophyllum Wall. — Ostindien.

Ericeae.

l. Erica arborea L. — Südeuropa.

Celastrineae.

v. Evonymus japonicus Thunb. — Japan.

Rosaceae.

l. Prunus laurocerasus L. — Asien, Südeuropa.
l. Cydonia japonica Pers. — Japan.
l. Photinia serrulata Lindl. — Japan, China.
l. Spiræa prunifolia Sieb. — Japan.
l. Kerria japonica DC. — Japan.

Leguminosae.

v. Ceratonia siliqua L. — Südeuropa, Asien.

Hesperideae.

v. Citrus aurantium L. — Ostasien, Südeuropa.

Hydrangeae.

v. Hydrangea japonica Sieb. — Japan.

Granateae.

v. Punica granatum L. — Nordafrika, Südeuropa.
v. — nana L. — Südamerika.

Myrtaceae.

v. Myrtus communis L. — Südeuropa.
v. Eucalyptus globulus Labil. — Neuholland.

Geraniaceae.

l. Geranium atlanticum Desf. — Afrika.

---

1) In Algerien subspontan geworden.
2) Stamm von 4,35 m Umfang.

Berberideae.

l. Mahonia aquifolium Nutt. — Nordamerika.

Magnoliaceae.

l. Magnolia Julan Desf. — China.

Proteaceae.

v. Grevillea robusta Cunningh. Neuholland.

Coniferae.

v. Araucaria excelsa Ruiz. Pav. — Insel Norfolk.

v. Taxus baccata L. — Europa, Asien.

v. Callitris quadrivalvis Vent. (*Thuya articulata* Vahl). — Nordafrika.

v. Pinus canariensis Sweet. — Canarien.

v. Cupressus sempervirens L. (*C. fastigiata* DC.) — Südeuropa.

Aroideae.

v. Colocasia antiquorum Schott. — Syrien, Egypten.

Canneae.

l. Canna indica L. - Westindien.

v. Hedychium coronarium Kœn. — Ostindien.

Liliaceae.

v. Aloe frutescens Salm. Dyck. — Cap.

X.

Pflanzen, beobachtet am 16. März 1878 in dem neuen Garten von Blidah (p. 153).

Compositae.

l. Eupatorium adenophorum Spr. — Mexico.

Caprifoliaceae.

l. Viburnum suspensum Hort.

Boragineae.

l. Heliotropium peruvianum L. — Peru.

Bignoniaceae.

l. Tecoma capensis Thunb. (*Bignonia capensis* Thunb.) — Cap.

f. Jacaranda ovalifolia R. Br. (*J. mimosæfolia* Don.) — Südamerika.

Olacineae.

v. Fraxinus excelsior L. var. — Europa, Asien.

Verbenaceae.

f. Durante Plumerii L. — Westindien.

Acanthaceae.

l. Adathoda vasica Nees. (*Justicia Adathoda* L.) — Ceylon.

Lythrarieae.

l. Cuphæa eminens Hort.?

Granateae.

v. Punica nana L. — Südamerika.

Araliaceae.

l. Aralia papyrifera Hook.

Myrtaceae.

f. Eugenia Michelii Lmk. (*E. uniflora* L.) — Brasilien.

f. Callistemon spec.

Rosaceae.

l. Kerria japonica DC. — Japan.

Leguminosae.

f. Ceratonia siliqua L. — Südeuropa, Asien.

l. Acacia cultriformis Hook. — China.

l. — cyanophylla Benth. — Neuholland.

l. — melanoxylon R. Br. — Neuholland.

l. — longifolia Willd. — Neuholland.

l. — retinoides Schlecth.

l. Spiræa prunifolia Sieb. — Japan.

Menispermeae.

v. Menispermum canadense L. — Nordamerika.

Magnoliaceae.

v. Magnolia grandiflora L. — Carolina.

Proteaceae.

v. Gervillea robusta Cunningh. — Neuholland.

Lineae.

l. Linum trygynum Roxb. — Ostindien.

Zygophylleae.

l. Melianthus major L. — Cap.

Euphorbiaceae.

l. Buxus balearicus Lmk. — Balearen-Inseln.

Moreae.

f. Ficus rubiginosa Desf. — Neuholland.

v. — elastica Roxb. — Ostindien.

v. — racemosa L. — Ostindien.

v. — lævigata Vahl. — Caraiben-Inseln.

v. Ficus Roxburghii Wall. non Desf. — Ostindien.

v. — nitida Thunb. — Ostindien.

v. — benjamina L. — Ostindien, China

Coniferae.

v. Pinus canariensis Sweet. — Canarien.

v. Sequoia gigantea Endl. — Amerika.

v. Araucaria excelsa Ruiz. Pav. — Insel Norfolk.

Palmae.

l. Phœnix dactylifera L. — Nordafrika, Asien.

v. Latania borbonica Lmk. — Madagaskar.

v. Chamærops humilis L. — Spanien, Italien, Nordafrika.

v. Cocos flexuosa Mart. — Brasilien.

Liliaceae.

v. Dracæna draco L. — Ostindien, Canarien.

XI.

Wildwachsende Pflanzen, beobachtet am 2. April 1878 in den Umgebungen des Fort de l'Eau (p. 162).

Ranunculaceae.

l. Ranunculus muricatus L.

Papaveraceae.

l. Pavaver rhœas L.

v. Glaucium luteum Scop.

Cruciferae.

l. Raphanus raphanistrum L.

l. Thlaspi bursa pastoris L.

Cariophylleae.

l. Sagina apetata L. [1])

l. — maritima Don.

l. Silene gallica L.

l. Silene bipartita Desf.

l. Arenaria spathulata Desf. [2])

Malvaceae.

l. Malva nicæensis All. [3])

l. Lavatea cretica L.

Geraniaceae.

l. Geranium molle L.

l. Erodium moschatum W.

l. — ciconium W.

Leguminosae.

l. Lupinus luteus L.

l. Vicia sativa L. var.

[1]) In den Gräben des Fort.

[2]) Besonders auf den Küsten-Dünen verbreitet.

[3]) Die Blätter dieser Malvacea waren durch Pucina malvacensis angefressen.

l. Medicago littoralis Rhode.
l. Astragàlus bœticus L.
l. Melilotus infesta Guss.
l. Lotus edulis L.
r. l. — creticus L.
l. Ornithopus compressus L.
l. Trifolium resupinàtum L.

Paronychiae.

l. Páronychia argentea Lmk.

Ombelliferae.

l. Scandix pecten Veneris L.
l. Sium siculum L.

Rubiaceae.

l. Sherardià arvensis L.

Dipsaceae.

r. l. Scabiosa rutæfolia Vahl.

Compositae.

l. Calendula arvensis L.
l. — officinalis L.
r. l. Rhaponticum acaule DC.[1]) (*Cynara acaulis* Desf.)
l. Hedypnois radiata L.
l. — pendula DC. (*H. polymorpha* DC., *H. monspeliensis* W.)
l. Urospermum Delechampii Desf.
r. v. Echinops spinosus Desf. non L.
l. Senecio humilis L.
r. v. Centaurea fragilis Dur.
l. Hyoseris radiata L.
l. Chrysanthemum coronareum L.
l. — (*Pyretrum* L.) Myconis L.
l. Anacyclus (*Anthemis* L.) tomentosus DC.

Convolvulaceae.

l. Convolvulus althæoides L.

Primulaceae.

l. Anagallis arvensis L.

Boragineae.

r. l. Cerinthe gymnantha Gaspard.
l. Echium plantagineum L.
l. — maritimum L.
l. Anchusa italica L.

Orobancheae.

r. l. Philippæa Mutelii Schultz.

Plumbagineae.

r. l. Statice sinuata L.[2])

Polygoneae.

l. Rumex bucephaloporus L.[3])
l. — spinosus Camped.

Urticeae.

l. Urtica membranacea L.[4])

Liliaceae.

l. Allium triquetrum L.
r. l. — subhirsutum L.
r. l. Ornithogalum umbellatum L.

Amaryllideae.

r. l. Pancratium maritimum L.

Orchideae.

l. Ophrys tabanifera W.

Gramineae.

l. Hordeum murinum L.
l. Bromus madritensis L.[5])

---

[1]) Die schönen weißen Blüthen dieser ziemlich seltenen Art verbreiteten einen angenehmen Geruch.

[2]) Diese in Algier seltene Pflanze ist sehr häufig auf den Küstenhügeln, besonders auf dem, der das Fort de l'Eau trägt.

[3]) Sehr häufig, den Boden wie ein Teppich röthend.

[4]) Die Urtica membranacea ist die vorherrschende Form in Algerien, wogegen die gemeinsten in Europa, wie die urens, pilulifera und dioica, verhältnißmäßig am seltensten auftreten. Die breiten Blätter dieser Nessel erhalten sich stets frisch und haben fast keine Stacheln, so lange sie jung sind. Die weiblichen Individuen sind gewöhnlich häufiger als die männlichen; vorzüglich in der Gegend des Fort de l'Eau fand ich die Vertreter beider Geschlechter in großer Zahl an demselben Orte vereinigt, was dann gestattete, die charakteristischen Merkmale, durch die sie sich voneinander unterscheiden, zu beobachten. Die Kätzchen der männlichen Individuen sind bedeutend länger wie die der weiblichen; die Blüthen haben eine mehr unilaterale Lage, und die ganze Pflanze ist von einem dunkleren Grün als die weiblichen Individuen, deren Blüthen nicht einseitig sind, sondern zerstreut um die Achse herum stehen.

[5]) Dr. Battandier hatte die Güte, mir mehrere in der Umgegend des Fort de l'Eau gesammelte Arten zu übermitteln, die zur Zeit meines Besuches schon verblüht waren. Da diese Arten sehr selten

XII.

Wildwachsende Pflanzen, beobachtet am 20. April 1878 auf dem Djebel-Uach (p. 210).

Cruciferae.

r. l. Sinapis geniculata Desf.
r. l. — pubescens L. (*S. circinata* Desf.)
r. l. Moricandia arvensis DC. [1])

Cistineae.

r. l. Helianthemum rubellum Presl. (*H. paniculatum* Dun., *Cestus nummularis* Cav.)

Malvaceae.

l. Malva sylvestris L

Leguminosae.

r. l. Anthyllis numidica Coss. et Dur.
r. l. Astragalus gummiferus L. (?) [2])
l. Hedysarum capitatum Desf.
r. l. — coronarium L. [3])
r. l. Onobrychis alba Desv. [4])

Ombelliferae.

l. Carum mauritanicum Boiss. et R. [5])
r. v. Thapsia garganica L.

Compositae.

r. l. Carduncellus atlanticus Coss. et Dur. [6])
r. Carduus macrocephalus Desf. [7])
v. Cynara humilis L. (*Bourgæa* Coss.)
l. Thrincia tuberosa L.
.. l. Scorzonera undulata Vahl.
r. l. Silybum eburneum Coss. et Dur. [8])
v. Scolymus grandiflorus Dur.
r. l. Othonna cheirifolia L. [9])

Primulaceae.

r. l. Anagallis tenuifolia.

Convolvulaceae.

l. Convolvulus tricolor L.

Labiatae.

r. v. Thymus numidicus Poir.

Irideae.

r. v. Iris juncea Desf.

Gramineae.

l. Arundo festucoides Desf.

---

sind, will ich sie hier anführen: **Polygala coursierana**, Pomel (blüht im December), **Senebiera violacea**, Munby (blüht im December), **Carlina sulphurea** Desf. (blüht im August); **Linum tenue** Desf., **Ipomæa sagittata** (blüht im August); letztere Species hat man in der Umgegend Algiers noch nicht beobachtet, sondern nur in Oran und Bône. Dr. Battandier hat im **Bulletin de la Soc. bot. de France** (an. 1879, T. **XXVI**, 2me Série, p. 225) einen Aufsatz über **Allium multiflorum** (**A. ampeloprasum L.**), herausgegeben, der in den Umgegenden Algiers drei charakteristische Varietäten zeigt, von denen er die Diagnose liefert. Er kündigt ebenfalls das Auffinden auf dem Berge Busarea von **Linum corymbiferum** Desf. in absonderlicher Form, sowie einer monstruosen **Anagallis collina** Schousb. an, deren Centrum von einer ungeheuren Menge von Griffeln strotzte.

[1]) Eine Sahara-Form.

[2]) Die Wurzel von den Arabern als Arznei gebraucht.

[3]) Species mit prachtvollen rothen Blüthen, fast allein auf Algier und Constantine beschränkt.

[4]) Kaum in Blüthe, der Provinz Constantine eigenthümlich.

[5]) Tocruda der Araber, die die Wurzel dieser Leguminose essen.

[6]) Eine Sahara-Form.

[7]) Kaum in Blüthe; eine den hohen Tafelländern eigene Form.

[8]) Den hohen Tafelländern eigen.

[9]) Fast ausschließlich auf die Provinz Constantine angewiesen; in der Provinz Algier (laut Munby) nur in Djelfa beobachtet.

XIII.

Meteorologische Beobachtungen, angestellt in dem Observatoire national von Algier durch M. Bulard, Director dieser Anstalt [1]) (p. 169).

In den Jahren 1868—1877.

1868.

Monate.	Barometer auf Null reducirt.	Maxima-Temperaturen.	Minima-Temperaturen.	Mittel-Temperaturen.	Spannung der Dünste.	Relative Feuchtigkeit.	Regen-Menge in Millimetern.
D. 1867.	769,2	15,9	7,5	11,7	7,3	56,8	1460,5
J.	763,2	15,2	8,1	11,6	7,5	70,7	1270,0
F.	766,2	16,1	8,5	18,3	8,5	76,9	630,0
W. Mitt.	763,0	15,7	8,1	11,9	7,8	71,2	1120,1
M.	762,1	10,4	10,7	14,5	7,9	68,3	960,5
A.	760,8	19,9	12,5	15,9	9,5	69,6	1060,5
M.	759,5	22,4	15,9	19,2	13,6	83,2	600,6
F. Mitt.	760,8	20,2	13,0	16,5	10,3	73,7	870,6
J.	761,1	25,8	19,1	22,5	16,6	76,7	870,0
J.	759,6	29,5	21,5	25,8	18,2	79,2	110,5
A.	759,3	31,3	22,3	26,5	19,6	75,7	Tropfen.
S. Mitt.	760,0	28,8	20,9	24,8	18,1	77,2	330,3
S.	758,4	29,5	19,8	23,1	16,6	74,0	340,0
O.	756,7	23,1	15,7	19,9	12,2	73,5	1060,2
N.	759,8	16,2	12,1	14,4	10,7	80,8	110,5
H. Mitt.	758,3	22,9	18,8	19,1	13,1	79,4	500,6
Jahr. Mitt.	760,5	22,2	14,5	18,7	12,5	75,4	770,2

1869.

Monate.	Barometer auf Null reducirt.	Maxima-Temperaturen.	Minima-Temperaturen.	Mittel-Temperaturen.	Spannung der Dünste.	Relative Feuchtigkeit.	Regen-Menge in Millimetern.
D. 1868.	762,5	18,4	12,8	15,2	16,0	78,1	820,8
J.	764,6	15,3	10,0	12,6	9,3	84,0	1290,0
F.	759,0	18,0	9,4	14,1	8,8	82,0	80,6
W. Mitt.	762,0	17,2	10,7	13,7	11,3	81,3	930,5
M.	753,6	15,3	8,0	11,9	8,4	81,4	190,5
A.	752,7	18,8	12,5	15,7	10,7	86,9	970,5
M.	756,5	23,7	16,5	20,7	12,6	79,0	700,5
F. Mitt.	754,0	19,3	12,3	16,1	10,6	82,4	620,5
J.	759,7	24,3	18,5	21,4	15,0	84,0	600,0
J.	759,7	27,5	24,6	24,5	17,8	82,5	0
A.	760,4	28,5	24,9	25,2	18,7	81,5	0
S. Mitt.	760,3	26,6	20,6	23,7	17,1	82,6	200,0
S.	761,3	30,4	22,5	26,5	17,7	69,9	0
O.	761,1	24,2	17,8	21,0	13,0	71,9	270,5
N.	761,6	18,9	12,5	15,7	10,3	76,0	1100,0
H. Mitt.	761,3	24,5	17,6	21,0	13,6	72,6	450,8
Jahr. Mitt.	759,5	21,9	15,3	18,7	13,2	79,6	745,9

[1]) Die Monate sind durch ihre Initialen bezeichnet, W. Mitt. bedeutet Winter-Mittel, F. Mitt. Frühlings-Mittel, S. Mitt.: Sommer-Mittel, H. Mitt.: Herbst-Mittel, Jahr. Mitt.: Jahres-Mittel

1870.

Monate.	Barometer auf Null reducirt.	Maxima-Temperaturen.	Minima-Temperaturen.	Mittel-Temperaturen.	Spannung der Dünste.	Relative Feuchtigkeit.	Regen-Menge in Millimetern.
D. 1869.	759,6	15,9	10,2	13,1	7,6	67,7	1470,5
J.	760,6	15,3	9,5	12,5	7,7	47,0	690,5
F.	755,4	17,4	9,3	13,0	7,7	66,8	890,0
W. Mitt.	758,6	16,9	9,7	13,0	7,7	57,2	683,3
M.	756,6	17,7	9,3	13,5	9,7	78,5	1370,5
A.	760,3	18,8	12,7	15,8	9,9	74,4	220,7
M.	759,7	21,4	16,0	18,7	12,7	77,5	610,0
F. Mitt.	758,9	19,3	12,6	15,7	10,7	76,7	733,7
J.	760,0	25,5	19,6	22,5	15,6	77,2	130,0
J.	758,4	28,2	22,1	25,1	17,3	75,0	30,0
A.	756,6	29,0	22,9	26,0	16,6	74,6	30,0
S. Mitt.	758,3	27,5	21,5	24,5	16,6	74,6	63,0
S.	760,3	28,1	20,5	23,8	16,6	73,0	1350,0
O.	758,6	24,6	18,0	21,3	13,4	73,0	90,3
N.	757,8	19,1	13,1	16,1	9,4	68,0	1810,0
H. Mitt.	758,9	28,9	17,5	20,7	13,1	74,6	1080,3
Jahr. Mitt.	759,1	21,4	16,3	19,2	11,9	73,3	740,0

1871.

Monate.	Barometer auf Null reducirt.	Maxima-Temperaturen.	Minima-Temperaturen.	Mittel-Temperaturen.	Spannung der Dünste.	Relative Feuchtigkeit.	Regen-Menge in Millimetern.
D. 1870.	756,0	16,2	10,8	13,4	7,8	69,0	2020,5
J.	758,1	13,0	7,8	10,5	6,2	65,7	1940,5
F.	764,4	16,4	10,4	13,4	8,3	75,0	10,1
W. Mitt.	759,5	15,2	9,6	12,5	7,4	76,5	1320,1
M.	760,0	17,6	11,4	14,5	8,7	71,0	480,5
A.	760,1	22,3	14,7	18,5	10,5	70,0	10,0
M.	756,6	23,1	17,7	20,4	10,4	74,0	290,7
F. Mitt.	758,9	21,0	14,6	17,8	9,8	71,0	230,0
J.	757,4	24,4	18,7	21,6	12,9	65,0	220,0
J.	758,9	29,0	22,8	25,8	19,9	78,0	0
A.	759,6	20,5	22,7	25,8	17,5	75,0	10,0
S. Mitt.	738,7	25,0	21,3	24,4	16,5	72,0	76,0
S.	762,3	27,0	25,4	25,7	16,3	71,0	230,0
O.	760,3	29,3	21,9	25,6	15,7	78,0	720,0
N.	755,8	16,5	12,6	14,0	9,4	74,0	1750,0
H. Mitt.	759,4	24,3	19,6	22,0	13,8	74,0	900,0
Jahr. Mitt.	759,1	21,4	16,3	19,2	11,9	73,3	698,0

1872.

Monate.	Barometer auf Null reducirt.	Maxima-Temperaturen.	Minima-Temperaturen.	Mittel-Temperaturen.	Spannung der Dünste.	Relative Feuchtigkeit.	Regen-Menge in Millimetern.
D. 1871.	760,1	14,4	9,4	11,8	7,5	74,0	1160,7
J.	759,5	15,6	10,6	13,0	7,9	75,0	580,0
F.	758,0	17,6	11,6	15,5	8,2	74,0	325,0
W. Mitt.	759,2	15,9	10,5	13,0	7,9	74,0	1667,0
M.	756,5	18,5	9,4	13,9	9,1	75,0	1295,0
A.	750,1	19,6	10,9	15,3	10,0	76,0	580,0
M.	758,7	22,1	12,9	17,5	11,1	71,0	330,0
F. Mitt.	757,8	20,1	11,7	15,6	10,1	74,0	730,5
J.	759,6	25,4	16,4	20.9	15,1	78,0	10,0
J.	757,2	29,0	14,9	24,5	18,6	80,0	40,5
A.	759,3	31,9	20,5	26,2	17,3	70,0	0
S. Mitt.	758,7	28,7	17,2	23,9	17,0	76,0	16,8
S.	759,4	27,5	18,3	23,4	17,3	76,0	450,0
O.	758,1	22,6	13,5	18,0	11,2	67,0	520,0
N.	758,3	18,7	10,0	14,4	9,6	73,0	380,0
H. Mitt.	758,0	22,9	13,9	18,6	12,7	720,0	440,8
Jahr. Mitt.	758,7	21,9	13,4	17,8	11,9	74,0	515,1

1873.

Monate.	Barometer auf Null reducirt.	Maxima-Temperaturen.	Minima-Temperaturen.	Mittel-Temperaturen.	Spannung der Dünste.	Relative Feuchtigkeit.	Regen-Menge in Millimetern.
D. 1872.	758,4	16,1	8,2	12,1	7,5	61,0	1030,0
J.	763,6	16,9	8,1	12,4	7,7	69,0	120,0
F.	761,8	15,8	6,5	10,5	6,7	71,0	1390,5
W. Mitt.	760,9	15,9	7,6	11,7	7,3	67,7	850,0
M.	756,7	20,0	11,4	15,7	8,7	66,0	1400,0
A.	758,1	20,2	10,6	15,8	9,3	70,0	350,0
M.	759,6	22,5	12,8	17,6	10,8	67,0	100,0
F. Mitt.	758,1	22,6	11,6	16,2	9,6	68,0	600,0
J.	759,6	25,3	15,9	20,6	14,1	75,0	40,0
J.	759,9	29,5	19,8	24,6	17,1	73,0	0
A.	761,3	32,7	22,4	27,6	18,5	76,0	0
S. Mitt.	760,3	29,1	19,3	21,2	16,6	74,6	13,0
S.	760,9	28,5	18,9	23,7	15,0	67,0	80,0
O.	758,8	23,0	13,7	18,4	11,7	72,0	2550,5
N.	759,9	20,4	18,9	16,2	10,0	67,0	290,5
H. Mitt.	759,8	23,8	17,2	19,8	12,2	68,6	810,0
Jahr. Mitt.	756,8	23,5	16,5	18,0	11,4	69,5	795,5

1874.

Monate.	Barometer auf Null reducirt.	Maxima-Temperaturen.	Minima-Temperaturen.	Mittel-Temperaturen.	Spannung der Dünste.	Relative Feuchtigkeit.	Regen-Menge in Millimetern.
D. 1873.	766,1	15,8	8,1	12,0	8,9	79,0	1680,5
J.	764,2	16,4	7,8	12,2	8,2	74,0	500,0
F.	763,1	16,4	7,7	12,1	7,8	70,0	350,0
W. Mitt.	764,6	16,2	7,8	12,7	8,3	74,3	863,0
M.	764,7	16,3	7,4	11,9	8,3	71,0	430,0
A.	758,4	18,9	10,0	14,5	9,5	75,0	760,0
M.	758,3	22,6	11,3	16,9	11,7	79,0	655,0
F. Mitt.	760,5	19,2	9,6	14,4	9,8	75,0	615,0
J.	760,4	28,6	15,9	22,1	15,7	67,0	70,5
J.	759,7	29,3	17,7	23,5	18,1	72,0	0
A.	759,6	28,2	17,1	22,6	17,5	76,0	1020,5
S. Mitt.	759,9	24,7	16,9	22,8	17,0	71,6	369,6
S.	760,9	28,1	17,1	22,6	17,9	76,0	130,0
O.	761,8	26,6	13,8	18,7	13,5	74,0	250,5
N.	760,5	19,5	9,3	14,5	10,5	76,0	1770,4
H. Mitt.	761,1	24,7	13,4	19,0	13,9	75,3	710,9
Jahr. Mitt.	761,4	22,0	10,1	17,7	12,3	70,0	647,0

1875.

Monate.	Barometer auf Null reducirt.	Maxima-Temperaturen.	Minima-Temperaturen.	Mittel-Temperaturen.	Spannung der Dünste.	Relative Feuchtigkeit.	Regen-Menge in Millimetern.
D. 1874.	759,4	16,0	6,0	11,0	5,4	72,0	2000,9
J.	767,3	17,8	7,7	12,7	9,1	72,0	120,6
F.	758,6	16,5	6,0	11,3	8,8	78,0	126,1
W. Mitt.	766,1	16,1	6,6	11,7	7,7	74,0	1090,8
M.	760,4	17,9	8,1	13,0	8,9	73,0	2336,2
A.	759,7	20,1	9,8	15,0	10,7	75,0	450,3
M.	759,4	23,8	15,0	19,0	13,8	75,0	250,2
F. Mitt.	759,8	20,6	10,6	15,6	11,8	74,0	1010,6
J.	760,1	26,4	16,2	21,3	14,7	67,0	730,2
J.	758,4	29,1	18,9	24,0	17,4	69,0	30,7
A.[1])	760,4	30,3	20,0	25,1	8,8	68,0	0
S. Mitt.	759,7	25,6	18,5	23,5	16,9	68,2	250,3
S.	761,2	29,1	18,8	24,0	16,6	65,0	50,7
O.	758,7	25,5	15,2	20,4	13,0	61,0	790,4
N.	759,5	20,7	10,6	15,6	10,6	67,0	1070,2
H. Mitt.	759,8	25,1	14,8	20,0	13,4	64,0	700,0
Jahr. Mitt.	761,4	22,0	10,1	17,7	12,3	70,0	714,2

[1]) Am 4. August 1875 brach ein Ungewitter los, das eine ungeheure Menge von Schwalben tödtete, in der Umgegend von Algier allein fand man 101 vom Blitz erschlagene Individuen.

1876.

Monate.	Barometer auf Null reducirt.	Maxima Temperaturen.	Minima Temperaturen.	Mittel Temperaturen.	Spannung der Dünste.	Relative Feuchtigkeit.	Regen Menge in Millimetern.
D. 1875.	761,6	15,6	5,8	10,7	7,6	69,3	1030,3
J.	763,2	14,9	5,4	19,5	7,8	80,3	1850,6
F.	763,1	18,5	7,6	13,0	9,1	70,9	580,9
W. Mitt.	762,8	16,3	6.3	14,3	8,5	73,5	1150,9
M.	758,3	20,0	8,9	14,6	9,3	66,0	440,7
A.	761,7	21,1	9,3	15.2	[illegible],4	60,0	1140,7
M.	757,6	23,7	12,5	18,1	12,4	69,0	3880,0
F. Mitt.	759,2	21,6	10,2	15,9	10,3	65,0	630,0
J.	759,6	25,9	14,8	20,3	14,2	70,0	180,5
J.	763,1	28,9	18,5	23,7	16,8	68,0	0
A.	760,1	29,0	19,5	24,6	18,6	71,0	0,5
S. Mitt.	760,9	28,2	17,6	22,9	17,2	69,6	60,3
S.	760,0	28,6	18,2	23,4	16,9	67,8	150,0
O.	758,0	25,2	15,3	20,2	12,7	62,7	2180,5
N.	760,4	21,6	11,6	16,6	10,1	62,5	490,2
H. Mitt.	759,4	25,2	15,0	20,2	13,2	74.3	940,2
Jahr. Mitt.	760,6	22,8	12,3	18,3	12,3	70,0	1202,4

1877.

Monate.	Barometer auf Null reducirt.	Maxima Temperaturen.	Minima Temperaturen.	Mittel Temperaturen.	Spannung der Dünste.	Relative Feuchtigkeit.	Regen Menge in Millimetern.
D. 1876.	759,1	19,2	9,8	14,5	9,9	76,8	1430,4
J.	764,9	18,7	8,3	13,5	8,3	62,0	340,5
F.	764,4	17,7	7,5	12,6	8,4	63,0	210,6
W. Mitt.	762,8	18,1	8,5	13,5	8,9	67,0	660,5
M.	758,0	19,6	8,2	13,9	8,6	65,0	950,9
A.	756,9	23,5	11,7	17,5	10,0	60,0	240,8
M.	754,0	24,2	13,7	18,4	11,6	70,0	100,3
F. Mitt.	780,0	22,4	11,2	16,8	10,6	65,0	430,6
J.	759,9	27,8	17,3	22,6	15,0	69,0	130,4
J.	760,8	31,3	22,8	27,0	18,5	71,0	50,6
A.	759,5	31,6	23,6	27,6	18,9	75,0	30,4
S. Mitt.	760,1	30.1	21,2	25,7	17,5	71,6	70,1
S.	759,2	28,8	21,7	25,3	17,6	78,0	640,5
O.	762,6	22,5	15,3	18,9	11,9	70,0	980,8
N.	761,0	20,7	14,0	17,3	11,1	72,0	1720,4
H. Mitt.	760,4	24,0	17,0	20,4	13,5	73,3	1090,5
Jahr. Mitt.	765,4	23,7	14,5	19,8	12,6	68,9	570,8

Jahres- und Jahreszeiten-Mittel von zehn Jahren.

Monate.	Barometer auf Null reducirt.	Maxima-Temperaturen.	Minima-Temperaturen.	Mittel-Temperaturen.	Spannung der Dünste.	Relative Feuchtigkeit.	Regen-Menge in Millimeter.
Jahr. Mitt.	759,2	22,3	14,0	18,9	12,2	72,5	697,8
W. Mitt.	761,9	16,2	8,8	12,5	6,7	71,6	1033,6
F. Mitt.	763,6	20,6	11,7	16,0	10,3	72,4	649,1
S. Mitt.	760,1	27,9	19,3	23,7	16,7	73,1	145,0
H. Mitt.	758,4	24,0	16,1	19,6	13,8	71,8	669,5

XIV.

Pflanzen, in Teniet-el-Ahd aber nicht in Algier wild wachsend (p. 373).

Glaucium corniculatum Curtis.
Matthiola parviflora. Rob. Brown.
Alyssum atlanticum Desf.
Arabis pubescens. Poiret.
A. albida. Stevens.
Draba hispanica. Boissier.
Thlaspi perfoliatum. L.
Biscutella auriculata. L.
Lepidium acanthocladum. Coss. und Dr.
Helianthemum ciliatum. Persoon.
H. fumana. L.
H. origanifolium. L.
Viola munbyana. Boiss. und R.
Silene atlantica. Coss.
S. lasiocalyx. Soyer W.
S. reticulata. Desf.
S. pseudoatocion. Desf.
S. rubella L.
Polygala nicæensis. Risso.
Astragalus Glaux. L.
A. falciformis. Desf.
Hedysarum humile. Desf.
Geum atlanticum. Desf.
Alchemilla arvensis. Scopoli.
Rosa canina. L.
Cerasus avium. L.
Pyrus aria. L.
Pistacia atlantica. Desf.
Herniaria permixta. Gussone.
Scleranthus polycarpus. DC.
Sedum altissimum. Poir.
S. cœruleum. Vahl.
S. amplexicaule. Desf.
Saxifraga atlantica. B. und R.
S. globulifera. Desf.
S. spathulata. Desf.
Thurgenia latifolia. Hoffman.
Thuia articulata. Desf.
Juniperus oxycedrus. L.
Geranium atlanticum. Boiss.
Chærophyllum temulum. L.
Thapsia garganica. L.
T. villosa. L.
Scandix glaberrima. Desf. (talruda der Araber: eßbare Zwiebel.)
Smyrnium rotundifolium. L.
Lonicera etrusca. Santi.
Galium lucidum. Allioni.
Centranthus calcitrapa. Dufr.
Valeriana tuberosa. L.
Conyza sordida. L.
Micropus bombycinus. Lagasca.
Anthemis pyrethrum. L.
A. pedunculata. Desf.

Doronicum pardalianches. L.
Echinops Bovei. Boiss.
Xeranthemum inapertum. DC.
Carduus macrocephalus. Desf.
C. leptocladus. Dur.
Picridium tingitanum. Desf.
Catananche cærulea. L.
C. lutea. L.
Leontodon taraxacum. L.
Hieracium pilosetta. L.
Seriola lævigata. L.
Andryala tenuifolia. DC.
Jasione perennis. L.
Convolvulus cantabricus. L.
Nonnea nigricans. DC.
Cynoglossum nebrodense. Guss.
Linaria heterophylla. Desf.
Salvia argentea. L.
S. bicolor. Desf.
Armeria mauritanica. Wallr.
Rumex scutatus. L.
Tulipa celsiana. Munby.
Fritillaria oranensis. Pomel.
Scilla campanulata. Aiton.
S. nutans. Smith.
Allium Durandii. Jordan.
Corbularia monophylla. Dr. (Narcissus Clussii Dunal.)
Orchis læta. Steinheil.
O. patens. Desf.
Cynosurus elegans. Desf.
Echinaria capitata. Desf.
Isoetes velata. Alex. Brown.

XV.

Appianus und die Geschichtschreiber Karthagos

(p. 458).

Was den ausnahmsweisen Platz, den Appianus unter den Geschichtschreibern Karthagos einnimmt, am besten darthut, ist der Umstand, daß, trotz der großen Zahl der bis auf uns gekommenen historischen Werke der Alten, die darin fehlenden Theile fast immer diejenigen sind, welche die Erzählung des durch Scipio bewirkten entscheidenden Sturzes von Karthago enthielten. Dies ist namentlich der Fall mit Polybius, Dionysius von Halicarnassos, Titus Livius, Diodoros von Sicilien und Dio Cassius.

Obwohl sich das große historische Werk des Polybios nicht in seiner Gesammtheit erhalten hat, da wir davon nur 11 vollständige (I—XI.) und 38 (XII—XL.) mehr oder weniger verstümmelte Bücher besitzen, so ist doch in de ungeheuren Masse von Thatsachen, welche diese bedeutenden Reste und die punischen Kriege vollständig umfassen, ein Bruchstück vorhanden, das sich auf die Einnahme Karthagos bezieht und aus einigen Zeilen besteht, die von dem tiefen Eindruck zeugen, welchen die in Flammen lodernde Stadt auf Scipio gemacht und ihm die schönen Verse des Homeros ins Gedächtniß gerufen hat. Und auch die Wiederholung dieser Zeilen des Polybios ist fast alles, was uns Diodoros von Sicilien über diesen

Gegenstand, namentlich in dem Bruchstück des XXXII. Buches seiner Historischen Bibliothek, mittheilt, und doch besitzen wir von derselben 20 ziemlich vollständige Bücher.

So auch Titus Livius. Nachdem er mit der größten Umständlichkeit die punischen Kriege erzählt, führt er uns zu der, der Einnahme Karthagos nur um einige Jahre vorangehenden Epoche, erwähnt aber diese Einnahme nicht, weil sie gerade in dem uns fehlenden Theile seines Werkes, namentlich in dem Buche LI. beschrieben ist, wie sich aus den Epitomata Titi Livii ergiebt: eine Compilation, die früher dem Florus zugeschrieben wurde, die aber von neueren Kritikern als von einem unbekannten Schriftsteller herrührend betrachtet wird.[1]) Das in den Epitomata zusammengefaßte LI. Buch giebt uns nun aber einen Begriff von der Entwickelung, die das verlorene Original gehabt haben muß, und ohne Zweifel hat Titus Livius darin wie in den übrigen auf uns gekommenen Theilen seines Werkes schätzbare Materialien benutzt, unter anderen die von Polybios gelieferten, dem er übrigens die gebührende Gerechtigkeit durchaus verweigert. Obwohl er denselben tüchtig ausbeutet, führt er ihn doch niemals an oder erwähnt ihn nur als einen untergeordneten Schriftsteller, indem er z. B. von dem Triumph Einzuge Scipios in Rom sagt: „Der König Siphar folgte dem Wagen des Siegers, wie es Polybios, ein nicht zu verachtender Schriftsteller, berichtet (haud quamquam spernandus auctor)".[2]) Dies eine Beispiel unter den zahlreichen andern zeigt den großen Unterschied zwischen unsern Ansichten und denen der Alten in Bezug auf literarische Anleihen, da es bei den Klassikern nicht für Diebstahl galt, ihre Vorgänger oder Zeitgenossen auszubeuten, ohne diese anzuführen: allerdings eine wenig redliche Sitte, die doch endlich die Aufmerksamkeit der Schriftsteller des letzten Zeitalters des byzantinischen Kaiserthums auf sich zog, von denen Macrobius, der im fünften Jahrhundert n. Chr. lebte, einen hervorragenden Platz unter den Kritikern behauptet. In seinen Saturnalien (Saturnaliarum Libri VII.) sind die Bücher V. und VI. fast ausschließlich einem umständlichen Verzeichnisse aller von Virgilius auf Kosten seiner Vorgänger begangenen Diebstähle gewidmet. Der von Macrobius veröffentlichte Beschuldigungsact ist sehr treffend, und unter

[1]) Vergl. Oeuvres de Tite-Live, publiées sous la direction de M. Nisard, T. I, p. 873 und T. II, p. 887.

[2]) Hist. rom., L. XXX, 45.

den berühmtesten modernen Schriftstellern würde es wohl wenige geben, die eine so harte Prüfung unversehrt bestehen könnten, und gewiß würde auch Titus Livius (wie ebenfalls sehr viele Classiker) sich nicht leicht wieder erheben, wäre er in die Hände des Macrobius gefallen.[1])

Wenn wir nun von Titus Livius zu Dionysius von Halicarnassus und Dio Cassius übergehen, so sehen wir, daß die mehr oder weniger verstümmelten 20 Bücher, die wir von der römischen Geschichte des Dionysius besitzen, nur bis auf das Jahr 272 v. Chr., also bis 120 Jahre vor dem Fall Karthagos reichen, dessen Beschreibung natürlich in den verlorenen Büchern enthalten sein muß; und auch bei Dio Cassius, von dessen aus 78 Büchern bestehender römischer Geschichte 54 Bücher mehr oder weniger wohl erhalten sind, wiederholt sich der Fall, daß gerade die verlorenen Bücher diejenigen sind, welche die Beschreibung vom Sturze Karthagos enthalten, was sich sehr leicht aus den gesammelten Bruchstücken der 24 fehlenden Bücher ergiebt, in denen der Kämpfe zwischen Scipio und Hannibal gedacht wird.

Um die Reihe der bedeutendsten Geschichtschreiber des Alterthums zu schließen, bleiben noch die Namen Tacitus, Cornelius Nepos und Justinus übrig.

Da des Tacitus Annales mit einer den punischen Kriegen folgenden Epoche beginnen, so konnte er sich allerdings mit denselben nicht befassen; ein solcher Grund reicht aber nicht aus, um in dieser Beziehung das Schweigen oder die Abwesenheit irgend einer ausführlichen Angabe bei Cornelius Nepos und Justinus zu erklären, da ihre Schriften den Zeitraum umfassen, in welchem die berühmten Kämpfe stattfanden, und trotzdem werden sie von Cornelius Nepos kaum berührt. Zwar erwähnt er Scipio und

[1]) Um von dem schonungslosen, gegen Virgilius erhobenen Proceß einen Begriff zu geben, seien nur die Titel einiger Kapitel der Bücher V. und VI. der Saturnalien angeführt. Kapitel 2 Buch V.: Bei den Griechen gemachte Anleihen des Virgilius; Kap. 3 (ebenda): Von den verschiedenen Stellen des Virgilius, aus Homeros übersetzt (ex Homero traducta); Kapitel 4 und 11 (ebenda): Von Aufzählung der verschiedenen von Virgilius in den II–IX. Gesängen seiner Aeneide begangenen Diebstählen; Buch VI. Kapitel 1: Verse, von Virgilius ganz oder theilweise andern lateinischen Dichtern entlehnt. Diese Kapitel, die nur einen geringen Theil des V. und VI. Buches bilden, da das V. Buch allein 22 und das VI. Buch 9 solcher gegen Virgilius gerichteter Kapitel enthält, beweisen zur Genüge die Schärfe und Rücksichtslosigkeit, mit welcher der bezeichnete Dichter behandelt worden.

Hannibal, sagt aber kein Wort über die Einnahme von Karthago, welche Begebenheit auch Justinus mit Stillschweigen übergeht; und doch läßt sich unmöglich annehmen, daß Pompejus, von dem Justinus nur ein verkürzter Abklatsch ist, in seinem großen Werke einem so wichtigen Ereignisse nicht einen bedeutenden Platz eingeräumt haben sollte.

Danach scheint ein unerbittliches Mißgeschick für alle historischen Documente, die sich auf den Sturz von Karthago beziehen, bestanden zu haben, sodaß man fast glauben möchte, es habe eine geheimnißvolle Bestimmung der Vorsehung gewaltet und dahin entschieden, daß nicht nur die berühmte Stadt ohne jede Spur verschwinden solle, sondern auch das gleiche Schicksal alle diejenigen zu treffen hätte, die im Stande gewesen, uns von den letzten Augenblicken des langen und glorreichen Daseins Karthagos zu berichten. Appianus allein entrann diesem Schicksal, und dieser Umstand ist es, der denselben so wichtig für uns macht.

Nicht minder auffällig ist es, daß unter so vielen aus Afrika stammenden Schriftstellern, deren Werke bis auf uns gekommen, keiner etwas Interessantes über seine Heimat und die sich anknüpfenden historischen Erinnerungen mittheilt; und doch befinden sich unter ihnen zwei der ansehnlichsten Kirchenväter, nämlich der heilige Augustinus und Tertullianus, von denen Ersterer 353 Jahre n. Chr. in Tagaste geboren, dort wie auch in Karthago Rhetorik vortrug und fünfunddreißig Jahre lang (395—430) in Hippone die Würde eines Bischofs dieser Stadt bekleidete. Tertullianus, aus Karthago selbst gebürtig (160 Jahre n. Chr.), brachte den größten Theil seines Lebens in Afrika zu, wo er 245 Jahre n. Chr. starb. Trotz allem habe ich die Stadt Gottes (De civitate Dei, libri viginti duo) des heiligen Augustinus, wie den Apologeticus adversus Gentes des Tertullianus fruchtlos durchstöbert, um irgend etwas und sei es von der geringsten Wichtigkeit für den Geburtsort dieser Kirchenväter, oder in Bezug auf Afrika im allgemeinen, oder auf die an Karthago sich knüpfenden mannigfachen historischen Erinnerungen zu entdecken; und das Gleiche ist der Fall mit mehreren aus Afrika gebürtigen profanen Schriftstellern, unter andern mit Apuleus (in Mandaura 114 Jahre n. Chr. geboren), dessen zahlreiche Schriften (die wichtigste Metamorphoseon libri XI, auch als der goldne Esel bekannt) nicht eine einzige bezeichnende Anspielung auf irgend einen Ort in Afrika enthalten.

Errata:

S. 305, Z. 15 v. o. statt: Wahl von Schrank = Wahl non Schrank.
„ 385, „ 2 v. o. statt: Machrochloa tenaassima = M. tenacissima.
„ 481, „ 7 v. o. statt: van einem Korn 1,50 = von einem Korn 50.
„ 520, „ 31 v. o. statt: coronareum = coronarium.

Druck von C. H. Schulze in Gräfenhainichen.

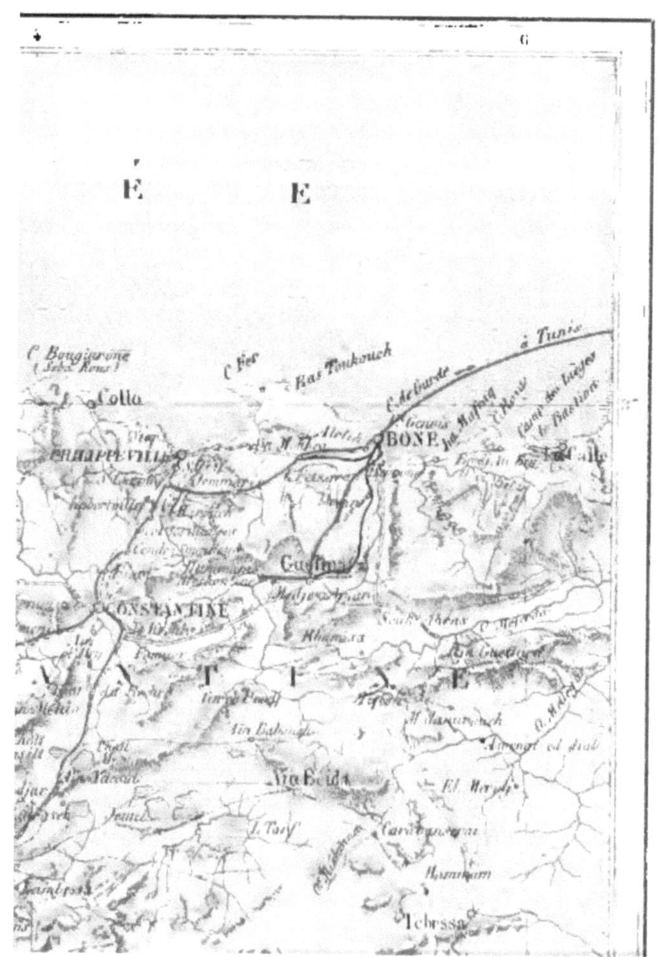
E
E
à Tunis
C. Bougiarone
Collo
C. Fer
Ras Toukouch
BONE
La Calle
CONSTANTINE
Guelma
Khamissa
Ain Beida
El Meridj
Hammam
Tebessa

KARTE VON ALGERIEN

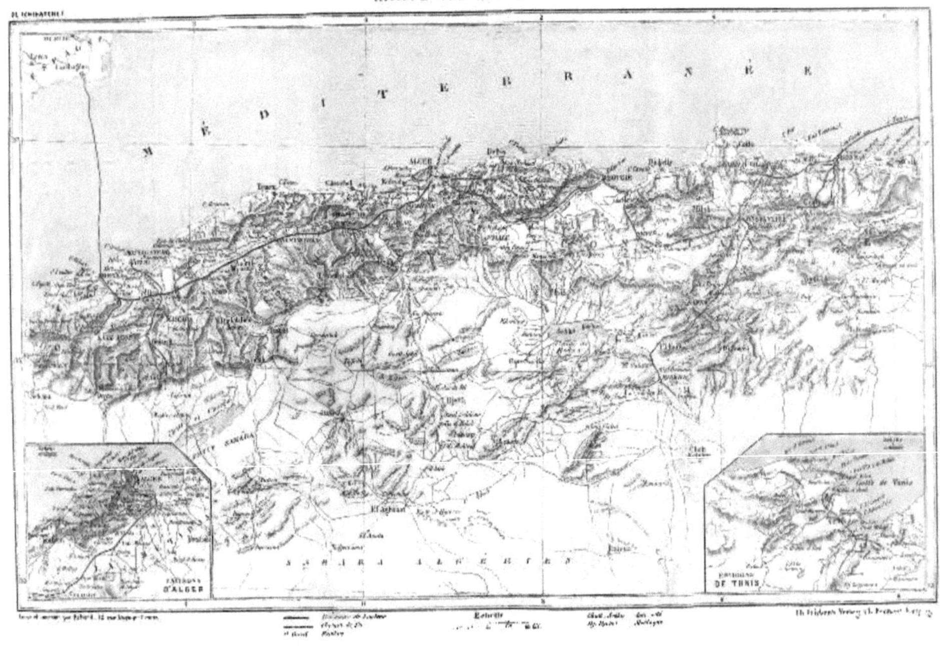

Zeitfracht Medien GmbH
Ferdinand-Jühlke-Straße 7
99095 Erfurt, Deutschland
produktsicherheit@kolibri360.de